时习文库

资治通鉴

选

王仲荦 等 编注

姚伟钧 等 译

齐鲁书社

·济南·

图书在版编目（CIP）数据

资治通鉴选 / 王仲荦等编注；姚伟钧等译.

济南：齐鲁书社，2025.5. -- ISBN 978-7-5333-5119

-9

Ⅰ. K204.3

中国国家版本馆CIP数据核字第2025GC7305号

出品人：王　路
项目统筹：张　丽
责任编辑：曹新月
装帧设计：亓旭欣

资治通鉴选

ZIZHITONGJIAN XUAN

王仲荦　等　编注　姚伟钧　等　译

主管单位	山东出版传媒股份有限公司
出版发行	齐鲁书社
社　　址	济南市市中区舜耕路517号
邮　　编	250003
网　　址	www.qlss.cn
电子邮箱	qilupress@126.com
营销中心	（0531）82098521　82098519　82098517
印　　刷	山东临沂新华印刷物流集团有限责任公司
开　　本	710mm×1000mm　1/16
印　　张	39.75
插　　页	2
字　　数	514千
版　　次	2025年5月第1版
印　　次	2025年5月第1次印刷
标准书号	ISBN 978-7-5333-5119-9
定　　价	119.00元

出版说明

　　文化乃国本所系，国运所依；文化兴盛则国家昌盛，民族强大。在源远流长的中华文化长河中，经典古籍宛如熠熠星辰，承载着先辈们的智慧、思想与情感，是中华民族精神内核的深厚积淀。

　　2017年以来，中共中央办公厅、国务院办公厅相继出台《关于实施中华优秀传统文化传承发展工程的意见》及《关于推进新时代古籍工作的意见》等重要文件，有力推动了大众对中华优秀传统文化的关注与重视，古籍事业亦借此良好契机，迎来了前所未有的跨越发展，步入了一个崭新的黄金时代。齐鲁书社作为文化传承的重要阵地，始终秉持对中华优秀传统文化的敬畏之心，肩负守正创新之使命，积建社四十余年之精华，汇国内学界群贤之伟力，隆重推出中华经典名著普及丛书——《时习文库》。

　　"学而时习之，不亦说乎？"文库之名，正是源自《论语》的这句经典语录。"时习"不仅是对知识的反复学习与实践，更是一种对中华优秀传统文化持续探索、深入理解的态度。文库共分为文化类和文学类两大辑，囊括了经史子集、诗词歌赋、戏曲小说等诸多经典，旨在为读者搭建一座通往中国古代文化瑰宝的坚实桥梁。文库的编纂宗旨在于，引导读者在阅读经典著作的过程中，将学习与思考深度融合，不断从古人的智慧海洋中汲取营养，从而得到心灵的润泽与智慧的启迪。通过对经史子集、诗词歌赋、戏曲小说等多元内容的系统整理与精良审校，让中华古籍真正成为可亲、可读、可传的"活的文化"。

为了确保文库的品质，我们除升级广受好评的原有经典版本作为开发基础外，亦精选其他优质底本，以确保版本选择的卓越性；文库会聚文史学界权威，如高亨、陆侃如、王仲荦、来新夏等学界大家，群贤毕至，各方咸集；文库延聘名家成立专家委员会，严格把控丛书质量，确保学术水准；文库针对不同层次读者，精心设计文化类与文学类品种：前者左原文右译文下注释，后者文中加简注评析，实用性强；文库采用纸面布脊精装，正文小四号字，双色印刷，装帧精美，版面舒朗，典雅大方，方便易读。

在习近平文化思想指导下，《时习文库》的出版是对中华优秀传统文化"两创""两个结合"的一次重要尝试。我们希望通过这套文库，让更多的人了解和喜爱中国古代典籍，让中华优秀传统文化在新时代焕发出新的生机与活力。同时，我们也期待广大读者在阅读文库的过程中，能够与古圣先贤进行跨越时空的对话，汲取智慧，启迪心灵，不断提升自我的文化素养和精神境界。让我们一起在经典的海洋中遨游，感受中华文化的博大精深，共同书写中华优秀传统文化传承与发展的新篇章。

齐鲁书社

2025 年 3 月

初版说明

　　《资治通鉴》，北宋司马光等撰，全书详尽而真实地记载了自周威烈王二十三年（前403）至五代周显德六年（959）总计一千三百六十二年的史事，内容之丰富，体例之严谨，为历代论者所推崇。《资治通鉴》（以下简称《通鉴》）既是编年体史书中的冠冕之作，亦是中国史学典籍中最有价值、最具影响力的巨著之一。

　　这个选本是由已故著名历史学家王仲荦、张维华及山东大学历史系宋锡民、郑佩欣、陈之安集体选注的，20世纪60年代初曾作为高等院校"中国史学名著选"教材之一刊行。现为满足读者阅读和了解中国历史名著之需求，征得著作权人同意，加以修订，重新出版。

　　本书共选出《通鉴》八篇，可分为三个方面：（一）关于社会政治方面，有东汉末年的黄巾大起义和唐末的黄巢大起义。（二）关于统治集团内部斗争方面，有东汉的两次党锢之祸和唐中叶的安禄山之乱。（三）关于民族关系和与中亚交通方面，有北魏孝文帝变法、唐并东突厥、契丹灭后晋和张骞通西域。这八篇，每一篇都只有一个中心内容，其中如《黄巾起义》《唐并东突厥》《安禄山之乱》三篇，内容比较集中，中心比较突出，故直接节自《通鉴》，中间未加删节。至如其余五篇，或内容不集中在二三年之内，或牵涉南朝、十国等史事，如果全节录了，就会喧宾夺主，因此做了一些必要的删节。

这个选本主要参考中华书局出版的标点本加以必要的简单注释，意在启发，不求详尽。胡三省以一生的精力来作《通鉴》注同时把《考异》散入《通鉴》正文之下，这些对《通鉴》的研究都有很大的帮助。因此，本书除删去一些反切音注以外，其余几乎全部保留了。为了使新注不与胡注混淆，仍照《通鉴》原来的版式，把胡注列在《通鉴》正文之下，而把新加的注释附印在每段之后。

王仲荦先生生前曾任我社学术顾问，对我社出版工作给予热情支持与帮助。此书重新出版之际，正值王先生逝世十周年，特将王先生所撰《〈资治通鉴〉和通鉴学》一文列于书前，作为这个选本的导读，亦借此表达对王仲荦先生的缅怀之情。

齐鲁书社

1996 年 6 月

《资治通鉴》和通鉴学

王仲荦

《资治通鉴》（以下简称《通鉴》）这一部编年史巨著，是我国古代著名的史学家司马光主编的。参加这部书编撰工作的除司马光以外，还有刘攽、刘恕、范祖禹等。

这部书上起周威烈王二十三年（前403），下迄后周显德六年（959）。全书分为二百九十四卷，用三百多万字，写出了一千三百六十二年的历史，文字简练，记事周详，在当时来说，是一部空前的编年史巨著。

司马光（1019—1086），字君实，陕州夏县人，进士出身，历任天章阁待制兼侍讲、知谏院、御史中丞、翰林侍读学士等官职。宋神宗任用王安石变法之时，司马光因政见不同反对变法，于熙宁三年（1070），出知永兴军（治今陕西西安），次年改判西京（宋以洛阳为西京）御史台，遂退居洛阳，不预政事，专修《通鉴》。哲宗即位，年幼，祖母高太后听政，进用旧党，尽除新法，起用司马光为宰相。1086年，光病卒，年六十八。司马光著作很多，除《通鉴》外，还有《资治通鉴目录》《资治通鉴考异》《稽古录》《传家集》等。

刘攽（1023—1089），字贡父，临江新喻（今江西新余）人，进士出身，任国子监直讲。参修《通鉴》时，专职两汉。后因反对变法斥通判泰州，旋又起知曹、亳、兖等州，后又黜监衡州盐仓。元祐元年（1086），召用旧党，起敩知襄州，入为秘书少监，加直龙图阁，改知蔡州，后又召拜中书舍人，卒，年六十七。刘敩博闻强记，能文章，与其兄敞、兄子奉世并称"三刘"，曾合著《三刘汉书标注》六卷。刘敩撰有《东汉刊误》《五代春秋》《内传国语》《经史新义》等书。

刘恕（1032—1078），字道原，筠州（今江西高安）人。进士出身，任和川令，迁著作佐郎。参加《通鉴》修撰时，专职魏晋南北朝。司马光出知永兴军时，刘恕也因"忤执政"，以亲老告归，监南康酒务，仍遥隶书局，参预《通鉴》的编纂工作。书未成，卒，年止四十七。刘恕是一位博学的历史学家，司马光说他"为人强记，纪传之外，闾里所录，私记杂说，无所不览，坐听其谈，衮衮无穷。上下数千载间，细大之事如指掌，皆有稽据可考验"（《十国纪年序》）。《宋史》本传也称他"为学自历数、地理、官职、族姓；至前代公府案牍，皆取以审证"。可见他记览之博。刘恕除参加编纂《通鉴》魏晋南北朝部分以外，又著有《通鉴外纪》，上起庖牺，下至周威烈王，以接《通鉴》。又撰有《十国纪年》。他在《通鉴外纪》后序中还说想把宋初一祖四宗（太祖、太宗、真宗、仁宗、英宗）一百多年的历史，写成《通鉴后纪》。可惜他死得太早，未及成书。

范祖禹（1041—1098），字淳甫，一字梦得，成都华阳（今四川成都）人。进士出身。初知龙水县事，历奉议郎。编纂《通鉴》时，专职唐代。《通鉴》成书，转秘书省正字。哲宗即位，除著作佐郎，历右谏议大夫、翰林侍讲学士、龙图阁直学士等官职，后以旧党被斥，病死宾化（今重庆南川区），年五十八。祖禹博学能文，著有《唐鉴》《仁宗政典》《范太史集》等书。其《唐鉴》一书，

世尤推其详，故时人称祖禹为唐鉴公。

我国史学发展到宋代，已经是著作浩瀚，仅就正史而论，自《史记》至《新五代史》，已经有一千五百卷了。"诸生历年莫能竟其篇第，毕世不暇举其大略，猒烦趋易，行将泯绝"（《通鉴外纪》）。编纂像《通鉴》这样一部详明简练的通史，对于当时学术界来说，是非常迫切的要求。

司马光自少就爱好历史，出仕以后，仍治史不懈。他在嘉祐时即曾对刘恕说过："予欲托始于周威烈王命韩、魏、赵为诸侯，下讫五代，因丘明编年之体，仿荀悦简要之文，网罗众说，成一家书。"（《通鉴外纪》）可见他对编撰《通鉴》那样一部历史著作，也是早有打算的。不过由于私人的力量有限，这一规模巨大的工作，还无法全面展开。

虽然如此，司马光还是开始了自己的编著工作，治平三年（1066），他已修成了一部上起战国下讫秦二世的八卷本编年史，名曰《通志》。编好后，他进呈给皇帝看，就在这一年，英宗命他自选官属，在崇文院置书局，许借龙图阁、天章阁、三馆、秘阁的书籍，并赐给御府笔墨缯帛等，令他续成此书。

神宗即位（1067），开经筵，命以《通志》进读。神宗为这部书写了序言，并定名为《资治通鉴》，这就是《资治通鉴》书名的由来。

后来司马光退居洛阳，书局也移到洛阳，延续到元丰七年（1084），才把这样一部巨大篇幅的编年史修成。从治平三年开局，至元丰七年成书，前后共用了十九年的时间。

《通鉴》的编纂工作，是在丰富的史料基础上进行的。《通鉴》编修者在编纂之始，先搜集资料，作成长编，在长编的基础上删繁就简，取精用宏，编成我们今天读到的《通鉴》。《通鉴》成书以后，留在洛阳的草稿，尚盈两大屋之多。由此可见，编修者编纂《通鉴》时，搜集的资料是多么广泛和丰富了。《通鉴》采用的书籍，除正史以外，杂史达三百二十二家之多。《通鉴》在编写两汉部分时，除参用前、后《汉书》以外，还采用《东观汉记》《续汉书》《前汉纪》《后汉纪》等书；在编写南北朝部分时，除南北朝正史外，还采用了《十六国春秋》《三十国春秋》《三国典略》《太清纪》等书；在编写唐代部分时，除参用《唐实录》《唐历》等书之外，甚至裨官野史、百家谱录、正集别集、墓志碑碣、行状别传，无不搜罗。《通鉴》和《资治通鉴考异》所引用的许多书籍，后来大部分都亡佚了。我们现在还能在《通鉴》和《资治通鉴考异》里看到它们的一鳞半爪，这也增加了《通鉴》和《资治通鉴考异》两书的史料价值。

在《通鉴》的编纂工作中，有时同是一个事情，而三四处的记载各不相同，《通鉴》编修者经过详尽考证，把最后的结论写在《通鉴》里，而把各家的异说收在《资治通鉴考异》里。从这点可以看出，《通鉴》的编修者虽然网罗了丰富的史料，但是没有被它们俘虏，而是从繁杂的史料中考订事实，抉择取舍，这在今天还是值得借鉴的。

《通鉴》一书，在名义上虽是官修的史书，但它和一般官书不同。司马光本人的历史造诣很深，协助他修书的人，又都是由他挑选，他们不仅是当时著名的史学家，而且和司马光志同道合，对历史事件的看法，也基本上是一致的。在修书时，司马光又能用其所长，如以刘攽任两汉，刘恕任魏晋南北朝，范祖禹任唐代，分工方面能人尽其长，所以能把这部书编修得很好。

主编司马光本人对于编修《通鉴》，态度非常认真，他对于全书的体例、书法、史料的考订、文章的剪裁，乃至一字一句的锤炼，事事都抓起来，不肯稍稍有所疏忽。翦伯赞同志在《学习司马光编写〈通鉴〉的精神》一文中说："这个《通鉴》永昌元年手稿的发现说明了一个极其重要的事情，它说明了司马光对于《通鉴》的编写，不只是在事后修改润色，而是一开始就抓提纲，不仅抓总提纲，而且抓每年的提纲，至少抓重要年代的提纲。""永昌元年，属于魏晋范围，正是刘恕担任的部分，但对于起草这一年的提纲，司马光却没有委托刘恕而是亲自动手。这一点就说明了司马光对于总揽《通鉴》全书的纲要方面，作了辛勤的工作。"（见《人民日报》1961 年 6 月 18 日）

司马光对于定稿、统稿工作，也是极为认真的。他在《进资治通鉴表》中说："臣既无它事，得以研精极虑，穷竭所有，日力不足，继之以夜。遍阅旧史，旁采小说，简牍盈积，浩如烟海，抉摘幽隐，校计毫厘。""臣之精力，尽于此书。"因此，《通鉴》的编写工作，有不少可以取法的地方。当时一般史书，"阁笔相视，含毫不断，头白可期，汗青无日"，不可与之同日而语。

司马光等编写《通鉴》的动机，是想借鉴于历史，教人君以致治之术，得使长治久安。又由于时代局限和阶级局限，贯穿《通鉴》全书的历史观，是唯心主义的历史观。这些观点更露骨地表现在"臣光曰"的评语中。例如，《通鉴》在一开头周威烈王二十三年，"初命晋大夫魏斯、赵籍、韩虔为诸侯"一事之下，评论说："臣闻天子之职，莫大于礼，礼莫大于分，分莫大于名。"就这样，他系统全面地提出了如何巩固统治秩序、维持长治久安的看法。

由于阶级局限，《通鉴》的编写者在全书中，对农民发动的反抗和起义，必然会称之曰乱，曰反，曰盗，曰贼，但这是为了让人君接受历史教训，提醒他们注意，不要再蹈前人的覆辙。《通鉴》中也有一些在一定程度上暴露统治阶级的黑暗和罪恶的材料，如卷二五一说：

　　（唐懿宗咸通十年）六月，陕民作乱，逐观察使崔荛，荛以器韵自矜，不亲政事。民诉旱，荛指庭树曰："此尚有叶，何旱之有！"杖之，民怒，故逐之。荛逃于民舍，渴求饮，民以溺饮之。

卷二五二说：

　　（唐僖宗乾符元年）春，正月，丁亥，翰林学士卢携上言……"臣窃见关东去年旱灾，自虢至海，麦才半收，秋稼几无，冬菜至少，贫者砲蓬实为面，蓄槐叶为齑；或更衰羸，亦难收拾。常年不稔，则散之邻境；今所在皆饥，无所依投，坐守乡间，待尽沟壑。其蠲免余税，实无可征；而州县以有上供及三司钱，督趣甚急，动加捶挞，虽撤屋伐木，雇妻鬻子，止可供所由酒食之费，未得至于府库也。或租税之外，更有他徭；朝廷傥不抚存，百姓实无生计。乞敕州县，应所欠残税，并一切停征，以俟蚕麦；仍发所在义仓，亟加赈给。至深春之后，有菜叶木牙，继以桑椹，渐有可食；在今数月之间，尤为窘急，行之不可稽缓。"敕从其言，而有司竟不能行，徒为空文而已。

　　这样的材料，对于帮助我们了解唐末农民大起义前夕的社会背景是有用处的。

　　另外，《通鉴》也有一些其他的缺点，如写帝王将相活动多，反映人民生活少；政治方面写得多，经济方面相对来说写得不够多；文化艺术方面，写得更少，如祖国的伟大诗人屈原、杜甫，《通鉴》里就没有正面提到，这些现象和编年史体例的局限也是有关的。

《通鉴》成书后，对后来的历史学界影响很大，因此通鉴学便成为一项专门的学问。南宋学者王应麟，除代表作《玉海》《困学纪闻》以外，在《通鉴》方面，有《通鉴答问》《通鉴地理通释》。《通鉴地理通释》把《通鉴》所载地名，一一考其异同沿革，叙述历朝分据战攻尤为详明，后来顾祖禹的《读史方舆纪要》，就是受到它的影响。

胡三省的《资治通鉴音注》，对通鉴学的贡献尤大。先是《通鉴》成书不久，即有刘安世作音义，但这部书不久就亡佚了。南宋时人史炤，又著有《资治通鉴释文》，可是错误很多。

胡三省（1230—1302），字身之，台州宁海（今属浙江）人。南宋宝祐四年（1256）和文天祥、陆秀夫、谢枋得同科中进士。他做过泰和、慈溪尉，江都丞，江陵、怀宁令，寿春府学教授。咸淳十年（1274），主管沿江制置司机宜文字。他从小受到父亲的鼓励，爱好《通鉴》，中进士以后，开始《通鉴》的注释工作。他在《新注资治通鉴序》中称："游宦远外，率携（《通鉴》）以自随；有异书异人，必就而正焉。依陆德明《经典释文》，厘为《广注》九十七卷，著《论》十篇，自周讫五代，略叙兴亡大致。"德祐二年（1276），南宋首都临安失守，帝后投降。1278 年，文天祥在战斗中被俘，张世杰覆舟死，陆秀夫负帝昺蹈海死。胡三省在悲愤之余，把全部精神寄托在《资治通鉴音注》一书上，可是宋亡之际，胡三省把稿本丢了，于是重新买了一部《通鉴》，把司马光的《资治通鉴考异》及《资治通鉴目录》中的天文、历法，并自己的注文，都附注在《通鉴》正文之下。到 1285 年，这部书才脱稿，但

修订工作，却一直持续到他七十三岁临终的那一年。他同时写成
《通鉴释文辩误》，来驳正史炤。胡三省的注，对各朝代的典章制
度，考证得很详确。尤邃于地理沿革之学，曾说："晋、宋、齐、
梁、陈之疆理，不可以释唐之疆理。释《通鉴》者，当随事随时考
其建置离合沿革也。"（《通鉴释文辩误》卷十一）清人称赞他这
几句话，"足为千古注书之法"。胡三省在注《通鉴》时，为了便
利学者，每遇难字，就将音义注出，而且许多地方并不因为前面已
经注了而后面就有所省略。他遇到《通鉴》原文有句法未顺、脱字
或其他错误的地方，也做了一定的订正。在注文里，都注明引用的
书目。在胡三省引用的书目中，如宋白《续通典》等书，现在都已
看不到了，因此，《资治通鉴音注》还保存了不少佚书中的文字，
可资辑佚工作者涉猎。胡三省注《通鉴》时，遇到牵涉上年的事
情，必注明事见某年某卷；牵涉到后来的，也注明为某事张本。遇
到政事上的特殊人物，如刘渊、石勒、朱温、王建，一出现，必注
明某人事始此。

　　"胡三省亲眼看到宋朝……政治还是那么腐败，又眼见宋朝覆
灭，元朝的残酷统治，精神不断受到剧烈的打击。他要揭露宋朝招
致灭亡的原因，斥责那些卖国投降的败类，申诉元朝横暴统治的难
以容忍，以及自己身受亡国惨痛的心情，因此，在《通鉴注》里，
他充分表现了民族气节和爱国热情。"（陈援庵《通鉴胡注表微·
重印后记》）

　　陈援庵先生在抗战时，处故都北平，闭门著作，他写了《通鉴
胡注表微》以寄意，把胡三省的生平抱负、治学精神、爱国思想加
以发挥，是近年来胡三省研究的一部重要著作。

　　胡三省《资治通鉴音注》，征摭既广，不免偶有疏忽，顾炎武
在《日知录》里，就订正了他的不少错误之处。钱大昕有《通鉴

注辨正》。陈景云撰《通鉴胡注举正》，纠正胡注地理方面的错误数条。但胡三省的《资治通鉴音注》，博大精深，其成就是主要的，不能因为一些小错误，就否定了它的伟大成就。

在明万历时，有一位学者严衍，著有《资治通鉴补》，一本八卷四册，武进盛氏刊本；一本二百九十四卷，咸丰元年江夏童氏活字本。严衍引用了许多书籍，来补充《通鉴》所遗漏的地方，同时给胡三省作补注。对研究《通鉴》和胡三省《资治通鉴音注》的人来说，这是一部很重要的参考书。

近人章钰认为《通鉴》的版本很多，都应该用来校勘。有北宋元祐本，有南宋绍兴本，又有清阳城张敦仁《资治通鉴刊本识误》，常熟张瑛有《通鉴宋本校勘记》，丰城熊罗宿有《胡刻资治通鉴校字记》，章钰都用来参校，成《胡刻通鉴正文校宋记》一书，这是集通鉴学校勘大成的一部专门著作。

《通鉴》现在流行的版本中傅增湘影印的宋刊百衲本《资治通鉴》和商务印书馆《四部丛刊初编》影印的南宋绍兴二年本《资治通鉴》，都是比较好的版本。但这两个版本都是《通鉴》白文，没有胡三省的注。一般读《通鉴》的，都喜欢读有胡三省注的《通鉴》。胡三省注的《通鉴》，以元兴文署刻本最好，清嘉庆二十一年（1816），江西鄱阳胡克家翻刻元兴文署本，一时成为最精也最为普及的本子。后来江苏官书局又收购胡克家版片，对于其磨泐的又加以补刻，流传也很广。现在流行的石印本，大都是翻刻自胡克家本。

新中国成立后，在党和政府的鼓励下，有多位专家组成标点《资治通鉴》委员会，从事《通鉴》的点校工作。他们以胡克家翻刻本为底本，又把严衍《资治通鉴补》书中可用来订正《通鉴》的部分，以及章钰的《胡刻通鉴正文校宋记》，都择要过校，附见于各正文之下。可以说，此举不仅订正了过去《通鉴》版本上的不少错误，而且是对通鉴学的一个初步总结。同时，专家们在加工时，还标点、分段，于每一年的眉头上，都注明公历年月，对于阅读者翻检，是非常方便的。这个本子就是中华书局所排印的本子。

目 录

CONTENTS

张骞通西域

汉孝武皇帝元朔三年（乙卯·前一二六）

【原文】

（夏，四月），初，匈奴降者言："月氏故居敦煌、祁连间①，为强国，氏，音支。敦煌、张掖，匈奴破月氏，使昆邪王居之；汉开置郡。祁连，山名，即天山也。匈奴呼天为祁连，在张掖西北。匈奴冒顿攻破之②。老上单于杀月氏王③，以其头为饮器④。余众遁逃远去，怨匈奴，无与共击之。"上募能通使月氏者。汉中张骞以郎应募⑤，出陇西⑥，径匈奴中；单于得之，留骞十余岁。骞得间亡⑦，乡月氏，乡，读曰向。西走，数十日，至大宛⑧。《西域传》：大宛国治贵山城，去长安万二千五百七十里；西南至大月氏所居六百九十里。大宛闻汉之饶财，欲通不得，见骞，喜，为发导译抵康居⑨，导者，引路之人；译者，传言之人也。康居国，治乐越匿地，到卑阗城，去长安万二千三百里。传致大月氏。大月氏太子为王，既击大夏⑩，分其地而居之，大夏国在大宛西南，都妫水南。月氏居妫水北。地肥饶，少寇，殊无报胡

【译文】

（夏，四月），当初，匈奴投降汉朝的人说："月氏原来住在敦煌和祁连山之间，是个强国，匈奴冒顿单于攻破了月氏。老上单于杀了月氏国王，把他的头骨做成了饮酒器具。其他的月氏部众都逃到了远方，怨恨匈奴，最好的计策莫过于联合月氏共同进攻匈奴。"武帝就招募能出使月氏的人，汉中人张骞以郎官身份应募，他从陇西出发，直接前往匈奴；匈奴单于捉到他，把他留在匈奴十多年。张骞得到机会逃走，向西面的月氏逃去，几十天后，来到大宛国。大宛国听说汉朝物产富饶，想要与汉通使而不能，看到张骞后，十分高兴，就为他准备向导和译员引他抵

之心。骞留岁余，竟不能得月氏要领，李奇曰：要领，要契也。师古曰：要，衣要也；领，衣领也。凡持衣者执要与领；言骞不能得月氏意趣，无以持归于汉，故以要领为喻。乃还；并南山⑪，《史记》曰：南山，即连终南山，从京南东至华山，东北连延至海，即中条山也。从京南而西，连接至葱岭万余里，故云并南山也。《西域传》云：其南山东出金城，与汉南山属。欲从羌中归⑫，复为匈奴所得。留岁余。会伊稚斜逐于单，匈奴国内乱⑬，骞乃与堂邑氏奴甘父逃归。服虔曰：堂邑，姓也。汉人。其奴名甘父。父，音甫。上拜骞为太中大夫⑭，甘父为奉使君。骞初行时百余人，去十三岁，唯二人得还。《考异》曰，《史记·西南夷传》曰："元狩元年，张骞使大夏来，言通身毒国之利。"按《年表》，骞以元朔六年二月甲辰封博望侯，必非元狩元年始归也。或者元狩元年，天子始令骞通身毒国，疑不能明，故因是岁伊稚斜立，终言之。

达康居国，辗转到大月氏。大月氏太子做了国王，进攻大夏国（中亚古国），分割了大夏国的土地而定居于此，这里土地肥沃富饶，很少有外敌入侵，所以他们已无向匈奴复仇的打算了。张骞留在月氏一年多，终究摸不清月氏人的态度，只好返回；张骞沿着南山走，想从羌人居地归汉，又被匈奴人抓到，羁留了一年多。适逢伊稚斜驱逐于单，匈奴国内大乱，张骞就与堂邑氏的奴仆甘父一同逃走。武帝封张骞为太中大夫，甘父为奉使君。张骞当初启程时有一百多人同行，往返十三年，只有他们二人得以回来。

注释

❶ 月氏，西域国名，亦作月支。原来居住在今甘肃河西走廊的祁连山以北敦煌一带，后西迁，开始居住在妫水（今阿姆河）以北，后来又推进到妫水以南，建都蓝氏城。到了西汉末年以后，大月氏人建立的贵霜王朝，又向南发展，建都乾陀罗，成为西域强大的国家。 ❷ 冒顿单于，是汉初匈奴有名的君主。在他统治的时期，匈奴东灭东胡，西走月氏，南并楼烦，成为当时中国北方强大的国家。冒，音墨；顿，音毒。 ❸ 老上单于，是冒顿单于的儿子，名稽粥，老上是他单于上的称号。 ❹ 饮器，饮酒的觞；一说溺器。 ❺ 张骞，汉中

（今陕西汉中）人，是西汉杰出的外交家。他两次出使西域，成为汉朝和中亚各国建立友好关系的开端，并促进了中西经济文化的交流和发展。　❻ 陇西，郡名，治狄道，今甘肃临洮。　❼ 间，孔隙的意思。　❽ 大宛，国名，首都贵山城。　❾ 康居，当时是西域大国。　❿ 大夏，国名，都城蓝氏城。大夏，是希腊人建立的国家，世界史上称 Bactria，后为大月氏所灭。　⓫ 并，即傍的古字。南山，今阿尔金山及祁连山北麓。　⓬ 羌族，泛指居住在青海的部落。　⓭ 在元朔三年，匈奴军臣单于病死，军臣单于弟伊稚斜逐军臣单于子于单，自立为单于，于单逃奔汉朝。　⓮ 太中大夫，秩比千石，掌议论。

——以上卷一八

元狩元年 <small>（己未・前一二二）</small>

【原文】

（五月），初，张骞自月氏还，<small>事见上卷元朔四年。氏，音支。</small>具为天子言西域诸国风俗："大宛在汉正西，可万里。其俗土著，耕田；<small>土著，谓有城郭常居，不随水草移徙也。</small>多善马，马汗血；<small>孟康曰：大宛国有高山，其上有马，不可得，因取五色母马置其下，与集，生驹皆汗血，因号天马子云。一说：汗血者，汗从肩膊出如血，号能一日千里。</small>有城郭、室屋，如中国。其东北则乌孙，东则于阗①。<small>于阗国在南山下，居西城。</small>于阗之西，则水皆西流注西海②，<small>《水经注》：昆仑山西有大水，名新头河，度葱岭入北天竺境，又西南流，屈而东南流，迳中天竺国，又西迳安息，南注于雷翥海。雷翥海，即西海，在安息之西，犁靬之东，东南连</small>

【译文】

（五月），当初，张骞从月氏国返回汉朝，向武帝详细介绍了西域各国的风俗："大宛国在汉朝的正西边，距离万余里。当地百姓过着定居生活，以耕田为业；多产良马，这些马出汗如血；那里有城池市镇、宫殿房屋，与中国相同。大宛国的东北边是乌孙国，东边是于阗国。于阗国以

交州海。**其东，水东流注盐泽③**。《水经注》：河水一源出于真国南山，北流与葱岭河合，东注蒲昌海。《西域传》：盐泽，一名蒲昌海，去玉门、阳关三百余里，广袤三百里，其水停居，冬夏不增减，皆以为潜行地下，南出于积石，为中国河云。玉门、阳关，皆在敦煌西界。《括地志》：蒲昌海，一名泑泽，亦名盐泽，亦名辅日海，亦名穿兰，亦名临海，在沙州西南。玉门关，在沙州寿昌县西六里。**盐泽潜行地下，其南则河源出焉④**。《索隐》曰：按《汉书·西南夷传》云：河有两源，其一出葱岭，一出于真。《山海经》云：河出昆仑东北隅。郭璞云：河出昆仑，潜行地下，至葱岭山于真国，复分流歧出，合而东注泑泽。已而复行积石为中国河。泑泽，即盐泽也。《西域传》云：于真在南山下，与郭璞注《山海经》不同。《广志》云：蒲昌海，在蒲类海东。唐长庆中，刘元鼎为盟会使，言河之上流，由洪济西南行二千里，水益狭，冬春可涉，夏秋乃胜舟，其南三百里，三山，中高四下，曰历山，直大羊同国，古所谓昆仑者也，虏曰闷摩黎山，东距长安五千里。河源其间，流澄缓下，稍合众流，色赤，行益远，它水并注则浊。河源东北直莫贺延碛尾，隐测其地，盖剑南之西。**盐泽去长安可五千里。匈奴右方居盐泽以东，至陇西长城**，即秦所筑长城也。秦筑长城起临洮，临洮县，汉属陇西郡。**南接羌，鬲汉道焉**。鬲，与隔同。**乌孙、康居、奄蔡、大月氏⑤，皆行国，随畜牧**，奄蔡国，在康居西北，临大泽无涯，盖北海云。随畜牧逐水草而居，无城郭常处，故曰行国。**与匈奴同俗。大夏在大宛西南，与大宛同俗。臣在大夏时，见邛竹杖、蜀布⑥**，臣瓒曰：邛，山名，生竹，高节，可作杖。服虔曰：蜀布，细布也。《史记正义》曰：邛都邛山出此竹，因名邛

西，河水都往流入西海（里海）；于阗以东，河水流入盐泽。盐泽一带河流为暗河，往南就是黄河的源头。盐泽离长安约五千里。匈奴国的西边疆界在盐泽东面，一直到陇西长城，南面与羌族部落相邻，把汉朝通往西域的道路隔开。乌孙、康居、奄蔡、大月氏，都是游牧国家，随畜牧逐水草而居，与匈奴的风俗一样。大夏国在大宛国西南方，与大宛的风俗一样。臣在大夏国时，见到过我国邛山产的竹杖和蜀地产的细布，问他们：'从哪里得来的？'大夏国人说：'我们的商人从身毒买来的。'身毒国在大夏国东南几千里之外，当地风俗也是定居，与大夏国相同。据臣估计，大夏国离汉朝约有一万二千里，处于汉朝的西南

竹，节高实中，或奇生，可为杖。布，土芦布。**问曰：'安得此?'大夏国人曰：'吾贾人往市之身毒⑦。'** 孟康曰：身毒，即天竺也。所谓浮屠胡也。邓展曰：毒，音笃。李奇曰：一名天笃。师古曰：亦曰捐毒。贾，音古。《索隐》曰：身，音乾。**身毒在大夏东南可数千里，其俗土著，与大夏同。以骞度之，大夏去汉万二千里，居汉西南；今身毒国又居大夏东南数千里，有蜀物，此其去蜀不远矣。今使大夏，从羌中，险，羌人恶之；少北，则为匈奴所得；从蜀，宜径，又无寇。"** 师古曰：宜，当也。径，直也。从蜀向大夏，其道当直。

方；而身毒国又位于大夏国东南方数千里，有蜀地物品，说明身毒离蜀地不是很远。如今汉朝出使大夏，从羌国路过，地形险恶，羌人又要阻拦；稍向北走，便会落入匈奴之手；从蜀地走，既近，又没有强盗。"

注　释

❶ 于阗，当时中国西北部的城郭国家，今新疆和田。　❷ 于阗以西，泛指喀喇昆仑山及帕米尔以西。西海，指阿拉伯海。印度河西流注阿拉伯海。　❸ 盐泽，即新疆若羌北的罗布泊。　❹ 黄河发源于青海星宿海上游约古宗列曲。可是当时传说，却认为罗布泊的水，潜行地下，南出为黄河之源。　❺ 乌孙，国名，首都赤谷城。奄蔡，国名，在康居西北。　❻ 邛，今四川邛崃山。　❼ 身毒，亦曰捐毒、天竺，即印度的异译。

【原文】

天子既闻大宛及大夏、安息之属①，安息治番兜城，临妫水，去长安万一千六百里，其俗亦土著。皆大国，多奇物，土著，颇与中国同业，而兵弱，贵汉财物。其北有大

【译文】

武帝听说大宛及大夏、安息之类的国家，都是大国，新奇之物颇多，百姓定居，与中国相同，但兵

月氏、康居之属，兵强，可以赂遗设利朝也。师古曰：设，施也。施之以利，诱令入朝。诚得而以义属之，师古曰：谓不以兵革。则广地万里，重九译，译，传言之人，《周官》象胥之职也。远方之人，言语不同，更历九译，乃能通于中国。致殊俗②，威德遍于四海，欣然以骞言为然。乃令骞因蜀、犍为发间使王然于等四道并出③，师古曰：间使者，求间隙而行。出駹，出冉，出徙，出邛、僰④，指求身毒国，徙，斯榆也，以手点物为指。使之出求路，指身毒而行。徙，读与斯同。各行一二千里，其北方闭氐、莋⑤，南方闭巂、昆明⑥。服虔曰：汉使见闭于夷也。师古曰：巂，即今巂州也。昆明又在其西南，即今南宁州诸爨所居是其地。莋，音昨，又音作。昆明之属无君长，善寇盗，辄杀略汉使，终莫得通。于是汉以求身毒道，始通滇国⑦。滇国地有滇池，因以名国。楚使庄蹻以兵定夜郎诸国，至滇池，因留王其地。《华阳国志》：滇池周回三百里，所出深广，下流浅狭如倒流，故谓之滇池。汉为益州郡，后改为永昌郡；魏、晋之间为晋宁郡；唐为昆州。《括地志》：滇池泽，在昆州晋宁县西南三十里。

力薄弱，喜爱中国财物。北边有大月氏、康居之类的国家，兵力强盛，可以贿赂他们，使之归附汉朝。如果能以义争取到他们臣服，那么中国的疆域可以扩大万里，通过多重翻译，招致不同风俗，使天子的恩泽传遍四海。武帝欣然同意了张骞的建议，命张骞在蜀和犍为等地征召使者王然于等人，分四路同时出发，一路由駹地出发，一路由冉地出发，一路由徙地出发，一路由邛、僰地出发，目的地都是身毒国，每一路都走了一二千里，北路在氐、莋地被阻，南路在巂、昆明被阻。昆明一带部落没有统一首领，盗匪众多，经常杀死汉朝使者，所以始终无人能通过这里。现在汉朝为寻找去身毒国的道路，才首次到达滇国。

注 释

❶安息，国名。 ❷殊俗，异俗，不同的风俗。 ❸蜀，郡名，治成都，今四川成都。犍为，郡名，治僰道，今四川宜宾西南。 ❹駹、冉，都是当时

居住在今四川茂县、汶川一带的少数民族。徙，是当时居住在今四川雅安一带的少数民族。邛，是当时居住在今四川西昌一带的少数民族。僰，是当时居住在今四川宜宾西南一带的少数民族。 **❺** 氐，是当时居住在今甘肃东南部陇南武都区、成县、徽县、康县、文县及陕西略阳一带的少数民族。筰，是当时居住在今四川汉源、石棉、九龙一带的少数民族。 **❻** 嶲，今四川西昌一带。昆明，这时是指今云南西从洱海东抵大姚的一带地方，而不是今云南滇池地区。 **❼** 滇国，都城在今云南昆明晋宁区。

——以上卷一九

元鼎二年（丙寅·前一一五）

【原文】

浑邪王既降汉①，见上卷元狩元年。汉兵击逐匈奴于幕北②，见上卷元狩元年。自盐泽以东，空无匈奴，西域道可通。于是张骞建言："乌孙王昆莫本为匈奴臣，后兵稍强，不肯复朝事匈奴，匈奴攻不胜而远之。今单于新困于汉，而故浑邪地空无人，蛮夷俗恋故地，又贪汉财物，今诚以此时厚币赂乌孙，招以益东，居故浑邪之地，《张骞传》：昆莫父难兜靡，本与大月氏同在敦煌、祁连间，小国也。大月氏攻杀难兜靡，夺其地，而大月氏又为匈奴所破，西击塞王而夺其国，昆莫报父怨，西攻破大月氏

【译文】

浑邪王归降汉朝后，汉兵把匈奴驱逐到大漠以北，自盐泽以东广大地区没有匈奴出现，往西域的道路可以通行。于是张骞建议："乌孙王昆莫原是匈奴的藩属，后来兵力渐强，不肯再朝拜事奉匈奴，匈奴攻打未胜，只好舍他而去。现在匈奴单于刚被我们打败，而以前浑邪王辖地又空无一人，蛮夷的习俗是眷恋故地，又贪爱汉朝的财物，如果现在我们用丰厚的财物拉拢乌孙，招他们东迁到浑邪王过去的辖地居住，与汉朝结为兄弟之国，势必可

国，因留居为乌孙国。骞欲诱之复归故地。与汉结昆弟，其势宜听，听则是断匈奴右臂也③。既连乌孙，自其西大夏之属皆可招来而为外臣。"天子以为然，拜骞为中郎将④，将三百人，马各二匹，牛羊以万数，赍金币帛直数千巨万⑤；多持节副使⑥，师古曰：为骞之副，而各令持节也。道可便，遣之它旁国。沿道有便可通使他国者，即遣之。

使他们听从我们的调遣，这就等于折断了匈奴的右臂。联结乌孙后，其西边的大夏等国也都能招来成为汉朝的藩属。"武帝认为有理，就封张骞为中郎将，率领三百人，每人各带二匹马，数万头牛羊，以及极多的黄金、货币、绸缎；加上很多手持天子符节的副使，如沿途有通往别国的道路，就派副使前往。

注 释

❶ 浑邪王，匈奴占领河西走廊时，派其浑邪王驻在今甘肃酒泉一带。元狩二年（公元前一二一年），浑邪王脱离匈奴，归附汉朝。　❷ 幕北，幕即古漠字，漠北，指大戈壁以北。　❸ 断匈奴右臂，言汉控制河西走廊，就能把匈奴右边（西边）的一只臂膀斩断了。　❹ 中郎将，西汉有五官和左、右中郎将，职掌禁卫，秩比二千石，是仅次于将军的官号。　❺ 数千巨万，犹言数千万万，极言其多。　❻ 多持节副使，多任命一些持节的副使，以便分别到乌孙附近的各国去访问。

【原 文】

　　骞既至乌孙，昆莫见骞，礼节甚倨。骞谕指曰：师古曰：以天子意指晓告之。"乌孙能东居故地，则汉遣公主为夫人，结为兄弟，共距匈奴，匈奴不足破也。"乌孙

【译 文】

　　张骞到了乌孙，乌孙王昆莫接见了他，但在礼节上非常傲慢。张骞以汉廷的意旨晓谕他们说："乌孙如能东迁故地，那么汉朝就把公主许配给大王做夫人，结成兄弟，共同抗拒匈奴，那匈奴就不堪一击

自以远汉，未知其大小，素服属匈奴日久，且又近之，其大臣皆畏匈奴，不欲移徙。骞留久之，不能得其要领，*要，读曰腰*。因分遣副使使大宛、康居、大月氏、大夏、安息、身毒、于阗及诸旁国。乌孙发译道送骞还，*身毒，音捐笃*。*师古曰：道，读曰导*。使数十人，马数十匹，随骞报谢，因令窥汉大小。是岁，骞还，到，拜为大行①。后岁余，骞所遣使通大夏之属者，皆颇与其人俱来，*晋灼曰：其国人*。于是西域始通于汉矣。

了。"但乌孙王自觉远离汉朝，不知汉朝大小；而且长期以来一直臣服于匈奴，又靠近匈奴，朝中大臣都畏惧匈奴，不愿东迁。张骞在乌孙留了很久，没有得到确切的答复，便遣副使分头出使大宛、康居、大月氏、大夏、安息、身毒、于阗和附近各小国。乌孙派出翻译和向导送张骞回国，又派数十人，数十匹马，随张骞回报答谢汉朝，顺便窥视汉朝的大小。这年，张骞返回长安，武帝封他为大行。一年多后，张骞派往大夏等国的副使大都与该国使臣一同回来，于是西域各国开始与汉朝取得了联系。

注　释

❶ 大行，九卿之一，职掌外交及处理国内少数民族事务。

【原　文】

西域凡三十六国①，南北有大山②，中央有河③，*西域始通于汉，凡三十六国，其后分置五十余国：婼羌、鄯善、且末、小宛、精绝、戎卢、扜弥、渠勒、皮山、乌秅、西夜、蒲犁、子合、依耐、无雷、难兜、罽宾、乌弋山离、犁靬、条支、安息、大月氏、大夏、康居、奄蔡、大宛、桃槐、休循、捐笃、莎车、疏勒、尉头、乌孙、姑墨、温宿、龟兹、乌垒、渠犁、尉犁、危须、焉耆、乌贪訾离、卑陆、卑陆后国、郁立师、单桓、蒲类、*

【译　文】

西域共有三十六个国家，南北方是大山，中部有河流，东西六千多里，南北一千多里，东面与汉朝的玉门、

蒲类后国、西且弥、东且弥、劫国、山国、狐胡、车师前、后王是也。南北有大山者，南山在于寘之南，东出金城，与汉南山接；北山在车师之北，即《唐志》所谓西州交河县北柳谷金沙岭等山是也。中央有河者，河有两源，一出葱岭，一出于寘南山，其河北流与葱岭河合，注蒲昌海。自于寘以西，水皆西流，迳休循、罽宾、大月氏、安息等国而入于西海。蒲昌之水潜行地下，南出积石为中国河。西海之水东南合于交州涨海。**东西六千余里，南北千余里，东则接汉玉门、阳关**④，班《志》：敦煌郡龙勒县有玉门关、阳关，酒泉郡有玉门县。阚骃曰：汉罢玉门关屯，置其人于此。《括地志》：沙州龙勒山在县南百六十五里，玉门关在县西北百一十八里。**西则限以葱岭**⑤，《西河旧事》：葱岭，其山高大，上悉生葱，故以名焉。**河有两源，一出葱岭，一出于寘，合流东注盐泽**⑥。**盐泽去玉门、阳关三百余里。自玉门、阳关出西域有两道：从鄯善傍南山北，循河西行，至莎车，为南道**⑦；鄯善，亦曰楼兰国，治扜泥城，去阳关千六百里。莎车，治莎车城，去长安九千九百五十里。**南道西逾葱岭，则出大月氏、安息**⑧。**自车师前王廷随北山循河西行至疏勒，为北道**⑨；车师前王，治交河城，去长安八千一百五十里，唐西州交河县是也。疏勒治疏勒城，去长安九千三百五十里，西当大月氏、大宛、康居之道。**北道西逾葱岭，则出大宛、康居、奄蔡焉**。杜佑曰：奄蔡，后为肃特国。**故皆役属匈奴，匈奴西边日逐王置僮仆都尉**，匈奴盖以僮仆视西域诸国，故以名官。**使领西域，常居焉者、危须、尉黎间**⑩，焉者，治员渠城，去长安七千三百里。危须，治危须城，在焉者东百里，去长安七千二百九十里。尉犁，治尉犁城，去长安六千七百五十里，南接鄯善、且末二国。**赋税诸国，取富给焉。**

阳关相连，西面和葱岭交界。河流有两个源头，一在葱岭，一在于阗，然后合流注入盐泽。盐泽离玉门、阳关有三百多里。从玉门、阳关到西域有两条道路：从鄯善沿着南山北麓前行，再顺着河流向西走到莎车，是为南道；从南道向西越过葱岭，经过大月氏、安息。从车师前王廷沿北山前行，顺着河流走到疏勒，是为北道；北道向西越过葱岭，可以经过大宛、康居、奄蔡等国。这些国家以前都臣属匈奴，匈奴西部的日逐王，设置僮仆都尉统辖西域各国，常住在焉者、危须、尉黎一带，向西域各国征收赋税，掠夺财富。

注释

❶ 此西域，不仅指今新疆地区，同时包括中亚地区；但这里介绍的地形，却是指新疆地区而言的。　❷ 南、北大山，南面的大山指阿尔金山山脉，北面的大山指天山山脉。　❸ 中央有河，此指塔里木河。　❹ 玉门关、阳关，俱在今甘肃敦煌。　❺ 葱岭，今新疆喀什、莎车以西一带，自北而南，山岭重叠，其间土名，随地而异，古时总谓之葱岭。　❻ "河有两源，一出葱岭，一出于阗"，此指塔里木河上游。喀喇昆仑山、帕米尔、阿赖山脉，天山山脉之水，总汇于塔里木河，所以说"一出葱岭"。古代和田河横截塔里木盆地，北流合于塔里木河，所以说"一出于阗"。　❼ 鄯善，国名，在今新疆若羌东北。傍南山北，傍阿尔金山之北麓。循河西行，循车尔臣河西行。莎车，今新疆莎车。　❽ 自莎车越帕米尔往阿富汗、伊朗等地。　❾ 车师前王治所在今新疆吐鲁番交河城，傍天山南麓，循塔里木河西抵疏勒国。疏勒国，今新疆疏勒。❿ 焉耆，国名，今新疆焉耆。危须，国名，有人说在今新疆库尔勒，然古记云危须在焉耆东，库尔勒在焉耆西，地望不合，当在今新疆焉耆、和硕一带。尉黎，国名，今新疆尉犁。

【原文】

乌孙王既不肯东还，汉乃于浑邪王故地置酒泉郡①，应劭曰：其水如酒，故曰酒泉。师古曰：城下有金泉，泉味如酒。唐为肃州。宋白曰：东南至长安二千九百里。稍发徙民以充实之；后又分置武威郡②，本匈奴休屠王所居地，太初四年，分置武威郡，唐之凉州即其地。宋白曰：东南至长安二千八百里。以绝匈奴与羌通之道。

【译文】

由于乌孙王不肯东迁，汉朝就在浑邪王旧地设置酒泉郡，从内地迁徙了一部分百姓前去居住，以充实该郡；后来又从这里分出一部分设置武威郡，以断绝匈奴通往羌族的道路。

注 释

❶ 酒泉郡，治在今甘肃酒泉。　❷ 武威郡，治在今甘肃武威。

【原 文】

天子得宛汗血马，爱之，名曰"天马"。使者相望于道以求之。诸使外国，一辈大者数百^①，少者百余人，人所赍操，大放博望侯时^②，赍，资也。操，持也。放，依也。言遣使所将节币，大概依遣博望侯时也。放，读曰仿。其后益习而衰少焉^③。师古曰：以其串习，故不多发人。汉率一岁中使多者十余，少者五六辈，远者八九岁，近者数岁而反。

【译 文】

武帝得到大宛的汗血马后，非常喜爱，起名为"天马"。又接连派出使者求取天马。出使外国的使团，多的一批有几百人，少的一批也有一百多人，每人所携带的礼品等物与张骞出使时相仿，后来因日益熟悉西域情况，人数也就逐渐减少了。一年内汉朝出使西域的使团多时有十几批，少时五六批；路远一点要八九年，近一点的也要几年才能返回。

注 释

❶ 一辈，犹言一批，五六辈，犹言五六批。　❷ 放，古仿字。言后来使臣所携带的礼物，大都仿照张骞的成例。　❸ 益习而衰少，是说出使的人，对西域的情况了解得更清楚，工作效率提高，因此此后出使次数、使团人数均反而可以减少了。

六年（庚午·前一一一）

【原文】

博望侯既以通西域尊贵，其吏士争上书言外国奇怪利害求使。天子为其绝远，非人所乐往，听其言，师古曰：凡人皆不乐去，故有自请为使者，即听而遣之。乐，音洛。予节①，募吏民，毋问所从来②，师古曰：不为限禁远近，虽家人私隶，并许应募。予，读曰与。为具备人众遣之，以广其道。来还，不能毋侵盗币物及使失指，师古曰：乖天子指意。天子为其习之，辄覆按致重罪，以激怒令赎，师古曰：言其串习，不以为难，必当更求充使，令立功以赎罪。复求使，使端无穷，而轻犯法。其吏卒亦辄复盛推外国所有，言大者予节，言小者为副，故妄言无行之徒皆争效之。其使皆贫人子，私县官赍物，师古曰：言所赍官物，窃自用之，同于私物。欲贱市以私其利③。师古曰：所市之物得利多，故不尽入官也。外国亦厌汉使，人人有言轻重，服虔曰：汉使言于外国，人人轻重不实。度汉兵远，不能至，而禁其食物以苦汉使。师古曰：令其困苦也。汉使乏绝，积怨至相

【译文】

博望侯张骞因通使西域而获得尊贵地位，他的属吏也争相上书陈说外国的奇风异俗和利害关系，请求通使。武帝认为西域路途遥远，一般人不愿前往，就接受了他们的请求，给予他们符节，招募人员，不管他们出身如何，只要配备好人员就派他们出发，以扩大出使的范围。这些使者回来后，免不了有私吞礼品财物和违背朝廷旨意的现象，武帝因这些人熟习西域，虽对他们治以重罪，但实际上是激励他们立功赎罪，再次请求出使，因此这些人多次出使西域，而对犯法之事看得很轻。使臣的随从人员也都常称赞外国事物，会说的往往被授予正使符节，不大会说的也被封为副使，所以很多浮夸而无品行的人争相效法。出使西域的都是贫家子弟，常常将所携带的

攻击。而楼兰、车师小国当空道，汉出西域有两道，南道从楼兰，北道从车师，故二国当汉使空道。师古曰：空，即孔也。攻劫汉使王恢等尤甚，而匈奴奇兵又时遮击之。使者争言西域皆有城邑，兵弱易击。于是天子遣浮沮将军公孙贺将万五千骑出九原二千余里④，至浮沮井而还。浮沮，匈奴中井名，出军时，期贺至浮沮井，故以为将军之号。下匈河将军，其义类此。匈河将军赵破奴将万余骑出令居数千里⑤，至匈河水而还。臣瓒曰：匈河水去令居千里。以斥逐匈奴不使遮汉使，皆不见匈奴一人，乃分武威、酒泉地置张掖、敦煌郡⑥，应劭曰：敦，大也，煌，盛也。张掖，张国臂掖也。敦，音屯。张掖，昆邪王所居地。唐为甘州。敦煌，唐为沙州。《考异》曰，《汉书·武纪》："元狩二年，浑邪王降，以其地为武威、酒泉郡。元鼎六年，分置张掖、敦煌郡。"而《地理志》云："张掖、酒泉郡，太初元年开；武威郡，太初四年开；敦煌郡，后元元年分酒泉置。"今从《武纪》。徙民以实之。

朝廷礼物贱价卖出后中饱私囊。西域各国也因这些使者说话前后不实而讨厌他们，心想汉军路远难至，就拒绝为汉使提供食物，以为难汉使。汉使由于缺乏食物，常常相互埋怨攻击。而且楼兰、车师两个小国，地处交通要道，经常劫掠汉使，王恢等人就曾遭劫，匈奴也出奇兵，不时偷袭汉使。使者们争相报告说西域各国虽然有城邑，但兵力薄弱，容易征服。于是武帝派浮沮将军公孙贺率兵一万五千从九原出发，深入二千多里，到浮沮井而回。又派匈河将军赵破奴率一万多骑兵从令居出发，深入数千里，到匈河水而回。目的是赶走匈奴，不让他们偷袭汉使，但未见到一个匈奴人。于是分割武威、酒泉二郡的土地，增设张掖、敦煌二郡，迁徙民众以充实这二郡。

注　释

❶予节，出使给予符节，表示代表国家。　❷毋问所从来，不追问参加使团人们的出身履历。　❸汉代称政府为县官，这是说使臣擅用官物，又抢购外国廉价之物，其利又不归政府。　❹九原，今内蒙古五原西南。　❺令居塞，在

今甘肃永登、天祝境。 ❻张掖郡，治在今甘肃张掖。敦煌郡，治在今甘肃敦煌西。

——以上卷二〇

元封六年（丙子·前一〇五）

【原文】

乌孙使者见汉广大，归报其国，元鼎二年，乌孙遣使随张骞入谢天子。其国乃益重汉。匈奴闻乌孙与汉通，怒，欲击之；又其旁大宛、月氏之属皆事汉；乌孙于是恐，使使愿得尚汉公主①，为昆弟。天子与群臣议，许之。乌孙以千匹马往聘汉女②。汉以江都王建女细君为公主，往妻乌孙，江都王建，易王非之子。赠送甚盛；乌孙王昆莫以为右夫人。匈奴亦遣女妻昆莫，以为左夫人③。公主自治宫室居，岁时一再与昆莫会，置酒饮食。昆莫年老，言语不通，公主悲愁思归，天子闻而怜之，间岁遣使者以帷帐锦绣给遗焉。师古曰：间岁者，谓每隔一岁而往也。昆莫曰"我老"，欲使其孙岑娶尚公主。《史记》作"岑娶"，《汉

【译文】

乌孙使者看到汉朝地域广大，回国后向其国王报告，使乌孙更加重视汉朝。匈奴听说乌孙与汉朝通好，大怒，打算攻打乌孙；乌孙的邻国大宛、月氏等国，也都事奉汉朝了；乌孙害怕匈奴，派人到汉朝去，希望能迎娶汉朝的公主，和汉朝结为兄弟之国。武帝和群臣商议，同意了这一请求。乌孙用一千匹马作为聘礼来聘汉朝公主。汉朝以江都王刘建的女儿细君为公主，嫁给乌孙王，赠送的礼物非常丰厚；乌孙王昆莫封细君为右夫人。匈奴也选送了一名女子嫁给昆莫，昆莫封其为左夫人。汉公主在自建的宫室中居住，一年之中仅有一两次与昆莫见面，一起饮酒吃饭。因昆莫年老，言语又

书》作"岑陬"。师古曰：岑，士林翻。陬，子侯翻。余据《汉书》，岑陬者，其官名也。本名军须靡。**公主不听，上书言状。天子报曰："从其国俗，欲与乌孙共灭胡。"岑娶遂妻公主。昆莫死，岑娶代立，为昆弥。**乌孙建国之王曰昆莫。班《史》云：昆莫，王号也，名猎骄靡，后书"昆弥"云。颜《注》云：昆莫本是王号，而其人名猎骄靡。故书云昆弥；昆取昆莫，弥取骄靡，弥、靡音有轻重耳，盖本一也。后遂以昆弥为王号。

不通，汉公主内心悲苦，想回汉朝，武帝听说后十分同情她，每隔一年总要派遣使臣给她送去锦帐、绸缎等物。昆莫说，"我老了"，想让他的孙子军须靡娶汉公主为妻。汉公主不肯，上书武帝，武帝回复说："应顺从乌孙国的风俗，因为我们希望与乌孙一起消灭匈奴。"军须靡就娶了公主。昆莫死后，军须靡继位，王号为昆弥。

注 释

❶娶公主曰尚。　❷章钰《校宋记》云：十四行本无"往"字。　❸匈奴尚左，左夫人地位高于右夫人。

【原 文】

是时，汉使西逾葱岭，抵安息。安息发使，以大鸟卵及黎轩善眩人献于汉①，应劭曰：大鸟卵如一二石瓮。师古曰：如汲水瓮，无一二石也。郭义恭《广志》曰：大爵，颈及身、膺、蹄都似橐驼，举头高七八尺，张翅丈余，食大麦，其卵如瓮，即今之驼鸟也。黎轩，亦曰黎靬，东汉为大秦国，唐为拂菻国，在安息、乌弋之西，隔大海。眩，与幻同，即今吞刀、吐火、植瓜、种树、屠人、截马之术皆是。鱼豢《魏略》曰：大秦国，俗善幻，口中出火，自缚自解，跳十二丸，巧妙非常。

【译 文】

这时，汉朝使臣向西越过葱岭，到达安息。安息国也派出使者，并将鸵鸟蛋和精通幻术的黎轩艺人献给汉朝，其他一些小国如骦潜、大益、车师、扜采、苏薤等，都派人随着汉使去朝贡天子，武帝大为高兴。西域各国朝拜天子的使者来来往往，武帝每次到沿海巡游，

轩，音轩。及诸小国骓潜、大益、车（姑）师、扞采、苏薤之属②，据《史记》，骓潜、大益在大宛西。扞采国治扞采城，去长安九千二百八十里，西通于寘三百九十里，后汉曰宁采。苏薤，康居小王国，治苏薤城，去阳关凡八千二十五里。扞，音乌。采，与弥同。皆随汉使献见天子，天子大悦。西国使更来更去，师古曰：递互来去，前后不绝。天子每巡狩海上，悉从外国客，大都、多人则过之③，散财帛以赏赐，厚具以饶给之，以览示汉富厚焉。师古曰：言示之，令其观览。大角抵④，出奇戏、诸怪物，多聚观者。师古曰：聚都邑人令观看，以夸示之。行赏赐，酒池肉林，令外国客遍观名仓库府藏之积⑤，见汉之广大，倾骇之⑥。师古曰：见，显示也。大宛左右多蒲萄，可以为酒，多苜蓿，苜蓿，草名。苜，音目。蓿，音宿。天马嗜之；汉使采其实以来，天子种之于离宫别观旁，极望。然西域以近匈奴，常畏匈奴使，待之过于汉使焉。

都将这些外国使臣带上，遇上大都市或人多之处都要游览一下，并将大批钱帛赏赐给他们，以丰盛的物品厚待他们，来显示汉朝的富裕。还表演大角抵，演出新奇的把戏，展示各种不常见的物品，聚集许多人观看。每逢赏赐，都大摆酒宴，似酒池肉林，让外国宾客到处参观各个仓库中储存的财物，来显示汉朝的广大富强，使他们倾慕惊骇。大宛国附近多产葡萄，可以造酒；还盛产苜蓿，大宛的天马最爱吃它。汉朝使者便采了种子回来，武帝把它种在行宫旁边，一望无际。但是，西域靠近匈奴，常常畏惧匈奴使者，所以对匈奴使臣比对汉使更为恭敬有礼。

注　释

❶黎轩，罗马共和国（按黎轩为亚历山大之对音，盖泛指希腊、罗马殖民地）。善眩人，魔术师。　❷骓潜、大益两国，在当时大宛国之西。扞采，当时中国西北部的国家，今新疆策勒北沙中。苏薤，国名，都苏薤城。　❸大都、多人，言都市大，人口多。　❹角抵，角即角力，抵即以力相抵当，是徒手搏斗的

技艺，即现代摔角、掼跤。　❺名，严衍《资治通鉴补》作"各"。　❻倾骇之，犹言唬住他。

——以上卷二一

党锢之祸

汉孝桓皇帝延熹九年 (丙午·一六六)

【原文】

（秋，七月），初，帝为蠡吾侯受学于甘陵周福①，及即位，擢福为尚书。时同郡河南尹房植，有名当朝，乡人为之谣曰："天下规矩房伯武②，因师获印周仲进。"房植，字伯武。周福，字仲进。二家宾客，互相讥揣，揣，度也，量也，度量其轻重长短而为讥议也。遂各树朋徒，渐成尤隙。由是甘陵有南北部，党人之议自此始矣。

【译文】

当初，皇帝还是蠡吾侯时，跟着甘陵人周福学习，等到即位，擢升周福为尚书。那时同郡人河南尹房植在朝已很有名，甘陵人就编歌谣说："天下规矩房伯武，因师获印周仲进。"房、周二家宾客互相讥评，因此各树朋党，渐渐形成了怨隙。从此甘陵有了南北两派，朋党的议论由此始兴。

注释

❶甘陵，县名，在今山东临清东南。　❷规矩，此言可为模范。

【原文】

汝南太守宗资以范滂为功曹，南阳太守成瑨以岑晊为功曹，晊，音质。

【译文】

汝南太守宗资用范滂为功曹，南阳太守成瑨用岑晊为功

皆委心听任，使之褒善纠违，肃清朝府。朝，郡朝也，公卿牧守所居皆曰府。滂尤刚劲，疾恶如仇。滂甥李颂，素无行，中常侍唐衡以属资①，资用为吏，滂寝而不召②。资迁怒，捶书佐朱零，《百官志》：郡阁下及诸曹各有书佐，干主文书。零仰曰："范滂清裁，贤曰：……裁，制也，言其清而有制也。今日宁受笞而死，滂不可违。"资乃止。郡中中人以下，莫不怨之。于是二郡为谣曰："汝南太守范孟博，南阳宗资主画诺；孟博，范滂字也。诺者随言而应，无所违也。画诺，犹画可也。南阳太守岑公孝，弘农成瑨但坐啸。"公孝，岑晊字也。啸，吟也，言但坐而吟啸，于郡事无所豫也。

曹，对他们都十分信任，使他们扬善纠恶，肃清郡府的法纪。范滂尤其刚正，疾恶如仇。范滂的外甥李颂，向来行为不端，中常侍唐衡将他托付给宗资，宗资让他做一名小吏；范滂却将公文搁置不发。宗资发泄怒气，拷打书佐朱零，朱零仰叹说："范滂的裁决是公正的，今天我宁愿被打死，也不能违背范滂。"宗资这才停止拷打。郡中一般不了解范滂的人，没有不责怨他的。于是两郡的人为他们编歌谣说："汝南太守范孟博，南阳宗资主画诺；南阳太守岑公孝，弘农成瑨但坐啸。"

注 释

❶"唐衡"，张敦仁《资治通鉴刊本识误》云当作"唐俭"。　❷寝，搁置的意思。

【原文】

太学诸生三万余人，郭泰及颍川贾彪为其冠，与李膺、陈蕃、王畅更相褒重①。学中语曰："天下模

【译文】

太学里有三万多名学生，郭泰和颍川人贾彪是他们的领袖，与李膺、陈蕃、王畅互相

楷李元礼，不畏强御陈仲举，天下俊秀王叔茂。"*李膺字元礼，陈蕃字仲举，王畅字叔茂。*于是中外承风，竞以臧否相尚[2]，*否，音鄙。*自公卿以下，莫不畏其贬议，屣履到门[3]。*屣履者，履不蹑跟也。*

太学中有歌谣说："天下模楷李元礼，不畏强御陈仲举，天下俊秀王叔茂。"于是京师内外形成风气，竞相崇尚褒贬善恶，自公卿以下，没人不怕他们的贬议，接踵登门趋附。

注 释

❶ 李膺时任司隶校尉，陈蕃时任太尉，王畅时为议郎，皆当时名士领袖。　❷ 称善曰臧，举恶曰否，评论人之善恶，曰臧否人物。　❸ 屣履，言纳履不正，拽之而行。

【原 文】

　　宛有富贾张汜者[1]，*《考异》曰：《陈蕃传》作张汜，谢承《书》作张子禁，今从《岑晊传》。*与后宫有亲，又善雕镂玩好之物，颇以赂遗中官，以此得显位，用势纵横。岑晊与贼曹史张牧，*贼曹，主盗贼事。*劝成瑨收捕汜等；既而遇赦，瑨竟诛之，并收其宗族宾客，杀二百余人，后乃奏闻。小黄门晋阳赵津，贪暴放恣，为一县巨患。太原太守平原刘瓆使郡吏王允讨捕[2]，亦于

【译 文】

　　宛县有富商张汜，与后宫的人有亲戚关系，又擅长雕镂玩物，常拿来送给宦官作为贿赂，因此得做高官，仗势横行。岑晊与贼曹史张牧劝成瑨拘捕张汜等人；后来张汜遇到赦免，成瑨竟然杀了张汜，并且抓了他的宗族与宾客，杀了二百多人，然后才报告给朝廷。小黄门晋阳人赵津，凶残放纵，是全县的巨患。太原太守平原人刘瓆派郡吏王允去拘捕他，也是在大赦后杀了他。于是中常侍侯览指使张汜的妻子上书

赦后杀之。于是中常侍侯览使张汎妻上书讼冤，宦者因缘谮诉瑶、瓆。帝大怒，征瑶、瓆皆下狱。有司承旨，奏瑶、瓆罪当弃市③。

讼冤，宦官们乘机告发成瑶、刘瓆。皇帝大怒，召成瑶、刘瓆，把他们都送进监狱。有司承迎朝廷的意思，上奏成瑶、刘瓆的罪该处死暴市。

注释

❶ 宛，汉南阳郡治所，为当时重要都市之一，今河南南阳。　❷ 瓆，音质。
❸ 弃市，古代杀人于市衢以示众，故曰弃市。

【原文】

　　山阳太守翟超，以郡人张俭为东部督邮。侯览家在防东①，《百官志》：郡有五部督邮，监属县。《郡国志》：防东县属山阳郡。贤曰：故城在今兖州金乡县南。残暴百姓；览丧母还家，大起茔冢，茔音营。俭举奏览罪，而览伺候遮截，截，……后乃作截。章竟不上。俭遂破览冢宅，藉没资财，具奏其状，复不得御。御，进也，谓其奏不得进也。《考异》曰，《袁纪》："俭行部至平陵，逢览母，俭按剑怒曰：'何等女子干督邮，此非贼邪！'使吏卒收览母，杀之。追擒览家属、宾客，死者百余人，皆僵尸道路，伐其园宅，井堙木刊，鸡犬器物，悉无遗类。"《苑康传》亦云："张俭杀侯览母，按其宗党，或有逃匿太山界者。康穷相收掩，无得遗脱。览大怨之，征诣廷尉，坐徒日南。"案《侯览传》云："览丧母还家。"《陈蕃

【译文】

　　山阳太守翟超以当地人张俭为东部督邮。侯览家在防东，残暴百姓；侯览因为母亲去世回家，大修坟茔。张俭上奏举告侯览的罪行，而侯览伺机拦截，奏章竟然送不上去。张俭于是拆毁了侯览家的冢宅，没收了资产，上奏具告他的罪状，奏章还是没能送上去。徐璜哥哥的儿子徐宣为下邳县令，暴虐非常。他曾经求娶前汝南太守李暠的女儿，未能得逞，于是带领吏卒到李暠家，抢了李暠的女儿回

传》云："翟超没入侯览财产，坐髡钳。"皆不云俭杀其母。若果杀之，则苑康不止徙日南也。《侯览传》又云"建宁二年丧母"，盖以诔党人在其年，致此误耳。

徐璜兄子宣为下邳令②，暴虐尤甚。尝求故汝南太守李暠女不能得，遂将吏卒至暠家，载其女归，戏射杀之。东海相汝南黄浮闻之，收宣家属，无少长悉考之。掾史以下固争，浮曰："徐宣国贼，今日杀之，明日坐死，足以瞑目矣！"即案宣罪弃市，暴其尸。于是宦官诉冤于帝，帝大怒，超、浮并坐髡钳，输作右校③。

来，嘲弄射杀了她。东海相汝南人黄浮听到此事，抓了徐宣家属，无论老少都予以拷问。掾史以下都极力反对他这样做，黄浮说："徐宣这个国贼，我今天把他杀了，明天判我死罪，足以让我瞑目了！"当即判徐宣死罪，暴尸市中。宦官于是向皇帝诉冤，皇帝大怒，翟超、黄浮都被判以髡钳重刑，送到右校做苦力。

注　释

❶防东，县名，今山东金乡南。　❷下邳，县名，今属江苏邳州。　❸输作右校，送至右校这一部门做苦工。后汉将作大匠下有左右校署令，掌左右工徒。左校署令掌营构木作采材等事，右校署令掌营土作瓦泥并烧石灰及扫除厕溷等事。

【原文】

太尉陈蕃、司空刘茂共谏，请瑨、瓆、超、浮等罪；《考异》曰：《陈蕃传》又有司徒刘矩，按时胡广为司徒，非矩也。帝不悦。有司劾奏之，茂不敢复言。蕃乃独上疏曰："今寇

【译文】

太尉陈蕃、司空刘茂一同上书，请求宽恕成瑨、刘瓆、翟超、黄浮等人的罪过，皇帝不高兴。有关官吏弹劾陈蕃、刘茂，刘茂不敢再提宽恕事。陈蕃于是单独上书说："现今边疆的寇贼不过是四肢

贼在外，四支之疾；内政不理，心腹之患。臣寝不能寐，食不能饱，实忧左右日亲[①]，忠言日疏，内患渐积，外难方深。陛下超从列侯，继承天位，贤曰：言帝以蠡吾侯即位。小家畜产百万之资，子孙尚耻愧失其先业，况乃产兼天下，受之先帝，而欲懈怠以自轻忽乎！诚不爱己，不当念先帝得之勤苦邪！前梁氏五侯，毒遍海内，天启圣意，收而戮之。贤曰：五侯谓胤、让、淑、忠、戟，与冀同时诛，事见《冀传》。天下之议，冀当小平；明鉴未远，覆车如昨，而近习之权，复相扇结。小黄门赵津，大猾张汜等，肆行贪虐，奸媚左右。前太原太守刘瓆，南阳太守成瑨，纠而戮之，虽言赦后不当诛杀，原其诚心，在乎去恶，至于陛下，有何悁悁！《说文》曰：'悁悁，忿恚也。'而小人道长，荧惑圣听[②]，遂使天威为之发怒，必加刑遣，已为过甚，况乃重罚，令伏欧刀乎[③]！又前山阳太守翟超，东海相黄浮，奉公不桡，疾恶如仇，超没侯览财物，浮诛徐宣之罪，并蒙刑坐，

的疾病；如果不能治理内政，必成心腹之患。我睡不得安，食不能饱，实在担心内侍一天天备受亲信，忠言一天天减少，内患越积越多，外患更加深重。陛下由蠡吾侯而继承帝位。小民家庭积蓄百万钱家产，而当子孙的深以败坏祖业为愧，何况陛下的产业兼有天下，承受先帝的托付，怎么能够轻忽懈怠！即使真的不爱惜自己，也应当念及先帝创业的辛勤劳苦！先前，梁姓五位侯爵，害尽全国，上天启发圣意，收捕并杀了他们。天下的议论，稍有平息；鉴戒不远，覆车如在昨天，陛下身边的亲信，重新勾结。小黄门赵津、大奸贼张汜等人，肆行残暴，谄媚于内侍。前太原太守刘瓆、南阳太守成瑨纠举并杀了他们，虽说是大赦后不应当诛杀，但推究他们的用心，在于为国除恶，此事对于陛下，有什么必要发怒呢！小人善于作恶，荧惑陛下的视听，才使得陛下为此事大发雷霆，而定要惩办刘瓆、成瑨，这已经够过分了，何况要从严重罚斩首处决！又，前山阳太守翟超、东海相黄浮，秉公办事，不屈不挠，疾恶如仇，翟超没收了侯览的财物，黄浮依法诛杀徐宣，竟然都受到惩处，不能得到赦令宽恕。侯览放纵横暴，仅仅被没收财物，已是幸

不逢赦恕。览之从横，没财已幸；宣犯衅过，死有余辜。昔丞相申屠嘉召责邓通，雒阳令董宣折辱公主，而文帝从而请之，光武加以重赏<small>申屠嘉事，见十四卷文帝后二年，董宣事见四十三卷光武建武十九年。</small>未闻二臣有专命之诛。而今左右群竖，恶伤党类，妄相交构，致此刑谴，闻臣是言，当复啼诉。陛下深宜割塞近习与政之源，<small>与读曰豫。</small>引纳尚书朝省之士，简练清高，斥黜佞邪。如是天和于上，地洽于下，休祯符瑞，岂远乎哉！"帝不纳，宦官由此疾蕃弥甚，选举奏议，辄以中诏谴却，长史以下，多至抵罪，犹以蕃名臣，不敢加害。

事；徐宣犯下大罪，死有余辜。过去，丞相申屠嘉征召邓通，当面责备；雒阳令董宣羞辱公主。对这两件事情，前者，文帝出面请求从轻发落；后者，光武帝加以重赏。没有听说这两位臣子被判擅自行权的罪名。而今陛下身边的宦官，怨恨党羽受到伤害，多方诬陷，以致刑狱，他们听闻我的这些话，必定又会在陛下面前号哭谮诉。陛下实当杜绝近侍参与政务的祸源，引用尚书朝臣中有能力而清高的人，排斥佞邪。这样，上天和睦，下界融洽，祥瑞呈现，太平的日子就不会很远了！"皇帝不采纳。宦官因此更加痛恨陈蕃，凡是陈蕃举荐的人才或呈上的奏章，都受谴责驳回。长史以下的官员，很多被判罪。因为陈蕃是名臣，一时还不敢加害。

注 释

❶ 左右，指宦官言，因其常侍于皇帝的左右。　❷ 荧惑，迷乱诱惑之意。
❸ 欧刀，刑人的刀。

【原文】

平原襄楷诣阙上疏曰："臣闻皇天不言，以文象设教①。臣窃见太微，

【译文】

平原人襄楷到宫门上疏说："我听说老天爷不发言，

天廷五帝之坐，而金、火罚星扬光其中，《天文志》：太微，天子庭也，五帝之坐也。贤曰：太白，金也；荧惑，火也。《天文志》曰：逆夏令，伤火气，罚见荧惑；逆秋令，伤金气，罚见太白；故金、火并为罚星也。于占，天子凶；又俱入房、心，《天文志》：房四星为明堂，天子布政之宫也。心三星，天王正位也；中星曰明堂，天子位焉；前星为太子；后星为庶子。法无继嗣。前年冬大寒，杀鸟兽，害鱼鳖，城傍竹柏之叶有伤枯者。《续汉志》曰：延熹七年，雒阳城傍竹柏叶有伤枯者。《考异》曰：《帝纪》此年十二月书‘雒城傍竹柏枯伤’，误也。臣闻于师曰：‘柏伤竹枯，不出二年，天子当之。’今自春夏以来，连有霜雹及大雨雷电，臣作威作福，刑罚急刻之所感也。太原太守刘瓆，南阳太守成瑨，志除奸邪，其所诛翦，皆合人望。而陛下受阉竖之谮，乃远加考逮，三公上书乞哀瓆等，不见采察而严被谴让[2]，忧国之臣，将遂杜口矣。臣闻杀无罪，诛贤者，祸及三世。黄石公《三略》曰：伤贤者，殃及三世。蔽贤者，身当其害。达贤者，福流子孙。疾贤者，名不全。自陛下即位以来，频行诛罚，梁、寇、孙、邓并见族灭，贤曰：梁冀、寇荣、孙寿、邓万世等也。其从坐者又非其数。李云上书，明主所不当讳；杜众乞死，谅以感悟

只用天象变异显示旨意。我看见太微天廷五帝的星座间，竟然有金、火罚星出现，寒光灿灿。对于占兆来说，主天子有凶；并且侵入了房、心星座，主罚没有后嗣。前年冬季大寒，冻死了不少鸟兽、鱼鳖，京城旁边的竹子和柏树叶有枯萎的迹象。我听术师说过：‘柏凋竹枯，不出二年，天子必有灾祸。’今年自春夏以来，连续有霜雹和大雨雷电，这是因为有臣子作威作福，刑罚严酷，上天示警。太原太守刘瓆、南阳太守成瑨，有志铲除奸邪，他们诛杀邪小，符合众望。而陛下轻信阉宦的谗言，把他们从远处征召治罪，三公上书哀求宽恕刘瓆等人，不被采纳，反被严加斥责，忧国的臣子于是不愿再进言了。我听说滥杀无辜，枉诛贤士的，要祸及三世。自从陛下即位以来，不断地诛杀，梁冀、寇荣、孙寿、邓万世都被满门抄斩，受到牵连的还不知有多少。李云上书，圣明的君主不应当忌讳他的言辞；杜众继而死谏，不过是期待感悟圣君；二人竟没有

圣朝；曾无赦宥而并被残戮，天下之人，咸知其冤，事见上卷二年。汉兴以来，未有拒谏诛贤，用刑太深如今者也！昔文王一妻，诞至十子；《史记》：太姒，文王正妃也，其长子伯邑考，次武王发，次管叔鲜，次周公旦，次蔡叔度，次曹叔振铎，次成叔武，次霍叔处，次康叔封，次聃季载，同母兄弟十人。今宫女数千，未闻庆育，宜修德省刑，以广《螽斯》之祚③。《螽斯》，言后妃不妒忌，子孙众多也。案春秋以来，及古帝王，未有河清。臣以为河者，诸侯位也。《孝经援神契》曰：五岳视三公，四渎视诸侯。清者，属阳；浊者，属阴。河当浊而反清者，阴欲为阳，诸侯欲为帝也。京房《易传》曰④：'河水清，天下平。'今天垂异，地吐妖，人疠疫，三者并时而有河清，犹《春秋》麟不当见而见，孔子书之以为异也。《公羊传》：西狩获麟，有以告者，孔子曰：'孰为来哉！孰为来哉！'盖以为异也。愿赐清闲，极尽所言。"书奏，不省。

受到赦免而被处死，天下的人都知道他们死得冤枉。汉朝兴起以来，从没因为拒绝纳谏而诛杀贤士，刑罚苛刻得像今天这样的！古代周文王只有一个妻子，却生了十个儿子。现在宫中有数千女子，却没有听说有谁生育，实在应当修德减刑，借求《螽斯》多子多孙的福祐了。自春秋以来，以及古代帝王当政时期，黄河从来没有澄清过。我认为，黄河属于侯位。清为阳，浊为阴。河水本当浑浊，竟然变得清澈，阴气要取代阳气，是诸侯想篡夺帝位。京房《易传》说：'河水清，天下平。'现在，天垂异象，地有妖灾，人有瘟疫，三种情况同时发生而河水居然清澈，犹如春秋时麒麟不当出现而出现，孔子记载下来作为怪异。请陛下在空闲时召见我，我还会详细陈述我想说的话。"奏章呈上，皇帝不理。

注释

❶ 文象，天文之象。　　❷ 谴，责。　　❸《螽斯》，《诗》篇名。　　❹ 京房，西汉经学家，以明《易》善讲灾异著名。

【原文】

十余日，复上书曰："臣闻殷纣好色，妲己是出；殷纣冒色，有苏氏以妲己女之。叶公好龙①，真龙游廷。叶公子高好龙，天龙闻而降之，窥头于牖。今黄门、常侍，天刑之人，谓已受熏腐之刑，得罪于天者也。陛下爱待，兼倍常宠，系嗣未兆②，岂不为此。又闻宫中立黄、老、浮屠之祠，贤曰：浮屠，即佛陀，声之转耳，谓佛也。此道清虚，贵尚无为，好生恶杀，省欲去奢。今陛下耆欲不去，耆，读曰嗜。杀罚过理，既乖其道，岂获其祚哉③！浮屠不三宿桑下，不欲久生恩爱，精之至也；贤曰：言浮屠之人，寄桑下者，不经三宿，便即移去，示无爱恋之心也。其守一如此，乃能成道。今陛下淫女艳妇，极天下之丽，甘肥饮美，单天下之味，单与殚同。奈何欲如黄、老乎！"书上，即召入，诏尚书问状。楷言："古者本无宦臣，武帝末数游后宫，始置之耳。"尚书承旨，承旨，谓承宦官风指也。奏楷不正辞理，而违背经艺，假借星宿，宿音秀。造合私意，合，音阁，牵合也。

【译文】

过了十几天，襄楷又上书说："我听说殷纣贪色，所以出现了妲己。叶公好龙，果然有真龙游于庭院。现在，黄门、常侍都是受到天刑的阉人，而陛下宠爱他们，超过普通人几倍，陛下继嗣还没有兆头，岂不就是这个原因！又听说宫中设有黄帝、老子、浮屠的祠祀，此道主张清心寡欲，崇尚安静无为，爱护生命，厌恶杀戮，戒欲去奢。而今陛下奢欲无度，杀罚过多，已经违背正道，岂能蒙受赐福。浮屠不在桑下连住三夜，避免日久萌生爱恋之心，精诚至极。只有如此专一，才能修成正果。现在，陛下身边成群的淫女艳妇，极尽天下美色，吃的是佳肴，喝的是玉液，极尽天下美味，怎能与黄帝、老子相比！"奏书呈上，襄楷即被召入宫中，诏令尚书问明情况。襄楷说："古代本无宦官，武帝末年总是沉溺于后宫，才开始设置宦官。"尚书听从宦官指使，上奏说："襄楷的辞理不合正道，违背经典，假借星象，牵附私意，欺罔圣上，蒙蔽事实，请下令司隶依法治罪，押送到雒阳狱。"皇帝认为襄楷的言辞虽然激切，

诬上罔事，请下司隶正楷罪法④，收送雒阳狱。"帝以楷言虽激切，然皆天文恒象之数，故不诛；犹司寇论刑。司寇，二岁刑也。自永平以来，臣民虽有习浮屠术者，而天子未之好，至帝，始笃好之，常躬自祷祠，由是其法浸盛，故楷言及之。

但都出于天文常象的术数，所以不杀他，仍判二年徒刑。自永平年间以来，臣民中虽然有崇信佛教的，但天子还不热衷此道；到了桓帝，才笃好此道，常常亲自祈祷祭祀，使得信教的风气蔓延盛行，所以襄楷上书才谈到了这点。

注　释

❶ 叶公子高，春秋时楚人，此寓言见《新序·杂事》。　❷ 系，张敦仁《资治通鉴刊本识误》作"继"。　❸ 祚，福。　❹ 司隶，司隶校尉。掌察举百官以下及京师近郡犯法者。

【原文】

符节令汝南蔡衍，《百官志》：符节令，秩六百石，为符节台率，主符节事，属少府。议郎刘瑜表救成瑨、刘瓆，言甚切厉，亦坐免官。瑨、瓆竟死狱中。瑨、瓆素刚直有经术，知名当时，故天下惜之。岑晊、张牧逃窜获免。

晊之亡也，亲友竞匿之，贾彪独闭门不纳，时人望之。贤曰：望，

【译文】

符节令汝南人蔡衍、议郎刘瑜上表救成瑨、刘瓆，言辞过于激厉，也被论罪免官。成瑨、刘瓆后都死于狱中。成瑨、刘瓆向来刚毅正直，通晓经术，知名于当世，所以天下人都为他们受冤而死感到痛惜。岑晊、张牧逃窜在外，幸免。

岑晊逃亡期间，亲友们争着庇护他；只有贾彪闭门不收留，时人都责怪他。贾彪说："《左传》说：

怨也；余谓望，责望也。彪曰："《传》言：'相时而动，无累后人。'《左传》之文。公孝以要君致衅①，自遗其咎，吾已不能奋戈相待，反可容隐之乎！"于是咸服其裁正②。彪尝为新息长③，新息县属汝南郡。贤曰：今豫州县。小民困贫，多不养子；彪严为其制，与杀人同罪。城南有盗劫害人者，北有妇人杀子者，彪出案验，掾吏欲引南；引南者，引车南行者。彪怒曰："贼寇害人，此则常理；母子相残，逆天违道！"遂驱车北行，案致其罪。城南贼闻之，亦面缚自首。数年间，人养子者以千数。曰："此贾父所生也。"皆名之为贾。

'凡事根据时机而行动，不要累及后人。'岑晊因为得罪君王而遭祸，是他自取其祸，我恨不能举戈相对，岂能反过来隐匿他？"于是，人们都佩服他有见地。贾彪曾经担任新息县长，当地百姓贫困，多半不愿养育儿女；贾彪严定禁令，认为杀婴与杀人同罪。城南有盗贼害人，城北有妇人杀子，贾彪前往查案，属吏要往南行，贾彪大怒道："贼寇害人，这不稀奇。母亲杀害亲生儿子，这是逆天违道。"于是驱车北行，查明情况，判定罪责。城南的盗贼听说了这事，也因而自行捆绑前来自首。数年之间，养育子女的人以千数，大家说："这都是贾父赐给我们的。"于是都给孩子起名叫"贾"。

注释

❶公孝，岑晊之字。　❷裁正，有见地、有决断之意。　❸新息，县名，今河南息县。

【原文】

河南张成①，善风角，贤曰：风角，谓候四方四隅之风，以占吉凶也。推占当赦，教

【译文】

河南人张成擅长风角术，预测朝廷该颁布赦令，

子杀人。司隶李膺督促收捕，既而逢宥获免；膺愈怀愤疾，竟案杀之。《考异》曰：《党锢传》云"膺为河南尹"。按膺此事非作尹时也。成素以方伎交通宦官，帝亦颇讯其占。讯，问也。宦官教成弟子牢脩上书，告"膺等养太学游士，交结诸郡生徒，更相驱驰，共为部党，诽讪朝廷，《说文》曰：诽，谤也。《苍颉篇》：诽，非也。疑乱风俗"。《考异》曰：《袁纪》作牢顺，今从《范书》。于是天子震怒，班下郡国，逮捕党人，布告天下，使同忿疾。案经三府②，案，文案也，以考验为义。太尉陈蕃却之曰："今所案者，皆海内人誉，忧国忠公之臣，此等犹将十世宥也，《左传》：晋范宣子囚叔向，祁奚见宣子曰：'谋而鲜过，惠训不倦者，叔向有焉，犹将十世宥之，以劝能者。'岂有罪名不章，而致收掠者乎！"不肯平署。贤曰：平署，犹连署也。帝愈怒，遂下膺等于黄门北寺狱，时宦官专权，置黄门北寺狱，自武帝以来，中都官诏狱所未有也。其辞所连及，太仆颍川杜密、御史中丞陈翔及陈寔、范滂之徒二百余人。或逃遁不获，皆悬金购募，使者四出相望。陈寔曰："吾不就狱，众无所恃。"乃自往请囚。范滂至狱，狱吏谓曰："凡坐系者，皆祭皋陶③。"滂曰："皋陶古之直臣，知滂无

于是教儿子杀人。司隶校尉李膺督促手下逮捕了张成父子，不久遇赦获免；李膺愤恨至极，还是把张成父子杀了。张成向来以占候术勾结宦官，皇帝也时常叫张成占卜。宦官怂恿张成的弟子牢脩上书，告发"李膺等人蓄养太学生和游士，交结各郡的生员，互相标榜，结成群党，诽谤朝廷，败坏风俗"。皇帝因而大怒，下诏各郡国，逮捕党人，公布于天下，使人们都怨恨他们。公文过三府，太尉陈蕃拒绝签署，说："这次所要逮捕的人都是海内有声誉、忧国的忠臣，即使他们的十世孙有罪，也应该宽赦，怎么能够没搞清罪名就收捕拷打！"不肯连署文案。皇帝更加愤怒，将李膺等人关进了黄门北寺狱，案子牵连到太仆颍川人杜密、御史中丞陈翔及陈寔、范滂等二百多人。有逃匿而搜捕不到的，就悬赏捉拿，派出使者四处搜寻。陈寔说："我不下狱，众人就会无所依恃。"于是自己请求下狱，范滂到了狱中，

罪，将理之于帝；贤曰：帝谓天也，陶音遥。如其有罪，祭之何益！”众人由此亦止。陈蕃复上书极谏，帝讳其言切，托以蕃辟召非其人，策免之。《考异》曰：《袁纪》，李膺下狱在九月。《范书》，蕃免在七月。《蕃传》：上书极谏曰"膺等或禁锢闭隔，或死徙非所"云云。按膺等赦出在明年六月，再下狱死徙在建宁二年十月。蕃既以此年七月免，则《蕃传》所云，疑非蕃书也。又《袁纪》无陈蕃免事。灵帝即位，以太尉陈蕃为太傅。按蕃免后有太尉周景。盖《袁纪》误也。

狱吏说："凡是坐牢的，都要先祭皋陶。"范滂说："皋陶是古代的耿直之臣，要是知道我无罪，就会在天帝面前为我诉理；如果我犯了罪，祭祀他又有什么好处！"众人因此都不再祭祀皋陶。陈蕃又上书极力规劝，皇帝避忌他言辞激切，就借口说陈蕃推荐的人不称职，下诏免了他的官。

注　释

❶河南，章钰《校宋记》云，宋十六行本作"河内"。　❷三府，三公之府，东汉以太尉、司徒、司空为三公。　❸皋陶，尧时掌刑法之臣。

【原文】

时党人狱所染逮者，皆天下名贤，染，谓狱辞所污染也。逮，谓连及也。度辽将军皇甫规，自以西州豪杰，耻不得与，与，读曰预。乃自上言："臣前荐故大司农张奂，是附党也。又臣昔论输左校时①，太学生张凤等上书讼臣，是为党人所附也，荐张奂事，见上卷六年。张凤上书事，见五年。臣宜坐之。"朝廷知而不问。

【译文】

当时，受党人案件牵连的都是天下知名的贤士，度辽将军皇甫规自认为是西州的豪杰，以没有被牵连为耻，因而上言："我以前举荐故大司农张奂，这是附和党人。还有，我当初被罚在左校劳役时，太学生张凤等人上书为我辩护，这是党人附和我，因此，我应当下狱。"朝廷知道这些事却不加追问。

注 释

❶ 输左校，送至左校署做苦工，参前输作右校注。

【原文】

杜密素与李膺名行相次，时人谓之李、杜，故同时被击。密尝为北海相，行春，到高密，《百官志》：凡郡国守相，尝以春行所主县，劝民农桑，振救乏绝。高密县属北海国。见郑玄为乡啬夫①，知其异器，即召署郡职，遂遣就学，卒成大儒。后密去官还家，每谒守令，多所陈托。同郡刘胜，亦自蜀郡告归乡里，闭门扫轨，贤曰：轨，车迹也，言绝人事。无所干及。太守王昱谓密曰："刘季陵清高士，刘胜，字季陵。公卿多举之者。"密知昱以激己，对曰："刘胜位为大夫，见礼上宾，位为大夫，谓在朝列也；见礼上宾，谓郡守接遇之也。而知善不荐，闻恶无言，隐情惜己，自同寒蝉，贤曰：寒蝉，谓寂默也。《楚辞》曰：'悲哉秋之为气也，蝉寂寞而无声。'此罪人也。今志义力行之贤而密达之，违道失节之士而密纠之，使明府赏刑得中，令问休扬，不亦万分之一乎！"昱惭服，待之弥厚。

【译文】

杜密向来与李膺齐名，被时人称为李、杜，所以同时被捕下狱。杜密曾经担任北海相，有一次春季出巡，到了高密，见到乡村小吏郑玄，知道他是个奇才，就把他召到郡中任职，又送他去学习，郑玄终于成为大儒。后来杜密辞官回乡，每次去拜谒太守、县令，常在他们面前贬恶荐善。同郡人刘胜也从蜀郡告归乡里，闭门谢客，不问世事。太守王昱对杜密说："刘胜是位清高雅士，公卿总是举荐他。"杜密知道王昱在激将自己，就回答说："刘胜身为大夫，受到上宾之礼。但是，他知道善良正直的人，却不推荐；听到恶人坏事却不说，隐瞒真情，爱惜自己，如同不语的寒蝉，这是有罪之人。现在，我要举荐有志的贤士，要纠举违道失节的人，使你赏罚得当，声名远扬，不是也尽到了万分之一的力量吗！"王昱听后羞愧不已，对杜密更加尊重。

注 释

❶乡啬夫，乡官啬夫。汉承秦制，乡官有三老，游徼，啬夫。啬夫职听讼，收赋税。啬，音色。

【原 文】

九月，以光禄勋周景为太尉。

司空刘茂免。冬，十二月，以光禄勋汝南宣酆为司空。《姓谱》：宣以谥为氏。

以越骑校尉窦武为城门校尉①。武在位，多辟名士，清身疾恶，礼赂不通，妻子衣食，裁充足而已②，得两宫赏赐，两宫，谓天子及皇后。悉散与太学诸生，及丐施贫民，丐，……与也。由是众誉归之。

············

【译 文】

九月，任命光禄勋周景为太尉。

司空刘茂被免职。冬，十二月，任命光禄勋汝南人宣酆为司空。

任命越骑校尉窦武为城门校尉。窦武在位，多方延聘名士，洁身自爱，疾恶如仇，不受贿赂。妻子儿女的衣食费用，仅仅够用就行了。每次得到皇帝和皇后的赏赐，便全部拿来分给太学生或散发给贫民，因而得到了众人的称誉。

············

注 释

❶越骑校尉，比二千石，掌宿卫兵；城门校尉，比二千石，掌洛阳王城十二门之禁。　❷裁，仅能的意思，今多写作才字。

——以上卷五五

永康元年 (丁未·一六七) 是年六月，始改元。

【原 文】

五月，壬子晦①，日有食之。

【译 文】

五月，壬子晦日，日食。

注 释

❶ 每月的最末一日为晦日。

【原 文】

陈蕃既免，朝臣震栗①，莫敢复为党人言者。贾彪曰："吾不西行，大祸不解。"贾彪，颍川定陵人，自颍川至雒阳为西行。乃入雒阳，说城门校尉窦武、尚书魏郡霍谞等，使讼之。武上疏曰："陛下即位以来，未闻善政，常侍、黄门，竞行谲诈，妄爵非人。伏寻西京②，佞臣执政，终丧天下。今不虑前事之失，复循覆车之轨，臣恐二世之难，必将复及，赵高之变，不朝则夕。谓望夷宫之事也。近者奸臣牢脩造设党议，遂收前司隶校尉李膺

【译 文】

陈蕃最终被免职，朝臣震惧，没有谁再敢替党人说话。贾彪说："如果我不西去京城一趟，大祸不可能化解。"于是到了雒阳，游说城门校尉窦武、尚书魏郡人霍谞等人，请他们为党人诉冤申讼。窦武上疏说："自从陛下即位以来，没有实行善政，而常侍、黄门争相施行诡诈，使小人封官。我想到西汉时，佞臣执政，终于失去了天下。现在不吸收前面的教训，反而重蹈覆辙，我担心秦二世的灾难必将重演，

等，逮考，连及数百人，旷年拘录，事无效验。谓自去年兴狱，至今年，事终无其实也。臣惟膺等建忠抗节，志经王室，此诚陛下稷卨伊吕之佐③，卨，古契字。而虚为奸臣贼子之所诬枉，天下寒心，海内失望。惟陛下留神澄省，澄，清也。省，察也。时见理出，贤曰：时，谓即时也。以厌神鬼喎喎之心④。今台阁近臣，尚书朱寓、荀绲、刘祐、魏朗、刘矩、尹勋等，皆国之贞士，朝之良佐；《考异》曰，《武传》：武上疏曰'今台阁近臣，尚书令陈蕃、仆射胡广、尚书朱寓等'。按蕃、广时不为令仆，故去之。尚书郎张陵、妫皓、《姓谱》：妫，帝舜之后。苑康、《姓谱》：苑姓，商武丁之子受封于苑，因以为氏。《左传》：齐有大夫苑何忌。杨乔、边韶、《陈留风俗传》：边祖于宋平公子戍，字子边。又《左传》：周有大夫边伯。戴恢等，文质彬彬，明达国典，内外之职，群才并列。而陛下委任近习，专树饕餮⑤，外典州郡，内干心膂⑥，宜以次贬黜，案罪纠罚；信任忠良，平决臧否，使邪正毁誉，各得其所，宝爱天官，唯善是授，天官，言天命有德，人君不可以私授。如此，咎征可消，天应可待。间者有嘉禾、芝草、黄龙之见。是年，魏郡言嘉禾生，巴郡

赵高主使行刺秦二世的事变早晚会发生。最近，奸臣牢脩捏造党人之事，搜捕了前司隶校尉李膺等人拷问，牵连几百人，经过近一年的拘囚，没有可验的事实。我认为李膺等人都是忠心有节，志在国家，他们是陛下的后稷、子契、伊尹、吕尚一类的辅臣，却枉为奸臣贼子诬陷，使得天下寒心，举国失望。请求陛下留心考察，明察忠奸，及时释放忠良，以满足朝野上下人士的愿望。而今陛下身边的近臣，如尚书朱寓、荀绲、刘祐、魏朗、刘矩、尹勋等人，都是国家的忠贞之士，朝廷的良臣；尚书郎张陵、妫皓、苑康、杨乔、边韶、戴恢等人文雅朴实，熟悉国典，内外官员不乏良才。然而，陛下却委权于近侍，重用贪官污吏，在外掌管州郡，在内作为心腹，应当依次贬黜，按罪惩办；同时，应当信任忠良，明辨善恶，让正直的忠良受到称誉，使邪恶的奸小受到批评，各得其所，珍惜官职，只授给贤才。这样，就可以消除灾祸，得到天瑞感应。近来有嘉禾、灵芝、黄龙等出

言黄龙见。夫瑞生必于嘉士，福至实由善人，在德为瑞，无德为灾。陛下所行，不合天意，不宜称庆。"书奏，因以病上还城门校尉、槐里侯印绶。霍谞亦为表请。帝意稍解，使中常侍王甫就狱讯党人范滂等，皆三木囊头，暴于阶下，贤曰：三木，头及手、足皆有械，更以物蒙覆其头也。甫以次辩诘曰："卿等更相拔举，迭为唇齿⑦，其意如何？"滂曰："仲尼之言，'见善如不及，见恶如探汤'，贤曰：探汤，喻去之疾也，见《论语》。滂欲使善善同其清，恶恶同其污，谓王政之所愿闻，不悟更以为党。古之修善，自求多福。今之修善，身陷大戮。身死之日，愿埋滂于首阳山侧，上不负皇天，下不愧夷齐。"贤曰：伯夷、叔齐饿死首阳山，事见《史记》。首阳山，在雒阳东北。杜佑曰：偃师县有首阳山。甫愍然为之改容，乃得并解桎梏。郑玄注《周礼》曰：木在手曰桎，在足曰梏。李膺等又多引宦官子弟，宦官惧，请帝以天时宜赦。六月，庚申，赦天下，改元；党人二百余人，皆归田里，书名三府，禁锢终身。《考异》曰：《帝纪》于去年冬书"李膺等二百余人受诬为党人，并坐下狱，书名三府"。案陈蕃以谏李膺，

现。祥瑞出现，必有贤才；福分降临，实由善人。有德行，才有祥瑞；无德行，难免有灾。陛下的作为不合天意，不宜庆祝。"奏章呈上，窦武即称病辞职，并缴还城门校尉和槐里侯印绶。霍谞也上书请求宽恕党人。皇帝的怒气稍稍消解，派中常侍王甫到狱中审讯党人范滂等，范滂等人皆头戴枷锁，脚手带着镣铐，脸上罩着黑布，站在阶下。王甫依次诘问："你们互相标榜，唇齿相依，有什么企图？"范滂说："孔子有言：'看到善行，就像来不及效法；见到恶行，就像手躲避沸水。'我想使善良归于善良，丑恶归于丑恶。我本以为朝廷会鼓励我们这样做，没想到指责我们为党人。古人修德行善，可以求得幸福。而今修德行善，却招来杀身之祸。身死之日，请把我埋在首阳山旁，我上不负皇天，下无愧于伯夷、叔齐。"王甫颇为感动，解除了他们的刑械。李膺等人的口供牵扯到宦官子弟，宦官恐惧，借口天时，请帝赦免天下。六月，初八，大赦天下，改年号为"永康"。二百多名党

免。即膺等下狱已在前，后遇赦，方得书名三府。 | 人被放归乡里，在三公府登记
则《帝纪》所纪为两无所用，故去之。又故书 | 姓名，永远不许当官。
"三府"为"王府"，刘攽曰：当为"三府"。

注 释

❶ 栗，即惊恐之意。　❷ 西京，前汉都长安，在洛阳之西，故东汉称前汉为西京。　❸ 稷，后稷；卨，即契，皆舜时名臣。伊，即伊尹，汤时名臣。吕，即吕尚，亦称为姜太公，周文王、武王时名臣。　❹ 喁喁，切切盼望之意。❺ 饕餮，饕音滔，餮音帖。本恶兽之名，借以喻凶恶的人。后亦称馋嘴的人为饕餮。　❻ 膂，音旅，臂。心膂，犹言心腹的人。　❼ 唇齿，互相依护之意，如云唇亡齿寒。

【原 文】

范滂往候霍谞而不谢，或让之，滂曰："昔叔向不见祁奚，<small>晋范宣子囚叔向，祁奚请而免之，不见叔向而归，叔向亦不告免焉而朝。</small>吾何谢焉！"滂南归汝南，南阳士大夫迎之者，车数千两①，乡人殷陶、黄穆侍卫于旁，应对宾客。滂谓陶等曰："今子相随，是重吾祸也！"遂遁还乡里。

【译 文】

范滂前去拜访霍谞，却不肯道谢。有人责怪他，范滂说："从前羊舌叔向不见祁奚，我何必要谢霍谞。"范滂南归汝南，南阳的士大夫前往迎接他的，有几千辆车子之多，同乡人殷陶、黄穆在一旁侍卫，接待宾客。范滂对殷陶等人说："现在你们跟着我，是加重我的罪过啊！"于是便独自悄悄返回乡里了。

注 释

❶ 两，即今辆字。

【原文】

初诏书下举钩党，贤曰：钩，谓相连也。郡国所奏相连及者，多至百数，唯平原相史弼独无所上。诏书前后迫切，州郡髡笞掾史。从事坐传舍责曰：贤曰，《续汉志》：每州有从事史及诸曹掾史。传，客舍也。……坐传舍召弼而责。余谓"髡笞掾史"句绝，言诏书督迫，州郡至于髡笞掾史，青州从事则坐平原传舍而责史弼也。"诏书疾恶党人，旨意恳恻。青州六郡，其五有党，平原何治而得独无?"弼曰："先王疆理天下，贤曰：疆，界也。理，正也。画界分境，水土异齐①，风俗不同。《记·王制》曰：凡居民财，必因天地，寒暖、燥湿，广谷大川异制，民生其间者异俗，刚柔、轻重、迟速异齐。《前书》曰：凡民函五常之性，而其刚柔缓急，音声不同，系水土之风气，故谓之风；好恶、取舍、动静无常，随君上之情欲，故谓之俗。他郡自有，平原自无，胡可相比！若承望上司，诬陷良善，淫刑滥罚，以逞非理，则平原之人，户可为党，相有死而已，所不能也！"从事大怒，即收郡僚职送狱，郡僚职，谓郡诸曹掾史也。遂举奏弼。

【译文】

当初，诏令检举党人，各郡国奏报牵连的人多达近百，只有平原相史弼没有上报。诏书不断下达，催促州郡，对掾史施以髡刑鞭笞。从事史在驿舍责问史弼："皇帝对党人痛恨入骨，旨意恳切。青州所属六郡，而五郡都有党人，平原郡怎么没有举报一个?"史弼说："先王经营天下，划分境界，水土不同，风俗有异。其他郡有党人，平原郡没有，怎能相提并论！如果仰承上司的旨意，诬陷忠良，滥施刑罚，以满足不合理的要求，那么平原郡的百姓，家家户户都可诬枉为党人。我宁可一死，不能做不该做的事。"从事史大怒，当即收捕平原郡的一些掾史，上奏弹劾史弼。恰逢党禁中途化解，准予史弼扣薪

会党禁中解，弼以俸赎罪，所脱者甚众。

赎罪。当时，得解脱的人很多。

注 释

❶异齐，不齐的意思。

【原文】

窦武所荐：朱寓，沛人；苑康，勃海人；杨乔，会稽人；边韶，陈留人。乔容仪伟丽，数上言政事，帝爱其才貌，欲妻以公主，乔固辞，不听，遂闭口不食，七日而死。

【译文】

窦武所荐举的人有：沛人朱寓、勃海人苑康、会稽人杨乔、陈留人边韶。杨乔容貌伟丽，多次上书谈论国政，皇帝喜爱他的才貌，想把公主嫁给他，杨乔坚决推辞，皇帝不许，杨乔绝食七天而死。

——以上卷五六

汉孝灵皇帝建宁二年 (己酉·一六九)

【原文】

初，李膺等虽废锢，事见上卷桓帝延熹九年。天下士大夫皆高尚其道而污秽朝廷，希之者唯恐不及，更共相标

【译文】

当初，李膺等人虽然被革职并且受到永不录用的处分，但天下士大夫都推崇他们的行

榜，为之称号：贤曰：标榜，犹相称扬也。余谓立表以示人曰标，揭书以示人曰榜，标榜，犹言表揭也。以窦武、陈蕃、刘淑为三君，君者，言一世之所宗也；李膺、荀翌、"翌"，《范书》作"昱"。杜密、王畅、刘祐、魏朗、赵典、朱寓为八俊，俊者，言人之英也；郭泰、范滂、尹勋、巴肃及南阳宗慈、陈留夏馥、汝南蔡衍、泰山羊陟为八顾，顾者，言能以德行引人者也；张俭、翟超、岑晊、苑康及山阳刘表、汝南陈翔、鲁国孔昱、山阳檀敷为八及，及者，言其能导人追宗者也；贤曰：导，引也。言谓所宗仰者。度尚及东平张邈、王孝、东郡刘儒、泰山胡母班、《风俗通》曰：胡母姓，本陈胡公之后也，公子完奔齐，遂有齐国，齐宣王母弟别封母乡，远取胡公，近取母邑，故曰胡母氏。陈留秦周、鲁国蕃向、贤曰：蕃，姓也，音皮。东莱王章为八厨，厨者，言能以财救人者也。及陈、窦用事，复举拔膺等，陈、窦诛①，膺等复废。

为，蔑视朝廷。仰慕李膺等的人，唯恐不被接纳，就互相标榜，为他们取雅号：称窦武、陈蕃、刘淑为三君，"君"的意思是被当代奉为典范的人物；称李膺、荀翌、杜密、王畅、刘祐、魏朗、赵典、朱寓为八俊，"俊"的意思是人中英杰；称郭泰、范滂、尹勋、巴肃及南阳人宗慈、陈留人夏馥、汝南人蔡衍、泰山人羊陟为八顾，"顾"的意思是以德行引导别人；称张俭、翟超、岑晊、苑康及山阳人刘表、汝南人陈翔、鲁国人孔昱、山阳人檀敷为八及，"及"的意思是引导别人追求典范人物；又称度尚及东平人张邈、王孝，东郡人刘儒、泰山人胡母班、陈留人秦周、鲁国人蕃向、东莱人王章为八厨，"厨"的意思是说能施财救人。后来，陈蕃、窦武执政，又举用了李膺等人；当陈蕃、窦武被杀，李膺等人就又被废黜了。

注释

❶ 一六七年，桓帝病死，无子，皇后父大将军窦武迎立宗室子解渎亭侯宏为

帝，是为灵帝。太傅陈蕃说窦武诛宦官，事泄，宦官杀窦武、陈蕃，血战洛阳。这一次事件后，宦官气焰更为嚣张。

【原文】

宦官疾恶膺等，每下诏书，辄申党人之禁。侯览怨张俭尤甚，以破其冢宅也，事见上卷桓帝延熹九年。览乡人朱并素佞邪，为俭所弃，承览意指，上书告俭与同乡二十四人别相署号，共为部党，图危社稷，而俭为之魁。诏刊章捕俭等。刊章者，刊去并姓名而下其章也。冬，十月，大长秋曹节因此讽有司奏："诸钩党者故司空虞放及李膺、杜密、朱寓、荀翌、翟超、刘儒、范滂等，贤曰：钩，谓相牵引也。请下州郡考治。"是时上年十四，问节等曰："何以为钩党？"对曰："钩党者，即党人也。"上曰："党人何用为恶而欲诛之邪？"对曰："皆相举群辈，欲为不轨。"上曰："不轨欲如何？"对曰："欲图社稷。"上乃可其奏。轨，法度也。君君臣臣，所谓法也。为人臣而欲图危社稷，谓之不法，诚是也。而诸阉以此罪加之君子，帝不之悟，视元帝之不

【译文】

宦官非常仇恨李膺等人，每次下诏书都重申对党人的禁锢。侯览对张俭特别怨恨，侯览的同乡朱并一向谄媚奸邪，被张俭斥逐，就逢迎侯览的意旨，上书诬告张俭与同乡二十四人互相别署称号，结成同党，企图危害国家，而以张俭为首。于是诏令削除告发人的姓名，公布奏书，逮捕张俭等人。冬，十月，大长秋曹节唆使有关官员上奏："互相勾结的党人有前司空虞放和李膺、杜密、朱寓、荀翌、翟超、刘儒、范滂等人，请下诏交州郡考讯治罪。"这时，皇帝才十四岁，问曹节等人："什么叫钩党？"曹节回答："钩党就是勾结在一起的党人。"皇帝问："党人有什么罪非杀不可？"曹节回答："他们相互勾结，图谋不轨。"皇帝问："图谋不轨又想怎么样？"曹节回答："要夺权窃国。"皇帝这才批准了奏章。

有人对李膺说："你可以逃

省召致廷尉为下狱者，暗又甚焉！悲夫！

或谓李膺曰："可去矣。"对曰："事不辞难，罪不逃刑，臣之节也。《左传》羊舌赤之言曰：事君不避难，有罪不逃刑。吾年已六十，死生有命，去将安之！"乃诣诏狱，考死。门生故吏，并被禁锢。侍御史蜀郡景毅子顾为膺门徒，未有录牒，不及于谴。录，记也。牒，籍也。时聚徒教授，多者以千计，各录记其姓名于谱牒。毅慨然曰："本谓膺贤，遣子师之，岂可以漏脱名籍，苟安而已！"遂自表免归。

汝南督邮吴导受诏捕范滂，至征羌①，抱诏书闭传舍，征羌县，属汝南郡，本当乡县，光武以来歆有平羌之功，改为征羌侯国以封之，因名焉。滂，县人也。贤曰：传，驿舍也。征羌故城，在今豫州郾陵县东南。伏床而泣，一县不知所为。滂闻之曰："必为我也。"即自诣狱。县令郭揖大惊，出，解印绶，引与俱亡，曰："天下大矣，子何为在此！"滂曰："滂死则祸塞，何敢以罪累君。又令老母流离乎！"其母就与之诀，滂白母曰："仲博孝敬，足以供养。仲博，滂弟字也。滂从龙舒君归黄泉，存亡各得其所，

走了。"李膺说："行事不畏难，有罪不逃刑，这是臣子的节操。我已经六十岁了，生死自有天命，能够逃到什么地方！"于是自投狱中，被拷打而死；而他的门生和旧属都被禁锢。侍御史蜀郡人景毅的儿子景顾是李膺的学生，禁锢的名册上没有记载他，因而没有受牵连，景毅感慨地说："本认为李膺是个贤才，才教我儿子拜他为师，怎么能够因为名册上脱漏了名字而苟且偷安！"于是上书检举自己，被免官回乡。

汝南督邮吴导奉诏逮捕范滂，到达范滂的家乡征羌，关闭驿舍，抱着诏书，伏在床上流泪。全县的人都不知道为了什么事。范滂听到这事就说："必定是为了我。"随即自己到狱中。县令郭揖大惊，走出来，解下印绶，要与范滂一同逃亡，说："天下这么大，你为什么一定要在这里！"范滂说："我死了，灾祸就停止了，怎敢以罪连累你。而又使我的老母流离失所呢？"范滂的母亲与他诀别，范滂对母亲说："我弟弟范仲博很孝敬，足以奉养您。我跟随龙舒君到黄泉之下，存亡各得其所，求母亲割舍母子不忍之情，不要过于悲伤！"仲博是范滂的弟弟。龙舒君是范滂

惟大人割不可忍之恩，勿增感戚！"仲博者，滂弟也；龙舒君者，滂父龙舒侯相显也。母曰："汝今得与李、杜齐名，死亦何恨！李、杜谓李膺、杜密。既有令名，复求寿考，可兼得乎！"滂跪受教，再拜而辞。顾其子曰："吾欲使汝为恶，恶不可为；使汝为善，则我不为恶。"行路闻之，莫不流涕。

的父亲范显，他曾做过龙舒侯国的国相。范滂的母亲说："你今天能与李膺、杜密齐名，死了也没有遗憾。已经得到美名，又求高寿，岂能兼而得之。"范滂跪着接受教训，一再拜辞。回头对儿子说："我要教你作恶，恶不可作；我要教你行善，所以我不作恶。"行路人听见了，无不流泪。

注 释

❶ 征羌，县名，今河南漯河郾城区东南。

【原文】

凡党人死者百余人，妻子皆徙边。天下豪杰及儒学有行义者，宦官一切指为党人，有怨隙者，因相陷害，睚眦之忿①，滥入党中。州郡承旨，或有未尝交关，亦离祸毒，离与罹同，遭也。其死、徙、废、禁者又六七百人。废禁，谓废弃而禁锢。

【译文】

因党人案件而死的有一百多人，妻儿都发配边疆。天下豪杰和有良好声誉的儒士，都被宦官指责为党人。致使有怨仇的人，乘机陷害，甚至连瞪一眼的小积怨，也要滥被指控为党人。州郡奉承旨意，对于那些没有交结的人，也加以陷害，因而被处死、放逐、废黜、禁锢的人达六七百之多。

注 释

❶ 睚，音崖，眦音渍。张目忤视曰睚眦，指小怨。言小小怨忿，尚滥入党锢之祸，大怨仇更是不用说了。

【原 文】

郭泰闻党人之死，私为之恸曰："《诗》云：'人之云亡，邦国殄瘁。'《诗·大雅·瞻印》之辞。毛氏曰：殄，尽也。瘁，病也。汉室灭矣，但未知'瞻乌爰止，于谁之屋'耳！"《诗·小雅·正月》之辞。毛氏《注》曰：富人之屋，乌所集也。郑氏曰：视乌集于富人之屋，以言今民亦当求明君而归之。《考异》曰：《范书》以泰此语为哭陈、窦，《袁纪》以为哭三君八俊，今从之。泰虽好臧否人伦，否，音鄙。而不为危言核论，核，谓深探其实也，刻核也。故能处浊世而怨祸不及焉。

张俭亡命困迫，望门投止，望门而投之，以求止舍，困急之甚也。莫不重其名行，破家相容，后流转东莱①，止李笃家，外黄令毛钦操兵到门②，考两《汉志》，外黄县属陈留郡，黄县属东莱郡。毛钦盖为黄县令，"外"字衍。笃引钦就席曰："张俭负罪亡命，笃岂得藏之！若审在此，此人名士，明廷宁宜执之乎！"

【译 文】

郭泰听到党人惨死，暗中悲痛，说："《诗经》说：'人才消失，国家危亡。'汉室就要灭亡了，只是不知道'乌鸦飞翔，停在谁家'。"郭泰虽然喜好评论人物，但从不触犯要害，所以能处于乱世而不受灾祸。

张俭流亡，穷困窘迫。望见故旧的家门就投宿，主人无不尊重他的名望与德行，冒着家破人亡的危险收容他。后来，他辗转到东莱郡，住在李笃家。外黄县令毛钦带着兵器来到李家，李笃请毛钦入座，说："张俭犯罪逃亡，我怎敢窝藏！如果他真的在此，对这一位名士，你认为应当逮捕吗？"毛钦因此起身，抚着李笃的肩膀说："蘧伯玉不愿独为君子，你怎么想独行仁义呢！"李笃说："我现在就想与你平分，你已经得到了一半。"

钦因起抚笃曰："蘧伯玉耻独为君子，足下如何专取仁义！"笃曰："今欲分之，明廷载半去矣。"贤曰：明廷，犹言明府，言不执俭，得义之半也。钦叹息而去。笃导俭经北海戏子然家③，戏，……《姓谱》伏戏氏之后。遂入渔阳出塞④。其所经历，伏重诛者以十数，连引收考者布遍天下，宗亲并皆殄灭⑤，郡县为之残破。俭与鲁国孔褒有旧，亡抵褒，不遇，贤曰：抵，归也。褒弟融，年十六，匿之。后事泄，俭得亡走，国相收褒、融送狱，未知所坐。融曰："保纳舍藏者融也，当坐。"谓自保无它而纳俭，因舍止而藏匿之。褒曰："彼来求我，非弟之过。"吏问其母，母曰："家事任长，妾当其辜。"一门争死，郡县疑不能决，乃上谳之⑥，贤曰：《前书音义》曰：谳，请也。诏书竟坐褒。及党禁解，俭乃还乡里，后为卫尉，卒，年八十四。《俭传》云：建安初，征为卫尉，不得已而起。俭见曹氏世德已萌，乃阖门县车，不豫政事，岁余，卒于许下。夏馥闻张俭亡命，叹曰："孽自己作，空污良善，一人逃死，祸及万家，何以生为！"乃自翦须变形，入林虑山中⑦，隐姓名为冶家佣，亲突烟炭，形貌毁瘁，

毛钦叹息告辞。于是，李笃带着张俭投奔到北海戏子然家，又从渔阳郡逃到塞外。张俭逃亡期间，牵连被杀的人以十计，被逮捕、考讯的遍及天下，他的宗族亲戚都被杀尽，郡县受到摧残。张俭与鲁国的孔褒是旧交，张俭投奔孔褒，孔褒不在家，孔褒的弟弟孔融才十六岁，就做主藏匿了张俭。事情后来泄露，张俭幸得逃走，鲁国国相就收捕了孔褒、孔融，送进监狱，不知该判谁的罪。孔融说："收藏张俭的是我，应当判我的罪。"孔褒说："张俭是来找我的，并不是弟弟的过错。"官吏问他们的母亲，她说："家长负责家事，我当其罪。"全家人都争着承担死罪，县官犹豫不决，报告朝廷，下诏杀孔褒。直到解除党锢，张俭才返回家乡，后来担任卫尉，死时八十四岁。当初，夏馥听说张俭逃命，叹息说："张俭自己作孽，却凭空牵连良善，一个人逃亡，使万家受祸，何必活着！"夏馥于是剪了胡须，躲到林虑山中，隐姓埋名，在铁铺做工，亲自烧炭，形容憔悴，过了二三年，没人认出他。夏馥

积二三年，人无知者。馥弟静载缣帛追求饷之，馥不受曰："弟奈何载祸相饷乎！"党禁未解而卒。

的弟弟夏静在车上装着缣帛，到处找他，夏馥不肯接受，说："你怎么载着灾祸来给我。"党禁还没有解除，夏馥就去世了。

注 释

❶东莱郡，治黄，今属山东龙口。　❷外黄，县名，在今河南杞县东，故胡三省认为是黄县，"外"字是衍字，黄县是当时东莱郡的治所。　❸北海，王国，都剧，今山东昌乐西。　❹渔阳郡，治渔阳，今属北京密云区。　❺殄，绝。❻议罪曰谳。　❼林虑山，在今河南林州西，太行山之一支。

【原 文】

初，中常侍张让父死，归葬颍川①，虽一郡毕至，而名士无往者，让甚耻之，陈寔独吊焉。及诛党人，让以寔故，多所全宥。南阳何颙素与陈蕃、李膺善，亦被收捕，乃变名姓匿汝南间，与袁绍为奔走之交，常私入雒阳，从绍计议，为诸名士罹党事者求救援，设权计，使得逃隐，所全免甚众。

【译 文】

当初，中常侍张让的父亲去世，回颍川埋葬，虽然郡里去了许多人，却没有名士去吊丧，张让认为是耻辱，只有陈寔单独致悼。等到大杀党人的时候，张让为了回报陈寔，多所宽恕。南阳人何颙向来与陈蕃、李膺友善，也被搜捕，他于是变换姓名，隐匿在汝南一带，与袁绍奔走结交，常常潜入雒阳，和袁绍策议，为被卷入党祸的名士求救援，设计谋，让他们逃走，使得多人得以保全。

注 释

❶ 颍川郡，治阳翟，今河南禹州。

【原 文】

初，太尉袁汤三子，成、逢、隗。成生绍，逢生术。据术字公路，当读如《月令》"审端径术"之术，音遂。又据《说文》，术，邑中道，读从入声，则二音皆通。逢、隗皆有名称，少历显官。时中常侍袁赦《考异》曰：《袁纪》作袁朗，今从《范书·袁隗传》。以逢、隗宰相家，与之同姓，推崇以为外援，故袁氏贵宠于世，富奢甚，不与他公族同。绍壮健有威容，爱士养名，宾客辐凑归之，辎軿、柴毂❶，填接街陌。贤曰：《说文》曰：軿车，衣车也。郑玄注《周礼》曰：軿，犹屏也，取其自蔽隐。柴毂，贱者之车。袁绍事始此。党锢既死，而诛宦官者二袁也。人不为善而欲去害己者，天其许之乎！术亦以侠气闻。逢从兄子闳，少有操行，以耕学为业，逢、隗数馈之，无所受。闳见时方险乱，而家门富盛，常对兄弟叹曰："吾先公福祚，后世不能以德守之，而竞为骄奢，与乱世争权，此即晋之三郤矣。"先公，谓袁安也。三郤谓晋大夫郤

【译 文】

当初，太尉袁汤有三个儿子：袁成、袁逢、袁隗。袁成有子名绍，袁逢有子名术。袁逢、袁隗都有名声，年少就担任了高官。中常侍袁赦认为袁逢、袁隗出身于相府，和自己同姓，特别推崇他们以作为自己的外援势力，所以袁氏家族在当时显贵得宠，穷奢极欲，不同于别的公族。袁绍健壮而有威仪，喜欢交结贤士，声名远扬，以至于宾客盈门，朱轮、柴毂填满街巷。袁术也以侠义闻名。袁逢堂兄的儿子袁闳，从小就有良好的品行，半耕半读，袁逢、袁隗多次馈赠财物给他，一概不接受。袁闳见时局险恶混乱，而家族显贵，常叹息着对兄弟说："我们的先祖传给福祚，而后代不能以德行守家，竞相骄奢，在乱世争权，这就像晋国的三郤一样。"及至党祸事发，袁闳想逃进深山密林，因母亲年

锜、郤犨、郤至也。郤氏世为晋卿，三子者凭藉世资，骄奢侵权，为厉公所杀。及党事起，闵欲投迹深林，以母老，不宜远遁，乃筑土室四周于庭，不为户，自牖纳饮食。母思闵时，往就视，母去，便自掩闭，兄弟妻子莫得见也。潜身十八年，卒于土室。

迈，不宜远行，就在院子里筑了一间土屋，有窗无门，从窗口递送食物。母亲思念他时，就从窗口往里看。母亲离开后，他就关闭窗子，兄弟妻子都不见。囚身十八年，最后在土室中去世。

注释

① 辒辌，贵人的车；柴毂，处士的车。

——以上卷五六

黄巾起义

汉孝灵皇帝光和四年 (辛酉·一八一)

【原文】

是岁，帝作列肆于后宫，使诸采女贩卖，更相盗窃争斗；帝著商贾服，从之饮宴为乐。又于西园弄狗，著进贤冠，带绶。贤曰，《三礼图》曰：进贤冠，文官服之，前高七寸，后高三寸，长八寸。《续汉志》曰：灵帝宠用便嬖子弟，转相汲引，卖关内侯，直五百万。强者贪如豺狼，弱者略不类物，真狗而冠也。又驾四驴，帝躬自操辔，驱驰周旋；《续汉志》曰：驴者，乃服重致远，上下山谷，野人之所用耳，何有帝王君子而骖驾之乎！天意若曰，国且大乱，贤愚倒植，凡执政者皆如驴也。京师转相仿效，驴价遂与马齐。帝好为私稸，稸与蓄同。收天下之珍货，每郡国贡献，先输中署，名为"导行费"。贤曰：中署，内署也。导，引也。贡献外别有所入，以为所献希之导引也。中常侍吕强上疏谏曰①："天下之财，莫不生之阴阳，贤曰：万物禀阴阳而生。归之陛下，岂有

【译文】

这一年，皇帝在后宫修起成排的店铺，命众采女贩卖货物，采女们相互偷窃争斗；皇帝身着商人的衣服，跟她们一起饮酒作乐。又在西园弄狗，头戴进贤冠，身佩印绶。又驾四驴，皇帝亲自操持缰绳，驱车来回奔跑；京师中转相仿效，驴的价格于是与马相等。皇帝喜爱私下积蓄，收藏天下的珍奇货物，每有郡国贡献，要先献纳宫内官署，名叫"导行费"。中常侍吕强上奏劝诫说："天下的财物，无不生于阴阳二气，归于陛下，哪有公私之别！然而现在中尚方收敛各郡之珍宝，中御府汇积天下的缯帛，西园索取司农的贮藏，中厩积聚太仆的马匹，而且那些贡献的郡府，总有导行的费用，征调面广而民众贫困，费用多却贡献少，

公私！而今中尚方敛诸郡之宝，中御府积天下之缯，中尚方、中御府，皆属少府，天子私藏也。西园引司农之藏，中厩聚太仆之马，中厩，即驺骐厩。而所输之府，辄有导行之财，调广民困，费多献少，奸吏因其利，百姓受其敝。又，阿媚之臣，好献其私，容谄姑息，自此而进。旧典：选举委任三府②，尚书受奏御而已。三府选其人而举之，尚书受其奏以进御。受试任用，责以成功。功无可察，然后付之尚书举劾，请下廷尉覆案虚实③，行其罪罚。于是三公每有所选，参议掾属，咨其行状，度其器能；然犹有旷职废官，荒秽不治。今但任尚书，或有诏用，诏用者，不由三公、尚书，径以诏书用之也。如是，三公得免选举之负，尚书亦复不坐，责赏无归，岂肯空自劳苦乎！"书奏，不省。

奸诈的官吏据此得利，老百姓蒙受此害。再说，阿谀谄媚的臣子，喜欢贡献他们的私蓄，于是奉承谄媚、苟容取安的小人由此有了晋升的台阶。旧的典章规定：选任举用之事委托给三公之府，尚书只是接纳奏书上呈皇帝罢了；人才需接受考试才加以任用，且要求他们有所成就，没有成就可察的，就交给尚书纠举弹劾，送至廷尉反复查验虚实，实施惩罚。于是，三公每有选举的人才，就要参议属官，咨询他们的行为，量度他们的才能；即使这样，还有旷废职守无用的官吏，以致影响整个部门工作。现在只由尚书选才，有的甚至直接以诏书任用，如此，三公得以免除选举的责任，尚书也不再有失职之罪过，惩罚赏赐便没有了归属，这样谁还肯白白的劳苦呢！"谏书上奏后，皇帝没有理会。

注　释

❶常侍，原为侍从皇帝的官吏；东汉时专用宦官为中常侍，以传达诏令和掌理文书，权力极大。　❷三府，即三公。东汉时以太尉、司徒、司空合称三公。❸廷尉，为九卿之一，掌司法。

【原文】

何皇后性强忌，后宫王美人生皇子协，后鸩杀美人。帝大怒，欲废后；诸中官固请，得止。

大长秋华容侯曹节卒[1]；华容县，属南郡。中常侍赵忠代领大长秋。

【译文】

何皇后生性倔强妒忌，后宫王美人生下皇子刘协，皇后就用毒酒杀死了王美人。皇帝大怒，要废除皇后；众宦官苦苦地请求才罢休。

大长秋华容侯曹节死，中常侍赵忠代理大长秋。

注释

❶ 大长秋，皇后的侍官之长，掌握宫中事宜和宣达皇后旨意。

五年 (壬戌·一八二)

【原文】

春，正月，辛未，赦天下。

诏公卿以谣言举刺史、二千石为民蠹害者。太尉许戫、司空张济承望内官，受取货赂，其宦者子弟、宾客，虽贪污秽浊，皆不敢问，而虚纠边远小郡清修有惠化者二十六人，吏民诣阙陈诉。司徒陈耽上言："公卿所举，率党其私，所谓放鸱枭而囚鸾

【译文】

春，正月，十四日，赦免天下。

下诏公卿依据民间流传评议时政的歌谣、谚语，来纠举刺史、二千石中危害人民的官吏。太尉许戫、司空张济奉承宦官，收取贿赂，因而那些宦官们的子弟、宾客虽然贪污肮脏，他们二人都不敢过问，反而无实据地纠举边远小郡中清廉有德行的官吏二十六人。官民

凤。"《考异》曰，《刘陶传》:"光和五年，以谣言举二千石，耽与议郎曹操上言。"按耽已为司徒，不应与议郎同上言。王沈《魏书》曰"是岁以灾异博问得失，太祖因此上书切谏"，不云与耽同上言也。今但云陈耽。帝以让馥、济，由是诸坐谣言征者，悉拜议郎。

二月，大疫。

三月，司徒陈耽免。

夏，四月，旱。

以太常袁隗为司徒。

五月，庚申，永乐宫署灾。

秋，七月，有星孛于太微。

板楯蛮寇乱巴郡①，连年讨之，不能克。帝欲大发兵，以问益州计吏汉中程包②，对曰:"板楯七姓，板楯七姓，罗、朴、督、鄂、度、夕、龚，皆渠帅也。自秦世立功，复其租赋。其人勇猛善战。昔永初中，羌入汉川，郡县破坏，得板楯救之，羌死败殆尽，事见四十九卷安帝元初元年，注亦见是年。羌人号为'神兵'，传语种辈，勿复南行。至建和二年，羌复大入，实赖板楯连摧破之。前车骑将军冯绲南征武陵③，亦倚板楯以成其功。

到衙门陈情上诉。司徒陈耽上奏道:"公卿所纠举的，大都偏私，这正是所谓放走了鸱枭而囚住了鸾凤。"皇帝以此责备许馥、张济，因此那些因所谓谣言被纠举的官员，都被任命为议郎。

二月，瘟疫大行。

三月，司徒陈耽被免职。

夏，四月，天旱。

任太常袁隗为司徒。

五月，初五，永乐宫署发生火灾。

秋，七月，有彗星出现在太微星宿。

板楯蛮入侵骚扰巴郡，经过连年讨伐，不能制服。皇帝想大举出兵，就此问询益州计吏汉中人程包，程包回答说:"板楯有七姓，自秦代建立功业，就免除了租赋。他们勇猛善战。从前永初年中，羌人入侵汉川，郡县遭受破坏，得到板楯的援救，羌人死伤将尽，称他们是神兵，传话给自己的同胞，不要再南进。到建和二年，羌人再次大举入侵，着实依赖板楯连连击败他们。前车骑将军冯绲向南征伐武陵，也依靠板楯来成就其功勋。近来益州郡叛乱，太守李颙也是用板楯来讨平叛乱。他们如此忠诚有功，本来没有坏心。只是那些长吏

近益州郡乱，太守李颙亦以板楯讨而平之。忠功如此，本无恶心。长吏乡亭，更赋至重，仆役棰楚，过于奴虏，亦有嫁妻卖子，或乃至自刭割，虽陈冤州郡，而牧守不为通理，阙庭悠远，不能自闻，含怨呼天，无所叩诉④，故邑落相聚以叛戾⑤，非有谋主僭号以图不轨。今但选明能牧守，自然安集，不烦征伐也！"帝从其言，选用太守曹谦，宣诏赦之，即时皆降。

乡长亭长的更赋太重，又把他们当作奴仆役使、鞭打，其残忍程度超过了对待奴隶和俘虏。他们有的嫁妻卖子，以至于割颈自杀，虽然向州郡陈诉冤情，但州牧郡守不予通报朝廷，朝廷离得又远，他们自己无法通报，含冤呼号，无处申诉，所以村邑部落相聚叛乱，其实并没有什么篡夺主位、僭越封号的图谋不轨之举。现在只要选用贤明能干的州牧郡守，自然会安平和集，不需征战讨伐！"皇帝听从了他的话，选用太守曹谦，宣布诏书赦免他们，很快他们就都投降了。

注　释

❶ 板楯，古部落名，古代巴人的一支。分布在今嘉陵江、渠江流域。巴郡，治江州，今重庆嘉陵江北岸。　❷ 益州，治雒，今四川广汉。计吏即上计吏，负责向中央汇报郡县的户口、垦田、钱谷收入等情况。　❸ 武陵郡，治临沅，今湖南常德西。　❹ 诉，封建时代百姓到官府陈诉冤抑称叩诉。　❺ 章钰《校宋记》云，宋十一行本"以"下有"致"字；张瑛《通鉴宋本校勘记》同。

【原　文】

八月，起四百尺观于阿亭道。

冬，十月，太尉许馘罢；以太常杨赐为太尉。

【译　文】

八月，在阿亭道修起高四百尺的大观。

冬，十月，太尉许馘被罢免；任太常杨赐为太尉。

帝校猎上林苑，历函谷关①，遂狩于广成苑。十二月，还，幸太学。

皇帝在上林苑围猎，经函谷关，到广成苑狩猎。十二月，回京，巡视太学。

注 释

❶ 函谷关，故址在今河南新安东。

【原 文】

桓典为侍御史，宦官畏之。典常乘骢马，京师为之语曰："行行且止，避骢马御史！"骢马，青白杂色。典，焉之孙也。顺帝永建初，焉为太傅。焉，荣之孙也。

【译 文】

桓典任侍御史，宦官们畏惧他。桓典经常骑一匹菊花青马，京师人为此编了一句歌谣："行行且止，避骢马御史！"（"走走停停，为了避开那骑青白杂色马的御史！"）桓典是桓焉的孙子。

六年（癸亥·一八三）

【原 文】

春，三月，辛未，赦天下。
夏，大旱。
爵号皇后母为舞阳君。
秋，金城河水溢出二十余里①。

【译 文】

春，三月，二十一日，赦免天下。
夏，大旱。
尊封皇后的母亲为舞阳君。
秋，金城河的水漫出，淹了二十多里。

注 释

❶ 金城郡，治所在今甘肃兰州西南。

【原文】

五原山岸崩。《考异》曰，《本纪》云："大有年。"按今夏大旱，纵使秋成，亦不得为大有年。今不取。

初，巨鹿张角奉事黄、老❶，以妖术教授，号"太平道"。咒符水以疗病，令病者跪拜首过，今道家所施符水，祖张道陵，盖同此术也。或时病愈，众共神而信之。角分遣弟子周行四方，转相诳诱，十余年间，徒众数十万，自青、徐、幽、冀、荆、扬、兖、豫八州之人，莫不毕应。或弃卖财产，流移奔赴，填塞道路，未至病死者亦以万数。郡县不解其意，反言角以善道教化，为民所归。

【译文】

五原的山崖崩陷。

起初，巨鹿人张角信奉黄老道，以妖术传教，号称"太平道"。用念过咒语的符水治病，命病人跪拜忏悔自己的罪过，有时病人被治愈，因而大家都把他当作神来信奉。张角分别派遣信徒遍行四方，辗转传授，相互欺骗蛊惑，十多年里，信徒有几十万，在青、徐、幽、冀、荆、扬、兖、豫八州的人，没有谁不响应。有的变卖财产，流离迁徙来投奔，以致道路堵塞。没有赶到而病死的也以万计。郡县的官吏们不晓得他们的意图，反说张角用善道教育感化天下，为民心所归向。

注 释

❶ 巨鹿，今河北平乡南。

【原文】

太尉杨赐时为司徒，赐为司徒，熹平五年也。上书言："角诳曜百姓，遭赦不悔，稍益滋蔓。今若下州郡捕讨，恐更骚扰，速成其患。宜切敕刺史、二千石，简别流民，各护归本郡，以孤弱其党，然后诛其渠帅，可不劳而定。"会赐去位，事遂留中。贤曰：谓所论事留在禁中，未施用之。今据赐以熹平六年免。司徒掾刘陶复上疏申赐前议，言："角等阴谋益甚，四方私言，云角等窃入京师，觇视朝政。鸟声兽心，私共鸣呼；州郡忌讳，不欲闻之，但更相告语，莫肯公文。宜下明诏，重募角等，赏以国土，有敢回避，与之同罪。"帝殊不为意，方诏陶次第《春秋条例》。陶明《春秋》，为之训诂，故诏之次第条例。

角遂置三十六方；方，犹将军也。大方万余人，小方六七千，《考异》曰：《袁纪》作"坊"，今从《范书》。各立渠帅。讹言"苍天已死，黄天当立，岁在甲子，天下大吉"。以白土书京城寺门寺门，在京城诸官寺舍之门。及州郡官府，皆作

【译文】

太尉杨赐此时为司徒，上书说："张角欺骗煽动百姓，受赦免而不悔过，逐渐扩充势力。现在如果下诏州郡追捕讨伐，恐怕引起更大骚乱，迅速酿成祸患。应当严令刺史、二千石官吏检查分别流民，护送他们各归本郡，以此来孤立削弱他们的党羽，然后杀掉他们的首领，这样便可不费力地加以平定。"适逢杨赐免职，所奏之事便滞留宫中，没有实施。司徒掾刘陶又上疏申述杨赐以前的议论，说："张角等阴谋活动日趋严重，四下传言说张角等偷偷地进入京师，窥视朝政。他们像鸟声兽心，暗地里彼此呼应。州郡官吏避讳此事，不想使朝廷知道，只是相互转告，没有谁愿行文上奏。朝廷应下诏明示，重新招募张角等。赏赐国土，有谁敢回避的，与张角同罪。"皇帝却很不在意，还要诏令刘陶编次《春秋条例》。

张角于是把信徒编成三十六方；方，相当于将军，大方一万多人，小方六七千，各方设立首领；他们散布谣言说："苍天已死，黄天当立，岁在甲子，天下大吉。"用白土在京师各衙门和州郡官府的门上，写"甲子"二字。大方马

"甲子"字。大方马元义等先收荆、扬数万人，期会发于邺。元义数往来京师，以中常侍封谞、徐奉等为内应，约以三月五日内外俱起。

元义等先收罗荆、扬两州的几万人，相约汇合于邺地发难。马元义多次来往京师，以中常侍封谞、徐奉等作为内应，约好在三月五日内外一起行动。

中平元年 (甲子·一八四) 是年，十二月改元。

【原文】

　　春，角弟子济南唐周上书告之。《考异》曰：《袁纪》云"济阴人唐客"，今从《范书》。于是收马元义，车裂于雒阳。《考异》曰，《袁纪》曰："五月乙卯，马元义等于京都谋反，伏诛。"今从《范书》。诏三公、司隶案验宫省直卫及百姓有事角道者①，诛杀千余人；下冀州逐捕角等。角等知事已露，晨夜驰敕诸方，一时俱起，皆著黄巾以为标帜，故时人谓之"黄巾贼"。二月，角自称天公将军，角弟宝称地公将军，宝弟梁称人公将军。《考异》曰：司马彪《九州春秋》云"角弟梁，梁弟宝"，《袁纪》云"角弟良、宝"，今从《范书》。所在燔烧官府，劫略聚邑，州郡失据，长吏多逃亡。旬月之间，天下响应，京师震动。

【译文】

　　春，张角弟子济南人唐周上书告密。于是朝廷收捕了马元义，在雒阳车裂了他。朝廷诏令三公、司隶校尉审讯查证宫中宿卫及百姓中信奉张角教的人，杀了一千多人。下令冀州官吏追捕张角等。张角等知道事情已败露，派人日夜奔驰告令各方，同时一起举事，全都头戴黄巾作为标志，因此当时人们称他们是"黄巾贼"。二月，张角自称天公将军，张角的弟弟张宝称地公将军，张宝的弟弟张梁称人公将军，所到之处，皆烧毁官府，劫掠城镇，州郡失守，官吏大多逃跑。一个月里天下响应，京城震动。安平、甘陵的人们各捕捉其王

安平、甘陵人各执其王应贼②。 ｜ 响应盗贼。

注 释

❶ 司隶校尉，掌纠察京师百官及所辖附近各郡的官吏。　❷ 安平，今河北深州北。甘陵，今河北清河东南。

【原 文】

　　三月，戊申，以河南尹何进为大将军①，封慎侯，慎县，属汝南郡。率左、右羽林五营营士屯都亭②，修理器械，以镇京师；置函谷、太谷、广成、伊阙、轘辕、旋门、孟津、小平津八关都尉③。函谷关，在河南谷城县。贤曰：太谷，在雒阳东。广成，在河南新城县。京相璠曰：伊阙，在雒阳西南五十里。轘辕关，在缑氏县东南。《水经注》曰：旋门坂，在成皋县西南十里。孟津，在河内河阳县南。小平津，在河南平县北。贤曰：在今巩县西北。杜佑曰：洛州新安县东北有汉八关城。

【译 文】

　　三月初三，命河南尹何进为大将军，封为慎侯，率领左右羽林、五营士兵驻守都亭，整治兵器，以此镇守京城；并设置函谷、太谷、广成、伊阙、轘辕、旋门、孟津、小平津八关都尉。

注 释

❶ 河南尹，治雒阳，今河南洛阳。东汉时以洛阳为京都，故置河南尹。❷ 羽林，皇帝的禁卫军。　❸ 太谷，在今河南洛阳东南大谷口。广成，在今河南汝州西。伊阙，在今河南洛阳南伊阙山上。轘辕，在今河南洛阳偃师区东南轘辕山上。旋门，在今河南巩义东。孟津，在今河南洛阳孟津区东北。小平津，在今河南洛阳孟津区东北。

【原文】

帝召群臣会议。北地太守皇甫嵩以为宜解党禁，益出中藏钱、西园厩马以班军士。_{中藏府令，属少府，宦者为之。中藏钱，汉所谓禁钱也。西园厩马，即騄骥厩马。}嵩，规之兄子也。上问计于中常侍吕强，对曰："党锢久积，人情怨愤，若不赦宥，轻与张角合谋，为变滋大，悔之无救。今请先诛左右贪浊者，大赦党人，料简刺史、二千石能否，则盗无不平矣。"帝惧而从之。壬子，赦天下党人，还诸徙者；_{谓党人妻子徙边者也。}唯张角不赦。发天下精兵，遣北中郎将卢植讨张角①，_{汉有三署中郎将，五官及左、右署。又有使匈奴中郎将。北中郎将则创置于此时，盖以讨河北黄巾也。}左中郎将皇甫嵩、右中郎将朱儁讨颍川黄巾②。

【译文】

皇帝召集群臣商议。北地太守皇甫嵩认为应当解除对党人的禁锢，进一步拿出中藏府里的钱、西园厩中的马来分发给士兵。皇甫嵩是皇甫规哥哥的儿子。皇上向中常侍吕强询问对策，吕强回答说："党锢之祸积久，人心怨恨，如果不赦免，党人容易与张角合流同谋，如此一来危害更大，那时后悔也无解了。现在请皇上先诛杀身边的贪官，大赦党人，考察刺史、二千石的官吏是否贤能，那么盗贼就没有不平定的道理。"皇帝由于畏惧便听取了他的意见。初七，赦免天下党人，送回他们被放逐的妻儿；唯独张角不予赦免。征调天下精锐部队，派遣北中郎将卢植讨伐张角，左中郎将皇甫嵩、右中郎将朱儁讨伐颍川黄巾军。

注　释

❶ 中郎将，原为统领皇帝侍卫的官，东汉以后一般的带兵高级将领也多加此衔。　❷ 颍川郡，治阳翟，今河南禹州。

【原文】

是时中常侍赵忠、张让、夏恽、郭胜、段珪、宋典等皆封侯贵宠，上常言：“张常侍是我公，赵常侍是我母。”由是宦官无所惮畏，并起第宅，拟则宫室。上尝欲登永安候台，据《续汉志》：永安宫在北宫东北，宫中有候台。《洛阳宫殿名》曰：永安宫，周回六百九十八丈，故基在洛阳故城中。宦官恐望见其居处，乃使中大人尚但谏曰[1]：贤曰：尚，姓；但，名。《姓谱》：师尚父之后。后汉有高士尚子平。“天子不当登高，登高则百姓虚散。”上自是不敢复升台榭。观灵帝以尚但之言不敢复升台榭，诚恐百姓虚散也，谓无爱民之心可乎！使其以信尚但者信诸君子之言，则汉之为汉，未可知也。贤曰，《春秋潜潭巴》曰：天子毋高台榭，高台榭则下叛之。盖因此以诳帝也。及封谞、徐奉事发，上诘责诸常侍曰：“汝曹常言党人欲为不轨，皆令禁锢，或有伏诛者。今党人更为国用，汝曹反与张角通，为可斩未？”皆叩头曰：“此王甫、侯览所为也！”于是诸常侍人人求退，各自征还宗亲、子弟在州郡者。

【译文】

这时中常侍赵忠、张让、夏恽、郭胜、段圭、宋典等都被封侯，显贵得宠，皇上常说：“张常侍是我的父亲，赵常侍是我的母亲。”因此宦官们毫无畏忌，一齐修造住宅，模仿宫室。皇上曾想登永安宫的瞭望台，宦官们害怕皇上望见他们居住的地方，就让宫中年长的尚但上谏说：“天子不该登高，登高则百姓会离散。”皇上从此不敢再登上台榭。直到封谞、徐奉谋反的事情发生，皇上才责问众常侍说：“你们常说党人要图谋不轨，都要加以禁锢，还有伏法被诛的。现在党人又被国家所用了，你们反与张角勾通，可不可杀你们的头？”众常侍都叩头，说：“这是王甫、侯览他们干的！”于是众常侍人人都求退身自保，各自招回在州郡中同宗的亲属和子弟。

注释

❶ 宫婢年长者，称中大人。

【原文】

赵忠、夏恽等遂共谮吕强，云与党人共议朝廷，数读《霍光传》。言其欲谋废立也。强兄弟所在并皆贪秽。帝使中黄门持兵召强，强闻帝召，怒曰："吾死，乱起矣！丈夫欲尽忠国家，岂能对狱吏乎！"遂自杀。忠、恽复谮曰："强见召，未知所问而就外自屏，贤曰：自屏，谓自杀也。有奸明审。"遂收捕其宗亲，没入财产。

侍中河内向栩上便宜，讥刺左右。张让诬栩与张角同心，欲为内应，收送黄门北寺狱，杀之。郎中中山张钧上书曰："窃惟张角所以能兴兵作乱，万民所以乐附之者，其源皆由十常侍多放父兄、子弟、婚亲、宾客典据州郡，辜榷财利，侵掠百姓，百姓之冤，无所告诉，故谋议不轨，聚为盗贼。宜斩十常侍，县头南郊，以

【译文】

赵忠、夏恽等于是共同诬陷吕强，说他和党人共同议论朝廷的事，经常读《霍光传》。吕强的兄弟所在之处，都搞贪污。皇帝派中黄门手执兵器去召吕强。吕强听到皇帝召见他，气愤地说："我死后，祸乱就要兴起了！大丈夫要为国家竭尽忠贞，怎么能去面对狱吏的审讯呢！"于是自杀。赵忠、夏恽又诬陷道："吕强被召，不知道要问他什么就在外自杀了，这明显有奸情。"于是逮捕了他同宗的亲属，没收了他们的财产。

侍中河内人向栩上书谈论关于国家应办的事宜，讽刺了皇帝左右的人。张让诬蔑向栩和张角一心，要做内应，于是收捕向栩送到黄门北寺监狱，杀了他。郎中中山人张钧上书说："我以为张角之所以能兴兵作乱，人民之所以乐意追随他，其根源都是由于十常侍常安置他们的父兄、子弟、姻亲、朋友把持州郡，垄断财富，掠夺百姓，而百姓的冤苦无处申诉，所以才图谋

谢百姓，据《宦者传》，是时张让、赵忠、夏恽、郭胜、孙璋、毕岚、栗嵩、段珪、高望、张恭、韩悝、宋典十二人，皆为中常侍。言十常侍，举大数也。县，读曰悬。《考异》曰：《范书·宦者传》上列常侍十二人名，而下云十常侍，未详。遣使者布告天下，可不须师旅而大寇自消。"帝以钧章示诸常侍，皆免冠徒跣顿首，乞自致雒阳诏狱，并出家财以助军费。有诏，皆冠履视事如故。帝怒钧曰："此真狂子也，十常侍固当有一人善者不！"御史承旨，遂诬奏钧学黄巾道，收掠，死狱中。

庚子，南阳黄巾张曼成[1]，攻杀太守褚贡。

不轨，结伙做盗贼。应该杀掉十常侍，将他们的头悬挂于南郊，来向百姓谢罪，再派遣使者公告天下，这样可以不出动军队而大盗自然会消除。"皇帝把张钧的奏章拿给众常侍看，他们都取下帽子，打着赤脚向皇帝叩头认罪，主动请求把自己送到雒阳诏狱，并且拿出家财来资助军费。皇帝下诏，命他们身着官服任职如旧。皇帝很生张钧的气，说："这真是个狂人！十常侍里竟然连一个好人都没有吗？"御史承皇上旨意，于是诬奏张钧学黄巾道，将他逮捕拷打，张钧最后死在狱中。

庚子日（三月无此日），南阳黄巾张曼成进攻并杀死了太守褚贡。

注 释

❶ 南阳郡，治宛，今河南南阳。

【原文】

帝问太尉杨赐以黄巾事，赐所对切直，帝不悦。夏，四月，赐坐寇贼免。以太仆弘农邓盛为太尉。

【译文】

皇帝就有关黄巾的事询问太尉杨赐，杨赐据实回答，皇帝不高兴。夏，四月，杨赐因盗贼的

已而帝阅录故事，得赐与刘陶所上张角奏，乃封赐为临晋侯，临晋县，属冯翊。贤曰：故城在今同州朝邑县西南。陶为中陵乡侯。

司空张济罢，以大司农张温为司空。

皇甫嵩、朱儁合将四万余人共讨颍川，嵩、儁各统一军。儁与贼波才战，败；嵩进保长社①。长社县，属颍川郡。贤曰：今许州县，故城在长葛县西。

事情获罪被免职。任命太仆弘农人邓盛为太尉。随即，皇帝翻阅录有前事的奏章，看到杨赐和刘陶所上有关张角的奏章，于是封杨赐为临晋侯，刘陶为中陵乡侯。

司空张济被罢免，任大司农张温为司空。

皇甫嵩、朱儁联合率领四万多人，共同征讨颍川，皇甫嵩、朱儁各领一军。朱儁与盗贼波才交战，战败；皇甫嵩进兵保卫长社。

注 释

❶ 长社，在今河南长葛西。

【原文】

汝南黄巾败太守赵谦于邵陵①。邵陵县，属汝南郡。贤曰：故城在今豫州郾陵县东。广阳黄巾杀幽州刺史郭勋及太守刘卫②。

【译文】

汝南黄巾在邵陵打败太守赵谦。广阳黄巾杀死幽州刺史郭勋和太守刘卫。

注 释

❶ 汝南郡，治平舆，今河南汝南东南。邵陵，今河南漯河郾城区东。　❷ 广阳郡，治蓟，今北京西南。

【原文】

波才围皇甫嵩于长社。嵩兵少，军中皆恐。贼依草结营，会大风，嵩约敕军士皆束苣乘城 贤曰：苣，音巨。《说文》云：束苇烧之。 使锐士间出围外，纵火大呼，城上举燎应之，嵩从城中鼓噪而出，奔击贼陈，贼惊，乱走。会骑都尉沛国曹操将兵适至①。五月，嵩、操与朱儁合军，更与贼战，大破之，斩首数万级。封嵩都乡侯。

【译文】

波才在长社包围了皇甫嵩。皇甫嵩兵少，军中将士都很害怕。黄巾军挨着草地扎营，恰巧刮起大风，皇甫嵩命令军士用苇草扎成火炬，登上城楼，派精锐的战士悄悄地潜出包围圈，放火大喊，城楼上的士兵举火炬响应，皇甫嵩带兵从城里击鼓呐喊着冲出，奔袭黄巾军的阵地，黄巾军惊恐，四散逃走。这时骑都尉沛国人曹操正好率兵赶到。五月，皇甫嵩、曹操与朱儁联合军队，与黄巾军交战，大败黄巾军，杀了几万人。于是，皇甫嵩获封都乡侯。

注 释

❶沛国，都相县，今安徽宿州西北。

【原文】

操父嵩，为中常侍曹腾养子，不能审其生出本末，或云夏侯氏子也。吴人作《曹瞒传》及郭颁《世语》，并云嵩，夏侯氏之子，夏侯惇之叔父，操于惇为从父兄弟。 操少机警，有权数，而任侠放荡，不治行业；世人未之奇也，唯

【译文】

曹操的父亲曹嵩，是中常侍曹腾的养子，不能详知他的生平，有人说他是夏侯姓的后嗣。曹操从小机警，有权术，而且行侠仗义，放荡不羁，不从事生计职业；当时的人不重视他，只有太尉桥玄和南阳人何颙认为他非

太尉桥玄及南阳何颙异焉。玄谓操曰："天下将乱，非命世之才，不能济也。能安之者，其在君乎！"颙见操，叹曰："汉家将亡，安天下者，必此人也。"玄谓操曰："君未有名，可交许子将。"子将者，训之从子劭也，许劭，字子将。许训为公，见上卷熹平三年、四年。好人伦，多所赏识，与从兄靖俱有高名，好共核论乡党人物，每月辄更其品题，故汝南俗有月旦评焉。后置州郡中正本于此。尝为郡功曹，府中闻之，莫不改操饰行。曹操往造劭而问之曰："我何如人？"劭鄙其为人，不答。操乃劫之，劭曰："子，治世之能臣，乱世之奸雄。"言其才绝世也。天下治则尽其能为世用，天下乱则逞其智为时雄。操大喜而去。曹操事始此。

朱儁之击黄巾也，其护军司马北地傅燮上疏曰：护军司马，官为司马，而使监护一军。"臣闻天下之祸，不由于外，皆兴于内。是故虞舜先除四凶，然后用十六相，《尚书》：舜流共工于幽州，放驩兜于崇山，窜三苗于三危，殛鲧于羽山，四罪而天下咸服。《左传》曰：高阳氏有才子八人，苍舒、隤敳、梼戭、大临、庞降、庭坚、仲容、叔达，谓之八元。高辛氏有才子八

同一般。桥玄对曹操说："天下将乱，不是治世之才，不能拯救。能安定天下的人，也许就是你了！"何颙见到曹操，感叹道："汉室将要灭亡，安定天下的人，一定是这个人了。"桥玄告诉曹操说："你还没有名气，可以和许子将结交。"许子将是许训的侄子许劭，他善于待人接物，能辨别人的品行和能力，和堂兄许靖都有很大的名声，他们喜欢共同对当地人物进行很有见地的评论，每个月总要变换品评的题目，因此汝南形成了每月初一评品人物的风气。许子将曾做过汝南郡的功曹，郡府里的人听到他的事迹，没有谁不修饰自己的操守品行。曹操去拜访许劭，问他："我是一个怎样的人？"许劭看不起他的为人，不回答。曹操就强逼他回答，许劭说："你是治世的能臣，乱世的奸雄。"曹操非常高兴地离开了。

朱儁进击黄巾军的时候，他的护军司马北地人傅燮上奏说："我听说天下的祸乱不源于外部，而是起于内部。所以虞舜首先铲除四凶，然后任用十六位贤人，说明恶人不铲除，好人就无法任用。如今张角在赵、魏之地起事，黄巾军在六个州作乱，这都

人，伯奋、仲堪、叔献、季仲、伯虎、仲熊、叔豹、季狸，谓之八恺。舜臣尧，流四凶族，举十六相。**明恶人不去，则善人无由进也。今张角起于赵、魏，黄巾乱于六州，此皆衅发萧墙而祸延四海者也。臣受戎任，奉辞伐罪，始到颍川，战无不克，黄巾虽盛，不足为庙堂忧也。臣之所惧，在于治水不自其源，末流弥增其广耳。陛下仁德宽容，多所不忍，故阉竖弄权，忠臣不进。诚使张角枭夷，黄巾变服，**谓其党归顺，去其黄巾而复服时人之服也。枭夷，谓枭斩而诛夷之。**臣之所忧，甫益深耳。何者？夫邪正之人，不宜共国，亦犹冰炭不可同器。彼知正人之功显而危亡之兆见，皆将巧辞饰说，共长虚伪。夫孝子疑于屡至，**即曾母投杼事，见三卷周报王七年。**市虎成于三夫，**《韩子》：庞共与魏太子质于邯郸。共谓魏王曰：'今一人言市有虎，王信乎？'王曰：'否。''二人言，信乎？'王曰：'否。''三人言，信乎？'王曰：'寡人信矣。'共曰：'夫市无虎明矣，然三人言诚市有虎。今邯郸去魏远于市，谤臣者过三人，愿王熟察之！'**若不详察真伪，忠臣将复有杜邮之戮矣！**白起事见五卷周报王五十八年。**陛下宜思虞舜四罪之举，速行谗佞之诛，**

是根源在宫廷内部而祸乱蔓延四海的结果。我接受军务，奉命讨伐罪逆，刚到颍川时，战无不胜；黄巾军虽然强盛，不足以成为国家的忧患。我所害怕的，在于治水不从它的源头开始，下游便更加泛滥成灾了。陛下仁德宽容，为人常怀不忍之心，所以宦官玩弄权势，致使忠臣得不到任用。即便是张角枭首，黄巾军臣服，而我所忧虑的，反而更深了。为什么呢？大凡奸邪小人与正人君子不应在朝廷共存，就像冰和炭不能同处一个容器。那些人知道正人君子功勋显赫的时候，他们危亡的征兆就会出现，所以都将花言巧语，助长彼此的虚伪作风。传播假消息的人多了，连曾参那样的孝子也会受到怀疑；三人说市上有虎，人们都会相信。如果不仔细地辨别真伪，忠臣中恐怕又会出现白起在杜邮自杀的悲剧！陛下应反思一下虞舜放逐四凶的举动，迅速诛灭谗言奸佞的小人，那么好人就想为朝廷效命，奸邪恶人就自然消失。"赵忠看见傅燮的奏疏后非常厌恶他。傅燮打击黄巾军，功多应当受到封赏，赵忠却说他的坏话；灵帝还记得傅燮奏疏所

则善人思进，奸凶自息。"赵忠见其疏而恶之。燮击黄巾，功多，当封，忠谮诉之；帝识燮言，贤曰：识，记也。音志。得不加罪，竟亦不封。

张曼成屯宛下百余日，六月，南阳太守秦颉击曼成，斩之。

交阯土多珍货，前后刺史多无清行，财计盈给，辄求迁代，故吏民怨叛，执刺史及合浦太守来达①，自称柱天将军。三府选京令东郡贾琮为交阯刺史②。京县，属河南尹。琮到部，讯其反状，咸言"赋敛过重，百姓莫不空单③，京师遥远，告冤无所，民不聊生，故聚为盗贼"。琮即移书告示，各使安其资业，招抚荒散，蠲复徭役，复，除也。诛斩渠帅为大害者，简选良吏试守诸县，岁间荡定，百姓以安。巷路为之歌曰："贾父来晚，使我先反；今见清平，吏不敢饭！"言吏不敢过民家而饭也。

言，因而没有加罪，但始终也没有封赏他。

张曼成驻守宛城下一百多天；六月，南阳太守秦颉进击张曼成，杀了他。

交阯郡盛产珍贵宝物，前后刺史多没有清廉的行为，财物搜刮够了，就要求调任，所以官民怨恨反叛，捉刺史和合浦太守来达，首领自称柱天将军。三府选派京县县令东郡人贾琮为交阯刺史。贾琮到任，调查人民造反的原因，大家都说："赋税太重，百姓无不被搜括一空。京城遥远，无处申诉苦冤，民不聊生，因此聚众成为盗贼。"贾琮就传布文告，让百姓各自安心生产，招纳安抚逃荒在外的流民，免除徭役，诛杀成为大害的首领，挑选试用一批良吏镇守各县。一年之内就平定了动乱，百姓因此安居。大家赞颂他，为之作歌谣，道："贾父来晚，使我先反；今见清平，吏不敢饭！"

注释

❶合浦郡，治合浦，今广西合浦东北。　❷东郡，治濮阳，今河南濮阳西南。　❸单，即殚尽。

【原文】

　　皇甫嵩、朱儁乘胜进讨汝南、陈国黄巾①，追波才于阳翟②，击彭脱于西华③，《姓谱》：波，姓也。其先事王莽为波水将军，子孙以为氏。阳翟县，属颍川郡。西华县，属汝南郡。贤曰：西华故城，在今陈州项城县西；又曰：在今溵水县西北。并破之，余贼降散，三郡悉平。嵩乃上言其状，以功归儁，于是进封儁西乡侯，迁镇贼中郎将。此因欲镇安黄巾余贼而置官。诏嵩讨东郡，儁讨南阳。

【译文】

　　皇甫嵩、朱儁乘胜进军讨伐汝南郡和陈国的黄巾军，在阳翟追赶波才，在西华攻打彭脱，均将他们击败，剩余的黄巾军或降或散，三郡全部平定。皇甫嵩上书报告战况，将战功归于朱儁，于是进封朱儁为西乡侯，升为镇贼中郎将。诏令皇甫嵩讨伐东郡黄巾军，朱儁讨伐南阳黄巾军。

注释

　　❶ 陈国，都陈县，今河南周口淮阳区。　❷ 阳翟，今河南禹州。　❸ 西华，今河南西华南。

【原文】

　　北中郎将卢植连战破张角，斩获万余人，角等走保广宗①。广宗县，属巨鹿郡。贤曰：今贝州宗城县。植筑围凿堑，造作云梯，垂当拔之。垂，几也。帝遣小黄门左丰视军，或劝植以赂送丰，植不肯。丰还，

【译文】

　　北中郎将卢植连连战败张角，斩杀一万多人，张角等逃走退保广宗。卢植筑起围墙，挖掘壕沟，制作登城的云梯，即将攻克城池。灵帝派遣小黄门左丰来视察军队，有人劝卢植拿财物送给左丰，卢植不答应。左丰回去，向灵帝说："广

言于帝曰："广宗贼易破耳。卢中郎固垒息军，以待天诛。"帝怒，槛车征植，减死一等；遣东中郎将陇西董卓代之。卢植先为北中郎将，卓为东中郎将。四中郎将始于此。

宗的黄巾贼容易击破，卢中郎却守在营垒中休息，以等待黄巾贼自行消亡。"灵帝愤怒，用囚车把卢植押回京师，判减去死刑一等；派遣东中郎将陇西人董卓代替卢植。

注 释

❶ 广宗，今河北南宫南。

【原 文】

　　巴郡张脩以妖术为人疗病，其法略与张角同，令病家出五斗米，号"五斗米师①"。秋，七月，脩聚众反，寇郡县；时人谓之"米贼"。《考异》曰：《范书·灵帝纪》有此张脩。陈寿《魏志·张鲁传》有"刘焉司马张脩"，刘艾《典略》有"汉中张脩"，裴松之以为"张脩"应是"张衡"，非《典略》之失，则传写之误。案《鲁传》云："祖父陵，父衡，皆为五斗米道。衡死，鲁复行之。"刘焉司马张脩与鲁同击汉中，鲁袭杀脩，非其父也。今此据《范书》。

【译 文】

　　巴郡人张脩用妖术为人治病，他的方法和张角大致相同，让病家出五斗米，因此号称"五斗米师"。秋，七月，张脩聚众造反，侵掠郡县，当时人们称他们为"米贼"。

注 释

❶ "五斗米师"即"五斗米道"，也就是"天师道"。早期道教流派之一。

【原文】

八月，皇甫嵩与黄巾战于苍亭^①，苍亭，在东郡范县界。获其帅卜巳。董卓攻张角无功，抵罪。乙巳，诏嵩讨角。

【译文】

八月，皇甫嵩与黄巾军在苍亭作战，俘获黄巾军首领卜巳。董卓攻打张角没有战果，受到处罚。初三，诏令皇甫嵩讨伐张角。

注 释

❶苍亭，在今河南范县境。

【原文】

九月，安平王续坐不道，诛，安帝延光元年，改乐成国曰安平，以孝王得绍封。续，得子也。国除。初，续为黄巾所虏，国人赎之得还，朝廷议复其国。议郎李燮曰："续守藩不称，损辱圣朝，不宜复国。"朝廷不从。燮坐谤毁宗室，输作左校^①；未满岁，王坐诛，乃复拜议郎。京师为之语曰："父不肯立帝，谓李固不肯立质、桓二帝也。子不肯立王。"

【译文】

九月，安平王刘续被指控有大逆不道罪，诛死，废除封国。起初，刘续被黄巾军俘虏，国人将他赎回，朝廷商议恢复他的封国。议郎李燮说："刘续守藩国不称职，损辱了朝廷的声誉，不应当恢复封国。"灵帝和朝中大臣不听从。李燮因犯有毁谤宗室罪，被遣送到左校做苦役。不到一年，安平王刘续因罪被杀，才恢复李燮议郎的职务。京城的人为此编了一句顺口溜："父亲不肯立皇帝，儿子不肯立藩王。"

注释

❶ 汉设左校令，属将作大匠。掌管修建宗庙、宫殿、陵园、道路等土木工程。"输作左校"，即罚他到左校署去做工徒。

【原文】

冬，十月，皇甫嵩与张角弟梁战于广宗，梁众精勇，嵩不能克；明日，乃闭营休士以观其变，知贼意稍懈，乃潜夜勒兵，鸡鸣，驰赴其陈，战至晡时，大破之，斩梁，获首三万级，赴河死者五万许人。角先已病死，剖棺戮尸，传首京师。十一月，嵩复攻角弟宝于下曲阳①，斩之，下曲阳县属巨鹿郡；以常山有上曲阳，故此称下。斩获十余万人。即拜嵩为左车骑将军，领冀州牧，封槐里侯。嵩能温恤士卒，每军行顿止，须营幔修立②，然后就舍，军士皆食，尔乃尝饭，尔，如此也。故所向有功。

【译文】

冬，十月，皇甫嵩和张角的弟弟张梁在广宗交战，张梁的部队精良勇敢，皇甫嵩无法制胜；第二天，就闭营休兵来观察敌人的变化，发觉敌寇稍稍有些松懈，于是暗地里在夜晚整顿兵马，于鸡鸣时，奔赴敌阵，一直战斗到黄昏时分，大破敌军，杀了张梁，斩获三万首级，跳进河里溺死的有五万多人。张角先已病死，被开棺戮尸，首级被传送到京师。十一月，皇甫嵩又在下曲阳攻打张角的弟弟张宝，斩了张宝，杀死、俘虏的有十多万人。皇甫嵩被任命为左车骑将军，兼任冀州牧，封为槐里侯。皇甫嵩能体恤士兵，每次行军停歇时，要等到士兵的营帐建好，然后才回到自己的住处，士兵们都吃了饭，自己才吃饭，因此所到之处都有战功。

注 释

❶ 下曲阳，今河北晋州西。　❷ 营幔，营帐。

【原文】

　　北地先零羌及枹罕、河关群盗反①，河关、枹罕二县，皆属陇西郡。零，音怜。枹，音肤。共立湟中义从胡北宫伯玉、李文侯为将军②，北宫，以所居为氏。《左传》有卫大夫北宫文子。《孟子》有北宫黝。杀护羌校尉泠徵③。贤曰：泠，姓也，周有泠州鸠，音零。金城人边章、韩遂素著名西州，群盗诱而劫之，使专任军政，杀金城太守陈懿，攻烧州郡。

【译文】

　　北地的先零羌和枹罕、河关的群盗造反，共同拥立湟中的从军胡人北宫伯玉、李文侯为将军，杀死护羌校尉泠徵。金城人边章、韩遂在西州素负盛名，群盗诱引并劫持了他们，让他们主持军政，杀死金城太守陈懿，攻打烧毁州郡。

注 释

　　❶ 先零羌，西羌的一支。东汉时分布在今陕西兴平一带。枹罕，今甘肃临夏西南。河关，今甘肃临夏南。　❷ 湟中，今青海省湟水两岸。义从，胡人称自愿从军者为义从。　❸ 护羌校尉，职掌西羌事务的官。

【原文】

　　初，武威太守倚恃权贵①，恣行贪暴，武威太守，史失其姓名。凉

【译文】

　　起初，武威太守倚仗权贵，专横跋扈，贪赃残暴，凉州从事武都

州从事武都苏正和案致其罪②。刺史梁鹄惧，欲杀正和以免其负，访于汉阳长史敦煌盖勋③。《续汉志》：郡太守置丞一人，郡当边戍者，丞为长史。勋素与正和有仇，或劝勋因此报之，勋曰："谋事杀良，非忠也；乘人之危，非仁也。"乃谏鹄曰："夫绁食鹰隼，欲其鸷也。贤曰：绁，系也。《广雅》曰：鸷，执也。取其能服执众鸟。鸷而亨之，亨，读作烹。将何用哉！"鹄乃止。正和诣勋求谢，勋不见，曰："吾为梁使君谋，不为苏正和也。"怨之如初。

人苏正和审查追究他的罪行。刺史梁鹄恐惧，想杀苏正和来免除自己的责任，就去征询汉阳郡长史敦煌人盖勋的意见。盖勋一向与苏正和有私仇，有人劝盖勋乘机报复他，盖勋说："为人谋事而杀害好人，不是忠诚；乘人之危，不是仁道。"于是劝阻梁鹄说："大凡人们豢养猎鹰，是想让它捕捉猎物，捕捉了猎物就将它烹杀，那么豢养它有什么用呢？"梁鹄于是打消了杀苏正和的念头。苏正和到盖勋那里致谢，盖勋不见他，说："我是为梁使君谋事，不是为他苏正和。"还是像当初那样仇恨苏正和。

注　释

❶武威郡，治姑臧，今甘肃武威。　❷凉州，治陇县，今甘肃清水北。从事，州刺史的佐吏。　❸汉阳郡，治冀县，今甘肃天水西北。

【原文】

后刺史左昌盗军谷数万，勋谏之，昌怒，使勋与从事辛曾、孔常别屯阿阳以拒贼①，阿阳县，属汉阳郡。欲因军事罪之，而勋数有战功。及

【译文】

后任刺史左昌盗窃军粮几万石，盖勋劝阻他。左昌发怒，派盖勋与从事辛曾、孔常另外驻守阿阳抵抗叛贼，想利用军事上的失利来处置盖勋，但盖勋屡建战

北宫伯玉之攻金城也，勋劝昌救之，昌不从。陈懿既死，边章等进围昌于冀②，昌召勋等自救，辛曾等疑不肯赴，勋怒曰："昔庄贾后期，穰苴奋剑，齐景公时，燕、晋侵齐，景公以司马穰苴为将，御之，令宠臣庄贾监军。穰苴与期旦日会。贾素骄贵，夕时乃至，穰苴召军正问曰：'军法，期而后者云何？'对曰：'当斩。'遂斩贾以徇于三军。今之从事岂重于古之监军乎！"曾等惧而从之。勋至冀，诮让章等以背叛之罪，皆曰："左使君若早从君言，以兵临我，庶可自改；今罪已重，不得降也。"乃解围去。

功。等到北宫伯玉攻到金城的时候，盖勋劝左昌救援金城，左昌不听。陈懿死后，边章等进军冀县包围左昌，左昌召盖勋等来救援自己，辛曾等迟疑不肯出兵。盖勋愤怒地说："从前庄贾延误军期，司马穰苴挥剑杀了他。今天的从事难道还比古代的监军重要吗？"辛曾等畏惧便听从了。盖勋到冀县，谴责边章等背叛的罪行，边章等说："左使君如果早听从你的话，率兵来攻打我们，或许我们可以改过，如今罪恶已深重，无法投降了。"终于解围离去。

注 释

❶ 阿阳，今甘肃静宁南。　❷ 冀县，今甘肃天水西北。

【原文】

叛羌围校尉夏育于畜官，《前书·尹翁归传》有论罪输掌畜官。《音义》曰：右扶风，畜牧所在，有苑师之属，故曰畜官。勋与州郡合兵救育，至狐槃①，晋时，秦苻生葬姚弋仲于狐槃。《载记》曰：在天水冀县。为羌所败。勋余众不及百人，

【译文】

反叛的羌人在畜官围攻校尉夏育，盖勋与州郡联合兵力救援夏育，到达狐槃，被羌人击败。盖勋的余部不到百人，身受三处创伤，但稳坐不动，指着路边的木表说："把我的尸体放在这

身被三创，坚坐不动，指木表曰："尸我于此！"句就种羌滇吾以兵捍众曰：贤曰：句就，羌别种。"盖长史贤人，汝曹杀之者为负天。"勋仰骂曰："死反虏！汝何知，促来杀我！"众相视而惊。滇吾下马与勋，勋不肯上，遂为羌所执。羌服其义勇，不敢加害，送还汉阳。后刺史杨雍表勋领汉阳太守。

里！"句就种羌滇吾用兵器拦着众人说："盖长史是个贤人，你们谁杀他，就是得罪了上天。"盖勋昂头骂道："该死的叛贼，你们知道什么，还不快来杀我！"众人面面相觑，感到吃惊。滇吾下马让盖勋，盖勋不肯上马，于是被羌人俘虏。羌人佩服他的节义和勇敢，不敢杀害他，就送他回汉阳。后任刺史杨雍上表推举盖勋兼任汉阳太守。

注　释

❶狐槃，在甘肃甘谷界。

【原　文】

张曼成余党更以赵弘为帅，众复盛，至十余万，据宛城。朱儁与荆州刺史徐璆等合兵围之，自六月至八月不拔；有司奏征儁。司空张温上疏曰："昔秦用白起，燕任乐毅，皆旷年历载，乃能克敌。《史记》：白起事秦昭王为大良造，攻魏，破之。后五年，攻赵，拔光狼城。后七年，攻楚，拔鄢、邓五城。明年，拔郢，烧夷陵，遂东至竟陵。乐毅事燕昭

【译　文】

张曼成的余党又拥立赵弘为首领，势力又强盛起来，徒众多达十几万人，占据宛城。朱儁和荆州刺史徐璆等联合兵力包围了宛城，从六月到八月，不能攻下。有官员上奏征召朱儁回京师。司空张温上奏说："从前秦国起用白起，燕国起用乐毅，都是经过长年累月，才能克敌制胜。朱儁征讨颍川的黄巾军已见成效，率师南进，方略已定；临阵换将，为兵家大忌，应宽限时日，

王，为上将军，伐齐，入临菑，徇齐五岁，下七十余城。**儁讨颍川已有功效，引师南指，方略已设；临军易将，兵家所忌，宜假日月，责其成功。"帝乃止。儁击弘，斩之。**

贼帅韩忠复据宛拒儁，儁鸣鼓攻其西南，贼悉众赴之；儁自将精卒掩其东北，乘城而入。忠乃退保小城，惶惧乞降；诸将皆欲听之，儁曰："兵固有形同而势异者。昔秦、项之际，民无定主，故赏附以劝来耳。今海内一统，唯黄巾造逆。纳降无以劝善，讨之足以惩恶。今若受之，更开逆意，贼利则进战，钝则乞降，纵敌长寇，非良计也！"因急攻，连战不克。儁登土山望之，顾谓司马张超曰："吾知之矣。贼今外围周固，内营逼急，乞降不受，欲出不得，所以死战也。万人一心，犹不可当，况十万乎！不如彻围，并兵入城，忠见围解，势必自出，自出则意散，破之道也①。"既而解围，忠果出战，儁因击，大破之，斩首万余级。

责令他成功。"灵帝才停止征召。朱儁进击赵弘，将他杀了。

叛贼首领韩忠又夺取宛城抗拒朱儁，朱儁擂起战鼓进攻宛城西南，叛贼全部奔赴西南；朱儁亲率精兵出其不意袭击城东北，登城而进。韩忠于是退守小城，惊恐求降；众将领都想接受韩忠的请降，朱儁说："战争本来有形势相同而实质各异的。从前秦末项羽的时代，人民没有确定的君主，所以奖赏归附者，以劝人来投奔。如今海内统一，只有黄巾军造反叛逆。接受投降就无从勉励守法的好人，征讨他们才可以惩罚叛逆。倘若现在接受了投降，就助长了叛贼反叛的意识，叛贼有利就进攻作战，不利就求降，放纵敌人助长贼势，这不是良策！"因而急攻猛打，连续作战，不能攻克。朱儁登上土山观察敌军，回头对司马张超说："我知道原因了。叛贼现在外受严密包围，军队内感到情况急迫，求降不被接受，想出来又不能，所以只有拼死决战。万人一心，尚且势不可挡，何况是十万人呢！不如撤除包围，并兵进城，韩忠见包围解除，势必自己出来，一出来就斗志涣散，这就是击破他的方法。"不久解除包围，韩忠果然出来交战，朱儁乘机攻击，大破叛贼，斩了一万多首级。

注 释

❶ 章钰《校宋记》云：宋十一行本"破"上有"易"字。张敦仁《资治通鉴刊本识误》同。

【原 文】

南阳太守秦颉杀忠，余众复奉孙夏为帅，还屯宛。儁急攻之，司马孙坚率众先登；癸巳，拔宛城。孙夏走，儁追至西鄂精山①。西鄂县，属南阳郡。贤曰：故城在今邓州向城县南；精山在其南。复破之，斩万余级。于是黄巾破散，其余州郡所诛，一郡数千人。

【译 文】

南阳太守秦颉杀死韩忠，余众又拥立孙夏为首领，回军驻守宛城。朱儁猛攻宛城，司马孙坚率兵首先登上城墙；癸巳日，攻下宛城。孙夏逃走了，朱儁追赶到西鄂县的精山，再次将他打败，斩了一万多首级。至此黄巾军被击散，其他被州郡收捕诛杀的，每郡都有几千人。

注 释

❶ 西鄂，在今河南南阳南。

【原 文】

十二月，己巳，赦天下，改元。

豫州刺史太原王允破黄巾，得张让宾客书，与黄巾交通，上之。

【译 文】

十二月二十九日，大赦天下，改年号为中平。

豫州刺史太原人王允击败黄巾军，获得张让的门客与黄巾军交往的书信，呈报皇帝。皇帝大

上责怒让；让叩头陈谢，竟亦不能罪也。让由是以事中允，中，……中伤也。遂传下狱，贤曰：传，逮也。会赦，还为刺史；旬日间，复以他罪被捕。杨赐不欲使更楚辱，贤曰：更，经也。楚，苦痛。遣客谢之曰："君以张让之事，故一月再征，凶慝难量，幸为深计！"贤曰：深计，谓令自死。诸从事好气决者，共流涕奉药而进之。允厉声曰："吾为人臣，获罪于君，当伏大辟以谢天下，岂有乳药求死乎！"《前书·王嘉传》：何谓咀药而死。乳当作咀。投杯而起，出就槛车。既至，大将军进与杨赐、袁隗共上疏请之，得减死论。《考异》曰，《允传》云："太尉袁隗、司徒杨赐。"按隗、赐时皆不为此官，恐误也。

怒，责备张让。张让叩头告罪，最后竟没有被治罪。张让于是利用他事中伤王允，终将王允收捕下狱，适逢赦免，王允又回到豫州做刺史。十天之内，又因其他罪名被捕。杨赐不想让王允再受痛苦和屈辱，派人去劝告他说："你因为检举张让一事，所以在一月之中两次入狱，凶险难测，你要好好地考虑一下。"王允属下那些好凭意气用事的从事们，都流着泪捧着毒药送给他。王允厉声道："我身为人臣，得罪了君主，应当受到正式处决，公告天下，哪里有服毒自杀的道理！"甩掉杯子，奋然起身，出去登上囚车。到了廷尉后，大将军何进与杨赐、袁隗共同上奏说情，王允得以减免死罪。

二年（乙丑·一八五）

【原文】

春，正月，大疫。

二月，己酉，南宫云台灾。庚戌，乐城门灾。据《续汉志》，盖乐成殿门也。"城"，当作"成"。《五行志》作乐城门。刘昭曰：南宫中门

【译文】

春，正月，瘟疫大流行。

二月，初十，南宫的云台发生火灾。十一日，

也。中常侍张让、赵忠说帝敛天下田，晦十钱，*晦，古亩字。* 以修宫室，铸铜人。乐安太守陆康上疏谏曰："昔鲁宣税亩而蝝灾自生[①]。*《公羊传》曰：初税亩者何？履亩而税也。何休《注》云：宣公无恩信于人，人不肯尽力于公田，起履践案行其亩，谷好者税取之。蝝，蚕子也。《传》曰：冬，蝝生。此其言蝝生何？上变古易常也。《注》云：上，公上，谓宣公变易公田旧制而税亩也。* 哀公增赋而孔子非之，*《左传》：季孙欲以田赋，使冉有访诸仲尼。仲尼私于冉有曰：子季孙若欲行而法，则周公之典在；若欲苟而行，又何访焉。* 岂有聚夺民物，以营无用之铜人，捐舍圣戒，自蹈亡王之法哉！"内幸潜康援引亡国以譬圣明，大不敬，槛车征诣廷尉。侍御史刘岱表陈解释，得免归田里。康，续之孙也。*陆续事见四十五卷明帝永平十四年。*

乐城门发生火灾。中常侍张让、赵忠劝说灵帝征天下田赋，每亩十钱，用来修建宫室，铸造铜人。乐安太守陆康上疏劝阻说："从前鲁宣公按亩征税而引发蝗灾，鲁哀公增加赋税而受到孔子的批评，怎么能搜刮人民财物来营造无用的铜人，抛弃圣人的训诫，效法亡国君王的法典呢？"宦官们攻击陆康援引亡国君王的例子来比附圣明的皇帝，犯了大不敬之罪，用囚车把陆康押送到廷尉。侍御史刘岱上表陈情解释，陆康才得免死回乡。陆康，是陆续的孙子。

注　释

❶蝝，蝗虫子，未有翅的。蝝音缘。

【原　文】

又诏发州郡材木文石，部送京师。黄门常侍辄令遣呵不中者，因强折贱买，仅得本贾十分之一，

【译　文】

又下诏征发州郡可用的木材和纹理美观的石料，送往京城。宫中黄门常侍等总是责备材料不合格，乘机强令州郡折价贱卖，价格又仅

贾，读曰价。因复货之，宦官复不为即受，材木遂至腐积，宫室连年不成。刺史、太守复增私调，百姓呼嗟。又令西园骓分道督趣，趣，读曰促。恐动州郡，多受赇赂。刺史、二千石及茂才、孝廉迁除，皆责助军、修宫钱，大郡至二三千万，余各有差。当之官者，皆先至西园谐价，然后得去。贤曰：谐，谓平定其价也。其守清者乞不之官，皆迫遣之。时巨鹿太守河内司马直新除，以有清名，减责三百万。直被诏，怅然曰："为民父母，而反割剥百姓以称时求，吾不忍也。"辞疾，不听。行至孟津，上书极陈当世之失，即吞药自杀。书奏，帝为暂绝修宫钱。

以朱儁为右车骑将军。

自张角之乱，所在盗贼并起，博陵张牛角、常山褚飞燕及黄龙、左校、于氐根、张白骑、刘石、左髭文八、平汉大计、司隶缘城、雷公、浮云、白雀、杨凤、于毒、五鹿、李大目、白绕、眭固、苦蝤之徒[①]，不可胜数。《朱儁传》曰：轻便者言飞燕。于氐根，贤《注》曰：《左

是原价的十分之一。宦官于是再将已验收的木材回卖给州郡官吏，州郡官吏又用这些木材交纳时，宦官们仍然刁难不马上接受，致使木材积压腐烂，宫室连年建不成。刺史、太守还私自增加赋税，百姓叫苦不迭。又令西园的侍从骑士分途督促采纳，使各州郡恐怖惊动，收受了许多贿赂。刺史、二千石官吏及茂才、孝廉升迁及其任命时，都要求交纳助军、修官的钱，大郡达到二三千万，其余的郡多少不等。即将赴任的官吏，都要先到西园议定交纳的价钱，然后才能去赴任。那些清廉之士请求不赴任，都被强迫去上任。当时巨鹿太守河内人司马直刚被任命，因为有清廉美名，减收三百万的应交数额。司马直被诏，惆怅地说："做官本为民父母，却反剥削百姓来迎合时弊所求，我不忍心。"借生病辞官，未获批准。赴任途中，走到孟津时，上书针砭时政的过失，就服毒自杀了。奏书呈上，灵帝因此暂停征收修宫钱。

任命朱儁为右车骑将军。

自从张角作乱后，各地盗贼纷纷兴起，博陵人张牛角、常山人褚飞燕及黄龙、左校、于氐根、张白骑、刘石、左髭文八、平汉大计、司隶缘城、雷公、浮云、白雀、杨

传》曰：于思于思。杜预云：于思，多须之貌。骑白马者为张白骑。大声者称雷公。大眼者为大目。"左髭文八"作"左髭丈八"。大者二三万，小者六七千人。张牛角、褚飞燕合军攻瘿陶②，牛角中流矢，且死，令其众奉飞燕为帅，改姓张。飞燕名燕，轻勇趫捷，故军中号曰"飞燕"。山谷寇贼多附之，部众浸广，殆至百万，号黑山贼③，杜佑曰：卫州卫县，汉朝歌县也。纣都朝歌，在今县西。县西北有黑山。河北诸郡县，并被其害。朝廷不能讨。燕乃遣使至京师，奏书乞降；遂拜燕平难中郎将，使领河北诸山谷事，岁得举孝廉、计吏。

凤、于毒、五鹿、李大目、白绕、眭固、苦蝤等，不可胜数，势力大的二三万人，小的六七千人。张牛角、褚飞燕联合军队攻打瘿陶，张牛角被流箭射中，临死时，命令他的部众尊奉褚飞燕为首领，让褚飞燕改姓张。飞燕本名为褚燕，因作战骁勇，来去如飞，所以军中称他为"飞燕"。山谷中的寇贼大多归附他，部众渐渐增多，将近百万，号称"黑山贼"，河北各郡县都受到其侵害，朝廷无力征讨。飞燕派使者到京师，上书求降，于是朝廷任命他为平难中郎将，让他统领河北各山谷的事务，每年可向朝廷推举孝廉、计吏。

注释

❶博陵，今河北蠡县南。常山郡，治元氏，今河北元氏西北。　❷瘿陶，今河北宁晋西南。　❸黑山，在今河南浚县西北。

——以上卷五八

北魏孝文帝变法

齐世祖武皇帝永明元年 （癸亥·四八三·北魏孝文帝太和七年）

【原 文】

（十二月），癸丑，魏始禁同姓为婚。

…………

【译 文】

（十二月）初九，魏开始禁止同姓结婚。

…………

——以上卷一三五

二年 （甲子·四八四·北魏太和八年）

【原 文】

魏旧制：户调帛二匹，絮二斤，丝一斤，谷二十斛；又入帛一匹二丈，委之州库，以供调外之费；所调各随土之所出。（六月），丁卯，诏曰："置官班禄，行之尚矣；自中原丧乱，兹制中绝。朕宪章旧典，始班俸禄。户增调帛三匹，

【译 文】

魏旧有的制度：每户户税征收两匹帛、两斤絮、一斤丝、二十斛谷；此外缴送一匹二丈的帛，放在州库里，作为户税之外的费用；所征收的户税各自照当地出产的物品来决定。（六月），二十六日，魏国君主下诏说："安置官吏，颁发俸禄，这是施行已久的了。自从中原战乱，这制度就中断了。朕仿效旧有的典制，才颁

谷二斛九斗，以为官司之禄；增调外帛二匹。禄行之后，赃满一匹者死。变法改度。宜为更始①，其大赦天下。"

…………

行俸禄。每户增加户税三匹帛、二斛九斗的谷，作为官吏的俸禄；户税之外再增加两匹帛。俸禄颁发以后，官吏要是贪赃满一匹的就处死刑。变更法度，应该重新开始良好的政治，就此大赦天下！"

…………

注 释

❶ 宜为更始，应该重新开始。

【原 文】

九月，魏诏，班禄以十月为始，季别受之。三月为一季。旧律，枉法十匹，义赃二十匹，罪死；至是，义赃一匹，枉法无多少，皆死。枉法，谓受赇枉法而出入人罪者。义赃，谓以私情相馈遗，虽非乞取，亦计所受论赃。仍分命使者。纠按守宰之贪者。

秦、益二州刺史恒农李洪之以外戚贵显①，魏显祖、高祖皆李氏出也。魏避显祖讳，改弘农为恒农。为治贪暴，班禄之后，洪之首以赃败。魏主命锁赴平城，集

【译 文】

九月，魏下诏颁行俸禄，从十月开始，三个月一季，每季发一次俸禄。旧行的律令，官员贪赃枉法，收受十四布帛，若因人情为人办事，收受二十四布帛，判定的罪罚为死刑。此时修订为：官员因人情赠礼，收受布帛一匹，要处死刑；贪赃枉法的，不论收受多少贿赂，都是死刑。仍旧分别命令使者，巡察各地长官，弹劾贪污枉法者。

秦、益两州刺史弘农人李洪之由于外戚关系而显贵，处理政务贪婪凶残，颁行俸禄后，李洪之第一个因为贪赃被查办。魏国君主命令把他套上枷锁送到平城，召集百官，亲自到场

百官亲临数之；数其罪也。犹以其大臣，听在家自裁②。自余守宰坐赃死者四十余人。受禄者无不局蹐③，局音局。蹐音脊。赇赂殆绝。然吏民犯他罪者，魏主率宽之，疑罪奏谳④，多减死徙边，岁以千计。都下决大辟⑤，岁不过五六人；州镇亦简。

数落他的罪过，仍因为他是大臣，听由他在家里自杀。其他州郡官吏因贪赃被判死刑的有四十余人。接受俸禄的官员无不惶恐，接受贿赂的劣行因此几乎绝迹。但小吏百姓触犯其他罪刑的，魏国君主大都从宽处理，有可疑的罪行，官员表奏，最后定罪，大多是减刑不处死，流放边疆，每年都有好几千人。在京城判决死刑的，每年不过五六个人，州镇地方也是同样清简。

注 释

❶秦州，治上邽，今甘肃天水西南。益州，治仇池，今甘肃成县西。弘农郡，治陕，今河南三门峡陕州区。　❷自裁，自杀。　❸局蹐，恐惧的形容词。　❹议罪曰谳。　❺大辟，死刑。

【原文】

久之，淮南王佗奏请依旧断禄，文明太后召群臣议之①。中书监高闾以为："饥寒切身，慈母不能保其子。今给禄，则廉者足以无滥，贪者足以劝慕；不给，则贪者得肆其奸，廉者不能自保。淮南之议，

【译文】

日子长了，淮南王拓跋佗上奏请求依旧断绝俸禄，文明太后召集群臣来讨论。中书监高闾认为："饥饿与寒冷，是切身的感受，在那种情况下，慈爱的母亲也不能保全她的儿女。现在颁给俸禄，那么清廉的官员足够生活，不必滥取；贪婪的官员足以警戒，会劝勉向善。要是不支给俸禄，那么贪婪的官员得以肆无忌惮地做坏事，清廉的官员却不能自保生活。淮南王的提

不亦谬乎!"诏从间议。

············

议,不是很荒谬吗?"诏令依从高间的建议。

············

注 释

❶ 文明太后,即孝文帝祖母冯太后,为当时北魏之实际执政者。

三年 (乙丑·四八五·北魏太和九年)

【原 文】

魏冯太后作《皇诰》十八篇,(春,正月),癸未,大飨群臣于太华殿,班《皇诰》。魏高宗兴光四年起太华殿。

············

二月,己亥,魏制皇子皇孙有封爵者,岁禄各有差。

············

三月,丙申,魏封皇弟禧为咸阳王,幹为河南王,羽为广陵王,雍为颍川王,勰为始平王,勰音协。详为北海王。自禧以下皆魏主之弟。文明太后令置学馆,选师傅以教诸王。勰于兄弟,最贤,敏而

【译 文】

魏冯太后作《皇诰》十八篇,十五日,在太华殿大宴群臣,颁布《皇诰》。

············

二月,初二,魏定下制度封赐有爵位的皇子皇孙,每年的俸禄各有等级。

············

三月,二十九日,魏封皇弟拓跋禧为咸阳王,拓跋幹为河南王,拓跋羽为广陵王,拓跋雍为颍川王,拓跋勰为始平王,拓跋详为北海王。文明太后命令设置学馆,甄选师傅来教导诸位侯王。拓跋勰在兄弟一辈中,最为贤明,聪敏又好学,善于写文章,魏国

好学，善属文①，魏主尤奇爱之。

....

君主特别喜爱他。

....

注 释

❶ 善属文，属是连缀的意思，言善于写文章。

【原 文】

（八月），魏初，民多荫附；荫附者，自附于豪强之家以求荫庇。荫附者皆无官役，而豪强征敛，倍于公赋。给事中李安世上言："岁饥民流，田业多为豪右所占夺，虽桑井难复，桑井，谓古者井田之制，五亩之宅，树墙下以桑也。宜更均量，使力业相称①。又，所争之田，宜限年断，事久难明，悉归今主，以绝诈妄。"魏主善之，由是始议均田。冬，十月，丁未，诏遣使者循行州郡，与牧守均给天下之田：诸男夫十五以上受露田四十亩，妇人二十亩；杜佑《通典注》曰：不栽树者谓之露田。奴婢依良丁；良丁，谓良人成丁者。牛一头，受田三十亩，

【译 文】

魏立国之初，百姓大多归附豪强以获得荫庇，荫附者都不必为官家服役，但豪强对他们的征敛比公家的赋税还重几倍。给事中李安世上表说："年岁歉收，百姓流离，田地及收获多被豪强所占有掠夺；虽说井田制度难以恢复，也应该再平均衡量，让劳力与农业能相称。再说，人民所争执的田产，应当限定年岁来裁断，事隔长久了，难以查明，都裁归现在的田主所有，也好杜绝欺诈虚妄。"魏国君主赞许他的意见，由此开始讨论如何实行均田。冬，十月，十三日，魏国君主下诏派遣使者巡行州郡，和州郡长官把天下的田地平均颁给百姓：所有十五岁以上的男人，领受没种树的田地四十亩，妇人领二十亩；奴婢的配给依照成年良丁；家中有一头牛，领受三十亩田，限定不超过四头牛。所颁给的田，若是轮种的，大抵

限止四牛。所授之田，率倍之；三易之田，再倍之；以供耕作及还受之盈缩。倍之者，合受四十亩，授以八十亩，此一易之田也。三易之田，三年耕然后复故，故再倍以授之。人年及课则受田，老免及身没则还田。奴婢、牛随有无以还受。初受田者，男夫给二十亩，课种桑五十株；桑田皆为世业，身终不还。恒计见口，有盈者无受无还，不足者受种如法，盈者得卖其盈。口分、世业之法始此。诸宰民之官，各随近给公田有差，更代相付；卖者坐如律。

…………

加倍授给，三年轮种的田地再加倍，以供耕种及还田领田的盈余亏欠。每个人到了课税的年龄即可领田，年老免课税或死了就收回田地，奴婢与牛畜，视有无决定还田或是领田。初始领受田地的，男丁由公家给予二十亩田，督责他种植五十株桑树；桑树及田地都是世袭的产业，人死了也不用归还。按常规人口统计，有盈余的不再颁田，也不还田，不够的就依照前面的办法，颁给田地以供耕种，有盈余的可以出卖其盈余的田地。各地官员，各自据官职颁给附近的公田不等，任职更换则公田交接给新任官员；变卖公有田产者依法论罪。

…………

注 释

❶力业，力指劳动力，业指土地。

四年（丙寅·四八六·北魏太和十年）

【原文】

春，正月，癸亥朔，魏高祖朝会，始服衮冕。史言魏孝文用

【译文】

春，正月，初一，魏高祖朝见群臣，开始穿着汉族天子的冠服——

夏变夷。

··········

（二月），魏无乡党之法，唯立宗主督护①；民多隐冒，三五十家始为一户。内秘书令李冲上言②：秘书省在禁中，故谓之内秘书令，亦谓之中秘。"宜准古法：五家立邻长，五邻立里长，五里立党长，取乡人强谨者为之。邻长复一夫，里长二夫，党长三夫，三载无过，则升一等。其民调，一夫一妇，帛一匹，粟二石。大率十匹为公调，二匹为调外费，三匹为百官俸③。此外复有杂调。民年八十已上，听一子不从役。孤独、癃老、笃疾、贫穷不能自存者，三长内迭养食之。"书奏，诏百官通议。中书令郑羲等皆以为不可④。太尉丕曰："臣谓此法若行，于公私有益。但方有事之月，校比户口，民必劳怨。请过今秋，至冬乃遣使者，于事为宜。"冲曰："'民可使由之，不可使知之。'《论语》孔子之言。若不因调时，调时，所谓调课之月。

衮冕。

··········

（二月），魏没有乡党邻里的组织办法，只设置宗主督察保护制，百姓大多隐瞒户籍，三五十家才算一户。内秘书令李冲上奏说："应该以古法为准：五家设个邻长，五邻设个里长，五里设个党长，由乡人中选取强壮谨慎的人充当。邻长免除一个壮丁的徭役，里长免除两个壮丁的徭役，党长免除三个壮丁的徭役。三年不犯过失，就晋升一等。对百姓用调法收税：一夫一妇缴一匹帛，两石粟。大致十匹做公调，二匹做调外费用，三匹做百官俸给。此外又有杂调。百姓八十岁以上的，准许有一个儿子不服役，孤儿、衰弱多病的老人、残疾、贫穷不能自己谋生的，邻长、里长、党长轮流供养。"文书上奏后，魏国君主下诏百官共同讨论。中书令郑羲等人都认为不能实行。太尉拓跋丕说："臣认为这个办法如果实行，对公对私都有益处。但目前正是征收赋税的月份，核对户口，人民烦劳，一定抱怨。我要求过了今年秋季，到冬天，才派遣使者办事，这样比较适宜。"李冲说："'百姓可以让他们按规定去做，不可以让他们了解为什么要这么做。'如果不趁征收赋税的时候实行新办法，人民只知道设置邻、

民徒知立长校户之勤，未见均徭省赋之益，心必生怨。宜及调课之月，令知赋税之均，既识其事，又得其利，行之差易。"群臣多言："九品差调，为日已久，<small>九品，上中下各分为三品，事见一百三十二卷宋明帝泰始五年。</small>一旦改法，恐成扰乱。"文明太后曰："立三长则课调有常准，苞荫之户可出，侥幸之人可止，何为不可！"甲戌，初立党、里、邻三长，定民户籍。民始皆愁苦，豪强者尤不愿。既而课调省费十余倍，上下安之。

···········

里、党长及校对户口很辛劳，看不出平均徭役、减轻赋税的好处，心中一定产生怨气。应当趁征收赋税的月份，让他们了解赋税的均等。他们既能了解这套办法，又蒙受利益，实行起来会比较容易。"群臣大多认为："九品等级的租调法，推行时间已久，一旦改变办法，恐怕会扰乱民间。"文明太后说："设置邻、里、党三长，那么征收赋税有一定的准则，一向被庇荫的户口可以查出，心存侥幸的人也不会再有，为什么不能推行？"十三日，初次设置党、里、邻三长，确定百姓的户籍。百姓起先都忧愁烦苦，有势力的豪强人家更不愿意。不久之后，证明以该法征收赋税节省了十余倍的费用，于是上下都安心地遵行新办法了。

···········

注 释

❶宗主督护，时大族多聚族而居，推族中大地主一人为宗主督护。他掌握着聚居的坞垒堡壁的领导权，势力很大。 ❷李冲，陇西李氏，世族大地主。仕北魏，为冯太后、孝文帝所信倚。 ❸此据《魏书·食货志》，有夺文。当从《通典·食货典》赋税门作"大率十四中，五匹为公调，二匹为调外费，三匹为内外百官俸"。 ❹郑羲，荥阳郑氏，世族大地主。

【原 文】

夏，四月，辛酉朔，魏始制五等公服；甲子，初以法服、御辇祀南郊。公服，朝廷之服；五等，朱、紫、绯、绿、青。法服，衮冕以见郊、庙之服。

…………

八月，乙亥，魏给尚书五等爵已上朱衣，玉佩，大小组绶。组绶者，组织以成绶。郑玄曰：绶所以贯佩玉，相承受者也。汉制：印绶先合单纺为一系，四系为一扶，五扶为一首，五首成一文，文采淳为一圭。首多者系细；少者系粗，皆广一尺六寸。

九月，辛卯，魏作明堂、辟雍①。

【译 文】

夏，四月，初一，魏开始制定朱、紫、绯、绿、青五等朝服。初四，魏国君主第一次穿了祭天的礼服乘辇车到南郊祭天。

…………

八月，十七日，魏颁赐朱衣、玉佩、大小有纹彩的丝织带绶，给予尚书及五等爵位以上的臣子。

九月，初三，魏兴建明堂、辟雍。

注 释

❶ 明堂，古代议政之所。辟雍，古代的最高学府。

【原 文】

冬，十一月，魏议定民官依户给俸①。以所领民户之多少为给俸之差也。

…………

【译 文】

冬，十一月，魏议定制度，官吏按照所辖人民户口的多少，发给不同的俸禄。

…………

注 释

❶民官，治民之官，刺史、郡守、县令等是。

【原 文】

　　是岁，魏改中书学曰国子学。魏先置中书博士及中书学生，今改曰国子学，从晋制也。分置州郡，凡三十八州，二十五在河南，十三在河北。河南二十五州，青、南青、兖、齐、济、光、豫、洛、徐、东徐、雍、秦、南秦、梁、益、荆、凉、河、沙，时又置华、陕、夏、岐、班、郢，凡二十五。河北十三州，司、并、肆、定、相、冀、幽、燕、营、平、安，时又置瀛、汾，凡十三。萧子显曰：雍、凉、秦、沙、泾、华、岐、河、西华、宁、陕、洛、荆、郢、北豫、东荆、南豫、西兖、东兖、南徐、东徐、青、齐、济、光二十五州在河南，相、汾、怀、东雍、肆、定、瀛、朔、并、冀、幽、平、司等十三州在河北。

【译 文】

　　这年，魏把中书学改为国子学。分别设置州郡，总共三十八州，二十五州在黄河以南，十三州在黄河以北。

五年（丁卯·四八七·北魏太和十一年）

【原 文】

　　春，正月，丁亥朔，魏主诏定乐章，非雅者除之。

…………

　　魏春夏大旱，代地尤甚；加以牛疫，民馁死者多。六月，癸未，诏内外之臣极言无隐。齐州

【译 文】

　　春，正月，初一，魏国君主诏令审定乐章，不典雅的就删除。

…………

　　魏春、夏两季大旱，代地尤其严重；加上牛染疾疫，百姓饿死的很多。六月，二十九日，魏下诏内外群臣尽心进言，不要有所隐讳。

刺史韩麒麟上表曰："古先哲王，储积九稔①；古者，三年耕，余一年食；九年耕，余三年食。以三十年之通制国用，则当有九年之蓄。国无九年之蓄曰不足，无六年之蓄曰急，无三年之蓄曰国非其国也。逮于中代②，亦崇斯业，入粟者与斩敌同爵，力田者与孝悌均赏。汉令民入粟拜爵。又有孝悌力田之科。今京师民庶，不田者多，游食之口，参分居二。自承平日久，丰穰积年，竞相矜夸，遂成侈俗。贵富之家，童妾袨服，袨服，美衣也。工商之族，仆隶玉食；张晏曰：玉食，珍食也。而农夫阙糟糠，蚕妇乏短褐③。故令耕者日少，田有荒芜；谷帛罄于府库，宝货盈于市里；衣食匮于室，丽服溢于路。饥寒之本，实在于斯。愚谓凡珍异之物，皆宜禁断；吉凶之礼，备为格式；劝课农桑，严加赏罚。数年之中，必有盈赡。往年校比户贯，毛晃曰：贯，乡籍也。租赋轻少。臣所统齐州，租粟才可给俸，略无入仓，虽于民为利而不可长久，脱有戎役，或遭天灾，恐供给之方，无

齐州刺史韩麒麟上表说："古时圣智的君王，储存九年的粮食；到了两汉，也尊重农业，进献粮食者与斩杀敌人的同等封爵，努力耕田者与孝敬友爱的人同等赏赐。如今京师众多的人民，不种田的居多，闲游混饭吃的占三分之二。太平日子承续久了，连年丰收，大家争着相互夸耀，于是形成奢侈的习俗。显贵富有的人家，童仆、侧室都穿华美的衣服，工匠、商人的家族，奴仆也吃珍美的食物；而种田的农夫还缺酒糟米糠吃，养蚕的农妇连狭短的粗布衣服都穿不全。所以使得耕田的人越来越少，田野有荒芜的现象，五谷、丝帛在官府的仓库中已无储存，珍宝货品却充满市井乡里；很多人家里没有衣服、食物，路上却挤满了穿华丽服饰的人。饥饿冻寒的根本原因，就在这里。我认为举凡珍奇特异的物品都该禁断，吉庆凶灾的礼仪要备有相当的格式，劝导督求人民致力农耕养蚕，严格加以奖赏处罚。数年以后，一定能有盈余。往年校核户籍，租赋既轻，税收很少。臣所统辖的齐州，租粟刚刚好供给官吏的俸禄，没有多余可以存入仓库，虽说对百姓有好处，却不是长久之计，若有军事行动，或者遭逢天灾，只怕要供应米粮，

所取济。可减绢布，增益谷租；年丰多积，岁俭出赈④。**岁入约少为俭。**所谓私民之谷，寄积于官，官有宿积，则民无荒年矣。"秋，七月，己丑，诏有司开仓赈贷，听民出关就食。**魏都平城，郊畿之外，置关于要路以讥征。**遣使者造籍，分遣去留，所过给粮廪，所至三长赡养之。

··········

都无处可取。可以减收丝绢粗布，增加五谷的租税；年岁丰饶就多积存，收成不好就发放救济。所谓百姓私人的谷物，寄存在官府，官府有多年的存粮，人民就不会有荒年的灾殃了。"秋，七月，初六，下诏主事官吏打开官仓救济灾民，听许人民出关谋生。派遣使者编造册子，分别安排离乡和留在家乡的人口，路过的供给粮米，离乡之人到所在之地由当地党、邻、里三长供养。

··········

注释

❶ 谷一熟为一稔，引申一年为一稔。九稔，九年。稔，音荏。 ❷ 时以秦、汉为"中代"。 ❸ 短褐，古代穷人穿着的衣服，据有人考证褐是粗毛线制成的衣服。 ❹ 丰年多贮积一些，俭岁可以出赈。

【原文】

九月①，辛未，魏诏罢起部无益之作。**起部掌百工之事。《书》曰：百工起哉。**出宫人不执机杼者。冬，十月②，丁未，又诏罢尚方锦绣、绫罗之工；四民欲造，任之无禁。**四民，士、农、工、商也。**是时，魏久无事，府藏盈积。诏尽出御府衣服珍宝、太官杂

【译文】

九月，辛未日，魏诏令废除起部无益的工程，遣散宫廷里不从事机杼纺织的宫人。冬，十月，二十六日，又下诏废除尚方部门制作锦绣、绫罗的工匠；士、农、工、商若想自制，听任自制，不加禁止。这时候，魏长久太平无事，官府库藏充

器、太仆乘具、内库弓矢刀铃十分之八，铃，与钳同，……刃也。唐有玉铃卫。外府衣物、缯布、丝纩，缯，……帛也。纩，絮也。非供国用者，以其太半班赉百司，下至工、商、皂隶，逮于六镇边戍，畿内鳏、寡、孤、独、贫、癃，皆有差。刘熙《释名》曰：无妻曰鳏；尤恇不能寐，目常鳏鳏然。其字从鱼，鱼目常不闭。无夫曰寡；寡，倮也，倮然单独也。无父曰孤；孤，顾也，顾望无所瞻见也。无子曰独；独，鹿也，鹿鹿无所依也。无财曰贫。疲病曰癃。

盈堆积。魏国君主诏令把官中库房的衣服、珍宝、膳食杂器、舆马乘驾的器物、内库弓箭刀铃的十分之八拿出来，外藩官署的衣服、布帛、丝絮，只要不是供应国家用度的，把一大半颁赐百官，下至工人、商人、衙役，以及戍守六镇的军人，都城辖区内的鳏夫、寡妇、孤儿、无子嗣的人、穷人、病人，赏赐多少不等。

注 释

❶"九月"，据严衍《资治通鉴补》，应改为"冬，十月"。　　❷"冬，十月"，据严衍《资治通鉴补》，应改为"十一月"。

【原文】

魏秘书令高祐①、丞李彪奏请改《国书》编年为纪、传、表、志；魏主从之。祐，允之从祖弟也。十二月，诏彪与著作郎崔光改修《国书》。光，道固之从孙也。宋明帝泰始五年，崔道固降魏。

【译文】

魏国秘书令高祐、秘书丞李彪上奏请求更改《国书》编年体为纪、传、表、志，魏国君主答允了他们的要求。高祐是高允同曾祖父的弟弟。十二月，诏令李彪与著作郎崔光改修《国书》。崔光，是崔道固兄弟的孙子。

注释

❶ 高祐，渤海高氏，世族大地主。

七年（己巳·四八九·北魏太和十三年）

【原文】

（春，正月，辛亥），魏主祀南郊，始备大驾。《汉仪》：大驾，公卿奉引，太仆御、大将军骖乘；属车八十一乘，备千乘万骑。祀天、郊甘泉乃备之，谓之甘泉卤簿。东都惟大行备大驾。……魏之大驾，盖参取汉、晋之制，而官名卤簿则微有不同者。

……………

夏，四月，丁丑，魏主诏曰："升楼散物以赍百姓，至使人马腾践，多有伤毁；今可断之，断，读如短。以本所费之物，赐老疾贫独者。"

……………

（五月），庚戌，魏主祭方泽。方泽者，为方丘于泽中以祭地祇。

（六月），魏怀朔镇将汝阴灵王天赐❶，魏置怀朔镇于汉五原郡界。是后六镇叛，改为朔州，而不能有旧镇之地。杜佑曰：魏都平城，于马邑郡北三百余里置怀朔镇，及迁洛后，置朔州。长安镇都大将、雍州刺史

【译文】

（春，正月，辛亥），魏主在南郊祭天，第一次动用一千辆车子、一万名骑士的大规模仪队的大驾。

……………

夏，四月，初四，魏国君主下诏令说："过去建高楼以散放物品赏赐老百姓，使得人马来往争相践踏，多有损毁；如今可以取消这个做法，把原来用来赏赐的物品，赐予年老、有病、贫穷、无子嗣的人。"

……………

（五月），十四日，魏国君主往祭方丘。

（六月），魏怀朔镇守将汝阴灵王拓跋天赐，长安镇都大将兼雍州刺史南安惠王拓跋桢，都犯了贪赃的罪，当处死刑。冯太后和魏国君主驾临皇信堂，召见王公大臣，太后下令说：

南安惠王桢②，皆坐赃当死。冯太后及魏主临皇信堂，《水经注》曰：太极殿南对承贤门，门南即皇信堂也。《魏书·帝纪》，太和七年十月，皇信堂成。十六年，以安昌殿为内寝。皇信堂为中寝。引见王公，太后令曰："卿等以为当存亲以毁令邪？当灭亲以明法邪？"群臣皆言："二王，景穆皇帝之子，景穆皇帝，世祖之子，薨，谥曰景穆皇帝，未即尊位也。二王于高祖为叔祖。宜蒙矜恕。"太后不应。魏主乃下诏，称："二王所犯难恕，而太皇太后追惟高宗孔怀之恩③；二王于文成帝为兄弟。《诗》曰：兄弟孔怀。惟，思也。且南安王事母孝谨，闻于中外，并特免死，削夺官爵，禁锢终身。"初，魏朝闻桢贪暴，遣中散间文祖诣长安察之，中散，中散大夫也。文祖受桢赂，为之隐；事觉，文祖亦抵罪。冯太后谓群臣曰："文祖前自谓廉，今竟犯法。以此言之，人心信不可知。"魏主曰："古有待放之臣。《春秋公羊传》：晋放其大夫胥甲父于卫。放之者何？犹曰无去是云尔。然则何言尔？近正也。此其为近正奈何？古者，大夫已去，三年待放。君放之，非也；大夫待放，正也。卿等自审不胜贪心者，听辞位归第。"宰官、中散慕容契进曰："小人之心无常，而帝

"你们认为应该保存亲属而破坏法令呢？还是应当诛灭亲属以伸张王法呢？"群臣都进言说："两位王爷是景穆皇帝的儿子，应该得到怜惜宽恕。"太后不说话。魏国君主于是下诏，声称："两位王爷所犯的过错难以宽恕，但太皇太后追思高宗皇帝顾念手足的恩义，而且南安王事奉母亲孝顺谨厚，内外闻名，现在特旨都予以免除死刑，削夺官爵，终身不能再做官。"起初，魏朝听说拓跋桢贪婪凶暴，派遣中散大夫间文祖到长安去督察，间文祖接受拓跋桢的贿赂，替他隐瞒，事情被发觉之后，间文祖也抵罪论刑。冯太后对群臣说："间文祖以前自称清廉，如今竟然犯法。照这样来说，人心确实不能知晓。"魏国君主说："古时有等待遣放的臣子。你们自己审查看看，要是有人无法抵挡贪婪之心诱惑的，听任辞去职务，回到自己家园。"宰官、中散大夫慕容契进言说："小人的心不可能永久不变，而帝王的法是固定不变的，拿不能永久不变之心去遵奉永久不变之法，我想不是自己所能承担的，我请求退黜。"魏国君主说："慕容契了解人心

王之法有常，以无常之心，奉有常之法，非所克堪，乞从退黜。"魏主曰："契知心不可常，则知贪之可恶矣，何必求退。"迁宰官令。契，白曜之弟子也。慕容白曜有平齐之功。

············

不能持久不变，那么就知道贪婪是令人嫌恶的了，何必要求退黜！"升调他做宰官令。慕容契，是慕容白曜弟弟的儿子。

············

注 释

❶怀朔镇，今内蒙古包头西北。　❷北魏之制，沿边雄镇皆置镇都大将，统兵备御。雍州，治长安。桢以长安镇都大将兼雍州刺史。　❸《诗·小雅·常棣》："兄弟孔怀。"言兄弟极可怀念。后人因以"孔怀"为专指兄弟之辞。

【原 文】

　　九月，魏出宫人以赐北镇人贫无妻者。北镇，六镇也，一曰，怀朔镇，直平城北。

【译 文】

　　九月，魏遣散部分宫女，赐给北镇一些因贫穷没有娶妻的人。

——以上卷一三六

八年 (庚午·四九〇·北魏太和十四年)

【原 文】

　　九月，癸丑，魏太皇太后冯氏死殂；高祖勺饮不入口者五日，勺

【译 文】

　　九月，十八日，魏太皇太后冯氏驾崩，魏国君主汤水不入

音酌，挹抒之器也。《周礼·考工记》：梓人为饮器，勺一升。**哀毁过礼。中部曹华阴杨椿谏曰：**据《北史·杨椿传》，时为中部法曹。**"陛下荷祖宗之业，临万国之重，岂可同匹夫之节以取僵仆！群下惶灼，莫知所言。**惶，恐也，遽也。灼，热也。**且圣人之礼，毁不灭性；**《孝经》曰：三日而食，教民无以死伤生，毁不灭性，此圣人之政也。**纵陛下欲自贤于万代，**杨椿此语说出魏孝文心事。**其若宗庙何！"帝感其言，为之一进粥。**

于是诸王公皆诣阙上表："请**时定兆域，**兆域，谓葬地，从先帝之兆。**及依汉、魏故事，并太皇太后终制**①**，既葬，公除。"**公除者，以天下为公而除服也。**诏曰："自遭祸罚，慌惚如昨，**郑玄曰：慌惚，思念益深之时也。**奉侍梓宫**②**，犹希仿佛。**事死如事生，犹冀仿佛见之也。**山陵迁厝，所未忍闻。"冬，十月，王公复上表固请。诏曰："山陵可依典册，衰服之宜，情所未忍。"**谓未忍公除也。衰，读与缞同。**帝欲亲至陵所，戊辰，诏："诸常从之具，悉可停之；其武卫之官，防侍如法。"**法，常法也。不撤武卫，备不虞也。**癸酉，葬文明太皇太后于

口，已有五天，哀伤毁形，超过礼制。中部法曹华阴人杨椿劝谏说："陛下承继祖宗的大业，肩负君临万国的重任，怎能如同匹夫为了小节而损害身体！群臣惶恐着急，不知该说些什么。再说圣人的礼节，哀伤不灭绝人性；纵然陛下想自己尽高节，流芳万代，奈何还有宗庙的重大责任！"魏国君主为他的话而感动，为此喝了一碗粥。

于是众王公都来到宫廷呈上奏表："请求选好时间确定墓穴的界域，以及依循汉、魏旧例，并太皇太后临终的遗旨，下葬之后，为天下着想除去丧服。"魏国君主下诏说："自从遭遇祸殃惩罚，恍惚之间就像昨天发生的一样，奉侍太后灵柩，还像从前亲见太后一般。要谈及择定山陵迁移奉安，是我不忍心听闻的。"冬，十月，王公又上表坚决请求。魏国君主下诏说："择定山陵，可以依照礼制办理，至于为天下着想而除去丧服，是私情上不能忍心的。"魏国君主想亲自到墓陵所在，初四，下诏说："扈从常用的一些物品都可以停止不用，那些武装护卫的官员，照常法防卫侍候。"初九，在永固陵安葬了文

永固陵。陵在方山，不从金陵之兆。甲戌，帝谒陵，王公固请公除。诏曰："比当别叙在心③。"比，并也；并当别叙在心之所欲言。己卯，又谒陵。

明太皇太后。初十，魏国君主参谒墓陵，众王公坚持要求其为天下除去丧服。魏国君主诏令说："这些事我都会另外留心安排。"十五日，又参谒墓陵。

注释

❶《礼记·檀弓》："君子曰终，小人曰死。"终制，即丧制的异称。冯太后临死前，以其遗旨藏之金匮，即后所指之金册遗旨，此终制即其遗旨中所规定的丧制。　❷ 梓宫，天子以梓木为棺，又其生时所居曰宫，故名棺曰梓宫。　❸ 比，近。在心，心里的话。

【原文】

庚辰，帝出至思贤门右，据《魏纪》，太和元年，起朱明思贤门，盖平城宫之南门也。与群臣相慰劳。太尉丕等进言曰："臣等以老朽之年，历奉累圣①，国家旧事，颇所知闻。伏惟远祖有大讳之日，唯侍从梓宫者凶服，左右尽皆从吉；四祖三宗，因而无改。四祖者，高祖昭成帝，太祖道武帝，世祖太武帝，显祖献文帝；三宗者，太宗明元帝，恭宗景穆帝，高宗文成帝。陛下以至孝之性，哀毁过礼，伏闻所御三食不满半溢，《礼·丧大记》曰：君之丧，子食粥，朝一溢米，暮一溢米，食之无算。《注》云：二十两为一溢，

【译文】

十六日，魏国君主出宫到思贤门右边，与群臣相互慰劳。太尉拓跋丕等人进言说："臣等以老迈衰朽的年纪，几经侍奉多位圣君，国家旧时的事迹，知道的不少。臣等回想远祖驾崩的时候，只有侍从灵柩的有关官员穿凶服，左右的人都穿着吉服；从高祖到高宗共七代先王因袭祖制，没有改变。陛下以最孝顺的天性，哀伤毁体超越礼制，臣等听说陛下一日三餐，不足半溢粟米，白天夜晚都不解经带，臣等因此捶心

于粟米之法，为米一升二十四分升之一。……陈言曰：以绍兴一升，得汉五升。**昼夜不释经带**，丧服，麻在首腰皆曰经，首经象缁布冠，腰经象大带。经之言实也，衰之言摧也；衰经，明中实摧痛也。**臣等叩心绝气，坐不安席。愿少抑至慕之情，奉行先朝旧典。**帝曰：**"哀毁常事，岂足关言！朝夕食粥，粗可支任，**任，音壬，胜也，堪也。**诸公何足忧怖！祖宗情专武略，未修文教；朕今仰禀圣训，庶习古道，论时比事，又与先世不同。太尉等国老，政之所寄，于典记旧式，或所未悉，**典记，谓经典、传记也。**且可知朕大意。其余古今丧礼，朕且以所怀别问尚书游明根、高闾等**②**，公可听之。"**游明根、高闾，时以儒鸣，故帝别与之言。

屏气，坐在席上都不安心。愿陛下能稍稍克制悲哀的真情，奉行先朝旧有的典制。"魏国君主说："哀痛毁伤是常有的事，哪值得你们关注进言？早晚吃粥，体力大略可以支撑，诸公何须忧心怖惧？祖宗心意专在武略，没有讲究文教，朕如今仰禀圣训，学习古道，根据不同的时代来处理事情，这又和先世的情况不同。太尉等人都是国家元老，是国家政治所依托的重要人物，对于经典传记所记载的丧礼旧仪，或许并不熟悉，暂且先了解朕的旨意。其余古今以来的丧礼，朕将把内心的想法另外询问尚书游明根、高闾等人，各位可听他们的说法。"

注 释

❶ 累圣，累代皇帝。　　**❷** 游明根，广平人，当时北方的著名儒者。

【原文】

帝因谓明根等曰："圣人制卒哭之礼，授服之变，皆夺情之渐。

【译文】

魏国君主于是对游明根等人说："圣人制定父母去世时哭丧的

礼，亲始死，哭无时，谓朝夕哭之外，哀至则哭也。既葬而虞，既虞而卒哭，自此朝夕之间，哀至不哭，犹朝夕哭。三年之丧，服斩衰；期而小祥，既祥而练；再期而大祥，既祥而禫；又三月而除服。今则旬日之间，言及即吉，特成伤理。"对曰："臣等伏寻金册遗旨，盖以文明太后遗旨书之金册也。逾月而葬，葬而即吉；故于下葬之初，奏练除之事。"帝曰："朕惟中代所以不遂三年之丧，盖由君上违世，继主初立，君德未流，臣义不洽，故身袭衮冕，行即位之礼。朕诚不德，在位过纪，宋明帝泰始七年，魏孝文受禅，至是十九年。此言在位过纪，盖以宋苍梧王元徽四年显祖方殂，逾年改元太和，至是十四年，故云在位过纪。十二年为一纪。足令亿兆知有君矣①。于此之时而不遂哀慕之心，使情礼俱失，深可痛恨！"高闾曰："杜预，晋之硕学，论自古天子无有行三年之丧者，以为汉文之制，暗与古合②，虽叔世所行③，事可承踵。是以臣等偻偻干请。"偻偻，敬谨貌。帝曰："窃寻金册之旨，所以夺臣子之心令早即吉者，虑废绝政事故也。群公所请，其志亦然。朕今仰奉册令，

礼节，传授丧服因时间不同而改变的方法，都是要抑制深情而逐渐减轻悲痛。如今的人们在十天守丧之间，就谈到除去丧服穿吉服，独独成了伤害情理的事。"游明根等人回答说："臣等恭敬地探求文明太后书写在金册的遗旨，是说过一个月就下葬，葬礼之后就除去丧服改穿吉服。所以在下葬一开始，便陈奏卸除丧服的事。"魏国君主说："朕想中世所以不实行三年之丧，大体上是君主去世，继嗣的君主刚刚即位，国君的德化还未流布，臣子的道义不能周遍，所以身穿衮袍，头戴冠冕，来行即位的礼节。朕实在德行不够，在位却已超过十二年，足够让群臣万民知道在上有个君主！在这个时候，却不能了遂悲哀孺慕的心愿，使得真情与礼制都不能顾及，真是令人痛恨。"高闾说："杜预是晋朝的饱学之士，他论说自古以来的天子，没有实行三年之丧的，认为汉文帝的制度，和古制不谋而合，虽是近世所行的礼制，其事例仍可以遵循。所以臣等才恭谨地要求陛下这么做。"魏国君主说："我私下探求太后金册上的遗旨，所以抑制臣子的心情，命令早早除

俯顺群心，不敢暗默不言，以荒庶政；暗，音阴。唯欲衰麻废吉礼，朔望尽哀诚，情在可许，故专欲行之。如杜预之论，于孺慕之君，谅阍之主④，盖亦诬矣。"孺慕，如孺子之慕父母也。秘书丞李彪曰："汉明德马后保养章帝，母子之道，无可间然；及后之崩，葬不淹旬，寻已从吉。汉章帝建初四年六月癸丑，明德皇后崩；七月，壬戌，葬。史不书公除之日。此言葬不淹旬，寻已从吉，以汉文三十六日释服之制推之也。然汉章不受讥，明德不损名。愿陛下遵金册遗令，割哀从议。"帝曰："朕所以眷恋衰绖，不从所议者，实情不能忍，岂徒苟免嗤嫌而已哉！今奉终俭素，一已仰遵遗册，但痛慕之心，事系于予，庶圣灵不夺至愿耳。"高闾曰："陛下既不除服于上，臣等独除服于下，则为臣之道不足。又亲御衰麻，复听朝政，吉凶事杂，臣窃为疑。"帝曰："先后抚念群下，卿等哀慕，犹不忍除，奈何令朕独忍之于至亲乎！今朕逼于遗册，唯望至期；虽不尽礼，蕴结差申⑤。群臣各以亲疏、贵

去丧服，是顾虑到可能因此废弛政事的缘故。诸位王公大臣的请求，也是这种心志。朕如今上奉金册的旨意，下顺群臣的忠心，不敢沉默不语以致荒废政事，只想要穿着衰麻，废去即吉之礼，初一、十五能尽诚恳的哀思，情意在允许的范围内，所以一心想这么做。像杜预那种议论，对于深怀孺慕之思沉默不言的居丧之君，可以说是很不对的。"秘书丞李彪说："汉代明德马皇后，守护养育章帝，他们之间，母慈子孝，毫无嫌隙。等到马皇后崩逝，下葬之后不满十天，章帝就已从吉除去丧服。但是汉章帝并不曾被人讥评，明德马皇后也并不曾损伤名誉。希望陛下遵照金册的遗令，割断哀思，依从臣等的建议。"魏国君主说："朕所以舍不得脱去丧服，不依从臣下建议，实在是感情不能抑制，哪里只是为了苟且避免嗤笑嫌恶而已呢！如今奉安送终，俭省朴素，已完全仰遵遗册的旨意；只是哀痛怀念的心情，事情全与我相关，希望太后圣灵不要抑压我的最大心愿。"高闾说："陛下在上位既不卸除丧服，臣等在下位单独卸除丧服，那么我们做臣子的道义就

贱、远近为除服之差，庶几稍近于古，易行于今。"高闾曰："昔王孙裸葬，士安去棺，其子皆从而不违。汉武帝时，杨王孙家累千金，厚自奉养，生无所不致。及病且终，先令其子曰：'吾欲裸葬，以反吾真，必无易吾志。则为布囊盛尸，入土七尺，既下，从足引脱其囊，以身亲土。'其子不忍，往问其友人祁侯。祁侯与之辩难往复，而王孙终守其说。祁侯曰：'善！'遂裸葬。晋人皇甫谧，字士安，著论曰：'生不能保七尺之躯，死何故隔一棺之土！然则衣衾所以秽身，棺椁所以隔真。吾气绝之后，便即时服幅巾故衣，以籧篨裹尸，择不毛之土，穿坑下尸，籧篨之外，便以亲土。若不如此，则冤悲没世。'其子从之。今亲奉遗令而有所不从，臣等所以频烦干奏。"李彪曰："三年不改其父之道，可谓大孝。引《论语》孔子之言。今不遵册令，恐涉改道之嫌。"帝曰："王孙、士安皆诲子以俭，及其遵也，岂异今日！改父之道，殆与此殊。纵有所涉，甘受后代之讥，未忍今日之请。"群臣又言："春秋烝尝，事难废阙。"《礼》曰：丧三年不祭。言帝若行三年之丧，则宗庙之祭将至废阙也。帝曰："自先朝以来，恒有司行事；朕赖蒙慈训，

嫌不够。又，陛下亲自穿着衰麻，再听理朝廷政事，吉凶各种事体混杂，臣私下感到疑虑。"魏国君主说："先后爱抚顾念臣下，卿等悲哀思慕，还不忍心卸除丧服，为什么独独忍心要求至亲的我呢？现在朕受先后遗册旨意所迫，只希望服丧一年，虽不能完全尽到礼节，但内心蕴结的悲痛思慕稍可得到伸舒。群臣各自按亲疏、贵贱、远近作为除去丧服的差等，这样或许稍近于古制，而在今日也易于实行了。"高闾说："过去杨王孙要裸葬，皇甫士安不用棺木，他们的儿子都遵从遗志，没有违背。如今陛下亲奉太后遗令，却仍有不依从之处，臣等因此才一再烦扰圣上，上奏请求。"李彪说："在丧三年，不改变父亲的为人之道，可以说是大孝。现在不遵从太后册令，只怕涉嫌改变父道之讥。"魏国君主说："杨王孙、皇甫士安都以俭约之道教诲儿子，儿子们遵从了，和我今天的做法又有什么不同！至于说改变父亲的为人之道，那与此不同。即使有所涉嫌，我甘心接受后代的讥评，不忍心接受各位今天的请求。"群臣又进言："春行烝礼，秋行尝礼，宗庙的各项祭典，很

常亲致敬。今昊天降罚，人神丧恃，《诗》曰：无母何恃。赖宗庙之灵⑥，亦辍歆祀⑦。'赖'，蜀本作'想'，当从之。否则'赖'字衍。脱行飨荐⑧，恐乖冥旨。"群臣又言："古者葬而即吉，不必终礼，此乃二汉所以经纶治道，魏、晋所以纲理庶政也。"帝曰："既葬即吉，盖季俗多乱，权宜救世耳。二汉之盛，魏、晋之兴，岂由简略丧礼，遗忘仁孝哉！平日之时，公卿每称当今四海晏然，礼乐日新，可以参美唐、虞，比盛夏、商。及至今日，即欲苦夺朕志，使不逾于魏、晋。如此之意，未解所由。"解，……晓也。李彪曰："今虽治化清晏，然江南有未宾之吴，漠北有不臣之虏，是以臣等犹怀不虞之虑⑨。"虞，防也。帝曰："鲁公带经从戎，据《史记》，武王崩，成王幼，管、蔡反，淮夷、徐戎起亦并兴。鲁公伯禽征之，时有武王之丧，故带经从戎也。晋侯墨衰败敌，春秋时，晋文公卒，未葬，襄公墨衰经以败秦师于殽。固圣贤所许。如有不虞，虽越绋无嫌，郑玄曰：越犹蹑也。绋，辖车索。孔颖达曰：未葬之前，

难废阙。"魏国君主说："自先朝以来，一直是有关官员执行祭典事务，朕承蒙母后慈训，常亲自去表达敬意。如今皇天降下惩罚，人神失去依恃，想来宗庙的圣灵，也要停止歆飨祭祀，如果我去祭祀进献，只怕反而乖违圣灵的意旨。"群臣又进言："古时候安葬后就除去丧服换上吉服，不必照礼制终三年之丧，这是两汉用以经纬治国之道，魏、晋用以处理各项政务的原则。"魏国君主说："安葬之后就卸除丧服换吉服，大多是末世多乱，权宜救世的办法罢了！两汉的盛况，魏、晋的兴隆，哪里是由于简化丧礼，遗忘仁爱孝顺而得来的呢！平常的时候，王公众卿常常称赞当今四海安宁，礼乐制度逐渐完善，可以和唐、虞比美，和夏、商比盛。等到今天，就想苦苦改变朕的心志，使我不致逾越魏、晋两代。这样的心思，我真不能了解原因在哪里。"李彪说："如今虽政治教化安宁静谧，但江南有未曾宾服的吴国，漠北有不肯臣服的蛮族，所以臣等还是怀着不胜防备的忧虑。"魏国君主说："鲁公伯禽东征徐夷，系着麻腰带去从军，晋襄公西击秦军，染黑白色衰服

属绋于辒，以备火灾。今既祭天地社稷，须越躐此绋而往祭，故云越绋。绋，音弗。而况衰麻乎！岂可于晏安之辰，豫念军旅之事，以废丧纪哉！古人亦有称王者除衰而谅闇终丧者，闇，音阴。若不许朕衰服，则当除衰拱默，委政冢宰。二事之中，唯公卿所择。"游明根曰："渊默不言，则大政将旷；仰顺圣心，请从衰服。"太尉丕曰："臣与尉元历事五帝，明元、太武、文成、献文，并孝文为五帝。魏家故事，尤讳之后三月，尤讳，犹云大讳也。尤，甚也；死者，人之所甚讳也。必迎神于西，禳恶于北，具行吉礼。此魏初所用夷礼也。自皇始以来，未之或改。"皇始，道武帝年号。帝曰："若能以道事神，不迎自至；苟失仁义，虽迎不来。此乃平日所不当行，言不当用夷礼。况居丧乎！朕在不言之地，谓居丧谅阴，三年不言也。不应如此喋喋；喋喋，多言也，便语也。但公卿执夺朕情，遂成往复，追用悲绝。"遂号恸，群官亦哭而辞出。

战败了敌人，这本是圣贤所称许的。倘若有不测之变，即使是跨过引棺的绳索也不忌嫌，何况是穿着丧服呢！怎可以在安宁太平的时候，预先顾念可能有军旅紧急大事，而致荒废丧礼！古代也有称王者除去丧服，而居丧沉默到丧期终了的，若是不许朕穿着丧服，那么朕就当除了丧服拱手沉默，把政事委托给宰相。两种方式，但看公卿如何选择了。"游明根说："陛下沉默不语，那么大政将旷废，仰顺圣心，请依从陛下之意让其穿着丧服！"太尉拓跋丕说："臣与尉元一共侍奉过五位皇帝。魏家旧例，大丧之后三月，必定在西方迎接神祇，在北边禳被恶物，都行吉礼，自道武帝皇始年间以来，从未更改过。"魏国君主说："如能以正道侍奉神祇，不必迎接，神祇自然到来；若是失了仁义，虽迎接，神祇也不来，这是平日所不应当做的事，何况居丧期间呢？朕居丧，处于不应说话的境地，不该这样喋喋不休，只是公卿固执地要改变朕守制思亲的情意，于是成了反复辩论的情形，想想真令人悲痛极了。"于是放声悲恸，群臣也号哭着出来。

注 释

❶ 亿兆，指亿兆百姓。　❷ 汉文帝遗诏："天下吏民，令到，出临三日，皆释服。毋禁取妇、嫁女、祠祀、饮酒、食肉。"在他葬后，嗣皇帝三十六日释服。　❸ 伯仲叔季，长幼之次序，故以政衰为叔世，将亡为季世。　❹ 谅闇，亦作谅阴，古天子居丧之庐。　❺ 蕴结，犹郁结。差，稍。申，伸展。　❻ "赖"，章钰《校宋记》云：宋十二行本正作"想"。　❼ 神灵享其气曰歆。辍，是停止的意思。　❽ "飨"通享。无牲而祭曰荐。　❾ 怕发生考虑不周到的事情。

【原 文】

初，太后忌帝英敏，恐不利于己，欲废之，盛寒，闭于空室，绝其食三日；召咸阳王禧，将立之。太尉东阳王丕、尚书右仆射穆泰、尚书李冲固谏，乃止。帝初无憾意，唯深德丕等。泰，崇之玄孙也。穆崇，魏开国功臣。

又有宦者谮帝于太后，太后杖帝数十；帝默然受之，不自申理；及太后殂，亦不复追问。不复追问谮者为谁。

甲申，魏主谒永固陵。辛卯，诏曰："群官以万机事重，屡求听政。但哀慕缠绵，未堪自力。近侍先掌机衡者，

【译 文】

起先，太后顾忌魏国君主英明敏慧，怕对自己不利，想废了他，在严寒的冬天，把他关闭在空房里，断绝饮食三天；召咸阳王拓跋禧，将立为皇帝。太尉东阳王拓跋丕、尚书右仆射穆泰、尚书李冲坚决地劝谏，太后才作罢。魏国君主没有一点怨恨之意，只是深深感激拓跋丕等人。穆泰是开国功臣穆崇的玄孙。

又有宦官在太后面前毁谤魏国君主，太后用木杖责打魏国君主，打了数十下，魏国君主沉默着接受责打，不为自己申辩；等太后驾崩了，也不再追究毁谤的人。

二十日，魏国君主拜谒永固陵。二十七日，诏令说："群臣因为万机要理繁重，屡次请求听政。但朕哀慕之情，固结不解，自己的力量还不能胜任。近侍先前掌理尚书事宜的，都是为我筹划谋略的人，政事可以暂时交付他们；如果

皆谋猷所寄，且可委之；如
有疑事，当时与论决。”

有疑虑的事，朕当随时与他们一起议论
而做决断。”

九年（辛未·四九一·北魏太和十五年）

【原　文】

（春，正月），丁卯，魏主始
听政于皇信东室。自居冯太后之丧，至
是始听政。皇信东室，盖皇信堂之东室也。

…………

三月，甲辰，魏主谒永固陵。
夏，四月，癸亥朔，设荐于太和
庙。“太和庙”，据《北史》作“太和殿”。
《水经注》：太和殿在太极殿东堂之东。《魏
书·帝纪》：太和元年，起太和、安昌二殿。
魏主始进蔬食，追感哀哭，终日
不饭；侍中冯诞等谏，经宿乃饭。
甲子，罢朝夕哭。盖亦不能及期矣。乙
丑，复谒永固陵。

魏自正月不雨至于癸酉，有
司请祈百神，帝曰：“成汤遭旱，
以至诚致雨，谓汤以六事自责也。固不
在曲祷山川。今普天丧恃，幽显
同哀，何宜四气未周，谓一期而四时
之气始周。遽行祀事！唯当责躬以待

【译　文】

（春，正月），丁卯日，魏国
君主开始在皇信堂的东房内听取
政事。

…………

三月，十二日，魏国君主拜
谒永固陵。夏，四月，初一，在
太和庙备办祭品进献。魏国君主
开始食用蔬菜，追怀感伤，悲哀
痛哭，一整天不吃饭；侍中冯诞
等人进谏，过了一夜才用饭。初
二，停止朝夕号哭的礼节。初三，
又拜谒永固陵。

魏从正月开始，一直不下雨，
到了十一日，有司请求向百神祈
祷，魏国君主说：“成汤遭遇旱
灾，凭最虔诚的行动求得上天下
雨，下不下雨，本来就不在于是
否委婉向山川之神祈祷。如今普
天之下丧失国母，阴阳两界同时
致哀，怎么合适在这四季之气循
环未遍之时，就行祭祀祈愿的事！
只应当反责自己，等待上天的

天谴。"

…………

己卯，魏作明堂，改营太庙。

五月，己亥，魏主更定律令于东明观。魏主太和四年，起东明观。亲决疑狱；命李冲议定轻重，润色辞旨，帝执笔书之。李冲忠勤明断，加以慎密，为帝所委，情义无间，旧臣贵戚，莫不心服，中外推之。

…………

丙辰，魏初造五辂。五辂，玉、金、象、革、木也。

…………

秋，闰七月，乙丑，魏主谒永固陵。

己卯，魏主诏曰："烈祖有创业之功，世祖有开拓之德，宜为祖宗，百世不迁。平文之功少于昭成，而庙号太祖，道武帝天兴初，追尊平文帝为太祖。道武之功高于平文，而庙号烈祖，明元帝追尊道武帝为烈祖。于义未允。朕今奉尊烈祖为太祖，以世祖、显祖为二祧[①]，郑玄曰：庙之为言貌也。宗庙者，先祖之尊貌也。祧之言超也，超，上去意也。余皆以次而迁。"

惩罚。"

…………

十七日，魏兴建明堂，改建太庙。

五月，初八，魏国君主在东明观更改律令，亲自断决可疑的诉讼案件；命令李冲研议确定刑罚的轻重，对旨意加以润色，魏国君主执笔书写下来。李冲忠正勤勉、明智果断，再加上谨慎周到，受到魏国君主的委托，情义真诚毫无嫌隙，无论旧时的臣子，还是显贵的皇戚，无不心服，朝廷内外都推重他。

…………

二十五日，魏初次建造玉、金、象、革、木五种天子车驾。

…………

秋，闰七月，初五，魏国君主拜谒永固陵。

十九日，魏国君主下诏说："烈祖有创业的功勋，世祖有开拓的品德，应当列为祖宗，百世不改。平文帝的功绩比昭成帝少，而庙号为太祖，道武帝的功绩高过平文帝，而庙号为烈祖，在义理上不够公平妥当。朕如今尊奉烈祖做太祖，以世祖、显祖为太祖之下的两个远祖，其他的先王都按此次序而改变。"

注 释

❶ 远庙为祧。言世数已远，业绩较浅，故可不立专庙，而藏其主于太庙。

【原 文】

　　八月，壬辰，又诏议养老及禋于六宗之礼。《尚书》：禋于六宗。而诸儒互说不同。王莽以《易》六子，遂立六宗祠。王肃亦以为《易》六子。挚虞以为：《月令》，孟冬，天子祈来年于天宗；天宗，六宗之神也。刘邵以为：万物负阴而抱阳，冲气以为和。六宗者，太极冲和之气，为六气之宗者也；《虞书》谓之六宗，《周书》谓之天宗。孔颖达曰：王肃六宗之说，用《家语》之文，以四时也、寒暑也、日也、月也、水旱也为六宗。孔注《尚书》同之。伏生与马融以天地、四时为六宗。刘歆、孔晁以乾坤之子六为六宗。贾逵以为天宗三，日、月、星也；地宗三，河、海、岱也。《今尚书》欧阳夏侯说，六宗者，上及天，下及地，旁及四方，中央恍惚，助阴阳变化，有益于人者也。《古尚书》说：天宗，日、月、北辰；地宗，岱、河、海也。日、月为阴、阳宗，北辰为星宗，河为水宗，岱为山宗，海为泽宗。郑玄以星也、辰也、司中也、司命也、风师也、雨师也为六宗。虞喜别论曰：地有五色，太社象之，总五为一，则成六，六为地数，推校经传，别无他祭也。刘昭以为此说近得其实。张髦曰：父祖之庙六宗，即三昭、三穆也。魏文帝以天皇太帝、五帝为六宗。杜佑取之。郑氏曰：禋之言烟，周人尚臭，烟、气之臭闻者。先是，魏常以正月吉日于朝廷设幕，中置松柏树，设五帝座而祠之。又有探策之祭。帝皆以为非礼，罢之。戊戌，移道坛于桑干之阴，改曰崇虚寺。此即寇谦之道坛也。干，音干。

　　乙巳，帝引见群臣，问以："禘祫，王、郑

【译 文】

　　八月，初三，魏又下诏商议有关养老及祭祀三昭三穆六宗的礼仪。早先，魏国常在正月吉日在朝廷设帐幕，中间摆置松树、柏树，安设五帝座席来祭祀。又有向神探寻计策的祭祀。魏国君主都认为不合礼仪，停止不办。初九，把道坛移至桑干河南岸，改称为崇虚寺。

　　十六日，魏国君主引见群臣，询问："禘祭、祫祭的解释，郑玄与王肃所说不同，究竟谁是谁非？"尚书游明根等人

之义①，是非安在？"《考异》曰：《礼志》作"太和十三年五月壬戌"，今从《本纪》。**尚书游明根等从郑，中书监高闾等从王。诏："圜丘、宗庙皆有禘名，从郑，禘祫并为一祭，从王，著之于令。"**《记·大传》曰：礼，不王不禘。王者禘其祖之所自出，以其祖配之。郑氏《注》曰：凡大祭曰禘。大祭其先祖所由生，谓郊祀天也。王者之先，皆感太微五帝之精以生，皆用正岁之正月郊祭之。又《祭法》言虞、夏、殷、周禘郊祖宗之法，郑《注》云：禘郊祖宗，谓祭祀以配食也；此禘，谓祭昊天于圜丘也。孔颖达曰：王肃论引贾逵说吉禘于庄公。禘者，递也。审谛昭穆，迁主递位，孙居王父之处。又引禘于太庙《逸礼》，昭尸、穆尸，其祝辞总称孝子、孝孙，则是父子并列。《逸礼》又云：皆升合于太祖，所以刘歆、贾逵、郑众、马融等皆以为然。郑不从者，以《公羊传》为正，《逸礼》不可用也。《左氏》说及杜元凯皆以为禘三年一大祭，在太祖之庙。《传》无祫文，然则祫即禘也。取其序昭穆，谓之禘，取其合集群祖，谓之祫。杜佑《通典》：孝文帝太和十三年诏："郑玄云：天子祭员丘曰禘，宗庙大祭亦曰禘。三年一祫，五年一禘。祫则毁庙、群庙之主，于太祖庙合而祭之；禘则增及百官配食者，审禘而祭之。鲁礼，三年丧毕而祫，明年而禘。员丘、宗庙大祭俱称禘。祭有两禘明也。王肃又云：天子诸侯皆禘于宗庙，非祭天之祭。郊祀后稷不称禘。禘、祫一名也。合祭，故称祫，禘而审谛之，故称禘，非两祭之名。三年一祫，五年一禘，总而互举，故称五年再殷祭，不言一禘一祫，断可知矣。诸儒之说，大略如是。公卿可议其是非。"尚书游明根言曰："郑氏之义，禘者大祭之名。大祭员丘谓之禘者，审谛五精星辰也。大祭宗庙谓之禘者，审谛其昭穆百官也。员丘常合，不言祫，宗庙时合，故言祫。斯则宗庙祫、禘并行，员丘一禘而已。宜于宗庙俱行禘祫之礼。二礼异，故名殊。依礼，春祭特礿，于尝、于烝，则祫尝、祫烝，不于三时皆行禘、祫之礼。"中书监高闾又言："禘祭员丘，与郑义同者，以为有虞氏禘黄帝，

赞从郑玄的解释，中书监高闾等人赞从王肃的解释。魏国君主诏令："天子祭天于圜丘、宗庙大祭，都有'禘'的名称，这可以依从郑玄的解释；禘与祫合并为一种祭祀，这可以依从王肃的解释，把这结论写到律令里。"二十九日，又诏令："国家祭祀的各种神祇，总共一千二百多处；现在想减省各种祭祀，务求简约。"又下诏："明堂、太庙，配祭、配享，现在都齐备了。白登山的宣武庙、崞山的太武帝保母窦氏祠、鸡鸣山的鸡鸣山庙与文成帝保母常氏祠，只派遣有关官员前去祭祀。

黄帝非虞在庙之帝。不在庙，非员丘而何？又《大传》云：祖其所自出之祖，又非在庙之文。《论语》称：禘自既灌以往。据《尔雅》：禘，大祭也。诸侯无禘礼，惟夏祭称禘，又非宗庙之禘。鲁行天子之仪，不敢专行员丘之禘；改殷之禘，取其禘名于宗庙。因先有祫，遂生两名。其宗庙禘、祫之祭，据王氏之义，祫而禘，禘止于一时。一时者，祭不欲数，一岁三禘为过数。”诏曰：“明根、间等据二家之义，论禘、祫详矣，至于事取折衷，犹有未允。间以禘、祫为名，义同王氏，禘祭员丘，事与郑同，无所间然。明根以郑氏等两名、两祭，并存、并用，理有未俱。称据二义，一时禘祫而阙二时之禘，事有难从。先王制礼，内缘人子之情，外协尊卑之序，故天子七庙，数尽则毁，藏主于太祖之庙，三年而祫祭之。世尽则毁，以示有终之义；三年而祫，以申追远之情。禘祫既是一祭，分而两之，事无所据。毁庙三年一祫，又有不尽四时，于礼为阙。七庙四时常祭，祫则三年一祭，而又不究四时，于情为简。王以祫为一祭，于义为长，郑以员丘为禘，与宗庙大祭同，名义亦为当。今互取郑、王二义；禘、祫并为一祭，从王；禘是祭员丘大祭之名，上下同用，从郑。若以数则渎，五年一禘，改祫从禘。五年一禘，则四时尽禘，以称今情，则旅天，礼文，先禘而后时祭，便即施行，著之于令，永为世法。”戊午，又诏：“国家缣祀诸神，凡一千二百余处，今欲减省群祀，务从简约。”又诏：“明堂、太庙，配祭、配享，于斯备矣。白登、崞山、鸡鸣山庙，唯遣有司行事。明元帝永兴四年，立宣武庙于白登山，岁一祭，无常月。神瑞二年，帝又立宣武庙于白登西。宣武帝至泰常五年始改谥道武。《水经注》曰：鸡鸣山在广宁郡下洛县于延水北。昔赵襄子杀代王于夏屋而并其土，襄子之姊，代王夫人也，遂磨笄自杀。代人怜之，为立祠，因名为磨笄山。每夜有野鸡群鸣于祠屋上，故亦名为鸣鸡山。文成帝保母常氏葬于是山，别立寝庙。太武帝保母窦氏葬崞山，别立寝庙。崞，音郭。冯宣王庙在长安，宜敕雍州以时供冯宣王庙在长安，应当敕令雍州官员按四季供奉祭祀。”又下诏：“早先祭祀的水火之神有四十多位及城北星神，如今圜丘之下，既已祭祀风伯、雨师、司中、司命；明堂祭祀门、户、井、灶、中霤的神，四十位神都可以停止不祭。”二十五日，下诏说：“近来议论朝日、夕月的祭礼问题，都主张在春分、秋分于东郊、西郊行礼。但每月都有闰余的日子，行礼的日子就没有永久的标准。如果完全按照春分秋分，也许正值月亮在东边，却在西郊行礼，就人情道理上，是不能施行的。过去秘书

祭。"冯宣王，太后父朗也。为秦、雍二州刺史，生后于长安，后谥文宣王，因立庙长安。又诏："先有水火之神四十余名，及城北星神，今圜丘之下既祭风伯、雨师、司中、司命，郑众曰：风师，箕也；雨师，毕也；司中，三台三阶也；司命，文昌宫星。玄曰：司中、司命，文昌第五、第四星；或曰中台、上台也。明堂祭门、户、井、灶、中霤，郑氏曰：中霤，犹中室也。古者复穴，是以室为霤。四十神悉可罢之。"甲寅，诏曰："近论朝日、夕月，三代之礼，春朝朝日，秋暮夕月。皆欲以二分之日②，于东、西郊行礼。然月有余闰，行无常准。若一依分日，或值月于东而行礼于西，序情即礼，不可施行。昔秘书监薛谓等以为朝日以朔，夕月以朏③，日月所会，谓之合朔，月生明谓之朏，月之三日也。卿等以为朔、朏二分，何者为是？"尚书游明根等请用朔朏，从之。

监薛谓等人认为：在朔日朝日，在每月初三夕月。卿等认为朔日初三和春分秋分两种分法，哪种妥当？"尚书游明根等请用朔日与初三祭日、月的办法，魏国君主依从了这个建议。

注 释

❶ 王，王肃，曹魏时的经学家。郑，郑玄，东汉末的经学家。这两家的学说很多是对立的。　❷ 二分，春分、秋分。　❸ 朏，音斐，阴历月之初三日，月初生明。

【原 文】

丙辰，魏有司上言，求卜祥日。此小祥也。诏曰："筮日求吉，既乖敬事之志，又违永慕之心；今直用晦日。"

【译 文】

二十七日，魏国有司上言，要求占卜决定丧满周年除服的小祥吉日。魏国君主下诏

九月，丁丑夜，帝宿于庙，帅群臣哭已，己，毕也。帅，读曰率。帝易服缟冠、革带、黑屦，侍臣易服黑介帻、《隋志》：帻，尊卑贵贱皆服之。文者长耳，谓之介帻；武者短耳，谓之平上帻；各称其冠而制之。白绢单衣、革带、乌履，遂哭尽乙夜。戊子晦，帝易祭服，缟冠素纰、纰，……冠饰也，缘也。白布深衣、《记》曰：古者深衣，盖有制度，以应规矩，绳权衡。短毋见肤，长毋被土，续衽钩边，要缝半下，袼之高下，可以运肘；袂之长短，反诎之及肘。带，下毋厌髀，上毋厌胁。当无骨者，制十有二幅，以应十二月。袂圆以应规，曲袷如矩以应方，负绳及踝以应直，下齐如权衡以应平。故圣人服之，先王贵之。麻绳屦，侍臣去帻易帽。弁缺四隅谓之帽。傅子曰：帽先未有歧，荀文若巾触树成歧，时人慕之，因而弗改。今通为庆吊之服，白纱为之，或单或夹。既祭，出庙，帝立哭，久之，乃还。

冬，十月，魏明堂、太庙成。

庚寅，魏主谒永固陵，毁瘠犹甚。穆亮谏曰："陛下祥练已阕，号慕如始。古者既祥而练。阕，……终也。《说文》曰：阕，事已也。……如始，言如初有丧。王者为天地所子，为万民父母；未有子过哀而父母不戚，父母忧而子独悦豫者也。今和气不应，风旱为灾，愿陛下袭轻服[1]，御常膳，銮舆时动[2]，

说："占卜问日子求吉祥，一方面违背谨敬服丧之志，也违背永久怀念的心思，现在干脆就用月末的日子。"九月，十八日夜，魏国君主在宗庙过夜，领着群臣号哭礼毕，魏国君主换了衣服，穿戴素绢的帽子，皮带子，黑色的麻鞋子；侍臣也换了衣服，戴黑色的长发巾，穿上白绢单衣、皮带子、黑鞋子，哭至二更左右。二十九日，魏国君主换下祭服，素绢的帽子，素色的帽饰，白布做的衣裳相连的深衣，麻绳编的鞋子；侍臣除去黑色的长发巾，换上白纱发巾。祭完以后，出了宗庙，魏国君主站着哭泣，哭了许久，才回返宫廷。

冬，十月，魏明堂、太庙完工。

初二，魏国君主拜谒永固陵，哀毁瘦弱得很厉害。穆亮劝谏说："陛下已经行过了小祥之礼，而哀号思慕还和初丧时一样。王者是天地所爱，如同其子，是万民的父母；从来没有儿子过分哀痛而父母不悲戚的，也没有父母忧虑而儿女独自喜悦安乐的！如今和气不

咸秩百神③，秩者，序而祭之。庶使天人交庆。"诏曰："孝悌之至，无所不通。今飘风、旱气，皆诚慕未浓，幽显无感也。所言过哀之咎，谅为未衷。"衷，善也，正也，适也。十一月，己未朔，魏主禫于太和庙，禫，……除服之祭也。衮冕以祭。既而服黑介帻，素纱深衣，拜陵而还。癸亥，冬至，魏主祀圜丘，遂祀明堂，还，至太和庙，乃入。甲子，临太华殿，服通天冠，绛纱袍，以飨群臣。刘昭曰：通天冠，高九寸，正竖顶，少邪，乃直下，为铁卷梁，前有山、展筒，为述，乘舆所常服也。杜佑曰：秦制通天冠，其状遗失。汉因秦名，制高九寸，正竖顶，少邪，乃直下，为铁卷梁，前有山、展筒，为述，驳犀簪导，乘舆所常服。晋因汉制，前加金博山述。述，即鹬也。鹬知天雨，故冠像焉。前有展筒。宋因之，又加黑介帻。东昏侯改用玉簪导。梁武帝因之，复加冕于其上，谓之平天冕。隋因之，加金博山，附蝉十二，首施珠翠，黑介帻，玉簪导。唐因之，其缨改以翠緌。乐县而不作。县，读曰悬。丁卯，服衮冕，辞太和庙，帅百官奉神主迁于新庙。新作太庙成，故迁主新庙。帅，读曰率。

应时节而来，强风水旱，造成灾害，希望陛下能穿着吉服，食用正常的伙食，车舆按时走动，照着时序祭祀百神，才能让天地与百姓共有喜庆。"诏令说："孝悌达到极点，就无所不通。如今狂风、旱气，都由于诚心怀念还不够深厚，阴阳之间都还没有感应。所说朕过于哀伤而引起咎害，看来不是很确当。"十一月，初一，魏国君主在太和庙举行除去丧服的禫祭，穿了衮袍礼冠祭祀。祭祀完了，换上黑色的长发巾，素纱做的衣裳一体的深衣，参拜永固陵之后才返回宫廷。初五，冬至，魏国君主在圜丘祭天，于是祭明堂，回转到太和庙，就进去了。初六，魏国君主到太华殿，戴着通天冠，穿着绛纱袍子，设宴款待群臣。乐器悬挂着而不演奏。初九，穿着衮袍，戴上礼冠，拜辞太和庙，率领百官，捧了神主，迁往新庙。

注 释

❶ 轻服，绢帛吉服。　❷ 銮舆，天子的车驾。古代国君车驾有铃系于马衔的

两边，声似鸢鸟，故曰鸾。　❸ 咸秩百神，普祭百神。

【原 文】

乙亥，魏大定官品。戊戌①，考诸牧守。
…………

【译 文】

十七日，魏确定了百官的等级。二十日，考核各地方的守官。
…………

注 释

❶ "戊戌"，严衍《资治通鉴补》改"戊寅"。

【原 文】

魏旧制，群臣季冬朝贺，服袴褶行事，谓之小岁；褶，音习。丙戌，诏罢之。

十二月，壬辰，魏迁社于内城之西。
…………

乙酉①，魏主始迎春于东郊。自是四时迎气皆亲之。

【译 文】

魏旧有制度，群臣季冬朝贺，穿着袴褶行礼，叫作小岁；二十八日，下诏停止这项礼节。

十二月，初五，魏把社庙迁移到内城之西。
…………

二十二日，魏国君主初次在东郊迎春，从此四季迎气都亲自主持。

注 释

❶ "乙酉"，严衍《资治通鉴补》改"己酉"。

【原文】

初，魏世祖克统万及姑臧①，获雅乐器服工人，宋文帝元嘉四年，魏克统万；十六年，克姑臧。晋永嘉之乱，太常乐工多避地河西；夏克长安，获秦雅乐，故二国有其器服工人。并存之。其后累朝无留意者，乐工浸尽，音制多亡。高祖始命有司访民间晓音律者，议定雅乐，当时无能知者。然金、石、羽旄之饰，稍壮丽于往时矣。辛亥，诏简置乐官，使修其职；又命中书监高闾参定。

【译文】

当初，魏世祖攻克了统万及姑臧，虏获雅乐器、服饰及乐工，都保存下来。后来几代皇帝无人留意关心，乐工渐渐减少，音谱多散失。高祖才命令有司访察民间通晓音律之人，让他们商议确定雅乐，当时已没有人能知晓了。但是金、石、羽毛旌旗的装饰，比起过去稍有壮丽。二十四日，诏令简选安置乐官，让其执掌这方面的事务，又命令中书监高闾参与审定。

注 释

❶ 统万，大夏赫连氏首都，治在今陕西榆林。姑臧，北凉沮渠氏首都，今甘肃武威。

十年 (壬申·四九二·北魏太和十六年)

【原文】

春，正月，戊午朔，魏主朝飨群臣于太华殿，悬而不乐。

己未，魏主宗祀显祖于明堂以

【译文】

春，正月，初一，魏国君主早上在太华殿设宴款待群臣，乐器悬挂着并不奏乐。

初二，魏国君主推尊显祖，

配上帝，遂登灵台以观云物，降居青阳左个，布政事。郑氏曰：青阳左个，大寝东堂北偏。自是每朔依以为常。

散骑常侍庾荜等聘于魏，魏主使侍郎成淹引荜等于馆南瞻望行礼。祀明堂、登灵台之礼。

辛酉，魏始以太祖配南郊。

魏主命群臣议行次。五行之次也。中书监高闾议，以为："帝王莫不以中原为正统，不以世数为与夺，善恶为是非。故桀、纣至虐，不废夏、商之历；厉、惠至昏，无害周、晋之录。晋承魏为金，赵承晋为水，燕承赵为木，秦承燕为火。秦之既亡，魏乃称制玄朔[1]；且魏之得姓，出于轩辕；《魏书》曰：魏之先出自黄帝轩辕氏。黄帝子昌意受封北国，有大鲜卑山，因以为号。据《史记》，以匈奴为夏后氏苗裔，盖有此理。臣愚以为宜为土德。"按《魏书·帝纪》：道武天兴元年，群臣奏国家承黄帝之后，宜为土德。高闾盖申前议耳。秘书丞李彪、著作郎崔光等议，以为："神元与晋武往来通好，至于桓、穆，志辅晋室[2]，事并见《晋纪》。神元，力微也。桓帝，猗㐌；穆帝，猗卢。是则司马祚终于郏鄏[3]，河南郡河南县，周之王城，即郏鄏也。……郏，

在明堂祭祀显祖，与上帝共享香火，于是登上灵台观察云物气象，下来后在东堂北偏的房间停留，宣布政事。从此，每逢朔日就依循这个方式，成了常例。

散骑常侍庾荜等到魏聘问，魏国君主派遣侍郎成淹引领庾荜等人到客馆南边，瞻望祀明堂、登灵台的礼仪。

初四，魏开始以太祖在南郊配享祭天。

魏国君主命令群臣，议定魏在五行继统上的次序。中书监高闾提议，认为："帝王没有不以中原为正统的，不把传世的多寡看作正统与否的根据，不把善恶看作判断正统的是非标准。所以桀、纣最为暴虐，却不因此废除夏、商的历法；厉王、惠帝最为昏庸，却也不妨害周朝、晋朝的帝王名录。晋继承魏，属于金德；赵承接晋，属于水德；燕承接赵，属于木德；秦承接燕，属于火德。秦覆亡之后，魏就在北方君临天下；再说魏的姓氏来源，出于轩辕；臣愚见，认为本朝应当属于土德。"秘书丞李彪、著作郎崔光等提议，认为："魏的

音辱。而拓跋受命于云代。昔秦并天下，汉犹比之共工，卒继周为火德；《汉律历志》曰：《祭典》曰：共工氏霸九域。言虽有水德，在火木之间，非其序也；任智刑以强，故霸而不王。秦以水德在周、汉木火之间，周人迁其行序，故易不载。……共，读曰恭。况刘、石、苻氏，地褊世促，魏承其弊，岂可舍晋而为土邪？"司空穆亮等皆请从彪等议。壬戌，诏承晋为水德，祖申、腊辰④。《考异》曰：《礼志》"太和十五年正月，穆亮等言"云云。按《帝纪》："十六年正月壬戌，诏定行次，以水承金。"盖《志》误以"六"为"五"耳。

祖先神元与晋武帝往来，关系很好，到桓帝、穆帝时候，一心一意辅佐晋室，这样说来，司马氏王朝在郏鄏告终，而拓跋氏就在云、代受命继承了天下。过去秦兼并天下，汉朝还把它比作共工，终究直接继承周朝，属于火德；何况刘氏、石氏、苻氏，地方褊小，传世短促，魏结束他们的乱局，怎能舍去晋朝而为土德呢？"司空穆亮等都要求依从李彪的建议。初五，魏国君主下诏，继承晋朝，在五行为水德，以申日祭祖神，以辰日行岁终腊祭。

注　释

❶玄朔，北方。　❷桓帝，拓跋猗㐌；穆帝，拓跋猗卢。西晋末，刘琨结猗卢以抗刘聪、石勒。　❸言司马氏的晋王朝已由于洛阳颠覆而结束，意思是说东晋不是正统。　❹据传说，共工氏之子好远游，死为祖神，古代人出门都要祭他。汉代一年中选择午日祭祖神；今北魏改用申日祭祖神。腊亦祭名，汉用十二月的戌日，今北魏改用辰日。

【原文】

甲子，魏罢租课。"租课"，李延寿《魏纪》作"袒裸"。

【译文】

初七，魏废止袒裸的陋习。
魏国宗室及功臣子孙封王的很

魏宗室及功臣子孙封王者众，乙丑，诏："自非烈祖之胄，余王皆降为公，公降为侯，而品如旧。"蛮王桓诞亦降为公①；惟上党王长孙观，以其祖有大功，特不降。长孙道生以功封上党王。丹杨王刘昶封齐郡公，加号宋王②。

多，初八，诏令："除了烈祖的后裔，其他的王都降级为公，公降级为侯，而品秩一如旧例。"蛮王桓诞也降级为公；只有上党王长孙观，因为他的祖父有大功劳，特旨不降级。丹杨王刘昶封齐郡公，加号宋王。

注 释

❶ 桓诞，南北朝时今河南、湖北交界处少数民族的首领，自称桓玄之子。玄失败后，诞逃奔蛮族地区。北魏孝文帝初年，拥八万余落投降北魏，北魏任命他为征南将军、东荆州刺史，封襄阳王，居于朗陵，在今河南确山西南，至此降封为襄阳公。　❷ 刘昶，南朝宋文帝子，投奔北朝，北朝想利用他充当傀儡来侵略南朝。

【原 文】

魏旧制，四时祭庙皆用中节，丙子，诏始用孟月①，择日而祭。自汉以来，宗庙岁五祀、四孟乃腊是也。魏初用中节，夷礼也。
·············

【译 文】

魏国的旧有制度：四季祭祀宗庙都用中节。十九日，下诏开始用四季第一个月，选择吉日来祭祀。
·············

注 释

❶ 中节，指二月、五月、八月、十一月。孟月，指正月、四月、七月、十月。

【原 文】

辛卯，魏罢寒食飨。旧传冬至后一百五
日为寒食。《初学记》曰：周举《移书》、魏武《明罚
令》、陆翙《邺中记》，并云寒食断火起于介子推。然
《周礼》司烜氏：仲春，以木铎徇火禁于国中。《注》
云：为仲春将出火。今寒食准节气是仲春之末，清明
是三月之初；然则禁火并周制也。魏先以寒食飨祖宗，
今以其非礼罢之。

甲午，魏主始朝日于东郊。自是朝
日、夕月皆亲之。

丁酉，诏祀尧于平阳，舜于广宁，
禹于安邑①，周公于洛阳，皆因其故都而祀
之。皇甫谧曰：舜所都或言蒲阪，或言潘。潘，今上
谷也。广宁县本属上谷。又据《水经注》："潘"当作
"漯"。皆令牧守执事。其宣尼之庙，祀
于中书省。丁未，改谥宣尼曰文圣尼
父，帝亲行拜祭。

【译 文】

二月初五，魏废止寒
食节祭祀祖先的礼仪。

二月初八，魏国君主
初次在东郊行祭日之礼。
从此，春天祭日，秋天祭
月，国君都亲自主持。

二月十一日，魏国诏
令：在平阳祭祀尧，在广
宁祭祀舜，在安邑祭祀禹，
在洛阳祭祀周公，都命令
当地的州郡官执掌祭祀事
宜。至于祭祀孔子的宣尼
庙，在中书省祭祀。二月
二十一日，改宣尼的谥号
为文圣尼父，皇帝亲自行
拜祭之礼。

注 释

❶平阳，今山西临汾南。广宁，今河北张家口宣化区。安邑，今山西运城。

【原 文】

魏旧制，每岁祀天于西郊，魏
主与公卿从二千余骑，戎服绕坛，
谓之踏坛。明日，复戎服登坛致祀，

【译 文】

魏旧有制度，每年在西郊
祭天，魏国君主和公卿跟随两
千多名骑兵，穿着军服，绕祭

已又绕坛，谓之绕天。萧子显曰：戎服绕坛，魏主一周，公卿七匝，谓之踏坛。明日，复戎服登坛祀天，魏主绕三匝，公卿七匝，谓之绕天。三月，癸酉，诏尽省之。

·············

夏，四月，丁亥朔，魏班新《律令》，大赦。

·············

（八月），魏司徒尉元、大鸿胪卿游明根累表请老，魏主许之。引见，赐元玄冠、素衣，《石渠论》：玄冠朝服。戴圣曰：玄冠，委貌也。今此则玄冠、委貌异制。明根委貌、青纱单衣，及被服杂物等而遣之。魏主亲养三老、五更于明堂。己酉，诏以元为三老，明根为五更。帝再拜三老，亲袒割牲，执爵而馈①；肃拜五更②，《周礼》九拜，九曰肃拜。郑司农云：肃拜，但俯下手，今时揖是也。陆德明曰：揖，于至翻，即今之揖。且乞言焉。元、明根劝以孝友化民。又养庶老、国老于阶下。礼毕，各赐元、明根以步挽车及衣服，步挽车，不用牛马，使人步挽之。禄三老以上公，五更以元卿。元卿，即上卿。

坛行走，叫作"踏坛"。第二天，又穿着军服上坛致祭，祭完又绕坛，叫作"绕天"。三月，十七日，下诏把这些仪式都省略了。

·············

夏，四月，初一，魏颁布新的律令，大赦境内。

·············

（八月），魏司徒尉元、大鸿胪卿游明根几次上表请求告老隐退，魏国君主答应了他们。引来接见，赏赐给尉元玄冠和素衣，给游明根委貌冠、青纱单衣，以及被褥、衣服、杂物等，送他们离朝回乡。魏国君主亲自在明堂供养三老、五更。二十五日，诏令安排尉元做三老，游明根做五更。魏国君主向三老拜了两拜，亲自挽起袖子切割祭肉，拿着酒杯劝进酒食；向五更拜揖，并且请求发话训诫。尉元、游明根劝魏帝以孝顺友爱之道来教化人民。又在明堂台阶之下敬奉百姓和朝中的老人。行礼完毕，分别赏赐尉元、游明根人力拉挽的车子、衣服。以上公的俸禄给予三老，以元卿的俸禄给予五更。

注 释

❶爵，酒尊。　❷肃拜，用手作揖。

【原 文】

九月，甲寅，魏主序昭穆于明堂，祀文明太后于玄室。"玄室"，《北史》作"玄堂"。郑玄曰：玄堂，北堂也。辛未，魏主以文明太后再期，哭于永固陵左，终日不辍声，凡二日不食。甲戌，辞陵，还永乐宫。

…………

十二月，司徒参军萧琛、范云聘于魏。魏主甚重齐人，亲与谈论。顾为群臣曰："江南多好臣。"侍臣李元凯对曰："江南多好臣，岁一易主；江北无好臣，百年一易主。"魏主甚惭。

【译 文】

九月，初一，魏国君主在明堂排定先祖昭穆的次序，在玄堂祭祀文明太后。十八日，魏国君主由于文明太后逝世二周年，在永固陵左侧痛哭，一整天哭声不停，连着两天没进食。二十一日，辞别永固陵，返回永乐宫。

…………

十二月，司徒参军萧琛、范云到魏聘问，魏国君主很看重齐人，亲自和他们谈论，回头对群臣说："江南有很多好臣子。"侍臣李元凯回答说："江南有很多好臣子，每年换一次君主；江北没有好的臣子，一百年才换一次君主。"魏国君主听罢甚觉惭愧。

——以上卷一三七

十一年 （癸酉·四九三·北魏太和十七年）

【原文】

二月，魏主始耕藉田于平城南。魏起于北荒，未尝讲古者天子亲耕之礼，今孝文始行之。

....

五月，壬戌，魏主宴四庙子孙于宣文堂，亲与之齿，用家人礼。四庙子孙，谓世祖、恭宗、高宗、显祖之子孙也。太和十二年，起宣文堂、经武殿。用家人礼者，略君臣之敬而序长幼之齿。

甲子，魏主临朝堂，引公卿以下决疑政，录囚徒。帝谓司空穆亮曰："自今朝廷政事，日中以前，卿等先自论议；日中以后，朕与卿等共决之。"

....

魏主以平城地寒，六月雨雪，极阴之地，盛夏雨雪。……自上而下曰雨。风沙常起，风沙，大风扬沙也。将迁都洛阳；恐群臣不从，乃议大举伐齐，欲以胁众。斋于明堂左个，郑玄曰：明堂左个，大寝南堂东偏也。

【译文】

二月，魏国君主第一次在平城南边亲自耕种藉田。

....

五月，十三日，魏国君主在宣文堂款待四庙子孙，亲自和他们序年齿论辈分，用家人的礼节对待他们。

十五日，魏国君主到朝堂上，引导公卿以下的臣子解决有疑问的政事，记录犯案的囚犯。魏国君主对司空穆亮说："从今以后，朝廷的政事，中午以前，卿等先自己讨论商议；中午以后，朕和卿等一齐做出决定。"

....

魏国君主因为平城地方寒冷，连六月天也下雨雪，风沙经常吹扬，想把都城迁移到洛阳，唯恐群臣不依从，于是商议大举伐齐，想以此来胁迫众人。在明堂大寝南堂东边的偏房斋戒，吩咐太常卿王谌占卜，碰到《革》的卦象，魏国君主说："'商汤、周武王革命，应和天意，顺合人心。吉瑞还有比这更

使太常卿王谌筮之，遇《革》，帝曰："'汤、武革命，应乎天而顺乎人①。'此《革卦》之《象辞》也。吉莫大焉！"群臣莫敢言。尚书任城王澄曰："陛下奕叶重光②，帝有中土；今出师以征未服，而得汤、武革命之象，未为全吉也。"帝厉声曰："繇云'大人虎变③'，何言不吉！"大人虎变，《革》九五爻辞。九五，君位也，故引以难澄。澄曰："陛下龙兴已久，何得今乃虎变！"帝作色曰："社稷我之社稷，任城欲沮众邪④！"澄曰："社稷虽为陛下之有，臣为社稷之臣，安可知危而不言！"帝久之乃解，曰："各言其志，夫亦何伤！"

大的吗！"群臣没有人敢进言。尚书任城王拓跋澄说："陛下继承累代的勋业使之再度发扬，称帝于中原；如今出兵去征讨尚未臣服的敌人，却得了汤、武革命的卦象，这不算是完全的吉瑞啊。"魏国君主用严肃的口吻说："爻辞说'大人虎变'，怎么说不是吉瑞？"拓跋澄说："陛下如龙兴起，已经很久，怎么如今竟然如虎变化！"魏国君主变了脸色说："社稷是我的社稷，任城王想挫伤众人的志气吗？"拓跋澄说："社稷虽然是陛下所拥有，臣是社稷的臣子，怎能知道危险而不说！"魏国君主过了好一段时间，脸色才平缓下来，说："大家各自谈谈心志，这又有什么妨碍！"

注 释

❶ 应乎天而顺乎人，今本《易经·革卦》作"顺乎天而应乎人"。　❷ 奕叶，累代。　❸ 大人，君主。　❹ 沮众，破坏众人意志。

【原 文】

既还宫，自明堂左个还宫。召澄入见，逆谓之曰："向者《革

【译 文】

由明堂回宫以后，魏国君主召唤拓跋澄入宫进见，迎上来对他说：

卦》①，今当更与卿论之。明堂之
忿，恐人人竞言，沮我大计，故
以声色怖文武耳。想识朕意。"
因屏人谓澄曰："今日之举，诚
为不易。但国家兴自朔土，徙居
平城；此乃用武之地，非可文
治。今将移风易俗，其道诚难，
朕欲因此迁宅中原，卿以为何
如？"魏主始与任城王澄言其情。澄曰：
"陛下欲卜宅中土以经略四海，
此周、汉所以兴隆也。"比之周成、
康，汉光、明也。帝曰："北人习常
恋故，必将惊扰，奈何？"后穆泰
等之谋，卒如帝所虑。澄曰："非常之
事，故非常人之所及②。陛下断
自圣心，彼亦何所能为！"帝曰：
"任城，吾之子房也。"张良赞汉高
帝迁都长安，故以为比。

"刚才的《革卦》，现在该再和卿讨
论讨论。在明堂我发怒，是怕大家
争着发言，坏了我的大计，所以用
严厉的声色来让众文武官员畏惧罢
了。想来卿明白我的心意。"于是屏
退左右，对拓跋澄说："今日我想做
的事，确实不易。但国家由北方兴
起，迁徙到平城；这是用武作战的
地方，不能施行文教治理。现在要
移风易俗，确实有困难，朕想借此
迁都到中原地带，卿认为怎么样？"
拓跋澄说："陛下想在中原选择都城
以经营天下大事，这是周代、汉代
所以兴隆的办法。"魏国君主说：
"北方人依恋旧有的事物，一旦宣布
这个决定，一定会惊讶扰乱，怎么
办？"拓跋澄说："非常之事，本来
就不是常人所能理解的。陛下的决
断出自圣明之心，他们还能怎么
样？"魏国君主说："任城王真是朕
的张良啊！"

注 释

❶向者，犹今言"刚才"。　❷固、故，古通用。

【原文】

六月，丙戌，命作河桥，欲

【译文】

六月，初七，魏命令在河上搭

以济师。秘书监卢渊上表，以为："前代承平之主，未尝亲御六军，决胜行陈之间，陈，读曰阵岂非胜之不足为武，不胜有亏威望乎！昔魏武以弊卒一万破袁绍，事见六十二卷汉献帝建安五年。谢玄以步兵三千摧苻秦，事见一百五卷晋孝武帝太元八年。胜负之变，决于须臾，不在众寡也。"诏报曰："承平之主，所以不亲戎事，或以同轨无敌[1]，或以懦劣偷安。今谓之同轨则未然，天下混一，则车同轨，书同文。比之懦劣则可耻，必若王者不当亲戎，则先王制革辂，何所施也？周制五辂，革辂，龙勒条，缨五就，建大白以即戎。郑氏《注》：革辂，鞔之以革而漆之，无他饰。条，读为绦。魏武之胜，盖由仗顺；苻氏之败，亦由失政；岂寡必能胜众，弱必能制强邪！"丁未，魏主讲武，命尚书李冲典武选。时欲用兵，命冲典武选，铨择才勇之士。

· · · · · · · · · · · ·

建桥梁，用以运送军队。秘书监卢渊上表，认为："前代承平时期的君主，不曾亲自统率六军，在行伍之间和敌人决一胜负；如果陛下这么做，岂不是胜了不足为勇武，败了则有亏威望吗！过去魏武帝凭着一万名疲惫的士卒击破袁绍，谢玄凭着三千步兵摧毁苻秦，胜负的变化，决定于短暂的片刻，不在于人数的多少。"诏令回答说："承平的君主之所以不亲自参与军事，有的是因为车已同轨，天下统一，没有敌国；有的是懦弱愚劣、偷安苟且。现在若说已是大一统，那就不妥；要把朕比作懦弱愚劣、偷安苟且之人，那就可耻。倘若王者一定不该亲自参与军事，那么先王制作革辂，又用来做什么呢？魏武帝的胜利，可以说是由于顺乎人心；苻秦的失败，则由于政治失当，哪里是人数少就一定能战胜人数多的，弱小的必定能战胜强大的呢？"二十八日，魏国君主检阅军队，进行演练，命令尚书李冲主管铨选勇猛武将的事宜。

· · · · · · · · · · · ·

注 释

❶ 同轨无敌，指天下一统。

【原文】

秋，七月，癸丑，魏立皇子恂为太子。为魏主后废恂张本。

戊子[1]，魏中外戒严，发露布及移书，称当南伐。用兵尚神密。魏主今露其事以布告四方，故亦曰露布；移书，则移书于齐境也。……

…………

【译文】

秋，七月，初五，魏立皇子拓跋恂为太子。

初十，魏国内外戒严，散发檄文和给齐的书信，声称应当南伐。

…………

注 释

❶ "戊子"，严衍《资治通鉴补》改"戊午"。

【原文】

魏主使录尚书事广陵王羽持节安抚六镇[1]，发其突骑。丁亥，魏主辞永固陵；己丑，发平城，南伐，步骑三十余万；使太尉丕与广陵王羽留守平城，并加使持节。晋制，使持节得杀二千石以下。杜佑曰：留守，周之君陈似其任也，此后无闻。汉和帝南巡，祠园庙，张禹以太尉兼卫留守。晋惠帝幸长安，仆射荀藩等与遗官在洛者为留台，承制行事。其后安帝播迁，刘裕亦置留台。后魏孝文帝南伐，以太尉丕、广陵王羽留守京师，留守之制因此。羽曰："太尉宜专节度，臣正可为副。"魏主曰："老者之智，少者之决，言老者经事多，故智

【译文】

魏国君主命令录尚书事广陵王拓跋羽掌持符节安抚六镇，调动突击骑兵。八月初九，魏国君主拜辞永固陵，由平城出发南征，步兵骑兵总共三十余万；命令太尉拓跋丕与广陵王拓跋羽留守平城，并加号"使持节"。拓跋羽说："太尉应该专管节度的事宜，臣正可以做副手。"魏国君主说："老年人的智慧，少年人的决断，正好相济，

虑深远；少者气盛，故临事有断。**汝无辞也。"**

....

你不必推辞了。"

....

注　释

❶ 前汉以大臣密戚领尚书事，后汉以上公录尚书事，职无不总。魏、晋以后，尚书台为政务执行机关，录尚书事称录公，权任益重。录尚书事一般位在尚书令之上，故北魏亦以宗王担任此职。

【原　文】

壬寅，魏主至肆州❶。魏收《志》：肆州治九原，天赐二年为镇，真君七年置州，领永安、秀容、雁门郡。而永安郡定襄县，《注》云：真君七年，并云中、九原、晋昌属焉，则知魏肆州盖治定襄之九原也。然此定襄亦非汉之定襄县地，盖曹魏所置新昌郡之定襄县，其地在陉岭之南，古定襄在陉岭之北。《隋志》：雁门郡，后周置肆州，隋改曰代州。又有定襄郡，开皇五年置云州总管府。此盖因古定襄以名郡，参考可知矣。宋白曰：后魏置肆州于九原；非古九原，汉末曹公所置定襄郡之九原县也；唐为秀容县，忻州定襄郡治焉。《后魏书》云：太平四年，置肆州，治秀容城，领灵丘等八郡。**见道路民有跛眇者，停驾慰劳，给衣食终身**。此亦可谓惠而不知为政矣。见者则给衣食，目所不见者，岂能遍给其衣食哉！古之为政者，孤独废疾者皆有以养之，岂必待身亲见而后养之也。跛者，一足偏短。眇者，一目偏盲。

【译　文】

八月二十四日，魏国君主到肆州，看到道路上的百姓有瘸腿的、瞎眼的，停下车驾来慰劳，吩咐终身供给他们衣服食物。

注　释

❶ 肆州，治秀容城，今山西忻州西北。

【原文】

大司马安定王休执军士为盗者三人以徇于军，将斩之。魏主行军遇之，<small>行，循行也。</small>命赦之，休不可，曰："陛下亲御六师，将远清江表，今始行至此，而小人已为攘盗，不斩之，何以禁奸！"帝曰："诚如卿言。然王者之体，时有非常之泽。三人罪虽应死，而因缘遇朕①，虽违军法，可特赦之。"既而谓司徒冯诞曰："大司马执法严，诸军不可不慎。"<small>冯诞后戚，既亲且贵，故语之以儆百司。</small>于是军中肃然。

【译文】

大司马安定王拓跋休捉了三个偷窃的军士，在军中示众，将要处死他们。魏国君主行军碰上了，命令赦免他们。拓跋休不答应，说："陛下亲自统率六军，将远去江南，肃清敌人，现在刚走到这里，而小人已经成了盗贼，不斩他们，怎能禁止奸邪！"魏国君主说："事实确实像你说的那样。但帝王的体制，常有非比寻常的恩泽。这三个人犯下罪过虽然该死，但碰巧遇到了朕，虽是违背军法，可以特例开赦他们。"接着对司徒冯诞说："大司马执法严厉，你们不能不谨慎。"于是军中对大司马恭敬非常，丝毫不敢怠慢。

注释

❶ 因缘，今言"碰机会"。

【原文】

臣光曰：人主之于其国，譬犹一身，视远如视迩，在境如在庭。举贤才以任百官，修政事以利百姓，则封域之内无不得其所

【译文】

臣司马光说：为人君主的对于他的国家，好比一个身体，看远的就如看近的，在国境内就如在朝廷。荐举贤才来担任百官的职务，修整政事来为百姓谋福利，那么封

矣。是以先王黈纩塞耳，前旒蔽明，欲其废耳目之近用，推聪明于四远也。东方朔曰：冕而前旒，所以蔽明；黈纩充耳，所以塞聪。如淳《注》曰：黈，音主苟翻，谓以玉为瑱，用黈纩悬之也。师古曰：如说非也。黈，黄色也。纩，绵也。以黄绵为丸，用组悬之，垂两耳边，示不外听；非玉瑱之悬也。彼废疾者宜养，当命有司均之于境内；今独施于道路之所遇，则所遗者多矣，其为仁也，不亦微乎！况赦罪人以挠有司之法，尤非人君之体也。惜也！孝文，魏之贤君，而犹有是乎！

戊申，魏主至并州①。并州刺史王袭，治有声迹，境内安静，帝嘉之。袭教民多立铭置道侧，虚称其美；帝闻而问之，袭对不以实。帝怒，降袭号二等。号者，所领将军号也。

············

疆之内都能得到适当的安排。所以先王用黄绵为丸来填塞耳朵，礼冠前面垂下冕旒来遮蔽眼睛，目的是想抛开耳目浅近的用途，让自己的视听远察四方。那些残废疾病的人应该供养，应当命令有司平均地推展到全境之内，现在仅仅是施予在道路上偶然遇到的少数不幸之人，那么所遗漏的一定很多了，魏国君主所行的仁慈，不是太微小了吗？何况开赦有罪的人来扰乱主事官吏执法，更不是人君应该有的行为，真可惜啊！孝文帝是魏的贤明君主，却还有这种做法呀！

八月三十日，魏国君主到了并州。并州刺史王袭，在当地所施行的措施很有名声与成效，境内安宁，魏国君主嘉奖他。王袭教导人民在路旁多立碑刻文，虚夸他的好处，魏国君主知道这一情况便询问他，王袭没有据实应答。魏国君主发怒，把他的将军名号降了两等。

············

注 释

❶并州，治晋阳，今山西太原。

【原 文】

（九月），丁巳，魏主诏车驾所经，伤民秋稼者，亩给谷五斛。

…………

戊辰，魏主济河；庚午，至洛阳；壬申，诣故太学观《石经》。故太学，汉、魏所营者。

…………

魏主自发平城至洛阳，霖雨不止。丙子，诏诸军前发。丁丑，帝戎服执鞭乘马而出。群臣稽颡于马前。稽颡于前，将谏南伐也。帝曰："庙算已定①，大军将进，诸公更欲何云？"尚书李冲等曰："今者之举，天下所不愿，唯陛下欲之；臣不知陛下独行，竟何之也！言违众南伐，无异独行。臣等有其意而无其辞，敢以死请。"帝大怒曰："吾方经营天下，期于混壹，而卿等儒生，屡疑大计；斧钺有常②，卿勿复言！"此亦所以怖群臣而决迁都之计也。策马将出。于是安定王休等并殷勤泣谏。帝乃谕群臣曰："今者

【译 文】

（九月），初九，魏国君主诏令：皇帝车驾所经过的地区，伤害了人民的农作物的，每亩补偿五斛谷物。

…………

二十日，魏国君主渡过黄河；二十二日，到达洛阳；二十四日，到旧时的太学观看《石经》。

…………

魏国君主自从由平城出发直至到达洛阳，一路上久雨不停。二十八日，诏令各路军队向前进发。二十九日，魏国君主身穿军服，手执马鞭，骑着马出来。群臣在马前叩头。魏国君主说："朝廷的大计已定，大军就要向前进发，各位还想说些什么？"尚书李冲等人说："现在的行动，是天下人不愿意的，只有陛下想这么做；臣不知道陛下独自前行，将往哪里去？臣等有意见而不知该怎么说，胆敢冒死向陛下请求不要再一意孤行了。"魏国君主大怒说："我正经营天下，期盼能统一天下，而你们这些儒生，屡次怀疑国家大计；国有常刑，你不要再说了！"用鞭打马将要出去。于是安定王拓跋休等人都流着眼泪反复劝谏。魏国君主这才告谕群臣说："现在兴师动众，不是小事，有所举动

兴发不小，动而无成，何以示后！朕世居幽朔，欲南迁中土；苟不南伐，当迁都于此，王公以为何如？欲迁者左，不欲者右。"南安王桢进言曰："'成大功者不谋于众。'引秦商鞅之言。今陛下苟辍南伐之谋，迁都洛邑，此臣等之愿，苍生之幸也。"群臣皆呼万岁。时旧人虽不愿内徙，旧人，谓与魏同起于北荒之子孙，即所谓国人。而惮于南伐，无敢言者，遂定迁都之计。

却没有成果，怎么给后人做榜样！朕世代居处在北方的幽朔之地，想南迁到中原一带，如果不南伐，便应当迁都到这里，各位王公认为如何？想迁都的站在左边，不想迁都的站在右边。"南安王拓跋桢进言说："'成就大功业的人，不和众人商议。'现在陛下如果放弃南伐的谋略，迁都到洛邑，这是臣等的愿望、百姓的幸运。"群臣都高呼万岁。当时与王室同起于北方的旧族虽不愿意向内地迁徙，但由于惧怕南伐，没人敢说话，于是决定了迁都的大计。

注释

❶ 古时兴师命将，命致斋（专心思考）于庙，授以成算（策略），然后遣之（出发），谓之庙算，后来称朝廷的最高决策为庙算。　❷ 斧钺用以杀人，言国有常刑。

【原文】

李冲言于上曰："陛下将定鼎洛邑，宗庙宫室，非可马上游行以待之。愿陛下暂还代都，俟群臣经营毕功，然后备文物、鸣和鸾而临之①。"帝曰："朕将巡

【译文】

李冲对魏国君主说："陛下将建都洛邑，但宗庙宫室，不是能在马背上驰骋着等待得来的。但愿陛下暂时回到代都，等群臣把这里经营完好，然后陛下再备办好文物、仪仗，鸣动鸾铃驾临洛邑。"魏国

省州郡，至邺小停，春首即还^②，未宜归北。"不肯归北，盖虑北人归代复恋土重迁也。乃遣任城王澄还平城，谕留司百官以迁都之事，曰："今日真所谓《革》也。谓前筮之遇《革》，今之迁都，真以革北方之俗。《易·说卦》曰：革，去故也。王其勉之！"

君主说："朕将巡察州郡，到邺稍停留，明年春初就回来，不适合回到北方的代都。"于是派遣任城王拓跋澄回到平城，告谕留守的百官魏国君主要迁都的事，说："今天真是《革卦》所谓'去旧'的意思了，各位王爷好好努力！"

注 释

❶ 和鸾是辇辂上的铃。   ❷ 春首，春初。

【原 文】

帝以群臣意有异同，谓卫尉卿镇南将军于烈曰："卿意如何？"烈曰："陛下圣略渊远，非愚浅所测。若隐心而言^①，隐，度也。乐迁之与恋旧，适中半耳。"帝曰："卿既不唱异，言不唱为异论也。即是肯同，深感不言之益。"使还镇平城，曰："留台庶政，一以相委。"烈，栗磾之孙也。于栗磾事魏道武帝，健将也。

【译 文】

魏国君主因为群臣的想法多有不同，对卫尉卿、镇南将军于烈说："卿的意思怎样？"于烈说："陛下圣明的策略深远，不是愚陋浅近的人所能窥测的。我私自揣测，乐于迁都和留恋旧城的人，恰好各占一半罢了。"魏国君主说："卿既然不唱不同的论调，就是首肯赞同，我深深感激你不唱反调的好处。"派遣他回到平城去镇守，说："留守机构的各项政事，完全委托给你了。"于烈，是于栗磾的孙子。

注 释

❶ 隐心而言，凭个人揣测来讲。

【原 文】

先是，北地民支酉聚众数千①，起兵于长安城北石山，北地郡，魏孝文帝太和十一年置班州，十四年改邠州。按《水经注》，石山当在长安东北，有敷谷，敷水出焉，北流注于渭。遣使告梁州刺史阴智伯②；欲邀结齐师以为应援。秦州民王广亦起兵应之，攻执魏刺史刘藻，秦、雍间七州民皆响震，七州，雍、岐、秦、南秦、泾、邠、华也。众至十万，各守堡壁以待齐救。魏河南王幹引兵击之，幹兵大败；支酉进至咸阳北浊谷，穆亮与战，又败；《考异》曰：《齐书》"穆亮"作"缪老生"，今从《魏书》。阴智伯遣军主席德仁等将兵数千与相应接。酉等进向长安，卢渊、薛胤等拒击，大破之，降者数万口。渊唯诛首恶，余悉不问，获酉、广，并斩之。

【译 文】

早先，北地的平民支酉聚合几千人，在长安城北的石山起兵，派遣使者通告梁州刺史阴智伯；秦州百姓王广也起兵响应他，攻击魏刺史刘藻，秦、雍之间七州的百姓都群起响应，人数达到十万人，各自守着堡垒坞壁，等待齐的救援。魏河南王拓跋幹带领军队来进攻，幹兵大败；支酉进兵到咸阳北边的浊谷，穆亮和他作战，又失败；阴智伯派遣军主席德仁等人带领军队几千人和他们呼应。支酉等人进兵攻向长安，卢渊、薛胤等抗击，大败支酉等的军队，对方投降的有好几万人。卢渊只诛杀了为首作恶的人，其余的都不责问，俘获了支酉、王广，把他们都杀了。

注 释

❶ 北地郡，治富平，今陕西富平西北。   ❷ 南齐梁州，治南郑，今陕西汉中。

【原 文】

冬，十月，戊寅朔，魏主如金墉城①，征穆亮，征穆亮于关右。使与尚书李冲、将作大匠董尔经营洛都。"董尔"《北史》作"董爵"。己卯，如河南城②；乙酉，如豫州③；自金墉西如河南，又自河南西如豫州。此豫州谓虎牢城也。魏明元帝取虎牢置豫州；献文帝取悬瓠又置豫州，以虎牢为北豫州；今主太和十九年，罢北豫州，置东中府。癸巳，舍于石济④。乙未，魏解严，设坛于滑台城东⑤，告行庙以迁都之意。迁都之议既定，停南伐之师，故解严。奉神主而行，故有行庙。大赦，起滑台宫。任城王澄至平城，众始闻迁都，莫不惊骇。澄援引古今，徐以晓之，众乃开伏⑥。开，发也。伏，厌伏也。言北人安土重迁，蔽于此说，不肯降心以相从。澄援引晓喻以发其蒙，莫不厌伏也。澄还报于滑台。魏主喜曰："非任城，朕事不成。"

【译 文】

冬，十月，初一，魏国君主到金墉城，征召穆亮，让他和尚书李冲、将作大匠董尔负责建设洛阳。初二，到河南城；初八，到豫州；十六日，驻石济。十八日，魏解除戒严，在滑台城东设祭坛，把迁都的意思祭告随行供奉的神主，大赦境内，建造滑台宫。任城王拓跋澄到了平城，大家才听说要迁都，无不震惊。拓跋澄援引古事以证合今事，慢慢地晓以大义，众人才明白而顺伏。拓跋澄回到滑台报告，魏国君主高兴地说："若不是任城王，朕迁都的事就办不成。"

注 释

❶金墉城在今河南洛阳东。　❷河南城，今河南洛阳东。　❸豫州，治虎牢城，今河南荥阳汜水镇西。　❹石济，今河南延津东北，为当时黄河渡口，黄河改道，今湮。　❺滑台，今河南滑县治。　❻开伏，开悟而心伏。

【原 文】

癸卯，魏主如邺城。王肃见魏主于邺①，是年三月王肃奔魏，今方得见魏主。陈伐齐之策。魏主与之言，不觉促席移晷。降人初至，君臣情分甚为阔疏。言有当心，故促席近前以听之，不觉其分之疏也；与之言而弗厌倦，日为之移晷，不觉其久也。自是器遇日隆，亲贵旧臣莫能间也。魏主或屏左右与肃语，至夜分不罢②，自谓君臣相得之晚。寻除辅国将军、大将军长史。时魏主方议兴礼乐，变华风，凡威仪文物，多肃所定。

【译 文】

二十六日，魏国君主到邺城。王肃在邺城进见魏主，陈述伐齐的计策。魏国君主和他谈论，不知不觉把席位拉近，也不觉得时间的消逝。从此，王肃日渐被器重礼遇，即使是亲贵旧臣都没有人能离间。魏国君主有时屏退左右与王肃谈话，直到夜半还不停止，自认为君臣相见恨晚。不久改任王肃为辅国将军、大将军长史。当时魏国君主正商议重建礼乐制度，改习华夏的风俗，举凡中原的威仪文物，多数是王肃所制定的。

注 释

❶王肃，太原王氏，南朝世族大地主。父王奂为南齐武帝萧赜所诛，全家被杀，独肃逃奔北朝。　❷夜分，半夜。

【原 文】

乙巳，魏主遣安定王休帅从官迎家于平城。

…………

魏主筑宫于邺西，十一月，癸亥，徙居之。

【译 文】

二十八日，魏国君主派遣安定王拓跋休率领随从人员到平城迎接家眷。

…………

魏国君主在邺城西边建筑宫室，十一月十六日，迁居到新宫。

——以上卷一三八

齐高宗明皇帝建武元年 （甲戌·四九四·北魏太和十八年） 是年十月始改元建武。

【原 文】

（春，正月），癸亥，魏主南巡；戊辰，过比干墓，《水经注》：河南朝歌县南有牧野，有比干冢，前有石铭题隶云"殷大夫比干之墓"，不知谁所志也。祭以太牢，魏主自为祝文曰："乌呼介士。胡不我臣！"

…………

乙亥，魏主如洛阳西宫。中书侍郎韩显宗上书陈四事。其一，以为："窃闻舆驾今夏不巡三齐，当幸中山①。往冬舆驾停邺，当农隙之

【译 文】

（春，正月），十七日，魏国君主到南方巡视。二十二日，经过比干的坟墓，用太牢祭祀，魏国君主自撰祝祷文，道："耿直的士人哟，为什么不做我的臣子！"

…………

二十九日，魏国君主到洛阳西宫，中书侍郎韩显宗上书铺陈四件事。其一，认为："我听说君王的车驾今年夏天不巡察三齐，该莅临中山。去年冬季，车驾停留邺城，正当农闲

时，犹比屋供奉，不胜劳费。况今蚕麦方急，将何以堪命！且六军涉暑，恐生疠疫。臣愿早还北京，以省诸州供张之苦②，北京，谓平城。成洛都营缮之役。”其二，以为：“洛阳宫殿故基，皆魏明帝所造，前世已讥其奢。今兹营缮，宜加裁损。又，顷来北都富室，竞以第宅相尚，北都，亦谓平城。魏既迁洛，以平城为北都。宜因迁徙，为之制度。及端广衢路，通利沟渠。”其三，以为：“陛下之还洛阳，轻将从骑，王者于闱闼之内，宫中门曰闱。韩《诗》：门屏间曰闼。犹施警跸③，况涉履山河而不加三思乎！”其四，以为：“陛下耳听法音，法音，谓雅乐也。目玩坟典，谓《三坟》《五典》。《书序》：伏羲、神农、黄帝之书，谓之《三坟》，言大道也。少昊、颛顼、高辛、唐、虞之书，谓之《五典》，言常道也。孔子序《书》，断自唐、虞，《三坟》《五典》，后世不复见其全，此特大概言之。口对百辟④，心虞万机⑤，景昃而食⑥，虞，度也。景昃，日昃也，日景过中则昃。昃，音侧。夜分而寝；加以孝思之至，随时而深；谓文明太后之殂已久，而帝孝思不忘也。文章之业，日成篇卷；虽睿明所用，未足为烦，

的时候，百姓一家家都得供奉，劳苦和花费无法承受。何况现在蚕麦方熟，农事正忙，百姓将如何承受得起供奉！再说六军在大热天跋涉，怕要发生流行疾病。臣希望陛下早日回转平城，以节省各州供奉张罗的劳苦，完成洛都经营修缮的工作。”其二，认为：“洛阳宫殿的旧有基础，都是魏明帝所建造的，前代已讥刺他奢华。现在修缮，应该加以裁汰减损。又，近来北都的富有人家，争相攀比住宅的豪华；应该趁着迁都的时候，定下宅第的制度。还要把道路铺设得正直宽广，沟渠也要畅通便利。”其三，认为：“陛下返回洛阳，只带着少量的亲兵。王者即使在宫禁之内，也须施设警跸，隔绝闲杂人等，何况跋涉山河怎能不多加考虑呢？”其四，认为：“陛下耳听的是雅乐，眼看的是《三坟》《五典》，口里与百官应对，心里操虑万种政务，日影偏斜了才进食，夜半时才就寝；加上孝顺思慕的至情，随着时光流逝而加深；文章大业，每天总要凑成不知多少篇卷；虽说陛下颖睿贤明，这些还不至

然非所以啬神养性，啬，爱也。保无疆之祚也。伏愿陛下垂拱司契而天下治矣⑦。"《老子》曰：有德司契。司，主也。契，要也。帝颇纳之。显宗，麒麟之子也。韩麒麟见一百三十五卷武帝永明元年。

于带来烦扰，然而这绝不是爱护心神、怡养心性，保有无边福祚的方式啊！但愿陛下垂旒拱手，掌握契要，而天下就能治理好了！"皇帝多采纳他的意见。韩显宗是韩麒麟的儿子。

注 释

❶ 中山郡，治卢奴，今河北定州。　❷ 供张，陈设，供应。　❸ 警跸，警戒禁止行人。　❹ 百辟，百官。　❺ 万机，皇帝所需要处理的各种政务。　❻ 景，日影。昃，侧。日影侧斜，指时间过午以后。　❼ 垂拱，清静无为而治。司契，抓住最重要的。

【原 文】

显宗又上言，以为："州郡贡察，徒有秀、孝之名而无秀、孝之实；贡察者，谓察举秀才、孝廉而贡之于朝。朝廷但检其门望，不复弹坐。弹坐者，弹劾其违而坐之以罪。如此，则可令别贡门望以叙士人，何假冒秀、孝之名也！夫门望者，乃其父祖之遗烈，亦何益于皇家！益于时者，贤才而已。苟有其才，虽屠钓奴虏，圣王不耻以为臣；太公屠牛于朝歌，钓于渭滨。又纠

【译 文】

韩显宗又上言，认为："州郡通过察举向朝廷引荐的秀才、孝廉，仅有秀才、孝廉之名，而无秀才、孝廉之实；朝廷只检核那些人的门第名望，不再对贡察不实的州郡弹劾判罪。这样的话，就可以下令另外以门第名望来铨选士人，何必假冒秀才、孝廉的名义呢？谈到门第名望，这些是父亲、祖父遗留的功业，对皇家有什么益处？对当代时局有益处的，只是贤才而已！如果真有才干，即使是屠牛、钓鱼、为人奴仆的人，圣王都不认为

时箕子为奴，周文王、武王皆礼而用之。苟非其才，虽三后之胤，坠于皂隶矣。《左传》，申无宇曰：‘人有十等：士臣皂，皂臣舆，舆臣隶。’《释》曰：皂，直马者。隶，附属者。三后，谓夏、商、周之王也。议者或云，‘今世等无奇才，不若取士于门’，此亦失矣。岂可以世无周、邵，遂废宰相邪！但当校其寸长、铢重者先叙之，言其人比之众人稍有一寸之长、一铢之重，则先叙用之。则贤才无遗矣。

"又，刑罚之要，在于明当，不在于重。苟不失有罪，虽捶挞之薄，人莫敢犯；若容可侥幸，虽参夷之严，不足惩禁。参夷，谓夷三族也。今内外之官，欲邀当时之名，争以深刻为无私，迭相敦厉，敦，迫也。厉，严以勉之。遂成风俗。陛下居九重之内，视人如赤子；百司分万务之任，遇下如仇雠。是则尧、舜止一人，而桀、纣以千百；和气不至，盖由于此。谓宜敕示百僚，以惠元元之命①。

任用他们为臣有什么可耻的；如果没有什么才干，即使是三代圣王的后人，也会沦落至鄙贱奴仆的地位！有评论者说：‘现在没有奇异的人才，不如按照门第来擢用士人。’这话也有缺失。怎能因为当代没有周公、邵公一类的人才，就废除宰相的职务呢？应该衡量比较，选出那些稍出众的人才，优先叙用，那么贤才就不会被遗漏了。

"又，刑罚的要点，在于明确恰当，不在于求重。如果有罪的人都难逃法网，虽只是轻微的杖击鞭挞，人们也不敢犯法；如尚可侥幸逃免，即使是夷诛三族那样严苛的罪刑，也不足以惩戒禁止人们犯法。如今京城内外的官吏，想求得当代的盛名，争着把严厉苛刻当作无私，互相敦促鼓励，于是形成了风俗。陛下深居九重宫闱之内，把人民看作赤子；百官分担万种政务的责任，对待人民就如仇敌。如此一来，尧、舜只有一个人，而桀、纣有成千个、成百个；和谐的风气没有形成，大概是这个原因。臣认为应该敕令告示百官，要惠爱百姓的生命。

注 释

❶ 元元，百姓。

【原 文】

"又，昔周居洛邑，犹存宗周；周成王宅洛，以丰为宗周，存故都也。汉迁东都，京兆置尹。后汉都雒阳，置河南尹；而长安仍置京尹，亦存故都也。察《春秋》之义①，有宗庙曰都，无曰邑。况代京，宗庙山陵所托，王业所基，其为神乡福地，实亦远矣，今便同之郡国，臣窃不安。谓宜建畿置尹，一如故事，魏初都平城，分画甸畿置司州，于平城置代尹。崇本重旧，光示万叶。

【译 文】

"又，过去周朝迁居洛邑，仍保存宗周故都；汉迁居东都，故都长安仍然设置京兆尹。根据《春秋》的义法，有宗庙的叫作都，没有宗庙的叫作邑。何况代京，是宗庙与祖先坟陵所依托的地方，帝王大业立定根基的地方，作为一块神奇福祥之地，实在意义深远呐，现在竟然就把它等同于郡县封国，臣私心觉得不安。我认为应该建立王畿，设置郡尹，一如过去的事例，推崇根本，重视旧业，光照万代。

注 释

❶ "察"，章钰《校宋记》云：宋十二行本作"案"。当据改。

【原 文】

"又，古者四民异居，欲其业专志定也。管仲相齐，使士、农、工、商各

【译 文】

"又，古时候士、农、工、商四民，异处分居，希望他们能

群萃而州处。其言曰：四民者，勿使杂处，杂处则其言咙，其事易，昔圣王之处士也，使就闲燕；处工就官府；处商就市井；处农就田野。长而安焉，不见异物而迁焉。**太祖道武皇帝创基拨乱，日不暇给，然犹分别士庶，不令杂居，工伎屠沽，各有攸处，但不设科禁，久而混殽。今闻洛邑居民之制，专以官位相从，不分族类。夫官位无常，朝荣夕悴，则是衣冠、皂隶不日同处矣。借使一里之内，或调习歌舞，或构肆诗书①，纵群儿随其所至，则必不弃歌舞而从诗书矣。然则使工伎之家习士人风礼，百年难成；士人之子效工伎容态，一朝而就。是以仲尼称里仁之美，孟母勤三徙之训。**《论语》，孔子曰：里仁为美；择不处仁，焉得知！《列女传》曰：孟轲母，其舍近墓，孟子少嬉游，为墓间之事。孟母曰：'此非吾所以处子也。乃去，舍市旁，其嬉戏乃贾人炫卖之事。'又曰：'此非吾所以处子也。'复徙舍学宫之旁，其嬉戏乃设俎豆，揖逊进退。孟母曰：'此真可以居吾子矣。'遂居焉。**此乃风俗之原，不可不察。朝廷每选人士，校其一婚一宦以为升降，何其密也！至于度地居民，则清浊连甍，何其略也！**甍，……屋栋，所以承瓦。**今因迁徙之处，皆**

职业专一，志向坚定。太祖道武皇帝创立基业，拨乱反正，每天都忙得不可开交，但还是区别了士庶人等，不让他们杂乱混居，工匠、艺伎、屠夫、商人，各有居处的地方，只是未曾设立科罚禁令，久了就混淆了。如今听说洛邑居民的规制，全凭官位相依从，不分族类。官位没有永久不变的，早晨显达，晚上可能就被废黜了，于是官宦士绅和卑贱的小卒，不久就同地相处了。假使一里之内，有的教习歌舞，有的讲授诗书。纵任孩子们随意学习，那么他们必定不会放弃歌舞而去学习诗书。如此说来，要让工匠技艺之家的人仿效读书人的风尚礼仪，一百年也难得有成就；要让士人子弟去模仿工匠技艺之人的姿容意态，一朝即成。所以，孔子说住的地方要有仁厚的风俗才好，孟母勤于迁徙以便教育儿子。这是风俗的根本，不能不明察。朝廷每次选拔士人，总是衡量婚姻与做官的情况，将之作为升黜的标准，何等的周密！至于衡量处所安顿人民，在一个屋顶之下，贵贱不分，杂居一处，何等的疏略！现在趁着迁徙初期，到处都是空地，要想区分工匠技艺之人，只在一句话而

是空地，分别工伎，在于一言，有
何可疑而阙盛美！

已，有什么疑虑而不做，从而使
这种盛美之事失却呢？

注 释

❶“构”，章钰《校宋记》云：宋十二行本作“讲”，当据改。

【原 文】

　　“又，南人昔有淮北之地，自
比中华，侨置郡县。如豫州界止于汝
阳，而侨置谯、梁、陈、颍等郡县，又于青州
界侨置冀州诸郡县是也。自归附圣化，
仍而不改，名实交错，文书难
辨①。宜依地理旧名，一皆厘革，
小者并合，大者分置，及中州郡
县，昔以户少并省。魏初得河南，止置
四镇，郡县多所并省。今民口既多，亦
可复旧。

【译 文】

　　“又，南边人过去拥有淮河以
北的地区，自比于中华，常借旧
地名来设置郡县。自从归附圣朝
教化之后，仍因不改，名实交互
错乱，公文书信难以区分。应该
依照地理上的旧名，全部改正，
小的合并，大的分别设置，至于
中州郡县，过去由于户口少就合
并裁撤了一些。如今人口数量已
经增多，也可以恢复旧有的设
置了。

注 释

　　❶ 这是说南朝在淮北地区曾侨立了不少北方的侨州郡，现在淮北已归北朝，
这些侨州郡的名称就不免和北方原有的州郡名称有重复，因此主张裁并。

【原文】

"又，君人者以天下为家，不可有所私。仓库之储，以供军国之用，自非有功德者不可加赐。在朝诸贵，受禄不轻；比来赐赍，动以千计。若分以赐鳏寡孤独之民，所济实多；今直以与亲近之臣，殆非周急不继富之谓也。"《论语》，孔子曰：君子周急不济富。帝览奏，甚善之。

二月，乙丑，魏主如河阴，规方泽。规度其地，以立方泽。

…………

丙申，魏徙河南王幹为赵郡王，颍川王雍为高阳王。将以河南、颍川为畿甸，故二王徙封。

壬寅，魏主北巡；癸卯，济河；三月，壬申，至平城。《考异》曰：《魏帝纪》作闰月。按魏闰二月，齐历之三月也。使群臣更论迁都利害，各言其志。燕州刺史穆罴曰①：魏营洛，以洛为司州，改平城之司州为恒州，分恒州东部置燕州，治昌平。"今四方未定，未宜迁都。且征伐无马，将何以克？"帝曰："厩牧在代，何患无马！今代在恒山之北，九州之外，非帝王之都也。"尚书于果曰："臣非以代地为胜伊、洛之美

【译文】

"又，统治人民的王者，把天下看作自己的家，不能有所偏私。仓库储积的财物，要供给军队及国家以为用度，自然是没有功德的人不能给予赏赐。朝廷的一些权贵，接受的俸禄已不算少；近来赏赐，动辄用千来核计。倘若分出一些赏赐给鳏夫、寡妇、孤儿、孤老之人，所救济的人实际上会更多；现在直接用来给予亲近的臣子，可说不是'周济急需帮助的人，不必接济富裕的人'的做法啊！"皇帝看了奏章，很赞许他的看法。

二月，乙丑日，魏国君主到河阴，规划勘定，好在泽中立定方丘方便祭地。

…………

二十一日，魏国调任河南王拓跋幹为赵郡王，颍川王拓跋雍为高阳王。

二十七日，魏国君主北巡；二十八日，渡过黄河；三月二十七日，到了平城。让群臣再讨论迁都的利弊得失，各自谈谈看法。燕州刺史穆罴说："现在四方还没平定，不适宜迁都，而且征战时没有马匹，将凭什么战胜敌人？"皇帝说："马厩

也。但自先帝以来，久居于此，百姓安之；一旦南迁，众情不乐。"乐，音洛。平阳公丕曰："迁都大事，当讯之卜筮。"帝曰："昔周、召圣贤，乃能卜宅。《书·洛诰》曰：召公既相宅，周公往营成周。傅来告卜曰：'我卜河朔黎水，我又卜涧水东，瀍水西，惟洛食。我又卜瀍水东，亦惟洛食。'今无其人，卜之无益！且'卜以决疑，不疑何卜！'《左传》载斗廉之言。黄帝卜而龟焦，天老曰'吉'，黄帝从之。杜预曰：龟焦，兆不成也。字书释灼龟不兆为焦。然则至人之知未然，审于龟矣。王者以四海为家，或南或北，何常之有！朕之远祖，世居北荒。平文皇帝始都东木根山②，拓跋郁律谥平文皇帝。晋明帝大宁二年，《通鉴》书'惠帝贺傉徙居东木根山'。昭成皇帝更营盛乐③，拓跋什翼犍谥昭成皇帝。《通鉴》晋成帝咸康元年，烈帝翳槐城盛乐。次年，昭成嗣国，咸康七年，筑盛乐新城。道武皇帝迁于平城。晋安帝隆安二年，道武帝迁都平城。朕幸属胜残之运，《论语》，孔子曰：善人为邦百年，亦可以胜残去杀矣。朱元晦曰：胜残，谓化善人不为恶也。属，……会也。胜，音升。而独不得迁乎④！"群臣不敢复言。黑，寿之孙；穆寿事魏太武帝；果，烈之弟也。癸酉，魏主临朝堂，

与牧养人都在代地，还怕没有马匹！如今代地位于恒山的北边，在九州范围之外，不适合做帝王的都城。"尚书于果说："臣并不是认为代地有胜过伊河、洛水的好处。但自先帝以来，长久居住在这里，百姓安于这里的环境；一旦向南迁徙，民众心里不乐意。"平阳公拓跋丕说："迁都是大事，应该由占卜来探知吉凶。"皇帝说："过去周公、召公是圣贤，才能占卜何处可以安居。现在没有圣贤人物，占卜有什么用处！而且'占卜的目的是决定有疑虑的事，如果没有疑虑还占卜什么！'黄帝占卜而龟甲烧焦，天老说'吉'，黄帝依从他的判断。如此说来，最贤圣的人能预知未来的事，比龟甲还灵验了。王者以四海为家，有时南边，有时北边，哪有什么永久居留之处！朕的远祖，世代居住在北边的荒野。平文皇帝才建都东木根山。昭成皇帝又经营盛乐，道武皇帝迁都平城。朕有幸遇上能感化恶人为善的仁政时代，为何独独不能迁都呢？"群臣不敢再说话。穆黑，是穆寿的孙子；于果，是于烈的弟弟。二十八日，魏国君主位临朝堂，部

部分迁留。 | 署迁徙留守的事宜。

注 释

❶ 魏置燕州，治昌平，今北京昌平区。　❷ 河西五原郡（今内蒙古五原县地）东北有西木根山；东木根山当在乌加河之东。　❸ 盛乐，今内蒙古和林格尔。　❹ "独" 上，章钰《校宋记》云：宋十二行本有 "何为" 二字。

【原 文】

夏，四月，庚辰，魏罢西郊祭天。《考异》曰：《魏帝纪》《礼志》《北史纪》，皆云三月庚辰。按《长历》，三月丙午朔，无庚辰。魏闰二月，齐闰四月；魏三月乙亥朔，齐历之四月也，故置于此。

⋯⋯⋯⋯⋯

己亥，魏罢五月五日、七月七日飨祖考。魏端午、七夕之飨，犹寒食之飨，皆夷礼也。

魏录尚书事广陵王羽奏："令文：每岁终，州镇列属官治状，及再考，则行黜陟。去十五年京官尽经考为三等，去十五年，犹云昨太和十五年也。今已三载。臣辄准外考，以定京官治行。"欲以考州镇属官之法考京官。魏主曰："考绩事重，应关朕听，不可轻发，且俟至秋。"史言魏孝文明于君人之体，不使权在臣下。

⋯⋯⋯⋯⋯

（秋，七月），壬戌，魏主北巡。

【译 文】

夏，四月，初六，魏国免除在西郊祭天的礼仪。

⋯⋯⋯⋯⋯

二十五日，魏国废除五月五日、七月七日祭祀父祖的礼仪。

魏国录尚书事广陵王拓跋羽上奏："法令条文规定：每年年终，州镇守官要开列属官治民的政绩，等到再度考核无误，就实行升迁或贬黜。上回太和十五年京官都考核为三等，到现在已经有三年了。臣想拿州镇考核属官的办法，来确定京官治绩的优劣。"魏国君主说："考核政绩的事很重要，应该由朕来决定，不能轻易发令施行，

....

辛丑，**魏主至朔州**①。魏收《地形志》：云州，旧置朔州。又有朔州，本汉五原郡，魏为怀朔镇，孝昌中始改为朔州。今此朔州，当置于云中之盛乐。时置朔州于定襄故城，领盛乐、广牧二郡。宋白曰：孝文迁洛之后，于今朔州北三百八十里定襄故城置朔州，后乱，废。

暂且等到秋季再说。"

....

（秋，七月），二十日，魏国君主到北边巡察。

....

二十九日，魏国君主到朔州。

注 释

❶ 朔州，治盛乐，今内蒙古和林格尔。

【原 文】

（八月，甲辰），**魏主至阴山。**

....

癸丑，**魏主如怀朔镇。己未，如武川镇。辛酉，如抚宜镇。甲子，如柔玄镇**①。此六镇自西徂东之次第也。《水经注》：怀朔镇城在汉光禄城东北。考其地当在汉五原稒阳塞外。杜佑曰：在马邑郡北三百余里。武川镇城在白道中溪水上。白道在阴山之北，又北出大漠。柔玄镇在于延水东，于延水出塞外柔玄镇西长川城南小山，东南流，迳汉代郡且如县故城南，则魏柔玄镇城在汉且如县西北塞外也。抚冥镇城，未考其地。若以前说六镇自五原抵濡源分置于三千里中，则抚冥当在武川、柔玄之间，相距各五百里；据前高闾之说，则相距各一百七十许里耳。按《北史》，"宜"当作"冥"。**乙丑，南还；辛未，至平城。**

【译 文】

（八月，甲辰），魏国君主到阴山。

....

十一日，魏国君主到怀朔镇。十七日，到武川镇。十九日，到抚冥镇。二十二日，到柔玄镇。二十三日，南返；二十九日，到平城。

注　释

❶ 怀朔镇，六镇之一，今内蒙古包头西北。武川镇，六镇之一，今内蒙古武川土城梁。抚冥镇，六镇之一，今内蒙古武川东北。柔玄镇，六镇之一，今内蒙古兴和西北。

【原　文】

九月，壬申朔，魏诏曰："三载考绩，三考黜陟；唐、虞之制，三考黜陟。三考，九年也。可黜者不足为迟，可进者大成赊缓。朕今三载一考，即行黜陟，欲令愚滞无妨于贤者，才能不拥于下位。各令当曹考其优劣为三等，其上下二等仍分为三。上等、下等各又分为三等。六品已下，尚书重问；五品已上，朕将亲与公卿论其善恶，上上者迁之，下下者黜之，中者守其本任。"

魏主之北巡也，留任城王澄铨简旧臣。自公侯已下，有官者以万数，澄品其优劣能否为三等，人无怨者。史言任城王澄之平明。

壬午，魏主临朝堂，黜陟百官，谓诸尚书曰："尚书，枢机之任，非徒总庶务，行文书而已；朕

【译　文】

九月，初一，魏国君主下诏说："三年考核政绩，三次考核才决定贬黜或升迁。该贬黜的不能算迟，该升迁的就嫌慢了。朕现在决定三年考核一次，立即实施贬黜或升迁，目的是想使那些愚拙迟钝的人不要妨碍贤能的人，有才干能力的人不至于被搁置在低下的位置上。命令各部门当事的官员考核部属的优劣，分为三等，其中上下两等再分为三级。六品以下，由尚书省严格覆审；五品以上，朕将亲自与公卿品评他们的好坏，最优等的加以升迁，最劣等的予以贬黜，中等的留守原来的职位。"

魏国君主在北边巡察的时候，留下任城王拓跋澄品评选拔旧臣，从公侯以下有官位的以万计，拓跋澄品评他们的优劣，有才能与否，分为三等，没有人

之得失，尽在于此。卿等居官，年垂再期①，未尝献可替否②，进一贤退一不肖，此最罪之大者。"又谓录尚书事广陵王羽曰："汝为朕弟，居机衡之右，无勤恪之声，有阿党之迹，今黜汝录尚书、廷尉，但为特进、太子太保。"又谓尚书令陆叡曰："叔翻到省之初，甚有善称；比来偏颇懈怠，<small>广陵王羽，字叔翻。颇，……亦偏也。</small>由卿不能相导以义。虽无大责，宜有小罚；今夺卿禄一期。"又谓左仆射拓跋赞曰："叔翻受黜，卿应大辟；但以咎归一人，不复重责；今解卿少师，削禄一期。"又谓左丞公孙良、右丞乞伏义受曰："卿罪亦应大辟；可以白衣守本官，冠服、禄恤，<small>魏官，本禄之外，别有恤亲之禄。</small>尽从削夺。若三年有成，还复本任；无成，永归南亩。"又谓任城王澄曰："叔神志骄傲，可解少保。"<small>澄于魏主，叔也。</small>又谓长兼尚书于果曰："卿不勤职事，数辞以疾，可解长兼，削禄一期。"其余守尚书尉羽、卢渊等，并以不职，或解任，或黜官，或夺禄，皆面数其过而行之。<small>唐、虞三载</small>

抱怨。

十一日，魏国君主莅临朝廷，贬黜、升迁百官，对尚书省的官员们说："尚书，执掌枢机重任，不只是总管各种事务，处理文书而已；朕施政的得失，全在尚书省。你们在官位，已经近两年了，不曾进献可行的办法，革除不好的措施，推荐一个贤人，贬退一个不贤之人，这是最大的罪过。"又对录尚书事广陵王拓跋羽说："你是朕的弟弟，处于行政主要机构的上位，没有勤勉恭谨的声誉，却有逢迎上意结党营私的劣迹，现在废黜你的录尚书和廷尉职务，只任特进、太子太保。"又对尚书令陆叡说："叔翻到尚书省的初期，有好的声誉，近来不够平正，做事松懈怠惰，这是你不能拿义来引导他的结果。虽没有大的责任，应该有小的责罚；现在减去你一年的俸禄。"又对左仆射拓跋赞说："叔翻被贬黜，你该砍头，但是我把错误归他一人，不再严重处罚你，现在解除你的少师职务，削夺一年的俸禄。"又对左丞公孙良、右丞乞伏义受说："你们的罪也应该砍头，让你们以白衣之身，奉守原来的官职，礼帽礼

考绩，三考黜陟幽明。其黜陟行于九年之后，非赊缓也。俗淳事简，在位者各思尽其职，不为奸欺；就有不称者，一考而未黜，冀其能自尽也；其不能尽者，才力有所不逮耳。再考不称而犹未黜，谓才有短长，临事有过误；前考已称其职而今考不称者，必过误也；前考不称而今考能称其职者，能自勉也。三考皆不称，则其人信不可用矣，于是乎黜之，此唐、虞忠厚之至也。《周官》：计群吏之治，旬终则令正日成，月终则令正月要，岁终则令正岁会，三岁则大计群吏之治而诛赏之。是盖无日而不考核，而诛赏则行于三年大计之时。盖俗益薄，人益偷，而行九年之黜陟则为赊缓。观魏孝文之考绩，不过慕古而务名，非能行考绩之实也。渊，昶之兄也。

服及抚恤亲属的俸禄，全部削夺。如果三年内有成效，还让你们恢复原来的职位，没有成效，就永远退职回家去吧！”又对任城王拓跋澄说：“叔父骄傲自大，可解除少保的职务。”又对长兼尚书于果说：“你处理职事不够勤勉，好几次称病请假，可解除长兼的职务，削夺一年的俸禄。”其余守尚书尉羽、卢渊等人，都因为不称职，有的遭解职，有的被贬官，有的被削夺俸禄，都被当面数说他们的罪过，然后施行处罚。卢渊是卢昶的哥哥。

注 释

❶ 期，一年；再期，二年。　❷ 献可，献善；替否，去不善。

【原 文】

帝又谓陆叡曰：“北人每言‘北俗质鲁，何由知书！’朕闻之，深用忱然！忱然者，怅然失意之貌。今知书者甚众，岂皆圣人，顾学与不学耳。朕修百官，兴礼乐，其志固欲移风易俗。朕为天子，何

【译 文】

皇帝又对陆叡说：“北边人常说‘北方风俗质朴鲁钝，从何知晓书本知识！’朕听了，深感失意怅惘！现在有书本知识的人很多，哪可能都是圣人！不过是学和不学的区分罢了。朕整饬百官，兴修礼乐，志向本来就在于能移风易俗。

必居中原！正欲卿等子孙渐染美
俗，闻见广博；若永居恒北，复
值不好文之主，不免面墙耳。"
《书》曰：不学，墙面。言犹正墙面而言，无
所睹见也。对曰："诚如圣言，金日
䃅不入仕汉朝，何能七世知名①。"
金日䃅事见七十一卷汉武帝后元元年。七世知
名，谓七世内侍也。帝甚悦。

…………

朕做天子，何必一定要住在中原！
正是想让你们的子孙能渐染美好的
风俗，闻见广博；如果永远居住在
恒山北，再遇到不喜好文事的君
主，不免就会变成面壁而立的人，
什么见识也没有。"陆叡回答说：
"确实如陛下圣明所论，金日䃅要
是不到汉朝做官，怎能七代享有名
声。"皇帝听了很高兴。

…………

注 释

❶金日䃅，匈奴休屠王子，仕汉，子孙贵显。

【原 文】

（冬，十月），甲辰，魏
以太尉东阳王丕为太傅、录尚
书事，留守平城。

戊申，魏主亲告太庙，使
高阳王雍、于烈奉迁神主于洛
阳；辛亥，发平城。

…………

己巳，魏主如信都①。

…………

【译 文】

（冬，十月），初三，魏国任命太
尉东阳王拓跋丕为太傅、录尚书事，留
守平城。

初七，魏国君主亲自到太庙祷告，
吩咐高阳王拓跋雍、于烈恭奉神主迁到
洛阳；初十，由平城出发。

…………

二十八日，魏国君主到信都。

…………

注 释

❶ 信都，今河北衡水冀州区。

【原 文】

（十一月），丁丑，魏主如邺。
…………
（戊子），魏主至洛阳，欲澄清流品，以尚书崔亮兼吏部郎。亮，道固之兄孙也。_{宋泰始初，崔道固降魏。}

魏主敕后军将军宇文福行牧地。福表石济以西，河内以东①，距河凡十里。_{牧地，纵则石济以西，河内以东；横则距河十里。按杜佑《通典》：卫州汲县古牧野之地。则其地宜畜牧，有自来矣。}魏主自代徙杂畜置其地，使福掌之；畜无耗失，以为司卫监。

【译 文】

（十一月），初七，魏国君主到邺城。
…………
（十八日），魏国君主到洛阳，想澄清当时官吏的品秩高低，任命尚书崔亮兼吏部郎。崔亮是崔道固哥哥的孙子。

魏国君主敕令后军将军宇文福探勘畜牧的场地。宇文福上表划定石济以西，河内以东，距离黄河大约十里。魏国君主由代都送各种牲畜安置在那里，让宇文福执掌管理，由于牲畜没有耗损丧失，就任命他为司卫监。

注 释

❶ 石济，今河南延津，当时黄河迳其南。河内郡，治野王，今河南沁阳。

【原 文】

初，世祖平统万及秦、凉，_{宋文帝元}

【译 文】

当初，世祖平定统万及

嘉四年，魏平统万。八年，赫连定灭秦，定寻西奔，为吐谷浑所禽，秦地皆入于魏。十六年，魏平凉州。**以河西水草丰美，用为牧地，畜甚蕃息，**蕃，读如繁。**马至二百余万匹，橐驼半之，牛羊无数。及高祖置牧场于河阳，常畜戎马十万匹，**河阳牧场，即宇文福所规牧地。**每岁自河西徙牧并州，稍复南徙，欲其渐习水土，不至死伤，而河西之牧愈更蕃滋。及正光以后①，皆为寇盗所掠，无孑遗矣。**梁武帝普通元年，魏改元正光。史历言魏之马政。

秦地、凉州，由于河西水草丰美，用作牧地，牲畜繁殖很快，马群达到两百余万匹，骆驼也有一半的数目，牛羊数不清。等到高祖在河阳设置牧场，常畜十万匹战马，每年由河西移送到并州牧养，稍后又向南移送，希望牲口能渐渐习惯水土，不至于有死伤，而河西的畜牧繁殖越发多了。到了正光年间以后，全都被盗匪所掠夺，再没有遗留的了。

注 释

① 正光，魏孝明帝年号，自元年（公元五二〇年）迄六年（公元五二五年）。正光五年正月，六镇起义发动。

【原 文】

魏主欲变易旧风，壬寅，诏禁士民胡服，国人多不悦。国人者，与魏同起于北荒之子孙也。**通直散骑常侍刘芳，缵之族弟也，**刘缵臣于齐而屡使于魏，与芳皆彭城人，盖同出于楚元王之后。**与给事黄门侍郎太原郭祚，**

【译 文】

魏国君主想改变旧有的风俗，初二，下诏禁止士民穿着胡服，鲜卑旧族大多不高兴。通直散骑常侍刘芳，是刘缵同族的弟弟，与给事黄门侍郎太原人郭祚，都因为文章博学而被皇帝亲近礼遇，多次召来讨论及秘密商议政事；大臣贵戚都

皆以文学为帝所亲礼，多引与讲论及密议政事；大臣贵戚皆以为疏己，怏怏有不平之色。帝使给事黄门侍郎陆凯私谕之曰："至尊但欲广知古事，询访前世法式耳，终不亲彼而相疏也。"众意乃稍解。凯，馛之子也。陆馛见一百三十三卷宋明帝泰始七年。

魏主欲自将入寇。癸卯，中外戒严。戊申，诏代民迁洛者复租赋三年。……

辛亥，发洛阳，以北海王详为尚书仆射，统留台事；李冲兼仆射，同守洛阳；给事黄门侍郎崔休为左丞。赵郡王幹都督中外诸军事。始平王勰将宗子军宿卫左右。休，逞之玄孙也。魏道武伐中山，崔逞降之。戊辰，魏主至悬瓠①。己巳，诏寿阳、钟离、马头之师所掠男女皆放还南。……

认为皇帝疏远了自己，心里怏怏不乐，有不服的神色。皇帝吩咐给事黄门侍郎陆凯私下晓谕他们说："至尊只想广泛了解古代的事迹，探询前代的方法罢了，终究不会亲近他们而疏远自己的臣子和亲戚。"众人的疑虑才稍稍解除。陆凯是陆馛的儿子。

魏国君主想自己率兵入侵。初三，内外戒严。初八，诏令代地人民愿意迁徙到洛阳的免除租赋三年。……

十一日，由洛阳出发，任命北海王拓跋详为尚书仆射，统理留守机构的事宜；李冲兼仆射，共同留守洛阳；给事黄门侍郎崔休任左丞。赵郡王拓跋幹做都督中外诸军事。始平王拓跋勰统率宗室子弟组成的宿卫军宿卫左右。崔休是崔逞的玄孙。二十八日，魏国君主到悬瓠。二十九日，诏令寿阳、钟离、马头的军队将所掳掠的男女都释放回南方。

注 释

❶ 悬瓠城，今河南汝南。

【原文】

先是，魏主遣中书监高闾治古乐；会闾出为相州刺史，是岁，表荐著作郎韩显宗、大乐祭酒公孙崇参知钟律，帝从之。大乐祭酒，盖太和中初置是官。

【译文】

早先，魏国君主派中书监高闾研究古乐；适逢高闾出任为相州刺史，这年，上表推荐著作郎韩显宗、大乐祭酒公孙崇参与制定音律，皇帝依从他的意见。

——以上卷一三九

二年（乙亥·四九五·北魏太和十九年）

【原文】

（春，正月），己亥，魏主济淮；二月，至寿阳①，众号三十万，铁骑弥望。弥望，犹言极望也，孔颖达曰：人目所望三十里，而天地合于三十里外，不复见之，是为极望。甲辰，魏主登八公山②，赋诗，道遇甚雨，命去盖，见军士病者，亲抚慰之。

…………

【译文】

（春，正月），二十九日，魏国君主渡过淮河，二月，到了寿阳，军队号称三十万，铁甲的骑兵望不到尽头。初五，魏国君主登上八公山，赋诗。道路上遇到大雨，命令除去伞盖，看到士兵生病的，亲自抚慰他们。

…………

注释

❶寿阳，今安徽寿县。　❷八公山，在安徽寿县北。

【原文】

戊申，魏主循淮而东，过寿阳不攻，引兵东下，民皆安堵，租运属路。此谓淮北之民耳。丙辰，至钟离①。自寿阳至钟离，三百三十余里。

…………

注 释

❶ 钟离，今安徽凤阳县钟离故城。

【原文】

魏主欲南临江水，辛酉，发钟离。司徒长乐元懿公冯诞病，不能从，魏主与之泣诀，行五十里，闻诞卒。时崔慧景等军去魏主营不过百里①，魏主轻将数千人夜还钟离，拊尸而哭，达旦，声泪不绝。壬戌，敕诸军罢临江之行，葬诞依晋齐献王故事。齐献王攸葬事，见八十一卷晋武帝太康四年。诞与帝同年，幼同砚席，尚帝妹乐安长公主。虽无学术，而资性淳笃，故特

【译文】

初九，魏国君主沿着淮水向东行军，淮北人民都安心居住，租运的车辆往来不绝。十七日，到了钟离。

…………

【译文】

魏国君主想向南到长江，二十二日，由钟离出发。司徒长乐元懿公冯诞病得很重，不能随从，魏国君主和他流着泪诀别，行走了五十里，就听说冯诞死了。当时崔慧景等的部队离魏主的军营不过一百里，魏主轻装带着几千人夜里回到钟离，抚着冯诞的尸体大哭，直到天亮，哭声和眼泪没有断过。二十三日，敕令各军中止兵临长江的行动，埋葬冯诞，依循晋朝齐献王葬以殊礼的旧例。冯诞与皇帝同年，幼时在一起读书，娶皇帝的妹妹乐安长公主为妻。虽没有什么学问，但秉性淳厚笃实，所以得到特别

有宠。丁卯，魏主遣使临江，数上罪恶②。

恩宠。二十八日，魏国君主派使者到江边，数说齐明帝的罪恶。

注　释

❶崔慧景，南齐将领，受命御北魏救援钟离。　❷数（shǔ），责。上，指南齐明帝。

【原文】

魏久攻钟离不克，士卒多死。三月，戊寅，魏主如邵阳，筑城于洲上①，邵阳洲在钟离城北淮水中。栅断水路，夹筑二城。既筑城于洲上，又于淮水南北两岸夹筑二城，树栅水中，以断援兵之路。萧坦之遣军主裴叔业攻二城②，拔之。……

【译文】

魏军长久攻打钟离，不能攻下，士兵死的很多。三月，初九，魏国君主往邵阳，在水洲上兴筑城池，在水中树立栅栏，断绝水路，又在淮水两岸夹筑两座城。萧坦之派军主裴叔业攻击这两座城，最终攻陷了它们。……

注　释

❶邵阳洲，在今安徽凤阳东北淮水中。　❷萧坦之，南齐大将，督徐州一带前线军事。裴叔业，南齐将领，受萧坦之之节制。

【原文】

崔慧景以魏人城邵阳，患

【译文】

崔慧景因魏人在邵阳洲兴筑城

之。张欣泰曰："彼有去志，所以筑城者，外自夸大，惧我蹑其后耳。今若说之以两愿罢兵，彼无不听矣。"慧景从之，使欣泰诣城下语魏人，魏主乃还。

…………

戊子，魏太师京兆武公冯熙卒于平城。

乙未，魏主如下邳；夏，四月，庚子，如彭城①；辛丑，为冯熙举哀。太傅、录尚书事平阳公丕不乐南迁，与陆叡表请还临熙葬。丕、叡时留守平城。帝曰："开辟以来，安有天子远奔舅丧者乎！今经始洛邑②，经，度之也。始，初也。《诗》云：经始灵台。岂宜妄相诱引，陷君不义。令、仆以下，可付法官贬之。"此平城留台令、仆也。法官，谓御史。仍诏迎熙及博陵长公主之枢，南葬洛阳，礼如晋安平献王故事。晋安平王孚葬，见七十九卷武帝泰始八年。魏之葬熙，其礼又加于诞。

…………

池，很忧虑。张欣泰说："他们有离去的意思，之所以筑城，是为了外显自己强大，实际上是怕我们跟

随后边追击罢了！现在若拿双方甘愿停战去说服他们，他们没有不听从的了！"崔慧景依从他的建议，派张欣泰到城下对魏人说了，魏国君主于是率兵返回。

…………

十九日，魏太师京兆武公冯熙在平城去世。

二十六日，魏主到下邳。夏，四月，初二，到彭城；初三，为冯熙举哀。太傅、录尚书事平阳公拓跋丕不喜欢南迁，与陆叡一起上表，请求魏国君主回到平城参加冯熙的葬礼。魏国君主说："自从有天地以来，哪有天子大老远为舅奔丧的呢？现在刚开始经营洛邑，怎么可以妄自错误诱导，使君主陷入不义之地！留守平城的令仆以下各官员，可以交付执法官吏加以贬黜。"仍然下诏迎接冯熙和博陵长公主的灵柩，南来安葬在洛阳，一切礼仪都仿效晋朝安平献王的旧例。

…………

注 释

❶ 下邳郡，治宿预，今江苏宿迁。彭城郡，治彭城，今江苏徐州。   ❷ 经始，事之开端经营曰经始。

【原 文】

癸丑，魏主如小沛；己未，如瑕丘；庚申，如鲁城①，魏收《地形志》：鲁郡，鲁县之鲁城。亲祠孔子；辛酉，拜孔氏四人、颜氏二人官，仍选诸孔宗子一人封崇圣侯，奉孔子祀，命兖州修孔子墓，大宗之子为宗子。孔子墓亦在鲁县。更建碑铭。戊辰，魏主如碻磝②，命谒者仆射成淹具舟楫，欲自泗入河，溯流还洛。淹谏，以为："河流悍猛，非万乘所宜乘。"帝曰："我以平城无漕运之路，故京邑民贫。今迁都洛阳，欲通四方之运，而民犹惮河流之险；故朕有此行，所以开百姓之心也。"

············

【译 文】

十五日，魏国君主到小沛；二十一日，到瑕丘；二十二日，到鲁城，亲自祭祀孔子；二十三日，任命孔氏中的四个人、颜氏中的两个人为官，仍旧遴选一个孔姓的嫡长子，封为崇圣侯，担任祭祀孔子的职事，命令兖州整修孔子的墓园，重新立碑刻铭。三十日，魏国君主到碻磝，命谒者仆射成淹备办船只，想从泗水进入黄河，逆流而上返还洛邑。成淹劝谏，认为："黄河水流凶猛，不适宜万乘之主乘船航行。"皇帝说："我认为平城因没有水路运输，所以京邑的人民贫穷。现在迁都洛阳，想畅通四方的交通，而人民仍然畏惧黄河流水的凶险，所以朕有这次的行程，为的是让百姓宽心啊！"

············

注 释

❶ 小沛，今江苏沛县治。瑕丘，今山东济宁兖州区。鲁城，今山东曲阜。
❷ 碻磝城，今山东聊城茌平区西南。

【原 文】

甲戌，魏主如滑台；丙子，舍于
石济。庚申①，太子出迎于平桃城②。
魏收《志》：济阴郡离狐县有桃城。《水经注》曰：
荥阳县有虢亭，俗谓之平眺城。
....

【译 文】

初六，魏国君主到滑台；
初八，在石济过夜。十二日，
太子在平桃城出来迎驾。
....

注 释

❶ "庚申"，章钰《校宋记》云：宋十二行本作"庚辰"。　❷ 平桃城，当
在今河南荥阳东南。

【原 文】

癸未，魏主还洛阳，告于太
庙。甲申，减冗官之禄以助军国之
用。乙酉，行饮至之礼。《左传》，臧
僖伯曰："三年而治兵，入而振旅，归而饮至，
以数军实。"又曰："反行、饮至，舍爵、策勋
焉。"饮至者，告至于庙而饮酒也。班赏有
差。班南伐之赏也。

【译 文】

十五日，魏国君主回到洛
阳，到太庙祭祀祖先。十六日，
裁减冗官的俸禄来资助军事和国
家的开销。十七日，举行出征回
朝告庙饮酒的"饮至"大礼。颁
赏南伐的功臣，根据功勋的大小
各有等差。

二十六日，魏太子在宗庙行

甲午，魏太子冠于庙。《记·冠义》曰：古者重冠，冠故行之于庙；行之于庙者，所以自卑而尊先祖也。郑樵曰：曹魏冠太子再加，宋一加。余谓魏孝文好古，其必用三加之礼。冠于庙，礼也；曹魏以来不复在庙。魏主欲变北俗，引见群臣，谓曰："卿等欲朕远追商、周，为欲不及汉、晋邪？"咸阳王禧对曰："群臣愿陛下度越前王耳。"帝曰："然则当变风易俗，当因循守故邪？"对曰："愿圣政日新。"帝曰："为止于一身，为欲传之子孙邪！"对曰："愿传之百世。"帝曰："然则必当改作，卿等不得违也。"对曰："上令下从，其谁敢违！"帝曰："夫'名不正，言不顺，则礼乐不可兴。'用《论语》孔子之言。今欲断诸北语，一从正音。正音，华言也。其年三十已上，习性已久，容不可猝革。三十已下，见在朝廷之人，语音不听仍旧；若有故为，谓故意为北语，不肯从华言者。当加降黜。各宜深戒！王公卿士以为然不？"不，读曰否。对曰："实如圣旨。"帝曰："朕尝与李冲论此，冲曰：'四方之语，竟知谁是；谓四方之人，言语不同，不知当以谁为是。帝者言之，即为正

冠礼。魏国君主想变更北地习俗，召见群臣，对他们说："你们希望朕远追商、周呢？还是希望朕不及汉、晋呢？"咸阳王拓跋禧回答说："群臣都希望陛下能超越前代的圣王。"魏国君主说："如此说来，是应当变易风俗习惯呢，还是应当因循守旧呢？"回答说："但愿圣王政事日日革新。"魏帝说："是希望功业只到我为止呢，还是希望能传留到子孙后代呢？"群臣回答说："但愿传到一百代。"皇帝说："这么说一定要有所改革创新，你们不能违背命令。"群臣回答说："皇上的命令臣下遵从，谁敢违背！"皇帝说："'名分不正，言辞不顺，礼乐就不能振兴。'现在我要禁绝鲜卑的语言，完全遵从中华的正音。年龄三十岁以上的，习性养成已很久，或许不容易一下子改变。三十岁以下，现在朝廷任职的，不准照旧说鲜卑话，如果有故意说鲜卑语言的，要加以贬黜。各位自己应该深加警戒！王公卿士认为这样对不对？"群臣回答说："一切以圣上的旨意为准。"皇帝说："朕曾经与李冲讨论这个问题，李冲说：'四方的语言不同，不知究竟以谁说的为标准，皇帝说的，

矣。'冲之此言，其罪当死！"因顾冲曰："卿负社稷，当令御史牵下！"冲免冠顿首谢。又责留守之官曰："昨望见妇女犹服夹领小袖，卿等何为不遵前诏！"皆谢罪。帝曰："朕言非是，卿等当庭争。争，读曰诤。如何入则顺旨，退则不从乎！"六月，己亥，下诏："不得为北俗之语于朝廷，违者免所居官。"

癸卯，魏主使太子如平城赴太师熙之丧。

癸丑，魏诏求遗书，秘阁所无，汉时书府，在外则有太常、太史、博士掌之，内则有延阁、广内，石渠之藏。后汉则藏之东观，晋有中外三阁经书。陆机《谢表》云"身登三阁"，谓为秘书郎掌中外三阁秘书也，此秘阁之名所由始。有益时用者，加以优赏。

魏有司奏："广川王妃葬于代都，未审以新尊从旧卑，以旧卑从新尊？"夫尊，妇卑。广川王谐新卒，故曰新尊；其妃先卒，故曰旧卑。魏主曰："代人迁洛者，宜悉葬邙山。邙山，在洛城北。其先有夫死于代者，听妻还葬；夫死于洛者，不得还代就妻。其余州之人，自听从便。"丙辰，诏："迁洛之民死，葬河南，不得

就是标准的了！'李冲这话，论罪该处死。"于是回头对李冲说："你辜负国家，应让御史牵下去处罚。"李冲免冠叩头谢罪。皇帝又责备留守的官员说："昨天看见妇女们还穿着夹领小袖的衣服，你们为什么不遵守以前的诏令？"那些官员都自认有罪，请求宽恕。皇帝说："朕说的不对，你们应该在朝廷上力争，为什么入朝就顺着旨意，退了朝就不遵从呢？"六月，初二，下诏令："在朝廷上不准说鲜卑话，违令的免除所任官职。"

初六，魏国君主派太子到平城参加太师冯熙的丧礼。

十六日，魏国下诏征收散佚的书籍，秘阁所没有的、有益于当时用途的，给予优厚的赏赐。

魏国有关部门上奏："广川王王妃葬在代都，不知道应把新近去世的广川王随先去世的王妃葬在代都，还是把先死的王妃随从新死的广川王迁葬到洛阳来？"魏国君主说："代都的人迁移到洛阳的，去世后应该安葬在北方的邙山。其中如有丈夫死在代都的，听由妻子移灵回代都安葬；若是丈夫死在洛阳的，不得移到代都随从先死的妻子安葬。其余各州的人听从各人方便。"十九

还北。"于是代人迁洛者悉为河南洛阳人。

戊午，魏改用长尺、大斗，其法依《汉志》为之。《汉·律历志》以子谷秬黍中者一黍之广度之，九十分黄钟之长，一为一分，十分为寸，十寸为尺。又以子谷秬黍中者千有二百实其龠，十龠为合，十合为升，十升为斗。

…………

八月，乙巳，魏选武勇之士十五万人为羽林、虎贲，以充宿卫。为后虎贲、羽林作乱杀张彝父子张本。贲，音奔。魏金墉宫成。立国子、太学、四门小学于洛阳。四门学始此。

魏高祖游华林园，观故景阳山，华林园及景阳山皆魏明帝所筑。黄门侍郎郭祚曰："山水者，仁智之所乐，《论语》，孔子曰：'仁者乐山，知者乐水。'故郭祚引以为言。宜复修之。"帝曰："魏明帝以奢失之于前，朕岂可袭之于后乎！"帝好讲书，手不释卷，在舆、据鞍，不忘讲道。善属文，多于马上口占，既成，不更一字；自太和十年以后，诏策皆自为之。好贤乐善，情如饥渴，所与游接，常寄以布素之意，言寄以布衣雅素相与之意。如李冲、李彪、高闾、

日，诏令："迁徙到洛阳的人民，死了就安葬在河南，不能回到北地安葬。"从此，迁徙到洛阳的代都人全都成了河南洛阳人。

二十一日，魏国改用长尺和大斗，核计的方法依照《汉书·律历志》记载的去做。

…………

八月，初九，魏国挑选武勇的士人十五万做羽林、虎贲，以充实皇宫宿卫。魏国金墉宫落成，在洛阳设立国子、太学、四门小学。

魏高祖游赏华林园，观看旧筑的景阳山，黄门侍郎郭祚说："山水，是仁智之人所喜爱的，应该再加以修整。"皇帝说："魏明帝因为奢华失误在前，朕怎能在后沿袭他的过失呢？"皇帝喜欢读书，手中不放下书卷，在车上、在马上，都不忘讲论道理。善于写文章，大多在马上口授，由他人笔录，写成以后，不必更动一个字；自从太和十年以后，诏令策命都是自己所作的。喜好贤德，乐于行善，迫切的情形就如饥渴一般，与人接触交游，常以布衣平素相交的情义，像李冲、李彪、高闾、王肃、郭祚、宋弁、刘芳、崔光、邢峦等人，都因为文雅被亲近，贵显任事；

王肃、郭祚、宋弁、刘芳、崔光、邢峦之徒，皆以文雅见亲，贵显用事；制礼作乐，郁然可观，有太平之风焉。史言魏高祖能以文治。

∙∙∙∙∙∙∙∙∙∙∙∙

九月，庚午，魏六宫、文武悉迁于洛阳。六宫，后妃、夫人、嫔御也。文武，内外文武百官也。

丙戌，魏主如邺。……

乙未，魏主自邺还；还洛阳。冬，十月，丙辰，至洛阳。

壬戌，魏诏："诸州精品属官，考其得失为三等以闻。"……

（十一月），庚午，魏主如委粟山①，定圜丘。己卯，帝引诸儒议圜丘礼。秘书令李彪建言："鲁人将有事于上帝，必先有事于泮宫。《记·礼器》之言。郑玄《注》曰：泮宫，郊学也。请前一日告庙。"从之。甲申，魏主祀圜丘，大赦②。

制礼作乐，一时郁然可观，很有太平盛世的风范。

∙∙∙∙∙∙∙∙∙∙∙∙

九月，初四，魏国六宫的后妃、夫人、嫔御及文武官员都迁至洛阳。

二十日，魏国君主到邺。……

二十九日，魏国君主由邺城回洛阳。冬，十月，二十一日，到洛阳。

二十七日，魏下令："各州仔细品评属官的优劣，考核其得失分为上中下三等后报告上级知道。"

（十一月），初五，魏国君主到委粟山，确定圜丘的位置。十四日，皇帝召见一些儒者商议圜丘的礼仪。秘书令李彪建议："鲁人要祭上帝之前，一定在泮宫先祭告后稷。请陛下在前一天到太庙祭告祖先。"魏国君主依从他的说法。十九日，魏主在圜丘祭天，大赦。

注释

❶ 委粟山，在河南洛阳。 ❷ "大赦"上，章钰《校宋记》云：宋十二行本有"丙戌"二字。

【原　文】

　　十二月，乙未朔，魏主见群臣于光极堂，宣下品令，为大选之始。品令，九品之令也。大选者，谓将大选群臣也。光禄勋于烈子登引例求迁官，烈上表曰：“方今圣明之朝，理应廉让，而臣子登引人求进，引人，谓引他人之例也。是臣素无教训，乞行黜落！”黜落，谓黜官、落职也。魏主曰：“此乃有识之言，不谓烈能办此！”乃引见登，谓曰：“朕将流化天下，以卿父有谦逊之美，直士之风，故进卿为太子翊军校尉。”又加烈散骑常侍，封聊城县子。

　　魏主谓群臣曰：“国家从来有一事可叹，臣下莫肯公言得失是也。夫人君患不能纳谏，人臣患不能尽忠。自今朕举一人，如有不可，卿等直言其失；若有才能而朕所不识，卿等亦当举之。如是，得人者有赏，不言者有罪，卿等当知之。”以魏孝文之求谏求才如此，而一时之臣犹未能称上意，岂非朝廷之议，帝务骋辞气以加之，故有有怀而不敢尽者！

·············

【译　文】

　　十二月，初一，魏国君主在光极堂接见群臣，颁下九品的命令，作为铨选士人的开始。光禄勋于烈的儿子于登援引他人事例要求升官，于烈上表说：“现在是圣明的朝代，理该清廉谦让，而微臣的儿子于登援引他人的例子要求升迁，是微臣向来没有好好教导，请陛下罢黜微臣的官职。”魏国君主说：“这是有见识的话，没想到于烈能做到这样！”于是召见于登，对他说：“朕将流布教化于天下，由于你父亲有谦逊的美德、直士的风范，所以升你为太子翊军校尉。”又加封于烈为散骑常侍，封为聊城县子。

　　魏国君主对群臣说：“国家向来有一件可叹的事：臣下没有人肯公开议论政治得失。做人君的怕的是不能接纳谏言，做人臣的怕的是不能竭尽忠诚。从今以后，朕举用一个人，如有不妥的，你们直接说出他的过失；如有才能而朕所不知道的，你们也应当推举。这样，推举有才能的人有赏赐，明知不对而又不说的人有罪，你们应当知道！”

·············

甲子，魏主引见群臣于光极堂，颁赐冠服。赐冠服以易胡服。

先是魏人未尝用钱，魏主始命铸太和五铢。是岁，鼓铸粗备，诏公私用之。

三十日，魏国君主在光极堂召见群臣，颁发赏赐礼冠礼服。

早先，魏人不曾用钱币，魏国君主这才命令铸造太和五铢钱。这年，铸造大体完备，诏令公私使用这种钱币。

三年 （丙子·四九六·北魏太和二十年）

【原 文】

（春，正月，丁卯），魏主下诏，以为："北人谓土为拓，后为跋。魏之先出于黄帝，以土德王，故为拓跋氏。夫土者，黄中之色，万物之元也；宜改姓元氏。诸功臣旧族自代来者，姓或重复，皆改之。"于是始改拔拔氏为长孙氏，达奚氏为奚氏，乙旃氏为叔孙氏，丘穆陵氏为穆氏，步六孤氏为陆氏，贺赖氏为贺氏，独孤氏为刘氏，贺楼氏为楼氏，勿忸于氏为于氏，尉迟氏为尉氏；其余所改，不可胜纪。如长孙嵩、奚斤、叔孙建、穆崇、于栗磾之类，史皆因其后改姓，从简便而书之，非其旧也。其余北人诸姓，改从后姓，注已略见于前。盖其所改后姓，有与华人旧姓相犯者也。《考异》曰：魏初功臣，姓皆复重奇僻，孝文太和中，

【译 文】

（春，正月，丁卯），魏国君主下诏，认为："北方人称土作'拓'，称后为'跋'。魏的祖先出于黄帝，以土德称王天下所以叫作拓跋氏。土，黄中的颜色，万物的根源，应该改拓跋氏为元氏。各功臣旧族从代都迁徙来的，姓氏有重复的，都把它改了。"于是开始改拔拔氏为长孙氏，达奚氏为奚氏，乙旃氏为叔孙氏，丘穆陵氏为穆氏，步六孤氏为陆氏，贺赖氏为贺氏，独孤氏为刘氏，贺楼氏为楼氏，勿忸于氏为于氏，尉迟氏为尉氏；其余所改的，记也记不完。

魏国君主很重视门第家族，由于范阳的卢敏、清河的

变胡俗，始改之。魏收作《魏书》，已尽用新姓。不用旧姓，《宋书·索虏传》《南齐书·魏虏传》所称者，盖其旧姓名耳。今并从《魏书》以就简易。

魏主雅重门族，以范阳卢敏、清河崔宗伯、荥阳郑羲、太原王琼四姓，衣冠所推，咸纳其女以充后宫。陇西李冲以才识见任，当朝贵重，所结姻娅，莫非清望；娅，音连。《史记·南越传》：吕嘉宗室兄弟及苍梧秦王有连。《汉书音义》曰：连，亲婚也。《史记索隐》曰：有连者，皆亲姻也。后人因以姻连之"连"其旁加"女"，遂为"娅"字。帝亦以其女为夫人。诏黄门郎、司徒左长史宋弁定诸州士族，多所升降。又诏以："代人先无姓族，虽功贤之胤，无异寒贱；故宦达者位极公卿，其功、衰之亲仍居猥任①。功、衰，自小功、大功以上至齐衰也。猥，卑下也。……鄙也。其穆、陆、贺、刘、楼、于、嵇、尉八姓，'嵇'恐当作'奚'。今按《魏书·官氏志》，自有嵇姓，嵇敬之嵇是也。自太祖已降，勋著当世，位尽王公，灼然可知者，且下司州、吏部，勿充猥官，一同四姓。四姓，卢、崔、郑、王也。自此以外，应班士流者，寻续别敕。其旧为部落大人，而皇始已来三世官在给事已上及品登王公者

崔宗伯、荥阳的郑羲、太原的王琼四姓，是门望士族所推崇的，他便迎娶这四姓的女儿安置在后宫。陇西人李冲凭着才学识见被任用，是当朝显贵，他所缔结的姻亲，没有不是享有清誉的望族。皇帝也选了他的女儿做夫人。诏令黄门郎、司徒左长史宋弁审定各州的士族，多有加以升格和降等的。又下诏令："代地人最初没有什么姓氏家族，即使是有功之臣或贤德者的后裔，与贫寒卑贱出身的没什么两样；所以做官显达的地位高至公卿，他自小功、大功以至齐衰的亲属仍然居于卑下的职位。其中穆、陆、贺、刘、楼、于、嵇、尉八姓，从太祖以来，在当代功勋显赫，地位高至公卿，明显可知的，通知司州、吏部，不让八姓之人担任卑下的职务，完全视同卢、崔、郑、王四姓。除此以外，应当排列士流的，不久另下敕令说明。其中，旧时为部落长老，而皇始以来三代做官在给事以上，以及品第登列王公的，确定其姓；若本来不是部落长老，而皇始以来三代做官在尚书以上，以及品第登列王公的，也

为姓；若本非大人，而皇始已来三世官在尚书已上及品登王公者亦为姓。其大人之后而官不显者为族；若本非大人而官显者亦为族。凡此姓族，皆应审核，勿容伪冒。令司空穆亮、尚书陆琇等详定，务令平允。"琇，馛之子也。*魏孝文受内禅，陆馛傅之，故其子皆通显。琇，音秀。*

确定其姓。其中，长老的后嗣，而官位不显赫的，定为族；如果本来不是长老，而官位显赫的，也定为族。凡此姓与族，都应该细加考核，不容许做假冒认。命令司空穆亮、尚书陆琇等人详细拟定办法，务必让它平正公允。"陆琇是陆馛的儿子。

注 释

❶功、衰之亲，谓大功、小功、齐衰之亲。小功五月服，为堂叔伯等的丧服；大功九月服，为堂兄弟及已嫁姊妹等的丧服；齐衰一年服，为伯叔父母、兄弟等的丧服。

【原 文】

魏旧制：王国舍人皆应娶八族及清修之门。*王国舍人，舍谓诸王妃嫔之舍，其人即妃嫔也。八族，即前自代来八姓。*咸阳王禧娶隶户为之，*隶户，谓没入为奴隶之户。*帝深责之。因下诏为六弟聘室："前者所纳，可为妾媵。咸阳王禧，可聘故颍川太守陇西李辅女；河南王幹，可聘故中散大夫代郡穆明乐女；*太和十八年，河南王幹已徙封赵郡王，史盖以旧封书之。*广陵王羽，可聘

【译 文】

魏国旧有的制度：王国的诸嫔妃都应是来自八族及清望门第家的女儿。咸阳王元禧娶隶户的女儿为嫔妃，皇帝深加责备；于是下诏替六个弟弟聘定妻子："以前所娶的，可作为妾媵。咸阳王元禧，可以聘前颍川太守陇西人李辅的女儿；河南王元幹，可以聘前中散大夫代郡人穆明乐的女儿；广陵王

骠骑谘议参军荥阳郑平城女；颍川王雍，可聘故中书博士范阳卢神宝女；颍川王雍亦以太和十八年徙封高阳，史以旧封书之。始平王勰，可聘廷尉卿陇西李冲女；勰，音协。北海王详，可聘吏部郎中荥阳郑懿女。"魏定氏族，固亦未能尽允请议；至今诏诸王改纳室，则大悖于人伦。夫妻者齐也，一与之齐，终身不改。富而易妻，人士或犹羞之，况天子之弟乎！此诏一出，天下何观！懿，羲之子也。宋泰始之初，郑羲从拓跋石平汝、颍。

时赵郡诸李，人物尤多，各盛家风，故世之言高华者，以五姓为首。卢、崔、郑、王并李为五姓。赵郡诸李，北人谓之赵李；李灵、李顺、李孝伯群从子侄，皆赵李也。

众议以薛氏为河东茂族①。帝曰："薛氏，蜀也，岂可入郡姓！"直阁薛宗起执戟在殿下，出次对曰："臣之先人，汉末仕蜀，二世复归河东，今六世相袭，非蜀人也。伏以陛下黄帝之胤，受封北土，岂可亦谓之胡邪！今不预郡姓，何以生为！"乃碎戟于地。帝徐曰："然则朕甲、卿乙乎？"乃入郡姓。仍曰："卿非'宗起'，乃'起宗'也！"郡姓者，郡之大姓、著姓也。今百氏郡望，盖始于此。《考异》曰，《北史·薛聪传》："为羽林监。帝曾与朝臣论海内姓地人物，戏谓聪曰：'人谓卿诸薛是蜀人。定是蜀人不？'聪对曰：'臣还祖广德，世事

元羽，可以聘骠骑谘议参军荥阳人郑平城的女儿；颍川王元雍，可以聘中书博士范阳人卢神宝的女儿；始平王元勰，可以聘廷尉卿陇西人李冲的女儿；北海王元详，可以聘吏部郎中荥阳人郑懿的女儿。"郑懿是郑羲的儿子。

当时赵郡诸家姓李的，人物尤其多，各有美盛的家风，所以当时谈门第高贵者，总以卢、崔、郑、王、李五姓为第一。

众人议论，认为薛氏是河东兴盛的家族。皇帝说："薛氏，蜀郡人，怎能入郡之大姓！"直阁薛宗起在殿下拿着长戟，出列回答说："臣的先人，汉朝末年在蜀做官，两代以后又还归河东，如今六代相传，不是蜀郡人了。想陛下黄帝后裔，受封在北方，难道也叫作胡人吗？如今不能入郡姓，活着还有什么意思！"于是把长戟在地上掼碎。皇帝缓缓地说："如此说来，朕排列在甲，卿排列在乙了？"于是把薛姓列为郡之大姓。并且笑着说："你的名字不该

汉朝，时人呼为汉臣。九世祖永，随刘备入蜀，时人呼为蜀臣。今事陛下，是虏，非蜀也。'帝抚掌笑曰：'卿可自明非蜀，何乃遂复苦朕！'聪因投戟而出。帝曰：'薛监醉耳。'其见知如此。"今从元行冲《后魏国典》。

是'宗起'，而该是'起宗'哟！"

注 释

❶茂族，盛族，大族。

【原 文】

帝与群臣论选调，曰："近世高卑出身，各有常分，此果如何？"李冲对曰："未审上古以来，张官列位，为膏粱子弟乎①，为致治乎？"帝曰："欲为治耳。"冲曰："然则陛下何为专取门品②，不拔才能乎？"帝曰："苟有过人之才，不患不知。然君子之门，借使无当世之用，要自德行纯笃，朕故用之。"冲曰："傅说、吕望，岂可以门地得之！"谓傅说起于版筑，吕望起于屠钓也。说，读曰悦。帝曰："非常之人，旷世乃有一二耳。"秘书令李彪曰："陛下若专取门地，不审鲁之三卿，孰

【译 文】

皇帝与群臣谈论铨选调迁的问题，说："近代出身高低贵贱，各有定分，这种做法究竟如何？"李冲回答："不知上古以来，陈设官爵名位，究竟是为了富裕人家的子弟呢？还是为了把政事处理好呢？"皇帝说："想把政事处理好罢了！"李冲说："那么陛下为什么专门选取显贵人家的子弟，不选拔真正有才能的人呢？"皇帝说："只要是有过人的才能，不怕在上位的人不知道。但君子的门下，即使没有当代合用的人才，德行总是纯粹笃厚，所以朕任用贵显人家的子弟。"李冲说："傅说、吕望，怎能以门第地位来铨选他们！"皇帝说："非常特异的人，从古以来才有一两个而

若四科?"鲁三卿,季孙、孟孙、叔孙也。孔门四科,德行、言语、政事、文学也。著作佐郎韩显宗曰:"陛下岂可以贵袭贵,以贱袭贱!"帝曰:"必有高明卓然出类拔萃者,朕亦不拘此制。"顷之,刘昶入朝。刘昶自彭城入朝。帝谓昶曰:"或言唯能是寄,不必拘门;朕以为不尔。何者?清浊同流,混齐一等,君子小人,名器无别,此殊为不可。我今八族以上士人,品第有九;九品之外,小人之官复有七等。后之流内铨、流外铨,盖分于此。若有其人,可起家为三公。正恐贤才难得,不可止为一人浑我典制也。"

已。"秘书令李彪说:"陛下如果专门依据门第地位来铨选官吏,不知道鲁国的三卿与孔门四科的弟子谁优秀些?"著作郎韩显宗说:"陛下怎能以显贵的承袭显贵的职位,以卑贱的承袭卑贱的职位呢!"皇帝说:"如真有高明特异、出类拔萃的,朕也不拘泥这个制度。"不久,刘昶入朝。皇帝对刘昶说:"有人说,看有才能的就嘱托重任,不必拘泥门第,朕认为不是如此。为什么这么说呢?因为清浊同流,混杂在一起,士人和庶族在爵位与车服上没有分别,这实在不行。我们现在八族以上的士人,品第有九种,九品以外,庶族的官位又有七等。如果有特异人才,也可以兴家一直做到三公。正怕贤才难得,也不能为一个人乱了我的制度啊!"

注 释

❶膏粱,世族三世有三公者,称之曰"膏粱"。　❷"陛下"下,章钰《校宋记》云:宋十二行本有"今日"二字。

【原文】

　　臣光曰:选举之法,先门地而后贤才,此魏、晋之深弊,而

【译文】

　　臣司马光说:选举的方法,先论门第地位,然后再论贤德才能,

历代相因，莫之能改也。夫君子、小人，不在于世禄与侧微。*《书序》：虞舜侧微。孔颖达《疏》曰：不在朝廷谓之侧，其人贫贱谓之微。*以今日视之，愚智所同知也；当是之时，虽魏孝文之贤，犹不免斯蔽。故夫明辩是非而不惑于世俗者诚鲜矣。

…………

二月，壬寅，魏诏："群臣自非金革①，听终三年丧。"

这是魏、晋深刻的弊病，而历代互相因循，没有人能改变。所谓君子、小人的区分，不在于世代食禄与贫贱低微，就今天看来，是愚者智者都能认识到的，而在当时，即使如魏孝文帝那样贤明，还难免有此蔽病。所以，能辨清是非，不受世俗观念迷惑的人，确实是很少的。

…………

二月，初九，魏国君主下诏说："群臣除非为了战争，听由服完三年之丧。"

注 释

❶金革，指战争。

【原 文】

丙午，魏诏："畿内七十已上，暮春赴京师行养老之礼。"三月，丙寅，宴群臣及国老、庶老于华林园。诏："国老，黄耇已上，假中散大夫、郡守；耆年已上，假给事中、县令；庶老，直假郡县。各赐鸠杖、衣裳。"*熊氏曰：国老，谓卿大夫致仕者。庶老，谓士也。皇氏曰：庶老，兼庶人在官者。毛苌曰：黄，黄发*

【译 文】

十三日，魏国君主下诏说："都城近郊范围内七十岁以上的人，三月到京师参加养老的典礼。"三月，初三，在华林园摆设宴席款待群臣及卿大夫致仕的国老、士人中无官职的庶老。诏令："国老黄发老迈的，给予中散大夫、郡守的荣衔；六十以上，给予给事

也。耆，老艾也。陆德明曰：耆，至也，言至老境也。《汉仪》：仲秋之月，县、道皆按户比民年：始七十者授以玉杖，铺之糜粥；八十者礼有加。赐玉杖长九尺，端以鸠鸟为饰。鸠者，不噎之鸟也，欲老人不噎。耆，音苟。"郡县"之下当有逸字。

丁丑，魏诏："诸州中正各举其乡之民望，年五十以上守素衡门者，授以令、长。"毛苌曰：衡门，横木为门，言浅陋也。

…………

五月，丙戌，魏营方泽于河阴。又诏汉、魏、晋诸帝陵，百步内禁樵苏①。此诸陵皆谓在河南者。丁亥，魏主有事于方泽。

…………

中、县令的荣衔；庶老直接给予郡县的荣衔。各赐给饰有鸠鸟的拐杖、衣裳。"

十四日，魏国君主下诏说："各州品评人才的中正，各自推举乡里人民所景仰的年龄在五十岁以上、清寒简素而修德守身、不曾做过官的人，授给他令长的职衔。"

…………

五月，二十四日，魏国在河阴经营方泽。又诏令汉、魏、晋各帝的坟陵，百步之内禁止伐木取草。二十五日，魏国君主在方泽祭地。

…………

注　释

❶ 取薪曰樵，取草曰苏。

【原文】

魏太子恂不好学，体素肥大，苦河南地热，常思北归。魏主赐之衣冠，恂常私著胡服。中庶子辽东高道悦数切谏，恂

【译文】

魏太子元恂不好学，身体一向肥胖，苦于河南地方天气炎热，常想回到北地去。魏国君主赐给他衣帽，元恂常私下穿着鲜卑的衣服。中庶子辽东人高道悦好几次竭力直谏，元恂憎

恶之。八月，戊戌，帝如嵩高①，恂与左右密谋召牧马，轻骑奔平城，手刃道悦于禁中。中领军元俨勒门防遏，严勒门卫以防遏其变。入夜乃定。诘旦②，尚书陆琇驰以启帝，音秀。帝大骇，秘其事，仍至汜口而还。汜口，汜水与河通之口。至此而后还，以安人心。甲寅，入宫，引见恂，数其罪，亲与咸阳王禧更代杖之百余下，扶曳出外，因于城西，月余乃能起。

恶他。八月，初七，皇帝到嵩山去了，元恂和左右的人秘密图谋，叫来马匹，骑了轻快的马疾驰到平城，亲手在宫禁中杀了高道悦。中领军元俨严厉约束门卫，防止变乱，到夜里才安定下来。第二天早晨，尚书陆琇快马去向皇帝启奏，皇帝大为惊骇，将此事秘而不宣，仍然到了汜口才回洛阳。二十三日，进宫，召见元恂，数落他的罪过，亲自与咸阳王元禧轮流用棍子打了一百多下，让左右扶着拖了出去，囚禁在城的西边，元恂过了一个多月才能站起来。

注 释

❶嵩高，嵩山。　❷诘旦，明晨。

【原 文】

九月，戊辰，魏主讲武于小平津①；癸酉，还宫。

【译 文】

九月，初八，魏国君主在小平津讲论武事；十三日，回宫。

注 释

❶小平津，河南洛阳孟津区北。

【原文】

冬，十月，戊戌，魏诏："军士自代来者，皆以为羽林、虎贲。贲，音奔。司州民十二夫调一吏，以供公私力役。"① 此时魏以洛为司州。

············

【译文】

冬，十月，初八，魏国君主下诏："军士从代地来的，都任用为羽林、虎贲。司州的人民由十二个男丁中征调一个，任官吏差遣，服公私用力的劳役。"

············

注 释

❶ 司州民十二夫调一吏，在司州民十二男丁中调一丁兵。此"吏"系指"武吏"而言。

【原文】

魏主引见群臣于清徽堂，议废太子恂。太子太傅穆亮、少保李冲免冠顿首谢。帝曰："卿所谢者，私也，我所议者国也。'大义灭亲'，古人所贵。《左传》以是语美石碏。今恂欲违父逃叛，跨据恒、朔，魏太祖天兴中，置司州，治代都平城；太和都洛，改为恒州。杜佑曰：魏恒州在唐代郡安边、马邑县界。朔，朔州也。宋白曰：后魏都平城，置司州及代郡。及迁洛阳，置司州于洛，以平城为恒州，隋云中郡恒安镇即其地。后魏怀朔镇，孝文迁洛，于定襄故城置朔州，在唐朔州北三百八十里。天下之恶孰大焉！若不去之，乃社稷之忧也。"闰月，丙寅，废恂为庶人，《考异》曰，《齐书·

【译文】

魏国君主在清徽堂引见群臣，商议废黜太子元恂。太子太傅穆亮、少保李冲除冠叩头谢罪。皇帝说："你们所引咎自责的是为私，我所议论的是为国，'大义灭亲'，是古人所看重的。现在元恂有意违背父志逃走反叛，盘踞恒州、朔州，天下的恶行还有比这更大的吗？如果不废了他，是

魏房传》云："大冯有宠，日夜谮恟。"《魏书》无之。又《魏帝纪》在十二月丙寅。按《长历》，魏闰十一月，齐闰十二月。今从齐历。**置于河阳无鼻城**①，《水经》：漠水出河内轵县原山，南流注于河水。东有无辟邑，谓之无鼻城。萧子显曰：在河桥北二里。**以兵守之，服食所供；粗免饥寒而已。**

国家的忧患啊！"闰月，初八，把元恂废黜为庶人，安置在河阳无鼻城，派兵士监守，吃穿用度，大致只让他免除饥寒而已。

注 释

❶ 无鼻城，今河南孟州东。

【原文】

戊辰，魏置常平仓。

…………

初，魏文明太后欲废魏主，穆泰切谏而止，见一百三十七卷世祖永明八年。由是有宠。及帝南迁洛阳，所亲任者多中州儒士，宗室及代人往往不乐。泰自尚书右仆射出为定州刺史，自陈久病，土温则甚，乞为恒州；帝为之徙恒州刺史陆叡为定州，以泰代之。泰至，叡未发，遂相与谋作乱，阴结镇北大将军乐陵王思誉、安乐侯隆、抚冥镇将鲁郡侯业、骁骑将军超等，共推朔州刺史阳平

【译文】

初十，魏国设置常平仓。

…………

起初，北魏文明太后想废黜魏国君主，穆泰直言极谏才作罢，穆泰因此受皇帝的宠信。待皇帝南迁洛阳，所亲近任用的多数是中州的儒士，宗室和代地人往往心里不乐。穆泰由尚书右仆射出任为定州刺史，自己奏陈长久生病，南土温湿，病情加重，要求做恒州刺史；皇帝便把恒州刺史陆叡调任定州刺史，任命穆泰替代。穆泰到了恒州，陆叡还没有出发，于是两人计谋叛乱，暗中勾结

王颐为主。思誉，天赐之子；_{汝阴王}天赐，景穆太子之子，于魏主为叔祖。业，丕之弟；隆、超，皆丕之子也。叡以洛阳休明，《左传》：楚子伐陆浑之戎，遂至于洛，观兵于周疆。定王使王孙满劳楚子；楚子问鼎之大小、轻重焉。王孙满曰："德之休明，虽小，重也；其奸回昏乱，虽大，轻也。天祚明德，有所底止。周德虽衰，天命未改，鼎之轻重，未可问也。" 劝泰缓之，泰由是未发。

颐伪许泰等以安其意，而密以状闻。行吏部尚书任城王澄有疾，行吏部尚书者，行吏部尚书事，未为真也。帝召见于凝闲堂，谓之曰："穆泰谋为不轨，扇诱宗室。脱或必然，今迁都甫尔①，北人恋旧，南北纷扰，朕洛阳不立也。此国家大事，非卿不能办。卿虽疾，强为我北行，审观其势。觇其微弱，直往擒之；若已强盛，可承制发并、肆兵击之。"对曰："泰等愚惑，正由恋旧，为此计耳，非有深谋远虑；臣虽驽怯，足以制之，驽，音奴。愿陛下勿忧。虽有犬马之疾，何敢辞也！"帝笑曰："任城肯行，朕复何忧！"遂授澄节、铜虎、竹使符，御仗左右，汉文帝二

镇北大将军乐陵王元思誉、安乐侯元隆、抚冥镇将鲁郡侯元业、骁骑将军元超等人，共同推举朔州刺史阳平王元颐做君主。元思誉是元天赐的儿子；元业是元丕的弟弟；元隆、元超都是元丕的儿子。陆叡认为洛阳政治清明，劝穆泰迟些行动，穆泰因此没有发动。

元颐假意允许穆泰等人的推举，来安定他们的心，而秘密地将情况奏明魏主。执掌吏部尚书职事的任城王元澄有病，皇帝在凝闲堂召见他，对他说："穆泰计划叛乱，煽动诱惑宗室。假如真的举事，如今刚刚迁都，北地人依恋旧土，南北纷扰，朕在洛阳就不稳了。这等国家大事，没有你不能办好。你虽有病，勉强替我走一趟，仔细观察那里的形势。倘若他们力量微弱，直接去抓住他们；若是已强盛，可以宣布我的旨意调动并、肆两地的军队攻打他们。"元澄回答说："穆泰等人愚蠢昏乱，正因为依恋旧土，才定下这一计谋，不会有什么深谋远虑；臣虽愚笨懦弱，但足以制服他们，希望陛下不要担忧。虽有一点小病，怎敢推

年，初与郡守为铜虎符、竹使符。应劭曰：铜虎符第一至第五，国家当发兵、遣使者，至郡合符，符合乃听受之。竹使符，皆以竹箭五枚，长五寸，镌刻篆书，第一至第五。魏、晋以下，竹使符第一至第十。御仗左右，带御仗在天子左右者，授澄以为卫。**仍行恒州事。**

辞呢？"皇帝笑着说："任城王肯去走一遭，朕还有什么可担忧呢！"于是授给元澄节钺、铜虎符、竹使符，还带了天子左右御仗的卫士，使他管理恒州的一切事务。

注　释

❶ 甫尔，犹今言"刚开始"。

【原 文】

　　行至雁门①，雁门太守夜告云："泰已引兵西就阳平。"阳平王颐刺朔州，在平城西。宋白曰：朔州东北至平城二百六十里。澄遽令进发。右丞孟斌曰："事未可量，宜依敕召并、肆兵，然后徐进。"澄曰："泰既谋乱，应据坚城；而更迎阳平，度其所为，当似势弱。泰既不相拒，无故发兵，非宜也。但速往镇之，民心自定。"遂倍道兼行。先遣治书侍御史李焕单骑入代，汉宣帝幸宣室，斋居而决事，令侍御史二人治书侍侧。后因别置，谓之治书侍御史。魏谓平城为代都。出其不意，

【译 文】

　　元澄走到雁门，雁门太守夜里来报告说："穆泰已经领了军队往西去投奔阳平王了。"元澄命令立即出发。右丞孟斌说："事情未能衡量，应该依照敕令召集并、肆两地的军队，然后缓缓前进。"元澄说："穆泰既然图谋叛乱，应该占据坚固的城池，而他却去投奔阳平王，度量他的所作所为，该是势力微弱。穆泰既没有抗拒我，无故发动军队，是不合适的。只要尽快去镇压，民心自然就安定下来。"于是兼程赶去。先派治书侍御史李焕单人匹马进入代都，出其不意，晓谕穆泰的党羽，告示他们祸福利害，都不要再为穆泰所用。穆泰无

晓谕泰党，示以祸福，皆莫为之用。泰计无所出，帅麾下数百人攻焕，不克，帅，读曰率。走出城西，追擒之。澄亦寻至，寻，继也。穷治党与，收陆叡等百余人，皆系狱，民间帖然。澄具状表闻，帝喜，召公卿，以表示之曰："任城可谓社稷臣也。观其狱辞，正复皋陶何以过之！"顾谓咸阳王禧等曰："汝曹当此，不能办也。"

计可施，带领手下几百人攻击李焕，不成功，逃出城西，李焕追上前去捉住他。元澄也跟着到来，彻底追究他的党羽，逮捕了陆叡等一百多人，都关到监狱去，民间安然无事。元澄把这些情况写成表章陈奏，皇帝欣喜，召见公卿，把奏表给他们看，说："任城王可说是社稷之臣。看他审问所得供词，真是远古的圣人皋陶也比不上他！"回头对咸阳王元禧等人说："你们碰到这种情况，就不能办理了。"

注 释

❶ 雁门郡，治上馆，今山西代县治。

【原文】

　魏主谋入寇，引见公卿于清徽堂，曰："朕卜宅土中，纲条粗举①，《书·说命》曰：若网在纲，有条而不紊。唯南寇未平，安能效近世天子下帷于深宫之中乎！朕今南征决矣。但未知早晚之期。比来术者皆云，今往必克，此国之大事，宜君臣各尽所见，勿以朕先言而

【译文】

　魏国君主计划南侵，在清徽堂引见公卿，说："朕在中原建都，政事纲领大略具备了，只有南边的敌人还没平定，怎能效法近代天子在深宫放下帷幕，不问世事呢？朕现在要南征，已经决定了，只是还不知具体在什么时候。近来术数家都预言说：'现在去一定能成功。'这是国家大事，

依违于前，同异于后也。"李冲对曰："凡用兵之法，宜先论人事，后察天道。今卜筮虽吉，而人事未备，迁都尚新，秋谷不稔，未可以兴师旅。如臣所见，宜俟来秋。"帝曰："去十七年，朕拥兵二十万，齐世祖永明十一年，魏高祖之太和十七年也。魏定迁洛之议而止南伐之师，至去年方入寇，盖十九年也。'二十万'，亦当作'三十万'，事并见上年。去，犹昨也。又按当时众号三十万，实则二十万耳。此人事之盛也，而天时不利。今天时既从，复云人事未备；如仆射之言，是终无征伐之期也。寇戎咫尺，异日将为社稷之忧，朕何敢自安！若秋行不捷，诸君当尽付司寇②，不可不尽怀也。"魏既都洛，逼近淮、汉，故急于南伐以攘斥境土。

君臣应该尽量抒发己见，不要因为朕先有言论就一味依顺，将来事情决定之后，又有许多不同的意见了。"李冲回答说："大凡用兵的法则，应该先讨论人事，而后再观察天道。如今占卜虽是吉象，而人事并未完全准备妥善，迁都还未久，秋天的谷物并不丰收，还不能发动军事。如照臣的看法，应该等到明年秋天。"皇帝说："太和十七年，朕拥有二十万军队，这是人事兴盛，而天时不利。现在天时既如人意，又说人事不充备，照仆射的说法，是终究没有征伐的那一天了啊！敌人近在咫尺，不久会成为社稷的忧患，朕怎敢自我安逸！如秋天行事不胜利，各位都交付司寇论罪，不能不尽心啊！"

注 释

❶ 纲条，犹今言规模。　❷ 司寇，刑官，犹言治罪。

——以上卷一四〇

四年 (丁丑·四九七·北魏太和二十一年)

【原文】

（春，正月），丙申，魏立皇子恪为太子。魏主宴于清徽堂，语及太子恂，李冲谢曰："臣忝师傅，不能辅导。"帝曰："朕尚不能化其恶，师傅何谢也！"

乙巳，魏主北巡。

……………

二月，壬戌，魏主至太原。

……………

癸酉，魏主至平城。引见穆泰、陆叡之党问之，无一人称枉者；时人皆服任城王澄之明。穆泰及其亲党皆伏诛；赐陆叡死于狱，宥其妻子，徙辽西为民。《考异》曰，《齐书·魏虏传》云："伪征北将军恒州刺史巨鹿孤贺鹿浑守桑乾，宏从叔平阳王安寿戍怀栅，在桑乾西北。浑非宏任用中国人，与伪定州刺史冯翊公自邻、安乐公主拓跋阿斡儿谋立安寿，分据河北。期久不遂，安寿惧，告宏，杀浑等数百人，任安寿如故。"与《魏书》名姓全不同。今从《魏书》。

初，魏主迁都，变易旧俗，

【译文】

（春，正月），初八，魏国册立皇子元恪为太子。魏国君主在清徽堂设宴，谈到太子元恂，李冲谢罪说："臣自愧为师傅，没能好好辅导他。"皇帝说："我尚且不能教化他，师傅有什么好引咎自责的呢！"

十七日，魏国君主到北边巡察。

……………

二月，初五，魏国君主到太原。

……………

十六日，魏国君主到平城，引见穆泰、陆叡的党羽讯问，没有一个人喊冤的，当时人都佩服任城王元澄的明察。穆泰和他的亲戚、党羽都伏法被杀；赐陆叡在狱中自杀，宽宥他的妻子、儿女，流放到辽西做百姓。

当初，魏国君主迁都，改变旧有的习俗，并州刺史新兴公元丕很不高兴，皇帝顾念他是宗室耆旧，也不逼迫他，只是以大道理引导他，让他不发表反对意见就是了。等到朝臣都变换衣帽，

并州刺史新兴公丕皆所不乐。_{乐，音洛。}帝以其宗室耆旧，亦不之逼，但诱示大理，令其不出同异而已。_{示以事理之大归而已，不反覆告语之。}及朝臣皆变衣冠，朱衣满坐，而丕独胡服于其间，晚乃稍加冠带，而不能修饰容仪，帝亦不强也。太子恂自平城将迁洛阳，元隆与穆泰等密谋留恂，因举兵断关，规据陉北。_{陉北，即恒、朔二州之地。关，即雁门之东陉、西陉二关也。}丕在并州，隆等以其谋告之。丕外虑不成，口虽折难，心颇然之。及事觉，丕从帝至平城，帝每推问泰等，令常丕坐观。有司奏元业、元隆、元超罪当族，丕应从坐。帝以丕尝受诏许以不死，听免死为民，留其后妻、二子，与居于太原，杀隆、超同产乙升，_{同产，同母兄弟。}余子徙敦煌。

初，丕、叡与仆射李冲、领军于烈俱受不死之诏。叡既诛，帝赐冲、烈诏曰："叡反逆之志，自负幽冥；违誓在彼，不关朕也。反逆既异余犯，虽欲矜恕，如何可得？然犹不忘前言，听自死别

满座都是朱衣，而元丕独独穿着鲜卑服装坐在其中，后来在服饰上逐渐加上帽子和衣带，但不怎么去修饰容貌仪表，皇帝也不勉强他。太子元恂将由平城迁到洛阳的时候，元隆和穆泰等人密谋留住元恂，于是发兵截断雁门的关口，计划占据陉北。元丕在并州，元隆等人把计划告诉他。元丕表面上顾虑不能成功，口里虽责难，心里却很赞同他们。等到事情被察觉，元丕跟从皇帝到平城，皇帝每次讯问穆泰等人，常让元丕陪坐观看。有司陈奏元业、元隆、元超犯罪应该满族抄斩，元丕应该跟着被判罪。皇帝因为元丕曾接受过准允不死的诏书，听由他免除死刑做百姓，留下他的后妻和两个儿子与他住在太原，杀了元隆、元超同母的兄弟元乙升，其余的儿子流放到敦煌。

起初，元丕、陆叡与仆射李冲、领军于烈都接受免死的诏令，陆叡被诛杀以后，皇帝赐予李冲、于烈诏书说："陆叡怀谋反叛逆之志，愧对鬼神，违背誓约的责任全在他自己，不关朕的事。谋反叛逆既不同于其余犯罪，即使想怜悯宽恕，怎么可能呢？但朕还是没忘以前的誓约，听任他在不

府，不就恒州刺史府赐死而死于狱，故曰别府。免其拏戮①。《书·甘誓》曰：予则拏戮汝。孔安国《注》曰：拏，子也。免其拏戮，谓戮妻子免死徙辽西也。拏，音奴。元丕二子、一弟，首为贼端，连坐应死，特恕为民。朕本期始终，而彼自弃绝，违心乖念，一何可悲！故此别示，想无致怪。谋反之外，皎如白日耳。"冲、烈皆上表谢。

是自己任职的地方自杀，赦免他的妻子、儿女不死。元丕的两个儿子，一个弟弟，最先为贼人开启叛乱之端，牵连坐罪应该处死，特别宽恕他，让他做百姓。朕本期望有始有终，是他们自己弃绝于我，违逆的心理，乖戾的念头，何等可悲！所以在此另外告知，想来不会见怪。除谋反之外，我们君臣之间明洁如白日啊！"李冲、于烈都上表致谢。

注 释

❶ "拏"，章钰《校宋记》云：宋十二行本作"挐"。

【原文】

臣光曰：夫爵禄废置，杀生予夺，人君所以驭臣之大柄也。此《周礼》所谓八柄驭群臣者也。是故先王之制，虽有亲、故、贤、能、功、贵、勤、宾，苟有其罪，不直赦也；必议于槐棘之下，此《周礼》所谓八议也。槐棘，公卿之位。《王制》：狱成，大司寇听之于棘木之下。可赦则赦，可宥则宥，可刑则刑，可杀

【译文】

臣司马光评论说：谈到爵位俸禄、废黜安置、杀戮存活、给予夺取，是人君用来驾驭群臣的大权柄。所以先王的制度，虽有亲戚、故旧、贤德、才能、功勋、显贵、优勤、宾客，如果他们犯了罪，不直接赦免，一定要让公卿议论他们的罪刑，可赦免就赦免，可宽宥就宽宥，该刑罚就刑罚，该杀戮就杀戮；轻重看情况而定，宽严随时机不同。所以君主可以施恩惠而不失

则杀；轻重视情，宽猛随时。故君得以施恩而不失其威，臣得以免罪而不敢自恃。及魏则不然，勋贵之臣，往往豫许之以不死，彼骄而触罪，又从而杀之。是以不信之令诱之使陷于死地也。刑政之失，无此为大焉！

是时，代乡旧族，多与泰等连谋，唯于烈无所染涉①，帝由是益重之。帝以北方酋长及侍子畏暑，听秋朝洛阳，春还部落，时人谓之"雁臣"。以雁避寒而南来，望暖而北还也。

威严，臣子可以免罪罚而不致自我仗恃。到了北魏就不是这样，对于有功勋的显贵臣子，常常预先答应他们免死；他们骄横而触犯罪罚时，又依法杀了他们。这是以不信守的承诺诱使臣子陷入死地啊！刑政的缺失，没有比这更大的了。

当时，代地的旧族，多数与穆泰等人合谋，只有于烈没有染指，皇帝因此更加看重他。皇帝因为北方的酋长和他们的儿子怕（南边）夏天炎热，听由他们秋天到洛阳朝见，春天回归部落，当时人称他们为"雁臣"。

注　释

❶ "于烈"下，章钰《校宋记》云：宋十二行本有"一族"二字。

【原文】

三月，己酉，魏主南至离石①。离石，汉县，属西河郡，隋为离石郡，唐为石州。叛胡请降，诏宥之。夏，四月，庚申，至龙门②，遣使祀夏禹。《水经注》：龙门上口在汉河东北屈县西，所谓孟门也。龙门下口在河东皮氏县西北，大禹所凿，故于此祠焉。癸亥，至蒲坂③，

【译文】

三月，二十二日，魏国君主南行到离石，叛乱的胡人要求降顺，诏令宽宥他们。夏，四月，初四，到龙门，派遣使者祭祀夏禹。初七，到蒲坂，祭祀虞舜。十五日，到

祀虞舜。皇甫谧云：舜都蒲坂，故又于此祀焉。辛　　长安。
未，至长安。

注　释

❶离石，今山西吕梁离石区。　❷龙门，今山西河津龙门。　❸蒲坂，今
山西永济。

【原　文】

魏太子恂既废，颇自悔过。御史
中尉李彪密奏恂复与左右谋逆，魏主
使中书侍郎邢峦与咸阳王禧奉诏置椒
酒诣河阳，赐恂死，椒味辛，大热，有毒，
其合口者尤甚。汉桓思后之议，李咸捣椒自随；帝
煮椒二斛，以杀高、武诸子孙，皆是物也。敛以
粗棺、常服，瘗于河阳。

五月，己丑，魏主东还，泛渭入
河。壬辰，遣使祀周文王于丰，武王
于镐，亦于故都祀之也。周之丰、镐，汉时悉在
上林苑中。

六月，庚申，还洛阳。

【译　文】

魏太子元恂被废黜以后，
自己很悔恨所犯的过错。御
史中尉李彪秘密上表，说是
元恂又和左右图谋叛逆，魏
国君主派中书侍郎邢峦与咸
阳王元禧奉诏，带了椒酒到
河阳，赐元恂死，用粗木棺
材，普通衣服收敛，葬在
河阳。

五月，初三，魏国君主回
到东边，乘船由渭水进入黄
河。初六，派使者在丰地祭祀
周文王，在镐地祭祀武王。

六月，初五，回到洛阳。

——以上卷一四一

齐东昏侯永元元年 (己卯·四九九·北魏太和二十三年)

【原 文】

（春，正月，戊戌），魏主谓任城王澄曰："朕离京以来，旧俗少变不？"任，音壬。不，读曰否。对曰："圣化日新。"帝曰："朕入城，见车上妇人犹戴帽、著小袄，此代北妇人之服也。乘车妇人，皆贵臣之家也。袄，……夹衣也。何谓日新！"对曰："著者少，不著者多。"帝曰："任城，此何言也！必欲使满城尽著邪？"澄与留守官皆免冠谢。史言魏主汲汲于用夏变夷。

【译 文】

（春，正月，二十一日），魏国君主对任城王元澄说："朕离开京城以来，旧有的习俗有所改变没有？"元澄回答说："圣上的教化日日更新。"皇帝说："朕进了城，看到乘车的妇女还戴帽，穿小夹袄，怎么说是日日更新！"元澄回答说："穿着代北服装的很少，不穿的多。"皇帝说："任城，这是什么话！难道还想让全城的人都穿上吗？"元澄和留守的官员都脱了帽子谢罪。

——以上卷一四二

唐并东突厥

唐太宗贞观元年 (丁亥·六二七)

【原文】

（秋，七月），初，突厥性淳厚，政令质略①。颉利可汗得华人赵德言，委用之。华人谓中国人也。华读如字。德言专其威福，多变更旧俗，政令烦苛，国人始不悦。颉利又好信任诸胡而疏突厥，胡人贪冒，多反覆，兵革岁动。数兴兵讨其反覆者，故无宁岁。会大雪，深数尺，杂畜多死，连年饥馑，民皆冻馁。颉利用度不给，重敛诸部，由是内外离怨，诸部多叛，兵浸弱②。言事者多请击之，上以问萧瑀、长孙无忌瑀，音禹。曰："颉利君臣昏虐，危亡可必。今击之，则新与之盟，不击，恐失机会；如何而可?"瑀请击之。无忌对曰：

【译文】

（秋，七月），起初，突厥人性情淳朴敦厚，政令质朴简略。颉利可汗得到汉人赵德言，任用他。赵德言专用他的权力，擅作威福，大量变更旧的习俗，政令随之烦琐苛刻，突厥人民开始不满意。颉利可汗又喜欢信任诸胡而疏远突厥，胡人生性贪婪，多反复无常，战争连年不断。（这种情况下，）碰上天下大雪，雪深数尺，各种牲畜大多冻死，连年发生饥荒，民众都受冻挨饿。颉利可汗不能供给用度，对诸部加重赋敛，因此内外离心离德，怨恨不已，部落多数叛变，军队逐渐衰弱。商议政事的人多请求出兵攻打他，皇上因此询问萧瑀、长孙无忌说："颉利可汗君臣昏庸暴虐，必定趋于危亡。如今攻打他，却（碍于）新近和他订立了盟约；不出兵攻打他，又恐怕失去机会。怎么办才好呢?"萧瑀请求攻打他。长孙无忌回答说："敌人没有侵犯边塞而放弃信义、烦劳士民，

"虏不犯塞，而弃信劳民，非王者之师也。"③上乃止。

不是称王者的师旅。"皇上才停止出兵攻打。

注 释

❶ 质略，言民朴而不华，政简而不备；言当时的突厥，尚有原始社会的遗风。　❷ 浸，渐。　❸ 古称禹、汤、文、武为王，齐桓、晋文为霸。

【原 文】

上问公卿以享国久长之策，萧瑀言："三代封建而久长，秦孤立而速亡。"上以为然，于是始有封建之议。

黄门侍郎王珪有密奏，附侍中高士廉，寝而不言。上闻之，八月，戊戌，出士廉为安州大都督①。

【译 文】

皇上询问公卿何以能享国久长，萧瑀说："夏、商、周封土建邦而享国长久，秦朝孤立专制而迅速灭亡。"皇上认为说得对，于是才有封土建邦的论议。

黄门侍郎王珪有密奏，请侍中高士廉附带，高士廉搁置不向上奏言。皇上听说这件事，八月十九日，把高士廉调出京师去做安州大都督。

注 释

❶ 安州，治安陆，今湖北安陆。

【原 文】

九月，庚戌朔，日有食之。

【译 文】

九月初一，出现日

辛酉，中书令宇文士及罢为殿中监^①，御史大夫杜淹参豫朝政。《考异》曰：《实录》云"杜淹署位"，不知所谓署位何也，今从《新书·宰相表》。是时宰相无定名，或云参预朝政，或云参知机务之类甚众，不知其入衔否也。如李靖"三两日一至门下、中书平章政事"，魏徵"朝章国典，参议得失"之类，则决不入衔矣。他官参豫政事^②，自此始。

食现象。

十二日，中书令宇文士及被罢除旧官，新任殿中监，御史大夫杜淹参预朝政。其他官员参预朝廷大政从此开始。

注 释

❶殿中监，从三品，掌天子服御之事。以中书令罢为殿中监，是左迁。　❷豫，即预字。参豫政事，即同平章政事，是真宰相之任。

【原 文】

淹荐刑部员外郎邸怀道，刑部郎，掌贰尚书、侍郎，举其典宪，而辩其轻重。邸，……姓也，后魏有邸珍。上问其行能，对曰："炀帝将幸江都，召百官问行留之计，怀道为吏部主事，唐承隋制，尚书诸司皆有主事，从九品上。独言不可。臣亲见之。"上曰："卿称怀道为是，何为自不正谏。"对曰："臣尔时不居重任，又知谏不从，徒死无益。"上曰："卿知炀帝不可谏，何为立其朝？既立其朝，

【译 文】

杜淹推荐刑部员外郎邸怀道，皇上询问他的品行才能，回答说："隋炀帝将要幸临江都，召集文武百官询问行留之计，怀道是吏部主事，只有他一个人说不可以去江都。这是我亲眼见到的事。"皇上说："你称道怀道是对的，为什么不自己正面劝谏？"回答说："我当时未身居重任，又知道劝谏不会听从，白白送死，没有益处。"皇上说："你知道隋炀帝不听规劝，为什么身居他的朝廷之上？既然身居他的朝廷，又为什么不去劝谏？你在隋朝做官，也许可以说地位卑

何得不谏？卿仕隋，容可云位卑；后仕王世充①，尊显矣，何得亦不谏？"对曰："臣于世充非不谏，但不从耳。"上曰："世充若贤而纳谏，不应亡国；若暴而拒谏，卿何得免祸？"淹不能对。上曰："今日可谓尊任矣，可以谏未？"对曰："愿尽死。"上笑。

下；后来在王世充处当官，位尊名显了，为什么也不劝谏？"回答说："我在王世充处不是不劝谏，只是他不听而已。"皇上说："王世充若贤明而采纳劝谏，就不应该亡国；若暴虐而拒绝劝谏，你怎么能够免除灾祸？"杜淹不能回答。皇上说："今天可以说位处尊崇了，可以行谏吗？"回答说："甘愿竭尽死力劝谏。"皇上微笑。

注释

❶ 王世充，仕隋至将帅，后据洛阳，称郑帝，为唐所灭。

【原文】

辛未，幽州都督王君廓谋叛，道死。

君廓在州，骄纵多不法，征入朝。长史李玄道，房玄龄从甥也①，凭君廓附书。君廓私发之，不识草书，疑其告己罪行；至渭南②，后魏于新丰、郑县之间置渭南郡，隋废郡为县，属京兆尹，在长安东一百一十五里。杀驿吏而逃，将奔突厥，为野人所杀。

【译文】

二十二日，幽州都督王君廓图谋反叛，反叛途中被杀死。

王君廓在幽州，骄横恣肆，多干非法勾当，后被征入朝廷。长史李玄道，是房玄龄叔伯姊妹的儿子，托付王君廓捎封书信。王君廓私自拆开书信，因不认识草书，而怀疑书信是李玄道告发自己的罪状；行至渭南县，杀死驿传吏卒后逃跑，将要投奔突厥，被村野之人杀死。

注 释

❶ 从甥，堂姊妹之子曰从甥。　　❷ 渭南，今陕西渭南。

【原 文】

岭南酋长冯盎、谈殿等迭相攻击，谈，姓；殿，名。《姓谱》：《蜀录》云，晋有征东将军谈巴。久未入朝，诸州奏称盎反，前后以十数，上命将军蔺谟等发江、岭数十州兵讨之。魏徵谏曰："中国初定，岭南瘴疠险远，不可以宿大兵①。且盎反状未成，未宜动众。"上曰："告者道路不绝，何云反状未成？"对曰："盎若反，必分兵据险，攻掠州县。今告者已数年，而兵不出境，此不反明矣。诸州既疑其反，陛下又不遣使镇抚，彼畏死，故不敢入朝。若遣信臣示以至诚，彼喜于免祸，可不烦兵而服。"上乃罢兵。冬，十月，乙酉，遣员外散骑侍郎李公掩持节慰谕之。《考异》曰：《魏文贞公故事》作"李公淹"，又有前蒲州刺史韦叔谐偕行。今从《实录》。盎遣其子智戴随使者

【译 文】

岭南酋长冯盎、谈殿等相互攻击，长久未能入京朝见，各州上奏声称冯盎造反，前后数十次。皇上命令将军蔺谟等人发动江、岭数十州的军队进行讨伐。魏徵劝谏说："中原初步平定，岭南又有瘴气，路途险远，不可以停宿大军。况且冯盎反叛情状未成立，不应兴师动众。"皇上说："告状的人络绎不绝，怎么说反叛情状不成立？"回答说："冯盎若反叛，必定分兵占据险要之地，攻掠州县。如今告发他已有数年，而军队没有出其管辖境地，冯盎没有反叛是很清楚的了。诸州既已怀疑他造反，陛下又不派遣使臣坐镇抚慰，他害怕被处死，故不敢入京朝拜。若派遣可信任的使臣用极诚心意向他表示，他高兴免除祸灾，可以不须烦劳军队而使之宾服。"皇上于是罢兵。冬，十月，初六，派员外散骑侍郎李公掩手执旌节前往慰问晓谕。冯盎派他的儿子智戴随着使者入京朝拜。皇上说："魏徵使我派出一个使节，

入朝。上曰："魏徵令我发一介之使②，而岭表遂安，胜十万之师，不可不赏。"赐徵绢五百匹。

于是岭南安定，胜过十万雄师，不能不奖赏。"赏赐魏徵绢五百匹。

注 释

❶ 宿，久驻的意思。　❷ 一介之使，独使，一人之使。

【原 文】

十二月，壬午，左仆射萧瑀坐事免。瑀音禹。

戊申，利州都督李孝常等谋反，伏诛①。

【译 文】

十二月，初四，左仆射萧瑀因事坐罪，被免除官职。

三十日，利州都督李孝常等人图谋反叛，服罪被杀。

注 释

❶ 利州，治在今四川广元利州区。

【原 文】

孝常因入朝，留京师，与右武卫将军刘德裕及其甥统军元弘善、监门将军长孙安业互说符命①，谋以宿卫兵作乱。安业，皇后之异母兄也，嗜酒

【译 文】

李孝常因入朝，留在京师，与右武卫将军刘德裕及他的外甥统军元弘善、监门将军长孙安业互相谈说符箓命数，阴谋以宿卫军队作乱。长孙安业，是长孙皇后的异母兄长，是个嗜酒无赖之徒；父亲长孙晟去世，弟弟

无赖；父晟卒，弟无忌及后并幼，安业斥还舅氏。高士廉，无忌及后之舅也。及上即位，后不以旧怨为意，恩礼甚厚。及反事觉，后涕泣为之固请曰："安业罪诚当万死。然不慈于妾，天下知之，今置以极刑，人必谓妾所为，恐亦为圣朝之累。"由是得减死，流巂州②。巂，音髓。

长孙无忌及皇后都年幼，安业斥逐他们，把他们赶到舅舅高士廉那里。等到皇上即位，皇后不计旧怨，恩宠礼遇很厚。到反叛的事情被发觉，皇后哭泣着替他向皇上坚决地请求说："安业获罪，实在罪该万死。然而他对妾不仁慈，天下人都知道，如今用极刑处他，人们必定说是我报复他，恐怕圣明的朝廷也受到牵累。"因此，得以减免死罪，流放到巂州。

注　释

❶伪称天降瑞应以为帝王受命之符，曰符命。　❷巂州，治在今四川西昌。巂，音西。

【原　文】

　　或告右丞魏徵私其亲戚，上使御史大夫温彦博按之，无状。言无其事状。彦博言于上曰："徵不存形迹①，远避嫌疑，心虽无私，亦有可责。"上令彦博让徵，且曰："自今宜存形迹。"他日，徵入见，言于上曰："臣闻君臣同体，宜相与尽诚；若上下俱存形迹，则国

【译　文】

　　有人告发右丞魏徵偏袒他的亲戚，皇上派御史大夫温彦博按察此事，结果没有这个事状。温彦博对皇上说："魏徵做事不存留形迹，远远避开嫌疑，内心虽然没有私念，也有应指责的地方。"皇上命令温彦博责备魏徵，并且说："从今做事应存留形迹。"有一天，魏徵入见，对皇上说："我听说君主、臣子同体，应互相至诚相待；假若君臣上下，都存留

之兴丧，尚未可知，臣不敢奉诏。”上瞿然曰②：“吾已悔之。”徵再拜曰：“臣幸得奉事陛下，愿使臣为良臣，勿为忠臣。”上曰：“忠良有以异乎？”对曰：“稷、契、皋陶，君臣协心，俱享尊荣，所谓良臣。龙逢、比干③，面折廷争，身诛国亡，所谓忠臣。”争，读曰诤。上悦，赐绢五百匹。

形迹，那么国家的兴亡就难以明了了，我不敢遵奉诏命。”皇上惊恐地说：“我对这件事已后悔了。”魏徵再拜道：“我有幸奉侍陛下，但愿使我做个贤良的臣子，不做忠烈的臣子。”皇上说：“忠、良有什么不同吗？”回答说：“后稷、契、皋陶时，君臣协同一心，共享尊贵荣华，是所说的良臣。龙逢、比干，当面折挠君主，在廷上激烈劝谏，结果自身被诛杀，国家被灭亡，是所说的忠臣。”皇上喜悦，赏赐魏徵绢五百匹。

注　释

❶ 形迹，指人所表露的动作感情。不存形迹，言人坦然真率，没有忌讳隐避。存形迹，言人矜持做作。　❷ 瞿然，惊惧的形容词。　❸ 龙逢，夏桀之臣，以谏桀而死，逢读旁。比干，商纣之臣，以谏纣而死。

【原　文】

上神采英毅，群臣进见者，皆失举措；上知之，每见人奏事，必假以辞色①，冀闻规谏。尝谓公卿曰：“人欲自见其形，必资明镜，君欲自知其过，必待忠臣。苟其

【译　文】

皇上的神采英武刚毅，群臣进宫拜见的，都因敬畏举措失常。皇上了解到这一点，每次见到人臣奏事，都对他们和颜悦色，希望听到规谏之言。曾对公卿们说：“人要看清自己的形貌，必定借助明镜；君主要知道他的过失，必然要善待忠臣。假若君主一意孤行，不听

君愎谏自贤②，其臣阿谀顺旨，君既失国，臣岂能独全！如虞世基等谄事炀帝以保富贵，炀帝既弑，世基等亦诛。事见一百八十五卷高祖武德元年。公辈宜用此为戒，事有得失，毋惜尽言。"

规劝，自以为贤能，他的臣子阿谀奉承，顺从他的旨意，君主既失掉国家，臣子难道能够单独保全？像虞世基等人，谄谀事奉隋炀帝来保全富贵，隋炀帝被弑，虞世基等人也被诛杀。你们应以此为戒，事情有得失，不要吝惜，要畅所欲言！"

注　释

❶假以辞色，即故意表示温和可亲之意。　❷愎，读若弼（bì），专断自用之意。愎谏，即拒谏之意。

【原　文】

　　或上言秦府旧兵①，宜尽除武职，追入宿卫。上谓之曰："朕以天下为家，惟贤是与，岂旧兵之外，皆无可信者乎！汝之此意，非所以广朕德于天下也。"

【译　文】

　　有人上奏说，秦府旧兵，应全部晋升为武官，追加调入宫禁值宿守卫。皇上对他说："我以天下为家，职官只给贤能者，难道旧兵之外就都没有可信任之人了吗？你的这个意见，不能让我的威德广披天下。"

注　释

❶秦府，唐太宗未为帝时，曾封为秦王。秦王时之府第，称秦府。

【原文】

上谓公卿曰："昔禹凿山治水，而民无谤讟者①，与人同利故也。秦始皇营宫室而人怨叛者，病人以利己故也。夫靡丽珍奇，固人之所欲，若纵之不已，则危亡立至。朕欲营一殿，材用已具，鉴秦而止。王公已下，宜体朕此意。"由是二十年间，风俗素朴，衣无锦绣，公私富给。

【译文】

皇上对公卿们说："从前夏禹凿山治水而民众没有诽谤怨恨的，那是与民众利益相同的缘故。秦始皇营建宫室而民众怨恨叛离，那是因为损害民众而图利自己的缘故。奢侈华丽珍奇的东西，本来是人所欲望的，假若纵情追求不停息，那么危机灭亡立刻到来。我本想营建一座殿宇，材料用度都已具备，以秦为鉴而中止。王公及以下官员，应体会我这个意思。"因此，二十年间，风俗素朴，不穿锦绣的衣服，公私富足充裕。

注 释

❶ 讟，读如渎。怨言曰讟。

【原文】

上谓黄门侍郎王珪曰："国家本置中书、门下，以相检察，中书诏敕或有差失，则门下当行驳正。中书出命，门下审驳。按唐制，凡诏旨制敕，玺书册命，皆中书舍人起草进画，既下，则署行而过门下省，有不便者，涂窜而奏还，谓之涂归。人心所见，互有不

【译文】

皇上对黄门侍郎王珪说："国家本来设置中书省、门下省来相互检核察验，中书省所草诏敕如有差失，那么门下省就应当进行纠驳。人们内心的见解，各有不同，假若往来论难，务求妥当，舍弃自己的见解，采纳异议，有什么伤害呢！近来有的人因袒护自己的短处，造

同，苟论难往来，务求至当，舍己从人，亦复何伤！比来或护己之短，遂成怨隙，或苟避私怨，知非不正，言知其非而不加驳正也。顺一人之颜情①，为兆民之深患，此乃亡国之政也。炀帝之世，内外庶官，务相顺从，当是之时，皆自谓有智，祸不及身。及天下大乱，家国两亡，虽其间万一有得免者，亦为时论所贬，终古不磨。卿曹各当徇公忘私，勿雷同也②。"

成怨恨仇隙，有的姑且避开私人恩怨，明知不对也不驳正，顺从一个人的情面，为兆民种下很深重的祸患，这就是亡国的政治。隋炀帝的时代，内外各官员，务必相互顺从，在这个时候，都自称有才智，灾祸到不了他身上。等到天下大乱，国与家两者俱丧，虽然其间有万一得到免除灾祸的，也被当时的舆论所斥责，恶名终古也不能磨灭。你们每个人都应当徇公忘私，不要附和他人！"

注 释

❶ 颜情，情面。　❷ 雷同，指专事附和他人之说，而不敢表示自己的意见。本意，雷声之作，隆隆不绝，而同一声响。

【原 文】

上谓侍臣曰："吾闻西域贾胡得美珠，剖身以藏之，贾，音古。有诸？"侍臣曰："有之。"上曰："人皆知彼之爱珠，而不爱其身也。吏受赇抵法，与帝王徇奢欲而亡国者，何以异于彼胡之可笑邪！"赇，音求。邪，音耶。魏徵曰：

【译 文】

皇上对侍臣说："我听说西域一个做买卖的胡人得到美丽的宝珠，剖开身子把它藏起来，有这回事吗？"侍臣回答说："有这回事。"皇上又说："人们都知道他爱惜宝珠而不爱惜他的身体。官吏接受贿赂抗拒法令，以及帝王专事穷奢极欲而亡国的，同那个可笑的胡商相

"昔鲁哀公谓孔子曰:'人有好忘者,徙宅而忘其妻。'孔子曰:'又有甚者,桀、纣乃忘其身。'亦犹是也。"上曰:"然。朕与公辈宜戮力相辅,庶免为人所笑也!"

青州有谋反者①,州县逮捕支党,收系满狱,诏殿中侍御史安喜崔仁师覆按之。曹魏时,兰台遣御史二人居殿中,伺察奸非,遂称殿中侍御史;唐从七品下,掌朝廷供奉之仪式。安喜县属定州,汉为卢奴、安险二县地,章帝改为安喜,慕容垂改安喜为不连,后魏复曰安喜;后齐废卢奴县入安喜,隋改曰鲜虞,唐复曰安喜。仁师至,悉脱去杻械②,与饮食汤沐,宽慰之,止坐其魁首十余人,余皆释之。还报,敕使将往决之。此时敕使非宦官,凡奉敕出使者,则谓之敕使。大理少卿孙伏伽谓仁师曰:"足下平反者多,人情谁不贪生,恐见徒侣得免,未肯甘心,深为足下忧之。"仁师曰:"凡治狱当以平恕为本,岂可自规免罪,规,图也。知其冤而不为伸邪!邪,音耶。万一暗短,误有所纵③,以一身易十囚之死,亦所愿也。"伏伽惭而退。及敕使至,更讯诸囚,皆曰:"崔公

比有什么不同呢?"魏徵说:"从前鲁哀公对孔子说:'有个健忘的人,迁居时却忘掉了他的妻子。'孔子说:'还有比这更严重的,桀、纣竟然连他们自身都给忘了。'也如同这样。"皇上说:"对。我与你们应同心协力,互相辅助,才差不多可以不被他人耻笑了!"

青州有谋反的,州县官员逮捕同案党徒,被收押的人塞满了监狱,诏令殿中侍御史安喜县人崔仁师重新按验。崔仁师到了青州,全部解去他们的刑具,给他们饮食,让他们以热水洗澡,宽慰他们,只将罪魁十余人治罪,其余全部释放。将按验结果还报朝廷,朝廷敕使要前往决案。大理寺少卿孙伏伽对崔仁师说:"你平反的人很多,人之常情谁不贪图生存,恐怕有人眼见同伴免罪,不肯甘心,很替你担忧。"崔仁师说:"凡治理刑狱案件,应当以公平宽恕为根本,岂可自图免罪,知道他冤屈而不替他申冤呢!万一情况不明出了差错,有所误放,用一身换取十个囚犯的生命,也是我所甘愿的。"孙伏伽惭愧地退去。等到朝廷敕使到青州,再次审讯各位囚犯时,他们都说:"崔公仁师审案公平宽恕,事情的处理没有枉法越轨,请求迅速就处

平恕，事无枉滥，请速就死。" | 死刑。"没有一个人有不同供词的。
无一人异辞者。

注 释

❶青州，治在今山东青州。　❷杻械，刑具，如手梏脚镣之类。　❸暗短，愚昧短浅之意。纵，释放。

【原 文】

上好骑射，孙伏伽谏，以为："天子居则九门，天门九重，人主之门亦曰九重。所谓禁卫九重，虎豹九关，皆言九门也。行则警跸，非欲苟自尊严，乃为社稷生民之计也。陛下好自走马射的①，以娱悦近臣，此乃少年为诸王时所为，非今日天子事业也。既非所以安养圣躬，又非所以仪刑后世②，臣窃为陛下不取。"上悦。未几，以伏伽为谏议大夫。《考异》曰，韩琬《御史台记》："伏伽，武德中自万年主簿上疏极谏，太宗怒，命引出斩之。伏伽曰：'臣宁与关龙逄游于地下，不愿事陛下。'太宗曰：'朕试卿耳。卿能若是，朕何忧社稷！'命授之三品。宰臣曰：'伏伽匡陛下之过，自主簿授之三品，彰陛下之过深矣，请授之五品。'遂拜为谏议大夫。"按《高祖实录》，"武德元年，伏伽自万年县法曹上书，高祖诏授治书侍御史"。《御史台记》误也。今据《魏徵故事》。

【译 文】

皇上爱好骑马射箭，孙伏伽进行规劝，认为："天子居住深宫，禁卫重重；行则出警入跸，以防不测，不是想随意显示尊贵威严，而是替社稷生民着想。陛下好跑马射箭来使亲近的臣子娱悦，这是少年当诸王时的所作所为，不是今日当天子所为的事业。这既不是用来安养圣体的事，又不是能作为后代楷模的事，我私下认为陛下不该如此。"皇上听罢甚为高兴。没多久，任命孙伏伽为谏议大夫。

注 释

❶ 的，目标，即"无的放矢"之的。　❷ 仪刑，典范的意思，言可为人准则。

【原文】

隋世选人，十一月集，至春而罢，人患其期促。至是，吏部侍郎观城刘林甫_{观县，古之观国。《国语注》曰：夏启子太康之弟所封也。观县，汉属东郡，光武改曰卫县，晋、魏属顿丘郡，曰卫国县，隋开皇六年改曰观城县，属魏州，唐属澶州。}奏四时听选，随阙注拟①，人以为便。

【译文】

隋代选拔人才，每年十一月份集中在京城选拔，到次年的春天结束，人们嫌期限短促。到这时，吏部侍郎观城县人刘林甫上奏请求一年四季听凭选拔，随时有空阙，吏部可注人于簿册，拟定任用，人们认为很方便。

注 释

❶ 隋代选授官吏，自十一月开始，到第二年的春天截止，时间很短促，故唐改为春夏秋冬四时皆听赴选。随阙注拟，吏部尚书、侍郎，遇到官吏有阙额，即可量选人的资历，注拟授官。注，先注其姓名履历于册，再经考询而拟其官。

【原文】

唐初士大夫以乱离之后，不乐仕进，官员不充。省符下诸州差人赴选①，州

【译文】

唐朝初年，士大夫经丧乱流离之后，不乐意出仕进取，官员人数不足。尚书省下达公文到各州，差人赴京应选，各州府

府及诏使_{诏使，即前所谓敕使。}多以赤牒补官②。至是尽省之，勒赴省选，集者七千余人，林甫随才铨叙，各得其所，时人称之。诏以关中米贵，始分人于洛州选。

及朝廷的诏使多用未经铨司注拟的人补官。到此时尽量减少这类人员，勒令他们到尚书省候选，集中的有七千多人，刘林甫根据他们的才能资绩，确定他们的职官等级，各得其所，得到当时人们的称赞。诏命因关中米贵，才分一部分人到洛阳去候选。

注 释

❶ 唐代中书、门下、尚书三省分立，而事权都集中在中书、门下二省，中书、门下二省决定后，由尚书省去执行。凡是尚书省下于州，州下于县的公文，皆称符。省符，尚书省的公文。　❷ 唐制，九品以上官吏的公文书，都可以称牒。赤牒，犹言尺牒，谓手续不全备的凭照。

【原 文】

上谓房玄龄曰："官在得人，不在员多。"命玄龄并省，留文武总六百四十三员。

隋秘书监晋陵刘子翼，_{晋陵县带常州。}有学行，性刚直，朋友有过，常面责之。李百药常称："刘四虽复骂人，_{刘子翼第四，唐人多以第行相呼。}人终不恨。"是岁，有诏征之，辞以母老，不至。

郿令裴仁轨①，_{郿县，汉、晋属清河}

【译 文】

皇上对房玄龄说："任用官员在于得到人才，不在于人员多。"命令房玄龄合并裁省人数，留任文武官员共六百四十三人。

隋朝秘书监晋陵县人刘子翼，有学识品行，性情刚直，朋友有过错，常常当面予以批评。李百药经常说："刘四虽然总是骂人，被骂的人们却始终不恨他。"这年，有诏征召他，他以母亲年老推辞，没到任。

郿县县令裴仁轨私自役使守

郡，中废，隋开皇十六年置，属贝州。鄃音输。

私役门夫，上怒，欲斩之。殿中侍御史长安李乾祐谏曰："法者，陛下所与天下共也，非陛下所独有也。今仁轨坐轻罪而抵极刑②，臣恐人无所措手足。"上悦，免仁轨死，以乾祐为侍御史。唐制，殿中侍御史，从七品下，侍御史，从六品下。

门人服役，皇上发怒，想斩杀他。殿中侍御史长安人李乾祐规劝说："法律，是陛下与天下人共同遵守的，不是陛下所单独占有的。如今，裴仁轨犯了轻微的罪过就处以极刑，臣恐怕人民不知如何举动。"皇上很高兴，免除裴仁轨死罪，以李乾祐为侍御史。

注 释

❶ 鄃县，今山东平原县东南。　❷ 极刑，死刑。

【原 文】

上尝语及关中、山东人，意有同异。殿中侍御史义丰张行成跪奏曰：义丰，汉中山安国县，隋开皇六年，改曰义丰，属定州。"天子以四海为家，不当有东西之异；恐示人以隘。"上善其言，厚赐之。自是每有大政，常使预议。

初，突厥既强，敕勒诸部分散，有薛延陀、回纥、都播、骨利干、多滥葛、同罗、仆固、拔野古、思结、浑、斛薛、结、阿跌、契苾、白霫等十五部，皆居碛北，风俗大抵与突厥同，敕勒，即铁勒也。薛延陀先与

【译 文】

皇上曾经谈到，关中人、山东人，心意有所不同。殿中侍御史义丰县人张行成跪奏说："天子以四海为家，内心不应该有东西方人的差别；恐怕这样会给人心胸狭隘的形象。"皇上认为他的话说得好，重重地赏赐他。从此，每有重大政事，常常使他参与议论。

起初，突厥已经强

薛种杂居，后灭延陀部有之，号薛延陀，姓一利咥氏。回纥先曰袁纥，亦曰乌护，曰乌纥，至隋曰韦纥，后称回纥，姓药葛罗氏，居薛延陀北娑陵水上，距长安七千里。都播亦曰都波，其地北濒小海，西坚昆，南回纥。骨利干居瀚海北。多滥葛亦曰多览葛，在薛延陀东，濒同罗水。同罗在薛延陀北，多滥葛之东，距长安七千里而赢。仆固亦曰仆骨，在多滥葛之东，地最北。拔野古一曰拔野固，或为拔曳固，漫散碛北，地千里，直仆固，邻于靺鞨。思结在延陀故牙。浑在诸部最南。斛薛居多滥葛北。奚结在同罗北。阿跌一曰诃跌，或为跌跌。契苾一曰契苾羽，在焉耆西北鹰娑川，多滥葛之南。白霫居鲜卑故地，直京师东北五千里，与同罗、仆固接，避薛延陀，保奥支水冷陉山。"斛薛"之下"结"之上当有"奚"字。纥，音鹘。《考异》曰：《旧书》"敕勒"作"铁勒"。《新书》云：即元魏时高车。或曰"敕勒"讹为"铁勒"。今从《新书》。《旧书》"多滥葛"作"多览葛"，又作"多腊葛"。今从《实录》《唐统纪》。又《旧书》"仆固"或作"仆骨"。按胡语难明，以中国字写之，故讹谬不壹。今从《陈子昂集》及《仆固怀恩传》。薛延陀于诸部为最强。

西突厥曷萨那可汗方强，敕勒诸部皆臣之。曷萨那征税无度，诸部皆怨。曷萨那诛其渠帅百余人，敕勒相帅叛之，相帅，读曰率。共推契苾哥楞为易勿真莫贺可汗，居贪于山北①。贪于山，《新书》作贪污山。又以薛延陀乙失钵为也咥小可汗，居燕末山北②。及射匮可汗兵复振，薛延陀、契苾二部并去可汗之号以臣之。此上皆序隋时事。

盛，敕勒各部族分散，有薛延陀、回纥、都播、骨利干、多滥葛、同罗、仆固、拔野古、思结、浑、斛薛、结、阿跌、契苾、白霫十五个部族，都居住在漠北，风俗大体与突厥相同；薛延陀在各部族中是最强盛的。

西突厥曷萨那可汗正强盛，敕勒各部族都对他称臣。曷萨那可汗征收赋税没有限度，各部族都有抱怨。曷萨那可汗诛杀各部的首领一百多人，敕勒各部族相率叛离，共同推举契苾哥楞做易勿真莫贺可汗，居住在贪于山以北。又推举薛延陀乙失钵做也咥小可汗，居住在燕末山以北。到射匮可汗时兵势复兴，薛延陀、契苾二部族一并除去可汗称号来向他称臣。

注 释

❶ 贪于山，一说即今新疆吐鲁番以北博格达山脉之一支。　❷ 燕末山，今地未详。

【原文】

回纥等六部在郁督军山者，东属始毕可汗。郁督军山在大漠外，直长安西北六千里。统叶护可汗势衰，乙失钵之孙夷男帅部落七万余家，附于颉利可汗。帅，读曰率，下同。《考异》曰，《旧铁勒传》云："贞观二年，叶护可汗死，其国大乱，夷男始附于颉利。"按《突厥传》，元年，薛延陀已叛颉利，击走其欲谷设。安得二年始附颉利乎。颉利政乱，薛延陀与回纥、拔野古等相帅叛之。颉利遣其兄子欲谷设将十万骑讨之，《新书·阿史那社尔传》，以欲谷设为颉利子。回纥酋长菩萨将五千骑，与战于马鬣山①，大破之。欲谷设走，菩萨追至天山，部众多为所虏，回纥由是大振。薛延陀又破其四设，突厥号典兵者为设，四设，四部帅之典兵者也。颉利不能制。颉利益衰，国人离散。会大雪，平地数尺，羊马多死，民大饥，颉利恐唐

【译文】

回纥等六部居住郁督军山的，东属始毕可汗。统叶护可汗势力衰微，乙失钵之孙夷男率领部落七万多家，归附颉利可汗。颉利可汗政局衰乱，薛延陀与回纥、拔野古等相率叛离。颉利可汗派他兄长的儿子欲谷设率领十万骑兵讨伐。回纥酋长菩萨率领五千骑兵在马鬣山和他交战，大败欲谷设军。欲谷设败走，菩萨追赶到天山，欲谷设所部兵众多被俘虏，回纥由此大兴。薛延陀又攻破突厥四部帅的典兵，颉利可汗不能制止。颉利可汗政权更加衰败，国中人民离散。适逢天下大雪，平地积雪数尺深，羊马多数冻死，民众遭遇严重饥荒，颉利恐怕唐趁着他疲困，领兵进入朔州边境，扬言要会合打猎，实际在这里设置防备。鸿胪卿郑元璹出使突厥回还，对

乘其弊，引兵入朔州境上^②，扬言会猎，实设备焉。鸿胪卿郑元璹使突厥还，<small>周有大行人之官，秦为典客，汉景帝曰大行，武帝曰大鸿胪。梁置十二卿，鸿胪为冬卿，去"大"字；唐因之，掌宾客及凶仪之事。</small>言于上曰："戎狄兴衰，专以羊马为候^③。今突厥民饥畜瘦，此将亡之兆也，不过三年。"上然之。群臣多劝上乘间击突厥，上曰："新与人盟而背之，不信；利人之灾，不仁；乘人之危以取胜，不武。纵使其种落尽叛，六畜无余，朕终不击，必待有罪，然后讨之。"

皇上说："戎狄的兴衰，专以羊马的多少为占候标准。如今突厥人民饥饿，牲畜瘦弱，这是将要亡国的征兆，为时不过三年了。"皇上认为他说得对。群臣劝说皇上乘机攻打突厥，皇上说："刚和人家结盟却背弃盟约，是不守信义；利用别人的灾难，是不讲仁道；乘人之危来取胜，不算英武。纵使其他部落全部叛变，六畜没有剩余，我始终不准备攻打，必须等到他们有罪过，然后去讨伐他们。"

注释

❶ 马鬣山，今地未详。　❷ 朔州，此元魏之朔州，时为东突厥所踞，治在今内蒙古和林格尔北。　❸ 候，此字有征兆之意。

【原文】

西突厥统叶护可汗<small>《考异》曰：《高祖实录》止云"叶护"，《旧传》作"统叶护"，今从之。</small>遣真珠统俟斤与高平王道立来，<small>高平王道立使西突厥，见上卷高祖武德八年。</small>献万钉宝钿金带，马五千匹，以迎公主。

【译文】

西突厥统叶护可汗派真珠统俟斤与高平王道立前来，献万钉宝钿金带，马五千匹，来迎娶唐朝的公主。颉利可汗不想让中国与西突厥和亲，数次派兵入境侵犯，

颉利不欲中国与之和亲，数遣兵入寇，又遣人谓统叶护曰："汝迎唐公主，要须经我国中过。"统叶护患之，未成婚。

又派人对统叶护可汗说："你迎娶唐朝的公主，必须从我国中经过。"统叶护可汗为此担忧，终究没有迎娶。

二年（戊子·六二八）

【原文】

春，正月，辛亥，右仆射长孙无忌罢。从无忌之请也，考下文可见。时有密表，称无忌权宠过盛者，上以表示之，曰："朕于卿洞然无疑，若各怀所闻而不言，则君臣之意有不通。"又召百官谓之曰："朕诸子皆幼，视无忌如子，非它人所能间也。"无忌自惧满盈，固求逊位，皇后又力为之请，上乃许之，以为开府仪同三司。

置六司侍郎，副六尚书；六司侍郎，吏部正四品上，余皆正四品下。并置左右司郎中各一人。左、右司郎中，从五品上。尚书左丞勾吏、户、礼十二司，右丞管兵、刑、工十二司；左、右司郎中各掌副十二司之事，以举正稽违，省署符目。

癸丑，吐谷浑寇岷州①，都督李

【译文】

春，正月，初三，右仆射长孙无忌被罢官。当时有人秘密上表奏称长孙无忌权位宠幸太过，皇上拿该奏表展示给长孙无忌，说："我对你很了解，没有怀疑，但若各人怀藏所听到的话而不明言，那君臣的心思就不相沟通了。"又召集文武百官对他们说："朕的儿子都尚幼小，我把无忌看作儿子一般，不是其他人所能离间得了的。"长孙无忌自己害怕权宠过盛，坚决请求让贤逊位，皇后又极力替他请求，皇上才允许，任命他为开府仪同三司。

设置六司侍郎，为六部尚书的副职；并置左右司郎中各一人。

初五，吐谷浑侵犯岷州，

道彦击走之。吐，从暾入声。谷，音浴。

都督李道彦击退了他们。

注　释

❶ 岷州，治在今甘肃岷县。

【原　文】

丁巳，徙汉王恪为蜀王，卫王泰为越王，楚王祐为燕王。

上问魏徵曰："人主何为而明，何为而暗？"对曰："兼听则明，偏信则暗。昔尧清问下民，故有苗之恶得以上闻；《书·吕刑》曰：皇帝清问下民，鳏寡有辞于苗。舜明四目，达四聪①，故共、鲧、骥兜不能蔽也。舜明目达聪，而难任人，故四凶不能逃其罪也。共，音恭。秦二世偏信赵高，以成望夷之祸；事见《秦纪》。梁武帝偏信朱异，以取台城之辱；事见《梁纪》。隋炀帝偏信虞世基，以致彭城阁之变。事见《隋炀帝纪》及高祖武德元年。是故人君兼听广纳，则贵臣不得拥蔽，而下情得以上通也。"上曰："善。"

【译　文】

初九，调迁汉王李恪做蜀王，卫王李泰做越王，楚王李祐做燕王。

皇上问魏徵说："人主怎么做才能明察，怎么做才是昏愦？"回答说："兼听多方意见才能明察，偏听一方意见则导致昏愦。从前唐尧虚心询问下层民众，所以有苗的罪恶能够使上面听到；舜眼目明察四面，耳聪通达四方，因此共工、鲧、骥兜不能逃脱罪责。秦二世偏信赵高，而有望夷宫被逼自杀之祸；梁武帝偏信朱异，以致台城被困饥病而死之耻；隋炀帝偏信虞世基，以致在彭城阁被弑之变。因此，人君兼听广纳多方意见，则亲贵的大臣无法阻塞言路，下情也能上达。"皇上说："很好。"

注 释

❶ 舜明四目，达四聪，见《尚书·尧典》。明四目，广视四方之意；达四聪，广听四方之意。

【原 文】

上谓黄门侍郎王珪曰："开皇十四年大旱，隋文帝不许赈给，而令百姓就食山东，比至末年，天下储积，可供五十年。炀帝恃其富饶，侈心无厌，卒亡天下。但使仓廪之积，足以备凶年，其余何用哉！"

二月，上谓侍臣曰："人言天子至尊，无所畏惮。朕则不然，上畏皇天之监临，下惮群臣之瞻仰，兢兢业业，犹恐不合天意，未副人望。"魏徵曰："此诚致治之要，愿陛下慎终如始，则善矣。"

上谓房玄龄等曰："为政莫若至公。昔诸葛亮窜廖立、李严于南夷，亮卒而立、严皆悲泣，有死者，事见七十二卷魏明帝青龙二年。非至公能如是乎！又高颎为隋

【译 文】

皇上对黄门侍郎王珪说："开皇十四年大旱，隋文帝不允许赈济供给，而令百姓到山东谋食，等到末年，天下储积的粮食可供给五十年。隋炀帝仗恃这份富饶，奢心无厌，最终亡失了天下。仓廪的积蓄只要足以备凶年食用就够了，其余的有什么用处呢！"

二月，皇上对侍臣说："人们说天子最尊贵，没什么畏惧的。我就不是这样，对上畏惧皇天的监察，对下害怕群臣的仰望，兢兢业业，还恐怕上不符合天意，下未合乎人望。"魏徵说："这正是达到太平盛世的要领，希望陛下谨慎为怀，始终如一，就好了。"

皇上对房玄龄说："为政之道，没有比极公正更重要的。从前诸葛亮把廖立、李严放逐到南夷，诸葛亮死时，廖立、李严都为他悲伤哭泣，还有悲痛至死的（指李严），若不是公正无私能有这种结果吗？

相，公平识治体，隋之兴亡，系颍之存没。事见《隋纪》。朕既慕前世之明君，卿等不可不法前世之贤相也！"

三月，戊寅朔，日有食之。

壬子，大理少卿胡演进每月囚帐；囚帐，具每月禁系罪囚之姓名，犹今之禁历也。上命自今大辟，皆令中书、门下四品已上自二省长贰而下至谏议大夫也。及尚书议之，庶无冤滥。既而引囚至岐州刺史郑善果，上谓胡演曰："善果虽复有罪，官品不卑，岂可使与诸囚为伍。自今三品已上犯罪，不须引过，听于朝堂俟进止①。"太极宫承天门左右有东西朝堂。

又如高颎做隋朝的宰相，公平正直，能识治国之体要，隋朝的兴亡，系在高颎的生存死亡上。我既仰慕前代的明君，你们不可不效法前代的贤相！"

三月，初一，出现日食。

初五，大理少卿胡演进呈每月登载囚犯姓名的簿册；皇上命令，从今往后，大辟之罪，都使中书省、门下省四品以上的官员及六部尚书审议，做到几乎没有冤狱滥刑。既而带领囚犯走过，到岐州刺史郑善果时，皇上对胡演说："善果即便再有罪，但官的品秩不低，怎么可以使他与众囚犯站在一个队伍里呢！从今以后，三品以上官员犯罪，不需带领过来，可让他们在朝堂听候处理。"

注 释

❶ 俟进止，此三字，唐书牍中常用，即听候处理之意。

【原 文】

关内旱饥，民多卖子以接衣食；己巳，诏出御府金帛为赎之，归其父母。庚午，诏以

【译 文】

关内发生旱灾饥荒，人多有卖掉儿子来接济衣食的；二十二日，诏命拨出皇宫府库的金帛为他们赎身，归还给他

去岁霖雨，今兹旱、蝗，赦天下。诏书略曰："若使年谷丰稔，天下乂安，移灾朕身，以存万国，是所愿也，甘心无吝。"会所在有雨，民大悦。

夏，四月，己卯，诏以隋末乱离，因之饥馑，暴骸满野，伤人心目，宜令所在官司收瘗。

初，突厥突利可汗建牙直幽州之北①，主东偏，奚、霫等数十部多叛突厥来降，颉利可汗以其失众责之。及薛延陀、回纥等败欲谷设，颉利遣突利讨之，突利兵又败，轻骑奔还。颉利怒，拘之十余日而挞之，突利由是怨，阴欲叛颉利。颉利数征兵于突利，突利不与，表请入朝。上谓侍臣曰："向者突厥之强，控弦百万，凭陵中夏②，用是骄恣以失其民。今自请入朝，非困穷，肯如是乎！朕闻之，且喜且惧。何则？突厥衰则边境安矣，故喜。然朕或失道，它日亦将如突厥，能无惧乎！卿曹宜不惜

们的父母。二十三日，诏命因去年连绵大雨，今年又出现干旱、蝗灾，大赦天下。诏书大意是说："若使年谷丰登，天下太平无事，移灾到朕身上，来保存万国人民，这是朕所心甘情愿的，不会吝惜。"恰逢干旱的地方下了大雨，民众大为欢悦。

夏，四月，初三，诏命："隋朝末年兵荒马乱、流离失散，由此饥馑，暴露的骨骸满山遍野，使人目怵心伤，应使当地官府部门收拾埋葬。"

当初，突厥突利可汗在幽州北面建立牙旗，主管东边的部落，奚、霫等数十部大多叛离突厥前来投降唐朝，颉利可汗因他失去民众斥责他。到薛延陀、回纥等打败欲谷设，颉利可汗派突利可汗讨伐，突利可汗军队又被打败，轻装骑马逃回。颉利可汗发怒，把他拘禁十多天，而且鞭打他，突利可汗由此怀恨，暗中想叛离颉利可汗。颉利可汗数次向突利可汗征兵，突利可汗不给，反上表请求入京朝拜。皇上对侍臣说："从前突厥强盛时，控弦的兵众有百万，凭势侵陵华夏，因此骄横恣肆而失去他的民众。如今自己请求入京朝见，不是困顿穷途，肯这样吗？我听到这个消息，又欢喜又恐惧。为什么呢？突厥势衰则边境安定，因此欢喜。然而，我如果有失君主治国之道，他日也会像突厥这样，能不恐惧吗？你们应当不辞辛

苦谏，以辅朕之不逮也。" | 苦予以劝谏，来辅助朕的不及之处。"

注 释

❶ 牙，军中大旗。突厥可汗于他的驻地毡帐前，竖立狼头大旗，因此称建牙。　❷ 凭陵，轻侮侵陵之意。

【原 文】

颉利发兵攻突利，丁亥，突利遣使来求救。上谋于大臣曰："朕与突利为兄弟，有急不可不救。结兄弟事，见上卷高祖武德七年。然颉利亦与之有盟，谓渭桥之盟也，见上卷武德九年。奈何？"兵部尚书杜如晦曰："戎狄无信，终当负约，今不因其乱而取之，后悔无及。夫取乱侮亡，《书·仲虺之诰》之辞。古之道也。"

丙申，契丹酋长帅其部落来降。颉利遣使请以梁师都易契丹，上谓使者曰："契丹与突厥异类，今来归附，何故索之！师都中国之人，盗我土地，暴我百姓，突厥受而庇之，我兴兵致讨，辄来救之，彼如鱼游釜中，

【译 文】

颉利可汗发动军队攻打突利可汗，十一日，突利可汗派遣使臣前来唐朝请求援救，皇上同大臣们谋划说："我与突利可汗结拜为兄弟，他有急难不可不援救，然而我们也与颉利可汗订有盟约，怎么办？"兵部尚书杜如晦说："戎狄不守信义，始终会背负盟约，如今不乘其变乱而夺取其政权，将来后悔不及。夺取丧乱的政权，凌侮危亡的君主，是自古以来的道理。"

二十日，契丹酋长率领着他的部落前来归降。颉利可汗派遣使者请求用梁师都来换取契丹，皇上对使者说："契丹与突厥为不同种族，如今前来归附，为什么要索取它！师都是中国的人，盗窃我的土地，暴虐我的百姓，突厥接纳庇护他，我兴兵讨伐，你们就算来援救，他也像鱼在釜中游动，担心什么不被我所有！假使

何患不为我有! 借使不得, 亦终不以降附之民易之也。"

先是, 上知突厥政乱, 不能庇梁师都, 以书谕之, 师都不从。上遣夏州都督长史刘旻、司马刘兰成图之。旻等数遣轻骑践其禾稼, 多纵反间, 离其君臣, 其国渐虚, 降者相属。其名将李正宝等谋执师都, 事泄, 来奔, 由是上下益相疑。旻等知可取, 上表请兵。上遣右卫大将军柴绍、殿中少监薛万均击之, 又遣旻等据朔方东城以逼之[1]。克东城见一百九十卷武德五年。师都引突厥兵至城下, 刘兰成偃旗卧鼓不出。师都宵遁, 兰成追击, 破之。突厥大发兵救师都, 柴绍等未至朔方数十里, 与突厥遇, 奋击, 大破之, 遂围朔方。突厥不能救, 城中食尽。壬寅, 师都从父弟洛仁杀师都, 以城降,梁师都, 隋大业末起兵, 至是而灭。以其地为夏州。

不能得到, 也终不以降顺归附的民众换取他。"

在此之前, 皇上知道突厥政治混乱, 不能庇护梁师都, 用书信晓谕他, 梁师都不听从。皇上派遣夏州都督长史刘旻、司马刘兰成图谋夺取他, 刘旻等数次派遣轻装骑兵去践踏他的禾苗庄稼, 多次使下反间计, 离间他们的君臣关系, 他们的国家逐渐虚弱, 投降的接连不断。其名将李正宝等人谋划捉住梁师都, 事情泄漏了, 前来投奔降顺, 由此君臣上下更加相互猜疑。刘旻等人了解到可以夺取, 上表求兵。皇上派遣右卫大将军柴绍、殿中少监薛万均攻打他, 又派遣刘旻等人占据朔方东城来逼迫他。梁师都带领突厥军队到朔方城下, 刘兰成偃旗息鼓不出战。梁师都半夜逃遁, 刘兰成追击, 打败了梁师都。突厥发动大军援救梁师都, 柴绍等走到朔方还不满数十里, 与突厥遭遇, 奋力猛击, 把突厥打得大败, 于是围困朔方。突厥不敢援救, 朔方城中粮食用尽。二十六日, 梁师都的堂弟梁洛仁杀梁师都, 以城投降, 在其领地上建立夏州。

注 释

❶ 朔方城，今陕西榆林横山区。唐取其地置夏州。

【原 文】

太常少卿祖孝孙，以梁、陈之音多吴、楚，周、齐之音多胡、夷，于是斟酌南北，考以古声，作《唐雅乐》，凡八十四调、三十一曲、十二和。*律有七声，十二律凡八十四调。隋有《皇夏》十四曲。孝孙制十二和，以法天之成数，凡三十一曲。十二和者，一曰豫和，二曰顺和，三曰永和，四曰肃和，五曰雍和，六曰寿和，七曰舒和，八曰太和，九曰昭和，十曰休和，十一曰正和，十二曰承和。*诏协律郎张文收与孝孙同修定。*汉协律都尉佩二千石印绶。唐协律郎，正八品上，属太常寺。*六月，乙酉，孝孙等奏新乐。上曰："礼乐者，盖圣人缘情以设教耳，治之隆替，岂由于此。"御史大夫杜淹曰："齐之将亡，作《伴侣曲》，*北齐之时，阳俊之多作六言歌辞，淫荡而拙，世俗流传，名为《阳五伴侣》。*陈之将亡，作《玉树后庭花》，*杜佑曰：《玉树后庭花》《堂堂黄鹂留》《金钗两鬓垂》，并陈后主所造，恒与宫中女学士及朝臣唱和为诗，太乐令何胥采其尤轻艳者*

【译 文】

太常寺少卿祖孝孙，因南朝梁、陈的音乐多带有吴、楚方音，北朝周、齐的音乐多带有胡、夷方音，于是斟酌南北的方音，用古声韵加以考定，制作《唐雅乐》，共八十四调、三十一曲、十二和。诏书命协律郎张文收与祖孝孙共同加以修订。六月，十一日，祖孝孙等演奏新乐曲。皇上说："礼乐，大概是圣人根据人们的情感来施教化的，政治的隆盛衰替，哪里是由于礼乐呢？"御史大夫杜淹说："北齐将要灭亡时，有《伴侣曲》，南陈将要灭亡时，有《玉树后庭花》，其声调哀思缠绵，行路人听到都悲伤流泪，怎么能够说政治的隆盛衰替不在于礼乐呢？"皇上说："不对。音乐能够感染人，因而快乐的人听到就喜悦，忧愁的人听到就悲伤，悲伤与喜悦在于人的心境，不是由音乐产生的。将要灭亡的政权下，

为此曲。其声哀思，行路闻之皆悲泣，何得言治之隆替不在乐也！"上曰："不然。夫乐能感人，故乐者闻之则喜，忧者闻之则悲，悲喜在人心，非由乐也。将亡之政，民必愁苦，故闻乐而悲耳。今二曲具存，朕为公奏之，公岂悲乎？"右丞魏徵曰："古人称'礼云礼云，玉帛云乎哉！乐云乐云，钟鼓云乎哉！'《论语》载孔子之言。乐诚在人和，不在声音也。"

臣光曰：臣闻垂能目制方圆，心度曲直，垂，古之巧人。然不能以教人，其所以教人者，必规矩而已矣。圣人不勉而中①，不思而得，然不能以授人，其所以授人者，必礼乐而已矣。礼者，圣人之所履也；乐者，圣人之所乐也。圣人履中正而乐和平②，又思与四海共之，百世传之，于是乎作礼乐焉。故工人执垂之规矩而施之器，是亦垂之功已；王者执五帝、三王之礼乐而施之世，是亦五帝、三王之治已。五帝、三王，其违世已久，后之人见其礼知其所履，闻其乐知其所乐，炳然若犹存于世焉，此非礼乐之功邪。

民众一定愁苦，故听到音乐就悲伤。如今这两首乐曲尚在，我为公演奏，公听了难道会悲伤吗？"右丞魏徵说："古人说：'礼呀礼呀，难道是指玉圭束帛这些礼品吗！乐呀乐呀，难道是指钟鼓这些乐器吗！'声乐实质在人和，不在声音。"

臣司马光说：我听说古代能工巧匠能够用眼睛测定方圆，用内心度量曲直，但是不能够拿来教给别人，他所用来教人的东西，一定是圆规方矩罢了。圣人不费力就能切中事物的道理，不泳思而能获得治国之道，然而不能用来传授给别人，他用来传授别人的，必定是礼乐罢了。礼，是圣人所实践过的；乐，是圣人所喜欢的声音。圣人实践中正之道而喜爱和平之乐，又想与四海民众共有，百代流传，于是乎制作礼乐。因此，工匠手执垂的规矩制作器物，这是垂的功劳了；君王将五帝、三王的礼乐推行于世，这是五帝、三王的为政。五帝、三王，他们离世已久，后人见到他们的礼便知道他们的行为，听到他们的音乐就知道他们的爱好，好像他们还活在世上一般，这不是礼乐的功劳吗？

注 释

❶ 不勉而中，言不需有意去做，而其言语动止均合于理。　❷ 履，践。

【原文】

夫礼乐有本、有文，中和者本也，容声者末也，二者不可偏废。先王守礼乐之本，未尝须臾去于心，行礼乐之文，未尝须臾远于身。兴于闺门，著于朝廷，被于乡遂比邻①，达于诸侯，流于四海，自祭祀军旅至于饮食起居，未尝不在礼乐之中；如此数十百年，然后治化周浃，凤凰来仪也。苟无其本而徒有其末，一日行之而百日舍之，求以移风易俗，诚亦难矣。是以汉武帝置协律，歌天瑞，非不美也，不能免哀痛之诏。见《本纪》。王莽建羲和，考律吕，非不精也，不能救渐台之祸。王莽令刘歆考定律吕，羲和掌之。班固取以志《律历》。渐台事见《汉淮阳王纪》。晋武制笛尺，调金石，非不详也，不能弭平阳之灾。晋武帝使荀勖定钟律。平阳之灾，谓怀、愍二帝蒙尘也。梁武帝立四器，调八音，非不察

【译文】

礼乐有本、有文：中正和平是本，仪容声音是末，二者不可偏废。先王谨守礼乐之本，不曾片刻离心，实行礼乐之文，不曾片刻离身。兴起于居室之内，彰显于朝廷，被于乡遂比邻，通达于诸侯之间，流传于四海之内，从祭祀行军旅次以至于饮食起居，未尝不在礼乐之中；如此数十百年，然后治理教化周遍融洽，凤凰来仪。假若没有礼乐之本而空有礼乐之末，一天推行而百天舍弃，以此求得移风易俗，实在太困难了。因此，汉武帝设置协律都尉，歌颂天降祥瑞，不能说不美，却不能免除颁下哀痛之诏。王莽设立羲和官，考定律吕，并不是不精确，却不能拯救其渐台杀身之祸。西晋武帝制造笛尺，调和金石声律，不是不精详，却不能消弭平阳之灾。南朝梁武帝设立四器，调和八音，不能说不明察，却不能免遭台城之

【原文】

也，不能免台城之辱。四器，谓制四通也。事见一百四十五卷天监元年。台城之辱见一百六十二卷太清三年。然则《韶》《夏》《濩》《武》之音，具存于世，舜乐曰《韶》，禹乐曰《夏》，汤乐曰《濩》，周武王乐曰《武》。苟其余不足以称之②，曾不能化一夫，况四海乎！是犹执垂之规矩而无工与材，坐而待器之成，终不可得也。况齐、陈淫昏之主，亡国之音，暂奏于庭，乌能变一世之哀乐乎！而太宗遽云治之隆替，不由于乐，何发言之易，而果于非圣人也如此！

【译文】

耻。然而，《韶》《夏》《濩》《武》的音乐，都留存于世，如果舜、禹、汤、武的德行不足以称道，尚不能感化一个人，更何况四海之内的民众呢？这像是拿着垂的规矩而无工匠和器材，却要坐着等待器物完成，最终是不可能得到的。况且齐、陈淫乱昏庸的君主，亡国的音乐，暂奏于朝廷，怎么能改变一代的哀乐呢！然而太宗急着说国家政治的隆替不由于音乐，发言为什么这样轻率，而对于否定圣人果断到这个地步呢？

注释

❶ 乡遂比邻，《周礼》，万二千五百家为乡，天子六乡，每乡有乡大夫一人。又六遂之地，自远郊以至于畿中，包括公邑、家邑等，有遂大夫。五家为比。五比为邻，有邻长一人。　❷ "余"，张敦仁《资治通鉴刊本识误》云，应改作"德"。

【原文】

夫礼非威仪之谓也，然无威仪，则礼不可得而行矣。乐非声音之谓也，然无声音，则乐不可得而见矣。譬诸山，取

【译文】

礼的真义不在于威容仪式，然而没有威容仪式，礼就不可能得到体现从而施行了。乐的真义不在于声音，然而没有声音，乐就不可得到表现。

其一土一石而谓之山则不可，然土石皆去，山于何在哉！故曰："无本不立，无文不行。"《记·礼器》之言。奈何以齐、陈之音，不验于今世，而谓乐无益于治乱，何异睹拳石而轻泰山乎！必若所言，则是五帝、三王之作乐皆妄也。"君子于其不知，盖阙如也"，《论语》载孔子之言。惜哉！

戊子，上谓侍臣曰："朕观《隋炀帝集》，文辞奥博，亦知是尧、舜而非桀、纣，然行事何其反也！"魏徵对曰："人君虽圣哲，犹当虚己以受人，故智者献其谋，勇者竭其力。炀帝恃其俊才，骄矜自用，故口诵尧、舜之言，而身为桀、纣之行，曾不自知以至覆亡也。"上曰："前事不远，吾属之师也。"

畿内有蝗。辛卯，上入苑中，出玄武门北入禁苑。见蝗，掇数枚[1]，掇，拾取也。祝之曰："民以谷为命，而汝食之，宁食吾之肺肠。"举手欲吞之。左右谏

譬如一座山，取它一块土一个石头而称其为山就不可以，然而若将土石全部搬去，山又在哪里呢？所以说："没有根本不能成立，没有文饰形式不能施行。"为什么以齐、陈的音乐不合于今世，就说音乐对于治乱没有助益，这与看到拳头大的石头就轻视泰山有什么不同呢！一定要如太宗所说的，那么五帝、三王创作的音乐都是虚妄的。"君子对于他所不知道的，暂付阙如"，可惜啊！

十三日，皇上对侍臣说："我观看《隋炀帝集》，其中文辞深奥博雅，也知推崇尧、舜而非议桀、纣，然而他的行为什么那样相反啊？"魏徵回答说："人君虽然圣明，还应当使自己谦虚来接受别人的意见，所以智慧的人献出他的计策，英勇的人竭尽他的力量。隋炀帝凭恃他的俊才，骄矜自用，所以口诵尧、舜的言论而本身表现出的是桀、纣的行为，曾不自知以至于到了覆亡的境地。"皇上说："以前发生的事情不远，当成为我们的借鉴。"

京畿之内有了蝗虫。十六日，皇上进入禁苑内，看到蝗虫，拾取数只，祷祝说："人民凭粮谷维持生命，而你们吃了它，宁愿你们吃我的肺肠。"举手要把它们吞下去，身边的人劝谏说："吞吃这坏东西或许会生

曰："恶物或成疾。"上曰："朕为民受灾，何疾之避!"遂吞之。是岁，蝗不为灾。

疾病。"皇上说："我要替人民承受灾难，还回避什么疾病!"于是把它们吞下。这一年，蝗虫未形成灾害。

注　释

❶掇，音多。

【原　文】

上曰："朕每临朝，欲发一言，未尝不三思，恐为民害，是以不多言。"给事中知起居事杜正伦曰："臣职在记言，古者有左、右史，天子言则左史书之，动则右史书之。隋始置起居舍人。贞观二年，省起居舍人，移其职于门下省，置起居郎二员，其以它官兼者，谓之知起居注、知起居事。陛下之失，臣必书之，岂徒有害于今，亦恐贻讥于后。"上悦，赐帛二百段。

上曰："梁武帝君臣惟谈苦空，言所谈者，惟苦行空寂也。侯景之乱，百官不能乘马。元帝为周师所围，犹讲《老子》，百官戎服以听。事见一百六十五卷梁元帝承圣三年。此深足为戒。朕所好者，唯尧、舜、周、孔之道，以为

【译　文】

皇上说："我每次临朝听政，想发一句言，未尝不再三思忖，恐怕说不好有害于民众，因此不多发言。"给事中知起居事杜正伦说："臣的职责在于记录言论，陛下言论有失，臣必定记录，岂独对今天有害，还恐怕贻笑于后世。"皇上喜悦，赏赐帛二百段给他。

皇上说："梁武帝君臣只谈苦行空寂，侯景之乱时，百官不能够骑马。梁元帝被北周的军队包围时，还在讲论《老子》，百官还穿着军服在听讲。这种事足够作为我们的警戒。朕所爱好的，只有尧、舜、周公、孔子之道，有此如鸟有了

如鸟有翼，如鱼有水，失之则死，不可暂无耳。"

以辰州刺史裴虔通①，隋炀帝故人，特蒙宠任，而身为弑逆，事见一百八十五卷高祖武德元年。按《通鉴》纪事各为段，凡改段处，率空一字，别为一节，此段头既空字，"以"字之上，合有"上"字，文乃明。虽时移事变，屡更赦令，幸免族夷，不可犹使牧民，乃下诏除名，流驩州。贞观元年，改德州曰南郡曰驩州。虔通常言"身除隋室以启大唐"，自以为功，颇有觖望之色②。觖，……怨望也。及得罪，怨愤而死。

翅膀，鱼得了活水，失去它就要死亡，不可一时无它。"

因辰州刺史裴虔通，是隋炀帝的故旧人员，特别蒙受宠爱信任，却亲身做弑逆的事。虽然时移事变，屡次经过赦免，侥幸免去灭族的罪行，但不可再让他治理民众，于是下达诏命除去他的官名，将其流放到驩州。裴虔通常说"我亲身除掉隋朝皇室，来开拓大唐的江山"，自认为有功劳，很有怨恨的神色。等到获罪，怨愤而死。

注释

❶ 辰州，治在今湖南沅陵。　❷ 觖，音决，觖望，犹怨望。

【原文】

秋，七月，诏宇文化及之党莱州刺史牛方裕、绛州刺史薛世良、广州都督长史唐奉义、隋武牙郎将元礼并除名徙边。武牙郎将即虎牙郎将，唐避讳，改"虎"曰"武"。

上谓侍臣曰："古语有之：

【译文】

秋，七月，下诏命将宇文化及的党徒莱州刺史牛方裕、绛州刺史薛世良、广州都督长史唐奉义、隋武牙郎将元礼一并除名，流徙边地。

皇上对侍臣说："古语有这种说法：'赦免天下，是小人的幸运，

'赦者小人之幸，君子之不幸。'
'一岁再赦，善人喑哑①。'夫养
稂莠者害嘉谷，稂莠皆恶草害稼。赦
有罪者贼良民，故朕即位以来，
不欲数赦，恐小人恃之轻犯宪章
故也！"

是君子的不幸。'‘一岁中两次大
赦，使善良的人喑哑不能言。'养
稂莠会伤害嘉谷，赦免有罪的人会
贼害良民，所以我即位以来，不想
屡次地赦免天下，是恐怕小人仗恃
大赦轻易地冒犯宪章法令！"

注 释

❶喑哑，默不作声之意。喑，音阴。哑，音鸦。

——以上卷一九二

【原 文】

九月，丙午，初令致仕官
〔位〕在本品之上①。按《唐会要》，
是时诏内外文武官年老致仕者，参朝之班，
宜在本品见任之上。

【译 文】

九月，初三，初次下令：年老
辞官归里的官员，参与朝见的班
秩，位在本品现任官之上。

注 释

❶位，章钰《校宋记》云：十二行本"官"下有"位"字；乙十一行本同；
孔本同；张校同。今据增。

【原文】

上曰："比见群臣屡上表贺祥瑞，夫家给人足而无瑞，不害为尧、舜，百姓愁怨而多瑞，不害为桀、纣。后魏之世，吏焚连理木①，煮白雉而食之，岂足为至治乎！"丁未，诏："自今大瑞听表闻，按《仪制令》，凡景星、庆云为大瑞，其名物六十有四；白狼、赤兔为上瑞，其名物三十有八；苍乌、朱雁为中瑞，其名物三十有二；嘉禾、芝草、木连理为下瑞，其名物十四。自外诸瑞，申所司而已。"《唐六典》：礼部郎中，凡祥瑞应见，皆辨其物名。尝有白鹊构巢于寝殿槐上，合欢如腰鼓，左右称贺。上曰："我常笑隋炀帝好祥瑞。瑞在得贤，此何足贺！"命毁其巢，纵鹊于野外。

【译文】

皇上说："最近见到群臣屡次上表奏贺祥瑞，家家自给、人人丰足而没祥瑞，也不妨害君主为尧、舜；百姓愁苦怨恨，而再多祥瑞，也阻挡不了君主是桀、纣那样的人。后魏的时代，官吏焚毁连理的树木，煮白雉来吃，难道能够做到大治吗！"初四，诏书说："从今以后，有大的祥瑞，听凭上表奏闻，自此以外的各种祥瑞，申报有关部门罢了。"曾经有白鹊在寝殿旁的槐树上构巢，合欢交媾如腰鼓，左右大臣称颂道贺。皇上说："我常常耻笑隋炀帝爱好祥瑞。祥瑞在于得到贤才，这何足称贺！"命令毁掉白鹊巢穴，将白鹊放生野外。

注 释

❶ 连理木，两木相接而生，谓之连理。

【原文】

天少雨，中书舍人李百药上言："往年虽出宫人，窃闻太上皇宫及掖

【译文】

天干旱少雨，中书舍人李百药表奏说："往年虽然遣出

庭宫人，无用者尚多，岂惟虚费衣食，且阴气郁积，亦足致旱。"上曰："妇人幽闭深宫，诚为可愍，洒扫之余，亦何所用，宜皆出之，任求伉俪。"于是遣尚书左丞戴胄、给事中洹水杜正伦洹水县，周建德六年分临漳东北界置，属魏州。于掖庭西门简出之，掖，音亦。前后所出三千余人。

己未，突厥寇边，朝臣或请修古长城，古长城，秦蒙恬所筑者也。自汉至隋，沿边所筑城障非一处，而长城之延袤，未有如秦者也。发民乘堡障。上曰："突厥灾异相仍，颉利不惧而修德，暴虐滋甚，骨肉相攻，亡在朝夕。朕方为公扫清沙漠，安用劳民远修障塞乎！"

壬申，以前司农卿窦静为夏州都督。静在司农，少卿赵元楷善聚敛，静鄙之，对官属大言曰：司农官属，有丞、主簿、上林、太仓、钩盾、导官四署令、丞，太仓、永丰、龙门等仓。司竹、庆善、石门、温泉汤等监，京都诸宫苑总监，诸园苑监，苑四面监，九成宫监，诸盐池监，诸屯监，各有监副、监丞，苑总监又有主簿，诸盐池、诸屯监无副监。"隋炀帝奢侈重敛，司农非公不可；今天子节俭爱民，公何所用哉！"元楷大惭。

上问王珪曰："近世为国者益不

过宫人，我私下听说太上皇宫内及掖庭中，没用的宫人还很多，哪里只是白白浪费衣粮，而且使阴气郁塞丛积，也足以导致干旱。"皇上说："妇人们囚禁在深宫里，实在可怜。除了做些洒扫工作，还有什么用处，应该都放她们出去，任凭寻求配偶。"于是派遣尚书左丞戴胄、给事中洹水人杜正伦在掖庭的西门加以选择遣出，前后所放出的有三千多人。

十六日，突厥侵略边境。朝中大臣有人请求修葺古长城，发动民众登上堡障防敌。皇上说："突厥灾异频仍，颉利却不恐惧去修养德行，反而更加暴虐，骨肉之间相互攻击，灭亡就在旦夕之间。朕当为公扫清沙漠，怎么能劳役民众到远方修筑屏障要塞呢！"

二十九日，任用前司农卿窦静做夏州都督。窦静在司农任内，司农少卿赵元楷善于聚敛民财，窦静鄙视他，对官府僚属大声说："隋炀帝生活奢侈重敛，司农之职，非公正不可；如今天子节俭爱民，你聚敛民财，要用在什么地方呢！"赵元楷大为惭愧。

皇上询问王珪说："近代

及前古，何也？"对曰："汉世尚儒术，宰相多用经术士，故风俗淳厚；近世重文轻儒，参以法律，此治化之所以益衰也。"上然之。

冬，十月，御史大夫参预朝政安吉襄公杜淹薨。

交州都督遂安公寿以贪得罪，遂安公寿，宗室也。上以瀛州刺史卢祖尚才兼文武①，廉平公直，征入朝，谕以"交趾久不得人，须卿镇抚"。祖尚拜谢而出，既而悔之，辞以旧疾。上遣杜如晦等谕旨曰："匹夫犹敦然诺，敦然诺，犹重然诺也，言既许人，则必践言。奈何既许朕而复悔之！"祖尚固辞。戊子，上复引见，谕之，祖尚固执不可。上大怒曰："我使人不行，何以为政！"命斩于朝堂，阁本《太极宫图》：东西朝堂在承天门左右。承天门，外朝也。东朝堂之前有肺石，西朝堂之前有登闻鼓。寻悔之。他日，与侍臣论"齐文宣帝何如人？"魏徵对曰："文宣狂暴，然人与之争，事理屈则从之。有前青州长史魏恺使于梁还，除光州长史，不肯行，杨遵彦奏之，文宣怒，召而责之。恺曰：'臣先任大州，使还，有劳无过，更得小州，此臣所以不行

治理国家的，更加赶不上前古时代，为什么？"回答说："汉代崇尚儒术，宰相之职大多任用有经术的人士，因此风俗淳厚；近代重视文法轻视儒术，以法律参政，这是治理教化更加衰微的原因。"皇上认为他说得对。

冬，十月，以御史大夫参预朝政的安吉襄公杜淹逝世。

交州都督遂安公李寿因贪污获罪，皇上因瀛州刺史卢祖尚文武兼备，清廉、公平、正直，征召他入朝，告谕"交趾长久不得贤人治理，必须卿去镇守安抚"。卢祖尚拜谢出来，过后又后悔，用旧病发作推辞。皇上派遣杜如晦等告诉他说："平头百姓尚注重践行诺言，为什么已答应朕而又后悔！"卢祖尚坚决推辞。十五日，皇上再次引见，晓谕他这个道理，卢祖尚固执己见不听从。皇上大怒说："我派个人都派不动，凭什么执政！"命令在朝堂上斩杀了他，不久感到后悔。过些日子，与侍臣议论"北齐文宣帝是个什么样的人"。魏徵回答说："北齐文宣帝是个猖狂暴躁的人，然而有人与他争论，自己理屈就服从

也。'文宣顾谓遵彦曰:'其言有理,卿赦之。'此其所长也。"杨愔,字遵彦,相齐文宣帝,大见亲任。上曰:"然。向者卢祖尚虽失人臣之义,朕杀之亦为太暴,由此言之,不如文宣矣!"命复其官荫。复其官,则得荫其子若孙。唐制,凡用荫:一品,子正七品上;二品,子正七品下;三品,子从七品上;从三品,子从七品下;正四品,子正八品上;从四品,子正八品下;正五品,子从八品上;从五品及国公,子从八品下。三品以上,荫曾孙;五品以上,荫孙;孙降子一等,曾孙降孙一等,赠官降正官一等,死事者与正官同。郡、县公子视从五品孙,县男以上子降一等,勋官二品子又降一等,二王后孙视正三品。

他人。有前任青州长史魏恺出使梁朝回还,被任命为光州长史,不肯前行,杨遵彦上奏。文宣帝发怒,将魏恺叫来予以斥责。魏恺说:'臣先在大州任职,出使返回,有功劳无过错,却被改派到小州任职,这是我不去的原因。'文宣帝回过头来对杨遵彦说:'他说得有道理,卿赦免他。'这就是他的长处所在。"皇上说:"对。从前卢祖尚虽然有失人臣之义,我杀掉他也太残暴,由此言之,不如文宣帝了!"下令恢复卢祖尚的官位来庇荫他的子孙。

注 释

❶ 瀛州,治在今河北河间。

【原 文】

徵状貌不逾中人,而有胆略,善回人主意,每犯颜苦谏,或逢上怒甚,徵神色不移,上亦为霁威,人主之威,重于雷霆。霁威言犹雨霁则雷霆亦收威。尝谒告上冢,还,言于上曰:"人言陛下欲幸南山,外皆严装已毕,而竟不

【译 文】

魏徵身材相貌不如一般的人,却有胆识谋略,善于回转人主心意,每每冒犯人主怒颜苦苦地规谏;有时碰上皇上非常恼怒,魏徵神色不变,皇上也因此好似雨霁天晴,解除雷霆般的威怒。魏徵曾经拜谒告

行，何也？”上笑曰：“初实有此心，畏卿嗔，故中辍耳。”上尝得佳鹞，自臂之，望见徵来，匿怀中；徵奏事固久不已，鹞竟死怀中。

十一月，辛酉，上祀圜丘。武德元年制，每岁冬至，祀昊天上帝于圜丘，以景皇帝配。

十二月，壬午，以黄门侍郎王珪为守侍中。上尝间居，间，读日闲。与珪语，有美人侍侧，上指示珪曰：“此庐江王瑗之姬也，庐江王瑗反死，见一百九十一卷武德九年。瑗杀其夫而纳之。”珪避席曰：“陛下以庐江纳之为是邪，非邪？”上曰：“杀人而取其妻，卿何问是非！”对曰：“昔齐桓公知郭公之所以亡，由善善而不能用，然弃其所言之人，管仲以为无异于郭公。齐桓公过郭氏之墟，问父老曰：‘郭何故亡？’对曰：‘善善恶恶。’公曰：‘若子之言，何至于亡。’对曰：‘善善而不能用，恶恶而不能去，此其所以亡也。’今此美人尚在左右，臣以为圣心是之也。”上悦，即出之，还其亲族。《考异》曰：《实录》《新》《旧书》皆云“帝虽不出此美人，而甚重其言”。按太宗贤主，既重珪言，何得反弃而不用乎！且是人泛侍左右，又非嬖宠著名之人，太宗何爱而留之！今从《贞观政要》。

上使太常少卿祖孝孙教宫人音

祭先人的坟陵，回来后对皇上说：“有人说陛下想幸临南山，外面跟从的人都已经严整装束，最后却不去了，为什么呢？”皇上笑着说：“当初确实有这个心思，畏惧你嗔怪，因此中途取消了。”皇上曾经得到一只佳鹞，亲自用手臂架鹞，望见魏徵来了，把鹞藏匿在怀中；魏徵上奏言事时故意长久不完，最后鹞死在了太宗怀中。

十一月，十九日，皇上在圜丘祭祀昊天上帝。

十二月，二十日，以黄门侍郎王珪为守侍中。皇上曾经闲居和王珪谈话，有一美人在旁边侍候，皇上指着美人对王珪说：“这是庐江王李瑗的妾，李瑗杀了她的丈夫而纳她为妾。”王珪起身离座说：“陛下认为庐江王接纳她为妾是对还是错呢？”皇上说：“杀了人而夺取人家的妻子，卿怎么还问对错！”回答说：“从前齐桓公知道郭公之所以灭亡是由于喜欢善人而不能任用，然而舍弃自己所称赞的人，管仲认为同郭公没有什么差别。如今这位美人还在左

乐，不称旨，上责之。温彦博、王珪谏曰："孝孙雅士，今乃使之教宫人，又从而谴之，臣窃以为不可。"上怒曰："朕置卿等于腹心，当竭忠直以事我，乃附下罔上，为孝孙游说邪！"彦博拜谢。珪不拜，曰："陛下责臣以忠直，今臣所言，岂私曲邪！此乃陛下负臣，非臣负陛下！"上默然而罢。明日，上谓房玄龄曰："自古帝王纳谏诚难，朕昨责温彦博、王珪，至今悔之。《考异》曰，《魏文贞公故事》：'太宗曰："人皆以祖孝孙为知音，令教声曲，多不谐韵，此其未至精妙，为不存意乎？"乃敕所司令举其罪。公进谏曰："陛下生平不爱音声。今忽为教女乐责孝孙，臣恐天下怪愕。"太宗曰："汝等并是我心腹，应须中正，何乃附下罔上，为孝孙辞！"温彦博等拜谢。公及王珪进曰："陛下不以臣等不肖，置之枢近，今臣所言，岂是为私。不意陛下责臣至此！常奉明旨，'勿以临时嗔怒，即便曲从，成我大过'，臣等不敢失坠，所以每触龙鳞。今以为责，只是陛下负臣，臣终不负陛下。"太宗怒未已，憪然作色。公又曰："祖孝孙学问立身，何如白明达？陛下平生礼遇孝孙，复何如白明达？今过听一言，便谓孝孙可疑，明达可信，臣恐群臣众庶有以窥陛下。"太宗怒乃解。'今从《旧传》。公等勿为此不尽言也。"

上曰："为朕养民者，唯在都督、刺史，朕常疏其名于屏风①，坐卧观

右，臣以为圣上心中认为庐江王做的是对的。"皇上非常高兴，立即放了她，把她归还给她的亲族。

皇上派太常少卿祖孝孙教宫人音乐，不称旨意，皇上斥责他。温彦博、王珪劝谏说："孝孙是个高雅之士，如今让他教授宫人，又谴责他，我们私下认为不可。"皇上发怒说："我把你们放置在腹心的地位，你们应当竭尽忠直来事奉朕，却结附下位之人，欺罔君上，是为祖孝孙游说吧！"温彦博叩拜谢罪，王珪不叩拜，说："陛下用忠心正直来责备我，如今我所说的难道是私曲吗？这才是陛下有负于我，不是我有负于陛下！"皇上默不作声，就此罢休。第二天，皇上对房玄龄说："从古帝王接纳劝谏实在困难，我昨天斥责温彦博、王珪，至今还后悔。你们不要因此而不尽力劝谏啊。"

皇上说："替我教养民众的，全在都督、刺史，我常在屏风上记下他们的名字，坐卧观看，得到他们在官任上善与恶的事迹，都批注在他们的名

之，得其在官善恶之迹，皆注于名下，以备黜陟。县令尤为亲民，不可不择。"乃命内外五品已上，各举堪为县令者，以名闻。

下，来准备对他们黜贬陟升。县令尤其贴近民众，不可不加以选择。"于是，命令内外五品以上的官员，各举荐能做县令的人，把他们的姓名报上来。

注 释

❶疏，此处作记字解。

【原 文】

上曰："比有奴告其主反者，此弊事。夫谋反不能独为，必与人共之，何患不发，何必使奴告邪！自今有奴告主者，皆勿受，仍斩之。"

西突厥统叶护可汗为其伯父所杀；伯父自立，是为莫贺咄侯屈利俟毗可汗。国人不服，弩矢毕部推泥孰莫贺设为可汗，西突厥有五弩矢毕部，泥孰亦一啜之部帅。泥孰不可。统叶护之子咥力特勒，避莫贺咄之祸，亡在康居，泥孰迎而立之，是为乙毗钵罗肆叶护可汗，与莫贺咄相攻，连兵不息，俱遣使来请婚。上

【译 文】

皇上说："最近有奴仆告发他的主人造反的，这是有弊害的事。图谋造反不能单独来做，必定与别人一起来做，怕什么不被发现，何必由奴仆告发呢！从今以后有奴仆控告主人的，都不受理，仍行处斩。"

西突厥统叶护可汗被他的伯父杀害；伯父自立，这就是莫贺咄侯屈利俟毗可汗。国人不服，弩矢毕部推举泥孰莫贺设为可汗，泥孰不答应。统叶护的儿子咥力特勒为避莫贺咄的刁难，逃亡在康居，泥孰迎立他，这就是乙毗钵罗肆叶护可汗。与莫贺咄相攻击，接连交兵不停息，都派遣使臣前来

不许，曰："汝国方乱，君臣未定，何得言婚！"且谕以各守部分，勿复相攻。于是西域诸国及敕勒先役属西突厥者皆叛之。史言天方福华，东西突厥皆乱。

突厥北边诸姓多叛颉利可汗归薛延陀，共推其俟斤夷男为可汗[①]，夷男不敢当。上方图颉利，遣游击将军乔师望间道赍册书拜夷男为真珠毗伽可汗，赐以鼓纛[②]。夷男大喜，遣使入贡，建牙于大漠之郁督军山下，东至靺鞨，西至西突厥，南接沙碛，靺，音末。鞨，音曷。北至俱伦水[③]；回纥、拔野古、阿跌、同罗、仆骨、霫诸部皆属焉。史言突厥衰而薛延陀强于漠北。

求婚。皇上不允，说："你们国中刚刚发生内乱，君臣尚未确定，如何谈得上联姻！"并且晓谕他们各守部落与疆域，不要再相攻。于是西域各国及原先役属于西突厥的敕勒部都叛变了。

突厥北边诸姓大多叛离颉利可汗而归附薛延陀，共同推举俟斤夷男为可汗，夷男不敢当。皇上正要图取颉利可汗，派遣游击将军乔师望从小道送册书封夷男为真珠毗伽可汗，赐给他鼓纛。夷男非常高兴，派遣使臣入京进贡，在大漠的郁督军山下建立牙帐，东到靺鞨，西至西突厥，南接沙碛，北连俱伦水；回纥、拔野古、阿跌、同罗、仆骨、霫各部都从属于薛延陀。

注　释

❶俟斤，突厥官名。突厥之官，大者曰屈律啜，次曰阿波，又次曰颉利发，又次曰吐屯，又次曰俟斤。　❷纛，音毒，大旗。　❸俱伦水，今内蒙古之呼伦池及其上源克鲁伦河。

三年 (己丑·六二九)

【原文】

春，正月，戊午，上祀太庙；癸亥，耕藉于东郊。初议藉田方面所在，给事中孔颖达曰："礼，天子藉田于南郊，诸侯于东郊。晋武帝犹于东南。今于城东，不合古礼。"帝曰："礼缘人情，亦何常之有。且《虞书》云：'平秩东作。'则是尧、舜敬授人时，已在东矣。又乘青辂、载黛耜者，所以顺于春气，故知合于东方。且朕见居少阳之地，田于东郊，盖其宜也。"于是遂定。按帝自谓居少阳之地，盖以即位以来居东宫也。

沙门法雅坐妖言诛。司空裴寂尝闻其言，辛未，寂坐免官，遣还乡里。寂请留京师，上数之曰："计公勋庸，安得至此！直以恩泽为群臣第一。武德之际，货赂公行，纪纲紊乱，皆公之由也，上皇闻帝此言，其心为如何？紊，音问。但以故旧不忍尽法。得归守坟墓，幸已多矣！"寂遂归蒲州。裴寂本蒲州桑泉人。未几，又坐狂人信行言寂有天命，寂不以闻，当死；流静州①。武德四年，以始安郡之龙平、豪静，苍梧郡之苍梧置静州静平郡。会山羌作乱，以为山羌，则当是剑南之静州。然剑南之静州，武后时方置。若以为岭南之静

【译文】

春，正月，十六日，皇上祭祀太庙。二十一日，在东郊亲自率耕藉田。

和尚法雅因妖言惑众获罪受诛。司空裴寂曾经听过他的言论，二十九日，裴寂因此获罪被罢免官职，遣回乡里。裴寂请求留在京城，皇上指责他说："算来你的功勋平庸，怎么能到这个地位！只因你受的恩泽为群臣第一。武德年间，贿赂公然施行，法纪王纲紊乱，都是你的缘故，只是因为故旧关系不忍心将你依法惩处。你能够回归乡里，看守先祖坟墓，已经是够幸运的了！"裴寂于是回到蒲州。不久，因狂人信行说裴寂有天命，裴寂不把这个情况上报皇上，该当死罪；流放到静州。遇上山羌叛乱，有人说山羌劫掠了裴寂去做他们的首领。皇上说："裴寂该当死罪，我让他活下

州，则"羌"当作"蛮"。或言劫寂为主。上曰："寂当死，我生之，必不然也。"俄闻寂率家僮破贼。上思其佐命之功，征入朝，会卒。帅，读曰率。

来，必定不会这样。"不久听到裴寂率领家僮打败贼人。皇上考虑到他辅佐王命的功绩，征召他入朝，恰逢裴寂身死。

注释

❶ 静州，治在今广西昭平。如为剑南道之静州，则在今四川松潘西南。

【原文】

二月，戊寅，以房玄龄为左仆射，杜如晦为右仆射，以尚书右丞魏徵守秘书监，参预朝政。

三月，己酉，上录系囚，有刘恭者，颈有"胜"文，自云"当胜天下"，坐是系狱。上曰："若天将兴之，非朕所能除；若无天命，'胜'文何为！"乃释之。

丁巳，上谓房玄龄、杜如晦曰："公为仆射，当广求贤人，随才授任，此宰相之职也。《唐六典》：左、右仆射，左、右丞相之职也，掌总领六官，纪纲百揆。比闻听受辞讼，日不暇给，安能助朕求贤乎！"因敕"尚书细务属左右丞，属，……付也。唯大事应奏者，

【译文】

二月，初六，任命房玄龄为左仆射，杜如晦为右仆射，以尚书右丞魏徵守秘书监，参预朝政。

三月，初八，皇上按录簿询问囚犯的罪状。有个叫刘恭的囚犯，脖颈上有纹理酷似"胜"字，自称"当胜天下"，犯此罪入狱。皇上说："假若天要使他兴起，不是我所能够铲除的；假若没有天命，有'胜'纹又有什么用呢！"于是释放了他。

十六日，皇上对房玄龄、杜如晦说："你们做仆射，应当广泛寻求贤能的人，随才授任，这是宰相的职责。最近听说你

乃关仆射"。

玄龄明达政事，辅以文学，夙夜尽心，惟恐一物失所；用法宽平，闻人有善，若己有之，不以求备取人，不以己长格物。与杜如晦引拔士类，常如不及。至于台阁规模，皆二人所定。上每与玄龄谋事，必曰："非如晦不能决。"及如晦至，卒用玄龄之策。盖玄龄善谋，如晦能断故也。二人深相得，同心徇国，故唐世称贤相，推房、杜焉。玄龄虽蒙宠待，或以事被谴，辄累日诣朝堂，稽颡请罪，恐惧若无所容。史言房玄龄忠谨。

玄龄监修国史，上语之曰：唐以宰相监修国史，至今因之。"比见《汉书》载《子虚》《上林赋》，浮华无用。其上书论事，词理切直者，朕从与不从，皆当载之。"太宗之存心如此，安有有献而不纳者乎。

夏，四月，乙亥，上皇徙居弘义宫，更名大安宫。《唐会要》：武德五年，营弘义宫，以帝有克定天下之功，别建此宫以居之。既禅位，高祖以弘义宫有山林胜景，雅好之，遂徙居焉，改名大安宫。马周所谓"大安宫在城之西"者也。上始御太极殿，高祖

们听受狱讼，日不暇给，这怎么能帮助我寻求贤才呢！"因而命令"尚书省琐细事务交给左右丞负责，只有应当上奏的大事，才报告仆射处理"。

房玄龄明白通达政事，又有文学修养，唯恐一事有所不当；用法宽和平正，听到别人有所擅长，好像自己有这一点，不以追求完备取人，不用自己的长处来排拒别人。他与杜如晦引荐提拔士类，唯恐有遗漏。至于台阁规模，都是他们二人所定的。皇上每次与房玄龄商议事情，必定说："非杜如晦不能决定。"等杜如晦到来，最后采用的是房玄龄的计策。大抵是房玄龄善于谋划，杜如晦最能决断的缘故。二人相得益彰，同心为国，所以唐代称许贤相，首推房、杜二人。房玄龄虽然蒙受恩宠，有时因事被谴责，就连日到朝堂叩头请罪，恐惧得好像无所容身。

房玄龄监修国史，皇上对他说："最近见到《汉书》载有《子虚》《上林赋》，浮藻华辞没有实用。凡有上书论事，词理恳切诚直的，无论我听从或不听从，都应当登载。"

之传位也，帝即位于东宫之显德殿，高祖徙居大安宫，帝始御太极殿。**谓群臣曰："中书、门下，机要之司，诏敕有不便者，皆应论执。比来唯睹顺从，不闻违异。若但行文书，则谁不可为，何必择才也！"房玄龄等皆顿首谢。**

故事：凡军国大事，则中书舍人各执所见，杂署其名，谓之五花判事。中书侍郎、中书令省审之，给事中、黄门侍郎驳正之。上始申明旧制，由是鲜有败事。

茌平人马周①，茌平县，汉属东郡。应劭曰：在茌山之平地者也。后魏属东平原郡，后齐废，隋开皇初复置，属贝州，唐属博州。贤曰：汉茌平故城，在博州之聊城县东北。**客游长安，舍于中郎将常何之家。**唐诸卫中郎将，正四品下。**六月，壬午，以旱诏文武官极言得失。何武人不学，不知所言，周代之陈便宜二十余条。**《考异》曰：《旧传》云贞观五年。据《实录》，诏在此年，五年不见有诏令百官上封事。今从《唐历》附此。**上怪其能，以问何。对曰："此非臣所能，家客马周为臣具草耳。"上即召之；未至，遣使督促者数辈。及谒见，与语，甚悦，令直门下省，寻除监察御史，奉使称**

夏，四月，初四，太上皇迁居弘义宫，更名为大安宫。皇上才开始用太极殿处理国政，对群臣说："中书省、门下省，是机要的部门，诏书敕令有不便当的，都应当驳论，发表个人意见。近来只看到顺从，没听到违拒和异议。如果只行文书，那么谁不可以干，何必选择有才干之人！"房玄龄等顿首谢罪。

旧例：凡军国大事，则中书舍人各持己见，共同签署姓名，称之为五花判事。中书侍郎、中书令省视审核，给事中、黄门侍郎驳议纠正。皇上开始申明旧制，因此很少有败坏的事情发生。

茌平人马周，到长安游玩，住在中郎将常何家里。六月，十三日，因为发生了旱灾，诏命文武百官畅言得失。常何是个行伍之人没有学问，不知说什么，马周代他上呈建议二十余条。皇上对常何的才能感到奇怪，因此问常何，常何回答说："这不是我所能陈述的，是家中客人马周替我撰具的草稿。"皇上立即召见马周；没到，数次派使者催促。等到马周谒见，皇上和他谈话，非常高兴，令他在门

旨。郑樵曰：秦以御史监郡，谓之监察御史，汉罢其名。晋孝武太元中，始置检校御史，掌行马外事，隋改检校御史为监察御史。**上以常何为知人，赐绢三百匹。**

下省值班做事，不久提升为监察御史，奉圣命出外巡察很称旨意。皇上认为常何能发现人才，赏赐绢三百匹。

注　释

❶ 茌平，今山东聊城茌平区。

【原　文】

秋，八月，己巳朔，日有食之。

丙子，薛延陀毗伽可汗遣其弟统特勒入贡，上赐以宝刀及宝鞭，谓曰："卿所部有大罪者斩之，小罪者鞭之。"夷男甚喜。突厥颉利可汗大惧，始遣使称臣，请尚公主，修婿礼。

代州都督张公谨上言突厥可取之状，以为颉利纵欲逞暴，诛忠良，昵奸佞①，一也。薛延陀等诸部皆叛，二也。薛延陀诸部叛突厥事，始上卷二年。突利、拓设、欲谷设皆得罪，无所自容，三也。突利得罪，见上卷二年。拓设即阿史那社尔，与欲谷设分统敕勒

【译　文】

秋，八月，初一，出现日食。

初八，薛延陀毗伽可汗派遣他的弟弟统特勒入京朝贡，皇上将宝刀及宝鞭赏赐给他，并对他说："你的部下有犯大罪的用此刀斩杀他，有小罪的用此宝鞭鞭打他。"夷男很高兴。突厥颉利可汗大为惊惧，这才派遣使者来向唐称臣，请求迎娶公主，克尽婿礼。

代州都督张公谨上奏称突厥可以夺取的情状，认为："颉利可汗纵欲暴虐，肆意妄为，逞强暴，诛忠良，亲近奸佞，是其一。薛延陀等诸部落都叛变了，是其二。突利、拓设、欲谷设都

诸部。欲谷设即为回纥所破者也。按《旧书·李大亮传》：颉利既亡之后，拓设诸种散在伊吾。塞北霜旱，糇粮乏绝，四也。糇，音侯。颉利疏其族类，亲委诸胡，胡人反覆，大军一临，必生内变，五也。华人入北，其众甚多，华人因隋末之乱，避而入北。比闻所在啸聚，保据山险，大军出塞，自然响应，六也。上以颉利可汗既请和亲，复援梁师都，事见上卷上年。丁亥，命兵部尚书李靖为行军总管讨之，以张公谨为副。

获罪，没有自我容身之地，是其三。塞北霜冻干旱，干粮缺乏，是其四。颉利疏远他的同族，亲近委任诸胡，胡人反复无常，大军一到，必定产生内变，是其五。汉人进入北方，人口众多，最近听说所在的地方呼应聚合，保守占据山地险阻，大军一旦出塞来到，自然响应，是其六。"皇上因颉利可汗既请求和亲，又援救梁师都，于十九日，命令兵部尚书李靖为行军总管讨伐突厥，以张公谨为副总管。

注 释

❶ 昵，音匿，亲昵。

【原 文】

九月，丙午，突厥俟斤九人帅三千骑来降。戊午，拔野古、仆骨、同罗、奚酋长并帅众来降。

冬，十一月，辛丑，突厥寇河西，肃州刺史公孙武达❶，武德二年，分甘州之福禄，瓜州之玉门，置肃州酒泉郡。甘州刺史成仁重与战❷，破之。甘、肃二州相

【译 文】

九月，初九，突厥俟斤九人率领三千骑兵前来投降。二十一日，拔野古、仆骨、同罗、奚部酋长一起率众前来投降。

冬，十一月，初四，突厥侵犯河西，肃州刺史公孙武达、甘州刺史成仁重与突厥交战，打败

去四百二十里。捕虏千余口。

了突厥，俘虏一千多人。

注 释

❶肃州，治在今甘肃酒泉。　　❷甘州，治在今甘肃张掖。

【原 文】

上遣使至凉州，都督李大亮有佳鹰，使者讽大亮使献之。大亮密表曰："陛下久绝畋游，而使者求鹰，若陛下之意，深乖昔旨；昔旨，谓绝畋游之旨。如其自擅，乃是使非其人。"癸卯，上谓侍臣曰："李大亮可谓忠直。"手诏褒美，赐以胡瓶及荀悦《汉纪》。按《旧书·李大亮传》，帝诏曰："今赐卿胡瓶一枚，虽无千镒之重，乃朕自用之物。荀悦《汉纪》，叙致既明，论议深博，极为治之体，尽君臣之义，今以赐卿，宜加寻阅。"

庚申，以行并州都督李世勣为通汉道行军总管，《旧书·李勣传》作"通漠道"，当从之。后高宗朝裴行俭遣兵由通漠道掩取阿史那念辎重。兵部尚书李靖为定襄道行军总管，华州刺史柴绍为金河道行军总管，灵州大都督薛万彻为畅武道行军总管，畅武，非地名也。营州边于东胡，故命万彻为总管，使之宣畅威武，以美名宠之耳。《新

【译 文】

皇上派遣使臣到凉州，都督李大亮有佳鹰，使者劝李大亮献出佳鹰。李大亮秘密上表说："陛下长久断绝畋猎，而使者却为您谋求佳鹰。假若是陛下的意图，很背离您过去的旨意；如果是他擅自的举动，那么这位使者不是合适的人。"初六，皇上对侍臣说："李大亮可称得上忠诚正直。"亲手写诏书褒扬赞美他，将胡瓶及荀悦所撰《汉纪》赏赐给他。

二十三日，派行并州都督李世勣为通漠道行军总管，兵部尚书李靖为定襄道行军总管，华州刺史柴绍为金河道行军总管，灵州大都督薛万彻为畅武道行军总管，共十余万，都受李靖节度，分道出击突厥。

书·帝纪》作营州都督薛万淑。众合十余万，皆受世勣节度，分道出击突厥。

乙丑，任城王道宗击突厥于灵州，破之。

十二月，戊辰，突利可汗入朝。上谓侍臣曰："往者太上皇以百姓之故，称臣于突厥，事见一百八十四卷隋恭帝义宁元年六月。一本此下有《考异》。朕常痛心。今单于稽颡，庶几可雪前耻。"

壬午，靺鞨遣使入贡①，上曰："靺鞨远来，盖突厥已服之故也。昔人谓御戎无上策，严尤谏王莽曰：'匈奴为害，所从来久，周、秦、汉征之，皆未有得上策者也。周得中策，汉得下策，秦无策焉。'朕今治安中国而四夷自服，岂非上策乎！"

二十八日，任城王李道宗在灵州攻打突厥，打败了突厥。

十二月，初二，突利可汗入京朝见，皇上对侍臣说："从前太上皇曾因为百姓，向突厥称臣，我常常为此感到痛心。如今单于来叩头，差不多可以洗雪从前的耻辱了。"

十六日，靺鞨派遣使者入京进贡，皇上说："靺鞨远道而来，大概是因为突厥已宾服。前人说抵御戎狄没有上策，我如今使中国安定，而四夷自然宾服，难道不是上策吗？"

注　释

❶ 靺鞨族，唐初居住在今东北吉林、黑龙江地区。

【原文】

癸未，右仆射杜如晦以疾逊位，上许之。

乙酉，上问给事中孔颖达曰："《论语》'以能问于不能，以多问于

【译文】

十七日，右仆射杜如晦因病让位，皇上允许了。

十九日，皇上问给事中孔颖达说："《论语》中的'以

寡，有若无，实若虚'，曾子之言。何谓也?"颖达具释其义以对，且曰："非独匹夫如是，帝王亦然。帝王内蕴神明，外当玄默，故《易》称'以蒙养正，以明夷莅众'。《易》曰：蒙以养正，圣功也。明夷，君子以莅众，用晦而明。若位居尊极，炫耀聪明，以才陵人，饰非拒谏，则下情不通，取亡之道也。"上深善其言。

庚寅，突厥郁射设帅所部来降。

闰月，丁未，东谢酋长谢元深、南谢酋长谢强来朝。诸谢皆南蛮别种，在黔州之西。东谢蛮在西爨之南，居黔州之西三百里；南谢蛮在隋牂柯郡地南百里，有桂岭关。黔，音琴。诏以东谢为应州，南谢为庄州，隶黔州都督①。宋白曰：黔州，黔中郡，秦置，汉通谓五溪之地，又为武陵郡之酉阳县地，武帝于此置涪陵县，蜀先主立黔安郡，后周建德三年置黔州，贞观四年，移州治于涪陵江东彭水之东。

能问于不能，以多问于寡，有若无，实若虚'，说的是什么意思?"孔颖达解释了这段话的具体意思，并且说："不只是一般人如此，帝王也是这样。帝王内藏神明，外表应当沉默，因此《易经》声称'以貌似蒙昧修养纯正思想，以明智藏晦面对民众'。若位居极尊的人君，炫耀聪明，以才凌人，文过饰非，拒绝纳谏，则下情不能通达，就是自取灭亡的道路。"皇上深深地感到他的话讲得好。

二十四日，突厥郁射设率领部众来归降。

闰十二月，十一日，东谢酋长谢元深、南谢酋长谢强前来朝见。诸谢都是南蛮的支族，居住在黔州以西。下诏以东谢为应州，南谢为庄州，隶属于黔州都督管辖。

注 释

❶ 应州，治在今贵州德江境。庄州，治在今贵州思南附近。黔州都督府，治在今重庆彭水。

【原文】

是时远方诸国来朝贡者甚众，服装诡异，中书侍郎颜师古请图写以示后，作《王会图》，从之。《考异》曰：《实录》《新、旧传》皆云"正会图"。按《汲冢周书》有《王会篇》，柳宗元《铙鼓歌》、吕述《黠戛斯朝贡图》皆作"王会"，今从之。

乙丑，牂柯酋长谢能羽及充州蛮入贡，牂，音臧。柯，音哥。诏以牂柯为牂州[1]；昆明东九百里，即牂柯蛮国，其王号鬼主，其别帅曰罗殿王，东距辰州二千四百里；其南一千五百里，即交州也。牂州之北一百五十里，有别部曰充州蛮。牂柯，音臧哥。党项酋长细封步赖来降，以其地为轨州[2]，各以其酋长为刺史。党项地亘三千里，姓别为部，不相统壹，细封氏、费听氏、往利氏、颇超氏、野辞氏、旁当氏、米擒氏、拓跋氏，皆大姓也。步赖既为唐所礼，余部相继来降，以其地为崌、奉、岩、远四州[3]。党项，汉西羌别种，魏、晋后微甚，周灭宕昌邓至而党项始强。其地古析支也，东距松州，西叶护，南春桑、迷桑等羌，北吐谷浑。山谷崎岖，大抵三千里。拓跋氏之后，为西夏李继迁。

【译文】

这时，远方各国来朝贡的很多，服装奇异，中书侍郎颜师古请求图画人物衣饰展示给后人，于是作《王会图》，皇上听从了他的建议。

二十九日，牂柯酋长谢能羽及充州蛮入京进贡，诏命以牂柯为牂州。党项首长细封步赖来降，以他的辖地为轨州；各以他们的酋长为刺史。党项的地域绵亘三千里，以姓别为部族，相互不统一，细封氏、费听氏、往利氏、颇超氏、野辞氏、旁当氏、米擒氏、拓跋氏，都是大姓。细封步赖既被唐朝礼遇，其余的各部相继前来归降，以他们的土地分别设立崌、奉、岩、远四州。

注 释

❶ 牂州，治在今贵州瓮安东北。充州，在牂州北一百五十里。　**❷** 轨州，在

今四川松潘西北。　❸嶲州，在今四川松潘北。奉州，在今四川理县东北。岩州，在今四川松潘西。远州，在今四川茂县附近。

【原文】

是岁，户部奏：中国人自塞外归及四夷前后降附者，男女一百二十余万口。

房玄龄、王珪掌内外官考，唐考法：凡百司之长，岁校其属功过，差以九等。流内之官，叙以四善：一曰德义有闻，二曰清慎明著，三曰公平可称，四曰恪勤匪懈。善状之外，有二十七最：一曰献可替否，拾遗补阙，为近侍之最；二曰铨衡人物，擢尽才良，为选司之最；三曰扬清激浊，褒贬必当，为考校之最；四曰礼制仪式，动合经典，为礼官之最；五曰音律克谐，不失节奏，为乐官之最；六曰决断不滞，与夺合理，为判事之最；七曰部统有方，警守无失，为宿卫之最；八曰兵士调习，戎装充备，为督领之最；九曰推鞫得情，处断平允，为法官之最；十曰雠校精审，明于刊定，为校正之最；十一曰承旨敷奏，吐纳明敏，为宣纳之最；十二曰训导有方，生徒充业，为学官之最；十三曰赏罚严明，攻战必胜，为军将之最；十四曰礼义兴行，肃清所部，为政教之最；十五曰详录典正，词理兼举，为文史之最；十六曰访察精审，弹举必当，为纠正之最；十七曰明于勘覆，稽失无隐，为司检之最；十八曰职事修理，供承强济，为监察之最；十九曰功课皆充，丁匠无怨，为役使之最；二十曰耕耨以时，收获成课，为屯官之最；二十一曰谨于盖藏，明于出纳，为仓库之最；二十二曰推步盈虚，究理精密，为历官之最；二十三曰占候医卜，效验多著，为方术之最；二十四曰检察有方，

【译文】

这年，户部上奏：中国人从塞外归来及四夷前后降顺归附的，男女共一百二十多万人。

房玄龄、王珪掌朝廷内外官吏的考核，治书侍御史万年人权万纪奏称他们考核不公平，皇上命令侯君集推究这件事。魏徵劝谏说："房玄龄、王珪都是朝廷的旧臣，素来因忠诚正直被陛下委任，他们所考核的官吏又多，其间哪能没有一二人考核不妥当的！体察其情状，终究不是循私。假若推得真有此事，就觉得都不可相信了，怎么能够再担当重任！况且权万纪近来常待在考堂中，不曾驳正，到他本身不能得到好的考核结果，才开始陈述异论。此正是想激发陛下的愤怒，不

行旅无壅，为关津之最；二十五曰市廛弗扰，奸滥不行，为市司之最；二十六曰牧养肥殖，蕃息滋多，为牧官之最；二十七曰边境清肃，城隍修理，为镇防之最。一最四善，为上上；一最三善，为上中；一最二善，为上下；无最而有二善，为中上；无最而有一善，为中中；职事粗理，善最不闻，为中下；爱憎任情，处断乖理，为下上；背公向私，职事废阙，为下中；居官诣诈，贪浊有状，为下下。凡定考皆集于尚书省，唱第然后奏。**治书侍御史万年权万纪奏其不平，上命侯君集推之。魏徵谏曰：**"玄龄、珪皆朝廷旧臣，素以忠直为陛下所委，所考既多，其间能无一二人不当！察其情，终非阿私。若推得其事，则皆不可信，岂得复当重任！且万纪比来恒在考堂，曾无驳正；及身不得考，乃始陈论。此正欲激陛下之怒，非竭诚徇国也。使推之得实，未足裨益朝廷；若其本虚，徒失陛下委任大臣之意。臣所爱者治体，非敢苟私二臣。"上乃释不问。

濮州刺史庞相寿坐贪污解任，自陈尝在秦王幕府；上怜之，欲听还旧任。魏徵谏曰："秦王左右，中外甚多，恐人人皆恃恩私，足使为善者惧。"上欣然纳之，谓相寿曰："我昔为秦王，乃一府之主；今居大位，乃四海之主，不得独私故人。大臣所执如是，朕何敢违！"赐帛遣之，相寿流涕而去。

是竭诚为国的做法。假使查出事实，不足以裨益朝廷；若这本来就是不实之言，白白失去陛下委任大臣的用意。我所关心的是治国的纲领，不敢苟且徇私于房、王二臣。"皇上才放手不去过问。

濮州刺史庞相寿犯了贪污罪被解职，自己陈述曾在秦王幕府做事；皇上怜惜他，想听凭他回到原来的职位上。魏徵劝谏说："秦王左右的人员，在朝中朝外的很多，恐怕人人都凭恃恩惠私情，就足够使从善的人恐惧。"皇上欣然采纳了这个意见，对相寿说："我从前做秦王，是一府的主人；如今身居皇帝之位，就是四海的主人，不能够单对故旧的人有所偏私。大臣坚持公正，我怎敢违犯！"赐给他绢帛后送他回去了。庞相寿流泪而去。

四年（庚寅·六三〇）

【原文】

春，正月，李靖帅骁骑三千自马邑进屯恶阳岭①，恶阳岭在定襄古城南，善阳岭在白道川南。帅，读曰率。夜袭定襄②，破之。《旧志》：朔州马邑郡治善阳县，汉定襄县地，有秦时马邑城、武周塞，后魏置桑乾郡，隋置善阳县。又《隋志》，云州定襄郡治大利城，即文帝所筑以处突厥启民可汗者也。李靖所袭破者，当是此城。唐谓之北定襄城。又《旧志》曰：云州，隋马邑郡之云内县恒安镇也。贞观十四年，自朔州北定襄城移云州及定襄县置于此，即后魏所都平城也。开元二十年，改定襄为云中县，而武德四年已分忻州之秀容为定襄县。今见于《九域志》者，忻州之定襄，而北定襄自石晋割地入于北国，其名晦矣。宋祁曰：古定襄城其地南大河，北白道，畜牧广衍，龙荒之最壤。宋白曰：朔州北三百余里，定襄故城，后魏初之云中也。突厥颉利可汗不意靖猝至，大惊曰："唐不倾国而来，靖何敢孤军至此！"其众一日数惊，乃徙牙于碛口。大碛之口也。靖复遣谍离其心腹，颉利所亲康苏密以隋萧后及炀帝之孙政道来降。萧后入突厥，见一百八十八卷高祖武德二年。乙亥，至京师。先是，有降胡言"中国人或潜通书启于萧后者"。至是，中书舍人杨文瓘请鞫之③，上曰："天

【译文】

春，正月，李靖率骁骑三千自马邑进兵屯扎于恶阳岭，夜晚袭击定襄，攻破了。突厥颉利可汗没料到李靖突然到来，大惊说："唐若不是倾全国兵力而来，李靖怎敢孤军到此！"他的兵众，一天数次惊恐，于是他把王廷迁徙到碛口。李靖又派遣间谍离间他的心腹。颉利所亲近的康苏密带着隋朝的萧后及炀帝的孙子杨政道来降。初九，到达京城。在这以前，有投降的胡人说："中国人有暗中通书信给萧后的。"到这时，中书舍人杨文瓘请求鞫讯查问，皇上说："天下未平定，突厥正强盛，愚民无知，或许有此事。如今天下已经安定，以往的罪过，何须

下未定，突厥方强，愚民无知，或有斯事。 ｜ 追问呢！"
今天下已安，既往之罪，何须问也！"

注 释

❶马邑，在今山西朔州。恶阳岭，在今山西朔州西北。　❷定襄，即隋之大
利城，唐谓之北定襄城，在今内蒙古清水河县境。或云唐贞观十四年，于后魏
旧都平城置定襄县，此定襄，即平城，在今山西大同。　❸鞫，音鞠，审讯。

【原 文】

李世勣出云中，与突厥战于白道^①，大破之。
《汉·地理志》：云中郡，治云中县。郦道元曰：云中城东八十里，
有成乐城。今云中郡治，一名石卢城。又有后魏云中宫，在云中故
城东四十里。《卢氏记》云：赵武侯自五原河曲筑长城，东至阴山。
又于河西造一大城，其一箱崩不就，乃改卜阴山河曲而祷焉，昼见
群鹄游于云中，徘徊经日，见火光在其下。武侯曰："此为我乎！"
乃即其处筑城，今云中故城是也。又有芒干水出塞外，南迳阴山，
东西千余里。芒干水又西南迳白道南谷口，有城在右，筑带长城，
背山面泽，谓之白道；自北出有高阪，谓之白道岭。芒干水又南西
迳云中城北。《新志》，云州云中县有阴山道、青坡道，皆出兵路。
宋白曰：汉云中郡在唐胜州东北四十里榆林县界，云中故城是也。
赵武侯所筑汉五原故城，亦在今胜州榆林县界。

【译 文】

李世勣于
云中出兵，在
白道与突厥交
战，把突厥打
得大败。

注 释

❶云中，在今内蒙古托克托东北。白道，在今内蒙古呼和浩特西北。

【原文】

二月，己亥，上幸骊山温汤①。

【译文】

二月，初三，皇上幸临骊山温泉。

注释

❶温汤，温泉。

【原文】

甲辰，李靖破突厥颉利可汗于阴山。

先是，颉利既败，窜于铁山，_{铁山，盖在阴山北。}余众尚数万，遣执失思力入见，谢罪，请举国内附，身自入朝。上遣鸿胪卿唐俭等慰抚之，又诏李靖将兵迎颉利。颉利外为卑辞，内实犹豫，欲俟草青马肥，亡入漠北。靖引兵与李世勣会白道，相与谋曰：《考异》曰：《旧书·靖传》以为谋出于靖，《勣传》以为谋出于勣，盖相与谋耳。 "颉利虽败，其众犹盛，若走度碛北①，保依九姓②，《新书·回鹘传》有九姓：曰药罗葛，曰胡咄葛，曰啒罗勿，曰貊歌息讫，曰阿勿嘀，曰葛萨，曰斛嗢素，曰药勿葛，曰奚邪勿。此回纥后来强盛所服九姓。是时所谓九姓，即谓拔野古、延

【译文】

初八，李靖在阴山打败突厥颉利可汗。

此前，颉利可汗既已失败，便逃窜到铁山，剩余的兵众还有数万人；他派遣执失思力入朝谒见皇帝，谢罪，请求让其率全国归附唐朝，亲自入京朝见。皇上派鸿胪卿唐俭等安抚他，又下诏命李靖率领军队迎接他。颉利表面言辞谦卑，内心其实在犹豫，想等到草青马肥，逃入漠北。李靖带领军队在白道与李世勣会师，商量说："颉利虽然失败了，但是他的兵众还很多，若逃跑越过碛北，保守依靠九姓部落，道路阻塞并且遥远，很难再追上他。如今持诏书的使者

陀、回纥之属。道阻且远，追之难及。今诏使至彼，虏必自宽，若选精骑一万，赍二十日粮，往袭之，不战可擒矣。"以其谋告张公谨，公谨曰："诏书已许其降，使者在彼，奈何击之！"靖曰："此韩信所以破齐也。谓汉遣郦食其说下齐，韩信乘其无备，袭破之。唐俭辈何足惜！"遂勒兵夜发，世勣继之，军至阴山，遇突厥千余帐，俘以随军。颉利见使者大喜，意自安。靖使武邑苏定方帅二百骑为前锋，武邑县，前汉属信都，后汉属安平，晋属武邑郡，后齐废，隋开皇六年复置，属冀州。乘雾而行，去牙帐七里，虏乃觉之。颉利乘千里马先走，靖军至，虏众遂溃。《考异》曰，《旧书·靖传》曰："靖军逼其牙帐十五里，虏始觉。"《定方传》曰："靖使定方为前锋，乘雾而行。去贼一里许，忽然雾歇，望见其牙帐，掩击，杀数十百人，颉利畏威先走。"今从《唐历》。唐俭脱身得归。靖斩首万余级，俘男女十余万，获杂畜数十万，杀隋义成公主，擒其子叠罗施。颉利帅万余人欲度碛，李世勣军于碛口，颉利至，不得度，其大酋长皆帅众降，世勣虏五万余口而还。斥地自阴山北至大漠，此后方尽有隋恒安、定襄之地。露布以闻③。

到他那里，他们必定自行放松警惕，若挑选精骑一万，供给二十天的粮草前往袭击他，不交战就可将其擒获了。"把这个谋略告诉张公谨，张公谨说："诏书已经允许他投降，使者在他那里，怎么能袭击他呢！"李靖说："这就是韩信打败齐国的做法。唐俭之辈不足怜惜！"于是，率领军队连夜出发，李世勣随后出发，军队到达阴山，遇到突厥一千多营帐，全部俘获，使他们跟随在军队后面。颉利见到使者很高兴，心中自然安定。李靖派武邑人苏定方带领二百骑兵做先锋，乘着浓雾行军，离牙帐七里时，对方才发觉。颉利乘千里马先逃跑，李靖军队赶到，敌众于是溃散。唐俭脱身得以归来。李靖斩首万余级，俘获男女十余万人，斩杀隋室义成公主，擒获她的儿子叠罗施。颉利率领一万多人想越过沙漠，李世勣将军队驻扎在大碛口，颉利到来，不能横渡，他的大酋长都率领兵众投降，李世勣俘虏五万余口而还。拓地从阴山北到大沙漠，公开向天下颁布这一消息。

注 释

❶ 度，即渡字。碛北，戈壁之北。尔湖以南、土喇河以北的广大地区。

❷ 九姓，回纥九姓，当时居住在今贝加

❸ 露布，古时用兵获胜，以帛书建于竹竿之上，上兵部告捷，谓之露布。

【原 文】

丙午，上还宫。

甲寅，以克突厥赦天下。

以御史大夫温彦博为中书令，守侍中王珪为侍中；守户部尚书戴胄为户部尚书，参预朝政；太常少卿萧瑀为御史大夫，与宰臣参议朝政。瑀，音禹。

三月，戊辰，以突厥夹毕特勒阿史那思摩为右武候大将军。

四夷君长诣阙请上为天可汗，上曰："我为大唐天子，又下行可汗事乎！"群臣及四夷皆称万岁。是后以玺书赐西北君长，皆称天可汗。

庚午，突厥思结俟斤帅众四万来降。

丙子，以突利可汗为右卫大将军、北平郡王。

初，始毕可汗以启民母弟苏尼

【译 文】

初十，皇上返回皇宫。

十八日，因战胜突厥而大赦天下。

以御史大夫温彦博为中书令，守侍中王珪为侍中；守户部尚书戴胄为户部尚书，参预朝政；太常少卿萧瑀为御史大夫，与宰臣参议朝政。

三月，初三，派突厥夹毕特勒阿史那思摩做右武候大将军。

四夷君长到宫阙来，请求以皇上为天可汗，皇上说："我身为大唐天子，还能下摄天可汗的事吗？"文武群臣及四夷君长都呼万岁。此后用玺书赐西北君长，都称天可汗。

初五，突厥思结俟斤率众四万人前来归降。

十一日，派突利可汗做右卫大将军、北平郡王。

失为沙钵罗设，督部落五万家，牙直灵州西北①。及颉利政乱，苏尼失所部独不携贰②。突利之来奔也，见去年十二月。颉利立之为小可汗。及颉利败走，往依之，将奔吐谷浑。大同道行军总管任城王道宗引兵逼之，《新志》曰：黄河东壖有古大同城，今大同城永济栅也。北逾大泊，十七里至金河。使苏尼失执送颉利，颉利以数骑夜走，匿于荒谷。苏尼失惧，驰追获之。庚辰，行军副总管张宝相帅众奄至沙钵罗营，俘颉利送京师，苏尼失举众来降，帅，读曰率。《考异》曰，《太宗实录》云："苏尼失举众归国，因以颉利属于军吏。"《旧传》云："苏尼失令子忠擒颉利以献。"盖宝相逼之，而苏尼失使忠献之也。漠南之地遂空。

当初，始毕可汗以启民同母弟苏尼失做沙钵罗设，统领部落五万户，在灵州西北建立牙帐。等到颉利政乱，只有苏尼失所管辖的部落不存贰心。突利归降后，颉利立苏尼失做小可汗。等到颉利败逃，前往依靠苏尼失，打算逃奔到吐谷浑。大同道行军总管任城王李道宗领兵迫近，让苏尼失执送颉利。颉利带领数名骑兵连夜逃跑，藏匿在荒野的山谷中。苏尼失恐惧，驰马追捕颉利。十五日，行军副总管张宝相率兵突然暗中到达沙钵罗营，俘获颉利送往京师，苏尼失率全部兵众来降，大漠以南的土地于是空旷无人了。

注释

❶ 灵州，治灵武，即今宁夏灵武。直灵州西北，当在今内蒙古居延海及其西北一带。 ❷ 携贰，携持贰意。

【原文】

蔡成公杜如晦疾笃，杜如晦先封蔡国公，薨后徙封莱国公。贺琛《谥法》：佐相克终曰

【译文】

蔡成公杜如晦病重，皇上派太子探问病情，又亲自前往

成；民和臣福曰成。上遣太子问疾，又自临视之。甲申，薨。上每得佳物，辄思如晦，遣使赐其家。久之，语及如晦，必流涕，谓房玄龄曰："公与如晦同佐朕，今独见公，不见如晦矣！"

突厥颉利可汗至长安。夏，四月，戊戌，上御顺天楼，《旧书·帝纪》曰：御顺天门。《唐六典》：皇城南门，中曰承天门，隋开皇二年作。初曰广阳门。仁寿元年，改曰昭阳门；武德元年，改曰顺天门；神龙元年，改曰承天门。若元正、冬至，大陈设燕会，赦过宥罪，除旧布新，受万国之朝贡，四夷之宾客，则御承天门以听政，盖古之外朝也。顺天楼即顺天门楼。盛陈文物，引见颉利，数之曰："汝藉父兄之业，纵淫虐以取亡，罪一也。数与我盟而背之，二也。恃强好战，暴骨如莽，三也。蹂我稼穑，掠我子女，四也。我宥汝罪，存汝社稷，而迁延不来，五也。然自便桥以来，不复大入为寇，便桥，事见一百九十一卷高祖武德九年。以是得不死耳。"颉利哭谢而退。诏馆于太仆，厚廪食之①。食，读曰饲。

探视。十九日，逝世。皇上每次获得好物品，就想起杜如晦，派使臣赏赐给他家。很久以后，谈到杜如晦，必定流泪，对房玄龄说："公与如晦共同辅佐我，如今只能见到公，不能见到如晦了！"

突厥颉利可汗到长安。夏，四月，初三，皇上驾临顺天楼，多多陈列文物，召见颉利，指责他说："你凭借父兄留下的基业，荒淫暴虐，自取灭亡，是第一项罪恶。数次与我结盟却又背叛盟约，是第二项罪恶。依仗兵强好战，暴露骨骸有如草莽，是第三项罪恶。蹂躏我国庄稼，掠夺我国的子女，是第四项罪恶。我宽恕你的罪行，保存你的社稷，你却迁延时日不来归附，是第五项罪恶。然而，自便桥之盟以来，不再大肆入侵寇掠，因此能够让你不死罢了。"颉利哭着谢罪退下。诏命让他在太仆寺居住，给予丰厚的食物。

注 释

❶ 食，读若饲（sì）。

【原文】

上皇闻擒颉利，叹曰："汉高祖困白登，不能报；今我子能灭突厥，吾托付得人，复何忧哉！"上皇召上与贵臣十余人及诸王、妃、主置酒凌烟阁，阁本《太极宫图》：两仪殿之北为延嘉殿，延嘉殿之东为功臣阁，功臣阁之东为凌烟阁。酒酣，上皇自弹琵琶，上起舞，公卿迭起为寿，逮夜而罢。

突厥既亡，其部落或北附薛延陀，或西奔西域，其降唐者尚十万口，诏群臣议区处之宜。朝士多言："北狄自古为中国患，今幸而破亡，宜悉徙之河南兖、豫之间，此兖、豫言禹迹九州大界也。分其种落，散居州县，教之耕织，可以化胡虏为农民，永空塞北之地。"中书侍郎颜师古以为："突厥、铁勒皆上古所不能臣，陛下既得而臣之，请皆置之河北①，河北，谓北河之北。分立酋长，领其部落，则永永无患矣。"礼部侍郎李百药以为："突厥虽云一国，然其种类区分，各有酋帅。今宜

【译文】

太上皇听说擒获了颉利，感叹道："汉高祖刘邦被匈奴围困在白登山，不能够报仇；如今我的儿子能够消灭突厥，这证明我托付了得当的人，还忧愁什么呢！"太上皇召集皇上与宠贵大臣十余人及诸王、妃嫔、公主在凌烟阁设置酒宴，饮酒酣畅时，太上皇自己弹奏琵琶，皇上翩翩起舞，公卿接连起身为之祝寿，到夜晚才罢。

突厥灭亡后，其部落有的北附薛延陀，有的西奔西域，投降唐的尚有十万人，诏命群臣议论分别处置降者事宜。朝中士人多数说："北方戎狄从古以来就是中国的外患，如今有幸把他们消灭，应全部把他们迁徙到黄河以南的兖、豫之间，分离他们的种族部落，散居于州县，教他们学耕织，可以将胡虏转变为农民，使塞北的土地永远空闲着。"中书侍郎颜师古认为："突厥、铁勒都是上古所不能使其臣服的，陛下既已使其臣服，请求全部将他们安置在黄河以北，分立酋长，领导他们的部落，就永远没有外患了。"礼部侍郎李百药认为："突厥虽说是个国家，然而他们种类区分，各有酋长渠帅。如今应当趁他们乱离，各就本部族设立君

因其离散，各即本部署为君长，不相臣属；纵欲存立阿史那氏，唯可使存其本族而已。国分则弱而易制，势敌则难相吞灭，各自保全，必不能抗衡中国。仍请于定襄置都护府，为其节度，此安边之长策也。"夏州都督窦静以为："戎狄之性，有如禽兽，不可以刑法威，不可以仁义教，况彼首丘之情，未易忘也。《记》曰：狐死正丘首。置之中国，有损无益，恐一旦变生，犯我王略。莫若因其破亡之余，施以望外之恩，假之王侯之号，妻以宗室之女，分其土地，析其部落，使其权弱势分，易为羁制，可使常为藩臣，永保边塞。"温彦博以为："徙于兖、豫之间，则乖违物性，非所以存养之也。请准汉建武故事，置降匈奴于塞下，全其部落，顺其土俗，以实空虚之地，使为中国扞蔽，策之善者也。"魏徵以为："突厥世为寇盗，百姓之仇也，今幸而破亡，陛下以其降附，不忍尽杀，宜纵之使还故土，不可留之中国。夫戎狄人面兽心，

长，不相臣属；纵然想存立阿史那氏，只可保存他的本族。国家分离就势弱而且容易控制，势均力敌就难于相互吞并消灭，各自保全，必定不能够与中国抗衡。仍旧请求在定襄设置都护府，作为节制他们的机构，这是安定边境的长远策略。"夏州都督窦静认为："戎狄人的本性，有如禽兽，不能用刑法威慑，不能用仁义教导，况且他们怀着亡国思乡之情，不容易忘记。把他们安置在中原一带，只有损害没有益处，恐怕一旦变乱发生，对我朝的国土构成威胁。不如乘其家国破亡之机，施以意外的恩宠，假借封给他们王侯的称号，把宗室的女子嫁给他们，分割他们的土地，离析他们的部落，使他们权力削弱，势力分散，易于钳制，可以使他们永为藩臣，使边塞永保平定。"温彦博认为："将其迁徙到兖、豫之间，则违背物性，不是保全生养他们的办法。请求准照汉光武帝建武时的旧例，安置匈奴降人于塞下，保全他们的部落，顺从他们的本土风俗，来填实空虚的土地，使他们成为捍御中国的屏障，这才是最好的策略。"魏徵认为："突厥代代为盗为寇，是百姓的仇敌，如今有幸灭亡了他们，陛下因他们投降归附，不忍心将他们全部杀掉，应释放他

弱则请服，强则叛乱，固其常性。今降者众近十万，数年之后，蕃息倍多，必为腹心之疾，不可悔也。晋初诸胡与民杂居中国，郭钦、江统，皆劝武帝驱出塞外，以绝乱阶② 郭钦论见八十一卷晋武帝太康元年，江统论见八十三卷惠帝永熙九年。武帝不从，后二十余年，伊、洛之间，遂为毡裘之域③，此前事之明鉴也。"彦博曰："王者之于万物，天覆地载，靡有所遗。今突厥穷来归我，奈何弃之而不受乎！孔子曰：'有教无类。'若救其死亡，授以生业，教之礼义，数年之后，悉为吾民。选其酋长，使入宿卫，畏威怀德，何后患之有！"上卒用彦博策，处突厥降众，东自幽州，西至灵州；分突利故所统之地，置顺、祐、化、长四州都督府④；又分颉利之地为六州，左置定襄都督府，右置云中都督府，以统其众⑤。定襄都督府侨治宁朔，云中都督府侨治朔方之境。按宁朔县亦属朔方郡。《旧书·温彦博传》曰：帝从彦博议，处降人于朔方之地。则二都督府侨治朔方明矣。

们归还故土，不可留他们在中国。戎狄人面兽心，衰弱就请求臣服，强盛就叛变作乱，这本来是他们的常性。如今投降的兵众接近十万人，数年之后，繁衍生息，一定成为心腹之患，后悔不及。晋朝初年，诸胡与民众杂居在中国，郭钦、江统都劝晋武帝将诸胡逐出塞外，以断绝祸乱的根源，晋武帝没听从，后二十余年，伊、洛之间，遂成为穿着毡裘的戎狄的地域，这是前事的明鉴！"温彦博说："帝王对于万物，像天盖覆，如地舆载，没有遗漏的。如今突厥穷途末路前来归附于我，为何放弃他们而不接受呢！孔子说：'有教无类。'若将他们从死亡中拯救回来，将生存的事业教授给他们，教他们懂得礼义，数年之后，都成为我们的臣民。选拔他们的酋长，使他们入朝宿卫，畏惧威势，怀念德泽，哪有什么后患！"皇上最后采用温彦博的策略处置降服的突厥民众，东自幽州，西至灵州；分划突利原来所统辖的土地，设置顺、祐、化、长四州都督府；又分颉利的土地为六州，东边设置定襄都督府，西边设置云中都督府，来统领他们的民众。

注释

❶ 河北，黄河河套以北。　❷ 乱阶，言致乱之由。　❸ 洛阳有伊水、洛水，西晋都洛阳，故称伊、洛之间；言洛阳陷为毡裘之乡。游牧民族，用毡帐、皮裘，故称毡裘。　❹ 顺州，侨治营州南之五柳戍，在辽宁朝阳南。祐州，置于今陕西佳县北。化州，置于今陕西榆林西内蒙古乌审旗境内。长州，置于今陕西靖边东北内蒙古乌审旗境内。　❺ 定襄都督府，寄治宁朔，在今陕西榆林西。云中都督府，寄治朔方，在今陕西榆林横山区。

【原文】

五月，辛未，以突利为顺州都督，使帅部落之官。顺州，侨治营州南之五柳戍。上戒之曰："尔祖启民，挺身奔隋，隋立以为大可汗，奄有北荒，事见一百七十八卷隋文帝开皇十九年。尔父始毕反为隋患。事见一百八十二卷炀帝大业十一年。天道不容，故使尔今日乱亡如此。我所以不立尔为可汗者，惩启民前事故也。今命尔为都督，尔宜善守中国法，勿相侵掠，非徒欲中国久安，亦使尔宗族永全也！"

壬申，以阿史那苏尼失为怀德郡王，阿史那思摩为怀化郡王。颉利之亡也，诸部落酋长皆弃颉利来降，独思摩随之，竟与颉利俱擒，上嘉其忠，拜右武候大将军，寻以

【译文】

五月，初七，派突利做顺州都督，让他统率部落的官员。皇上告诫他说："你祖父启民挺身奔隋，隋朝立他为大可汗，统有北荒地区，你父始毕反成为隋朝外患。天道不容许，因此使你今日战亡到这个地步。我之所以不立你做可汗，是担心启民前事再发生的缘故。如今任命你做都督，你应该好好遵守中国的法令，不要互相侵犯掠夺，不但要中国长治久安，亦将使你的宗族永远保全！"

初八，以阿史那苏尼失为怀德郡王，阿史那思摩为怀化郡王。颉利灭亡，诸部落酋长都背弃颉利来降，只有思摩追随颉利，最后和颉利一起被擒获，皇上嘉奖他忠诚，任命他

为北开州都督①，使统颉利旧众。《考异》曰：《旧传》云为化州都督。按化州乃突利故地，安得云统颉利部落也。

为右武候大将军，不久又任命他为北开州都督，使他统领颉利的旧部。

注释

❶ 北开州，即化州。贞观四年置北开州，八年改曰化州。

【原文】

丁丑，以右武卫大将军史大奈为丰州都督①，隋以五原郡置丰州，大业初废，唐初，张长逊降，复置丰州，寻废。是年，复以突厥降户，置丰州九原郡。其余酋长至者，皆拜将军中郎将，布列朝廷，五品已上百余人，殆与朝士相半，因而入居长安者近万家。

【译文】

十三日，派右武卫大将军史大奈做丰州都督，其余到来的酋长，都任命为将军中郎将，置列于朝廷官秩中，五品以上的一百多人，大抵与朝廷的官员相半，因此入居长安的将近一万家。

注释

❶ 丰州，治九原，今内蒙古五原西南。

——以上卷一九三

安禄山之乱

唐玄宗天宝十三载（甲午·七五四）

【原 文】

春，正月，己亥，安禄山入朝。《考异》曰，《肃宗实录》："十二载，杨国忠屡言禄山潜图悖逆。五月，玄宗使辅璆琳伺之。禄山厚赂璆琳，盛言禄山忠于国。国忠又言：'禄山自此不复见矣。'玄宗手诏追禄山，禄山来朝。"《旧传》亦同。按《玄宗实录》并《禄山事迹》，遣璆琳送甘子于范阳，觇禄山反状，在十四载五月，而《肃宗实录》及《旧传》云十二载，误也。今从《唐历》。是时杨国忠言禄山必反，且曰："陛下试召之，必不来。"上使召之，禄山闻命即至。庚子，见上于华清宫，泣曰："臣本胡人，陛下宠擢至此，为国忠所疾，臣死无日矣。"上怜之，赏赐巨万，由是益亲信禄山，国忠之言不能入矣。太子亦知禄山必反，言于上，上不听。

甲辰，太清宫奏："学士李琪此崇玄馆学士也。见玄元皇帝乘紫云①，告以国祚延昌。"

【译 文】

春，正月，初三，安禄山入朝。当时杨国忠说安禄山必定要反叛，并且对皇上说："陛下假使召他，他肯定不会来。"皇上派使者召见安禄山，安禄山接到命令马上就来了。初四，安禄山在华清宫进见皇上，哭着说："臣本是胡人，承蒙陛下恩宠提拔到现在的地位，因此被杨国忠所嫉恨，臣不知哪一天就会被他害死了！"皇上很同情他，赏赐巨万，从此以后更加亲信安禄山，也不再听信杨国忠的话了。太子也知道安禄山必定反叛，告诉皇上，皇上不听。

初八，太清宫上奏："学士李琪看见玄元皇帝老子坐在紫云上，告诉他国运长久昌盛。"

注 释

❶ 玄元皇帝，唐尊老子李聃为玄元皇帝。

【原 文】

唐初，诏敕皆中书、门下官有文者为之。乾封以后，始召文士元万顷、范履冰等草诸文辞，常于北门候进止，时人谓之"北门学士"。中宗之世，上官昭容专其事。上即位，始置翰林院，密迩禁廷，延文章之士，下至僧、道、书、画、琴、棋、数术之工皆处之，谓之"待诏"。刑部尚书张均及弟太常卿垍，皆翰林院供奉。①唐，天子在大明宫，翰林院在右银台门内；在兴庆宫，院在金明门内；若在西内，院在显福门内；若在东都及华清宫，皆有待诏之所。其待诏者，有词学、经术，合练僧道、卜、祝、术、艺、书、奕，各别院以廪之，日晚而退；其所重者词学。帝即位以来，张说、陆坚、张九龄、徐安贞、张垍等召入禁中，谓之"翰林待诏"。王者尊极，一日万机，四方进奏，中外表疏批答，或诏从中出，宸翰所挥，亦资其检讨，谓之"视草"。故常简当直四人以备顾问。至德以后，天下用兵多务，深谋密诏，皆从中出，名曰"翰林学士"。得充选者，文士为荣；亦如中书舍人，例置学士六人，内择年深德重者一人为承旨，所以独当密命故也。德宗好文，尤难其选。贞元以后，为学士承旨者，多至宰相。上欲加安禄山

【译 文】

唐初，皇帝的诏令敕书都是由中书省和门下省中文笔好的官员撰写。乾封以后，才开始召文士元万顷、范履冰等人草拟各种文辞，时常在北门等候召命，当时的人称之为"北门学士"。中宗时，上官昭容专门负责此事。现今皇上即位，开始设立翰林院，翰林院紧靠宫廷，延请善文辞的文士，下至精通佛学、道教、书法、绘画、弹琴、下棋及数术的人，都安置在翰林院里，称为"待诏"。刑部尚书张均及其弟太常卿张垍都是翰林院供奉。皇上想要加任安禄山同平章事，已命令张垍拟好制书。杨国忠劝谏说："安禄山虽然立有军功，但他不识字，怎么可以做宰相呢！制书如果颁下，恐怕周边四夷会轻

同平章事②，已令张垍草制，杨国忠谏曰："禄山虽有军功，目不知书，岂可为宰相！制书若下，恐四夷轻唐。"上乃止。乙巳，加禄山左仆射③，赐一子三品、一子四品官。

视唐朝。"皇上才作罢。初九，加任安禄山为左仆射，赐封他的一个儿子为三品官，一个儿子为四品官。

注 释

❶ 张均、张垍，唐玄宗前期宰相张说之子；张垍又是唐玄宗的女婿。垍音既。　❷ 同平章事，唐中书、门下两省长官以外官员参预朝政者，多带"同中书、门下平章事"，简称"同平章事"。同平章事，就成为真宰相。　❸ 左仆射，即尚书省长官，唐不设尚书令，左右仆射实为尚书省的长官，但这时权归中书、门下两省，左仆射不加"同中书、门下平章事"，就只能管理尚书省事务，不能参加政事堂会议，不是真宰相。射音夜。

【原 文】

丙午，上还宫。还自华清宫。

安禄山求兼领闲厩、群牧；庚申，以禄山为闲厩、陇右群牧等使①。禄山又求兼总监②；此群牧总监也。唐有四十八监以牧马。或曰：此总监即苑总监。壬戌，兼知总监事。禄山奏以御史中丞吉温为武部侍郎，武部，即兵部。充闲厩副使，杨国忠由是恶温。禄山密遣亲信选健马堪战者数千匹，别饲之。

【译 文】

初十，皇上回宫。

安禄山请求兼任闲厩使、群牧使；二十四日，任命安禄山为闲厩使、陇右群牧等使。安禄山又请求兼任群牧总监；二十六日，任命他兼管总监事务。安禄山奏请以御史中丞吉温任兵部侍郎，充任闲厩副使，杨国忠因此厌恶吉温。安禄山秘密派遣亲信选择健壮的能够作战的好马几千匹，另外饲养。

注 释

❶ 闲厩、陇右群牧等使，唐的牧场主要分布在兰州、渭州、秦州、原州一带，玄宗开元十三年，牧马有四十三万匹，牛有五万头，羊有二十八万六千口之多。唐皇朝设立内外闲厩使来管理马政，又置陇右群牧使来管理这一带畜牧。

❷ 唐于陇右牧场，分置八使、四十八监来饲养牧马，八使之上置"都苑总监"一官来总理其事。闲厩使是调度牧马的长官，而总监是牧场实际负责的长官。

【原　文】

二月，壬申，上朝献太清宫，上圣祖尊号曰大圣祖高上大道金阙玄元天皇大帝。癸酉，享太庙，上高祖谥曰神尧大圣光孝皇帝，太宗谥曰文武大圣大广孝皇帝，高宗谥曰天皇大圣大弘孝皇帝，中宗谥曰孝和大圣大昭孝皇帝，睿宗谥曰玄真大圣大兴孝皇帝。以汉家诸帝皆谥孝故也。甲戌，群臣上尊号曰开元天地大宝圣文神武证道孝德皇帝。赦天下。

丁丑，杨国忠进位司空；甲申，临轩册命①。

【译　文】

二月，初六，皇上拜祭太清宫，上圣祖老子尊号为大圣祖高上大道金阙玄元天皇大帝。初七，祭奠太庙，上高祖谥号为神尧大圣光孝皇帝，太宗谥号为文武大圣大广孝皇帝，高宗谥号为天皇大圣大弘孝皇帝，中宗谥号为孝和大圣大昭孝皇帝，睿宗谥号为玄真大圣大兴孝皇帝。这是因为汉朝各个皇帝的谥号都有孝字。初八，群臣上玄宗尊号为开元天地大宝圣文神武证道孝德皇帝。赦免天下。

十一日，杨国忠升为司空；十八日，皇上在殿前宣读册文而委任他。

注 释

❶ 唐制，正拜三公，皇帝亲自临轩册命。不坐正殿而御平台曰临轩。

【原文】

己丑，安禄山奏："臣所部将士讨奚、契丹、九姓、同罗等，勋效甚多，乞不拘常格，超资加赏，仍好写告身付臣军授之。"于是除将军者五百余人，中郎将者二千余人。禄山欲反，故先以此收众心也。

三月，丁酉朔，禄山辞归范阳①。《旧志》：范阳，在京师东北二千五百二十里。上解御衣以赐之，禄山受之惊喜。恐杨国忠奏留之，疾驱出关。出潼关。乘船沿河而下，令船夫执绳板立于岸侧，凡挽船夫用板长二尺许，斜搭胸前，一端至肩，一端至肋，绳贯板之两端，以接船绊而挽之。十五里一更，更……易也。昼夜兼行，日数百里，过郡县不下船。自是有言禄山反者，上皆缚送，由是人皆知其将反，无敢言者。

【译文】

二十三日，安禄山上奏说："臣所统率的将士征讨奚、契丹、九姓、同罗等，功劳很多，请求不受常规限制，超越资历加倍赏赐，才好写告身交付臣军授予他们。"于是升任将军的有五百多人，任中郎将的二千多人。安禄山想反叛，所以先用这种方法来收买众人的心。

三月，初一，安禄山辞别皇上回范阳。皇上脱下身上的衣服赏赐给他，安禄山接受后又惊又喜。他担心杨国忠奏请皇上留住他，便飞快地跑出潼关。乘船沿着黄河而下，叫船夫手执绳板站在岸边拉船，十五里轮换一班，日夜兼程，每天行走好几百里，经过郡县都不下船。从此以后，凡是有人说安禄山要谋反，皇上都把他捆起来送交法司审问。因此，人们都知道安禄山将要反叛，但没有人敢说。

注 释

❶范阳，郡名，与幽州同治蓟县，今北京西南。

【原 文】

　　禄山之发长安也，上令高力士饯之长乐坡[①]，长乐坡即浐坡，在长安城东。乐，音洛。及还，上问："禄山慰意乎？"对曰："观其意怏怏，必知欲命为相而中止故也。"上以告国忠，曰："此议他人不知，必张垍兄弟告之也。"国忠之下，更有国忠二字，文意乃明。上怒，贬张均为建安太守，垍为卢溪司马，垍弟给事中埱为宜春司马。[②]建安郡，隋为泉州；唐改曰闽州，别置泉州。帝改闽州为福州长乐郡，以建州为建安郡。卢溪郡，辰州。《旧志》：建安郡，京师东南四千九百三十五里。卢溪郡，京师南三千四百五里。《考异》曰，《唐历》云："垍尝赞相礼仪，雍容有度，上心悦之，翌日，谓垍曰：'朕罢希烈相，以卿代之。'垍曰：'不敢。'贵妃在坐，告国忠斥之。"《旧·垍传》："天宝中，玄宗尝幸垍内宅，谓垍曰：'希烈累辞机务，朕择其代者，孰可？'垍错愕未对。帝即曰：'无逾吾爱婿矣。'垍降阶陈谢。杨国忠闻而恶之。及希烈罢相，举韦见素代垍，垍深觖望。"按《本纪》，三月丁酉，垍贬官，韦见素八月乃知政事，而云垍深觖望，《旧传》误也。《明皇杂录》云："上幸张垍宅，谓垍曰：'中外大臣才堪宰辅者，与我悉数，吾当举而用之。'垍逡巡不对。上曰：'固无如爱子婿。'垍降阶拜舞。上曰：'即举成命。'既逾月，垍颇怀怏怏，意其为李林甫所排。会禄山自范阳入觐，禄山潜赂贵妃，求带平章事，上不许。垍因私第备言：'上前时行幸内第，面许相垍，与明公同制入辅，今既中变，当必为奸臣所排。'禄山大怀恚怒，明日谒见，因流涕请罪。上慰勉久之，因问其故。禄山具以垍所陈对。上命高力士送归焉，亦以怏怏闻。由是上怒。"按李林甫时已死，亦误也。

【译 文】

　　安禄山离开长安回范阳时，皇上命令高力士在长乐坡为他饯行。等高力士回来，皇上便问他："安禄山满意吗？"高力士回答说："看他心情郁郁不乐的样子，一定是知道了要任命他为宰相而又作罢的缘故。"皇上把这事告诉了杨国忠，杨国忠说："这个决议别人不知道，必定是张垍兄弟告诉他的。"皇上很生气，贬张均为建安太守，张垍为卢溪司马，张垍的弟弟张埱为宜春司马。

注 释

❶ 高力士，唐玄宗时有权势的宦官。　❷ 建安郡，治今福建建瓯。卢溪郡，治今湖南沅陵。宜春郡，治今江西宜春。

【原 文】

哥舒翰亦为其部将论功①，敕以陇右十将、特进、火拔州都督、燕山郡王火拔归仁为骠骑大将军，十将，亦唐中世以来军中将领之职名。火拔，突厥别部也。开元中置火拔州。唐制：特进，文散阶，正二品。骠骑大将军，武散阶，从一品。河源军使王思礼加特进②，临洮太守成如璆、讨击副使范阳鲁炅、皋兰府都督浑惟明并加云麾将军，贞观中，铁勒来降，以浑部置皋兰都督府。云麾将军，武散阶，从三品上。陇右讨击副使郭英乂为左羽林将军。英乂，知运之子也。翰又奏严挺之之子武为节度判官，河东吕谭为支度判官，前封丘尉高适为掌书记，安邑曲环为别将。河东郡，蒲州。唐制：边军有支度使，以计军资粮仗之用，其属有判官、巡官。封丘县，汉、晋以来属陈留，唐属汴州。安邑县，属蒲州。《姓谱》：晋穆侯子成师封于曲沃，其后氏焉。汉有代郡太守曲谦，《货殖传》有曲叔。

【译 文】

哥舒翰也替他部下的将官论功，皇帝下敕书任命陇右十将、特进、火拔州都督、燕山郡王火拔归仁为骠骑大将军，河源军使王思礼加官特进，临洮太守成如璆、讨击副使范阳人鲁炅、皋兰府都督浑惟明一起加官为云麾将军，陇右讨击副使郭英乂为左羽林将军。郭英乂，是郭知运的儿子。哥舒翰又奏请以严挺之的儿子严武为节度判官，河东人吕谭为支度判官，前封丘县尉高适为掌书记，安邑人曲环为别将。

注 释

❶ 哥舒翰，玄宗时大将，时为陇右、河西两镇节度使，系突厥族哥舒部落人。　❷ 唐置河源军于鄯州西一百二十里，隶陇右节度使。鄯州，治在今青海海东乐都区。

【原文】

程千里执阿布思，献于阙下，斩之。甲子，以千里为金吾大将军，以封常清权北庭都护①，伊、西节度使②。

【译文】

程千里俘虏了阿布思，献给朝廷，朝廷把阿布思杀了。二十八日，任命程千里为金吾大将军；任命封常清为北庭都护，伊、西节度使。

注 释

❶ 北庭都护，置于今新疆吉木萨尔北。为当时唐治理外蕃部落、防卫天山北路的军政长官。　❷ 伊、西节度使，玄宗时，于全国边疆重要军区置九节度使、一经略使，以授任时朝廷赐以旌节，故称节度。初管军事，其后往往兼管民政、财政，权任极重。伊、西，指伊州、西州。伊州，今新疆哈密。西州，今新疆吐鲁番。

【原文】

夏，四月，癸巳，安禄山奏击奚破之，虏其王李日越。

六月，乙丑朔，日有食之，不尽如钩。

【译文】

夏，四月，二十八日，安禄山上奏进攻奚并打败了他们，俘虏奚王李日越。

六月，初一，日食，太阳没有被遮住的部分像钩一样。

侍御史、剑南留后李宓①_{杨国忠领剑南节度使，以宓为留后。宓，音密，又音伏。}将兵七万击南诏。阁罗凤诱之深入②，至太和城③，_{《新书》作"大和城"。夷语山陵陀为和，故谓大和，阁罗凤所居也。}闭壁不战。宓粮尽，士卒罹瘴疫及饥死什七八，乃引还，蛮追击之，宓被擒，全军皆没。杨国忠隐其败，更以捷闻，益发中国兵讨之，前后死者几二十万人；_{并鲜于仲通之败，死者有此数。}无敢言者。上尝谓高力士曰："朕今老矣，朝事付之宰相，边事付之诸将，夫复何忧！"力士对曰："臣闻云南数丧师，又边将拥兵太盛，陛下将何以制之！臣恐一旦祸发，不可复救，何得谓无忧也！"上曰："卿勿言，朕徐思之。"_{高力士之言，明皇岂无所动于其心哉！祸机将发，直付之无可奈何，侥幸其身之不及见而已。}

侍御史、剑南留后李宓率领军队七万人攻打南诏。阁罗凤引诱唐军深入，到太和城，坚闭城门不与唐军交战。李宓军队携带的粮食吃完了，士卒感染瘴疠疫及饿死的有十分之七八，于是就带兵撤退，蛮军从后追击唐军，李宓被俘，全军覆没。杨国忠隐瞒败情，改成胜利的消息向皇上报告，更增调中原军队去讨伐南诏，前后战死的将近二十万人；没有人敢说明真情。皇上曾对高力士说："朕现在老了，朝廷的事务都交给宰相，边境上的事务都交给诸位将领，还有什么可忧虑的！"高力士回答说："臣听说云南方面多次损兵折将，而且边疆将领拥有的军队太多，陛下靠什么来控制他们？臣担心一旦祸乱发生，就再也不能挽救了，怎么能够说没有忧虑了呢！"皇上说："你不要再说了，让朕慢慢想一想。"

注 释

❶留后，节度使如不在镇，由节度使留后代理节度行使职务。　❷阁罗凤，南诏王。　❸太和城，南诏国首都，今云南大理太和村。

【原 文】

秋，七月，癸丑，哥舒翰奏：于所开九曲之地置洮阳、浇河二郡及神策军①，以临洮太守成如璆兼洮阳太守，充神策军使。洮阳、浇河二郡，皆置于洮、廓二州西南。廓州，本浇河郡，天宝元年更名宁塞郡。洮州西八十里磨环川置神策军。《新书》曰：浇河郡置于积石之西。

【译 文】

秋，七月，二十日，哥舒翰上奏：请求在他所开辟的九曲之地设置洮阳、浇河二郡及神策军，让临洮太守成如璆兼洮阳太守，充任神策军使。

注 释

❶ 洮阳郡，置于今甘肃临潭西南。浇河郡，置于今青海贵德西南。神策军，置于今甘肃临潭西。

【原 文】

杨国忠忌陈希烈①，希烈累表辞位。上欲以武部侍郎吉温代之，国忠以温附安禄山，奏言不可；以文部侍郎韦见素和雅易制，荐之。八月，丙戌，以希烈为太子太师，罢政事；陈希烈遂以此怨望降贼。以见素为武部尚书、同平章事。《考异》曰，《旧·见素传》曰："时杨国忠用事，左相陈希烈畏其权宠，凡事唯诺，无敢发明。玄宗知之，不悦。天宝十三年，秋，霖雨六十余日，天子以宰相或未称职，见此咎征，命杨国忠精求端士。时兵部侍郎吉温方承宠遇，上意欲用之。国忠以温禄山宾佐，惧其

【译 文】

杨国忠嫉恨陈希烈，陈希烈多次上表要求辞官。皇上想让兵部侍郎吉温代替他，杨国忠因为吉温依附安禄山，上奏皇上说吉温不可以代替陈希烈；认为吏部侍郎韦见素性情温顺容易控制，就推荐了韦见素。八月，二十三日，任

威权，奏寝其事。国忠访于中书舍人窦华、宋昱等，华、昱言见素方雅，柔而易制；上亦以经事相王府，有旧恩，可之。"《希烈传》曰："国忠用事，素忌疾之，乃引韦见素同列，罢希烈知政事。"按明皇若恶希烈阿徇国忠，当更自择刚直之士，岂得尚卜相于国忠！今从《希烈传》。

命陈希烈为太子太师，罢除政事；任命韦见素为兵部尚书、同平章事。

注 释

❶ 陈希烈，玄宗时宰相，李林甫以其柔而易制，故荐以为相。

【原文】

自去岁水旱相继①，关中大饥。杨国忠恶京兆尹李岘不附己，以灾沴归咎于岘，九月，贬长沙太守。沴，音戾。长沙郡，潭州。《旧志》：长沙郡，京师南二千四百四十五里。岘，祎之子也。信安王祎，开元初，以军功有宠于上。上忧雨伤稼，国忠取禾之善者献之，曰："雨虽多，不害稼也。"上以为然。扶风太守房琯言所部水灾②，扶风郡，岐州。国忠使御史推之。宋白曰：唐故事，侍御史各二人，知东西推。又各分京城诸司及诸道州府，为东西之限；只日则台院受事，双日则殿院受事。又有监察御史出使推按，谓之推事御史。是岁，天下无敢言灾者。高力士侍侧，上曰："淫雨不已，贾公彦曰：雨三日已上曰淫。卿

【译文】

自从去年水灾旱灾相继发生，关中出现大饥荒。杨国忠厌恶京兆尹李岘不依附自己，把灾害的发生归咎于李岘，九月，贬李岘为长沙太守。李岘是李祎的儿子。皇上忧虑久雨伤害庄稼，杨国忠就拿好的禾苗进献给皇上，说："雨水虽多，但没有伤害庄稼。"皇上信以为真。扶风太守房琯说他所管辖的地区发生水灾，杨国忠派御史追问他。这一年，天下没有人敢说受灾的。高力士侍立在皇帝的身边，皇上说："阴雨不停地下，你可尽量说出你的意见。"高力士回答说："自从陛下把大权交给宰相，

可尽言。"对曰："自陛下以权假宰相，赏罚无章，阴阳失度，臣何敢言！"上默然。

赏罚没有规矩，阴阳也失去常度，臣如何敢说！"皇上沉默无语。

注 释

❶ 去岁，指天宝十二载（公元七五三年）。　❷ 扶风郡，治雍县，今陕西宝鸡凤翔区。

【原 文】

冬，十月，乙酉，上幸华清宫。

十一月，己未，置内侍监二员，正三品。唐制，宦官不得过三品；置内侍四人，从四品上。中官之贵，极于此矣，至帝始隳其制。杨思勖以军功，高力士以恩宠，皆拜大将军，阶至从一品，犹曰勋官也。今置内侍监正三品，则职事官矣。

河东太守兼本道采访使韦陟①，斌之兄也，文雅有盛名，杨国忠恐其入相，使人告陟赃污事，下御史按问。陟赂中丞吉温②，使求救于安禄山，复为国忠所发。闰月，壬寅，贬陟桂岭尉，温澧阳长史③。桂岭，汉临贺县地，隋置桂岭县，唐属贺州。澧阳郡，澧州。《旧志》：澧阳郡，京师东南一千八百九十三里。安禄山为温讼冤，且言国忠谗疾，上两无所问。

【译 文】

冬，十月，二十三日，皇上驾临华清宫。

十一月，二十八日，设置内侍监二人，正三品。

河东太守兼本道采访使韦陟，是韦斌的哥哥，温文儒雅，享有盛名，杨国忠害怕他入朝做宰相，派人告发韦陟贪污的事，交付御史调查审问。韦陟贿赂御史中丞吉温，派人向安禄山求救，又被杨国忠告发。闰十一月，壬寅日，贬韦陟为桂岭县尉，吉温为澧阳长史。安禄山替吉温申冤，并且说杨国忠谗言害人。皇上两边都不再过问。

注释

❶采访使，官名，初称按察使，每道一人，掌监察州县官吏，举善纠恶。
❷御史中丞二员，为御史大夫的属官，御史台的副长官。受公卿奏事，举劾案章。　❸桂岭县，今广西贺州东北。澧阳郡，治今湖南澧县。

【原 文】

戊午，上还宫。

是岁，户部奏天下郡三百二十一，县千五百三十八，乡万六千八百二十九，户九百六万九千一百五十四，口五千二百八十八万四百八十八。有唐户口之盛极于此。

【译 文】

（十二月）二十八日，皇上回宫。

这一年，户部奏报全国共有三百二十一郡，一千五百三十八县，一万六千八百二十九乡，九百零六万九千一百五十四户，五千二百八十八万零四百八十八人。

十四载 (乙未·七五五)

【原 文】

春，正月，苏毗王子悉诺逻去吐蕃来降。《新书》曰：苏毗，吐蕃强部也。

二月，辛亥，安禄山使副将何千年入奏，请以蕃将三十二人代汉将，上命立进画，进画者，命中书为发日敕，进请御画而行之。《唐六典》：中书掌王言，其制有七，其四曰发日敕，正谓御画发日敕也；增减官员、废置州县、除免官爵、授六品以下官则用之。给告身①。韦见素谓杨国忠曰："禄山久有异志，

【译 文】

春，正月，苏毗王子悉诺逻离开吐蕃，归降唐朝。

二月，二十二日，安禄山派副将何千年入朝上奏，请求用蕃将三十二人代替汉人将领，皇上命令中书省马

今又有此请，其反明矣。明日见素当极言；上未允，公其继之。"国忠许诺。壬子，国忠、见素入见，上迎谓曰："卿等有疑禄山之意邪？"见素因极言禄山反已有迹，所请不可许，上不悦；国忠逡巡不敢言，上竟从禄山之请。它日，国忠、见素言于上曰："臣有策可坐消禄山之谋。今若除禄山平章事，召诣阙，以贾循为范阳节度使[2]，吕知诲为平卢节度使[3]，杨光翙为河东节度使[4]，则势自分矣。"上从之。已草制，上留不发，更遣中使辅璆琳以珍果赐禄山，潜察其变。辅，姓也。《左传》，晋有大夫辅跞。又智果别族为辅氏。即《考异》前所引以甘子赐禄山事。璆，音求。璆琳受禄山厚赂，还，盛言禄山竭忠奉国，无有二心。上谓国忠等曰："禄山，朕推心待之，必无异志。东北二虏[5]，藉其镇遏。朕自保之，卿等勿忧也！"事遂寝。《考异》曰，《实录》："正月，辛巳，禄山表请以蕃将三十人代汉将，上遣中使袁思艺宣付中书，令即日进画，便写告身。杨国忠、韦见素相谓曰：'流言传禄山有不臣之心，今又请代汉将，其反明矣。'乃请陈事。既见，上先曰：'卿等有疑禄山之意邪？'国忠等遽走下阶，垂涕具陈禄山反状，因以禄山表留上前而出。俄顷，上又令袁思艺宣曰：'此之一奏，姑容之，朕徐为图之。'国忠奉诏。自后国忠每对，未尝不恳请其事。国忠曰：'臣有一策，可销其难，伏望下制以禄山带左仆射、平章事，追赴朝廷，以贾循等分帅三道。'上许之。草制讫，留之未行。上潜令辅璆琳送甘子，私候其状。还，固称无事，其制遂寝。先是上引宰相对见，常置白麻于座前，及

上撰发御批敕命，给予委任状。韦见素对杨国忠说："安禄山很久以来就存有异心，现在又有这样的请求，他谋反的意图非常明显了。明天见皇上，我要极力进谏；皇上如果不听从，您要接着进谏。"杨国忠答应了。二十三日，杨国忠、韦见素入朝进见，皇上迎着他们说："卿等有怀疑安禄山的意思吗？"韦见素趁机极力说明安禄山谋反已有形迹，他的请求不能准许，皇上听了不高兴；杨国忠迟疑着不敢说，皇上竟然准许了安禄山的请求。过了几天，杨国忠、韦见素对皇上说："臣有计策可以坐着不动声色地破除安禄山的阴谋。现在如果任命安禄山为平

璆琳还，上乃谓宰臣曰：'禄山必无二心，其制朕已焚矣。'后璆琳受禄山赂事泄，上因祭龙堂，遣备储供，责以不虔，乃命左右扑杀之；始有疑禄山意。"《禄山事迹》云："请不以蕃将代汉将，论禄山反状，及请追禄山赴阙，并是韦见素之意旨，国忠曾无预焉。仍语见素曰：'禄山出自寒微，位居众上，时所忌嫉，成疑似耳。'见素曰：'公若实为此见，社稷危矣。'将至上前恳论，见素约以'事如未谐，公继之'。国忠都无一言，俯偻而退，见素却到中书，鸣咽流涕。此非他也，国忠要禄山速反，以明己之先见耳。"宋巨《玄宗幸蜀记》云："是年春，二月二十二日辛亥，禄山使何千年表请以蕃将三十二人代汉将掌兵。其日，宰相韦见素、杨国忠在省，见素惨然，国忠问曰：'堂老何色之戚也？'见素曰：'禄山逆状，行路共知。今以蕃酋代汉将，是乱将作矣。与公位当此地，能无戚乎？'国忠于是亦惘然，久之乃曰：'与夺之间，在于宸断，岂我辈所能是非邪！'见素曰：'知祸之萌而不能防，亦将焉用彼相矣！明日对见，仆必恳论，冀其万一。若不允，子必继之。'国忠曰：'事则不谐，恐虚犯龙颜，自贻伊戚。'见素曰：'如正其言而获死，犹愈于阿从而偷生。'翌日壬子，二相入对。见素言：'禄山潜贮异图，迹已昭彰。'因叩头流涕久之。国忠但俯偻逡巡，更无所补。上不悦，遂以他事议之。既退还省，见素谓国忠曰：'圣意未回，计将安出？'国忠曰：'禄山未必有反意，但时所诽疾，便成疑似耳。'见素曰：'公若为此见，社稷危矣。'遂悯然不言。二十四日癸丑，上又使思艺宣旨，令'且依此发遣，卿等所议，后别筹之'。自是见素数奏其凶状。三月，己未朔，见素请以禄山同中书门下平章事，追赴阙庭。及辅璆琳送甘子，禄山绐璆琳曰：'主上耄年，信任非次，国忠之辈，苟徇荣班。今若进逆耳之言，苦口之药，以吾之心，事将无益。今欲耀兵强谏，以迹鼷拳，此意决矣。'禄山以物赠璆琳。璆琳既受金帛，及还，奏曰：'禄山尽忠奉国，必无二心，特望官家不以东北为虑。'上然之，谓宰臣曰：'禄

章事，召他回朝，让贾循为范阳节度使，吕知诲为平卢节度使，杨光翙为河东节度使，那么他的势力就自动分解了。"皇上听从了这个意见。已经拟好制书，皇上留下没有发出，又派遣宫中使者辅璆琳带着珍奇的水果赏赐给安禄山，暗中观察他的动静。辅璆琳收受了安禄山贵重的贿赂，回来后，竭力说安禄山尽忠报国，没有二心。皇上对杨国忠等人说："安禄山，朕推心置腹地对待他，他一定不会有异心。奚和契丹，都依靠他来镇守遏制。朕保证他不反，卿等不必忧虑了！"事情因此搁置下来。贾循是华原人，这时任节度副使。

山朕自保之，卿勿忧也！'见素起曰：'臣忏拂圣旨，僭黩大臣，罪合万死。然愚者千虑，或有一中，愿陛下审察之。'"自余与《实录》及《事迹》所述略同。按禄山方赂璓琳，泯其反迹，安肯对之遽出悖语！又国忠平日数言禄山欲反，此际安得不与见素同心！盖所谓天下之恶皆归焉者也。今取其可信者。循，华原人也，时为节度副使。

注 释

❶告身，任命状。　❷范阳节度使，玄宗时边防九节度使之一，为御奚、契丹置，治蓟县，今北京西南。　❸平卢节度使，玄宗时边防九节度使之一，治营州，今辽宁朝阳。　❹河东节度使，玄宗时边防九节度使之一，治太原，今山西太原西南。　❺东北二虏，指奚及契丹，皆东胡部族名。

【原 文】

陇右、河西节度使哥舒翰入朝①，道得风疾，遂留京师，家居不出。

【译 文】

陇右、河西节度使哥舒翰入朝，在路上得了风疾，于是留在京师，待在家里不出来。

注 释

❶陇右、河西节度使，皆玄宗时边防节度使。陇右节度使治鄯州湟水，今青海海东乐都区；河西节度使治凉州武威，今甘肃武威。

【原 文】

三月，辛巳，命给事中裴士淹宣慰河北。

夏，四月，安禄山奏破奚、契丹。

癸巳，以苏毗王子悉诺逻为怀义王，赐姓名李忠信。

安禄山归至范阳，朝廷每遣使者至，皆称疾不出迎，盛陈武备，然后见之。裴士淹至范阳，二十余日乃得见，无复人臣礼。杨国忠日夜求禄山反状，使京兆尹围其第，《考异》曰，《肃宗实录》："国忠日夜伺求禄山反状，或矫诏以兵围其宅，或令府县捕其门客李起、安岱、李方来等，皆令侍御史郑昂之阴推劾，潜槌杀之。庆宗尚郡主，又供奉在京，密报其父，禄山转惧。"《唐历》："是夏，京兆尹李岘贬零陵太守。先是杨国忠使门客蹇昂、何盈求禄山阴事，命京兆尹围捕其宅，得安岱、李方来等与禄山反状，使侍御史郑昂之缢杀之。禄山怒，使严庄上表自理，具陈国忠罪状二十余事。上惧其生变，遂归过于岘以安之。"《安禄山事迹》与《唐历》同，外有"命京兆尹李岘于其宅得李起、安岱、李方来等；又贬吉温为澧阳长史，以激怒禄山，幸其速反，上竟不之悟。"《玄宗幸蜀记》与《事迹》同。按《李岘传》："十二载，连雨六十余日，国忠归咎京兆尹，贬长沙太守。"《新宗室宰相传》："杨国忠使客蹇昂、何盈摘安禄山阴事，讽京兆捕其第，得安岱、李方来等与禄山反状，缢杀之。禄山怒，上书自言。帝惧变，出岘为零陵太守。"今从《实录》。捕禄山客李超等，送御史台

【译 文】

三月，二十二日，命令给事中裴士淹宣谕安抚河北。

夏，四月，安禄山上奏说攻破奚、契丹。

初四，封苏毗王子悉诺逻为怀义王，赐他姓名为李忠信。

安禄山回到范阳，朝廷每次派遣使者前去，他都称病不出来迎接，而且大规模地陈列武备，然后再接见使者。裴士淹到了范阳，二十多天后才被接见，（安禄山面对使者）不再有人臣的礼节。杨国忠日日夜夜地寻求安禄山造反的罪状，派京兆尹包围了他的宅第，逮捕了安禄山的门客李超等人，送进御史台监狱，暗地里杀了他们。安禄山的儿子安庆宗娶宗室女荣义郡主，在京师供职，将情况秘密报告安禄山，安禄山更加害怕。六月，皇上因安禄山的儿子要

狱①，潜杀之。禄山子庆宗尚宗女荣义郡主，供奉在京师，在京师为太仆卿，得随供奉官班见。密报禄山，禄山愈惧。六月，上以其子成婚，手诏禄山观礼，禄山辞疾不至。秋，七月，禄山表献马三千匹，每匹执控夫二人，遣蕃将二十二人部送。欲以袭京师也。河南尹达奚珣疑有变，奏请"谕禄山以进车马宜俟至冬，官自给夫，无烦本军"。于是上稍寤，始有疑禄山之意。会辅璆琳受赂事亦泄，上托以他事扑杀之。上遣中使冯神威赍手诏谕禄山，如珣策；《考异》曰：《禄山事迹》作"承威"，今从《玄宗幸蜀记》。且曰："朕新为卿作一汤，自天宝六载以来，华清宫中益治汤，井池台观，环列山谷。御汤曰九龙殿，亦曰莲花汤。《明皇杂录》曰："明皇幸华清宫，新广汤，制作宏丽。安禄山于范阳以白玉石为鱼、龙、凫、雁，仍以石梁及莲花同献，雕镌巧妙，殆非人功。上大悦，命陈于汤中，仍以石梁横亘汤上，而莲花才出于水际。上至其所，解衣欲入，而鱼、龙、凫、雁皆若奋鳞举翼，状欲飞动。上恐，遽命撤去，而莲花至今犹存。又尝于宫中置长汤数十间，屋皆周回甃以文石，为银镂漆船及白木香船，置于其中。至于楫棹，皆饰以珠玉。又于汤中累瑟瑟及沈香为山，以状瀛洲、方丈。《津阳门诗注》曰：宫中除供奉两汤外，内更有汤，十六所长汤，每赐诸嫔御，其修广与诸汤不侔，甃以文瑶密石，中央有玉莲花捧汤，喷以成池。又缝缀锦绣为凫雁，置于水中，上时于其间泛钑镂小舟，以嬉游焉。次西曰太子汤，又次西宜春汤，又次西长汤十六所。今唯太子、

成婚，亲手写诏书命安禄山回朝观礼，安禄山以生病为借口不来。秋，七月，安禄山上表请求献马三千匹，每匹马配马夫二人，派遣蕃将二十二人分部送来。河南尹达奚珣怀疑有变故，奏请皇上"晓谕安禄山进献车马应等到冬天，官府自会配给马夫，不必麻烦他的军队"。于是皇上稍稍有所醒悟，开始有怀疑安禄山的心思。碰上辅璆琳收受安禄山贿赂的事情也泄露出来，皇上便假借其他的罪过把他打死。皇上派宫中使者冯神威带着自己亲手写的诏书去晓谕安禄山，按照达奚珣的计策；并且还说："朕新近为卿造了一个温泉池，十月份在华清宫等待卿。"冯神威到范阳宣读圣旨，安禄山伸着腿坐在床上微微起了一下身，也不跪拜，说："圣上还好吧。"又说："马不进献也可以，十月份一定到

少阳二汤存焉。又有玉女殿汤，今石星痕汤、玉名瓷汤所出也。"十月于华清宫待卿。"神威至范阳宣旨，禄山踞床微起，亦不拜，曰："圣人安隐。"圣人，谓上也。隐，读曰稳。唐帖多有写"稳"字为"隐"字者。又曰："马不献亦可，十月灼然诣京师②。"即令左右引神威置馆舍，不复见；数日，遣还，亦无表。神威还见上，泣曰："臣几不得见大家③。"

京师。"随即便命令左右的人带走冯神威，将他安置在驿馆里，再也不见他；过了好几天，遣他回朝，也没有谢恩的表文。冯神威回来后，见了皇上哭着说："臣差一点就再也见不到皇上！"

注　释

❶ 御史台狱，唐御史有审判权，故御史台有监狱。　❷ 灼然，唐人习惯语，义犹"一定"。　❸ 大家，唐代宦官、宫女对皇帝的称呼。

【原　文】

八月，辛卯，免今载百姓租庸。

冬，十月，庚寅，上幸华清宫。《考异》曰：《旧纪》壬辰，今从《实录》《新纪》。

安禄山专制三道，阴蓄异志，殆将十年，以上待之厚，欲俟上晏驾然后作乱。会杨国忠与禄山不相悦，屡言禄山且反，上不听；国忠数以事激之，欲其速反以取信于上。禄山由是决意遽反，独与孔目官、太仆丞严庄、掌书记、屯田员外郎高尚①、将

【译　文】

八月，初四，皇上免除今年老百姓的租庸赋税。

冬，十月，初四，皇上驾临华清宫。

安禄山一个人控制着范阳、平卢、河东三道，暗藏异心，将近十年。因皇上待他优厚，想等皇上死后再造反。碰上杨国忠与安禄山关系不睦，多次说安禄山将要反叛，皇上不信；杨国忠屡次用事情来激化，想要安禄山尽快反叛以便

军阿史那承庆密谋，自余将佐皆莫之知，但怪其自八月以来，屡飨士卒，秣马厉兵而已。会有奏事官自京师还，禄山诈为敕书，悉召诸将示之，曰："有密旨，令禄山将兵入朝讨杨国忠，诸君宜即从军。"众愕然相顾，莫敢异言。十一月，甲子，禄山发所部兵及同罗、奚、契丹、室韦凡十五万众②，号二十万，反于范阳。《考异》曰，平致美《蓟门纪乱》曰："自其年八月后，慰谕兵士，磨厉戈矛，颇异于常，识者窃怪矣。至是，禄山勒兵夜发。将出，命属官等谓曰：'奏事官胡逸自京回，奉密旨，道禄山将随身兵马入朝来，莫令那人知。群公勿怪，便请随军。'那人，意杨国忠也。"命范阳节度副使贾循守范阳，平卢节度副使吕知海守平卢，别将高秀岩守大同；中受降城西二百里有大同川。又代州北有大同军，去太原八百余里。《新志》：大同军，在朔州马邑县。按宋白《续通典》：中受降城西之大同川，乃隋大同城之旧墟。开元五年，分善阳县东三十里置大同军以戍边；复于军内置马邑县，直代州北。诸将皆引兵夜发。

让自己获取皇上的信任。安禄山因此决心尽快反叛，他单独和孔目官太仆丞严庄、掌书记屯田员外郎高尚、将军阿史那承庆秘密谋划，其他的将领和佐官都不知道这件事，只是对自从八月份以来，经常宴飨士兵、秣马厉兵感到奇怪而已。适逢有向皇上奏报事情的官员从京师回来，安禄山就假造皇上的敕书，召集所有的将军，向他们出示诏书说："皇上有密旨，命令我们带领部队入朝讨伐杨国忠，诸位将军应当马上从军出征。"众人大吃一惊，你看我我看你，没有一个人敢表示不同的意见。十一月，初九，安禄山发动他所统领的部队及同罗、奚、契丹、室韦等共十五万人，号称二十万，在范阳反叛。他命令范阳节度副使贾循留守范阳，平卢节度副使吕知海留守平卢，别将高秀岩留守大同；诸位将军都带兵连夜出发。

注释

❶孔目官，唐藩镇幕府要职；掌书记，唐藩镇幕府要职。　❷同罗、室韦等，皆东胡部族名。

【原文】

诘朝，禄山出蓟城南大阅誓众，以讨杨国忠为名，榜军中曰："有异议扇动军人者，斩及三族！"于是引兵而南。禄山乘铁舆，步骑精锐，烟尘千里，鼓噪震地。*舆，与舆同*。时海内久承平，百姓累世不识兵革，猝闻范阳兵起，远近震骇。河北皆禄山统内①，*禄山兼河北道采访使*。所过州县，望风瓦解，守令或开门出迎，或乘城窜匿，或为所擒戮，无敢拒之者。禄山先遣将军何千年、高邈将奚骑二十，声言献射生手②，乘驿诣太原。乙丑，北京副留守杨光翙出迎③，因劫之以去。*《考异》曰，《肃宗实录》云："先令千年领壮士数千人，诈称献俘，以车千乘，包旌旗、戈甲、器械，先俟于河阳桥。"不见后来所用。又千年时方诣太原执杨光翙，未暇向河阳也。今不取。《蓟门纪乱》云："是月甲午，缚光翙。"按是月有甲子，安得甲午！亦不取*。太原具言其状。东受降城亦奏禄山反④。上犹以为恶禄山者诈为之，未之信也。

【译文】

第二天早晨，安禄山到蓟城南，隆重地阅兵誓师，以征讨杨国忠为名，出榜告示军中说："有异议煽动军心的，诛灭三族！"于是带兵向南进发。安禄山乘坐铁车，步兵骑兵都很精良，路上的烟尘飞扬千里，鼓声喧哗声震天动地。当时天下长期太平，老百姓好几代都没有经过战争，突然听说范阳起兵叛乱，远近都大为震惊。河北是安禄山管辖的地区，他所经过的州、县，都望风瓦解，城中的太守、县令有的打开城门出来迎接，有的放弃城池逃窜藏匿，有的被活捉杀戮，没有人敢抵抗他。安禄山先派遣将军何千年、高邈带领奚族骑兵二十人，声称进献射生手，乘驿车到太原。初十，北京副留守杨光翙出城迎接，因此就把他劫持而去。太原把实情向朝廷报告。东受降城也上奏说安禄山反叛。皇上还以为是讨厌安禄山的人假造的谣言，不愿相信这事。

注 释

❶河北，道名，黄河以北，太行山以东，皆属河北道。　❷射生手，善射的武士。　❸北京，今山西太原，唐高祖起兵太原，故唐玄宗建为北京。　❹东受降城，唐代于今内蒙古黄河东北岸托克托南置东受降城。

【原 文】

庚午，上闻禄山定反，乃召宰相谋之。杨国忠扬扬有德色，蜀本作"得色"，当从之。曰："今反者独禄山耳，将士皆不欲也。不过旬日，必传首诣行在。"上以为然，大臣相顾失色。上遣特进毕思琛诣东京，金吾将军程千里诣河东①，各简募数万人，随便团结以拒之。辛未，安西节度使封常清入朝②，上问以讨贼方略，常清大言曰："今太平积久，故人望风惮贼。然事有逆顺，势有奇变，臣请走马诣东京，开府库，募骁勇，挑马棰度河，计日取逆胡之首献阙下！"上悦。壬申，以常清为范阳、平卢节度使。常清即日乘驿诣东京募兵，旬日，得六万人；乃

【译 文】

十五日，皇上听说安禄山确实反叛，才召集宰相商议对策。杨国忠露出得意的神色，说："现在造反的只有安禄山一个人，将领和士兵都不想造反。不过十天，必定把安禄山的头颅传送到长安来。"皇上信以为真，大臣们面面相觑，大惊失色。皇上派遣特进毕思琛到东京，金吾将军程千里到河东，各自选募几万人，各随方便组织地方丁壮以抵抗叛军。十六日，安西节度使封常清入朝，皇上问他讨伐叛贼的方略，封常清夸口说："当今太平时日已久，所以人们看见叛贼的风尘就害怕。然而事情有逆境顺境，形势有奇诡变化，臣请求骑马飞奔东京，打开府库，招募骁勇善战的人，挥舞马鞭直渡黄河，用不了几天就可以取叛逆胡贼的首级进献朝廷！"皇上很高兴。十七日，任命封常清为范阳、平卢节度使。封常清当天就乘坐驿马到东京招募士兵，十天时间，就募得六万人；于是砍断河阳桥，作为防守抵

断河阳桥③，为守御之备。 ┃ 御的准备。

注 释

❶ 河东，道名，今山西。　❷ 安西节度使，玄宗时边防九节度使之一，西域军政长官，治龟兹，今新疆库车。　❸ 河阳桥，今河南孟州。

【原 文】

甲戌，禄山至博陵南①，博陵郡本定州高阳郡，天宝元年更郡名。《旧志》：博陵郡，京师东北二千九百六里。何千年等执杨光翙见禄山，责光翙以附杨国忠，斩之以徇。《考异》曰，《幸蜀记》云："十九日甲戌，至真定南，逢杨光翙。"按《唐历》："禄山遣骁骑何千年等劫光翙归，遇于博陵郡，杀之。"盖《幸蜀记》误以定州为真定耳。《禄山事迹》曰："其年九月，甲午，传太原尹杨光翙首至。"按禄山十一月始反，而《事迹》云九月取光翙，误也。禄山使其将安忠志将精兵军土门②，忠志，奚人，禄山养为假子；又以张献诚摄博陵太守，献诚，守珪之子也。张守珪卵翼禄山，实为厉阶。

【译 文】

十九日，安禄山到达博陵南，何千年等人捆绑杨光翙来见安禄山，安禄山指责杨光翙依附杨国忠，将他斩首示众。安禄山派他的部将安忠志率领精兵驻扎在土门。安忠志是奚族人，安禄山抚养为干儿子；又让张献诚代理博陵太守，张献诚是张守珪的儿子。

注 释

❶ 博陵郡，治博陵，今河北高阳西南。　❷ 土门，即井陉关，在今河北井陉山上，是太行山区进入华北平原的隘口。

【原文】

禄山至藁城①，常山太守颜杲卿力不能拒②，与长史袁履谦往迎之。禄山辄赐杲卿金紫，质其子弟，使仍守常山；常山郡，本恒州恒山郡，天宝元年更郡名。刘昫曰：常山郡，旧治元氏。魏道武登常山郡北望安乐垒，美之，遂移郡治于安乐城，今州城是也。魏收《志》，九门县有安乐垒。又使其将李钦凑将兵数千人守井陉口，以备西来诸军。西来诸军，谓河东路兵东出井陉口者。杲卿归途中，指其衣谓履谦曰："何为著此？"履谦悟其意，乃阴与杲卿谋起兵讨禄山。杲卿，思鲁之玄孙也。颜思鲁，之推之子，师古之父也。

【译文】

安禄山到达藁城，常山太守颜杲卿无力抵抗，和长史袁履谦前往迎接叛军。安禄山就赏赐颜杲卿金鱼袋和紫衣，把他的儿子兄弟作为人质，让他仍旧做常山太守；又派部将李钦凑率领部队几千人守卫井陉口，以防备从西边来征讨的各路兵马。颜杲卿在回常山的路上指着身上穿戴的衣物对袁履谦说："穿戴这种衣物干什么？"袁履谦明白他的意思，于是就暗中和颜杲卿一起谋划起兵讨伐安禄山。颜杲卿，是颜思鲁的玄孙。

注 释

❶藁城，在今河北石家庄藁城区。　❷常山郡，治真定，今河北正定南。

【原文】

丙子，上还宫。斩太仆卿安庆宗，赐荣义郡主自尽。以朔方节度使安思顺为户部尚书①，思顺弟元贞为太仆卿。以朔方右厢兵马使、九原太守郭

【译文】

二十一日，皇上回宫。杀了太仆卿安庆宗，赐荣义郡主自杀。任命朔方节度使安思顺为户部尚书，安思顺的弟弟安元贞为太仆卿。任

子仪为朔方节度使②，九原郡，丰州。右羽林大将军王承业为太原尹。太原为北都，故置尹。置河南节度使，领陈留等十三郡③，以卫尉卿猗氏张介然为之。陈留郡，汴州。《考异》曰：《实录》以介然为汴州刺史；《旧纪》以介然为陈留太守。按是时无刺史，郭纳见为太守，介然直为节度使耳。以程千里为潞州长史④。诸郡当贼冲者，始置防御使⑤。

命朔方右厢兵马使、九原太守郭子仪为朔方节度使，右羽林大将军王承业为太原尹。设置河南节度使，管辖陈留等十三郡，让卫尉卿猗氏人张介然担任河南节度使。让程千里担任潞州长史。首当贼军冲击的各郡，开始设置防御使。

注释

❶ 朔方节度使，玄宗时边防九节度使之一，治灵州，今宁夏灵武。　❷ 九原郡，治九原，今内蒙古五原西南。　❸ 陈留郡，治浚仪，今河南开封。　❹ 潞州，治上党，今山西长治。　❺ 防御使，唐初置于西北边镇，安史乱起，分设于中原军事要地，专掌本郡军事。

【原文】

丁丑，以荣王琬为元帅，右金吾大将军高仙芝副之，统诸军东征。出内府钱帛，于京师募兵十一万，号曰天武军，旬日而集，皆市井子弟也。

十二月，丙戌，高仙芝将飞骑、彍骑及新募兵、边兵在京师者合五万人，发长安。上遣宦者监门将军边令诚监其军，屯于陕①。《旧

【译文】

二十二日，任命荣王李琬为元帅，右金吾大将军高仙芝为副元帅，率军出征，拿出内府的钱财布帛，在京师招募士兵十一万人，号称天武军，十来天就集中起来，都是些市井子弟。

十二月，初一，高仙芝率领飞骑、彍骑及新募兵、边兵留在京师的，共五万人，从长安出发。皇上派遣宦者监门将军边令

志》：陕郡，在京师东四百九十里，至东都三百三十里。

诚监督他的军队，驻扎在陕郡。

注 释

❶ 陕郡，治陕城，今河南三门峡陕州区。

【原文】

丁亥，安禄山自灵昌渡河①，灵昌郡，本滑州东郡，天宝元年更郡名。以缅约败船及草木横绝河流②，一夕，冰合如浮梁，遂陷灵昌郡。《旧志》：灵昌郡，去京师一千四百四十里，至东都五百三十里。禄山步骑散漫，人莫知其数，所过残灭。张介然至陈留才数日，禄山至，授兵登城，众恟惧，不能守。庚寅，太守郭纳以城降。禄山入北郭，闻安庆宗死，恸哭曰："我何罪，而杀我子！"时陈留将士降者夹道近万人，禄山皆杀之以快其忿；斩张介然于军门。《考异》曰，《旧纪》："辛卯，陷陈留郡。"《禄山事迹》："庚午，陷陈留郡，传张介然、荔非元瑜等首至。"今从《实录》。以其将李庭望为节度使，守陈留。《旧志》：陈留郡，京师东一千三百五十里，至东都四百一里。

【译文】

初二，安禄山从灵昌渡过黄河，用粗大的绳索把破旧的船只和草木连接起来横渡河流，只一个晚上的时间，河水结冰把船只草木冻住了，就像浮桥一样，因而攻陷了灵昌郡。安禄山的步兵骑兵散漫混乱，人们不知道他究竟有多少兵马，凡是他的军队所经过的地方都遭到残杀毁灭。张介然到陈留才几天，安禄山就到了，张介然派兵登城，众人十分恐惧，不能防守。初五，太守郭纳献城投降。安禄山进入城北，听说安庆宗的死讯，痛哭说："我有什么罪过，竟杀了我的儿子！"当时陈留将士站在道路两旁投降的将近一万人，安禄山把他们都杀死了以泄其忿；在军门前把张介然斩首。任命部将李庭望为节度使，留守陈留。

注 释

❶ 灵昌郡，今河南滑县。 ❷ 绹，粗大的绳索；约，束。

【原 文】

　　壬辰，上下制欲亲征，其朔方、河西、陇右兵留守城堡之外，皆赴行营，令节度使自将之；期二十日毕集。

　　初，平原太守颜真卿_{汉置平原郡，唐为德州，天宝元年复改为郡。}知禄山且反①，因霖雨，完城浚壕，料丁壮，实仓廪；禄山以其书生，易之。_{料……量度也。}及禄山反，檄真卿以平原、博平兵七千人防河津②，_{博平郡，博州。}真卿遣平原司兵李平间道奏之。上始闻禄山反，河北郡县皆风靡，叹曰："二十四郡，曾无一人义士邪！"及平至，_{《旧志》：平原郡，至京师一千九百八十二里。}大喜曰："朕不识颜真卿作何状，乃能如是！"真卿遣亲客密怀购贼檄诣诸郡，由是诸郡多应者。真卿，杲卿之从弟也。

【译 文】

　　初七，皇上下制书想要亲自征讨安禄山，所有朔方、河西、陇右的士兵留守在城堡外的，都赶赴出征的军营，命令各节度使亲自率领；限期二十天全部会集。

　　当初，平原太守颜真卿知道安禄山将要反叛，趁连日阴雨的机会，修缮城墙深挖壕沟，计算丁壮的数目，充实粮仓；安禄山因颜真卿是一介书生，所以轻视他。等到安禄山反叛，行文颜真卿让他用平原、博平的士兵七千人防守黄河的渡口，颜真卿派遣平原司兵李平抄小路奏报皇上。皇上才听说安禄山反叛，河北各郡县都望风披靡，感叹道："二十四郡，就没有一个人是义士吗！"等到李平来，皇上大喜说："朕不知道颜真卿长得如何模样，竟能如此！"颜真卿派遣亲信门客暗中怀着悬赏捉拿反贼的文书到各郡去，因此各郡有很多响应的人。颜真卿是颜杲卿的堂弟。

注 释

❶ 平原郡，治平原，今山东平原西南。 ❷ 博平郡，治聊城，今山东聊城。

【原 文】

安禄山引兵向荥阳①，太守崔无诐拒之；士卒乘城者，闻鼓角声，自坠如雨。癸巳，禄山陷荥阳，荥阳郡，郑州，西至洛阳二百六十里。《旧志》：荥阳郡至京师一千一百五里，东都二百七十里。《考异》曰：《唐历旧纪》作"甲午"，今从《实录》。杀无诐，以其将武令珣守之。禄山声势益张，以其将田承嗣、安忠志、张孝忠为前锋。封常清所募兵皆白徒，未更训练，屯武牢以拒贼②；贼以铁骑蹂之，官军大败。常清收余众，战于葵园，又败；战上东门内，又败。葵园，在罂子谷南。上东门，即洛阳上春门也。《唐六典》：东都城东面三门，北曰上东。丁酉，禄山陷东京，贼鼓噪自四门入，纵兵杀掠。常清战于都亭驿，又败；退守宣仁门，又败；乃自苑西坏墙西走。《考异》曰，常清表云："自今月七日交兵，至十三日不已。"按七日，禄山犹未至荥阳，盖与贼前锋战耳。

【译 文】

安禄山带兵向荥阳进发，太守崔无诐抵抗他；士兵登城的，听到战鼓号角声，像下雨一样自己掉落下来。初八，安禄山攻陷荥阳，杀了崔无诐，让部将武令珣守卫荥阳。安禄山的声势更加盛大，以部将田承嗣、安忠志、张孝忠为前锋。封常清所招募的士兵都是平民百姓，没有经过军事训练，驻扎在武牢以抵抗叛贼；叛贼用铁骑践踏他们，官军大败。封常清收拾剩余的部众，与叛军在葵园交战，又失败了；在洛阳上东门内交战，又战败了。十二日，安禄山攻陷东京洛阳，反贼击鼓喧哗从四方的城门进入，安禄山放纵士兵杀人抢劫。封常清在都亭驿作战，又战败了；退守宣仁门，又失败了；于是就从官苑西边的坏墙向西逃走。

注 释

❶ 荥阳郡，治管城，今河南郑州。　❷ 武牢，即虎牢关，在今河南荥阳。

【原 文】

河南尹达奚珣降于禄山。留守李憕谓御史中丞卢奕曰："吾曹荷国重任，虽知力不敌，必死之！"奕许诺。憕收残兵数百，欲战，皆弃憕溃去；憕独坐府中。奕先遣妻子怀印间道走长安，朝服坐台中，左右皆散。禄山屯于闲厩，使人执憕、奕及采访判官蒋清，皆杀之。奕骂禄山，数其罪，顾贼党曰："凡为人当知逆顺。我死不失节，夫复何恨！"憕，文水人；文水县，属并州，本汉大陵县，魏置受阳县，隋为文水县。奕，怀慎之子；清，钦绪之子也。卢怀慎，开元初贤相。蒋钦绪见二百九卷中宗景龙三年。禄山以其党张万顷为河南尹。

封常清帅余众至陕，陕郡太守窦廷芝已奔河东，吏民皆散。常清谓高仙芝曰："常清连日血战，贼锋不可当，且潼关无兵，若贼豕突

【译 文】

河西尹达奚珣投降了安禄山。留守李憕对御史中丞卢奕说："我辈担负国家的重任，虽然明知力量敌不过叛贼，一定要以死报效国家！"卢奕答应了。李憕收拾残兵几百人，想要作战，残兵都抛弃李憕溃逃了；李憕一个人坐在留守府中。卢奕先派遣妻子怀着官印抄小道跑回长安，自己穿着朝服坐在御史台中，左右的人都已散去。安禄山在闲厩驻扎，派人捉住李憕、卢奕及采访判官蒋清，把他们都杀了。卢奕大骂安禄山，数落他的罪状，环顾贼党说："大凡做人应当知道叛逆和正道，我死了不失做人臣的节操，又有什么遗憾呢！"李憕是文水县人；卢奕是卢怀慎的儿子；蒋清是蒋钦绪的儿子。安禄山让他的党羽张万顷做河南尹。

封常清带领残兵到达陕郡，陕郡太守窦廷芝已逃奔河东，官吏百姓都已逃散。封常清对高仙

入关，则长安危矣。陕不可守，不如引兵先据潼关以拒之。"仙芝乃帅见兵西趣潼关。《考异》曰，《肃宗实录》云："仙芝领大军初至陕，方欲进师，会常清军败至，欲广其贼势以雪己罪，劝仙芝班师。仙芝素信常清言，即日夜走保潼关；朝野大骇。"今从《本传》。贼寻至，官军狼狈走，无复部伍，士马相腾践，死者甚众。至潼关，修完守备，贼至，不得入而去。禄山使其将崔乾祐屯陕，临汝、弘农、济阴、濮阳、云中郡皆降于禄山①。弘农郡，本虢州虢郡，天宝元年更郡名。濮阳郡，濮州。云中郡，云州。是时，朝廷征兵诸道，皆未至，关中恟惧。会禄山方谋称帝，留东京不进，故朝廷得为之备，兵亦稍集。

芝说："我连日浴血奋战，叛贼锋芒不可抵挡。而且潼关没有军队，如果叛贼像野猪一样唐突进关，那么长安就很危险了。陕郡不可固守，不如带兵先占据潼关以抵抗叛贼。"高仙芝就率领现有的士兵向西赶到潼关。叛贼不久就到了，官军狼狈逃跑，队伍七零八落，士兵战马互相践踏，死了很多人。到潼关后，修筑好了防御工事，叛贼到了，不能攻入关而退去。安禄山派他的部将崔乾祐驻守陕郡，临汝、弘农、济阴、濮阳、云中郡都投降了安禄山。这时，朝廷向各道征兵，都还没有到，关中十分恐惧。适逢安禄山正谋划称帝，停留在东京没有前进，所以朝廷得以有时间做准备，部队也渐渐会集起来。

注 释

① 临汝郡，治今河南汝州；弘农郡，治弘农，今河南灵宝；济阴郡，治左城，今山东菏泽西南；濮阳郡，治鄄城，今山东鄄城北；云中郡，治云中，今山西大同。

【原文】

禄山以张通儒之弟通晤为睢阳

【译文】

安禄山让张通儒的弟弟张通

太守^①，与陈留长史杨朝宗将胡骑千余东略地，郡县官多望风降走，惟东平太守嗣吴王祗^②、济南太守李随起兵拒之^③。东平郡，郓州。济南郡，本齐州齐郡，天宝元年更名临淄郡；五载，更今郡名。祗，祎之弟也。郡县之不从贼者，皆倚吴王为名。单父尉贾贲帅吏民南击睢阳^④，斩张通晤。单父，古县，时属睢阳郡。单，音善。父，音甫。李庭望引兵欲东徇地，闻之，不敢进而还。

晤做睢阳太守，与陈留长史杨朝宗率领胡族骑兵一千多人向东攻掠土地，各郡县的官吏大都望见敌军的风尘就投降或逃跑了，只有东平太守嗣吴王李祗、济南太守李随起兵抵抗。李祗是李祎的弟弟。各郡县不愿意投降叛贼的人，都依靠吴王为领袖。单父县尉贾贲带领官吏平民向南进攻睢阳，杀了张通晤。李庭望想带兵向东攻占地盘，听到这个消息后，不敢进攻就退回去了。

注 释

❶睢阳，郡名，治宋城，今河南商丘。　❷东平郡，治今山东东平。　❸济南郡，治历城，今山东济南。　❹单父县，今山东单县。

【原文】

　　庚子，以永王璘为山南节度使，江陵长史源洧为之副^①。江陵郡，本荆州南郡，天宝元年更郡名。颍王璬为剑南节度使，蜀郡长史崔圆为之副^②。蜀郡，益州。二王皆不出阁。洧，光裕之子也。源光裕见二百一十二卷开元十三年。

【译文】

　　十五日，皇上任命永王李璘为山南节度使，江陵长史源洧为副节度使，颍王李璬为剑南节度使，蜀郡长史崔圆为副节度使。永王和颍王都不离开宫殿。源洧，是源光裕的儿子。

注 释

❶江陵郡，治江陵，今湖北江陵。　❷剑南节度使，玄宗时边防九节度使之一，治成都，今四川成都。蜀郡，治成都。

【原 文】

上议亲征，辛丑，制太子监国，《考异》曰，《唐历》《幸蜀记》皆云："十六日辛丑。"按《长历》，辛丑，十七日也。《实录》又作"己丑"，尤误。《肃宗实录》云："诏以上监国，仍令总统六军，亲征寇逆。"按《制书》云："今亲总六师，帅众百万，铺敦元恶，巡抚洛阳。"则是上亲征，使太子留守也。今从《玄宗实录》。谓宰相曰："朕在位垂五十载，倦于忧勤，去秋已欲传位太子；值水旱相仍，不欲以余灾遗子孙，淹留俟稍丰。不意逆胡横发，朕当亲征，且使之监国。事平之日，朕将高枕无为矣。"杨国忠大惧，退谓韩、虢、秦三夫人曰①："太子素恶吾家专横久矣，若一旦得天下，吾与姊妹并命在旦暮矣！"相与聚哭。使三夫人说贵妃，衔土请命于上；事遂寝。

【译 文】

皇上计划亲自出征，十六日，下制书让太子留守代管国事。皇上对宰相说："朕在位将近五十年，对于国事的忧思勤劳已感到厌倦，去年秋天已想传位给太子；正碰上水旱灾害相继发生，不想让余灾遗累子孙，所以久留在位上，想等年成稍稍丰足后再传位。没想到叛逆胡贼突然反叛，朕应当亲自出征，暂且让太子留守代管国事，乱事平定之时，朕将无忧无虑清静无为了。"杨国忠非常恐慌，退朝后对韩国、虢国、秦国三位夫人说："太子平素就讨厌我们杨家专横太久，如果太子一旦得到天下，我与姐妹们都命在旦夕呀！"聚在一起痛哭。杨国忠叫三位夫人游说贵妃，让她口中含土向皇上请命阻止；事情因此作罢。

注 释

❶ 三夫人，皆杨贵妃姊妹。

【原 文】

颜真卿召募勇士，旬日至万余人，谕以举兵讨安禄山，继以涕泣，士皆感愤。禄山使其党段子光赍李憕、卢奕、蒋清首徇河北诸郡，至平原，壬寅，真卿执子光，腰斩以徇；取三人首，续以蒲身，棺敛葬之，祭哭受吊。禄山以海运使刘道玄摄景城太守，清池尉贾载、盐山尉河内穆宁共斩道玄①，自帝事边功，运青、莱之粟，浮海以给幽、平之兵，故置海运使。景州，本沧州勃海郡，天宝更郡名。清池，汉浮阳县地，开皇十八年更名。盐山，汉高城县地，隋开皇十八年以县有盐山更名。清池带郡，盐山属邑也。得其甲仗五十余船，携道玄首谒长史李昕。昕收严庄宗族，悉诛之。是日，送道玄首至平原。真卿召载、宁及清河尉张澹诣平原计事。《考异》曰，《旧·穆宁传》："禄山伪署刘道玄为景城守。宁唱义起兵，斩道玄首，传檄郡邑，多有应者。贼将史思明来寇郡，宁以摄东光令将兵御之。思明遣使说诱，宁立斩之。郡惧贼怨深，后大兵至，夺宁兵及摄县。初，宁佐采访使巡按，尝过平原，与太守颜真卿密揣禄山必叛。至是，真卿

【译 文】

颜真卿召募勇士，十来天就召到一万多人，向他们晓以起兵讨伐安禄山的大义，说完就悲痛地哭泣起来，士兵们都大受感动，群情激愤。安禄山派他的党羽段子光带着李憕、卢奕、蒋清的首级到河北各郡示众，行至平原郡。十七日，颜真卿捉住段子光，腰斩示众；取回李憕三人的头，用蒲草做成身子和头连起来，用棺材收殓安葬他们，予以祭奠，并接受人们吊祭。安禄山派海运使刘道玄代理景城太守，清池县尉贾载、盐山县尉河内人穆宁一同杀了刘道玄，获得盔甲兵器五十多船；携带道玄的首级拜谒长史李昕，李昕逮捕严庄的宗族，把他们全部杀死。这一天，把道玄的

亦唱义，举郡兵以拒禄山。会间使持书遗真卿曰：'夫子为卫君乎？'更无他词。真卿得书，大喜，因奏署大理评事、河北采访支使。"按宁以道玄首诣李晖，晖即族严庄家，岂有惧贼怨深而夺宁兵乎！真卿既杀段子光，帅诸郡以讨禄山，宁书中何必尚为隐语！道玄首至平原，真卿已召宁计事，岂待得此书然后用之！况真卿领采访使，乃在明年常山陷后。今皆不取。**饶阳太守卢全诚据城不受代**②；《考异》曰：包谞《河洛春秋》作"卢皓"，今从殷仲容《颜氏行状》。**河间司法李奂杀禄山所署长史王怀忠**③，**李随遣游奕将訾嗣贤济河**，訾……姓也。汉有訾顺。**杀禄山所署博平太守马冀**；**各有众数千或万人，共推真卿为盟主，军事皆禀焉。禄山使张献诚将上谷、博陵、常山、赵郡、文安五郡团结兵万人围饶阳**④。饶阳郡，深州。河间郡，瀛州。上谷郡，易州。赵郡，赵州。文安郡，莫州。

头送到平原郡。颜真卿召集贾载、穆宁及清河县尉张澹到平原来商议事情。饶阳太守卢全诚占据郡城，不接受安禄山派来取代他的人；河间司法李奂杀了安禄山所任命的长史王怀忠；李随派遣游奕将訾嗣贤渡过黄河，杀了安禄山所任命的博平太守马冀；各有部众数千人或一万人，共同推举颜真卿为盟主，军事方面的事情都向他禀告。安禄山派张献诚带领上谷、博陵、常山、赵郡、文安五郡的团结兵一万人包围饶阳。

注 释

❶景城郡，治今河北沧州。清池县，在今河北沧州。盐山县，今河北盐山。❷饶阳郡，治陆泽，今河北深州。　❸河间郡，治今河北河间。　❹上谷郡，治今河北易县。赵郡，治今河北赵县。文安郡，治今河北任丘。

【原文】

高仙芝之东征也，监军边令

【译文】

高仙芝东征时，监军边令诚多

诚数以事干之，仙芝多不从。令诚入奏事，具言仙芝、常清桡败之状，且云："常清以贼摇众，而仙芝弃陕地数百里，又盗减军士粮赐。"上大怒，癸卯，遣令诚赍敕即军中斩仙芝及常清。初，常清既败，三遣使奉表陈贼形势，上皆不之见。常清乃自驰诣阙，至渭南，敕削其官爵，令还仙芝军，白衣自效。常清草遗表曰："臣死之后，望陛下不轻此贼，无忘臣言！"时朝议皆以为禄山狂悖，不日授首，故常清云然。<small>云然者，犹曰言如此也。</small>令诚至潼关，先引常清，宣敕示之；常清以表附令诚上之。<small>《考异》曰，《明皇幸蜀记》《安禄山事迹》皆曰："常清配隶仙芝军，感愤颇深，遂作遗表，饮药而死。令诚至，常清已死。"而《旧传》以为"敕令却赴潼关，自草表待罪，是日临刑，托令诚上之。"盖二书见常清表有"仰天饮鸩，向日封章，即为尸谏之臣，死作圣朝之鬼"，故云然。今从《旧传》。</small>常清既死，陈尸蘧蒢。<small>蘧蒢，芦蕹也。</small>仙芝还，至听事^①，令诚索陌刀手百余人自随，乃谓仙芝曰："大夫亦有恩命。"仙芝遽下，令诚宣敕。仙芝曰："我遇敌而退，死则

次因事提出意见，高仙芝大都不听从。边令诚入朝向皇上奏报事情，详细叙说高仙芝、封常清战败的情形，并且说："封常清用乱贼来动摇部众的军心，而高仙芝则放弃陕郡几百里的地方，又盗窃扣减军士们的粮食赏赐。"皇上非常生气，十八日，派遣边令诚带着敕书到军中斩杀高仙芝和封常清。当初，封常清战败，三次派使者奉表文陈述叛贼形势，皇上都不接见。封常清就亲自奔往京城，走到渭南，皇上下敕书削去他的官职爵位，命令他回到高仙芝的军中，以平民的身份效力。封常清写遗表说："臣死以后，希望陛下不要轻视这个叛贼，不要忘记臣所说的话！"当时朝廷的议论都认为安禄山狂妄悖逆，用不了几天就会被斩首，所以封常清才向皇上这样说。边令诚到达潼关，先叫来封常清，向他宣读皇上的敕书；封常清把遗表托付边令诚转呈皇上。封常清死后，尸首放在苇草编的粗席子里。高仙芝回来，到办公处，边令诚找来陌刀手一百多人跟随自己，对高仙芝说："大夫也有恩命。"高仙芝马上跪下，边令诚宣读皇上的敕书。高仙芝说："我碰上敌人而后退，死是应该的。今天头顶苍天，脚踏大地，说我盗窃扣减军士的粮食赏赐，那

宜矣。今上戴天，下履地，谓我盗减粮赐则诬也。"时士卒在前，皆大呼称枉，其声振地，遂斩之。史言高仙芝由边令诚而得节，亦由边令诚而丧元。以将军李承光摄领其众。

是冤枉啊。"当时士兵们都在面前，大声呼喊冤枉，声音震天动地，但边令诚还是把高仙芝杀了。任命将军李承光代为率领他的部众。

注 释

❶ 中庭曰听事，古官吏受事听讼于此。亦称厅事。后省称厅。

【原文】

河西、陇右节度使哥舒翰病废在家，《考异》曰，《旧·金梁凤传》云："天宝十三载，哥舒翰入京师，裴冕为河西留后，在武威。"是翰虽病在京师，犹领河西、陇右两镇也。上藉其威名，且素与禄山不协，召见，拜兵马副元帅，将兵八万以讨禄山；仍敕天下四面进兵，会攻洛阳。翰以病固辞，上不许，以田良丘为御史中丞，充行军司马，起居郎萧昕为判官，蕃将火拔归仁等各将部落以从，并仙芝旧卒，号二十万，军于潼关。《考异》曰，《肃宗实录》云："以翰为皇太子先锋兵马使、元帅，领河、陇、朔方募兵十万，并仙芝旧卒，号二十万，拒战于潼关。十二月十七日，大军发。"《唐历》亦云"先锋兵马使、元帅"。《旧传》云"先锋兵马元帅"。《禄山事迹》云："翰为副元帅，领河陇诸蕃部落奴剌、颉、跌、

【译文】

河西、陇右节度使哥舒翰因病在家休养，皇上想借重他的威望和名声，而且他平素就与安禄山不和。皇上召见哥舒翰，授予他兵马副元帅，率领部队八万人去讨伐安禄山；于是下敕书命令天下四面进兵，共同进攻洛阳。哥舒翰因为有病再三辞谢，皇上不允许，任命田良丘为御史中丞，充任行军司马，起居郎萧昕为判官，蕃将火拔归仁等人各自带领本部落随从出

朱邪、契苾、浑、蹛林、奚结、沙陀、蓬子、处蜜、吐谷浑、思结等十三部落，督蕃、汉兵二十一万八千人，镇于潼关。"《旧纪》云："丙午，命翰守潼关。"按《玄宗实录》："癸卯，斩常清、仙芝，命翰为兵马副元帅，统兵八万，镇潼关。"时荣王为元帅，故以翰副之。盖诛仙芝之日，即命翰代仙芝。《旧纪》"丙午"，《肃宗实录》"十七日军发"，皆太早也。《玄宗实录》所云八万者，盖止谓汉兵随翰东征者耳，并诸蕃部落及仙芝旧兵，则及十余万，因号二十万也。翰病不能治事，悉以军政委田良丘；良丘复不敢专决，使王思礼主骑，李承光主步，二人争长，无所统壹。翰用法严而不恤，士卒皆懈弛，无斗志。史言哥舒翰所以败。

安禄山大同军使高秀岩寇振武军①，杜佑曰：振武军在单于都护府城内，西去朔方千七百余里。朔方节度使郭子仪击败之，子仪乘胜拔静边军②。据《旧史》，静边军当在单于府东北，王忠嗣镇河东所筑也。宋白曰：云中郡，西至静边军一百八十里。大同兵马使薛忠义寇静边军，子仪使左兵马使李光弼③、右兵马使高濬、左武锋使仆固怀恩、右武锋使浑释之等逆击，大破之，坑其骑七千。《考异》曰：陈翃《汾阳王家传》，此战在十二月十二日。嫌其与禄山陷东都相乱，故并置此。进围云中，使别将公孙琼岩将二千骑击马邑④，拔之，开东陉关。马邑郡，朔州。雁门县有东陉关、西陉关。时河东、太原闭关以拒秀岩，子仪既破秀岩，始开关。杜佑曰：代州，雁门郡；郡南三十里有东陉关，甚险固。西陉山，即句注山。

征，加上高仙芝原有的士兵，号称二十万，驻扎在潼关。哥舒翰因为有病，不能管理事务，把军政事务全部委托给田良丘；田良丘又不敢独自决断，让王思礼主管骑兵，李承光主管步兵，这两个人互争尊长，军令无法统一。哥舒翰用兵的方法严厉而不体恤部下，士卒都懈怠松散，没有斗志。

安禄山的大同军使高秀岩侵犯振武军，朔方节度使郭子仪打败了他，郭子仪乘胜攻克了静边军。大同兵马使薛忠义侵犯静边军，郭子仪派左兵马使李光弼、右兵马使高濬、左武锋使仆固怀恩、右武锋使浑释之等迎头反击，把敌人打得大败，坑杀敌骑七千人。进而围攻云中，派别将公孙琼岩带领两千骑兵攻打马邑，攻克了它，打通了东陉关。十九日，加任郭子仪为御史大夫。仆固怀

甲辰，加子仪御史大夫。怀恩，哥滥拔延之曾孙也，世为金微都督。哥滥拔延见一百九十八卷太宗贞观二十年。金微都督府亦置于是年。《旧史》曰：仆固，即铁勒仆骨部，语讹为仆固。释之，浑部酋长，世为皋兰都督。

恩，是哥滥拔延的曾孙，世代做金微都督。浑释之，是浑部酋长，世代做皋兰都督。

注 释

❶ 大同军，置于今山西大同，时隶河东节度使。振武军置于今内蒙古和林格尔，时隶朔方节度使。　❷ 静边军，置于今内蒙古和林格尔东北。　❸ 李光弼（708—764），唐代大将，柳城（今辽宁朝阳西南）契丹族人。　❹ 马邑郡，治善阳，今山西朔州。

【原 文】

颜杲卿将起兵，参军冯虔、前真定令贾深、藁城尉崔安石、郡人翟万德、内丘丞张通幽皆预其谋；真定县，带常山郡。内丘，汉中丘县也。隋讳"忠"，改曰内丘，属巨鹿郡。又遣人语太原尹王承业，密与相应。会颜真卿自平原遣杲卿甥卢逖潜告杲卿，欲连兵断禄山归路，以缓其西入之谋。时禄山遣其金吾将军高邈诣幽州征兵，未还，杲卿以禄山命召李钦凑，使帅众诣郡受犒赉。丙午，薄暮，钦凑至，杲卿使袁履谦、冯虔等携酒食妓乐往劳之，并其党皆大醉，乃断钦凑首，收其甲兵，尽缚其党，明日，斩之，悉散井陉之众。有顷，高邈自

【译 文】

颜杲卿将要起兵，参军冯虔、前真定县令贾深、藁城县尉崔安石、郡人翟万德、内丘县丞张通幽都参预谋划；又派人告诉太原尹王承业，暗中与他相呼应。适逢颜真卿从平原派颜

幽州还，且至藁城，杲卿使冯虔往，擒之。是年十一月，安禄山使李钦凑屯井陉口，今斩之而散其众。南境又白何千年自东京来，崔安石与翟万德驰诣醴泉驿迎千年，又擒之，醴泉驿，在常山郡界，南直赵郡。同日致于郡下。千年谓杲卿曰："今太守欲输力王室，既善其始，当慎其终。此郡应募乌合，难以临敌，宜深沟高垒，勿与争锋。俟朔方军至，并力齐进，传檄赵、魏，断燕、蓟要膂。要读曰腰。今且宜声云：'李光弼引步骑一万出井陉。'因使人说张献诚云：'足下所将多团练之人，无坚甲利兵，难以当山西劲兵。'常山、饶阳以并、代为山西。合天下言之，则河南、河北通谓之山东，函关以西为山西。献诚必解围遁去。此亦一奇也。"杲卿悦，用其策，献诚果遁去，其团练兵皆溃。杲卿乃使人入饶阳城，慰劳将士。命崔安石等徇诸郡云："大军已下井陉，朝夕当至，先平河北诸郡。先下者赏，后至者诛！"于是河北诸郡响应，凡十七郡皆归朝廷，兵合二十余万；《考异》曰，《河洛春秋》曰："禄山至藁城，杲卿上书陈国忠罪恶宜诛之状，且曰：'钺下才不世出，天实纵之，所向辄平，无思不服。昔汉高仗赤帝之运，犹纳食其之言；魏武应黄星之符，亦用荀彧之策。'又曰：'今河北殷实，百姓富饶，衣冠礼乐，天下莫敌。'孔子曰：'十室之邑，必有忠信。'万家之邦，非无豪杰，如或结聚，岂非后患者乎？伏惟精彼前军，严其后殿，所过持重。且详观地图，凡有隘狭，必加防遏；慎择良吏，委之腹心。自洛已东，且为己有，广挽乌粟，缮理甲兵；传檄西都，望风自振。若唐祚未改，王命尚行，君相协谋，士庶奔命，则盛兵巩、洛，东据敖仓，南临白马之津，北守飞狐之塞，自当抗衡上国，割据一方。若景命

杲卿的外甥卢逖悄悄跑来告诉颜杲卿，想联合两地兵马切断安禄山的退路，以延缓他向西进攻的计谋。当时安禄山派他的金吾将军高邈到幽州征兵，尚未回，颜杲卿假借安禄山的命令召来李钦凑，让他带领部众到郡里接受犒劳赏赐。二十一日，傍晚，李钦凑到了，颜杲卿派袁履谦、冯虔等人携带酒食妓女和乐队前往慰劳他，连同他的党羽都喝得大醉，于是砍下李钦凑的头，收缴他的盔甲兵器，把他的党羽全

已移，讴歌所系，即当长驱岐、雍，饮马渭河，黔首归命，孰有出钺下之右者！禄山大悦，加杲卿章服，仍旧常山太守，并五军团练使，镇井陉口。留同罗及曳落河一百人，首领各一人。其赵、邢、洺、相、卫等州，并皆替换。及沧、瀛、深不从禄山，张献诚围深州月余不下，前赵州司户包处遂、前原氏尉张通幽、藁城县尉崔安晟、恒州长史袁履谦等同上书说杲卿曰：'明公身荷宠光，位居牧守，乃弃万全之良计，履必死之畏途，取适于目前，忘累于身后，窃为明公不取。今若拒禄山之命，招十万之兵，峙乃刍荛，积其食粟，分守要害，大振威声，通井陉之路，与东都合势，如此，则洪勋盛烈，何可胜言者哉！轻进替言，万无一用。魂销东岱，先怀屠裂之忧；心拱北辰，愿立忠贞之节。'杲卿览书，大悦。于是金议，伪以禄山命追井陉镇兵就恒州宴设，酋长各赐帛三百段，马一匹，金银器物各一床，美人各一，其余通赐物一万段。设于州南焦同驿，自晓至暮，并以歌妓数百人悦其意，密于酒中置毒，与饮，令尽醉，悉无所觉，乃尽收其器械，一一缚之。明日，尽斩，弃尸于滹沱河中。"殷亮《颜杲卿传》曰："禄山起，杲卿计无所出，乃与长史袁履谦谒于藁城县。禄山以杲卿尝为己判官，矫诏赐紫金鱼袋，使自守常山郡，以其孙诞、弟子询为质，俾崇郡刺史蒋钦凑以赵郡甲卒七千人守土门，约杲卿，将见钦凑，以私号召之。杲卿罢归，途中，指其衣服而谓履谦曰：'此害身之物也。禄山虽以诛君侧为名，其实反矣。我与公世为唐臣，忝居藩翰，宁可从之作逆邪！'履谦愀然变色，感叹良久，曰：'为之奈何，唯公所命，不敢违。'杲卿乃使人告太原尹王承业以杀钦凑，俟其缓急相应，承业亦使报命。杲卿恐漏泄，示己不事事，多委政于履谦，终日不相谒，唯使男泉明往来通其言；召前真定令贾深、处士权涣、郭仲邕就履谦以谋之。适会杲卿从父弟真卿据平原，杀段子光，使杲卿妹子卢逖并以购禄山所行敕牒潜告。杲卿大悦，匿逖于家。逖之未至，杲卿先使人以私号召钦凑，至，杲卿辞之曰：'日暮，夜恐有他盗，城门闭矣，请俟诘朝相见。'因遣参军冯虔、宗室李峻、灵寿尉李栖默、郡人翟万德等即于驿亭偶钦凑，夜久醉熟，以斧斫杀之；悉散土门兵。

部捆绑起来，第二天，把他们都杀了，并把驻守井陉口的士兵全部遣散。不久，高邈从幽州回来，将要到藁城，颜杲卿派冯虔前去活捉他。南部边境又告知何千年从东京来，崔安石和翟万德飞奔到醴泉驿去迎何千年，又活捉了他，当天送到郡下。何千年对颜杲卿说："今天太守想要尽力于王室，头开得很好，应当有始有终。这个郡里应募的士卒都是乌合之众，难以临阵抗敌，最好深挖沟高筑垒，不要与敌人针锋相对。

先是禄山使其腹心伪金吾将军高邈征兵于范阳，路出常山，杲卿候知之。其日，邈至于满城驿，杲卿令崔安石、冯虔杀之；邈前驱数人先至，遽杀之，遂生擒邈，送于郡。遇何千年狎至，安石于路绝行人之南者，驰至醴泉驿候千年，亦斩其人而擒之如邈。日未午，二凶偕致。"《肃宗实录》："杲卿初闻禄山起兵于范阳，杲卿召长史袁履谦、前真定令贾深、内丘丞张通幽谓之曰：'今禄山一朝以幽、并骑过常山，趋洛阳，有问鼎之志；天子在长安，方欲征天下兵，东向问罪，事不及矣。如贼军暴至，吾属为虏必矣。不若因其未萌，招义徒，西据土门，北通河朔，待海内之救，上以安国家，下以全臣节，此策之上者。'遂即日购士得千余人，命履谦将兵镇土门，命贾深防东路，通幽守郡城。贼将李归仁令弟钦凑领步骑五千人先镇土门，仍令以兵隶于杲卿；又使麾下骑将高邈驰报禄山，令促其行。觇者知其谋而白杲卿，杲卿召履谦告之。履谦曰：'事将亟矣，若不早诛钦凑，谋不集也。'遂诈追钦凑，令赴郡计事；命履谦署人吏以待之。钦凑夜至郡，杲卿命憩于驿，乃使参军李循、冯虔、县尉李栖默等享钦凑于驿，醉而夜杀之。履谦持钦凑首谒于杲卿。杲卿与履谦且喜事之捷，又惧贼之来，相对泣。杲卿收泪，励履谦曰：'大丈夫名不挂青史，安用生为！吾与公累世事唐，岂偷安于胡羯，但使死而不朽，亦何恨也！'有顷，藁城尉崔安石报高邈自禄山所至，已宿上谷郡界；又使冯虔、县吏瞿万德并命安石共方略。诘朝，邈骑数人先至驿，虔尽坑之。邈继至，虔绐之曰：'太守将音乐迎候。'邈无疑，至厅下马。虔、安石等指挥人吏，以棒乱击，邈仆，生缚之。无何，南界又报何千年自东京宿赵郡，安石、万德先于郡南醴泉驿候之。千年至，知邈被擒，令麾下骑与安石战，败；又生擒千年，并送于郡。"《旧传》曰："禄山陷东都，杲卿忠诚感发，惧贼寇潼关，即危宗社。时从弟真卿为平原太守，遣信告杲卿，相与起义兵，掎角断贼归路，以纾西寇之势。杲卿乃与长史袁履谦、前真定令贾深、前内丘丞张通幽等谋闭土门以背之。禄山遣蒋钦凑、高邈帅众五千守土门。杲卿欲诛钦凑，开土门之路。时钦凑军隶常山郡，属钦凑遣高邈往幽州未还，杲卿遣吏召钦凑至郡计事。是月

等到朔方大军到达，合力进攻，传送檄文到赵、魏，教他们拦腰截断燕、蓟。现在应暂称：'李光弼带领步兵骑兵一万人已经出了井陉口。'趁机派人劝说张献诚说：'足下所带领的大多是团练民兵，没有坚固的盔甲、锐利的兵器，难以抵挡山西的强大兵力。'张献诚必定解除包围而逃走。这也是一个奇计。"颜杲卿很高兴，采用了他的计策，张献诚果然逃走，他的团练民兵都溃散了。颜杲卿于是派人进入饶阳城，慰劳

二十二日夜，钦凑至，舍之于传舍。会饮既醉，令袁履谦与参军冯虔、县尉李栖默、手力翟万德等杀钦凑。中夜，履谦携钦凑首见杲卿，相与垂泣，喜事之济也。是夜，藁城尉崔安石报高邈还至满城，即令冯虔、翟万德与安石往图之。诘朝，邈之骑从数人至藁城驿，安石皆杀之。俄而邈至，安石绐之曰：‘太守备酒乐于传舍。’邈方据厅下马，冯虔等擒而絷之。是日，贼将何千年自东都来赵郡，冯虔、翟万德伏兵于醴泉驿，千年至，又擒之。即日缚二贼将还郡。”按禄山初自范阳拥数十万众南下，常山当其所出之涂，若杲卿不从命，遽以千余人拒之，则应时齑粉，安得复守故郡乎！况时禄山犹以诛杨国忠为名，未僭位号，杲卿迎于藁城，受其金紫，殆不能免矣。《肃宗实录》所云者，盖欲全忠臣之节耳。然杲卿忠直刚烈，糜躯徇国，舍生取义，自古罕俦，岂肯更上书媚悦禄山，比之汉高、魏武，为之画割据并吞之策，此则粗有知识者必知其不然也。盖包谞乃处遂之子，欲言杲卿初无讨贼立节之意，由己父上书劝成之，以大其父功耳。观所载杲卿上禄山书，处遂等上杲卿书，田承嗣上史朝义疏，其文体如一，足知皆谞所撰也。又张通幽兄为逆党，又教王承业夺杲卿之功，终以反覆被诛，其行事如此；而包谞云初与处遂同上书劝杲卿为忠义，尤难信也。《旧传》云：“钦凑、高邈同守土门，钦凑遣邈往幽州。”二将既握兵同镇土门，钦凑岂得擅遣邈往幽州！今从殷亮《杲卿传》，禄山自遣邈征兵是也。《河洛春秋》云“留同罗曳落河百人”，彼镇井陉，遏山西之军，重任也，岂百人所能守乎！殷《传》云“七千人守土门”，此七千人又非履谦一夕所能缚也。盖禄山留精兵百人以为钦凑腹心爪牙，其余皆团练民兵协从者耳，故履谦得醉之以酒，诛钦凑及百人而散其余耳。《河洛春秋》云“酒中置毒”，按时履谦等与钦凑同饮，岂得偏置毒于客酒中乎！今不取。《旧传》及殷《传》皆云钦凑姓蒋，今从《玄宗》《肃宗实录》《唐历》姓李。《玄宗实录》：“十二月，己亥，杲卿杀贼将李钦凑，执何千年、高邈送京师。”按己亥，十五日也。而真卿以壬寅斩段子光，壬寅，十八日也。真卿既杀子光，乃报杲卿同举义兵。今从《旧传》，为二十二日丙午杀钦凑。《肃宗实录》

将士。命令崔安石等人向各郡宣示说：“大军已经攻下井陉口，早晚就要来到，先平定河北各郡。先归顺的有赏，后来降的杀死！”于是河北各郡纷纷响应，共有十七个郡归顺朝廷，士兵共有二十多万人；仍然依附安禄山的，只有范阳、卢龙、密云、渔阳、汲、邺六个郡而已。

又云："杲卿之斩钦凑等，因使徇诸郡，曰：'今上使荣王为元帅，哥舒翰为副，征天下兵四十万，东向讨逆。'"按《实录》，癸卯，始命翰为副元帅，计丙午，常山亦未知。今不取。《河洛春秋》云"十三郡悉举义兵归朝廷"，殷亮《颜氏行状》、《旧·颜真卿传》、《唐历》皆云"十七郡归顺"。盖《河洛春秋》不数平原、景城、河间、饶阳先定者耳。《颜氏行状》曰"不款者六郡而已"，时魏郡亦未下，盖举其终数耳。**其附禄山者，唯范阳、卢龙、密云、渔阳、汲、邺六郡而已**①。考《唐志》无卢龙郡，当是改平州北平郡为卢龙郡也。密云郡，本檀州安乐郡，天宝元年更郡名。渔阳郡，蓟州。汲郡，卫州。

注 释

❶ 卢龙郡，治今河北卢龙。密云郡，治今北京密云。渔阳郡，治今天津蓟州区。

【原 文】

　　杲卿又密使人入范阳招贾循，郏城人马燧说循曰：郏城，汉颍川郏县之地，后魏置龙山县及南阳县。隋开皇初，改龙山曰汝南；十八年，改汝南曰辅城，南阳曰期城。大业初，改辅城曰郏城，废期城入焉。郏，音夹。"禄山负恩悖逆，虽得洛阳，终归夷灭。公若诛诸将之不从命者，以范阳归国，倾其根柢，此不世之功也。"循然之，犹豫不时发。别将牛润容知

【译 文】

　　颜杲卿又秘密派人进入范阳去招降贾循，郏城人马燧劝贾循说："安禄山辜负皇恩发动叛变，虽然得到洛阳，终究是要灭亡的。您如果诛杀那些不听从命令的将军，让范阳归顺国家，倾覆安禄山的根本，这就是世上少有的功劳。"贾循同意他的说法，但犹豫不决没有及时行动。别将牛润容知

之，以告禄山，禄山使其党韩朝阳召循。朝阳至范阳，引循屏语，使壮士缢杀之，灭其族；以别将牛廷玠知范阳军事。史思明、李立节将蕃、汉步骑万人击博陵、常山。马燧亡入西山，<small>范阳郡之西山，南连上谷、中山之诸山。</small>隐者徐遇匿之，得免。

初，禄山欲自将攻潼关，至新安，闻河北有变而还。<small>《考异》曰，《玄宗实录》："十五年，正月，壬戌，禄山将犯潼关，次于新安，闻有备而还。"按禄山以此月丁酉陷东都，至壬戌凡二十六日，非乘虚掩袭也，岂得至新安然后知其有备乎！盖常山有变则幽蓟路绝，故惧而归耳。今从《肃宗本纪》。</small>蔡希德将兵万人自河内北击常山[1]。<small>河内郡，怀州。</small>

道了此事，报告安禄山，安禄山派他的党羽韩朝阳去召贾循。韩朝阳到了范阳，引贾循到没有人的地方说话，派壮士用绳子勒死他，夷灭他的家族；以别将牛廷玠主管范阳军事。史思明、李立节率领蕃、汉步兵骑兵一万人进攻博陵、常山。马燧逃进西山，隐士徐遇把他藏起来，得以免祸。

当初，安禄山想亲自带兵攻打潼关，到达新安时，听说河北有变故就退回来了。蔡希德带兵一万人从河内向北进攻常山。

注 释

[1] 河内郡，治河内，今河南沁阳。

【原文】

戊申，荣王琬薨，赠谥靖恭太子。

是岁，吐蕃赞普乞梨苏笼猎赞卒，子娑悉笼猎赞立。

【译文】

二十三日，荣王李琬去世，赠谥号靖恭太子。

这一年，吐蕃赞普乞梨苏笼猎赞死，他的儿子娑悉笼猎赞即位。

唐肃宗至德元载 <small>（丙申·七五六）是年七月，太子即位于灵武，始改元至德。</small>

【原文】

春，正月，乙卯朔，禄山自称大燕皇帝，改元圣武，以达奚珣为侍中，张通儒为中书令。<small>《考异》曰，《幸蜀记》云：“以珣为左相，通儒为右相。”今从《实录》。</small>高尚、严庄为中书侍郎。

李随至睢阳，有众数万。丙辰，以随为河南节度使，<small>是载，始置河南节度使，治汴州，领陈留、睢阳、灵昌、淮阳、汝阴、谯、济阴、濮阳、淄川、琅邪、彭城、临淮、东海十三郡。</small>以前高要尉许远为睢阳太守兼防御使。<small>许远先仕于蜀，忤章仇兼琼，贬高要尉。史为许远坚守睢阳张本。</small>濮阳客尚衡起兵讨禄山，以郡人王栖曜为衙前总管，攻拔济阴，杀禄山将邢超然。

颜杲卿使其子泉明、贾深、翟万德献李钦凑首及何千年、高邈于京师。张通幽泣请曰：“通幽兄陷贼，<small>谓通儒也。</small>乞与泉明偕行，以救宗族。”杲卿哀而许之。至太原，通幽欲自托于王承业，乃教之留泉明等，更其表，多自为功，毁短杲卿，别

【译文】

春，正月，初一，安禄山自称大燕皇帝，改年号为圣武，任命达奚珣为侍中，张通儒为中书令。高尚、严庄为中书侍郎。

李随到达睢阳，有部众好几万人。初二，任命李随为河南节度使，任命前高要县尉许远为睢阳太守兼防御使。濮阳宾客尚衡起兵讨伐安禄山，让本郡人王栖曜做衙前总管，攻克济阴，杀了安禄山的部将邢超然。

颜杲卿派他的儿子颜泉明、贾深、翟万德到京师进献李钦凑的首级及何千年、高邈。张通幽哭着请求说：“我的哥哥陷于贼党，请求和颜泉明一同进京，以挽救我的宗族。”颜杲卿可怜他，便同意了。到达太原，张通幽想要依附于王承业，就叫王承业留下颜泉明等人，改写表文，把这些功劳多归于王承业，诽谤颜杲卿，另外派使

遣使献之。杲卿起兵才八日，守备未完，史思明、蔡希德引兵皆至城下。《考异》曰，《河洛春秋》云："十二月乙未，思明、希德齐至城下。"杲卿丙午始杀李钦凑，云乙未，误也。今从诸书。杲卿告急于承业，承业既窃其功，利于城陷，遂拥兵不救。杲卿昼夜拒战，粮尽矢竭，壬戌，城陷。《考异》曰，《实录》："癸亥，城陷。"《河洛春秋》："正月一日，城陷。"《旧·思明传》："正月六日，围常山；九日，拔之。"今从《玄宗实录》《唐历》《旧纪》《杲卿传》。贼纵兵杀万余人，执杲卿及袁履谦等送洛阳。《旧志》：常山郡，京师东北一千七百六十里，至东都一千一百三十六里。王承业使者至京师，玄宗大喜，拜承业羽林大将军，麾下受官爵者以百数。征颜杲卿为卫尉卿。朝命未至，常山已陷。

杲卿至洛阳，禄山数之曰："汝自范阳户曹，我奏汝为判官，不数年超至太守，杲卿为范阳户曹，禄山表为营田判官，假常山太守。何负于汝而反邪？"杲卿瞋目骂曰："汝本营州牧羊羯奴，天子擢汝为三道节度使，恩幸无比，何负于汝而反？我世为唐臣，禄位皆唐有，虽为汝所奏，岂从汝反邪！我为国讨贼，恨不斩汝，何

者进献朝廷。颜杲卿起兵才八天，守备尚未完善，史思明、蔡希德就带兵杀到城下了。颜杲卿向王承业告急，王承业既已窃取了他的功劳，认为常山城被攻陷对自己有利，于是拥兵不去援救。颜杲卿日夜抵抗，粮食吃光了，箭也射完了；初八，常山城陷落。叛贼放纵士兵杀了一万多人，把颜杲卿和袁履谦等人捆绑了送往洛阳。王承业的使者到达京师，玄宗非常高兴，任命王承业为羽林大将军，部下接受官爵的数以百计。征召颜杲卿为卫尉卿。朝廷的命令还没有到，常山已经陷落。

颜杲卿到达洛阳，安禄山数落他说："你在范阳户曹的位上，我奏请皇上任命你为判官，不到几年的工夫就提升为太守，有什么亏待你的而你却背叛我？"颜杲卿怒目大骂说："你本是营州放羊的羯族奴隶，天子提拔你为三道的节度使，恩宠无比，有什么亏待你的而你却反叛？我家世代都是唐朝的臣子，俸禄和官位都是唐朝给的，虽然经过你的奏请，怎么能跟随你反叛呢！我替国家讨伐叛贼，恨不得杀了你，怎么

谓反也？臊羯狗，何不速杀我！"禄山大怒，并袁履谦等缚于中桥之柱而凸之^①。中桥，天津中桥也。杲卿、履谦比死，骂不虚口。颜氏一门死于刀锯者三十余人。

能说反叛你呢？你这腥臊的羯狗，为什么还不赶快杀了我！"安禄山大为恼怒，把颜杲卿和袁履谦等人一起绑在中桥的柱子上剐死。颜杲卿、袁履谦临死前，还不停地痛骂。颜氏一家被处死的有三十多人。

注 释

❶ 凸，同剐，古代酷刑，先斩断肢体，后割断喉咙，又称凌迟。

【原 文】

　　史思明、李立节、蔡希德既克常山，引兵击诸郡之不从者，所过残灭，于是邺、广平、巨鹿、赵、上谷、博陵、文安、魏、信都等郡复为贼守^①。巨鹿郡，邢州。信都郡，冀州。文安郡，莫州。饶阳太守卢全诚独不从，思明等围之。河间司法李奂将七千人，景城长史李昕遣其子祀将八千人救之，皆为思明所败。

【译 文】

　　史思明、李立节、蔡希德攻克常山后，又带兵攻打各郡中不服从的，所到之处残杀毁灭，于是邺、广平、巨鹿、赵、上谷、博陵、文安、魏、信都等郡又被叛贼占据。只有饶阳太守卢全诚不服从，史思明等围攻他。河间司法李奂带领七千人、景城长史李昕派遣他的儿子李祀带领八千人前来援救，都被史思明所击败。

注 释

❶ 广平郡，治今河北邯郸永年区。巨鹿郡，治今河北邢台。信都郡，治今河北衡水冀州区。

【原 文】

上命郭子仪罢围云中，还朔方，益发兵进取东京；选良将一人分兵先出井陉，定河北。子仪荐李光弼，癸亥，以光弼为河东节度使，分朔方兵万人与之。《考异》曰，杜牧《张保皋传》曰："安禄山乱，朔方节度使安思顺以禄山从弟赐死，诏郭汾阳代之。后旬日，复诏李临淮持节，分朔方半兵，东出赵、魏。当思顺时，汾阳、临淮俱为牙门都将，二人不相能，虽同盘饮食，常睚相视，不交一言。及汾阳代思顺，临淮欲亡去，计未决，诏至，分汾阳兵东讨。临淮入请曰：'一死固甘，乞免妻子。'汾阳趋下，持手上堂偶坐，曰：'今国乱主迁，非公不能东伐，岂怀私忿时邪！'悉召军吏，出诏书读之，如诏约束。及别，执手泣涕，相勉以忠义。"按于时玄宗未幸蜀，唐之号令犹行于天下，若制书除光弼为节度使，子仪安敢擅杀之！杜或得之传闻之误也。今从《汾阳家传》及《旧传》。

甲子，加哥舒翰左仆射、同平章事，余如故。

置南阳节度使，以南阳太守鲁炅为之❶，将岭南、黔中、襄阳子弟五万人屯叶北❷，以备安禄山。炅表薛愿为颍川太守兼防御使❸，南阳郡，邓州。襄阳郡，襄州。叶县，时属汝州。

【译 文】

皇上命令郭子仪停止围攻云中，回到朔方，增加兵力去进攻东京；选一个优秀将领分一部分兵马先出井陉口，平定河北。郭子仪推荐李光弼，初九，任命李光弼为河东节度使，分朔方兵马一万人给他。

初十，加任哥舒翰为左仆射、同平章事，其余的官职照旧。

建置南阳节度使，任命南阳太守鲁炅为南阳节度使，率领岭南、黔中、襄阳等郡的子弟兵五万人驻扎在叶县北部，以防备安禄山。鲁炅上表奏请以薛愿为颍川太守兼防御使，庞坚为副使。薛愿是已故太子

颍川郡，许州。庞坚为副使。愿，故太子瑛之妃兄；坚，玉之曾孙也。庞玉，去隋归唐为将。

李瑛妃子的哥哥；庞坚是庞玉的曾孙。

注 释

❶ 南阳郡，治穰县，今河南邓州。   ❷ 叶，今河南叶县。   ❸ 颍川郡，治颍阴，今河南许昌。

【原 文】

乙丑，安禄山遣其子庆绪寇潼关；哥舒翰击却之。

己巳，加颜真卿户部侍郎兼本郡防御使；真卿以李晖为副。

二月，丙戌，加李光弼魏郡太守、河北道采访使。

史思明等围饶阳二十九日，不下，李光弼将蕃、汉步骑万余人、太原弩手三千人出井陉。《考异》曰，《玄宗实录》："己亥，光弼以朔方马步五千，东出土门，收常山郡。"《河洛春秋》云："光弼从大同城下领蕃、汉兵马步一万余人，并太原弩手三千人，救真定。"盖《实录》言朔方元领之兵，《河洛》言到真定之数耳。己亥，至常山，常山团练兵三千人杀胡兵，执安思义出降。光弼谓思义曰："汝自知当死否？"思

【译 文】

十一日，安禄山派他的儿子安庆绪进犯潼关，哥舒翰击退了他。

十五日，加任颜真卿为户部侍郎兼本郡防御使；颜真卿让李晖为副使。

二月，初二，加任李光弼为魏郡太守、河北道采访使。

史思明等人围攻饶阳二十九天，攻不下来，李光弼率领蕃、汉步兵骑兵一万多人、太原弓弩手三千人出井陉口。十五日，到达常山，常山的团练兵三千人杀死胡兵，活捉安思义出来投降。李光弼对安思义说："你自己知道该死吗？"安思义不回答。李光弼说："你久经沙场，你看我这些队伍，能不能抵挡史思明？现在你替我计划应当如何迎战怎么样？如果你的计策可取，就不杀你。"

义不应。光弼曰："汝久更陈行，视吾此众，可敌思明否？今为我计当如何？汝策可取，当不杀汝。"思义曰："大夫士马远来疲弊，猝遇大敌，恐未易当；不如移军入城，早为备御，先料胜负，然后出兵。胡骑虽锐，不能持重，苟不获利，气沮心离，于时乃可图矣。思明今在饶阳，去此不二百里。《九域志》：真定至饶阳二百三十五里。思义盖指思明下营处言之。昨暮羽书已去，计其先锋来晨必至，而大军继之，不可不留意也。"光弼悦，释其缚，即移军入城。史思明闻常山不守，立解饶阳之围；明日未旦，先锋已至，思明等继之，合二万余骑，直抵城下。光弼遣步卒五千自东门出战，贼守门不退。光弼命五百弩于城上齐发射之，贼稍却；乃出弩手千人分为四队，使其矢发发相继，贼不能当，敛军道北。光弼出兵五千为枪城于道南，夹呼沱水而陈；贼数以骑兵搏战，光弼之兵射之，人马中矢者太半，乃退，小憩以俟步兵。有村民告贼步兵五千自

安思义说："大夫的兵马远道而来疲惫不堪，突然遇到强大的敌手，恐怕不容易抵挡；还不如把军队移到城里，早为防备，事先衡量胜负，然后再出兵。胡人的兵马虽然精锐，但不谨慎稳重，如果不能获胜，他们的士气就会低落，人心就会离散，到那时候便可以攻打他们了。史思明现在饶阳，离这里不到两百里。昨天傍晚征调军队的紧急文书已经送去，估计他的先锋明天早晨必定会来到，而大军随后就会到，不可不小心谨慎。"李光弼很高兴，给他松绑，马上把军队转移到城里。史思明听说常山失守，立刻解除对饶阳的包围；第二天天还没有亮，先头部队已经到达常山，史思明等人随后也到达了，一共有两万多骑兵，直接开到城下。李光弼派遣步兵五千人从东门出来迎战，贼兵坚守城门不往后退。李光弼命令五百个弓箭手从城上一齐发箭射向敌人，敌人渐渐后退；又派出弓箭手一千人分为四队，叫他们不停地射箭，贼兵不能抵挡，收兵退到道北。李光弼派出士兵五千人手持长枪宛如城墙一般站在道南，夹着呼沱水而布阵；贼兵多次用骑兵来搏战，李光弼的

饶阳来，昼夜行百七十里，至九门南逢壁①，度憩息。九门县，属常山郡，在郡东。宋白曰，《战国策》云：本有九室而居，赵武灵王改为九门县。光弼遣步骑各二千，匿旗鼓，并水潜行，至逢壁，贼方饭，纵兵掩击，杀之无遗。思明闻之，失势，退入九门。时常山九县，真定、藁城、石邑、九门、行唐、井陉、平山、获鹿、灵寿，凡九县。七附官军，惟九门、藁城为贼所据②。光弼遣裨将张奉璋以兵五百戍石邑③；石邑县自汉以来属常山郡，在郡西南。戍兵多于余县者，所以通太原之路也。宋白曰：隋改汉上曲阳县为石邑，寻移石邑于井陉县，于旧石邑县置恒阳县，以在恒山之阳为名。则此石邑在井陉也。余皆三百人戍之。

士兵便用箭射他们，敌人人马中箭的有一大半，于是后退，稍稍休息以等待步兵。有村民来报告说有敌人步兵五千人从饶阳赶来，昼夜行走一百七十里，已到九门县南边的逢壁，估计现在正在休息。李光弼派步兵骑兵各两千人，偃旗息鼓，挨着水边悄悄地行进，到达逢壁时，敌人正在吃饭。李光弼纵兵突然攻击，把贼兵杀得一个不剩。史思明听说后，知道大势已去，就退回九门县。当时常山郡管辖九个县，其中七个县归顺政府军，只有九门县、藁城县被叛贼占据。李光弼派副将张奉璋带士兵五百人戍守石邑县；其余各县都用三百人戍守。

注 释

❶ 九门，今河北石家庄藁城区西北。　　❷ 藁城，今河北石家庄藁城区。　　❸ 石邑，在今河北井陉。

【原文】

上以吴王祇为灵昌太守、河南都知兵马使。上，谓玄宗。贾贲前至雍丘①，

【译文】

皇上任命吴王李祇为灵昌太守、河南都知兵马使。

有众二千。先是谯郡太守杨万石以郡降安禄山②，逼真源令河东张巡使为长史③，西迎贼。巡至真源，帅吏民哭于玄元皇帝庙，雍丘县，汉、晋属陈留郡，后魏属汤夏郡，隋属梁郡，唐属汴州。谯郡，亳州。老子，苦县人，有祠在焉，唐祖之，故改县曰真源。《九域志》：县在谯郡西七十里。起兵讨贼，吏民乐从者数千人；巡选精兵千人西至雍丘，与贾贲合。

贾贲前至雍丘，有部众两千人。在这以前谯郡太守杨万石带着全郡投降了安禄山，逼迫真源县令河东人张巡担任长史，向西迎接叛贼。张巡到真源，率领官吏和百姓在玄元皇帝庙里哭祭，起兵讨伐叛贼，官吏和百姓乐于跟从的有好几千人；张巡选择精兵一千人向西到雍丘，与贾贲会合。

注 释

❶ 雍丘县，今河南杞县。　❷ 谯郡，治谯县，今安徽亳州。　❸ 真源县，今河南鹿邑。

【原 文】

初，雍丘令令狐潮以县降贼，贼以为将，使东击淮阳救兵于襄邑，破之，淮阳郡，陈州。宋白曰：襄邑县，《春秋》宋襄牛地也；宋襄公葬焉，故曰襄陵，今墓在县西北隅。秦始皇以承匡县卑湿，遂徙于襄陵，又以陵字犯讳，改为襄邑。俘百余人，拘于雍丘，将杀之，往见李庭望；淮阳兵遂杀守者，潮弃妻子走，故贾贲得以其间入雍丘。《考异》曰，《肃

【译 文】

当初，雍丘县令令狐潮带领全县投降叛贼，叛贼让他做了将领，派他向东到襄邑去攻打淮阳的救兵，令狐潮击溃救兵，俘虏了一百多人，拘押在雍丘，准备杀死他们，就去拜见李庭望；淮阳的士兵就杀死看守的人，令狐潮抛弃妻子儿女逃跑了，所以贾贲能够趁这个间隙进入雍丘。十六日，令狐潮带领

宗实录》曰："雍丘令令狐潮据城以应禄山，百姓有违令者百余人，将杀之。觇者报官军至，潮不及行刑，遂反缚，仆于地，令人守之，遽出军以御官军。缚者忽一人幸脱，杀守者，互解其缚，闭城门以拒潮，相持累日。贲闻之，入其城，领众杀潮母、妻及子，以坚人志。"《旧·张巡传》："潮欲以城降贼，民吏百余人不从命。潮皆反接，仆之于地，将斩之。会贼来攻城。潮遽出斗，而反接者自解其缚，闭城门拒潮，召贲，贲与巡引众入雍丘。"《新传》："潮举县附贼，遂自将东败淮阳兵，虏其众，反接在廷，将杀之，暂出行部。淮阳兵更解缚起，杀守者，迎贲等入。潮不得归，巡乃屠其妻子磔城上。"按潮既以城降贼，贼来即当出迎，岂有更出斗者。今从李翰《张中丞传》及《新传》。**庚子，潮引贼精兵攻雍丘，贲出战，败死。张巡力战却贼，因兼领贲众，自称吴王先锋使。**

三月，乙卯，潮复与贼将李怀仙、杨朝宗、谢元同等四万余众奄至城下；众惧，莫有固志。巡曰："贼兵精锐，有轻我心。今出其不意击之，彼必惊溃。贼势小折，然后城可守也。"乃使千人乘城；自帅千人，分数队，开门突出。巡身先士卒，直冲贼陈，人马辟易，贼遂退。明日，复进攻城，设百炮环城，楼堞皆尽，巡于城上立木栅以拒之。

叛贼精兵攻打雍丘，贾贲出来迎战，战败而死。张巡奋力作战打退叛贼，因而兼领贾贲的部众，自称是吴王先锋使。

三月，初二，令狐潮又与叛贼将领李怀仙、杨朝宗、谢元同等四万多人突然来到城下；众人很害怕，没有坚守的意志。张巡说："贼兵精锐，有轻视我军的心理。今天我们出其不意地去进攻他们，他们一定惊慌溃败。贼兵的气势受到一些挫败，然后这座城才可以守住。"于是便派一千人登上城墙；自己率领一千人，分成好几队，打开城门突然出击。张巡身先士卒，直接冲向敌阵，人马惊退，叛贼于是向后撤。第二天，又来攻城，在城四周架设了一百座炮，城楼女墙都被毁坏；张巡在城上树立木栅栏来抵抗敌人。贼兵像蚂蚁一样贴着城墙向上爬，张巡捆起草把，浇灌油脂，点燃后投向敌人，贼兵不能登上城墙。张巡还不时观察敌人的漏洞，趁机出兵攻打他们。有时让人在夜里悬城而下去偷袭敌人的军营。一连六十多天，大小三百多次战斗，将士们穿戴着盔甲吃饭，包扎着伤口继续战斗，贼兵因此败

贼蚁附而登，巡束蒿灌脂，焚而投之，贼不得上。时伺贼隙，出兵击之，或夜缒斫营。积六十余日，大小三百余战，带甲而食，裹疮复战，贼遂败走。巡乘胜追之，获胡兵二千人而还，军声大振。

初，户部尚书安思顺知禄山反谋，因入朝奏之。及禄山反，上以思顺先奏，不之罪也。哥舒翰素与之有隙，_{事见上卷天宝十载。}使人诈为禄山遗思顺书，于关门擒之以献。且数思顺七罪，请诛之。丙辰，思顺及弟太仆卿元贞皆坐死，家属徙岭外。杨国忠不能救，由是始畏翰。

郭子仪至朔方，益选精兵。戊午，进军于代①。_{此代，谓代州。}

走。张巡乘胜追击贼兵，俘虏胡兵两千人而还，军队的声势大振。

当初，户部尚书安思顺知道安禄山要反叛的阴谋，因此入朝奏报皇上。等到安禄山反叛时，皇上因安思顺事先奏报，便不治他的罪。哥舒翰平素就与安思顺有矛盾，派人伪造安禄山写给安思顺的书信，在潼关口截获进献给朝廷。而且历数安思顺的七条罪状，请求朝廷杀了他。初三，安思顺和他的弟弟太仆卿安元贞都因此罪被杀，家属流放到五岭以南的地区。杨国忠不能救他们，从此开始畏惧哥舒翰。

郭子仪到达朔方，增选精兵，初五，进军到代州。

注　释

❶ 代州，治广武，今山西代县东北、繁峙西南。

【原文】

戊辰，吴王祗击谢元同，走之，拜陈留太守、河南节度使。

壬午，以河东节度使李光弼

【译文】

十五日，吴王李祗攻打谢元同，把他赶跑。吴王李祗被拜为陈留太守、河南节度使。

为范阳长史、河北节度使。《考异》曰，《实录》云："乙丑，光弼收赵郡。"按壬午，三月二十九日；乙丑，十二日也。《河洛春秋》收赵郡在四月，今从之。加颜真卿河北采访使。真卿以张澹为支使。

先是，清河客李萼[①]，《考异》曰：《颜氏行状》作"李华"，今从《旧传》。年二十余，为郡人乞师于真卿曰："公首唱大义，河北诸郡恃公以为长城。今清河，公之西邻，清河郡，贝州。《九域志》：德州，西南至贝州二百三十里。国家平日聚江、淮、河南钱帛于彼以赡北军，谓之'天下北库'；今有布三百余万匹，帛八十余万匹，钱三十余万缗，粮三十余万斛。昔讨默啜[②]，甲兵皆贮清河库，谓武后时也。今有五十余万事。一物可以给一事，因谓之事。户七万，口十余万。窃计财足以三平原之富，兵足以倍平原之强。公诚资以士卒，抚而有之，以二郡为腹心，则余郡如四支，无不随所使矣。"真卿曰："平原兵新集，尚未训练，自保恐不足，何暇及邻！虽然，借若诺子之请，则将何为乎?"萼曰："清河遣仆衔命于公

二十九日，任命河东节度使李光弼为范阳长史、河北节度使。加任颜真卿为河北采访使。颜真卿以张澹为支使。

在此以前，清河客李萼，年龄二十多岁，替郡人向颜真卿借兵，说："公率先倡导大义，河北各郡都把您当作长城一样来依恃。现在，清河是您的西邻，国家平时把江、淮、河南的钱财布帛聚集在此地以供给北方的军队，称作'天下北库'；现在还有布三百多万匹，帛八十多万匹，钱三十多万缗，粮食三十多万斛。昔日征讨默啜，盔甲兵器都贮存在清河的仓库里，现在还有五十多万件。清河郡有七万户人家，十多万人口。我私下计算财帛之富足是平原郡的三倍，兵力强大是平原郡的两倍。您如诚心借给士卒，安抚人民而统有财富，以这两个郡为腹心，其余的各郡好像四肢一样，没有什么不能随意指挥的了。"颜真卿说："平原郡的士兵新近才集合起来，还没有训练，自保恐怕都不够，哪有多余的力量顾及邻郡！尽管如此，假如同意你的请求，你将如何行动呢?"李萼说："清河郡的人派我受命于您，并不是力量不够才来借您的

者，非力不足而借公之师以尝寇也，亦欲观大贤之明义耳。今仰瞻高意，未有决辞定色，仆何敢遽言所为哉！"真卿奇之，欲与之兵。众以为萼年少轻虏，徒分兵力，必无所成，真卿不得已辞之。萼就馆，复为书说真卿，以为："清河去逆效顺，奉粟帛器械以资军，公乃不纳而疑之。仆回辕之后，清河不能孤立，必有所系托，将为公西面之强敌，公能无悔乎？"真卿大惊，遽诣其馆，以兵六千借之。送至境，执手别。真卿问曰："兵已行矣，可以言子之所为乎？"萼曰："闻朝廷遣程千里将精兵十万出壵口讨贼，壵口，在洺州邯郸县西，盖即壶关之险也。又按《旧唐书》：壵口，在湘州西山。壵，音郭。贼据险拒之，不得前。今当引兵先击魏郡，执禄山所署太守袁知泰，纳旧太守司马垂，使为西南主人；分兵开壵口，出千里之师，因讨汲、邺以北至于幽陵郡县之未下者；幽陵，即谓幽州。平原、清河帅诸同盟，合兵十万，南临孟津③，分兵循河，据守要害，制其北走之

军队去试探敌寇，不过是想瞻仰大贤的高义罢了。今天我看尊意，没有决绝的辞色，我怎么还敢贸然谈论如何行动呢！"颜真卿感到此人很奇特，想把军队借给他。众人认为李萼年少轻敌，白白地分散兵力，必定一事无成，颜真卿不得已而辞谢了他。李萼回到客馆，又写书信劝说颜真卿，认为："清河郡脱离叛贼而归顺朝廷，奉献米粮布帛兵器来资助军用，您却不接受而加以怀疑。我回去以后，清河郡不能孤立，必然有所归附和依托，将要成为您西面的强敌，您能够不后悔吗？"颜真卿大吃一惊，连忙赶到他住的客馆，将六千士兵借给他。送他到边境，握着他的手分别。颜真卿问道："借给你的士兵已经出发了，可以谈谈你准备如何办吗？"李萼说："听说朝廷派遣程千里率领精兵十万人出壵口讨伐叛贼，叛贼占据险要抵抗他，他不能前进。现在应当带兵先去攻打魏郡，抓住安禄山所任命的太守袁知泰，接回原任太守司马垂，让他做西南面的主人；分兵打开壵口，使程千里的部队得以出关，趁机讨伐汲郡、邺郡以北直到幽州的各个尚未攻下的郡县。平原郡、清河郡率领各同盟军，会合

路。计官军东讨者不下二十万，河南义兵西向者亦不减十万。公但当表朝廷坚壁勿战，不过月余，贼必有内溃相图之变矣。"真卿曰："善!"命录事参军李择交及平原令范冬馥将其兵，平原县，属平原郡，古平原郡治焉，故城在今县西南二十五里。今县治，北齐所筑城。时平原郡治安德县。会清河兵四千及博平兵千人军于堂邑西南④。宋白曰：堂邑县，属博平郡，本汉清县、发干二县地；隋开皇十六年于此置堂邑县，因县西北有堂邑故城为名。袁知泰遣其将白嗣恭等将二万余人来逆战，三郡兵力战尽日，魏兵大败，斩首万余级，捕虏千余人，得马千匹，军资甚众。知泰奔汲郡，遂克魏郡，军声大振。

十万兵马，南到孟津，分兵巡行黄河，占据防守要害地方，控制他们往北走的道路。估计政府军向东讨伐的不下二十万人，河南义兵向西讨伐的也不少于十万人。您只要上表朝廷坚守壁垒不与叛贼交战，不过一个多月，叛贼内部一定会发生溃散而互相谋害的变化。"颜真卿说："很好!"命令录事参军李择交及平原县令范冬馥率领他们的兵马，会同清河郡的部队四千人及博平郡的部队一千人驻扎在堂邑县的西南边。袁知泰派遣他的将领白嗣恭等率领二万多人来迎战，三郡的士兵和他们拼命战斗了一整天，魏兵被打得大败，斩首一万多人，俘虏一千多人，获得战马一千匹及很多的军需物品。袁知泰逃到汲郡，于是政府军攻克了魏郡，声威大为显扬。

注释

❶清河郡，治清河，今河北清河。　❷默啜，唐时突厥首领，武后时，曾深入河北赵、定二州，故河北贮存着御默啜时的军资。　❸孟津，在今河南洛阳孟津区东北黄河南岸。　❹堂邑县，治在今山东聊城西北。

【原 文】

　　时北海太守贺兰进明亦起兵①，真卿以书召之并力，_{北海郡，青州。}进明将步骑五千度河，真卿陈兵逆之，相揖，哭于马上，哀动行伍。进明屯平原城南，休养士马，真卿每事咨之，由是军权稍移于进明矣，真卿不以为嫌。真卿以堂邑之功让进明，进明奏其状，取舍任意。敕加进明河北招讨使，择交、冬馥微进资级，清河、博平有功者皆不录。进明攻信都郡，久之，不克；录事参军长安第五琦劝进明厚以金帛募勇士，遂克之。《考异》曰，《颜氏行状》云："进明失律于信都城下，有诏抵罪；公纵之，使赴行在，进明之全，乃公之护也。"今从《旧传》。又《唐历》："三月四日乙酉，真卿充河北采访使。时进明起义兵，北渡河，与真卿同经略。六月，真卿破袁知泰于堂邑。"进明再拔信都，统纪皆在三月。《旧纪》破知泰，拔信都，皆在六月。按三月无乙酉；乙酉，四月二日也。今从《统纪》。

【译 文】

　　当时北海太守贺兰进明也起兵，颜真卿写信请他合力讨伐叛贼。贺兰进明率领步兵骑兵五千人渡过黄河，颜真卿陈列大军迎接他，相互作揖，在马上痛哭，悲伤的情绪感动全军。贺兰进明驻扎在平原城南，休养士兵和战马，颜真卿每当有事便向他征求意见，因此军权便渐渐转移到贺兰进明那里，颜真卿也不介意。颜真卿把堂邑之战的功劳让给贺兰进明，贺兰进明向皇上奏报战况，任意取舍。皇上敕命加任贺兰进明为河北招讨使，李择交、范冬馥仅略微晋升资格和官阶，清河郡、博平郡有功劳的人都没有叙录。贺兰进明攻打信都郡，打了很久，也攻不下来。录事参军长安人第五琦建议贺兰进明用金银财帛招募勇士，于是才攻下信都郡。

注 释

❶北海郡，治在今山东青州。

【原 文】

李光弼与史思明相守四十余日，思明绝常山粮道。城中乏草，马食荐藉①。光弼以车五百乘之石邑取草，之，往也。将车者皆衣甲，弩手千人卫之，为方陈而行，贼不能夺。蔡希德引兵攻石邑，张奉璋拒却之。光弼遣使告急于郭子仪，子仪引兵自井陉出，夏，四月，壬辰，至常山，与光弼合，蕃、汉步骑共十余万。甲午，子仪、光弼与史思明等战于九门城南，宋白曰：九门县，战国赵邑。《战国策》云本有九室而居，赵武灵王改为九门县。思明大败。中郎将浑瑊射李立节，杀之。瑊，释之之子也。思明收余众奔赵郡，蔡希德奔巨鹿。思明自赵郡如博陵，时博陵已降官军，思明尽杀郡官。河朔之民苦贼残暴，所至屯结，多至二万人，少者万人，各为营以拒贼；及郭、李军至，争出自效。庚子，攻赵郡，一日，城降。士卒多虏掠，光弼坐城门，收所获，悉归之，民大悦。子仪生擒四千人，皆舍

【译 文】

李光弼与史思明僵持了四十多天，史思明断绝了常山的运粮道路。城中缺乏喂马的草料，马都吃草垫子。李光弼派五百辆车子到石邑去取草，拉车的人都穿着铠甲，以弓箭手一千人护卫车辆，排成方阵行走，贼兵不能夺取。蔡希德带兵攻打石邑，张奉璋打退了他。李光弼派使者向郭子仪告急，郭子仪带兵从井陉口东来。夏，四月，初九，到达常山，与李光弼会合，蕃、汉步兵骑兵共有十多万人。十一日，郭子仪、李光弼与史思明等人在九门城南大战，史思明大败。中郎将浑瑊射中李立节，把他杀死。浑瑊，是浑释之的儿子。史思明收拾残兵逃往赵郡，蔡希德逃往巨鹿。史思明从赵郡到博陵，此时博陵已投降政府军，史思明把郡里的官吏都杀了。河朔地区的人民苦于叛贼的残酷凶暴，在贼兵所到之处互相团结屯扎，多的到两万人，少的有一万人，各自筑营垒以抗拒贼兵；等到郭子仪、李光弼的大军来到，就争相出来效力。十七日，攻打赵郡，只一天的时间，赵郡就投降了。士兵大都抢掠财物，李光弼坐在城门上，没收所抢获的东

之，斩禄山太守郭献璆。璆，音求。光弼进围博陵，十日，不拔，引兵还恒阳就食②。恒阳，即恒山郡，以其地在恒山之阳也；唐置恒阳军于郡北。又博陵郡有恒阳县，汉之上曲阳县也，隋改为恒阳县，在博陵西十里。

西，全部归还给老百姓，老百姓非常高兴。郭子仪活捉了四千人，又全部释放，杀了安禄山委任的太守郭献璆。李光弼进兵围攻博陵，攻了十天，没有攻克，带兵回到恒阳解决军粮。

注 释

❶荐藉，草席。　❷恒阳，即恒山郡，治在今河北正定南。

【原 文】

　　杨国忠问士之可为将者于左拾遗博平张镐及萧昕，镐、昕荐左赞善大夫永寿来瑱，武德二年分新平置永寿县，属邠州。丙午，以瑱为颍川太守。贼屡攻之，瑱前后破贼甚众，加本郡防御使，人谓之"来嚼铁"。

　　安禄山使平卢节度使吕知诲诱安东副大都护马灵察，杀之。马灵察，即夫蒙灵察也。开元二年，徙安东都护府于平州；天宝二年，徙于辽西故郡城。平卢游奕使武陟刘客奴、武陟，汉怀县地，隋开皇十六年分置武陟县；时属河内郡。先锋使董秦及安东将王玄志同谋讨诛知诲，遣

【译 文】

　　杨国忠向左拾遗博平人张镐和萧昕询问朝士中哪位可以做将军，张镐、萧昕推荐左赞善大夫永寿人来瑱。二十三日，任命来瑱为颍川太守。贼兵多次来攻打，来瑱前后击败很多贼兵，朝廷加任他为本郡防御使，人们称他为"来嚼铁"。

　　安禄山派平卢节度使吕知诲诱骗安东副大都护马灵察，杀了他。平卢游奕使武陟人刘客奴、先锋使董秦及安东将王玄志共谋讨伐诛杀吕知诲，派使者过海来与颜真卿联系，请求攻取范阳来效力。颜真卿派

使逾海与颜真卿相闻，请取范阳以自效。真卿遣判官贾载赍粮及战士衣助之。真卿时惟一子颇，才十余岁，使诣客奴为质。朝廷闻之，以客奴为平卢节度使，赐名正臣；玄志为安东副大都护，董秦为平卢兵马使。

南阳节度使鲁炅立栅于淯水之南，安禄山将武令珣、毕思琛攻之。

判官贾载带着粮食和军衣帮助他们。颜真卿当时只有一个儿子颜颇，才十几岁，派他到刘客奴那里做人质。朝廷听说后，任命刘客奴为平卢节度使，赐名为正臣；王玄志为安东副大都护，董秦为平卢兵马使。

南阳节度使鲁炅在淯水的南岸设立营栅，安禄山的将领武令珣、毕思琛去攻打他。

——以上卷二一七

【原文】

五月，丁巳，炅众溃，走保南阳，炅不书姓，承上卷安禄山将攻鲁炅事也。炅自颍川走保南阳。《考异》曰，《玄宗实录》云："炅携百姓数千人奔顺阳川。"今从《旧传》。贼就围之。太常卿张垍荐夷陵太守虢王巨有勇略，上征吴王祗为太仆卿，夷陵郡，峡州。上，亦谓玄宗，自灵武即位后，玄宗称"上皇"，称肃宗为"上"。以巨为陈留、谯郡太守、河南节度使，兼统岭南节度使何履光[1]、陈留郡，汴州。谯郡，亳州。此二郡太守也。是年升五府经略讨击使为岭南节度使，领广、韶、循、潮、康、泷、端、新、封、春、勤、罗、潘、高、思、雷、崖、琼、振、儋、万安、军〔藤〕二十二州，治广州。黔中节度使赵国珍[2]、赵国珍，牂柯别部充州蛮酋赵君道之裔。杨国忠兼剑南节度，以国珍有方略，授黔中都督，护五溪十余

【译文】

五月，初四，鲁炅的部队溃散，逃往南阳坚守，贼兵赶来包围南阳。太常卿张垍推荐夷陵太守虢王李巨有勇有谋，皇上征召吴王李祗为太仆卿，任命李巨为陈留、谯郡太守、河南节度使，兼统岭南节度使何履光、黔中节度使赵国珍、南阳节度使鲁炅。赵

年，天下方乱，其所部独宁。按《新书·方镇表》：开元二十六年，黔州置五溪诸州经略使，天宝十四载，增领守捉使，代宗大历四年，始置辰、溪、巫、锦、叶五州都团练守捉观察处置使，宪宗元和三年，黔州观察增领涪州，唐末，始于黔州置节镇。疑此时赵国珍未得建节。至明年，《通鉴》书置黔中节度，必有所据。南阳节度使鲁炅。国珍，本牂柯夷也。牂，音臧。柯，音哥。戊辰，巨引兵自蓝田出，趣南阳。贼闻之，解围走。

国珍，本是牂柯夷人。十五日，李巨带兵从蓝田出发，赶往南阳，贼兵听说后，解围逃走。

注 释

❶ 岭南节度使，唐玄宗末，升岭南五府经略使为岭南节度使，治广州，今广东广州。　❷ 黔中节度使，治黔州彭水，今重庆彭水。

【原 文】

令狐潮复引兵攻雍丘。潮与张巡有旧，于城下相劳苦如平生，潮因说巡曰："天下事去矣，足下坚守危城，欲谁为乎？"巡曰："足下平生以忠义自许，今日之举，忠义何在！"潮惭而退。

郭子仪、李光弼还常山，史思明收散卒数万蹑其后，子仪选骁骑更挑战，三日，至行唐①，即汉南行唐县，属常山郡。《九域志》：在郡北五十五里。贼疲，乃退。子仪乘之，又败之于沙河②。沙河在新乐、行唐二县之间。蔡希德至洛阳，安禄山复使将步骑二万人北就思明，

【译 文】

令狐潮又带兵攻打雍丘。令狐潮和张巡是老朋友，在城下互相慰劳，就像平时一样，令狐潮趁机游说张巡说："唐朝的天下大势已去，您坚守这座危城，是为谁守呢？"张巡说："您平生以忠义自许，今天的举止，忠义在哪里！"令狐潮羞愧而退。

郭子仪、李光弼回

又使牛廷玠发范阳等郡兵万余人助思明，合五万余人，而同罗、曳落河居五分之一③。子仪至恒阳，思明随至，子仪深沟高垒以待之。贼来则守，去则追之，昼则耀兵，夜斫其营，贼不得休息。数日，子仪、光弼议曰："贼倦矣，可以出战。"《考异》曰：《河洛春秋》以此为光弼语，《汾阳家传》作子仪语，盖二人共议耳。壬午，战于嘉山④，据《旧史·安禄山传》：嘉山在常山郡东。魏收《地形志》：中山郡上曲阳县有嘉山。上曲阳，即唐之恒阳也。《考异》曰：《实录》云"六月壬午"，按《长历》，六月癸未朔，壬午，五月二十九日也。《汾阳家传》《旧·禄山传》亦云"六月，战嘉山"。《河洛春秋》云："六月二十五日，光弼破贼于嘉山。"今从《实录》而改其月。大破之，斩首四万级，捕虏千余人。思明坠马，露髻跣足步走，至暮，杖折枪归营，奔于博陵。光弼就围之，军声大振。于是河北十余郡皆杀贼守将而降。《考异》曰，《河洛春秋》云："五月，蔡希德从东都见禄山，禄山又与马步二万人，至邢州取尧山、招庆，射赵州东界，效曲、鼓、鹿城间，渡洨池水，入无极，至定州。牛介从幽州占归、檀、幽、易，兼大同、纥、蜡共万余人，帖思明。思明军既壮，共五万余人；其中精骑万人，悉是同罗、曳落河，精于驰突。光弼以十五万众顿军恒阳，樵采往来，人有难色，召有策者试之。时赵州司户参军先臣亡父包处遂上书与光弼曰：'思明用军，惟将劲悍，观其举措，实谓无谋。昔秦、赵争山，先居者胜，岂不为劳逸势倍，高下相悬。今宜重出军人有膂力者五万，被甲两重，陌刀各二。东有高山甚大，先令

到常山，史思明收集溃散士卒好几万人让其跟随在后面。郭子仪挑选骁勇善战的骑兵轮番挑战，过了三天，到达行唐县。贼兵疲敝，就退兵了。郭子仪乘机出击，又在沙河把叛军打败。蔡希德到洛阳，安禄山让他率领步兵骑兵两万人向北与史思明会合，又派牛廷玠调发范阳等郡的部队一万多人帮助史思明，共计五万多人，其中同罗兵、曳落河占五分之一。郭子仪到恒阳，史思明随后追上，郭子仪深挖壕沟，高筑营垒等待他。贼兵来攻就固守，贼兵离开就从后追击，白天则炫耀兵力，夜里就袭击敌营，搞得叛军不得安宁。过了好几天，郭子仪、李光弼商议说："贼兵已经疲倦，我们可以出去交战了。"二十九日，两军大战于嘉山，大败叛军，杀了四万多人，俘虏了一千多

五千甲士于山上设伏，后出二千人山东取粮。贼见必追之，则奔山上。伏兵马与一百面鼓，应山上。避贼百姓，壮者亦与器械，令随大军；老弱者令居险固守，遥为声援。贼必围山攻之。城内出五万人，择将二人统之，各领二万，一将于南面，一将于城北门出。贼营悉在山东，其军夜出，长去贼三十里行；广张左右翼，以天晓合围。其军每二十五为队，每队置旗两口，冬冬鼓子一具，围落才合，则动鼓子，贼必不测人之多少。然于城东门出军一万人，布掌底陈，山上亦击鼓而下，齐攻之，必克胜。'光弼尤然此计，乃出朔方计会，出人取粮。贼果然来袭，即奔山上。至六月二十五日，依前计大破贼于嘉山阵，斩首数万余级，生擒数千。思明落马步遁，至暮，拄折枪归营。希德中枪索，押衙刘旻斩断而走。生擒得旻。至二十六日，覆陈。二十七日，有诏至恒阳，云潼关失守，驾幸剑南。"包谓专欲归功其父，而它书皆无之。今不取。**渔阳路再绝，**渔阳，即谓范阳也。范阳郡，幽州。其后又分置蓟州渔阳郡，二郡始各有分界。然范阳节度尽统幽、易、平、檀、妫、燕等州，贼之根本实在范阳也。唐人于此时多以范阳、渔阳通言之，白居易诗所谓"渔阳鼙鼓动地来"，是以范阳通为渔阳也。前此颜杲卿以常山返正，渔阳路绝矣，果卿败而复通。今郭、李破史思明，故再绝。**贼往来者皆轻骑窃过，多为官军所获，将士家在渔阳者无不摇心。**

人。史思明坠马，发髻散乱，光着脚步行而逃，到了傍晚，拄着折断了的长枪回到军营，然后又逃到博陵。李光弼前去包围博陵，军队的声势大振。于是河北地区十几个郡都杀死叛军守将而归降朝廷。叛贼通往渔阳的道路再次被切断。贼兵来来往往都是轻骑偷偷摸摸地通过，且大都被官军俘获，家在渔阳的叛军将士们无不心中动摇。

注　释

❶ 行唐，今河北行唐。　❷ 沙河，今河北行唐、曲阳两县间之大沙河。　❸ 曳落河，胡言壮士。　❹ 嘉山，今河北曲阳附近。

【原 文】

禄山大惧，召高尚、严庄诟之曰：“汝数年教我反，以为万全。今守潼关，数月不能进，北路已绝，诸军四合，吾所有者止汴、郑数州而已，万全何在？汝自今勿来见我！”尚、庄惧，数日不敢见。田乾真自关下来，为尚、庄说禄山曰：“自古帝王经营大业，皆有胜败，岂能一举而成！今四方军垒虽多，皆新募乌合之众，未更行陈，岂能敌我蓟北劲锐之兵，何足深忧！尚、庄皆佐命元勋，陛下一旦绝之，使诸将闻之，谁不内惧！若上下离心，臣窃为陛下危之！”禄山喜曰：“阿浩，汝能豁我心事。”即召尚、庄，置酒酣宴，自为之歌以侑酒，待之如初。阿浩，乾真小字也。《考异》曰：《禄山事迹》作“阿法”，今从《唐历》《统纪》《旧传》。禄山议弃洛阳，走归范阳，计未决。

是时，天下以杨国忠骄纵召乱，莫不切齿。又，禄山起兵以诛国忠为名，王思礼密说哥舒翰，使抗表请诛国忠，《考异》曰，《玄宗实录》云：“或劝翰：‘留兵二万守关，悉以精锐回诛杨国忠，此汉挫七

【译 文】

安禄山十分恐惧，叫来高尚、严庄，大骂他们说：“你们多年来一直劝我反叛，并认为一定能够成功。现在被阻于潼关，好几个月都不能前进，北方的归路已经被切断，各路兵马从四面围攻我们，我所占据的只有汴州、郑州几个州而已，哪里就一定能成功？你们从今以后不要来见我！”高尚、严庄很害怕，好几天不敢见安禄山。田乾真从潼关来，替高尚、严庄劝说安禄山：“自古以来帝王成就大业，都有胜利和失败，哪能够一举就成功呢！现在四方的官军虽然很多，都是些新召募的乌合之众，没有经过战斗，怎么敌得过我蓟北强劲、精锐的部队呢！您根本不必过多担忧！高尚、严庄都是辅佐王命的元老功臣，陛下一旦抛弃他们，假使诸位将领听说后，哪一个心中不恐惧呢？如果上下离心，臣私下觉得陛下就危险了！”安禄山高兴地说：“阿浩，你真能开通我的心事。”马上召来高尚、严庄，摆设酒席，开

国之计也，公以为何如？'翰心许之，未发。有客泄其谋于国忠，国忠大惧。"按翰若回兵诛国忠，则正与禄山无异。思礼劝翰抗表言国忠罪犹不敢，况敢举兵乎！事必不然。且翰虽心许，它人安得知之！正由翰按兵不进，故国忠及其党疑惧，恐翰回兵诛之，其实翰无此心也。若果欲诛国忠，则安肯怃骂出关乎！《幸蜀记》云："翰使王思礼至陕郡，见贼伪御史中丞、无敌将军、平西大使崔乾祐，令传檄与禄山，数其干纪乱常，背天逆理，且曰：'若面缚而来，束身归死，赦尔九族，罪尔一身。如更屈强王师，迟疑未决，大军一鼓，玉石俱焚。尔审思之，悔无及矣。'"按翰与乾祐方对垒相攻，思礼军中大将，岂可使詈骂禄山之檄诣乾祐乎！必无此理。今不取。翰不应。思礼又请以三十骑劫取以来，至潼关杀之，翰曰："如此，乃翰反，非禄山也。"或说国忠："今朝廷重兵尽在翰手，翰若援旗西指，于公岂不危哉！"国忠大惧，乃奏："潼关大军虽盛，而后无继，万一失利，京师可忧，请选监牧小儿三千于苑中训练。"时监牧、五坊、禁苑之卒，率谓之小儿。上许之，使剑南军将李福德等领之。又募万人屯灞上，令所亲杜乾运将之，名为御贼，实备翰也。翰闻之，亦恐为国忠所图，乃表请灞上军隶潼关；六月，癸未，召杜乾运诣关，因事斩之；国忠

怀畅饮，安禄山还唱歌为他们喝酒助兴，待他们像以前一样。阿浩，是田乾真的小字。安禄山商议放弃洛阳，撤回范阳，计划还没定下来。

这时，天下的人都认为是杨国忠骄奢放纵才导致大乱，无不痛恨杨国忠。而且，安禄山起兵是以讨伐杨国忠为名，所以王思礼就秘密劝说哥舒翰，让他上表请求皇上杀了杨国忠，哥舒翰不答应。王思礼又请求带三十名骑兵去把杨国忠劫持出来，到潼关后杀掉他。哥舒翰说："如果这样做，那就是哥舒翰谋反，而不是安禄山了。"有人劝说杨国忠："当今朝廷的重兵都在哥舒翰手里，哥舒翰如果挥师西向京城，那么您不是很危险吗！"杨国忠非常害怕，就上奏说："潼关驻守的大军虽然人数众多，但没有后继部队，万一失守，京师就难保了，请求选择监牧士卒三千人在禁苑中训练。"皇上同意了，派剑南军将李德福等人统领这支队伍。又召募了一万人驻扎灞上，（杨国忠）命令由他的亲信杜乾运率领，名义上是防御叛军，实际上是防备哥舒翰。哥

益惧。

会有告崔乾祐在陕，兵不满四千，皆羸弱无备，<small>此禄山之用间也。</small>上遣使趣哥舒翰进兵复陕、洛。翰奏曰："禄山久习用兵，今始为逆，岂肯无备！是必羸师以诱我，若往，正堕其计中。且贼远来，利在速战；官军据险以扼之，利在坚守。况贼残虐失众，兵势日蹙，将有内变；因而乘之，可不战擒也。要在成功，何必务速！今诸道征兵尚多未集，请且待之。"郭子仪、李光弼亦上言："请引兵北取范阳，覆其巢穴，质贼党妻子以招之，贼必内溃。潼关大军，唯应固守以弊之，不可轻出。"国忠疑翰谋己，言于上，以贼方无备，而翰逗留，将失机会。上以为然，续遣中使趣之，项背相望。翰不得已，抚膺恸哭，丙戌，引兵出关。<small>逗，音豆。趣，读曰促。《考异》曰，《幸蜀记》曰："贼将崔乾祐于陕郡西潜锋蓄锐，卧鼓偃旗，而侦者奏云，贼全无备。上然之。"又曰："玄宗久处太平，不练军事，既被国忠眩惑，中使相继督责于公，不得已，抚膺恸哭久之，乃引师出关。国忠又令杜乾运领所募兵于冯翊境上，潜备哥舒公。公曰：'今军出关，势十全矣。更置乾运于侧以为疑军，人心忧疑，即不俟见贼，吾军溃矣。必当并之以除内</small>

舒翰听说后，也担心被杨国忠谋算，就上表请求将灞上军队隶属潼关指挥。六月，初一，哥舒翰把杜乾运叫到潼关，借故杀死。杨国忠更加害怕。

适逢有人向皇上报告，说崔乾祐在陕郡，兵力不足四千人，都是些老弱兵，而且没有防备，皇上就派使者催促哥舒翰进兵收复陕郡和洛阳。哥舒翰上奏说："安禄山久经沙场善于用兵，现在刚举兵反叛，怎么能够没有防备呢！这一定是故意用衰弱的士兵来引诱我们，如果前往，正中了他们的计谋。再说贼兵远道而来，最有利的策略是速战速决；官军占据险要以扼守，最有利的策略是长期坚守。况且贼兵残酷暴虐，失去民心，兵势日益衰颓，不久将会发生内乱；到时候乘机进攻，可以不战而活捉敌人。我们最主要的目的是取胜，何必力求快速呢！现在各道所征的兵士大都还没有集中起来，请求暂且等待一段时间。"郭子仪、李光弼也上书皇上说："请求带兵向北攻取范阳，捣毁敌人的巢穴，抓住叛贼党羽的妻子、儿女作为人质来招降他们，叛贼必然由内

忧。'遂令衙前总管叱万进追军，诚之曰：'若不受追，即便斩头来。'乾运果不肯赴。进诈词如欲叛哥舒，窃请见。乾运遂喜，遽见之。与语，进忽抽佩刀曰：'奉处分，取公头。'乾运惊惧。其左右悉新招募者，悉投仗散走，进遂斩乾运，携首至于军门，众皆慑气，乃统其军赴关。"按翰若擅杀乾运而夺其军，则是已反也，朝廷安能趣之出关乎！盖奏乞以其军隶潼关，朝廷已许之，翰召乾运受处分，或有所违拒，因托军法以斩之耳。凌准《邠志》云："郭子仪、李光弼将进军，开朝廷议出潼关，图复陕、洛，二公议曰：'哥舒公老疾昏耄，贼素知诸军乌合，不足以战。今禄山悉锐南驰宛、洛，贼之余众尽委思明，我且破之，便覆其巢。质叛徒之族，取禄山之首，其势必矣。若潼关出师，有战必败。关城不守，京室有变，天下之乱，何可平之！'乃陈利害以闻，且请固关无出。"《唐历》："会侦人自陕至云：'崔乾祐所将众不满四千，不足图也。'上大悦。"《旧·翰传》："翰既斩乾运，心不自安，又素有风疾，至是颇甚，军中之务，不复躬亲，委政于行军司马田良丘。良丘复不敢专断，教令不一，颇无部伍。其将王思礼、李承光又争长不叶，人无斗志。"今兼采之。

己丑，遇崔乾祐之军于灵宝西原①。灵宝县更名，见二百十五卷天宝元年。**乾祐据险以待之，南薄山，北阻河，隘道七十里。庚寅，官军与乾祐会战。**《考异》曰，《肃宗实录》："乙酉，翰与乾祐会战。"《旧传》："四日，次灵宝西原。八日，与贼交战。"《新传》："丙戌，次灵宝西原。庚寅，与乾祐战。"按翰军既遇贼，必不留四日然后战。

部崩溃。潼关的大军，只应当固守使贼兵疲惫，不可轻易出关攻打敌人。"杨国忠怀疑哥舒翰要谋害自己，对皇上说，叛军正无防备，而哥舒翰逗留不出击，将要失去机会。皇上认为很对，于是又派宦官去催促哥舒翰出兵，宦官来来往往，络绎不绝。哥舒翰不得已，抚胸痛哭。初四，带兵出关。

初七，官军在灵宝西原与崔乾祐的军队相遇。崔乾祐占据险要以等待官军，南靠大山，北恃黄河，狭隘的小道有七十里长。初八，官军和崔乾祐交战。崔乾祐在险要的地方埋伏士兵，哥舒翰和田良丘乘船在黄河中观察军事形势，看见崔乾祐的兵力很少，就下令各军前进。王思礼等率领精兵五万人走在前面，庞忠等率领余下的士兵十万人跟在后面，哥舒翰带兵三万人登上黄河北岸的高坡观察指挥，并鸣鼓助势。崔乾祐所出动的士兵不过一万人，三五成群，就像天上的星星一样稀稀拉拉，队伍有的疏散有的密集，有的向前有的向后，官军看见后都笑话他们。崔乾祐整备精兵，在后面

《玄宗实录》："丙戌，翰出关。己丑，遇贼。庚寅，战。"此近是，今从之。《幸蜀记》亦然。乾祐伏兵于险，翰与田良丘浮舟中流以观军势，见乾祐兵少，趣诸军使进。王思礼等将精兵五万居前，庞忠等将余兵十万继之，翰以兵三万登河北阜望之，鸣鼓以助其势。乾祐所出兵不过万人，什什伍伍，散如列星，或疏或密，或前或却，官军望而笑之。乾祐严精兵，陈于其后。兵既交，贼偃旗如欲遁者，官军懈，不为备。须臾，伏兵发，贼乘高下木石，击杀士卒甚众。道隘，士卒如束，枪槊不得用。翰以毡车驾马为前驱，欲以冲贼。日过中，东风暴急，乾祐以草车数十乘塞毡车之前，纵火焚之。《考异》曰，《幸蜀记》曰："野中先有官草，积数十堆，因风焚之。"今从《旧传》。烟焰所被，官军不能开目，妄自相杀，谓贼在烟中，聚弓弩而射之。日暮，矢尽，乃知无贼。乾祐遣同罗精骑自南山过，出官军之后击之，官军首尾骇乱，不知所备，于是大败。或弃甲窜匿山谷，或相挤排入河溺死，嚣声振天地，贼乘胜蹙之。后军见前军败，皆自溃，河北军望之亦溃。河北军，翰所自

布好阵势。两军一交战，贼兵就偃旗息鼓假装败逃，官军松懈，没有防备。不一会儿，叛军伏兵出动，占据高地，推下滚木石块，打死打伤很多官军。由于道路狭窄，官军像被捆绑起来一样无法动弹，刀枪伸展不开。哥舒翰命令马拉毡车做前锋，想要冲击敌人。过了中午，东风骤起，崔乾祐命令用几十辆草车堵塞在毡车的前面，放火焚烧。大火熊熊，浓烟滚滚，官军不能睁眼，敌我不分，自相残杀，以为贼兵在烟雾之中，就召集弓弩手射击敌人。到了傍晚，弓箭射完了，才发现没有敌人。崔乾祐派同罗精锐骑兵绕过南山，从官军背后进攻，官军首尾受敌，惊慌之下大乱，不知怎样防备，于是大败。有的丢盔弃甲逃进山谷躲起来，有的互相推挤掉进黄河淹死，号叫的声音震天动地，贼兵乘胜追击。官军后面的军队看见前面的军队失败，都溃散了，黄河北岸的军队看见后也溃退。哥舒翰仅与麾下几百骑兵逃脱，从首阳山向西渡过黄河进入潼关。潼关外面先前挖了三条深沟，都是两丈宽，一丈深，进关的

翰独与麾下数百骑走，自首阳山西渡河入关。首阳山当是首山，衍"阳"字。首山在蒲州河东县界，与湖城县之荆山隔河相对。关外先为三堑，皆广二丈，深丈，人马坠其中，须臾而满；余众践之以度，士卒得入关者才八千余人。辛卯，乾祐进攻潼关，克之。

人马掉进沟里，很快就把沟填满了。其余的人马踏着他们的尸体通过，士兵能够进入潼关的只有八千多人。初九，崔乾祐进攻潼关，把它攻下了。

注 释

❶ 灵宝县，今河南灵宝。

【原 文】

翰至关西驿，揭榜收散卒，欲复守潼关。蕃将火拔归仁等以百余骑围驿，入谓翰曰："贼至矣，请公上马。"翰上马出驿，归仁帅众叩头曰："公以二十万众一战弃之，何面目复见天子！且公不见高仙芝、封常清乎？谓军败必诛也。事见上卷上年。请公东行。"翰不可，欲下马。归仁以毛縶其足于马腹，及诸将不从者，皆执之以东。会贼将田乾真已至，遂降之，俱送洛阳。安禄山问翰曰：

【译 文】

哥舒翰逃到关西驿，张贴告示招收逃散的士卒，想要重新守住潼关。蕃将火拔归仁等带领一百多名骑兵围住驿站，进去对哥舒翰说："贼兵到了，请您快上马。"哥舒翰上马出了驿站，归仁率领部众叩头说："您率领二十万大军一战而全军覆没，有什么脸面再去见天子！而且您没见到高仙芝、封常清的下场吗？请您向东走。"哥舒翰不同意，想要下马。火拔归仁用毛绳把哥舒翰的脚捆在马肚上，连同诸位将领中不服从的，都一起捆起来向东走。碰上贼将田乾真已到，就向

"汝常轻我，事见二百十六卷天宝十一载。今定何如？"翰伏地对曰："臣肉眼不识圣人。今天下未平，李光弼在常山，李祗在东平，李祗，即谓吴王祗。鲁炅在南阳，陛下留臣，使以尺书招之，不日皆下矣。"禄山大喜，以翰为司空、同平章事。谓火拔归仁曰："汝叛主，不忠不义。"执而斩之。翰以书招诸将，皆复书责之。禄山知不效，乃囚诸苑中。东都苑中也。潼关既败，于是河东、华阴、冯翊、上洛防御使皆弃郡走①，河东郡，蒲州。华阴郡，华州。冯翊郡，同州。上洛郡，商州。所在守兵皆散。

他投降，把哥舒翰等人都送往洛阳。安禄山问哥舒翰说："你常常轻视我，今天怎么样？"哥舒翰跪伏在地上回答说："臣肉眼不识圣人。当今天下还没有平定，李光弼在常山，李祗在东平，鲁炅在南阳，陛下留我性命，让我写信去招降他们，用不了几天这些地方就都能平定。"安禄山非常高兴，任命哥舒翰为司空、同平章事。又对火拔归仁说："你背叛自己的主子，不忠不义。"把他捆起来杀了。哥舒翰写信招降诸位将领，他们都回信责骂他。安禄山知道没有效果，就把他囚禁在东都的宫苑中。潼关既已失守，于是河东、华阴、冯翊、上洛等郡的防御使都弃郡逃跑，各处的守兵都溃散了。

注 释

❶ 河东郡，治在今山西永济。华阴郡，治在今陕西渭南华州区。冯翊郡，治在今陕西大荔。上洛郡，治在今陕西商洛商州区。

【原文】

是日，翰麾下来告急，上不时召见，但遣李福德等将监牧兵赴潼关。及暮，平安火不至，《六典》：唐镇戍烽候所

【译文】

这一天，哥舒翰的部下来报告紧急情况，皇上没有及时召见，只是派遣李福德等带领

至,大率相去三十里。每日初夜,放烟一炬,谓之平安火。时守兵已溃,无人复举火。上始惧。壬辰,召宰相谋之。杨国忠自以身领剑南,闻安禄山反,即令副使崔圆阴具储偫,以备有急投之,至是首唱幸蜀之策。上然之。癸巳,国忠集百官于朝堂,惶懅流涕;问以策略,皆唯唯不对。国忠曰:"人告禄山反状已十年,上不之信。今日之事,非宰相之过。"仗下,<small>朝罢,则左右三卫立仗者皆休下。</small>士民惊扰奔走,不知所之,市里萧条。国忠使韩、虢入宫,劝上入蜀。

甲午,百官朝者什无一二。上御勤政楼,下制,云欲亲征,闻者皆莫之信。以京兆尹魏方进为御史大夫兼置顿使[①],京兆少尹灵昌崔光远为京兆尹,充西京留守;将军边令诚掌宫闱管钥。托以剑南节度大使颍王璬将赴镇,令本道设储偫。是日,上移仗北内。<small>唐都长安,以太极宫为西内,大明宫为东内,兴庆宫为南内,北内当在玄武门内。又以地望言之,则自兴庆宫移仗归大明宫,兴庆宫在南,大明宫在北,故亦谓大明宫为北内。《考异》曰,《幸蜀记》:"上道中使曹仙领千人击鼓于春明门外,又令烧闲厩草积,烟焰燎天。上将乘马,杨国忠谏,以为:'当谨守宗祧,不可轻动。'韦见素力争,以</small>

监牧兵奔赴潼关。等到晚上,报告平安的烽火没有传到京城,皇上才开始害怕了。初十,皇上召集宰相商量对策,杨国忠因自己兼任剑南节度使,听到安禄山反叛的消息后,马上命令副使崔圆暗中准备物资,以备危急时使用,所以这时他带头提出让皇上到蜀中避难的计划。皇上同意了。十一日,杨国忠把百官召集到朝堂上,大家惊恐不安,痛哭流涕;杨国忠问他们有什么对策,百官都唯唯诺诺不知如何回答。杨国忠说:"有人告发安禄山谋反的形迹已有十年了,皇上总是不相信这件事。今天的事变,不是宰相的过错。"罢朝,这时士人百姓都惊慌忙乱,东奔西跑,不知躲到哪里是好,市面上一片萧条景象。杨国忠派韩国夫人、虢国夫人入宫,劝说皇上到蜀中去。

十二日,百官上朝的不到十分之一二。皇上登临勤政楼,下制书,说要亲自率兵征讨,听到的人都不相信。任命京兆尹魏方进为御史大夫兼置顿使;京兆少尹灵昌人崔光远

为：'贼势逼近，人心不固，陛下不可不出避狄。国忠暗与贼通，其言不可听。'往返数四，上乃从见素议。加魏方进御史大夫，充前路知顿使。"按贼陷潼关，銮舆将出，人心已危，岂有更击鼓烧草以惊之！国忠久蓄幸蜀之谋，见素乃其所引，岂得上前有此争论！此盖宋巨欲归功见素，事乃近诬。今不取。**既夕，命龙武大将军陈玄礼整比六军，厚赐钱帛，选闲厩马九百余匹，外人皆莫之知。乙未，黎明，上独与贵妃姊妹、皇子、妃、主、皇孙、杨国忠、韦见素、魏方进、陈玄礼及亲近宦官、宫人出延秋门，**延秋门，唐长安禁苑之西门也。程大昌《雍录》有《汉唐要地参出图》，唐禁苑西北，包汉长安故城。未央宫，唐后改为通光殿；西出即延秋门。《考异》曰，《幸蜀记》云："丙申，百官尚赴朝。"此乙未日事，宋巨误也。**妃、主、皇孙之在外者，皆委之而去。上过左藏，杨国忠请焚之，曰："无为贼守。"上愀然曰："贼来不得，必更敛于百姓；不如与之，无重困吾赤子。"**史记玄宗有君人之言。**是日，百官犹有入朝者，至宫门犹闻漏声，三卫立仗俨然。**唐朝会之制：三卫番上，分为五仗，号衙内五卫。一曰供奉仗，以左右卫为之。二曰亲仗，以亲卫为之。三曰勋仗，以勋卫为之。四曰翊仗，以翊卫为之。五曰散手仗，以亲、勋、翊卫为之。平明，传点毕，内门开，百官入立班，皇帝升御坐，金吾将军一人奏左、右厢内外平安，通事舍人赞，宰相、两省官再

为京兆尹，兼任西京留守；将军边令诚掌管宫殿的钥匙。皇上假称剑南节度大使颍王李璬将要赶赴镇守之地，命令剑南道准备所需物资。这一天，皇上移居大明宫。天黑以后，命令龙武大将军陈玄礼整合六军，重重地赏赐钱财布帛，挑选闲厩中的骏马九百多匹，外面的人都不知道。十三日，黎明时分，皇上只与杨贵妃姐妹、皇子、妃子、公主、皇孙、杨国忠、韦见素、魏方进、陈玄礼及亲近的宦官、宫人等从延秋门出发，妃子、公主、皇孙在宫外的，都弃而不顾。皇上经过国库左藏时，杨国忠请求把它烧毁，并说："不要留给叛贼。"皇上忧伤地说："叛贼来了得不到财宝，必然要加倍向老百姓征收；不如把这些东西留给他们，不要加重我的百姓的困苦。"这一天，百官中还有上朝的，到了宫门口，还听到更漏的声音，左右三卫仪仗队仍然整齐严肃地站立在那里。宫门打开后，只见宫里的人乱哄哄地逃出，宫里宫外一片混乱，都不知道皇上到哪里去

拜升殿，内谒者承旨唤仗，左、右羽林将军勘以木契，自东西阁而入。朝罢，皇帝步入东序门，然后放仗。内外仗队，七刻乃下。常参辍朝日，六刻即下。门既启，则宫人乱出，中外扰攘，不知上所之。于是王公、士民四出逃窜，山谷细民争入宫禁及王公第舍②，盗取金宝，或乘驴上殿。又焚左藏大盈库③。崔光远、边令诚帅人救火，又募人摄府、县官分守之，杀十余人，乃稍定。光远遣其子东见禄山，令诚亦以管钥献之。

了。于是王公百姓四处逃窜，山野小民争相进入宫禁及王公宅第中，盗取金银财宝，有的人还骑着驴子走上大殿。又放火烧了左藏大盈库。崔光远、边令诚带人救火，又招募人员代理府、县官分别把守，杀了十几个人，局面才渐渐稳定下来。崔光远派他的儿子向东进见安禄山，边令诚也把钥匙献给他。

注 释

❶ 置顿使，负责打前站供应的使臣。　❷ 细民，小民。　❸ 左藏大盈库，库名，专供皇帝私用之库。

【原 文】

上过便桥，杨国忠使人焚桥。上曰："士庶各避贼求生，奈何绝其路！"留内侍监高力士使扑灭乃来。玄宗始置内侍监，秩三品，以高力士及袁思艺为之。上遣宦者王洛卿前行，告谕郡县置顿。食时，至咸阳望贤宫，咸阳县，在京城西四十里。望贤宫，在县东。洛卿与县令俱

【译 文】

皇上经过便桥后，杨国忠派人烧毁此桥。皇上说："士人百姓各自要避难求生，怎么能够断绝他们的生路呢！"留下内侍监高力士，让他扑灭火以后再赶来。皇上派宦官王洛卿打前站，告诉各郡县做好准备。吃饭的时候，到了咸阳望

逃，中使征召，吏民莫有应者。日向中，上犹未食，杨国忠自市胡饼以献。胡饼，今之蒸饼。高似孙曰：胡饼，言以胡麻著之也。崔鸿《前赵录》：石虎讳胡，改胡饼曰麻饼。《缃素杂记》曰：有鬻胡饼者，不晓名之所谓，易其名曰炉饼。以为胡人所啖，故曰胡饼也。于是民争献粝饭，粝，……粗也。杂以麦豆；皇孙辈争以手掬食之，须臾而尽，犹未能饱。《考异》曰，《唐历》："至望贤顿，御马病。上曰：'杀此马，折行宫舍木煮食之。'众不忍食。"《幸蜀记》："至望贤宫，行从皆饥。上入宫，憩于树下，怫然若有弃海内之意。高力士觉之，遂抱上足，呜咽开谕，上乃止。"《肃宗实录》："杨国忠自入市，衣袖中盛胡饼，献上皇。"《天宝乱离记》："六月十一日，大驾幸蜀，至望贤宫，官吏奔窜。迨曛黑，百姓有稍稍来者。上亲问之：'卿家有饭否？不择精粗，但且将来。'老幼于是竞担挈壶浆，杂之以麦子饭，送至上前。先给兵士，六宫及皇孙已下，咸以手掬而食。顷时又尽，犹不能饱。既乏器用，又无红烛，从驾者枕藉寝止，长幼莫之分别；赖月入户庭，上与六宫、皇孙等差异焉。"按上九日幸蜀，温畬云"十一日"，非也。余则兼采之。上皆酬其直，慰劳之。众皆哭，上亦掩泣。有老父郭从谨进言曰："禄山包藏祸心，固非一日；亦有诣阙告其谋者，陛下往往诛之，事见上卷上年。使得逞其奸逆，致陛下播越。是以先王务延访忠良以广聪明，

贤宫，王洛卿与县令都逃跑了，宦官去征召，官吏百姓没有应征的。到了中午，皇上还没有吃饭，杨国忠亲自去买胡饼进献皇上。于是老百姓争着进献粗米饭，中间掺杂着一些麦豆；皇孙们争着用手抓着吃，不一会就吃完了，还没有吃饱。皇上都按价付给百姓钱，并慰劳他们。众人都哭了，皇上也捂着脸哭泣。有一位名叫郭从谨的老人进言说："安禄山包藏祸心，已经不是一天的事了；也有人到朝廷去告发他的阴谋，陛下却常常把这些人杀了，使得安禄山的奸计能够得逞，导致陛下流亡。先王专心延访忠良之士以扩大自己的耳目视听，就是这个缘故。臣还记得宋璟做宰相时，多次向皇上直言，天下因此得以安定太平。自近时以来，朝廷里的大臣都忌讳直言，只会阿谀奉承取悦陛下，因此宫门以外的事情，陛下都不能知道。那些在草野的臣民，很早就知道一定会有今天啊，然而宫禁森严，区区效忠之心没有途径上达天听。事情不弄到如今地步，臣怎能得见陛下而当

盖为此也。臣犹记宋璟为相①，数进直言，天下赖以安平。自顷以来，在廷之臣以言为讳，惟阿谀取容，是以阙门之外，陛下皆不得而知。草野之臣，必知有今日久矣，但九重严邃，区区之心无路上达。事不至此，臣何由得睹陛下之面而诉之乎！"上曰："此朕之不明，悔无所及。"慰谕而遣之。俄而尚食举御膳而至，<small>尚，主也。主御膳之官，有奉御，有直长。"而"，一作"以"。</small>上命先赐从官，然后食之。令军士散诣村落求食，期未时皆集而行。夜将半，乃至金城②。<small>金城县，属京兆，本始平县，中宗景龙二年送金城公主降吐蕃至此，更名金城，在京城西八十五里。</small>县令亦逃，县民皆脱身走，饮食器皿具在，士卒得以自给。时从者多逃，内侍监袁思艺亡去。驿中无灯，人相枕藉而寝，贵贱无以复辨。王思礼自潼关至，始知哥舒翰被擒；以思礼为河西、陇右节度使，即令赴镇，收合散卒，以俟东讨。

面诉说呢！"皇上说："这都是朕糊涂，后悔已经来不及了。"然后安慰郭从谨，让他走了。不一会儿，主管皇上饮食的官员拿着皇上的膳食到了，皇上命令先赏赐给随从的官员，然后自己才吃，命令军士分散到各个村落去寻找食物，约好下午未时会齐以后再走。快到半夜的时候，才到了金城县。县令也逃跑了，县里的老百姓都脱身逃走，饮食器皿尚在，士卒得以自己做饭吃。当时随从的人大都逃走了，内侍监袁思艺也逃走了。驿站中没有灯，人们互相枕着身体而睡，尊卑贵贱都不管了。王思礼从潼关来，皇上才知道哥舒翰被活捉了；任命王思礼为河西、陇右节度使，命令他马上赴任，收集溃散的士兵，等待东征。

注　释

❶ 宋璟（663—737），玄宗初年宰相。　❷ 金城县，今陕西兴平。

【原文】

丙申，至马嵬驿①，金人《疆域图》：马嵬驿，在京兆兴平县。将士饥疲，皆愤怒。陈玄礼以祸由杨国忠，欲诛之，因东宫宦者李辅国以告太子，太子未决。会吐蕃使者二十余人遮国忠马，诉以无食，国忠未及对，军士呼曰："国忠与胡虏谋反！"或射之，中鞍。国忠走至西门内，马嵬驿之西门也。军士追杀之，屠割支体，以枪揭其首于驿门外，并杀其子户部侍郎暄及韩国、秦国夫人。御史大夫魏方进曰："汝曹何敢害宰相！"众又杀之。韦见素闻乱而出，为乱兵所挝，脑血流地。众曰："勿伤韦相公。"救之，得免。军士围驿，上闻喧哗，问外何事，左右以国忠反对。上杖屦出驿门，慰劳军士，令收队，军士不应。上使高力士问之，玄礼对曰："国忠谋反，贵妃不宜供奉，愿陛下割恩正法。"上曰："朕当自处之。"入门，倚仗倾首而

【译文】

十四日，皇上一行到达马嵬驿，将士们饥饿疲劳，都很愤怒。陈玄礼认为这次祸乱是由杨国忠引起的，想要杀掉他，让东宫宦官李辅国转告太子，太子犹豫不决。碰上吐蕃使者二十多人拦住杨国忠的马，向他诉说没有食物吃，杨国忠还未来得及回答，军士们就大声呼喊道："杨国忠与胡人一起谋反！"有的人向杨国忠射箭，射中他的马鞍。杨国忠逃到马嵬驿的西门内，军士们追上去杀了他，并肢解了他的尸体，用枪挑着他的头颅竖立在驿站门口，同时把他的儿子户部侍郎杨暄及韩国夫人、秦国夫人都杀了。御史大夫魏方进说："你们怎么敢杀害宰相！"众人又把魏方进杀了。韦见素听见外面大乱便赶出来察看，被乱兵击打，打得头破血流。众人说："不要伤害韦相公。"救了他，使他幸免一死。军士们包围驿站，皇上听到外面的喧哗声，便问外面发生了什么事，左右的人回答说杨国忠谋反。皇上挂着拐杖穿着麻鞋走出驿站的大门，慰劳军士们，命令他们把队伍撤走，军士们都不听从。皇上派高力士去询问他们，陈玄礼回答说："杨国忠谋反，杨贵妃不宜侍奉皇上，希望陛下割舍恩爱处死贵妃以正法。"

立。久之，京兆司录韦谔前言曰：京兆府司录参军，正七品上。武德初，改州主簿曰录事参军，掌正违失，莅符印；开元元年改曰司录。"今众怒难犯，引《左传》郑子产之言。安危在晷刻，愿陛下速决！"因叩头流血。上曰："贵妃常居深宫，安知国忠反谋？"高力士曰："贵妃诚无罪，然将士已杀国忠，而贵妃在陛下左右，岂敢自安！愿陛下审思之，将士安则陛下安矣。"上乃命力士引贵妃于佛堂，缢杀之。舆尸置驿庭，召玄礼等入视之。玄礼等乃免胄释甲，顿首请罪，上慰劳之，令晓谕军士。玄礼等皆呼万岁，再拜而出，于是始整部伍为行计。谔，见素之子也。国忠妻裴柔裴柔，故蜀倡也。与其幼子晞及虢国夫人、夫人子裴徽皆走，至陈仓，县令薛景仙帅吏士追捕，诛之。

皇上说："朕将自己处置她。"进入驿站大门，倚着拐杖侧着头站在那里。过了很久，京兆司录韦谔上前说道："现在众怒难犯，安危就在顷刻之间，请陛下快速决断！"随之不断叩头，血流满面。皇上说："贵妃一直居住在深宫里，哪里知道杨国忠造反的阴谋？"高力士说："杨贵妃确实没有罪过，然而，将士们已经杀了杨国忠，而贵妃还在陛下的身旁，他们怎么能够感到安稳呢？希望陛下好好地想一想，将士们安稳了，陛下就会安稳了。"皇上于是命令高力士把杨贵妃带到佛堂，用绳子勒死了她。把尸体抬到驿站的庭院中，叫来陈玄礼等人验看尸体。陈玄礼等人才脱去甲胄，叩头谢罪，皇上慰劳他们，命令晓谕军士们。陈玄礼等人都高呼万岁，再三拜谢而去，于是开始整理部队准备前进。韦谔，是韦见素的儿子。杨国忠的妻子裴柔和他的小儿子杨晞及虢国夫人和她的儿子裴徽都逃跑了，逃到陈仓。陈仓县令薛景仙带领官吏和士民追赶抓获，把他们都杀死了。

注　释

❶ 马嵬驿，在今陕西兴平西。

【原文】

丁酉，上将发马嵬，朝臣惟韦见素一人，乃以韦谔为御史中丞，充置顿使。将士皆曰："国忠谋反，其将吏皆在蜀，不可往。"或请之河、陇，或请之灵武，或请之太原，之，往也。或言还京师。上意在入蜀，虑违众心，竟不言所向。韦谔曰："还京，当有御贼之备。今兵少，未易东向，不如且至扶风，徐图去就。"《考异》曰，《幸蜀记》曰："上意将幸西蜀，有中使常清奏曰：'国忠久在剑南，又诸将吏或有连谋，虑远防微，须深详议。'中官陈全节奏曰：'太原城池固，莫之比，可以久处，请幸北京。'中官郭希奏曰：'朔方地近，被带山河，镇遏之雄，莫之与比。以臣愚见，不及朔方。'中使骆承休奏曰：'姑臧一郡，尝霸中原，秦、陇、河、兰，皆足征取，且巡陇右，驻跸凉州，翦彼鲸鲵，事将取易。'左右各陈其意见者十余辈。高力士在侧而无言，上顾之曰：'以卿之意，何道堪行？'力士曰：'太原虽固，地与贼邻，本属禄山，人心难测。朔方近塞，半是蕃戎，不达朝章，卒难教驭。西凉悬远，沙漠萧条，大驾顺动，人马非少，先无备拟，必有阙供，贼骑起来，恐见狼狈。剑南虽窄，土富人繁，表里江山，内外险固；以臣所料，蜀道可行。'上然之。即除韦谔御史中丞，充置顿使。"今从《唐历》。上询于众，

【译文】

十五日，皇上将要从马嵬驿出发，朝臣中只有韦见素一个人，于是任命韦谔为御史中丞，兼任置顿使。将士们都说："杨国忠谋反，他手下的将领和官吏都在蜀地，不能到那里去。"有的人请求到河、陇一带去，有的人请求到灵武去，有的人请求去太原，还有的人说回京师。皇上的意思是想入蜀，又怕违背众人的心愿，所以一直没有说明去向。韦谔说："回京师，应当有抵御叛贼的准备，现在兵力很少，不能轻易向东走，不如暂时到扶风，再慢慢商量去向。"皇上问询众人的意见，大家都以为妥当，于是准备去扶风。等到临行时，当地的父老乡亲都拦住道路请求皇上留下，说："宫殿是陛下住家的房子，陵寝是陛下先人的坟墓，今天把这些都放弃了，想到哪里去呢？"皇上因此勒住马的缰绳停留许久，才命太子在后面安慰这些父老。父老因此对太子说："皇上既然不肯留下，我们愿意率领子弟跟随殿下向东去击败敌人，夺取长安。

众以为然，乃从之。及行，父老皆遮道请留，曰："宫阙，陛下家居，陵寝，陛下坟墓，今舍此，欲何之？"上为之按辔久之，乃令太子于后宣慰父老。父老因曰："至尊既不肯留，某等愿帅子弟从殿下东破贼，取长安。若殿下与至尊皆入蜀，使中原百姓谁为之主？"须臾，众至数千人。太子不可，曰："至尊远冒险阻，吾岂忍朝夕离左右。且吾尚未面辞，当还白至尊，更禀进止。"涕泣，跋马欲西。跋马者，勒马使回转也。建宁王倓与李辅国执鞚谏曰："逆胡犯阙，四海分崩，不因人情，何以兴复！今殿下从至尊入蜀，若贼兵烧绝栈道，则中原之地拱手授贼矣。人情既离，不可复合，虽欲复至此，其可得乎！不如收西北守边之兵，召郭、李于河北，与之并力东讨逆贼，克复两京，削平四海，使社稷危而复安，宗庙毁而更存，扫除宫禁以迎至尊，岂非孝之大者乎！何必区区温清，为儿女之恋乎！"《记》曰：凡为人子，冬温而夏清，昏定而晨省。《考异》曰，《旧·宦者传》："李靖忠启太子，请留，张良娣赞成之。"按太子独还宣慰百姓，良娣不在旁，何以得赞成留计！今不取。《天宝乱离记》：

假如殿下和皇上都入蜀，那么谁替中原老百姓做主呢？"不一会儿，聚集了好几千人。太子不同意，说："皇上冒艰历险避难远方，我怎么能够忍心早晚离开他的身旁。况且我还没有当面辞别，应当回去告诉皇上，然后再秉承圣上旨意以决定去留。"说着便哭起来，勒转马头想要向西走。建宁王李倓与李辅国拉住太子的马笼头劝谏道："逆胡反叛朝廷进犯长安，天下分崩离析，如果不依靠民心，怎么能够复兴国家呢！今天殿下跟随皇上入蜀，如果敌人烧毁栈道，那么中原大地也就拱手让给叛贼了。人心离散后，就不能再聚合，即使想再回到这个地方来，怎么能够办得到呢！不如收集防守西北边境的部队，召集河北的郭子仪、李光弼，与他们合力向东讨伐逆贼，收复两京，平定天下，使国家转危为安，宗庙毁而复存，然后打扫宫殿迎接皇上，这难道不是孝道中的大孝吗！何必尽冬温夏清的小孝，像小儿女一样对皇上依恋不舍呢！"广平王李俶也劝太子留下。父老一起拦住太子的马，太子不能行。太子就让李俶飞奔去报告皇上。

"大驾至岐州，上取褒斜路幸蜀，储皇取彭原路抵灵武。"此误也。广平王俶亦劝太子留。父老共拥太子马，不得行。太子乃使俶驰白上。上总辔待太子，久不至，使人侦之，还白状，上曰："天也！"乃分后军二千人及飞龙厩马从太子，仗内六厩，飞龙厩为最上乘马。且谕将士曰："太子仁孝，可奉宗庙，汝曹善辅佐之。"又谕太子曰："汝勉之，勿以吾为念。西北诸胡，吾抚之素厚，汝必得其用。"太子南向号泣而已。上已南迈，而太子留在后，故南向号泣。又使送东宫内人于太子，张良娣在军中，自此构建宁之祸。且宣旨欲传位，太子不受。俶、倓，皆太子之子也。

皇上揽辔等待太子，见太子很久都不来，派人去探看，此人回来向皇上报告情况。皇上说："这是天意啊！"于是就把后军二千人和飞龙厩的好马分给太子，并且晓谕将士说："太子仁厚孝顺，可以继承帝业，你们要好好地辅助他。"又晓谕太子说："你要努力去做，不要挂念我。西北地区各族胡人，我待他们一直很优厚，你一定能得到他们的帮助。"太子听后只有面朝南号啕大哭。皇上又派人把东宫内人张良娣送给太子，并且宣旨想要传位给太子，太子不接受。李俶、李倓，都是太子的儿子。

【原文】

己亥，上至岐山①。岐山县在扶风郡东北，后周天和四年割泾州鹑觚县之南界置三龙县；隋开皇十六年移于岐山南十里，改为岐山县；大业九年移于今县东北八里；唐武德元年移于岐阳县界张堡垒；七年移理龙尾驿城；贞观八年又移理石猪驿。或言贼前锋且至，上遽过，宿扶风郡。士卒潜怀去就，往往流言不逊，陈玄

【译文】

十七日，皇上到达岐山。有人说叛贼的前锋快要来了，皇上匆忙过了岐山，留宿在扶风郡。士兵们都暗中怀着各谋出路的想法，往往出言不逊，流言四起。陈玄礼不能制止，皇上很担忧。适逢成都贡献春天织的彩缯十多万匹，到了扶风，皇上命令将其全部放在庭院中，召随从将士进

礼不能制,上患之。会成都贡春彩十余万匹,至扶风,上命悉陈之于庭,召将士入,临轩谕之曰:"朕比来衰耄,托任失人,致逆胡乱常,须远避其锋。知卿等皆仓猝从朕,不得别父母妻子,茇涉至此,草行为茇;水行为涉。劳苦至矣,朕甚愧之。蜀路阻长,郡县褊小,人马众多,或不能供,今听卿等各还家;朕独与子、孙、中官前行入蜀,亦足自达。今日与卿等诀别,可共分此彩以备资粮。若归,见父母及长安父老,为朕致意,各好自爱也!"因泣下沾襟。众皆哭,曰:"臣等死生从陛下,不敢有贰!"上良久曰:"去留听卿。"自是流言始息。玄宗于此,有楚昭王去国谕父老之意。然玄宗之为是言也,出于不得已。

来,站在门槛前对他们说:"朕近来衰老了,用人不当,以致逆胡叛乱,不得不远行以躲避其锋芒。朕知道你们都是勿忙间跟朕出来,来不及和自己的父母妻儿告别,跋山涉水到达这里,非常辛苦,朕对此感到十分惭愧。去蜀中的路途艰难漫长,而且沿途的郡县都很狭小,人马众多,或许不能保证供给,今天任凭你们各自回家;朕只和儿子、孙子及侍奉的宦官前往蜀地,也完全可以到达。今天和卿等分别,大家可以共同分掉这些彩缯作为路费。如果回去了,见到你们的父母和长安父老,请替朕向他们问好,大家好自珍重。"说罢泪流沾襟。众人都哭了,说:"臣等不管死活都要跟随陛下,不敢有贰心!"皇上过了很久说:"是去是留随你们自便。"从此流言才平息下来。

注 释

❶ 岐山,在今陕西宝鸡。

【原文】

太子既留，莫知所适。广平王俶曰："日渐晏，此不可驻，众欲何之？"皆莫对。建宁王倓曰："殿下昔尝为朔方节度大使，事见二百十三卷开元十五年。将吏岁时致启，倓略识其姓名。今河西、陇右之众皆败降贼，父兄子弟多在贼中，或生异图。朔方道近，士马全盛，裴冕衣冠名族，必无贰心。时裴冕为河西行军司马。贼入长安方虏掠，未暇徇地，乘此速往就之，徐图大举，此上策也。"众皆曰："善！"至渭滨，遇潼关败卒，误与之战，死伤甚众。已，乃收余卒，择渭水浅处，乘马涉渡；无马者涕泣而返。太子自奉天北上①，文明元年，分京兆之醴泉、始平、好畤、武功，豳州之永寿县，置奉天县，以奉乾陵，在长安西北一百五十里。比至新平②，比，及也。通夜驰三百里，士卒、器械失亡过半，所存之众不过数百。新平太守薛羽弃郡走，太子斩之。是日，至安定③，太守徐毅亦走，又斩之。新平郡，豳州。安定郡，泾州。

【译文】

太子留下后，不知道到哪里去好。广平王李俶说："天色渐晚，这里不能驻扎，大家想到哪里去？"众人都不说话。建宁王李倓说："殿下过去曾担任朔方节度大使，将领和官吏每年按时呈报笺启，我大略还记得他们的姓名。现在河西、陇右的部众都战败投降了叛贼，父兄子弟大都陷在贼兵中，恐怕会别有所图。朔方道路较近，兵强马壮，士气旺盛，河西行军司马裴冕出身名门大族，一定不会有贰心。叛贼进入长安正在大肆抢掠，还没有工夫去攻占土地，乘此机会赶快前往朔方，再慢慢商量大计，这是上策啊。"众人都说："好！"到达渭水岸边，碰上了潼关战败退下来的士兵，误以为是叛军而与他们交战，死亡受伤的人很多。事后，便收拾剩余的士兵，选择渭河较浅的地方，乘马过河；没有马的人，哭哭啼啼地回去了。太子从奉天北上，等到了新平，一整夜共跑了三百里，士兵和器械损失过半，所剩部众不过几百人。新平太守薛羽弃郡逃走，太子把他杀了。这一天，到达安定，太守徐毅也跑了，太子也把他杀了。

注 释

❶ 奉天，今陕西乾县。 ❷ 新平郡，治漆县，今陕西彬州。 ❸ 安定郡，治安定，今甘肃泾川北。

【原 文】

庚子，以剑南节度留后崔圆为剑南节度等副大使。辛丑，上发扶风，宿陈仓①。

【译 文】

十八日，皇上任命剑南节度留后崔圆为剑南节度等副大使。十九日，皇上从扶风出发，在陈仓住宿。

注 释

❶ 陈仓，今陕西宝鸡陈仓区。

【原 文】

太子至乌氏①，彭原太守李遵出迎②，乌氏，汉县，故墟在彭原东南。据《旧书》，乌氏，驿名。康曰：是年改乌氏曰保定。余按保定县本汉安定县，唐为泾州治所，在彭原西一百二十里。保定县固是此年更名，然非乌氏之地。彭原郡，宁州，本北地郡，天宝元年更郡名。氏，音支。献衣及糗粮。至彭原，募士，得数百人。是日至平凉③，平凉郡，原州。阅监牧马，得数万匹，又募士，得五百余人，军势稍振。

【译 文】

太子到达乌氏，彭原太守李遵出城迎接，并献上衣服和干粮。到彭原后，招募士兵，得到几百人。当天又到达平凉，检阅监牧马，得到好几万匹马，又招募士兵，招得五百多人，军队的气势稍稍得到振兴。

❶ 乌氏，今甘肃泾川北。　❷ 彭原郡，治定安，今甘肃宁县。　❸ 平凉郡，治高平，今宁夏固原。

【原　文】

壬寅，上至散关①，<small>散关，在陈仓县西南。</small>分扈从将士为六军。使颖王璬先行诣剑南，<small>《考异》曰，《肃宗实录》："七月，景寅，上皇入剑门，幸普安郡；命颖王璬先入蜀。"今从《玄宗实录》。康骈《剧谈录》："上至骆谷山，登高望远，呜咽流涕，谓高力士曰：'吾昔若取九龄语，不到此。'命中使往韶州祭之。"按玄宗入蜀不自骆谷，康骈误也。《旧·张九龄传》曰："上皇在蜀，思张九龄之先觉，下诏赠司徒，仍遣就韶州致祭。"案其诏，乃德宗赠九龄司徒诏也。《张九龄事迹》云"建中元年七月诏"。《旧传》误也。</small>寿王瑁等分将六军以次之。丙午，上至河池郡②，<small>河池郡，凤州。</small>崔圆奉表迎车驾，具陈蜀土丰稔，甲兵全盛。上大悦，即日，以圆为中书侍郎、同平章事，蜀郡长史如故。以陇西公瑀为汉中王、梁州都督、山南西道采访、防御使。瑀，琎之弟也。<small>汝阳王琎，宁王宪之嫡长子。</small>

【译　文】

二十日，皇上到达散关，把随从护卫的将士分为六军。派颖王李璬先行到剑南，寿王李瑁等分别率领六军紧随其后。二十四日，皇上到了河池郡。崔圆奉表文迎接皇上车驾，详细陈说蜀地物产丰富，兵马强盛。皇上很高兴，当天，就任命崔圆为中书侍郎、同平章事，蜀郡长史的职位照旧。任命陇西公李瑀为汉中王、梁州都督、山南西道采访、防御使。李瑀，是李琎的弟弟。

❶ 散关，今陕西宝鸡西南大散关。　❷ 河池郡，今陕西凤县东。

【原 文】

　　王思礼至平凉，闻河西诸胡乱，还，诣行在。初，河西诸胡部落闻其都护皆从哥舒翰没于潼关，故争自立，相攻击；而都护实从翰在北岸，不死，又不与火拔归仁俱降贼。上乃以河西兵马使周泌为河西节度使，陇右兵马使彭元耀为陇右节度使，《考异》曰，《肃宗实录》："即位之日，以泌为河西、耀为陇右节度使。"或者玄宗已命以二镇，二人至灵武见肃宗，又加新命乎？《唐历》作"周秘"，今从《玄宗实录》。与都护思结进明等俱之镇，突厥之皋兰州、兴昔府，思结之蹛林州、金水州、贺兰州、卢山府，皆羁属河西。又陇右道有突厥州三，府二十七。招其部落。以思礼为行在都知兵马使。

　　戊申，扶风民康景龙等自相帅击贼所署宣慰使薛总，斩首二百余级。庚戌，陈仓令薛景仙杀贼守将，克扶风而守之。

　　安禄山不意上遽西幸，遣使止崔乾祐兵留潼关，凡十日，乃遣孙孝哲将兵入长安，《考异》曰：《肃宗实录》《禄山事迹》惟载七月丁卯、己巳，禄山害诸妃、主。诸书皆无贼入长安之日。惟《乱离记》云："六月二十三日，孙孝哲等攻陷长安，害诸妃、

【译 文】

　　王思礼到达平凉，听说河西各胡族叛乱，又回来，到皇上的行在。当初，河西各胡族部落听说他们的都护都跟随哥舒翰死于潼关一战，所以就争着自立为王，互相攻击；而实际上都护跟随哥舒翰在黄河北岸，没有死，也没有和火拔归仁一起投降叛贼。于是皇上就任命河西兵马使周泌为河西节度使，陇右兵马使彭元耀为陇右节度使，与都护思结进明等人一起到镇守的地方去，招抚各部落。任命王思礼为行在都知兵马使。

　　二十六日，扶风郡的平民康景龙等人自相组织起来攻打叛贼所任命的宣慰使薛总，杀死二百多人。二十八日，陈仓县令薛景仙杀死叛贼守将，攻克扶风郡，又派兵守卫它。

　　安禄山没有料到皇上这么快就西去避难，派使者叫崔乾祐把兵停留在潼关，过了十天，才派孙孝哲率兵进入长安。任命张通儒为西京留守，崔光远为京兆尹；派安守忠带兵驻守禁苑中，以镇抚关中。孙孝哲受到安禄山的宠爱信任，特别

主、皇孙。七月一日，禄山遣殿中御史张通儒为西京留守。"此书多牴牾，不足为据。然以月日计之，贼以六月八日破潼关，其入长安必在此月内矣。《新传》云："贼不谓天子能遽去，驻兵潼关十日，乃西行；时已至扶风。"按玄宗十六日至扶风县，十七日至扶风郡，若贼驻潼关十日，则于时未能至长安也。又云："禄山使张通儒守东京，田乾真为京兆尹。"又云："禄山未至长安，士人皆逃入山谷，群不逞剽左藏大盈库，百司帑藏竭，乃火其余。禄山至，怒，乃大索三日。"按《旧传》，通儒为西京留守。遍检诸书，禄山自反后未尝至长安，《新传》误也。**以张通儒为西京留守，崔光远为京兆尹；使安忠顺**〔严："忠顺"改"守忠"〕**将兵屯苑中，以镇关中。**此西京苑中也。**孝哲为禄山所宠任，尤用事，常与严庄争权；禄山使监关中诸将，通儒等皆受制于孝哲。孝哲豪侈，果于杀戮，贼党畏之。禄山命搜捕百官、宦者、宫女等，每获数百人，辄以兵卫送洛阳。王、侯、将、相扈从车驾、家留长安者，诛及婴孩。陈希烈以晚节失恩，怨上，与张均、张垍等皆降于贼。**陈希烈以罢相失职，张均、张垍恨不大用，故皆降贼。**禄山以希烈、垍为相，自余朝士皆授以官。于是贼势大炽，西胁汧、陇，南侵江、汉，北割河东之半。**得扶风则西胁汧、陇，围南

专权用事，经常与严庄争权夺势；安禄山派他监督关中各位将领，张通儒等人都受到孙孝哲的控制。孙孝哲奢侈过甚，敢于杀戮，贼党里的人都很惧怕他。安禄山命令搜捕朝臣、宦官、宫女等，每当抓到好几百人后，就派兵护卫送往洛阳。王、侯、将、相跟随皇上避难而家还留在长安的，全家被杀光，连婴儿也不放过。陈希烈因为晚年失去皇上的信任，抱怨皇上，与张均、张垍等人都投降了叛贼。安禄山任命陈希烈、张垍为宰相，其余投降的朝臣都授予官职。因此叛贼的势力大盛，向西威胁汧、陇等地，向南侵扰江、汉流域，向北占领了河东道的一半。然而叛贼将领都是粗鲁勇猛而没有远大谋略的人，攻克长安后，就志得意满，日夜纵酒，以沉湎于声色珍宝财物为能事，再没有向西进军的意图，所以皇上得以平安地进入蜀中，太子北上也没有被急迫追赶的忧患。

李光弼包围博陵还没有攻下，听说潼关失守，就撤兵向南走。史思明跟在后面追赶，李光弼把他击退，与郭子仪一起带兵进入井陉口，留下常山

阳则南侵江、汉。崔乾祐乘潼关之捷，北取河东。然贼将皆粗猛无远略，既克长安，以为得志，日夜纵酒，专以声色宝贿为事，无复西出之意，故上得安行入蜀，太子北行亦无追迫之患。

李光弼围博陵未下，闻潼关不守，解围而南。史思明蹑其后，光弼击却之，与郭子仪皆引兵入井陉，留常山太守王俌将景城、河间团练兵守常山。俌，音甫。平卢节度使刘正臣将袭范阳，未至，史思明引兵逆击之，正臣大败，弃妻子走，士卒死者七千余人。初，颜真卿闻河北节度使李光弼出井陉，即敛军还平原，以待光弼之命。闻郭、李西入井陉，真卿始复区处河北军事。

太子至平凉数日，朔方留后杜鸿渐、六城水陆运使魏少游、朔方所统有三受降城，及丰安、定远、振武三城，皆在黄河外。节度判官崔漪、支度判官卢简金、盐池判官李涵灵、盐二州皆有盐池，故置判官。相与谋曰："平凉散地，非屯兵之所，灵武兵食完富①，灵武郡，灵州，朔方节度使治所。若迎太子至此，北收诸城兵，西发河、陇劲骑，南向以定中原，此万世一时也。"乃使

太守王　率领景城、河间的团练兵防守常山。平卢节度使刘正臣准备袭击范阳，还没有到达，史思明带兵迎战阻击，刘正臣大败，抛弃妻子儿女逃走，士兵死了七千多人。当初，颜真卿听说河北节度使李光弼出了井陉关，就收兵回到平原，以等待李光弼的命令。此时又听说郭子仪、李光弼向西进入井陉关，颜真卿才重新开始指挥河北地区的军事行动。

太子到了平凉好几天，朔方留后杜鸿渐、六城水陆运使魏少游、节度判官崔漪、支度判官卢简金、盐池判官李涵等人商议说："平凉是个士卒容易溃散的地方，不是屯集军队的地方，灵武的部队完整、粮食富足，如果迎接太子到这里，北面收集各城的兵马，西面征发河西、陇右强劲的骑兵，向南进军以平定中原，这是成就大业千载难逢的机遇。"便派李涵奉送笺表给太子，并且把朔方的士卒马匹、甲胄兵器、米谷布帛及各种军需物资的数目开列账册，献给了太子。李涵到了平凉，太子非常高兴。碰上河西司马裴冕入朝任御史中丞，到平凉去拜见太子，也劝

涵奉笺于太子，且籍朔方士马、甲兵、谷帛、军须之数以献之。涵至平凉，太子大悦。会河西司马裴冕入为御史中丞，至平凉见太子，亦劝太子之朔方，太子从之。鸿渐，暹之族子；杜暹，开元中为相。涵，道之曾孙也。道，永安王孝基兄子，嗣孝基后。鸿渐、漪使少游居后，葺次舍，庀资储，庀，……具也。自迎太子于平凉北境，说太子曰："朔方，天下劲兵处也。今吐蕃请和，回纥内附，四方郡县大抵坚守拒贼以俟兴复。殿下今理兵灵武，按辔长驱，移檄四方，收揽忠义，则逆贼不足屠也。"少游盛治宫室，帷帐皆仿禁中，饮膳备水陆。秋，七月，辛酉，太子至灵武，悉命撤之。史言肃宗以此成兴复之功。

太子到朔方，太子听从了。杜鸿渐，是杜暹同族的侄子；李涵，是李道的曾孙。杜鸿渐、崔漪让魏少游留下来，修理房屋，准备食物用具，他们则亲自到平凉北方边境去迎接太子，劝太子说："朔方，是天下精兵强将聚集的地方。现在吐蕃请求和好，回纥归附朝廷，境内各郡县大都坚守城邑抵抗叛贼以等待唐王朝的复兴。殿下现在灵武统率部队，挥师长驱，传檄四方，收揽忠义之士，那么叛贼就很容易被消灭。"魏少游大肆修建宫室，帷帐等都模仿宫中的规格，饮食中水产陆产的美味佳肴都很齐备。秋，七月，初九，太子到灵武，命令把这些东西全都撤掉。

注 释

❶ 灵武郡，治回乐，今宁夏灵武西南。

【原 文】

甲子，上至普安❶，普安郡，剑州。宪部侍郎房琯来谒

【译 文】

十二日，皇上到达普安，宪部侍郎房琯进见。皇上从长安出发时，群臣大

见。上之发长安也，群臣多不知，至咸阳，谓高力士曰："朝臣谁当来，谁不来？"对曰："张均、张垍父子受陛下恩最深，且连戚里，谓垍尚主也。是必先来。时论皆谓房琯宜为相，而陛下不用，又禄山尝荐之，恐或不来。"上曰："事未可知。"及琯至，上问均兄弟，对曰："臣帅与偕来，逗遛不进；观其意，似有所蓄而不能言也。"上顾力士曰："朕固知之矣。"即日，以琯为文部侍郎、同平章事。天宝十一载，改刑部曰宪部，吏部曰文部。

都不知道，到咸阳后，皇上对高力士说："朝中大臣谁会赶来，谁不会赶来？"高力士回答说："张均、张垍兄弟和他们的父亲张说受陛下的恩惠最深，而且张垍还是驸马，与陛下有姻亲关系，所以他们兄弟俩一定会先赶来。当时的议论都说房琯适宜做宰相，但陛下没有任用他，而且安禄山还曾推荐过他，恐怕他不会赶来。"皇上说："此事还难以预料。"等房琯来后，皇上问张均兄弟的情况，房琯回答说："臣约他们一起来，他们逗留不来；看他们的意思，好像有什么难言之隐。"皇上回头对高力士说："朕早就知道啊。"当天，就任命房琯为文部侍郎、同平章事。

注 释

❶ 普安郡，治普安，今四川剑阁。

【原文】

初，张垍尚宁亲公主，宁亲公主自兴信徙封，上女也。听于禁中置宅，宠渥无比。陈希烈求解政务，事见上卷天宝十三载。上幸垍宅，问可为

【译文】

当初，张垍娶宁亲公主为妻，皇上允许他在宫中建造宅第，宠信无比。陈希烈请求解除政务，皇上到张垍家里去，问他哪个人可以做宰相。张垍没有回答。皇

相者。珦未对。上曰："无若爱婿。"珦降阶拜舞。既而不用，故珦怀怏怏，上亦觉之。是时均、珦兄弟及姚崇之子尚书右丞奕、萧嵩之子兵部侍郎华、韦安石之子礼部侍郎陟、太常少卿斌皆以才望至大官，上尝曰："吾命相，当遍举故相子弟耳。"既而皆不用。自初张珦以下，史皆追叙前事。

裴冕、杜鸿渐等上太子笺，请遵马嵬之命，即皇帝位，太子不许。冕等言曰："将士皆关中人，日夜思归，所以崎岖从殿下远涉沙塞者，冀尺寸之功。若一朝离散，不可复集。愿殿下勉徇众心，为社稷计！"笺五上，太子乃许之。是日，肃宗即位于灵武城南楼，群臣舞蹈，上流涕歔欷。自此以后，凡书上者，皆谓肃宗也。尊玄宗为上皇天帝，赦天下，改元。至是方改天宝十四载为至德元载。以杜鸿渐、崔漪并知中书舍人事，裴冕为中书侍郎、同平章事。改关内采访使为节度使，徙治安化①，以前蒲关防御使吕崇贲为之。关内采访使以京官领，无治所；今改为节镇，治安化，领京

上说："没有人比得上我的爱婿。"张珦连忙走下台阶跪拜。但后来没有用他为宰相，所以张珦心里不高兴，皇上也察觉到了。这时张均、张珦兄弟及姚崇的儿子尚书右丞姚奕、萧嵩的儿子兵部侍郎萧华、韦安石的儿子礼部侍郎韦陟、太常少卿韦斌，都因有才能和声望而做到大官，皇上曾经说："我任命宰相，就应当从以前宰相的子弟中普遍挑选。"但后来都没有任用。

裴冕、杜鸿渐等人向太子上笺表，请求他遵从玄宗在马嵬驿的命令，即皇帝位，太子不同意。裴冕等人说："将士们都是关中人，日夜思念家乡，之所以翻山越岭追随殿下跑到这遥远的塞外沙漠中来，是为了建功立业。如果这些人一旦离散，就不可能再聚集起来。希望殿下勉为其难地顺从民心，替国家着想！"笺表接连呈上五次，太子才同意。这一天，肃宗在灵武城南楼即位，群臣高兴得跳起舞来，肃宗也感动得流下眼泪。尊称玄宗为上皇天帝，赦免天下，改年号为至德。任命杜鸿渐、崔漪同为中书舍人，裴冕为中书侍郎、同平章事。改关内采访使为节度使，把治所迁到安化，任命前蒲关防御使吕崇

兆、同、岐、金、商五州。安化县本隋之弘化县，天宝元年更名，并更庆州弘化郡为安化郡。蒲关，即蒲津关。以陈仓令薛景仙为扶风太守，兼防御使；陇右节度使郭英乂为天水太守[2]，兼防御使。天水郡，秦州。时塞上精兵皆选入讨贼，惟余老弱守边，文武官不满三十人。披草莱，立朝廷，制度草创，武人骄慢。大将管崇嗣在朝堂，背阙而坐，言笑自若，监察御史李勉奏弹之，系于有司。上特原之，叹曰："吾有李勉，朝廷始尊！"勉，元懿之曾孙也。郑王元懿，高祖之子。旬日间，归附者渐众。

贲为节度使。任命陈仓县令薛景仙为扶风郡太守，兼防御使；陇右节度使郭英乂为天水郡太守，兼防御使。当时塞外的精兵都挑选到塞内来讨伐叛贼，只剩下老弱病残者防守边疆，文武官吏不到三十人，披荆斩棘，建立朝廷，但因制度草创，武夫们骄横傲慢。大将管崇嗣在朝堂上，背对宫阙而坐，谈笑自如。监察御史李勉上奏弹劾他，让有关部门把他关起来。肃宗特别下令原谅管崇嗣，感叹地说："我有李勉，朝廷才能有尊严！"李勉是李元懿的曾孙。肃宗即位十几天里，归附的人越来越多。

注 释

❶安化县，今甘肃庆阳庆城。　❷天水郡，治上邽，今甘肃天水东北。

【原文】

张良娣性巧慧[1]，能得上意，从上来朔方。时从兵单寡，良娣每寝，常居上前。上曰："御寇非妇人所能。"良娣曰："仓猝之际，妾以身当之，殿下

【译文】

张良娣性情乖巧聪明，颇能讨得皇上的欢心，跟从皇上来到朔方。当时随从保卫的士兵势单力薄，张良娣每次睡觉，总是睡在皇上的前面。皇上说："抵御敌寇不是妇人的事情。"张良娣说："意外时刻，妾可用身体先

可从后逸去。"至灵武，产子；三日起，缝战士衣。上止之，对曰："此非妾自养之时。"上以是益怜之。为良娣挟宠当权得祸张本。良娣，秩正三品。

抵挡一下，殿下可从后面逃走。"到灵武后，生下一个儿子；过了三天，就起来为战士们缝补衣服。皇上制止她，她回答说："现在不是妾自我保养的时候。"皇上因此更加怜爱她。

注 释

❶ 良娣，为皇太子妾的称号。

【原 文】

丁卯，上皇制："以太子亨充天下兵马元帅，领朔方、河东、河北、平卢节度都使，南取长安、洛阳。甲子，太子即位于灵武，丁卯，上皇下此制，盖道里相去辽远，蜀中未之知也。以御史中丞裴冕兼左庶子，陇西郡司马刘秩试守右庶子；陇西郡，渭州。刘秩必房琯所荐。永王璘充山南东道、岭南、黔中、江南西道节度都使，以少府监窦绍为之傅，长沙太守李岘为都副大使；节度都副大使也。盛王琦充广陵大都督，领江南东路及淮南、河南等路节度都使，以前江陵都督府长史刘汇为之傅，广陵郡长史李成式为都副大

【译 文】

十五日，太上皇下制书说："任命太子李亨代理天下兵马元帅，统领朔方、河东、河北、平卢节度都使，向南攻取长安、洛阳。任命御史中丞裴冕兼左庶子，陇西郡司马刘秩试用为右庶子；永王李璘充任山南东道、岭南、黔中、江南西道节度都使，任命少府监窦绍做他的辅佐官，长沙太守李岘为都副大使；盛王李琦充任广陵大都督，统领江南东路及淮南、河南等路节度都使，任命前江陵都督府长史刘汇做他的辅佐官，广陵郡长史李成式为都副大使；丰王李珙充任武威都督，

使；广陵郡，扬州。丰王珙充武威都督，仍领河西、陇右、安西、北庭等路节度都使，以陇西太守济阴邓景山为之傅，充都副大使。诸道各有节度使，以诸王为都使以统之；其不赴镇者，都副大使摄统。应须士马、甲仗、粮赐等，并于当路自供。其诸路本节度使虢王巨等并依前充使。依前为节度使也。其署置官属及本路郡县官，并任自简择，署讫闻奏。"时琦、珙皆不出阁，惟璘赴镇。为璘举兵作乱张本。置山南东道节度使，领襄阳等九郡。领襄州襄阳郡、邓州南阳郡、随州汉东郡、唐州淮安郡、均州武当郡、房州房陵郡、金州安康郡、商州上洛郡。升五府经略使为岭南节度，领南海等二十二郡。升五溪经略使为黔中节度，领黔中等诸郡。注见上年。分江南为东、西二道，东道领余杭，西道领豫章等诸郡①。余杭郡，杭州。豫章郡，洪州。先是四方闻潼关失守，莫知上所之，及是制下，始知乘舆所在。汇，秩之弟也。

仍然统领河西、陇右、安西、北庭等路节度都使，任命陇西太守济阴人邓景山做他的辅佐官，充任都副大使。一切所需的士卒马匹、武器仪仗、粮食赏赐等物品，都由当地自行供给。其他各路原来的节度使虢王李巨等照旧为节度使。各王应置官属及本路郡县官吏，都可以由自己挑选，任用完后再行奏报。"当时李琦、李珙都没出官，只有永王李璘赴镇就职。设置山南东道节度使，统领襄阳等九郡。升五府经略使为岭南节度，统领南海等二十二郡。升五溪经略使为黔中节度，统领黔中等各郡。分江南道为东、西二道，江南东道统领余杭，江南西道统领豫章等各郡。在此之前，四方人士听说潼关失守，不知道皇上到哪里去了，等到这个制书下达后，才知道皇上所在的地方。刘汇是刘秩的弟弟。

注 释

❶余杭郡，治在今浙江杭州。豫章郡，治在今江西南昌。

【原文】

安禄山使孙孝哲杀霍国长公主霍国长公主，睿宗女，下嫁裴虚己。及王妃、驸马等于崇仁坊，刳其心，以祭安庆宗。安庆宗诛见上卷上年。凡杨国忠、高力士之党及禄山素所恶者皆杀之，凡八十三人，或以铁棓揭其脑盖，人颠门有骨盖，其上谓之脑盖，今方书所云天灵盖即其物。流血满街。己巳，又杀皇孙及郡、县主二十余人。

庚午，上皇至巴西①，太守崔涣迎谒。隆州巴西郡，先天二年避上皇讳，更名阆州；天宝元年更名阆中郡，更绵州金山郡曰巴西郡。《考异》曰：《肃宗实录》作"辛未"，今从《玄宗实录》。《次柳氏旧闻》："上始入斜谷，天尚早，烟雾甚昧，知顿使、给事中韦倜于墅中得新熟酒一壶，跪献于马首者数四，上不为之举。倜惧，乃注于他器，自引满于前。上曰：'卿以我为疑也，始吾御宇之初，尝大醉，损一人，吾悼之，因以为戒；迨今四十年矣，未尝甘酒味。'指力士、近臣曰：'此皆知之，非绐卿也。'从者闻之，无不感悦。"《幸蜀记》："上皇在巴西郡，宰臣请高力士奏蜀中气候温瘴，宜数进酒。上皇令高力士宣旨曰：'朕本嗜酒，断之已久，终不再饮，深愧卿等意也。'力士因说：'上皇开元四年，因醉怒杀一人，明日都不记得，犹召之。左右具奏，上怆然不言，乃赐御库绢五百匹用给丧事，更令力士就宅宣旨致祭。从兹断酒，虽下药，亦不辄饮。'"按玄宗荒于声色，几丧天下，断酒小善，夫何足言！今不取。上皇与语，悦之，房琯复荐之，即日，拜门下侍郎、同平章事，以韦见素为左相。涣，玄暐之孙也。中宗之复辟也，崔玄暐之功，列于五王。

【译文】

安禄山派孙孝哲在崇仁坊杀死霍国长公主及王妃、驸马等人，挖了他们的心，用来祭祀安庆宗。凡是杨国忠、高力士的党羽及安禄山平素所厌恶的人都被杀掉，一共有八十三人，有的用铁棍揭开脑盖骨，以致血流满街。十七日，又杀死皇孙及郡主、县主二十多人。

十八日，太上皇到达巴西；太守崔涣迎接拜见。太上皇和他谈话，很喜欢他，房琯又推荐他，当天就任命他为门下侍郎、同平章事，任命韦见素为左相。崔涣是崔玄暐的孙子。

注　释

❶ 巴西郡，治在今四川阆中。

【原　文】

初，京兆李泌，幼以才敏著闻，玄宗使与忠王游。忠王为太子，泌已长，上书言事。玄宗欲官之，不可；使与太子为布衣交，太子常谓之先生。杨国忠恶之，奏徙蕲春，蕲春郡，蕲州。后得归隐，居颍阳。武后载初元年，分河南伊阙、嵩阳置武临县，开元十五年，更名颍阳，属河南府。上自马嵬北行，遣使召之，谒见于灵武。《考异》曰：《旧传》云"谒见于彭原"，今从泌子繁所为《邺侯家传》，云"即位八九日矣"。上大喜，出则联辔，寝则对榻，如为太子时，事无大小皆咨之，言无不从，至于进退将相亦与之议。上欲以泌为右相，泌固辞，曰："陛下待以宾友，则贵于宰相矣，何必屈其志！"上乃止。《考异》曰，《旧传》："泌称山人，固辞官秩，得以散官宠之。（得，当作特。）解褐，拜银青光禄大夫，俾掌枢务。"《邺侯家传》曰："初欲拜为右相，恐戎事，固辞爵，愿以客从，曰：'陛下待以宾友，则贵于宰相矣，何必屈其志！'上无以逼。"今从之。

同罗、突厥从安禄山反者屯长安苑中，甲戌，其酋长阿史那从礼帅五千骑，

【译　文】

当初，京兆人李泌，小时候以才思聪敏而闻名，玄宗让他与忠王交游。忠王做太子时，李泌已经长大成人，曾上书皇上谈论国家事务。玄宗想任用他为官，他不同意；玄宗只好让他以平民身份与太子为友，太子常常称他为先生。杨国忠讨厌李泌，上奏皇上把他迁到蕲春，后来得以回乡，居住在颍阳。肃宗从马嵬驿向北走，派使者请他来，李泌在灵武拜见肃宗。肃宗非常高兴，出门时与他骑马同行，睡觉时与他对床而卧，就像做太子时一样，事情无论大小都向他咨询，他所提出的意见没有不听从的，甚至于将相的任免都和他商量。皇上想让李泌

窃厩马二千匹逃归朔方，谋邀结诸胡，盗据边地。上遣使宣慰之，降者甚众。《考异》曰，《肃宗实录》："忽闻同罗、突厥背禄山走投朔方，与六州群胡共图河朔，诸将皆恐。上曰：'因之招谕，当益我军威。'上使宣慰，果降者过半。"《旧·崔光远传》云："同罗背禄山，以厩马二千出至浐水，孙孝哲、安神威从而召之，不得；神威忧死。"陈翃《汾阳王家传》云："安禄山多谲诈，更谋河曲熟蕃以为己属，使蕃将阿史那从礼领同罗、突厥五千骑伪称叛，乃投朔方，出塞门，说九姓府、六胡州，悉已来矣，甲兵五万，部落五十万，蚁集于经略军北。"按同罗叛贼，则当西出，岂得复至浐水？此《旧传》误也。若禄山使从礼伪叛，则孝哲何故召之？神威何为怖死？又必须先送降款于肃宗，如此，则诸将当喜而不恐。贼之阴计，岂徒取河曲熟蕃也！盖同罗等久客思归，故叛禄山，欲乘世乱，结诸胡，据边地耳。《肃宗录》所谓"共图河朔"者，欲据河朔西方两道，犹言"河、陇"也。肃宗从而招之，必有降者；若云太半，则似太多。今参取诸书可信者存之。

贼遣兵寇扶风，薛景仙击却之。

安禄山遣其将高嵩以敕书、缯彩诱河、陇将士，大震关使郭英乂擒斩之①。大震关，在陇州汧源县西陇山。

做右相，李泌坚决推辞，说："陛下把我作为宾客朋友来对待，比任用为宰相还要尊贵，何必要违背我的志愿呢！"肃宗这才作罢。

同罗、突厥中跟随安禄山反叛的驻扎在长安禁苑中，二十二日，他们的酋长阿史那从礼率领五千骑兵，偷得厩马二千匹逃回朔方，谋划约请各胡人部落，乘机占领边疆地区。肃宗派使者宣谕安抚他们，降附的人很多。

叛军派兵进犯扶风，薛景仙击败了他们。

安禄山派他的将领高嵩带着敕书、五彩缯帛引诱河、陇一带的将士，大震关使郭英乂抓住高嵩杀掉了。

注释

❶ 大震关，在今陕西陇县西陇山下。

【原 文】

同罗、突厥之逃归也，长安大扰，官吏窜匿，狱囚自出。京兆尹崔光远以为贼且遁矣，遣吏卒守孙孝哲宅。孝哲以状白禄山，光远乃与长安令苏震帅府、县官十余人来奔。府，京兆府也。县，长安、万年。己卯，至灵武，上以光远为御史大夫兼京兆尹，使之渭北招集吏民；《考异》曰，《天宝乱离记》："禄山以张通儒为西京留守。通儒素惮侍中苗公晋卿、内史崔公光远。二人并伪于通儒处请复本职，通儒许之。由是微申存抚两街百姓，长安稍见宁帖；密宣谕人主苍黄西幸之意，老幼对泣，悲不自胜，皆感恩旨。苗公乘驴间道赴蜀奔驾，光远亦潜去焉。通儒素惮两公名德，内特宽之。"按《旧·苗晋卿传》："潜遁山谷，南投金州，未尝受贼官。"今不取。以震为中丞。震，瓘之孙也。苏瓘事武后、中、睿三朝，历位台辅。禄山以田乾真为京兆尹。侍御史吕谭、右拾遗杨绾、奉天令安平崔器相继诣灵武；以谭、器为御史中丞，绾为起居舍人、知制诰。唐制诰，皆中书舍人掌之。以他官掌制诰者，谓之知制诰。

上命河西节度副使李嗣业将兵五千赴行在，《考异》曰：《段秀实别传》曰："诏嗣业将安西五万众赴行在。"今从《旧传》。嗣业与节度使梁宰谋，且缓师以观变。绥德府折

【译 文】

同罗、突厥人逃回朔方后，长安大乱，官吏逃避躲藏，监狱里的囚犯自己跑出来。京兆尹崔光远以为叛贼要逃走，就派官吏士卒守住孙孝哲的住宅。孙孝哲把此事告诉安禄山，于是崔光远就和长安县令苏震一起带着府、县官员十几人来投奔朝廷。二十七日，到达灵武，皇上任命崔光远为御史大夫兼京兆尹，派他到渭水以北去招集官吏和民众；任命苏震为御史中丞。苏震是苏瓘的孙子。安禄山任命田乾真为京兆尹。侍御史吕谭、右拾遗杨绾、奉天县令安平人崔器相继来到灵武；任命吕谭、崔器为御史中丞，杨绾为起居舍人、知制诰。

皇上命令河西节度使李嗣业带兵五千人来行在，李嗣业与节度使梁宰商议，将暂缓发兵以观察形势的变化。绥德府折冲段秀实指责李嗣业说："难道有君父告急而臣子安然不赴难的吗！您常常自称是大丈夫，今天

冲段秀实让嗣业曰："岂有君父告急而臣子晏然不赴者乎！特进常自谓大丈夫，今日视之，乃儿女子耳！"据《新书》，秀实自大堆府果毅迁绥德府折冲。李嗣业以战功，散阶转至特进，故称之。嗣业大惭，即白宰如数发兵，以秀实自副，将之诣行在。上又征兵于安西①；行军司马李栖筠发精兵七千人，励以忠义而遣之。

看起来，不过是个小儿女子罢了！"李嗣业非常惭愧，马上告诉梁宰如数发兵，以段秀实为副将，带兵去行在。皇上又在安西征兵；行军司马李栖筠调发精兵七千人，用忠义勉励他们然后遣送他们出发。

注 释

❶ 安西都护府，置于龟兹，今新疆库车。

【原 文】

敕改扶风为凤翔郡。

庚辰，上皇至成都；从官及六军至者千三百人而已。

令狐潮围张巡于雍丘，相守四十余日，是年五月，令狐潮再攻雍丘。朝廷声问不通。潮闻玄宗已幸蜀，复以书招巡。有大将六人，官皆开府、特进，白巡以兵势不敌，且上存亡不可知，不如降贼。巡阳许诺。明日，堂上设天子画像，帅将士朝之，人人皆泣。巡引六将于前，责以大义，斩之。士

【译 文】

皇上敕命改扶风为凤翔郡。

二十八日，太上皇到达成都；随从官员及护卫六军跟着到达的只有一千三百人。

令狐潮在雍丘包围张巡，相持四十多天，与朝廷断绝联系。令狐潮听说玄宗已到蜀地，又写信招降张巡。张巡有六员大将，官爵都是开府、特进，他们对张巡说兵势悬殊，打不过敌人，况且皇上是死是生也不知道，不如投降叛贼。

心益劝。

城中矢尽，巡缚藁为人千余，被以黑衣，夜缒城下，潮兵争射之，久乃知其藁人；得矢数十万。其后复夜缒人，贼笑不设备，乃以死士五百斫潮营；潮军大乱，焚垒而遁，追奔十余里。潮惭，益兵围之。

巡使郎将雷万春于城上与潮相闻，贼弩射之，面中六矢而不动。潮疑其木人，使谍问之，乃大惊，遥谓巡曰："向见雷将军，方知足下军令矣，然其如天道何！"巡谓之曰："君未识人伦，焉知天道！"言叛君附贼，未识君臣之伦也。未几，出战，擒贼将十四人，斩首百余级。贼乃夜遁，收兵入陈留，不敢复出。

顷之，贼步骑七千余众屯白沙涡①，《九域志》：开封中牟县有白沙镇。杜预曰：梁国宁陵县北沙阳亭，春秋之沙随地也。巡夜袭击，大破之。还，至桃陵②，司马彪《郡国志》：东郡燕县有桃城。燕县，唐为滑州胙城县。遇贼救兵四百余人，悉擒之。分别其众，妫、檀及胡兵，悉斩之；荥阳、陈留胁从兵，皆散令归业。妫州，汉潘县地。檀州，汉白檀县地。《续书》云：白檀县即右北平。《考异》曰：《张中丞传》"自三月二日，潮

张巡假装同意。第二天，在堂上摆设天子的画像，率领将士们朝拜，人人都哭泣。张巡带六员大将到面前来，申明大义，痛加责备，把他们杀了。从此军心更加奋励。

城里的箭射完了，张巡让士卒用稻草扎了一千多个草人，穿上黑色的衣服，夜间用绳子将它们放到城下，令狐潮的士兵争相射箭，射了很久才知道是稻草人；张巡获得好几十万枝箭。后来张巡又在夜间用绳子把人放到城下，贼兵笑话他们，以为又是草人，不加防备。张巡就用五百人的敢死队去砍杀令狐潮的军营，令狐潮的军队大乱，焚烧了营垒就逃跑了，张巡的军队追杀了十几里路。令狐潮很惭愧，又增加兵力包围雍丘。

张巡派郎将雷万春在城上与令狐潮谈话，贼兵用弩机射他，雷万春脸上被射中了六箭却巍然不动。令狐潮怀疑他是木头人，派间谍去侦察，得知确实是雷万春，大为惊奇，远远地对张巡说："刚刚见到雷将军，才知道您的军令严格，然而凭这点怎么能改变天道

至雍丘城下，攻守六十余日，潮大败而走"，则于时已五月初矣。又云"未几，潮又帅众来攻，谓巡曰'本朝危蹙，兵不出关'"，则是潼关未破也。又巡答潮书："主上缘哥舒被衄，幸于西蜀，孝义皇帝收河、陇之马，取太原之甲，蕃、汉云集，不减四十万众，前月二十七日已到土门。蜀、汉之兵，吴、楚骁勇，循江而下。永王、申王部统已到申、息之南门。窃料胡虏游魂，终不腊矣。"则是七月十五日丁卯以后也。其曰"前月二十七日，兵到土门"，盖围城中传闻之误也。又云"相守四十余日，潮收兵入陈留，不敢出"，其下乃云"五月，鲁炅败于叶。六月，哥舒翰败于潼关，上皇幸蜀，皇帝北巡灵武。六月九日，贼将瞿伯玉据围城。十二日，贼屯白沙涡。十四日夜，巡袭破之。七月十二日，潮、伯玉至雍丘，又破之"，其日月前后差舛，不可考。盖李翰亦得于传闻，不能精审。今但置关破以前事于五月，关破以后事于七月耳。旬日间，民去贼来归者万余户。

呢?"张巡对他说："你连人伦都不懂，怎么谈得上知天道呢!"不久，出城交战，活捉贼兵将领十四人，杀死一百多人，于是贼兵连夜逃走，收兵进入陈留，不敢再出来作战。

不久，叛军步兵骑兵七千多人驻扎在白沙涡，张巡夜间去袭击，大败叛军。回来，走到桃陵，遇到叛贼救兵四百多人，全部把他们俘虏。张巡将俘虏分别处理，其中妫州、檀州兵及胡人兵，全部杀掉；荥阳、陈留的胁从兵，全都解散，命令他们回家各务其业。十来天的时间里，民众离开叛贼来归附张巡的有一万多户。

注释

❶白沙涡，今河南宁陵北。　❷桃陵，今河南延津北。

【原文】

河北诸郡犹为唐守，常山太守王俌欲降贼，诸将怒，因击球，纵马践杀之。时信都太守乌承恩麾下有朔方兵三

【译文】

河北各郡都还在为唐朝坚守，常山太守王俌想投降叛贼，各位将领都很愤怒，

千人，诸将遣使者宗仙运帅父老诣信都，迎承恩镇常山。承恩辞以无诏命，仙运说承恩曰："常山地控燕、蓟，路通河、洛，有井陉之险，足以扼其咽喉。顷属车驾南迁，南迁，谓自长安南幸蜀也。蜀在长安南山之南。李大夫收军退守晋阳。李大夫，谓光弼也。王太守权统后军，欲举城降贼，众心不从，身首异处。大将军兵精气肃，远近莫敌，若以家国为念，移据常山，与大夫首尾相应，则洪勋盛烈，孰与为比。若疑而不行，又不设备，常山既陷，信都岂能独全！"承恩不从。仙运又曰："将军不纳鄙夫之言，必惧兵少故也。今人不聊生，咸思报国，竞相结聚，屯据乡村，若悬赏招之，不旬日十万可致；与朔方甲士三千余人相参用之，足成王事。若舍要害以授人，居四通而自安，言信都之地，夷庚四达，非可居之以自安。譬如倒持剑戟，取败之道也。"承恩竟疑不决。承恩，承玼之族兄也。乌承玼见二百十三卷开元二十年。玼，音此。《考异》曰，韩愈《乌氏先庙碑》云："承恩，承洽之兄。"今从《新传》。

是月，史思明、蔡希德将兵万人南攻九门。旬日，九门伪降，伏甲于城上。思明登城，伏兵攻之；思明坠城，

就借打球的机会，纵马踩死他。当时信都太守乌承恩的部下有朔方兵三千人，各位将领派使者宗仙运率领父老到信都，迎接乌承恩去镇守常山。乌承恩以没有皇上诏令推辞，宗仙运劝乌承恩说："常山地控燕、蓟，道路可通往河、洛，又有井陉关的险要，足以扼住叛军咽喉。最近皇上南迁，李光弼大夫退守晋阳，王俌太守暂时统领后军，想要带领全城投降叛贼，众人不愿跟从，所以王太守被杀死。大将军您兵马精强，军令严明，远近无人匹敌，如果能以国家为重，移师常山，与李大夫首尾遥相呼应，那么所建立的丰功伟绩，哪一个人能比得上呢。如果犹豫不决，又不加紧防备，常山陷落后，信都又怎么能够保全呢！"乌承恩不听从。宗仙运又说："将军您不采纳鄙人的意见，一定是担心兵少的缘故。现今民不聊生，都想报国，竞相聚集，屯据乡村，如果悬赏招募他们，不到十天便可招到十万人；同朔方

鹿角伤其左胁，夜，奔博陵。

颜真卿以蜡丸达表于灵武。以真卿为工部尚书兼御史大夫，依前河北招讨、采访、处置使，并致赦书，亦以蜡丸达之。真卿颁下河北诸郡，又遣人颁于河南、江、淮。由是诸道始知上即位于灵武，徇国之心益坚矣。

郭子仪等将兵五万自河北至灵武，灵武军威始盛，人有兴复之望矣。八月，壬午朔，以子仪为武部尚书、灵武长史，以李光弼为户部尚书、北都留守，武后天授元年以太原为北都；中宗神龙元年罢；开元十一年复置；天宝元年曰北京；是年复曰北都。并同平章事，余如故。光弼以景城、河间兵五千赴太原。

先是，河东节度使王承业军政不修，朝廷遣侍御史崔众交其兵，寻遣中使诛之；众侮易承业，光弼素不平。至是，敕交兵于光弼，众见光弼，不为礼，又不时交兵，光弼怒，收斩之，军中股栗。《考异》曰，《肃宗实录》："八月，壬午，子仪、光弼皆于常山郡嘉山大破贼，子仪等俱奉诏，领士马五万至自河北；以子仪为某官，光弼为某官。"《汾阳家传》："六月八日，破史思明于嘉山之下。公谓光弼曰：'贼散矣，其余几何，可长驱而南，以定天下。'其月，发恒阳，至常山。中使刑延恩至，奉诏取河北路，席卷而南。会哥舒翰败绩，玄宗幸蜀，

甲士三千多人相互配合，足以成就大事。如果舍弃常山要害之地，把它让给敌人，居住在四通八达的信都以求得自己的安全，那就好比是倒拿剑戟，完全是失败的办法。"乌承恩竟然还是犹豫不决。乌承恩是乌承玼同族的哥哥。

这个月，史思明、蔡希德带兵一万人向南攻打九门。过了十天，九门假装投降，在城上埋伏甲士。史思明登上城墙，伏兵便攻击他；史思明从城上掉下来，被埋植在城下的树枝刺伤了左肋，趁着夜晚，逃回博陵。

颜真卿用蜡丸密封奏表派人送到灵武。皇上任命颜真卿为工部尚书兼御史大夫，仍旧为河北招讨、采访、处置使，并且给他送去赦书，也用蜡丸密封送达。颜真卿把赦书颁布到河北各郡，又派人颁给河南、江、淮地区。从此，各道才知道皇上在灵武即位，坚守报国的信心就更加坚定了。

郭子仪等人率领士兵五

肃宗如朔方，公闻之，独总精兵五万奔肃宗行在。玄宗有诰，以肃宗嗣皇帝位；肃宗奉诰歔欷，哀不自胜。公谏云云，跪上天子玺，以七月十三日即皇帝位。二十七日，制：可武部尚书、平章事。"《幸蜀记》："六月十一日，玄宗追郭子仪赴京，李光弼守太原。"《河洛春秋》："六月二十五日，大破贼于嘉山。二十六日，覆陈。二十七日，有诏至恒阳，云潼关失守，驾幸剑南，储君又往灵武。由是拔军入井陉口。"《邠志》："六月八日，败史思明于嘉山，会潼关失守，二公班师。"《唐历》："七月二十八日，子仪、光弼并加平章事。又诏子仪收军赴朔方，光弼赴太原。"《河洛春秋》又云："光弼至太原，杀王承恩，固守晋阳。"《旧纪》与《实录》同。《子仪传》："七月，肃宗即位，以贼据两京，方谋收复，诏子仪班师。八月，子仪与光弼帅步骑五万至自河北。"《光弼传》："肃宗理兵于灵武，遣中使刘智达追光弼、子仪赴行在。"又云："以景城、河间之卒五千赴太原。"《玄宗实录》："六月，壬午，光弼、子仪破史思明于嘉山。"《旧纪》："六月，癸未朔。庚寅，哥舒翰败于灵宝。其日，光弼破史思明于嘉山。"《子仪》《光弼传》皆云"六月"，无日。诸书言李、郭事不同如此。按《岁朔历》，六月，癸未朔，与《旧纪》同。《玄宗实录》云壬午，误也。《肃宗实录》"八月壬午"，朔日也，子仪、光弼皆于嘉山大破贼，领士马至自河北，以为某官、某官。盖壬午乃拜官日，因言已前事耳。《汾阳家传》《邠志》皆云六月八日破思明，与《旧纪》同。《家传》云劝肃宗即位，上玺，则恐不然。哥舒翰以六月八日败，亦须旬日方传至河北。肃宗七月十三日即位，若六月二十七日班师，七月十三日岂能便达灵武也！《河洛春秋》，二十五日破贼，与诸书

万人从河北来到灵武，灵武的军威开始强盛，人们觉得复兴唐朝有希望了。八月，初一，任命郭子仪为武部尚书、灵武长史，任命李光弼为户部尚书、北都留守，二人并为同平章事，其他官职照旧。李光弼带领景城、河间的士兵五千人奔赴太原。

在此之前，河东节度使王承业对军纪不加修整，朝廷派侍御史崔众收回他的兵权，不久又派宦官把他杀了；崔众侮辱轻视王承业，李光弼早就心中不平。到这时，皇上下敕书命令崔众把兵权交给李光弼，崔众见到李光弼，不向他施礼，又不按时交出兵权，李光弼很生气，就把崔众抓起来杀了，军中因此感到十分恐惧。

回纥可汗、吐蕃赞普相继派使者请求帮助国家讨伐叛贼，皇上设宴款待使者并加以赏赐，然后送他们回去。

初二，太上皇下制书，大赦天下。

北海太守贺兰进明派遣录事参军第五琦到蜀地奏

皆不合，恐太后也。今据《旧·玄宗纪》《汾阳家传》《邠志》《唐历》，皆云六月八日破史思明，宜可从。《幸蜀记》，十一日，玄宗召子仪、光弼，事或如此。但二《传》皆云肃宗召之，恐是二人在河北，闻潼关不守，已收军赴难在道，遇肃宗中使，遂趋灵武。今从《旧传》。《唐历》拜相在七月二十八日，《汾阳家传》二十七日，《肃宗实录》八月一日，三书皆不相远。《子仪传》云八月，虽无日，与《实录》亦略相应。今从《实录》。据《旧传》，光弼亦曾到灵武，疑朔方兵尽从肃宗，故光弼但领河北兵赴太原耳。《河洛春秋》月日尤疏，所云杀王承恩，固守晋阳，必误也。

回纥可汗、吐蕃赞普相继遣使请助国讨贼，宴赐而遣之。

癸未，上皇下制，赦天下。《考异》曰：《玄宗实录》《旧纪》皆云"八月，癸未朔"，《肃宗实录》《唐历》《旧纪》《长历》皆云"壬午朔"，今从之。是时上皇尚未知太子即位于灵武。

北海太守贺兰进明遣录事参军第五琦入蜀奏事，琦言于上皇，以为："今方用兵，财赋为急，财赋所产，江、淮居多，乞假臣一职，可使军无乏用。"上皇悦，即以琦为监察御史、江淮租庸使。开元十一年，宇文融除句当租庸地税使，此租庸使之始也。其后韦坚、杨国忠相继为之。

史思明再攻九门，辛卯，克之，所杀数千人；引兵东围藁城。

李庭望将蕃、汉二万余人东袭宁

事，第五琦向太上皇进言，认为："现在天下正在用兵打仗，财赋问题十分急切，财赋的供给，江、淮一带占了大部分，请求赐给臣一个职务，可以保证军事上不缺乏财用。"太上皇很高兴，马上任命第五琦为监察御史、江淮租庸使。

史思明再次进攻九门，初十，攻克九门，杀死好几千人；又带兵向东围攻藁城。

李庭望带领蕃、汉士兵两万多人向东袭击宁陵、襄邑。夜晚，在离雍丘城三十里的地方安置营地。张巡率领三千手持短兵器的士兵去偷袭，大败叛军，杀死和俘虏一大半的敌人。李庭望收拾残兵连夜逃走。

十二日，灵武派来的使者到达蜀地，太上皇高兴地说："我的儿子顺应天道民心，我还有什么可忧虑的！"十六日，下制书说："从今以后改制书敕书为诰，上表上疏一律称太上皇。天下的军政大事，都先奏报皇帝以决定可否，然后再奏报朕知

陵、襄邑，夜，去雍丘城三十里置营，张巡帅短兵三千掩击，大破之，杀获太半。庭望收军夜遁。

癸巳，灵武使者至蜀，*七月甲子即位，至是凡三十日，使者方至蜀。*上皇喜曰："吾儿应天顺人，吾复可忧！"丁酉，制："自今改制敕为诰，表疏称太上皇。四海军国事，皆先取皇帝进止，仍奏朕知；俟克复上京，朕不复预事。"己亥，上皇临轩，命韦见素、房琯、崔涣奉传国宝玉册诣灵武传位。*《考异》曰，《肃宗实录》："癸未，上奉表至蜀。"《玄宗实录》："八月癸未朔，赦天下。时皇太子已至灵武，七月甲子即位，道路险涩，表疏未达。及下是诏，数日，北使方至，具陈群臣恳请、太子辞避之旨。辛卯，下诏，称太上皇。庚子，遣韦见素等奉册。"今从《旧纪》《唐历》。*

辛丑，史思明陷藁城。

初，上皇每酺宴，先设太常雅乐坐部、立部，继以鼓吹、胡乐、教坊、府县散乐、杂戏；*太常雅乐，唐初祖孝孙、张文收所定乐也。玄宗分乐为二部：堂下立奏，谓之立部伎；堂上坐奏，谓之坐部伎。立部八：一、《安舞》；二、《太平乐》；三、《破阵乐》；四、《庆善乐》；五、《大定乐》；六、《上元乐》；七、《圣寿乐》；八、《光圣乐》。坐部六：一、《燕乐》；二、《长寿乐》；三、《天授乐》；四、《鸟歌万岁乐》；五、《龙池乐》；六、《小破阵乐》。鼓吹，鼓吹署令所掌锐歌鼓吹曲也。胡*

即可；等收复京城后，朕就不再管事了。"十八日，太上皇亲临殿前台阶，命令韦见素、房琯、崔涣奉送传国宝器、玉册到灵武传皇帝位。

二十日，史思明攻陷藁城。

当初，太上皇每与臣民欢宴时，都先让太常雅乐的坐部伎和立部伎演奏，接着演奏鼓吹乐、胡乐、教坊乐、京兆府与长安、万年两县的散乐及杂戏；又用山车、旱船载着乐工往来演奏；又让宫女表演《霓裳羽衣舞》；又使一百匹舞马，衔杯跳舞祝寿；又让犀牛和大象入场表演，有时向人拜揖，有时跳起舞来。安禄山看了很喜欢，等攻克长安后，就命令搜捕乐工，装运乐器和舞衣，驱赶舞马、犀牛和大象，一起到洛阳。

臣司马光说：圣人以修道德为美，以仁义为乐；所以他们虽然住在以茅草为顶、以泥土为台的房屋中，穿很差的衣服，吃粗糙的食物，但并不以生活简陋为羞

乐者，龟兹、疏勒、高昌、天竺诸部乐也。教坊者，内教坊及梨园法曲也。府县者，京兆府及长安、万年两赤县。散乐，杂戏也。**又以山车、陆船载乐往来；**山车者，车上施棚阁，加以彩缯，为山林之状。陆船者，缚竹木为船形，饰以缯彩，列人于中，舁之而行。**又出宫人舞《霓裳羽衣》；**玄宗时，河西节度使杨敬述献《霓裳羽衣曲》十二遍。凡曲终必遽，惟《霓裳羽衣曲》终引声益缓。俚俗相传，以为帝游月宫，见素娥数百，舞于广庭，帝记其曲，归制《霓裳羽衣舞》，非也。**又教舞马百匹，衔杯上寿；**帝以马百匹，盛饰，分左右，施三重榻，舞《倾杯》数十曲；壮士举榻，马不动。刘昫曰：帝即内厩，引蹀马三十匹，为《倾杯乐曲》，奋首鼓尾，纵横应节。又施三层板床，乘马而上，抃转而舞。**又引犀象入场，或拜，或舞。**五坊使引大象入场，或拜或舞，动容鼓旅，中于音律。**安禄山见而悦之，既克长安，命搜捕乐工，运载乐器、舞衣，驱舞马、犀、象皆诣洛阳。**

臣光曰：圣人以道德为丽，仁义为乐；乐，音洛。**故虽茅茨土阶，恶衣菲食，不耻其陋，惟恐奉养之过以劳民费财。明皇恃其承平，不思后患，殚耳目之玩，穷声技之巧，自谓帝王富贵皆不我如，欲使前莫能及，后无以逾，非徒娱己，亦以夸人。岂知大盗在旁，已有窥窬之心，卒致銮舆播越，生民涂炭。**

耻，只是担心生活过于奢侈而劳民伤财。唐明皇依仗天下太平，不考虑以后会有祸患，只顾尽情享受耳目的欢乐，穷极声色技艺的精巧，自以为过去帝王的富贵都不如他，想要使前代的帝王比不上他，后代的帝王也不能超过他，不只是娱乐自己，也借此向别人夸耀。他哪里知道窃国大盗就在身旁，早已有觊觎皇位的野心，终于导致自己颠沛流离，生灵涂炭。由此可知，人君如果崇尚华丽奢侈的生活以向人夸耀，那就足以招致窃国大盗作乱。

安禄山在凝碧池宴请他的群臣，大肆演奏各种乐曲；梨园弟子常常叹息哭泣，贼兵则抽出刀子在旁边斜视他们。乐工雷海清不胜悲愤，把乐器扔在地上，向西痛哭。安禄山很生气，把他绑在试马殿前，肢解了他的身体。安禄山听说前些时日老百姓乘兵荒马乱时盗得很多国库中的宝物，攻克长安后，命令在全城大肆搜捕三天，连老百姓的私人财物

乃知人君崇华靡以示人，适足为大盗之招也。

禄山宴其群臣于凝碧池，《唐六典》，洛阳禁苑中有芳树、金谷二亭，凝碧之池。盛奏众乐；梨园弟子往往欷歔泣下，梨园弟子见二百十一卷开元二年。贼皆露刃睨之。睨，衺视也。乐工雷海清不胜悲愤，掷乐器于地，西向恸哭。禄山怒，缚于试马殿前，支解之。禄山闻向日百姓乘乱多盗库物，既得长安，命大索三日，并其私财尽掠之。又令府、县推按，铢两之物，无不穷治，连引搜捕，支蔓无穷，民间骚然，益思唐室。

自上离马嵬北行，民间相传太子北收兵来取长安，长安民日夜望之，或时相惊曰："太子大军至矣！"则皆走，市里为空。贼望见北方尘起，辄惊欲走。京畿豪杰往往杀贼官吏，遥应官军，诛而复起，相继不绝，贼不能制。其始自京畿、鄜、坊至于岐、陇皆附之①，至是西门之外率为敌垒，西门，谓长安城西门也。贼兵力所及者，南不出武关，北不过云阳②，云阳县，汉属冯翊，后魏属北地郡，隋以来属京兆。西不过武功③。武功县，汉、晋属扶风，隋、唐属京兆。江淮奏请贡献之蜀、之灵武者，之，往也。皆自襄阳

也都抢夺去。又命令府县官追问，一铢一两的财物都穷追恶要，牵连搜捕，如枝蔓般无有穷止，民间动乱，更加思念大唐王朝。

自从肃宗离开马嵬驿向北行进，民间就相传太子到北方去召集士兵要来收复长安，长安的老百姓日夜盼望，有时相互惊呼："太子的大军到了！"于是大家都跑走了，街市为之一空。贼兵看见北方尘土飞扬，就惊慌失措想要逃走。京城附近的豪杰往往杀死叛贼的官吏，与唐朝官军遥相呼应；旧的豪杰被镇压了又有新的出现，前仆后继，叛贼不能制止。开始时从京城附近、鄜州、坊州直到岐州、陇州都起来响应，到这时，长安西门以外的地方到处都是抗敌的营垒，叛贼势力所能达到的地区，南面不出武关，北面不过云阳，西面不过武功。长江、淮河地区，有所奏请和贡献要到蜀中或灵武的，都从襄阳取道上津抵达扶风，沿路畅通无阻，这都是薛景仙的功劳。

取上津路抵扶风④，上津，汉汉中长利县地，梁置南洛州，后魏改曰上州；隋废州为上津县，唐属商州。道路无壅，皆薛景仙之功也。

注 释

❶廊州，治洛交，今陕西富县。坊州，治中部，今陕西黄陵。岐州，治雍县，今陕西扶风东。陇州，治汧源，今陕西陇县。　❷武关，今陕西商南西北。云阳，陕西泾阳北。　❸武功，今陕西武功。　❹上津，今湖北郧西西北上津镇。

——以上卷二一八

黄巢起义

唐僖宗乾符元年 （甲午·八七四）是年十一月方改元。

【原　文】

　　春，正月，丁亥，翰林学士卢携上言①，以为："陛下初临大宝②，宜深念黎元。国家之有百姓，如草木之有根柢，若秋冬培溉，则春夏滋荣。臣窃见关东去年旱灾，自虢至海③，自虢州东至于海也。麦才半收，秋稼几无，冬菜至少，贫者碓蓬实为面，蓄槐叶为齑④；或更衰羸，亦难收拾。碓，……磲也。常年不稔，则散之邻境；之，往也。今所在皆饥，无所依投，坐守乡闾，待尽沟壑。其蠲免余税，实无可征；而州县以有上供及三司钱，户部、转运、盐铁为三司。督趣甚急，趣，读曰促。动加捶挞，虽撤屋伐木，雇妻鬻子，止可供所由酒食之费，所由，谓催督租税之吏卒。未得至于府

【译　文】

　　春，正月，二十七日，翰林学士卢携上言，认为："陛下刚登上帝位，应当深切关心黎民百姓。国家有老百姓，就像草木有根柢一样，要是秋冬加以培土灌溉，那么春夏就会长得茂盛繁荣。臣看到关东地区去年遭受旱灾，从虢州一直到海边，麦子才得五成收成，秋天的庄稼几乎全部旱死，冬天的瓜菜也很少，贫穷的人把蓬蒿的种子舂碎来当面粉，把槐树叶子收集起来碾碎当粮食；有些衰老羸弱的人，连采集这些东西也很困难。平常年份没有收成，就到邻近地方去谋生；现在到处都在闹饥荒，没有地方再投靠了，只好坐守在乡间，等待死于沟壑。那些蠲免的税收，其实是没有东西可以征收；然而州县由于要上供和上缴三司的税钱，督促得非常紧急，动不动就用鞭子抽打百姓，但百姓即使拆了房屋、砍了树木，

库也。或租税之外，更有他徭；朝廷傥不抚存，百姓实无生计。乞敕州县，应所欠残税，并一切停征，以俟蚕麦；仍发所在义仓，亟加赈给。太宗置义仓及常平仓以备凶荒，高宗以后，稍假义仓以给他费，至神龙中略尽。玄宗即位复置之，安、史之乱复废。至文宗太和九年，以天下回残钱置常平义仓本钱，岁增市之以备赈给。至深春之后，有菜叶木牙，继以桑椹，渐有可食；在今数月之间，尤为窘急，行之不可稽缓。"敕从其言，而有司竟不能行，徒为空文而已。

┈┈┈┈┈┈

卖妻鬻子，筹得的一点钱只能应付税吏的酒饭费用，也不能进入府库之中。有时在租税之外，还有其他徭役；朝廷倘若不爱抚存惜，百姓实在是一点谋生的办法也没有。希望敕令各州县，所有拖欠的残税，一律停止征收，等到蚕麦收成以后再说；还应打开各地的义仓，立即加以赈济。等到深春以后，有了菜叶木芽，接着又有了桑葚，逐渐有了可吃的东西；只有现在这几个月之间，尤其困窘急迫，所以采取措施不能迟延。"朝廷敕令照卢携的意见去办，但是有关部门并没有照着执行，只是流为一纸空文罢了。

┈┈┈┈┈┈

注释

❶卢携（？—八八〇），其先范阳人，后居郑。僖宗初，任翰林学士，后至宰相，直接参加镇压黄巢起义军。公元八八〇年，黄巢起义军攻下潼关后，携畏罪自杀。 ❷初临大宝，指初即帝位。 ❸虢，即虢州，治在今河南灵宝。 ❹齑，凡细切的菜肉，都称齑。音跻。

【原文】

（十二月），感化军奏群盗寇掠，感化军治徐州。群盗，庞勋余党也。州县不能禁；

【译文】

（十二月），感化军奏报说群盗侵扰抢掠，州县制止

敕兖、郓等道出兵讨之。

…………

　　上年少，政在臣下，南牙、北司互相矛楯①。自懿宗以来，奢侈日甚，用兵不息，赋敛愈急。关东连年水旱，州县不以实闻，上下相蒙，百姓流殍，流，散也。殍，饿殍。无所控诉，相聚为盗，所在蜂起。州县兵少，加以承平日久，人不习战，每与盗遇，官军多败。是后王仙芝、黄巢遂为大盗。史先言唐末所以致盗之由。是岁，濮州人王仙芝始聚众数千起于长垣②。滑州匡城县，本后齐之长垣县，开皇十六年改为匡城，是年又分韦城县置长垣县。《新志》：匡城有长垣县。宋朝以长垣县属开封府。《九域志》：在府东北一百五里。《考异》曰，《实录》："二年，五月，仙芝反于长垣。"按《续宝运录》，"濮州贼王仙芝自称天补平均大将军兼海内诸豪都统，传檄诸道"，檄末称"乾符一年正月三日"。则仙芝起必在二年前，今置于岁末。

不了；朝廷敕命兖州和郓州等道派军队讨伐他们。

…………

　　皇帝年纪轻，政权掌握在臣下手中，南牙和北司之间矛盾很大。自懿宗即位以来，奢侈浪费一天比一天厉害，又连年打仗，征收赋税非常紧急。关东地区连年发生水灾或旱灾，州县不如实报告朝廷，上下相互蒙混，百姓流散以致饿死，无处诉苦，相聚在一起反叛官府，各地纷纷而起。州县兵力不足，加上长久以来社会安定，人们都不熟悉打仗的事，每次和盗贼遭遇，官军多半都被打败。这一年，濮州人王仙芝开始纠集数千人，在长垣县起事。

注　释

　　❶ 南牙、北司，即南衙、北司。唐代宰相的官署在皇城，在南面，称为南衙；宦官机构在宫城，在北面，称为北司。故南衙指朝官，北司指宦官。　❷ 濮州，治今山东鄄城北。长垣，今河南长垣东北。

二年（乙未·八七五）

【原文】

（春，正月）……上之为普王也，小马坊使田令孜有宠①，小马坊使，亦内诸司使之一，后梁改为天骥使，后唐复旧。长兴元年，改飞龙院为左飞龙院，小马坊为右飞龙院，宋太平兴国三年，改左右天厩坊，至雍熙二年，又改左右骐骥院使。及即位，使知枢密，遂擢为中尉。《考异》曰：《旧本纪》，此年正月，"令孜为右军中尉"。《新传》云："帝即位，擢为左神策中尉。"《旧传》但云"神策中尉"。今从之。上时年十四，专事游戏，《考异》曰，《续宝运录》曰："上是年十五岁。"《中朝故事》曰："僖宗皇帝以咸通三年降诞，十四年七月十九日即位，年十二。"按《旧纪》亦云："僖宗，咸通三年五月八日生于东内，即位年十二。"亦从之。据《考异》"四"当作"二"。政事一委令孜，呼为"阿父"。阿，保也。令孜颇读书，多巧数，招权纳贿，除官及赐绯紫皆不关白于上。每见，常自备果食两盘，与上相对饮啖，从容良久而退。上与内园小儿狎昵，赏赐乐工、伎儿，所费动以万计，府藏空竭。令孜说上籍两市商旅宝货悉输内库，有陈诉者，付

【译文】

（春，正月）……皇帝为普王时，小马坊使田令孜最得宠，等到皇上即位，任命他为枢密使，又擢升为神策军中尉。皇帝当时十四岁，只知道一味游戏取乐，把政事全部交给田令孜处理，并称他为"阿父"。田令孜读了不少书，多计巧和谋略，招揽权势，收受贿赂，任用官吏和赐官封爵都不向皇帝打招呼。每次进见皇帝，常常自己准备两盘果食，和皇帝对酌啖食，要很久以后才告退。皇帝和内园小儿很亲近，赏赐给乐工、伎儿的钱，动不动就是好几万，府库中的钱财都被用空了。田令孜劝说皇帝搜括两市商家的宝物财货全部送交内库，如有陈诉的人，就交给京兆府用刑杖打杀；宰相以下的百官，都缄口不敢说话。

…………

京兆杖杀之；宰相以下钳口莫敢言。

…………

注 释

❶ 田令孜（？—八九三），僖宗时的宦官。本姓陈，蜀人。僖宗即位，由小马坊使擢升为神策军中尉。把持大权，极为专横。黄巢起义军攻长安，他挟僖宗逃往成都。后被王建杀死。

【原 文】

（六月），王仙芝及其党尚君长攻陷濮州、曹州①，众至数万；天平节度使薛崇出兵击之②，为仙芝所败。

【译 文】

（六月），王仙芝和他的同党尚君长攻下了濮州和曹州，军众达到数万人；天平节度使薛崇出兵进攻他们，被王仙芝打败了。

注 释

❶ 曹州，治在今山东曹县北。　❷ 天平节度，治郓州，统郓、曹、濮三州，治在今山东东平。

【原 文】

冤句人黄巢亦聚众数千人应仙芝①。冤句，汉县，唐属曹州。《九域志》：在州西四十五里。颜师古曰：句，音

【译 文】

冤句人黄巢也聚众数千人响应王仙芝。黄巢少年时和王仙芝都从事贩卖私盐的勾当，黄巢善于骑马

【原文】

胸。黄巢始此。巢少与仙芝皆以贩私盐为事，巢善骑射，喜任侠，粗涉书传，屡举进士不第，遂为盗，与仙芝攻剽州县，横行山东，民之困于重敛者争归之，数月之间，众至数万。

…………

【译文】

射箭，喜欢做侠义之事，粗略地读了一些书，多次投考进士没有被录取，所以就做了强盗，和王仙芝攻打州县，横行于山东一带地方，被繁重的赋税压得喘不过气来的民众争相归附他们，在几个月之内，士众达到数万人。

…………

注 释

❶ 冤句，今山东曹县北。

【原文】

（十一月），群盗侵淫，侵当作浸。剽掠十余州，至于淮南，多者千余人，少者数百人；诏淮南、忠武、宣武、义成、天平五军节度使、监军亟加讨捕及招怀①。十二月，王仙芝寇沂州②，平卢节度使宋威表请以步骑五千别为一使③，兼帅本道兵所在讨贼。仍以威为诸道行营招讨草贼使，仍给禁兵三千、甲骑五百。因诏河南方镇所遣讨贼都头并取威处分。

【译文】

（十一月），群盗发展壮大，抢掠十多个州，到达了淮南地方，多的一伙有一千多人，少的数百人。诏令淮南、忠武、宣武、义成、天平五军节度使和监军极力加以征讨围捕和招安。十二月，王仙芝侵犯沂州，平卢节度使宋威上表奏请带领步骑五千人别为一支部队，同时带领本道兵到各处讨伐盗贼。朝廷于是任命宋威为诸道行营招讨草贼使，还拨给他禁兵三千名、甲骑五百名。接着诏令河南方镇所派出的讨贼都头都要接受宋威裁决。

注 释

❶ 淮南节度，治扬州，今江苏扬州。忠武节度，治许州，今河南许昌。宣武节度，治汴州，今河南开封。义成节度，治滑州，今河南滑县。　❷ 沂州，治在今山东临沂。　❸ 平卢节度，治青州，今山东青州。

三年（丙申·八七六）

【原 文】

春，正月，天平军奏遣将士张晏等救沂州，还，至义桥，闻北境复有盗起，留使捍御；晏等不从，喧噪趣郓州。都将张思泰、李承祐走马出城，裂袖与盟，以俸钱备酒殽慰谕，然后定。诏本军宣慰一切，无得穷诘。唐自中世以来，姑息藩镇，至其末也，姑息乱军，遂陵夷以至于亡。

敕福建、江西、湖南诸道观察、刺史①，皆训练士卒；又令天下乡村各置弓刀鼓板以备群盗。

…………

【译 文】

春，正月，天平军奏报派遣将士张晏等人去援救沂州，回来时走到义桥，听说北边又有盗贼兴起，要留下他们去捍御；张晏等不愿意，喧闹着往郓州去。都将张思泰、李承祐骑马跑出城去，撕下衣袖和张晏等立下盟约，用自己的俸钱准备酒食慰劳他们，这样才使他们安定下来。朝廷诏令天平军好好宣谕抚慰他们，不要追究他们的过错。

（二月，）敕命福建、江西、湖南各道观察使、刺史，都要训练士卒；又命令天下乡村各备弓箭、刀枪、鼓板等用来防御群盗。

…………

注 释

❶ "敕"字上，章钰《校宋记》云：宋十二行本有"二月"两字，当据增。

【原文】

（夏，四月），赐宣武、感化节度、泗州防御使密诏，选精兵数百人于巡内游奕，防卫纲船，五日一具上供钱米平安状闻奏。汴、徐、泗三镇，汴水所经，东南纲运输上都者，皆由此道。群盗从横，恐为所掠，故密诏选兵游奕防卫。

…………

（秋，七月），宋威击王仙芝于沂州城下，大破之，《考异》曰：《实录》去年十二月，"宋威自青州与副使曹全晸进军击王仙芝，仙芝败走"。按仙芝若以去年十二月败走，中间半年，岂能静处，盖实因威除招讨使连言之。其实仙芝败在此月，不在十二月也。仙芝亡去。威奏仙芝已死，纵遣诸道兵，身还青州①；百官皆入贺。居三日，州县奏仙芝尚在，攻剽如故。时兵始休，诏复发之，士皆忿怨思乱。八月，仙芝陷阳翟、郏城②，诏忠武节度使崔安潜发兵击之。安潜，慎由之弟也。崔慎由，相宣宗。又昭义节度使曹翔将步骑五千及义成

【译文】

（夏，四月），赐宣武、感化两节度使和泗州防御使密诏，要他们选精兵数百人在所管辖的范围内巡行游奕，保卫运输钱粮的船队，五天就要向朝廷详细报告一次关于上供钱米的运送情况。

…………

（秋，七月），宋威在沂州城下进击王仙芝，把他打得大败，王仙芝逃走。宋威上奏说王仙芝已经战死，于是把各道援兵都打发走了，自己也回到青州；百官都入朝向皇帝道贺。只过了三天，州县又奏报说王仙芝还在世，攻掠情形和过去一个样。当时军队刚休息，朝廷又下诏要调发他们，士卒都忿怨而想发动叛乱。八月，王仙芝攻下阳翟和郏城，朝廷诏令忠武节度使崔安潜调军队进攻王仙芝。崔安潜是崔慎由的弟弟。又命昭义节度使曹翔带领步骑五千人和义成军一道保卫东都官，任命左散骑常侍曾

兵卫东都宫③，以左散骑常侍曾元裕为招讨副使，守东都，又诏山南东道节度使李福选步骑二千守汝、邓要路④。仙芝进逼汝州⑤，诏邠宁节度使李侃、凤翔节度使令狐绹选步兵一千、骑兵五百守陕州、潼关。

…………

元裕为招讨副使，守卫东都，又诏令山南东道节度使李福选步骑二千人守卫汝州和邓州各交通要道。王仙芝的军队逼近汝州，诏令邠宁节度使李侃、凤翔节度使令狐绹选步兵一千人、骑兵五百人防守陕州和潼关。

…………

注 释

❶ 青州，治在今山东青州。　❷ 阳翟，今河南禹州。郏城，今河南郏县。
❸ 昭义节度，治潞州，今山西长治。　❹ 山南东道节度，治襄州，今湖北襄阳。
❺ 汝州，治在今河南汝州。

【原文】

（九月），丙子，王仙芝陷汝州，执刺史王镣。镣，铎之从父兄弟也①。东都大震，《九域志》：汝州北至东都一百六十里。士民挈家逃出城。乙酉，敕赦王仙芝、尚君长罪，除官，以招谕之。仙芝陷阳武②，攻郑州，昭义监军判官雷殷符屯中牟③，中牟，汉古县，隋曰郏城，大业元年，改曰圃田，唐武德三年，改曰中牟，属郑州。《九域志》：在汴州西七十里。击仙芝，破走之。冬，十

【译文】

（九月），初二，王仙芝攻下汝州，捉住刺史王镣。王镣是王铎的叔伯兄弟。东都大为震恐，士民带着家小纷纷逃出城去。十一日，朝廷敕令赦免王仙芝、尚君长的罪过，并授予官职，用这种待遇招抚他们。王仙芝在攻下阳武县后，又进攻郑州，昭义军监军判官雷殷符屯驻在中牟，进攻王仙芝，把他打败了。冬，十月，王仙芝向南边的唐州和邓州发动了

月，仙芝南攻唐、邓。

．．．．．．．．．．．

攻势。

．．．．．．．．．．．

注 释

❶王铎（？—八八五），其先太原人，后居扬州。武宗会昌年间举进士。僖宗时宰相，被任为统帅，率军队镇压黄巢起义军。　❷阳武，今河南原阳，当时黄河迳其南。　❸中牟，今河南中牟东。

【原 文】

（十一月），王仙芝攻郢、复二州①，陷之。

【译 文】

（十一月），王仙芝进攻郢州和复州，二州均被攻下。

注 释

❶郢州，治今湖北钟祥。复州，治今湖北仙桃。

【原 文】

十二月，王仙芝攻申、光、庐、寿、舒、通等州①。按《唐书·地理志》，通州属山南东道，宋之达州是也。周世宗以南唐静海军置通州，今淮东之通州是也，其地在唐则为扬州海陵县之东境。唐时淮南道未有通州，此必误。参考下文，"通"当作"蕲"。淮南节度使刘邺奏求益兵，敕感化节度使薛能选精兵数千

【译 文】

十二月，王仙芝进攻申、光、庐、寿、舒、蕲等州。淮南节度使刘邺上奏请求增加援兵，朝廷敕令感化节度使薛能选精兵数千人援助

助之^②。

淮南。

❶ 申州，治今河南信阳南。光州，治今河南潢川。庐州，治今安徽合肥。寿州，治今安徽寿县。舒州，治今安徽潜山。通州，胡三省谓系蕲州之误。蕲州，治在今湖北蕲春南。　❷ 感化节度，治徐州，今江苏徐州。

【原　文】

郑畋以言计不行^①，称疾逊位，不许；乃上言："自沂州奏捷之后，谓宋威奏破王仙芝于沂州城下。仙芝愈肆猖狂，屠陷五六州，疮痍数千里。宋威衰老多病，自妄奏以来，诸道尤所不服，妄奏，谓奏仙芝已死。今淹留亳州，殊无进讨之意。曾元裕拥兵蕲、黄，专欲望风退缩。若使贼陷扬州，则江南亦非国有。崔安潜威望过人，张自勉骁雄良将，宫苑使李琢^②，西平王晟之孙，言琢奕世将家。严而有勇。请以安潜为行营都统，琢为招讨使代威，自勉为副使代元裕。"《考异》曰：《实录》虽于此月载畋所上书，亦不言行与不行。《新纪》遂于此言"安潜为诸道行营都统，李琢为招讨草贼使，张自勉副之"。按明年，威、元裕为使、副犹如故。《新

【译　文】

郑畋由于自己进言的计策不被采行，借口有病要辞去相位，皇帝不答应；于是上奏说："自从沂州报告打了胜仗以后，王仙芝更加猖狂，攻下了五六个州，使数千里的地方遭到破坏。宋威这个人衰老多病，自从谎报军情以后，各道的兵马都更加不听从他的指挥，现在停留在亳州，一点征讨盗贼的打算也没有。曾元裕拥兵驻扎在蕲州和黄州，一心观望形势，退缩不前。倘若贼人攻下扬州，那么整个江南地区就不再为国家所有。崔安潜威望超过他人；张自勉是一名骁勇的良将；宫苑使李琢是西平王李晟之孙，既威严又勇敢。请求任命崔安潜为行营都统，李琢为招讨使取代宋威，张自勉为副使取代曾

纪》误也。上颇采其言。

…………

元裕。”皇帝采纳了他的意见。

…………

注释

❶郑畋（八二五—八八三），荥阳人。僖宗时任至宰相，又曾任京城四面诸军行营都统，积极纠集藩镇围剿黄巢起义军。 ❷瑑，音篆。

【原文】

招讨副使、都监杨复光奏尚君长弟让据查牙山，官军退保邓州[1]。复光，玄价之养子也。杨玄价见二百五十卷懿宗咸通四年。

【译文】

招讨副使、都监杨复光奏报说尚君长的弟弟尚让据守在查牙山，官军退保邓州。杨复光是杨玄价的养子。

注释

❶邓州，治今河南邓州。

【原文】

王仙芝攻蕲州[1]。蕲州刺史裴偓，王铎知举时所擢进士也。王镣在贼中为仙芝以书说偓。偓与仙芝约，敛兵不战，许为之奏官；镣亦说仙芝许以

【译文】

王仙芝进攻蕲州。蕲州刺史裴偓是王铎主持考试时录取的进士。（王铎之弟）王镣在贼人里面，帮助王仙芝写信游说裴偓。于是裴偓和王仙芝商定，收兵停战，答应为王仙芝奏请给官；王镣也劝说王仙芝答应裴偓的

如约。偓乃开城延仙芝及黄巢辈三十余人入城，置酒，大陈货贿以赠之，表陈其状。诸宰相多言："先帝不赦庞勋，期年卒诛之。事见上卷咸通九年、十年。今仙芝小贼，非庞勋之比，赦罪除官，益长奸宄。"王铎固请，许之；乃以仙芝为左神策军押牙兼监察御史，遣中使以告身即蕲州授之。

条件。裴偓于是打开城门邀请王仙芝和黄巢等三十余人进城，设置酒宴，大陈财货赠送他们，还上表陈述王仙芝等接受安抚的情形。宰相中多数都说："先帝不赦免庞勋，一年后终于平定了他。现在的王仙芝不过是一个小小的盗贼，是不能和庞勋相比的，赦了他的罪，还任命他做官，只会助长奸人的气焰。"由于王铎的坚决请求，皇帝同意安抚；于是任命王仙芝为左神策军押牙兼监察御史，并派中使把告身送到蕲州授给王仙芝。

注 释

❶ 蕲州，治在今湖北蕲春南。

【原 文】

仙芝得之甚喜，镣、偓皆贺。未退，黄巢以官不及己，大怒曰："始者共立大誓，横行天下，今独取官赴左军，使此五千余众安所归乎！"《考异》曰：仙芝、巢初起时，云数月间众至数万。至此才有五千者，盖乌合之众，聚散无常耳。因殴仙芝，伤其首，其众喧噪不已。仙芝畏众怒，遂不受命，大掠蕲州，城中之人，半驱半杀，焚其庐舍。偓奔鄂州，敕使奔襄

【译 文】

王仙芝得到任官的告身很高兴，王镣和裴偓都向他道贺。祝贺的宾客尚未退去，黄巢看到自己没有得到官职，大怒说："开始起事的时候共同立下誓言，横行天下，现在你独自得到官职去左神策军上任，使这五千多士众到何处去呢！"接着就殴打王仙芝，把他的头打

州，敕使，授告身之中使也。镣为贼所拘。贼乃分其军三千余人从仙芝及尚君长，二千余人从巢，各分道而去。《考异》曰：王坤《惊听录》曰"乾符四年，丁酉，仲夏，天示彗星。草寇黄巢、尚君长奔突，即五年戊戌之岁。狂寇王仙芝起自郓、封，而侵汝、郑，即大寇黄巢、尚君长并贼帅之徒党，仅一千余人，攻陷汝州"云云。又曰："黄巢望闽、广而去，仙芝指郓州南行，尚君长期陈、蔡间。取群凶之愿，三千余寇属仙芝、君长，二千余人属黄巢所管。"明年，二月，仙芝陷鄂州，巢陷郓州，则非巢趣闽、广，仙芝趣郓也。王坤此书，年月事迹差舛尤多，但择其可信者取之。

伤了，黄巢的部下也喧闹不已。王仙芝惧怕引起众怒，就不接受朝廷的任命，在蕲州大肆抢掠，城里面的人，一半被赶走，一半被屠杀，房屋被焚毁。裴偓逃往鄂州，敕使跑往襄州，王镣被贼人拘系。贼人将他们的军队三千余人分给王仙芝和尚君长，二千余人分给黄巢，分道各自离开蕲州。

——以上卷二五二

四年 (丁酉·八七七)

【原文】

（二月），王仙芝陷鄂州[1]。

【译文】

（二月），王仙芝攻下鄂州。

注释

❶鄂州，治在今湖北武昌。

【原文】

黄巢陷郓州，杀节度使薛崇。

【译文】

黄巢攻下郓州，杀

三月，黄巢陷沂州。

....

（夏，四月），贼帅柳彦璋剽掠江西。

....

黄巢与尚让合兵保查牙山。《考异》曰，《旧纪》：四年三月，巢陷郓州。七月，入查牙山，与王仙芝合。五年二月，君长、仙芝皆死。尚让以兄遇害，大掠淮南。《旧传》：五年八月，王铎斩王仙芝。先是，尚君长弟让以兄奉使见诛，帅部众入查牙山。黄巢、黄揆昆仲八人率盗数千依让。按《实录》，乾符二年，仙芝陷曹、濮，巢已起兵应之。三年十二月，招讨副都监杨复光奏：“草贼尚让据查牙山，官军退保邓州。”四年四月，黄巢引其众保查牙山。其年冬，君长乃死。《惊听录》：“巢与仙芝俱入蕲州，以仙芝独受官而怒，殴仙芝伤面，由是分队。”时君长亦在座，非仙芝死后，巢方依让也。又按《旧纪》，仙芝死后，王铎始为都统讨贼。而《旧传》云“王铎斩仙芝”，又先云“杀张璘，乃陷广州”，先云“陷华州，方攻潼关”，叙事颠错不伦。今从《实录》。

六月，柳彦璋袭陷江州，执刺史陶祥，使祥上表，彦璋亦自附降状。敕以彦璋为右监门将军，令散众赴京师；以左武卫将军刘秉仁为江州刺史。彦璋不从，以战舰百余固溢江为水寨，溢江在江州城外，接于大江，故谓之溢江。剽掠如故。

....

庚申，王仙芝、黄巢攻宋州[①]，三道兵与战，不利，三道兵，平卢、宣武、忠武也。贼遂围宋威于宋州。甲寅，左威卫上将军张

死节度使薛崇。

三月，黄巢攻下沂州。

....

（夏，四月），贼帅柳彦璋劫掠江西地区。

....

黄巢和尚让合兵守卫查牙山。

六月，柳彦璋攻下了江州，把刺史陶祥抓起来，叫陶祥向朝廷上表，柳彦璋把自己投降的状文附在后面。敕命柳彦璋为右监门将军，命令他解散部众后到京师去；任命左武卫将军刘秉仁为江州刺史。柳彦璋不服从朝廷命令，将战舰一百多艘固守溢江为水寨，仍旧进行劫掠。

....

二十一日，王仙芝、黄巢进攻宋州，平卢、宣武、忠武三道的军队和他们作战，没有取胜，贼人就把宋威包围在宋州城。甲寅日，左威卫上将军张自勉带领忠武道的军队七千人援救宋

自勉将忠武兵七千救宋州，杀贼二千余　州，杀死贼军二千余人，
人，贼解围遁去。　贼人撤除包围逃走了。

注释

❶ 宋州，治在今河南商丘。

【原文】

　　王铎、卢携欲使张自勉以所将兵受宋威节度，郑畋以为威与自勉已有疑忿，若在麾下，必为所杀。不肯署奏。八月，辛未，铎、携诉于上，求罢免；庚辰，畋请归泸川养疾；泸川，在长安东。泸音产。上皆不许。史言僖宗不能定国是。
　　王仙芝陷安州①。
　　…………

【译文】

　　王铎和卢携想让张自勉把他所带领的军队归宋威指挥，郑畋认为宋威和张自勉之间已经有了猜疑，若是把张自勉分在宋威手下，一定会被宋威杀掉，因此郑畋不肯在奏疏上签名。八月，初三，王铎和卢携在皇帝面前申诉，要求免官；十二日，郑畋请求让他回泸川养病；皇帝都没有答应。
　　王仙芝攻下了安州。
　　…………

注释

❶ 安州，治在今湖北安陆。

【原文】

　　乙卯，王仙芝陷随州①，执

【译文】

　　乙卯，王仙芝攻下随州，把刺

刺史崔休徵。山南东道节度使李福遣其子将兵救随州，战死。福奏求援兵，遣左武卫大将军李昌言将凤翔五百骑赴之，仙芝遂转掠复、郢。忠武大将张贯等四千人与宣武兵援襄州[②]，自申、蔡间道逃归；诏忠武节度使崔安潜、宣武节度使穆仁裕遣人约还。约还者，戒约将士，使还赴援也。

．．．．．．．．．．．．

史崔休徵抓起来。山南东道节度使李福派他的儿子带兵去援救随州，在战斗中阵亡。李福上奏求援兵，朝廷派左武卫大将军李昌言带领凤翔的五百名骑兵前往支援，王仙芝就转向掠取复州和郢州地区。忠武军大将张贯等四千人和宣武镇的军队同去支援襄州，却从申州和蔡州的小路逃了回来；朝廷诏令忠武节度使崔安潜、宣武节度使穆仁裕派人戒约他们仍去援救襄州。

．．．．．．．．．．．．

注 释

❶随州，治在今湖北随州。　　❷襄州，治在今湖北襄阳。

【原文】

（冬，十月），郑畋与王铎、卢携争论用兵于上前，畋不胜，退，复上奏，以为："自王仙芝俶扰，按孔安国《尚书注》：俶，始也；扰，乱也。崔安潜首请会兵讨之，继发士卒，罄竭资粮；言竭本道所有，以供征行士卒资粮。贼往来千里，涂炭诸州，独不敢犯其境。又以

【译文】

（冬，十月），郑畋与王铎、卢携在皇帝面前争论用兵的计划，郑畋争输了，退了出来，不久又上奏，认为："自从王仙芝倡乱开始，崔安潜最先提出派军队共同讨伐他，接着调发士卒，竭尽了资用米粮；贼军往来千里，使不少州县遭到破坏，唯独不敢进犯崔安潜所统辖的忠武军境。又把他的本道兵交张自勉带领，解了宋州之围，使得江、淮之

本道兵授张自勉，解宋州围，使江、淮漕运流通，不输寇手，今蒙尽以自勉所将七千兵令张贯将之，隶宋威。句断。自勉独归许州，威复奏加诬毁。因功受辱，臣窃痛之。安潜出师，前后克捷非一，一旦强兵尽付他人，良将空还，若勍敌忽至，何以枝梧！臣请以忠武四千人授威，余三千人使自勉将之，守卫其境，既不侵宋威之功，又免使安潜愧耻。"时卢携不以为然，上不能决。畋复上言："宋威欺罔朝廷，败衄狼籍。又闻王仙芝七状请降，威不为闻奏。朝野切齿，以为宜正军法。迹状如此，不应复典兵权，原与内大臣参酌，内大臣，谓两中尉、两枢密也。早行罢黜。"不从。

‥‥‥‥‥

黄巢寇掠蕲、黄①，蕲、黄相去一百六十五里。曾元裕击破之，斩首四千级。巢遁去。

‥‥‥‥‥

间的漕运得以畅通，不致落入贼人手中。现在蒙恩要将张自勉带领的七千名将士全部交给张贯统领，隶属于宋威。张自勉一个人回许州去，宋威又上奏对自勉加以诬陷和诋毁。立了功反而受侮辱，臣私下为这件事感到痛心。崔安潜出兵作战以来，前后打了不少胜仗，一旦把精锐部队都交给了别人，良将空手回来，倘若强敌突然到来，又用什么去抵御敌人！臣请求只将忠武军中的四千人分给宋威，其余三千人仍由张自勉带领，守卫他所统辖的州境，这样既不侵占宋威的功劳，又免得使崔安潜感到耻辱。"当时卢携不赞成这样办，皇帝也无法决断。郑畋又上奏说："宋威欺骗了朝廷，败军之将的名声远扬。又听说王仙芝七次写降表请求投诚，宋威不为他上奏朝廷。朝野之人都痛恨他，认为应当用军法处置他。他的行事表现如此，不应该再让他掌握兵权。希望和内大臣参酌，尽早把他罢官。"皇帝不答应。

‥‥‥‥

黄巢侵扰蕲州和黄州，曾元裕将其击败，斩首四千级。黄巢逃遁而去。

‥‥‥‥

注　释

❶ 黄，即黄州，治在今湖北黄冈。

【原文】

十一月，招讨副都监杨复光遣人说谕王仙芝①，仙芝遣尚君长等请降于复光，杨复光时屯邓州。宋威遣兵于道中劫取君长等。十二月，威奏与君长等战于颍州西南②，生擒以献；复光奏君长等实降，非威所擒。诏侍御史归仁绍等鞫之，《姓谱》曰：《左传》，胡，子国，姓归，为楚所灭，子孙或以国为氏，或以姓为氏，竟不能明；斩君长等于狗脊岭。

【译文】

十一月，招讨副使、都监杨复光派人游说告谕王仙芝，王仙芝派尚君长等向杨复光请降，宋威派军队在路上拦劫了尚君长等人。十二月，宋威上奏说和尚君长等在颍州西南作战，活捉了尚君长等人献给朝廷；杨复光上奏说尚君长等人其实是投降，不是宋威擒获的。诏令侍御史归仁绍等人审问这件事，结果还是未弄明白；于是将尚君长等人在狗脊岭斩首示众。

注　释

❶ 杨复光（八四二—八八三），本姓乔，闽人。内常侍杨玄价之养子。僖宗时，曾先后任招讨副使、天下兵马都监，围剿黄巢军；又招引李克用带领沙陀兵镇压黄巢军。　❷ 颍州，治在今安徽阜阳。

【原文】

黄巢陷匡城①，遂陷濮州。匡城县，

【译文】

黄巢攻下匡城县，接着

属滑州，本汉长垣县。宋白曰：隋开皇于妇姑城置匡城县，以县南有故匡城为名，即孔子所畏之所。**诏颍州刺史张自勉将诸道兵击之。**

攻下了濮州。朝廷诏令颍州刺史张自勉带领各道人马进击黄巢。

注释

❶ 匡城，今河南长垣西南。

【原文】

江州刺史刘秉仁乘驿之官，单舟入柳彦璋水寨，贼出不意，即迎拜，秉仁斩彦璋，散其众。柳彦璋为盗九月而败。

王仙芝寇荆南①。节度使杨知温，知至之兄也，杨知至见上卷懿宗咸通十一年。以文学进，不知兵，或告贼至，知温以为妄，不设备。时汉水浅狭，贼自贾堑度②。《九域志》：郢州长寿县有贾堑镇。

【译文】

江州刺史刘秉仁乘驿站车船去上任，单独乘船进入柳彦璋的水寨，贼人没有预料到他突然到来，即时迎拜，刘秉仁杀了柳彦璋，解散了他的部众。

王仙芝进犯荆南。节度使杨知温，是杨知至的哥哥，以文学入仕，不知用兵打仗之事，有人告诉他贼人将要打来，杨知温以为是瞎说的，不做防御的准备。当时汉水水浅河狭，贼人从贾堑渡过了汉水。

注释

❶ 荆南节度，治江陵，今湖北荆州。　　❷ 贾堑，在今湖北钟祥南。

五年 (戊戌·八七八)

【原文】

春，正月，丁酉朔，大雪，知温方受贺，凡元旦、冬至，诸州镇皆受将吏牙贺，下至县邑亦然。贼已至城下，遂陷罗城。将佐共治子城而守之，及暮，知温犹不出。将佐请知温出抚士卒，知温纱帽皂裘而行，将佐请知温擐甲以备流矢。知温见士卒拒战，犹赋诗示幕僚，遣使告急于山南东道节度使李福，福悉其众自将救之。时有沙陀五百在襄阳，福与之俱至荆门①，遇贼，晋分编县，置长林县。德宗贞元二十一年又分长林置荆门县，属江陵府。《九域志》：在府北一百六十许里。沙陀纵骑奋击，破之。仙芝闻之，焚掠江陵而去②。江陵城下旧三十万户，至是死者什三四。

【译文】

春，正月，初一，大雪，杨知温正在接受僚属的拜贺，贼人已到达城下，随即外城被攻陷。将佐共同修治内城据守，到傍晚时，杨知温还没有出来巡视。将佐请求杨知温出来安抚士卒，杨知温戴着乌纱帽，穿着黑皮袍来了，将佐请他穿上铠甲，以防备流矢。杨知温看到士卒们抗击敌人，还吟诗给幕僚们欣赏，同时派遣使者向山南东道节度使李福告急，李福亲自带着他的全部人马前来救援。当时有沙陀兵五百人在襄阳，李福和他们一道去荆门，到荆门时正好碰上了贼军，沙陀骑兵大肆进击，把贼军打败了。王仙芝听到被打败的消息后，在江陵城外焚烧抢掠一番就离开了。江陵城下原来有三十万户人家，这次战争中被杀的有十分之三四。

注释

❶荆门，今湖北荆门。　❷江陵，今湖北江陵。

【原 文】

壬寅，招讨副使曾元裕大破王仙芝于申州东，所杀万人，招降散遣者亦万人。敕以宋威久病，罢招讨使，还青州；宋威本平卢帅，罢招讨使还镇。以曾元裕为招讨使，颍州刺史张自勉为副使。

…………

（二月），贬杨知温为郴州司马。以王仙芝犯江陵，城几失守，士民多为所杀略也。

曾元裕奏大破王仙芝于黄梅[1]，黄梅县属蕲州。宋白曰：宋分江夏郡置南新蔡郡；隋开皇十八年改为黄梅县，界内有黄梅山，因名。杀五万余人，追斩仙芝，传首，余党散去。

【译 文】

初六，招讨副使曾元裕在申州东大破王仙芝军，杀了一万人，招降遣散的也有一万人。朝廷敕命以宋威长久害病，免去了他的招讨使职务，让他回青州去；任命曾元裕为招讨使，颍州刺史张自勉为副招讨使。

…………

（二月），贬杨知温为郴州司马。

曾元裕奏报说在黄梅县大破王仙芝，杀了五万多人，追斩了王仙芝，传首于京师，余党逃散而去。

注 释

❶ 黄梅，今湖北黄梅。

【原 文】

黄巢方攻亳州未下[1]，尚让帅仙芝余众归之，《考异》曰，《实录》："元裕奏大破仙芝于黄梅县，杀戮五万余人；追至曹州南华县，斩仙芝，传首京师。"《旧纪》："二月，王仙芝余党攻江西，招讨使宋威出军，屡败之，仍宣诏书谕仙芝。仙芝致书于威，求节钺，威伪许之。仙芝令其大将尚君长、蔡温玉奉表入朝，

【译 文】

黄巢正在进攻亳州，尚未攻下来，尚让带领王仙芝的余众归附于

威乃斩君长、温玉以徇。仙芝怒，急攻洪州，陷其郭。宋威赴援，与贼战，大败之，杀仙芝，传首京师。君长弟让与黄巢大掠淮南。"《旧传》曰："齐克让为兖州节度使，以本军讨仙芝，仙芝惧，引众历陈、许、襄、邓，无少长，皆虏之，众号三十万。三年七月，陷江陵。又遣将徐唐莒陷洪州。时仙芝表请符节，不允。以宋威为荆南节度招讨使，杨复光为监军。复光遣判官吴彦宏谕以朝旨，释罪，别加官爵。仙芝乃令尚君长、蔡温玉、楚彦威相次诣阙请罪，且求恩命。时宋威害复光之功，并擒送阙，敕于狗脊岭斩之。贼怒，悉精锐击官军，威军大败。复光收其余众以统之，朝廷以王铎代为招讨。五年八月，收复荆州，斩仙芝首，献于阙下。"《新传》："黄巢自薪州与仙芝分其众，尚君长入陈、蔡，巢北掠齐、鲁，众万人，入郓州，杀节度使薛崇，进陷沂州，由颍、蔡保查岈山，引兵复与仙芝合，围宋州。会自勉救兵至，仙芝解而南渡汉，攻荆南，陷之，贼不能守。巢攻和州，未克。仙芝自围洪州，取之，使徐唐莒守，进破朗、岳，遂围潭州，观察使崔瑾拒却之。乃向浙西，扰宣、润，不能得所欲，身留江西，趣别部还入河南。帝诏崔安潜归忠武，复起宋威、曾元裕，以招讨使还之，而杨复光监军。复光以诏谕贼。仙芝遣尚君长等诣阙请罪，又遗威书求节度。威阳许之，上言与君长战，擒之。复光固言其降。命侍御史与中人即讯，不能明，卒斩之。仙芝怒，还攻洪州，入其郭。威自将往救，败仙芝于黄梅，斩五万级，获仙芝，传首京师。当此时，巢方围亳州未下，君长弟让帅仙芝溃党归巢。"《新》《旧传》叙贼所经历皆不同，又云"宋威杀仙芝"。今皆从《实录》。**推巢为主，号冲天大将军，改元王霸**，《考异》曰，《续宝运录》："乾符元年，黄巢聚众于会稽反，建元曰王霸元年。"《旧传》："先是，尚君长弟让，以兄见诛，率众入查牙山，黄巢、黄揆昆仲八人率盗数千依让，月余，众至数万，陷汝州，虏刺史王镣，大掠关东，官军加讨，屡为所败，其众十余万。尚让乃与群盗推巢为王，曰冲天大将军，仍署官属，藩镇不能制。"《新传》曰："尚君长弟让，率仙芝溃党归巢，推巢为王，号冲天大将军，署拜官属，驱河南、山南之民十余万，掠淮

他，推举黄巢为首领，号冲天大将军，改年号为王霸，任命官属。黄巢攻下了沂州和濮州。在这之后，黄巢多次被官军打败，于是送信给天平节度使张杨，请他转奏朝廷，表示愿意投降。朝廷诏命黄巢为右卫将军，命令他就在郓州解散军队，去朝廷任职；黄巢终竟未去。

南，建元王霸。"今从之。署官属。巢袭陷沂州、濮州。既而屡为官军所败，乃遗天平节度使张杨书②，请奏之。诏以巢为右卫将军，令就郓州解甲；巢竟不至。《考异》曰，《旧传》："及王仙芝败，巢东攻亳州不下，乃袭破沂州据之，仙芝余党悉附焉。"《实录》："巢自称黄王，建元王霸，连为王师所败，诣天平乞降，除右卫将军，复叛去，自是兵不能制。"《新传》曰："曾元裕败贼于申州，死者万人。帝以宋威杀尚君长非是，且讨贼无功，诏还青州，以元裕为招讨使，张自勉为副。巢破考城，取濮州，元裕军荆、襄，援兵阻，更拜自勉东北面行营招讨使，督诸军急捕巢。巢方掠襄邑、雍丘，诏滑州节度使李峄壁原武。巢寇叶、阳翟，欲窥东都。会左神武大将军刘景仁以兵五千援东都，河阳节度使郑延休兵三千壁河阴。巢兵在江西者为镇海节度使高骈所破；寇郑、郏、襄城、阳翟者为崔安潜逐走；在浙西者为节度使裴璩斩二长，死者甚众。巢大沮畏，乃诣天平军乞降。诏授巢右卫将军。巢度藩镇不一，未足制己，即叛去，转寇浙东，执观察使崔璆。"与《实录》先后不同。今从《实录》。

注 释

❶ 亳州，治在今安徽亳州。　❷ 杨，章钰《校宋记》云：十二行本"杨"作"禓"；乙十一行本同；孔本同；熊校同。

【原 文】

　　加山南东道节度使李福同平章事，赏救荆南之功也。

　　三月，群盗陷朗州、岳州①，朗、岳相去五百五十里。曾元裕屯荆、襄，荆、

【译 文】

　　加山南东道节度使李福同平章事官衔，以奖赏他救援荆南的功劳。

　　三月，群盗攻下朗州和岳

襄相去三百四十里。黄巢自滑州略宋、汴②，滑州南至汴州二百一十里，汴州东至宋州三百五十里。乃以副使张自勉充东南面行营招讨使，黄巢攻卫南③，隋置楚丘县于古楚丘城，以曹有楚丘，改曰卫南，唐时属滑州。遂攻叶、阳翟。诏发河阳兵千人赴东都，与宣武、昭义兵二千人共卫宫阙；卫东都宫阙也。以左神武大将军刘景仁充东都应援防遏使，并将三镇兵，三镇，河阳、宣武、昭义。仍听于东都募兵二千人。景仁，昌之孙也。刘昌见《德宗纪》。又诏曾元裕将兵径还东都，发义成兵三千守轘辕、伊阙、河阴、武牢。河南缑氏县北有轘辕故关。伊阙县北有伊阙故关。孟州汜水县有虎牢关。唐避先讳，以"虎"为"武"。

州。招讨使曾元裕屯驻在荆州和襄州一带，黄巢从滑州侵扰宋州和汴州一带，朝廷于是任命招讨副使张自勉为东南面行营招讨使。黄巢进攻卫南县，接着转攻叶县和阳翟县。诏令调发河阳镇军队一千人赴东都，和宣武、昭义的军队二千人共同保卫东都的宫阙；又任命左神武大将军刘景仁为东都应援防遏使，一并指挥三镇的援军，还听任他在东都招募二千兵员。刘景仁是刘昌的孙子。又诏令曾元裕带领部队直接回东都，调义成军派出军队三千人分别驻守轘辕、伊阙、河阴、虎牢四个关隘要地。

注释

❶ 朗州，治在今湖南常德。岳州，治在今湖南岳阳。　❷ 滑州，治在今河南滑县，时在黄河沿岸。汴州，治在今河南开封。　❸ 卫南，今河南滑县东。

【原文】

　　王仙芝余党王重隐陷洪州①，江西观察使高湘奔湖口。江州东北六十里有湖口

【译文】

　　王仙芝的余党王重隐攻下洪州，江西观察使高湘逃

镇，当彭蠡湖入江之口，宋朝置湖口县。**贼转掠湖南，别将曹师雄掠宣、润**②。**诏曾元裕、杨复光引兵救宣、润。**

....

奔湖口镇。贼人转掠湖南，别将曹师雄攻掠宣州和润州地区。朝廷诏令曾元裕和杨复光救援宣州和润州。

....

注 释

❶ 洪州，治在今江西南昌。　❷ 宣州，治在今安徽宣城。润州，治在今江苏镇江。

【原 文】

黄巢引兵渡江，攻陷虔、吉、饶、信等州①。

....

【译 文】

黄巢带领部队渡过长江，攻下虔、吉、饶、信等州。

....

注 释

❶ 虔州，治在今江西赣州。吉州，治在今江西吉安。饶州，治在今江西鄱阳。信州，治在今江西上饶。

【原 文】

（夏，四月），时连岁旱、蝗，寇盗充斥，耕桑半废，租赋不足，内藏虚竭，无所仰助。饮，音次，亦助

【译 文】

（夏，四月），当时连年发生旱灾和蝗灾，地方上寇盗很多，从事农桑的人减少了一半，租赋

也。兵部侍郎、判度支杨严三表自陈才短，不能济办，辞极哀切，诏不许。人见美官，谁不欲之，乃有辞而不获者，可以观世道矣。

曹师雄寇湖州①，曹师雄自宣、润进寇湖州。镇海节度使裴璩遣兵击破之②。王重隐死，其将徐唐莒据洪州。曹师雄、王重隐皆王仙芝之党。

收不上来，国库空虚匮竭。兵部侍郎、判度支杨严三次上表陈述自身才力不够，不能保证国家的财政开支，请求解除他的判度支之职，言辞非常恳切，皇上诏令不许。

曹师雄侵扰湖州，镇海节度使裴璩派军队打败了他。王重隐死，他的部将徐唐莒据守洪州。

注 释

❶ 湖州，治在今浙江湖州。　❷ 镇海节度，治杭州，今浙江杭州。

【原 文】

饶州将彭幼璋合义营兵克复饶州。饶州比为黄巢所陷。义营兵，饶州之起义者也。

••••••••••

（六月），王仙芝余党剽掠浙西，朝廷以荆南节度使高骈先在天平有威名①，高骈之威名，以破蛮于交趾而徙镇天平，郓人遂畏之耳。仙芝党多郓人，乃徙骈为镇海节度使。

••••••••••

【译 文】

饶州将领彭幼璋联合义营兵收复了饶州。

••••••••••

（六月），王仙芝余党侵扰浙西一带，朝廷认为荆南节度使高骈原先在天平军任职时有威名，而王仙芝的党羽多半是郓州地方人，于是就调高骈为镇海节度使。

••••••••••

注 释

❶ 高骈（八二一—八八七），其先勃海人，后居幽州，世代为禁卫军将领，骈残忍好杀。僖宗时历任镇海、淮南节度使，诸道行营都统等职，曾率领大军镇压黄巢起义军。八七九年，几被黄巢军全部歼灭。

【原文】

（八月），黄巢寇宣州，宣歙观察使王凝拒之，败于南陵①。《九域志》：南陵县在宣州西一百五里。巢攻宣州不克，乃引兵攻浙东，开山路七百里，攻剽福建诸州。按《九域志》：自婺州至衢州界首一百九十里。衢州治所至建州七百五里。此路岂黄巢始开之邪！

【译文】

（八月），黄巢侵扰宣州，宣歙观察使王凝率军抵抗，在南陵打败了黄巢。黄巢没有攻下宣州，就带领部队进攻浙东，开辟山路七百里，攻掠福建各州地方。

注 释

❶ 南陵，今安徽南陵。

【原文】

九月，平卢军奏节度使宋威薨。老病而死，固其宜也。史书威死，以为握兵玩寇不能报国之戒。

辛丑，以诸道行营招讨使曾元裕领平卢节度使。

【译文】

九月，平卢军奏报说节度使宋威去世。

初九，任命诸道行营招讨使曾元裕兼任平卢节度使。

十二月，十三日，黄巢攻陷福州，观察使韦岫丢下州城逃

十二月，甲戌，黄巢陷福州①，观察使韦岫弃城走。
…………

走了。
…………

❶ 福州，治在今福建福州。

六年 (己亥·八七九)

【原文】

（春，正月），镇海节度使高骈遣其将张璘、梁缵，《考异》曰：《旧纪》"张璘"作"张麟"，《新纪》《传》《实录》作"潾"，今从《旧·高骈》《黄巢传》及《唐年补录》《妖乱志》《唐补纪》《续宝运录》。《旧纪》"梁缵"作"梁绩"，今从众书。分道击黄巢，屡破之，降其将秦彦、毕师铎、李罕之、许勍等数十人；为后秦彦、毕师铎反攻高骈张本。《考异》曰，郭延诲《妖乱志》曰："初，黄巢将蹂践淮甸，委师铎为先锋，攻胁天长，累日不克，师铎之志沮焉。及巢北向，师铎遂降勃海。"按《旧·师铎传》，骈败巢于浙西，皆师铎之效，故置于此。巢遂趣广南。彦，徐州人；师铎，冤句人；罕之，项城人也。
……

（夏，四月），上以群盗为忧，王铎曰：

【译文】

（春，正月），镇海节度使高骈派遣他的部将张璘和梁缵分路进攻黄巢，多次打败黄巢军，招降黄巢部下的将领秦彦、毕师铎、李罕之、许勍等数十人；黄巢于是跑去广南。秦彦，是徐州人；毕师铎，是冤句人；李罕之，是项城人。
…………

（夏，四月），皇帝忧虑着群盗的事，王铎上奏说："臣为宰

"臣为宰相之长，在朝不足分陛下之忧，请自督诸将讨之。"乃以铎守司徒兼侍中，充荆南节度使、南面行营招讨都统[1]。《考异》曰，《旧纪》："五年二月，铎自请督众讨贼。天子以宋威失策杀尚君长，乃以铎检校司徒兼侍中、门下侍郎、江陵尹、荆南节度使，充诸道兵马都统。"《旧传》："四年，贼陷江陵，杨知温失守，宋威破贼失策，朝议统帅，卢携称高骈累立战功，宜付军柄；物议未允。铎廷奏：'臣愿自率诸军荡涤群盗。'朝议然之。五年，以铎守司徒、门下侍郎、同平章事、兼江陵尹、荆南节度使，充诸道行营兵马都统。"今从《实录》及《新纪》《表》。

....

相的首脑，在朝廷不能够分担陛下的忧愁，请求亲自去督导诸将讨伐群盗。"于是任命王铎守司徒兼侍中，充任荆南节度使、南面行营招讨都统。

....

注　释

❶ 都统，前秦进攻东晋，曾设"少年都统"。唐后期，为讨伐藩镇和镇压农民起义，设置此官。或称诸道行营招讨都统，为讨伐军的统帅。后因设置都统过多，又在都统之上设"都都统"，为讨伐军的总统帅。

【原　文】

（五月），泰宁节度使李系，晟之曾孙也，有口才而实无勇略，王铎以其家世良将，奏为行营副都统兼湖南观察使，官人以世而不考其才，古今之通患也。为铎、系失守珍民张本。使将精兵五万，并土团屯潭州[1]，

【译　文】

（五月），泰宁军节度使李系，是李晟的曾孙，口才很好而实际上没有什么谋略，王铎认为他家世代都是良将，上奏推举他担任行营副都统兼湖南观察使，要他带领精兵五万人和土团驻扎在潭州，用以阻塞岭北的通道，抵御

以塞岭北之路，拒黄巢。

⋯⋯⋯⋯⋯

黄巢北犯。

⋯⋯⋯⋯⋯

注 释

❶ 潭州，治在今湖南长沙。

【原 文】

　　黄巢与浙东观察使崔璆、岭南东道节度使李迢书①，求天平节度使，二人为之奏闻；朝廷不许。巢复上表求广州节度使，《考异》曰，《续宝运录》曰：“黄巢先求广府兼使相，朝廷不与。黄巢夏初兵屯广南，屡候敕旨不下，遂恣行攻劫。黄巢夏六月上表，称‘义军百万都统兼韶、广等州观察处置等使’。末云‘六月十五日表’。秋，遣内侍仇公度赍手诏并广南、邕府、安南、安东等道节度使、指挥观察使、开国公、食邑五百户官告六通，又赐节度将吏空名尚书仆射官告五十通。九月二十日，仇公度到广州，至十月一日，巢与公度杂匹段、药物等五驮、表函并所赐官告并却付公度。表末云：‘广明元年十月一日上表。’公度等其年十月二十九日至京。”如《宝运录》所言，则是广明元年十月一日，巢犹在广州也。按其月巢已入长安，今从《旧纪》。上命大臣议之。左仆射于琮以为：“广州市舶宝货所聚，舶，⋯⋯大舟也。唐置市舶司于广州，以招来海中蕃舶。岂可令贼得之！”亦不许，乃议别除官。六月，宰相请除巢府率，从之。《考异》曰，《旧纪》：“五月，贼围广州，仍与广南节度使李迢、浙东观察使崔璆书求保荐，乞天平节钺。迢、璆上表论之。”《实录》：“迢、璆上表论请，词甚恳激，乃诏公卿集议。

【译 文】

　　黄巢写信给浙东观察使崔璆和岭南东道节度使李迢，要求担任天平节度使，二人为他奏闻了朝廷；朝廷不答应。黄巢又上表要求担任广州节度使，皇帝命令大臣讨论这件事。左仆射于琮认为：“广州是海外商船来往财宝聚积之地，怎么能让贼人得到

巢又自表乞广州节度、安南都护。巢自春夏其众大疫，死者什三四，欲据有岭表，永为巢穴，乃继有是请。右仆射于琮议云云。时朝廷倚高骈成功，不允其奏，乃议除官。或云，以正员将军縻之；宰相亦沮其议，乃除率府率。"《旧·巢传》曰："时高骈镇淮南，表请招讨贼，许之，议加都统。巢乃渡淮，伪降于骈，骈遣将张璘帅兵受降于天长镇。巢禽璘，杀之，因虏其众。寻南陷湖、湘，遂据交、广，托崔璆奏乞天平节度，朝议不允。又乞除官，时宰臣郑畋与枢密使杨复恭欲请授同正员将军；卢携驳其议，请授率府率，如其不受，请以高骈讨之。"《新·巢传》曰："有诏，高骈为诸道行营都统。巢进寇广州，诒李迢书，求表为天平节度使，又胁崔璆言于朝，宰相郑畋欲许之，卢携、田令孜执不可。巢又乞安南都护、广州节度使，书闻，右仆射于琮议云云。乃拜巢率府率。"《旧·卢携传》亦皆以为携议授巢率府率。按此时携已罢相，今从《实录》。

············

它！"也不答应，于是讨论另外给他一个官职。六月，宰相请求任命黄巢为率府率，皇帝答应了。

············

注释

❶ 岭南东道节度，治广州，今广东广州。

【原文】

（秋，八月），镇海节度使高骈奏："请以权舒州刺史郎幼复充留后，守浙西，遣都知兵马使张璘将兵五千于郴州守险❶，兵马留后王重任将兵八千于循、潮二州邀遮❷，臣将万人自大庾岭趣广州击黄巢。巢闻

【译文】

（秋，八月），镇海节度使高骈上奏说："请求任命权舒州刺史郎幼复担任镇海留后，据守浙西，派遣都知兵马使张璘带领五千军队在郴州守卫险要地方，兵马留后王重任带领八千军队在循州和潮州一带拦截，臣自己带领一万军队从大庾岭赶往广州进击黄巢。黄巢听说臣前去攻打他，一定

臣往，必当遁逃，乞敕王铎以
所部兵三万于梧、桂、昭、永
四州守险③。"诏不许。

会逃跑，请求朝廷敕令王铎从他的部
队中调三万人去梧州、桂州、昭州和
永州地方据守险要关隘。"皇帝下诏
不答应。

注 释

❶ 郴州，治在今湖南郴州。　　❷ 循州，治在今广东惠州。潮州，治在今广东
潮州。　　❸ 梧州，治在今广西梧州。桂州，治在今广西桂林。昭州，治在今广
西平乐。永州，治在今湖南永州。

【原文】

　　九月，黄巢得率府率告身，大怒，诟
执政，急攻广州，即日陷之，执节度使李
迢，转掠岭南州县。巢使迢草表述其所
怀，迢曰："予代受国恩，亲戚满朝，腕
可断，表不可草。"巢杀之。《考异》曰，《惊
听录》曰："拥李迢在寇，复并蓺海隅，又陷桂州，次攻
湖南，屯衡州，方知王仙芝巳山东没阵，又尚君长生送
咸京，遂召李迢，怒而殒害。"《新纪》："十一月，辛
酉，黄巢陷江陵，杀李迢。"《新传》曰："其十月，巢
据荆南，胁李迢草表报天子；迢不可，巢怒，杀之。"
《北梦琐言》曰："黄巢入广州，执李侶，随军至荆州，
令侶草表述其所怀。侶曰：'某骨肉满朝，世受国恩，腕
即可断，表终不为领。'于江津害之。"今从《实录》。

　　冬，十月，以镇海节度使高骈为淮南
节度使，充盐铁转运使，以泾原节度使周

【译文】

　　九月，黄巢收到朝廷
任命他为率府率的告身，
大怒，辱骂宰相，急攻广
州，当天就攻下了，捉住
了节度使李迢，转而劫掠
岭南各州县。黄巢叫李迢
草拟奏表述说他的抱负，
李迢说："我世世代代受
到国家的恩惠，亲戚中很
多人都在朝廷任职，哪怕
砍断我的手腕，奏表也是
不能写的。"黄巢把他
杀了。

　　冬，十月，任命镇
海节度使高骈为淮南节
度使，并充任盐铁转运

宝为镇海节度使，_{为骈、宝斗阋张本。}以山南东道行军司马刘巨容为节度使。宝，平州人也。

黄巢在岭南，士卒罹瘴疫死者什三四，其徒劝之北还以图大事，巢从之。自桂州编大筏数十，乘暴水，沿湘江而下，历衡、永州①，癸未，抵潭州城下。李系婴城不敢出战②，巢急攻，一日，陷之，系奔朗州。《九域志》：自潭州至朗州三百八十余里。巢尽杀戍兵，流尸蔽江而下。尚让乘胜进逼江陵，众号五十万。时诸道兵未集，江陵兵不满万人，王铎留其将刘汉宏守江陵，自帅众趣襄阳，《九域志》：自江陵至襄阳四百四十里。云欲会刘巨容之师。铎既去，汉宏大掠江陵，《考异》曰，《旧纪》："广明元年二月，巢陷潭州，王铎弃江陵，奔襄阳，汉宏大掠。"《实录》："闰月，湖南奏：'黄巢贼众自衡、永州下，十月二十七日攻陷潭州。'"《新·巢传》曰："广明初，贼自岭南寇湖南诸郡，攻潭州，陷之。"《旧·巢传》："巢欲据南海之地，坐邀朝命。是岁，自春及夏，其众大疫，死者十三四。众劝请北归以图大利，巢不得已，广明元年北逾五岭，犯湖、湘、江、浙。"按《旧纪》《传》皆云广明元年败王铎。今月日从《实录》，事从《旧书》。又据《旧纪》《传》，则刘汉宏本王铎将，铎去而汉宏留江陵大掠，遂为盗也。《实录》用之，而于铎奔襄阳下添"先是"字。若铎在江陵，汉宏时为群盗，安能入其城大掠？借使汉宏先尝寇掠江陵，与黄巢事了不相干，何必言"后半月余，贼众乃据其城"也！《吴越备史》云：

使，调泾原节度使周宝为镇海节度使，擢升山南东道行军司马刘巨容为节度使。周宝是平州人。

黄巢在岭南，士卒中得瘴疫病死的十人中就有三四人，他的手下劝他回到北方去以便建立大的功业，黄巢采纳了他们的意见。他们在桂州编扎大木排数十个，乘着涨大水，沿湘江而下，经过衡州和永州地区。二十七日，抵达潭州城下。湖南观察使李系围城据守着不敢出战，黄巢紧急进攻，经过一天，就攻下了潭州，李系逃奔朗州。黄巢把守城的士卒都杀了，向下游漂流的尸体满江都是。尚让乘胜进逼江陵，号称五十万人马。当时各道援军尚未赶来，江陵驻军还不到一万人，王铎留下他的部将刘汉宏守江陵，自己带领一部分军队跑去襄阳，说是想和刘巨容会师。王铎离开以后，刘汉宏在江

"汉宏本兖州小吏，领本州兵御巢寇，遂杀将首，劫辎重而叛。后命前濠州刺史崔锴招降之。"据此，则汉宏本群盗也。《新传》用之，而云铎招降之。或者汉宏本群盗，中间降铎为部将，铎去江陵，汉宏复大掠为盗，其后又降于崔锴，遂为唐臣也。**焚荡殆尽，士民逃窜山谷。会大雪，僵尸满野。后旬余，贼乃至。汉宏，兖州人也，帅其众北归为群盗。**

…………

陵大肆抢掠，把房屋都焚烧光了，士民逃窜到山谷避祸。适逢下大雪，冻死的尸体漫山遍野。隔了十多天，贼人才到达。刘汉宏是兖州人，他带领部下回到北方做了强盗。

…………

注 释

❶ 衡州，治在今湖南衡阳。　❷ 婴城，绕城守御。

【原 文】

（十一月），黄巢北趣襄阳，刘巨容与江西招讨使、淄州刺史曹全晟合兵屯荆门以拒之❶。《九域志》：襄阳南至荆门二百七十余里。贼至，巨容伏兵林中，全晟以轻骑逆战，阳不胜而走，贼追之，伏发，大破贼众，乘胜逐北，比至江陵，《九域志》：荆门南至江陵一百六十五里。俘斩其什七八。巢与尚让收余众渡江东走。或劝巨容穷追，贼可尽也。

【译 文】

（十一月），黄巢向北面的襄阳进发，刘巨容和江西招讨使、淄州刺史曹全晟合兵驻扎在荆门以抵御黄巢。贼人到达时，刘巨容在丛林中设下埋伏，曹全晟派轻骑迎战，假装被打败逃走，贼人追赶他们，伏兵突然出现，大破贼众，乘胜追赶他们，等到江陵时，俘虏、歼灭了黄巢部队的十分之七八。黄巢与尚让收集余众渡过长江，向东而去。有人劝刘巨容尽力追赶黄巢，说这样可以将贼人全部消灭。刘巨容说："国家喜欢做对不起

巨容曰："国家喜负人，有急则抚存将士，不爱官赏，事宁则弃之，或更得罪，唐末之政，诚如刘巨容之言。不若留贼以为富贵之资。"众乃止。全晸度江追贼，会朝廷以泰宁都将段彦谟代为招讨使，全晸亦止。由是贼势复振，攻鄂州，陷其外郭，转掠饶、信、池、宣、歙、杭十五州②，众至二十万。

别人的事，有了紧急情况就对将士安抚存问，不吝惜官爵和赏赐，事情安定以后就抛弃他们，有的还被治罪，不如让贼人留下来作为我们取得富贵的一种凭借。"众人就停止追赶贼军。曹全晸渡江追击贼人，遇上朝廷任命泰宁都将段彦谟接替他为招讨使，曹全晸也停止了追击。这样一来，贼人的势力又振作起来，进攻鄂州，攻下了外城，随后转掠饶、信、池、宣、歙、杭等十五州，军队发展到了二十万人。

注释

❶ 刘巨容（？—八八九），徐州人。僖宗时，历任山南东道节度使、南面行营招讨使、天下兵马先锋等职镇压黄巢起义军。八八九年为宦官田令孜所杀。❷ 池州，治在今安徽池州。歙州，治在今安徽歙县。

【原文】

十二月，以王铎为太子宾客、分司。以江陵之败也。

初，兵部尚书卢携尝荐高骈可为都统，至是，骈将张璘等屡破黄巢，乃复以携为门下侍郎、平章事，凡关东节度使，王铎、郑畋所除者，多易置之。为卢携倚

【译文】

十二月，调王铎为太子宾客，分司东都。

原先，兵部尚书卢携曾举荐高骈，说他可担任都统之职，到这时，高骈手下的将领张璘等人多次打败黄巢，于是又任命卢携为门下侍郎、平章事，关东各地的节度使，凡是王铎、郑畋所任命的，多

高骈以误国张本。

　　是岁，桂阳贼陈彦谦陷柳州①，杀刺史董岳。

半都换了另外的人担任。

　　这一年，桂阳贼陈彦谦攻下柳州，把刺史董岳杀掉了。

注释

❶柳州，治在今广西柳州。

广明元年 (庚子·八八〇，正月改元)

【原文】

　　(二月)，左拾遗侯昌业以盗贼满关东，而上不亲政事，专务游戏，赏赐无度，田令孜专权无上，天文变异，社稷将危，上疏极谏。上大怒，召昌业至内侍省，赐死。《考异》曰，《续宝运录》云："司天少监侯昌业上疏，其略曰，'陛下不纳李蔚、杜希教之谏'；又曰，'臣乃明祈五道，暗祝冥官，悚息于班列之中，愿早过于阎浮之世'；又曰，'受爵不逢于有德之君，立戟每佐于无道之主'；又曰，'不望尧、舜之年，得同先帝之日'；又曰，'明取尹希复指挥，暗策王士成进状，强夺波斯之宝贝，抑取茶店之珠珍，浑取匦坊，全城般运'；又曰，'莫是唐家合尽之岁，为复是陛下寿足之年'；又曰，'伏惟陛下，暂停戏赏，救接苍生，于殿内立揭谛道场，以无私财帛供养诸佛，用资世禄，共力攘灾'。表奏，圣上龙威震怒，侍臣惊悸。宣徽使宣云：'侯昌业付内侍省，侯进止。'望日午时，又内养刘季远宣口敕云：'侯昌业出自寒门，擢居清近，

【译文】

　　(二月)，左拾遗侯昌业看到盗贼遍布关东各地，而皇帝又不亲自处理政事，只知道一味游玩，赏赐没有限制，田令孜专权而不把皇帝放在眼里，天象也出现异常，社稷将临危难，于是上疏直言进谏。皇帝看了奏疏大怒，把侯昌业召到内侍省，将他处死。皇帝喜欢骑马射箭，玩剑弄槊，算数计

不能修慎，妄奏闲词，讪谤万乘君王，毁斥百辟卿士，在我彝典，是不能容！其侯昌业宜赐自尽。'"《北梦琐言》曰："唐自广明后，阉人擅权，置南北废置使，军容田令孜有回天之力，中外侧目；而王仙芝、黄巢剽掠江、淮，朝廷忧之。左拾遗侯昌业上疏极言时病，留中不出，命于仗内戮之。后有传侯昌业疏词不合事体，其末云，'请开揭谛道场以销兵厉'，似为庸僧伪作也。必若侯昌业以此识见犯上，宜其死也。"今从之。

上好骑射、剑槊、法算，唐国子监有算学博士，掌教《九章》《海岛》《孙子》《五曹》《张丘建》《夏侯阳》《周髀》《五经算》《缀术》《缉古》，为专业，皆法算也。至于音律、蒲博，无不精妙；好蹴鞠、斗鸡①，与诸王赌鹅，鹅一头至五十缗。《考异》曰：《新·田令孜传》："帝冲呆，喜斗鹅，一鹅至直五十万钱。"按鹅非可斗之物，至直五十万钱，亦恐失实，《新传》误也。今从《续宝运录》。尤善击球，尝谓优人石野猪曰："朕若应击球进士举，须为状元。"对曰："若遇尧、舜作礼部侍郎，恐陛下不免驳放。"驳，纠驳也。放，黜也。驳放者，纠驳其非是而放黜之也。上笑而已。

度，至于音律和博戏，没有不精通到极点的；又爱好踢球、斗鸡，与诸王赌鹅，一只鹅的赌值达到五十缗钱。尤其精于打马球，他曾经对优人石野猪说："我要是参加打马球的进士考试，一定是状元。"石野猪回答说："要是遇上尧、舜担任礼部侍郎，恐怕陛下难免要被放黜。"皇帝听了之后笑笑罢了。

注 释

❶ 蹴鞠，古代习武的游戏，唐变蹴鞠戏为蹴球。

【原 文】

度支以用度不足，奏借富户及胡商货

【译 文】

度支由于用度不

财；敕借其半。盐铁转运使高骈上言："天下盗贼蜂起，皆出于饥寒，独富户、胡商未耳。"乃止。

　　…………

　　（三月），淮南节度使高骈遣其将张璘等击黄巢屡捷，卢携奏以骈为诸道行营都统。

《考异》曰，《续宝运录》载骈上表及答诏云："今以卿为诸道行营都统，应行营将士兵马，悉受指挥。"诏旨未到之间，朝廷猜贰，续敕："却不许行军，只令固守封疆，不得擅行征讨。"于是高骈乃引淮水绕江都城三重，坐甲不讨，黄巢自此转盛。《旧纪》《传》，王铎出镇荆南，亦为诸道行营都统，而《实录》及《新纪》、《表》，皆云"为南面行营都统"。《旧纪》："乾符四年六月，以铎为镇海节度使、江西招讨使。六年十月，以骈为淮南节度使、江南行营招讨使。广明元年三月，朝廷以铎统众无功，乃授骈诸道行营兵马都统。"《骈传》："四年，为镇海节度使，寻授诸道兵马都统。六年冬，徙淮南节度使，兵马都统如故。"《卢携传》曰："及王铎失守，罢都统，以高骈代之。"《实录》"五年六月，骈移镇海。六年正月，以骈为诸道行营兵马都统"，仍赐诏如《宝运录》所载者。八月骈上表亦如之。十月骈徙淮南，依前充都统。按骈表请追郎幼复备守浙西，则是在镇海时也。诏云"周旋六镇"，则是骈已移淮南后也。六镇，谓安南、天平、西川、荆南、镇海、淮南也。又诏云，"今以卿为诸道都统"，则似移淮南后方为都统也。疑骈在浙西方为招讨使，既数破巢军，乃以灭巢为己任，上表请布置诸军，自攻巢于广州。及王铎败，卢携遂以骈代之。携欲重其权，故为诸道都统。若骈先为诸道都统，铎但为南面都统，则铎已在骈统下，可以指挥，表不须云"乞降敕指挥铎"也。且铎自宰相都统诸将讨贼，故立都统之名，不应同时有两都统

足，上奏要求借富户和胡商的货财；敕命向他们借一半。盐铁转运使高骈上奏说："天下盗贼纷纷而起，都是饥寒的缘故，只有富户和胡商没有因饥寒而动乱。"于是罢止。

　　…………

　　（三月），淮南节度使高骈派遣他的将领张璘等进攻黄巢，屡传捷报，卢携上奏任命高骈为诸道行营都统。高骈于是传檄征集天下兵马，又广为召募兵员，获得土兵和客兵共七万人，威望大大提高，朝廷十分倚重他。

　　（夏，四月），张璘渡过长江进攻贼帅王重霸，招降了他。由于黄巢的军队屡次受挫，黄巢退到饶州以自保，别将常宏带领部下数万人向官军投降。张璘进攻饶州，攻克，黄巢逃走。当

也。其在浙西领江西招讨使者，时黄巢方掠虔、吉、饶、信故也。今从《旧纪》及《卢携传》。**骈乃传檄征天下兵，且广召募，得土客之兵共七万，**土兵，谓淮南之兵也；客兵，谓诸道之兵也。**威望大振，朝廷深倚之。**为朝廷为骈所误张本。

…………

（夏，四月），张璘度江击贼帅王重霸，降之；屡破黄巢军，巢退保饶州，别将常宏以其众数万降。璘攻饶州，克之，巢走。时江、淮诸军屡奏破贼，率皆不实，宰相已下表贺，朝廷差以自安。贾谊有言：厝火积薪之下，火未及然，因谓之安。唐则薪已然矣，尚可以自安邪！

…………

（五月），黄巢屯信州，遇疾疫，卒徒多死。张璘急击之，巢以金赂璘，且致书请降于高骈，求保奏；骈欲诱致之，许为之求节钺①。时昭义、感化、义武等军皆至淮南，骈恐分其功，乃奏贼不日当平，不烦诸道兵，请悉遣归；朝廷许之。贼诇知诸道兵已北度淮②，乃告绝于骈，且请战。骈怒，令璘击之，兵败，璘死，巢势复振。《考异》曰：《旧纪》，是岁春末，"贼在信州，疫疠，其徒多丧。淮南将张潾急击之，贼惧，以金啖潾，仍致书高骈乞保明归国。骈信之，许求节钺。时昭义、武宁、义武等军兵马数万，赴淮南，骈欲收功于己，乃奏贼已将殄灭，不假诸道之师，并遣还淮北。贼知诸军已退，以求节钺不获，暴怒，与骈绝，请战。骈怒，令张潾整军击之，为贼所败，临阵杀潾。贼遂乘

时江、淮各路军队屡次奏报说打败了贼军，大多不是事实，宰相以下的官员上表道贺，朝廷稍觉安定一些。

…………

（五月），黄巢屯驻信州，遭遇了传染病，士卒中死了不少人。张璘加紧进攻他，黄巢用金子收买张璘，并且写信向高骈请降，要求转奏朝廷保举他；高骈想用引诱的办法抓住他，答应为他请求节度使官职。当时昭义、感化、义武等军都到了淮南，高骈担心他们分占了他的功劳，于是上奏说贼人不多久就要被扫平，不需烦扰各道的军队，请求全部遣调回本道；朝廷答应了。贼人探听到各道的军队已经北去并渡过淮河，就和高骈断绝联系，并且向他挑战。高骈大怒，命令张璘进击黄巢，官军被打败，张

胜度江，攻天长、六合等县，骈不能拒，但自固而已。朝廷闻贼复振，大恐"。《高骈传》曰："广明元年夏，黄巢自岭表北趋江、淮，由采石渡江，溥勒兵天长，欲击之。"《黄巢传》曰："巢乃渡淮，伪降于骈，骈遣将张溥率兵受降于天长镇，巢擒溥，杀之。"《实录》，五月溥已为巢所杀，七月巢乃过江。其言溥所以死与《旧纪》同，《新纪》《传》皆与《实录》同。据《旧传》，则溥死在江北也。《旧纪》及《实录》、《新纪》、《传》，溥死在江南也。按溥已死，巢又陷睦州、婺州、宣州然后度江。溥死在江南是也。

⋯⋯⋯⋯⋯

溥战死，黄巢的势力又振兴起来了。

⋯⋯⋯⋯⋯

注　释

❶ 节钺，是符节与斧钺，古拜大将授之。唐代授节度使，赐以双节，可以专杀。因此，求"节钺"，即请求授以节度使之意。　❷ 诇，音迥，侦察、刺探之意。

【原文】

（六月），黄巢别将陷睦州、婺州①。睦、婺相去一百八十里。

【译文】

（六月），黄巢的将领攻下睦州和婺州。

注　释

❶ 睦州，治在今浙江建德。婺州，治在今浙江金华。

【原 文】

卢携病风不能行，谒告；谒告，谓请假居私第养疾也。己亥，始入对，敕勿拜，遣二黄门掖之。携内挟田令孜，外倚高骈，上宠遇甚厚，由是专制朝政，高下在心。既病，精神不完，事之可否决于亲吏杨温、李修，货赂公行。豆卢瑑无他材，专附会携。崔沆时有启陈，常为所沮。

…………

庚戌，黄巢攻宣州，陷之。

秋，七月，黄巢自采石度江①，围天长、六合②，采石戍，在宣州当涂县西北，渡江即和州界。天宝元年，分江都、六合、高邮三县地，置千秋县，天宝七载，改为天长。六合，汉堂邑县地，东晋属秦郡，北齐改秦州，后周改方州，隋为六合县，唐并属扬州。宋白曰：六合县，春秋时楚之棠邑，秦灭楚，以棠邑为县。《九域志》：天长在扬州西一百一十里。六合在真州西北七十里。兵势甚盛。淮南将毕师铎言于高骈曰："朝廷倚公为安危，今贼数十万众乘胜长驱，谓乘杀张璘之胜势也。若涉无人之境，不据险要之地以击之，使逾长淮，不可复制，必为中原大患。"骈以诸道兵已散，张璘复死，自度力不能制，畏怯不敢出兵，但命诸将严备，自保而已，且上表告急，称："贼六十余万屯天长，去臣城无五十里。"先是卢携谓"骈有文武长才，若悉委以兵柄，

【译 文】

卢携因为得了风痛病不能行走，请假在家养病；十七日，才入朝见皇帝，敕令不要下拜，派了两个黄门官扶着他。卢携在朝廷内仗着田令孜的势力，在朝廷外倚靠高骈的军队，皇帝给他十分优厚的待遇，这样一来他专掌朝廷大政，人事的升降全凭他一人的心意。得病以后，精神不好，政事的可否完全取决于他的亲信杨温和李修，他们公然接受贿赂。豆卢瑑没有其他才干，只会附会卢携。崔沆不时有所陈奏，常常被他从中阻隔破坏。

…………

二十八日，黄巢进攻宣州，把它攻下来了。

秋，七月，黄巢从采石戍渡过长江，包围了天长和六合两

黄巢不足平"。朝野虽有谓骈不足恃者，然犹庶几望之。及骈表至，上下失望，人情大骇。诏书责骈散遣诸道兵，致贼乘无备度江。骈上表言："臣奏闻遣归，亦非自专。今臣竭力保卫一方，必能济办；但恐贼迤逦过淮，宜急敕东道将士善为御备。"东道，谓关东诸道。遂称风痹，不复出战。《考异》曰，《旧·骈传》："骈怨朝议有不附己者，欲贼纵横河、洛，令朝廷筡振，则从而诛之，大将毕师铎说骈云云。骈骇然曰：'君言是也。'即令出军。有爱将吕用之者，以左道媚骈，骈颇用其言，用之惧师铎等立功，即夺己权，从容谓骈曰：'相公勋业高矣，妖贼未殄，朝廷已有间言。贼若荡平，则威望震主，功居不赏，公安税驾邪！为公良画，莫若观衅，自求多福。'骈深然之，乃止。诸将但握兵保境而已。"《惊听录》："朝廷议骈以文以武，国之名将，今此黄巢，必衰于淮海也，寻淮南表至云：'今大寇忽至，入臣封巡，未肯帛伏狼狐，必能晦沈大众。但以山东兵士屯驻扬州，各思故乡，臣遂放去，亦具闻奏，非臣自专。今奉诏书责臣无备，不合放回武勇，又告城危，致劳征兵劳于往返。臣今以寡击众，然曰，武经，与贼交锋，已当数阵，粗成胜捷，不落奸谋，固护一方，臣必能了。但虑寇设深计，支梧官军，迤逦过淮，彼岸无敌，即东道将士以至藩臣，系朝廷速下明诏，上委中书门下，速与商量。'表至，中书咸有异议，遂京国士庶浮谤日兴，云淮南与巢衷私通连，自固城池，放贼过淮也。"《妖乱志》曰："广明元年七月，黄巢自采石北度，直抵天长。时城内土客诸军尚十余万，皆良将劲兵，议者虑狂寇有奔犯关防之患，悉愿尽力死战。用之虑其立功之后，侵夺己权，谓勃海曰：'黄巢起于群盗，遂至横行，所在雄藩，望风瓦解，天时人事，断然可知。令

县，兵势甚为强盛。淮南将毕师铎对高骈说："朝廷倚靠你来决定国家的安危，现在贼人的数十万军队乘胜长驱直入，如入无人之境，如果不据守在险要的地方来打击他们，让他们渡过了长江和淮河，就无法控制他们了，一定会成为中原地区的极大祸患。"高骈看到各道的军队都回去了，张璘又已战死，自己忖度没有力量制止黄巢的势力，畏缩着不敢出兵作战，只是命令手下的将领严加防备，自我保存力量罢了，并且上表向朝廷告急，说："贼军六十多万屯驻天长县，离臣所在的城池不到五十里。"原先，卢携说："高骈有文武大才，要是把兵权都交给他，黄巢是很容易平定的。"朝廷内外虽然有人认为高骈不足倚恃，然而

公既统强兵，又居重地，只得坐观成败，不可更与争锋。若稍损威名，则大事去矣。'勃海深以为然，竟不议出军。巢遂至北焉。初，巢寇广陵也，江东诸侯以勃海屯数道劲卒，居将相重任，巢江海一逦逃耳，固可掉折棰而擒之，及闻安然度淮，由是方镇莫不解体。"按骈宿将，岂不知贼过淮之后，不可复制！若怨朝议不附己者，则尤欲破贼立功，以间执谗愿之口。若纵贼过淮，乃适足实议者之言，非所以消谤也。借使骈实有意使贼震惊朝廷，从而诛之，则贼入汝、洛之后，当晨夜追击以争功名，岂得返坐守淮南数年，逗留不出兵乎！又《旧传》吕用之云"恐成功不赏"，《妖乱志》云"恐败衄稍损威名"，夫大功既成，则有不赏之惧，岂有未战不知胜负，豫忧威望震主乎！骈为都统，控扼江、淮，而拥兵纵贼，使安然北度，其于威名独无损乎！虽用之浅谋无所不至，骈自无参酌，一至此邪！盖骈好骄矜大言，自恃累有战功，谓巢乌合疲弊之众，可以节钺诱致淮南，坐而取之。不意巢初无降心，反为所欺，张璘骁将，一战败死，巢奄占采石，诸军北去，见兵不多，狼狈慑恐，自保不暇，故敛兵退缩，任贼过淮，非故欲纵之，实不能制也。卢携暗于知人，致中原覆没；骈先锐后怯，致京邑丘墟；吕用之妖妄奸回，致广陵涂炭；皆人所深疾，故众恶归焉，未必实然也。又《唐末见闻录》"广明二年十二月五日，黄巢倾陷京国，转牒诸军"，据牒云："屯军淮甸，牧马颍陂。"则似在淮南时，非入长安后。又《续宝运录》云"王仙芝既叛，自称天补均平大将军兼海内诸豪帅都统，传檄诸道"，其文与此略同，末云："愿垂听知，谨告，乾符二年正月三日。"此盖当时不逞之士伪作此文，托于仙芝及巢以讥斥时病，未必二人实有此檄牒也。

还是对他有所寄望。等到高骈的奏表送至朝廷，上上下下的人，大失所望，人们大为惊骇。朝廷下诏书责备高骈遣散各道的军队，致使贼人乘官府无防备时渡过长江。高骈上表说："臣奏闻朝廷以后才遣归各道的军队，并非擅自这样做的。现在臣尽力保卫一个地区，一定能办得到；只是担心贼人辗转渡过淮河，应当赶紧命令关东各道将士妥善地进行防御。"于是高骈称自己得了风痹，不再出兵作战了。

❶采石，在今安徽当涂。　❷天长，在今安徽天长。六合，在今江苏南京六合区。

【原文】

　　诏河南诸道发兵屯溵水，泰宁节度使齐克让屯汝州，以备黄巢。
　　辛酉，以淄州刺史曹全晸为天平节度使兼东面副都统。

　　…………

　　（九月），黄巢众号十五万，曹全晸以其众六千与之战，颇有杀获；以众寡不敌，退屯泗上①，泗上，即泗州。以俟诸军至，并力击之；而高骈竟不之救，贼遂击全晸，破之。

【译文】

　　朝廷诏令河南各道发兵屯驻溵水，泰宁节度使齐克让屯驻汝州，用以防御黄巢。
　　初九，任命淄州刺史曹全晸为天平节度使兼东面副都统。

　　…………

　　（九月），黄巢的士众号称十五万，曹全晸指挥麾下六千人和黄巢作战，取得了不少战绩；由于众寡不敌，撤退后屯驻在泗州，以等待其他援军到来，合力进攻黄巢；然而高骈竟然不去救援，贼军于是进击曹全晸，把他打败了。

❶泗上，指泗州，治在今江苏盱眙北。

【原文】

　　徐州遣兵三千赴溵水①，

【译文】

　　徐州派遣军队三千人到溵水去，经

过许昌。徐卒素名凶悖，节度使薛能，自谓前镇彭城，^{乾符初，能镇徐州，今镇许。}有恩信于徐人，馆之球场。及暮，徐卒大噪，能登子城楼问之，对以供备疏阙，慰劳久之，方定；许人大惧。时忠武亦遣大将周岌诣溵水，行未远，闻之，夜，引兵还，比明，入城，袭击徐卒，尽杀之；且怨能之厚徐卒也，遂逐之。能将奔襄阳，乱兵追杀之，并其家。岌自称留后。汝郑把截制置使齐克让恐为岌所袭，引兵还兖州^②，^{齐克让本泰宁节度使，引兵还镇。}诸道屯溵水者皆散。黄巢遂悉众度淮，所过不虏掠，惟取丁壮以益兵。^{志在攻长安。}

过许昌。徐州的士卒向来以凶悖出名，许州节度使薛能自认为从前镇守过彭城，对徐州人有恩信，将徐州士卒安置在球场。到傍晚时，徐州士卒大声喧闹，薛能登上子城楼询问发生了什么事，回答说是供应太差了，薛能慰劳了很久，才安定下来；许州人看到这种情况非常恐惧。当时忠武军也派遣大将周岌到溵水去设防，走了没多远，听到徐卒闹事的消息，在当夜，带军队回城，黎明时分，进入城中，袭击徐卒，把他们都杀掉了；并且埋怨薛能对待徐卒过于宽厚，就把薛能赶走了。薛能准备跑到襄阳去，乱兵追上去把薛能杀了，连家属也不放过。周岌自称忠武军留后。汝郑把截制置使齐克让唯恐被周岌袭击，带领军队回到兖州去了，于是各道驻防溵水的军队都散去。黄巢于是命令全部人马渡过淮河，所经过地方不掳掠，只选取壮年男子来扩充军队。

注 释

❶ 溵水，为北汝河之下游，俗称沙河。自今河南许昌东南，历郾城、西华、商水诸县入颍。　❷ 兖州，治在今山东济宁兖州区。当时为泰宁节度使治所。

【原文】

(冬十月)，黄巢陷申州，遂入颍、宋、徐、兖之境，所至吏民逃溃。

群盗陷澧州①，杀刺史李询、判官皇甫镇。

…………

【译文】

(冬十月)，黄巢攻下申州，进入颍、宋、徐、兖各州境内，所到之处，官吏士民都逃散了。

群盗攻下澧州，杀死刺史李询和判官皇甫镇。

…………

注 释

❶ 澧州，治在今湖南澧县。

——以上卷二五三

【原文】

(十一月)，诏河东节度使郑从谠以本道兵授诸葛爽及代州刺史朱玫，使南讨黄巢。乙卯，以代北都统李琢为河阳节度使。代北已定，李琢内徙，亦以备黄巢也。

初黄巢将度淮，豆卢瑑请以天平节钺授巢，黄巢初求天平节，豆卢瑑欲以是中其欲。俟其到镇讨之。卢携曰："盗贼无厌，虽与之节，不能止其剽掠，不

【译文】

(十一月)，朝廷诏令河东节度使郑从谠把本道的军队交给诸葛爽和代州刺史朱玫，让他们领军向南去讨伐黄巢。初五，任命代北都统李琢为河阳节度使。

原先，黄巢将要渡过淮河，豆卢瑑请求把天平军的节钺授给黄巢，等到他上任以后再讨伐他。卢携说："盗贼的

若急发诸道兵扼泗州，汴州节度使为都统，贼既前不能入关，必还掠淮、浙，偷生海渚耳！"从之。既而淮北相继告急，携称疾不出，《考异》曰，《惊听录》曰："宰臣豆卢瑑奏：'缘淮南九驿便至泗州，恐高骈固守城垒，不遮截大寇；黄巢必若过淮，落寇之计。又征兵不及，须且诱之，请降节旄，授郓州节度使，候其至止，讨亦不难。'宰臣卢携言之不可，奏以'黄巢为国之患久矣，昨与江西节制，拥节而行，攻劫荆南。却夺其节，但征诸道骁勇，把截泗州'，因此不发内使，罢建双旌，乃发使臣诸道而去。寻汴州、徐州两道告急到京，报黄巢过淮，卢携托疾不出。"按朝廷未尝以江西节与巢；借使与之，安可复夺！此《惊听录》不足信也。京师大恐。庚申，东都奏黄巢入汝州境。

⋯⋯⋯⋯⋯⋯

汝郑把截制置都指挥使齐克让奏黄巢自称天补大将军，转牒诸军云："各宜守垒，勿犯吾锋！吾将入东都，即至京邑，自欲问罪，无预众人。"言自欲问罪于朝廷，于众人无预也。上召宰相议之。豆卢瑑、崔沆请发关内诸镇及两神策军守潼关。壬戌，日南至。上开延英①，对宰相泣下。大盗将至，无以御之，君相相对洒泣，果何益哉！观军容使田令孜奏："请选左右神策军弓弩手守

贪心是不会满足的，即使给他官职，也不能制止他们抢掠，不如赶紧调发各道的军队扼守泗州，任命汴州节度使为都统，贼军既然不能前进入关，一定会回师剽掠淮南、两浙等地，聊以在沿海一带偷生而已！"皇帝听从了卢携的意见。接着淮北各地相继告急，卢携称病不再出面，京师大为恐惧。初十，东都奏报说黄巢已经进入汝州境内。

⋯⋯⋯⋯⋯⋯

汝郑把截制置都指挥使齐克让奏报说黄巢自称天补大将军，传送文牒给各路军队说："各部应当守卫自己的营垒，不得进犯我们的军队，我部将要进入东都，随即到京城去，向朝廷问罪，与你们众人无关。"皇帝召集宰相商量对策。豆卢瑑、崔沆请求调派关内各镇和左右神策军防守潼关。十二日，冬至。皇帝开延英殿，对着宰相们流下了眼泪。观军容使田令孜上奏说："请选左右神策军弓弩手守卫潼关，臣亲自担任都指挥制置把截使。"皇帝说："长期担任侍卫的将士，不熟悉征战之事，恐怕承

潼关，臣自为都指挥制置把截使。"
上曰："侍卫将士，不习征战，恐未
足用。"令孜曰："昔安禄山构逆，
玄宗幸蜀以避之。"崔沆曰："禄山
众才五万，比之黄巢，不足言矣！"
豆卢瑑曰："哥舒翰以十五万众不能
守潼关，事见《玄宗》《肃宗纪》。今黄巢
众六十万，而潼关又无哥舒之兵。若
令孜为社稷计，三川帅臣皆令孜腹
心，谓陈敬瑄、杨师立、牛勖也。比于玄宗
则有备矣。"上不怿，僖宗虽曰童昏，此时
此意，岂不知高枕京邑之为乐，越在草莽之为可忧
也哉！祸至而后忧之，则无及矣。古之明主居安而
思危，所以能常有其安也。谓令孜曰："卿
且为朕发兵守潼关。"是日，上幸左
神策军，亲阅将士。令孜荐左军马军
将军张承范、右军步军将军王师会、
左军兵马使赵珂。上召见三人，以承
范为兵马先锋使兼把截潼关制置使，
师会为制置关塞粮料使，珂为句当寨
栅使，令孜为左右神策军内外八镇及
诸道兵马都指挥制置招讨等使，飞龙
使杨复恭为副使。

担不了这个重任。"田令孜说：
"从前安禄山反叛时，玄宗到
蜀地去躲避战乱。"崔沆说：
"安禄山的军队才五万人，与
黄巢相比，是不能相提并论
的。"豆卢瑑说："哥舒翰带领
十五万人马还没有守住潼关，
现在黄巢有六十万人马，而潼
关又没有哥舒翰的兵力。要是
田令孜为国家着想，三川地方
的帅臣都是田令孜的心腹，和
玄宗相比到蜀地去是更有准备
的。"皇帝听了很不高兴，对
田令孜说："你且为我调军守
卫潼关。"当天，皇帝到左神
策军去，亲自检阅将士。田令
孜向皇帝推荐左军马军将军张
承范、右军步军将军王师会、
左军兵马使赵珂。皇帝召见了
这三个人，于是任命张承范为
兵马先锋使兼把截潼关制置
使，王师会为制置关塞粮料
使，赵珂为句当寨栅使，田令
孜为左右神策军内外八镇和诸
道兵马都指挥制置招讨等使，
飞龙使杨复恭为副使。

注 释

❶ 延英殿，唐代皇帝和大臣日常议政之所。

【原文】

　　癸亥，齐克让奏："黄巢已入东都境，臣收军退保潼关，于关外置寨。将士屡经战斗，久乏资储，州县残破，人烟殆绝，东西南北，不见王人，冻馁交逼，兵械刓弊^①，刓，……钝也。各思乡闾，恐一旦溃去，乞早遣资粮及援军。"上命选两神策弩手得二千八百人，令张承范等将以赴之。

【译文】

　　十三日，齐克让上奏说："黄巢已经进入东都境内，臣收军退保潼关，在关外安营扎寨。将士经过多次战斗，早就没有什么储备资粮了，州县残破，地方上人烟都快要断绝，环视东西南北，看不见官府的吏员，士兵们又冻又饿，武器又多是钝的坏的，都想念着家乡，非常担心他们会突然溃散，请求及早送资粮和派援军来。"皇帝命令选拔两神策军弓弩手二千八百人，由张承范带领前去支援。

注 释

❶ 刓弊，刓，音玩，作钝讲。兵械刓弊，谓兵械钝弊不精良。

【原文】

　　丁卯，黄巢陷东都，留守刘允章帅百官迎谒；巢入城，劳问而已，闾里晏然。允章，迺之曾孙

【译文】

　　十七日，黄巢攻下东都，留守刘允章带领百官迎接拜谒；黄巢进城，只是慰劳存问罢了，闾

也。刘迺，见二百三十卷，德宗兴元元年。允章可谓忝厥祖矣。田令孜奏募坊市人数千以补两军。

辛未，陕州奏东都已陷①。壬申，以田令孜为汝、洛、晋、绛、同、华都统②，将左、右军东讨。左、右神策军。是日，贼陷虢州。《九域志》：虢州东北至陕州八十五里。

里非常安定。刘允章是刘迺的曾孙。田令孜奏闻后招募了坊市中数千人用来补充左、右神策军。

二十一日，陕州奏报说东都已被黄巢攻陷。二十二日，任命田令孜为汝、洛、晋、绛、同、华六州都统，带领左、右神策军向东讨伐黄巢。当天，贼军攻下了虢州。

注 释

❶ 陕州，治在今河南三门峡陕州区。在今山西临汾。绛州，治在今山西新绛。

❷ 同州，治在今陕西大荔。晋州，治在今山西临汾。

【原 文】

乙亥，张承范等将神策弩手发京师。神策军士皆长安富家子，赂宦官窜名军籍，厚得禀赐，禀，给也。禀赐，犹言给赐也。但华衣怒马，怒马者，鞭之以发其怒而疾驰也。凭势使气，未尝更战陈；陈读曰阵。闻当出征，父子聚泣，多以金帛雇病坊贫人代行，唐置病坊于京城以养病人。《会要》，开元五年，宋璟等奏："悲田病坊，从长安已来置使专知，乞罢之。"至二十二年，京城乞儿有疾病，分置诸寺病坊。至德二年，

【译 文】

二十五日，张承范等带领神策军弓弩手从京师出发。神策军士卒都是长安城中富家子弟，是通过赂宦官才得以列名军籍的，拿着优厚的饷给和赏赐，他们只知道穿着华丽的军装，骑着怒奔的大马，凭借权势任意横行，从未经历过作战之事；听到说要出去打仗，父子聚在一起痛哭，多用金帛雇请病坊中的贫穷人代替他们去当兵，那些人往往连兵器都不知如何用。当天，皇帝到章信门城楼给他们送行。张

两京市各置普救病坊。病坊之置，其来久矣。往往不能操兵。是日，上御章信门楼临遣之。《考异》曰，《新传》曰："帝饯令孜章信门，赍遣丰优。"按令孜虽为招讨都统，赐节赍物，其实不离禁闼，是日所遣者承范等耳。《新传》云饯令孜，误也。承范进言："闻黄巢拥数十万之众，鼓行而西，齐克让以饥卒万人依托关外，复遣臣以二千余人屯于关上，又未闻为馈饷之计，以此拒贼，臣窃寒心。愿陛下趣诸道精兵早为继援。"上曰："卿辈第行，兵寻至矣！"丁丑，承范等至华州。会刺史裴虔余徙宣歙观察使，军民皆逃入华山，城中索然，州库唯尘埃鼠迹，赖仓中犹有米千余斛，军士裹三日粮而行。

十二月，庚辰朔，承范等至潼关，搜菁中，菁中，草茂密处也。史炤曰：林菁。得村民百许，使运石汲水，为守御之备；与齐克让军皆绝粮，士卒莫有斗志。是日，黄巢前锋军抵关下，白旗满野，不见其际，克让与战，贼小却，俄而巢至，举军大呼，声振河、华。华山临河。言黄巢军声之盛，撼振河山也。

承范向皇帝进言说："听说黄巢拥有数十万人马，鼓噪向西而来，齐克让带着一万名饥饿的士卒驻扎在关外，又派臣带领二千余人屯驻在关上，又没有听说安排供应粮饷的办法，就这样抵御贼军，臣私下感到很寒心。希望陛下催促各道精兵早些来支援我们。"皇帝说："你们只管前去，援军不久就会到达了！"二十七日，张承范等到达华州。适逢刺史裴虔余迁为宣歙观察使，军民都逃到华山中去了，城中空荡荡的，州库中只有灰尘和鼠迹，幸好粮仓中还有米一千余斛，军士可以带着三天的粮食向潼关前进。

十二月，初一，张承范等到达潼关，在草丛中搜索到村民一百人左右，便叫他们搬运石头、储存用水，为守御关塞做准备；张承范和齐克让的军队都断了粮，士卒没有斗志。当天，黄巢的前锋部队抵达关下，白色的旗帜布满原野，看不到边际，齐克让和他们交战，贼兵稍有退却。不久黄巢带领的大军到了，贼军大声欢呼，声音震动了黄河和华山。齐克让拼力战斗，从午时战斗到酉时才脱离战场，士卒们饿坏了，于是就喧闹起来，烧掉营房后溃散了，齐克让逃进关内。关

克让力战，自午至酉始解，士卒饥甚，遂喧噪，烧营而溃，克让走入关。关左有谷，平日禁人往来，以榷征税，谓之"禁坑"。贼至仓猝，官军忘守之，溃兵自谷而入，谷中灌木寿藤茂密如织，_{灌木，丛生之木。寿藤，即今之万岁藤。}一夕践为坦涂。承范尽散其辎囊以给士卒，_{辎囊，谓辎重、囊橐也。辎重，随军之物。囊橐，私装也。}遣使上表告急，称："臣离京六日，甲卒未增一人，馈饷未闻影响。到关之日，巨寇已来，以二千余人拒六十万众，外军饥溃，蹋开禁坑。_{蹋，与踏同。}臣之失守，鼎镬甘心①；朝廷谋臣，愧颜何寄！或闻陛下已议西巡，_{谓议幸蜀。}苟銮舆一动，则上下土崩。臣敢以犹生之躯，奋冒死之语，愿与近密及宰臣熟议，_{近密，谓两中尉、两枢密。}急征兵以救关防，则高祖、太宗之业庶几犹可扶持，使黄巢继安禄山之亡，微臣胜哥舒翰之死！"

的左边有一个山谷，平日禁止人们从谷中通过，以便征收关税，叫这个谷为"禁坑"。贼军仓促到来，官军忘了守御它，溃散的官兵从谷中进入，谷中的灌木藤萝本来茂密如织物一样，经过一个夜晚就践踏成平坦的道路了。张承范把辎重和私财全部分给了士卒，并派遣使者上表告急，说："臣离开京师已有六天，甲卒没有增加一个人，馈饷连影子也未看到。到达潼关时，巨寇已经到达关下，用二千余人抵御六十万人，关外的官军由于饥饿而溃散，踏开了禁坑。臣失守，甘受鼎镬酷刑；只是朝廷的谋臣，把羞愧的颜面向何处放！有人说陛下已经在议论向西迁移，假若皇帝的銮舆一动，那么朝廷上下就会土崩瓦解。臣大胆地在活着的时候奋然冒死说几句话，希望陛下和亲近的侍臣及宰相仔细商议，赶紧征调军队以援救关防，那么高祖、太宗的基业或许还能够维持下来，使黄巢继安禄山之后灭亡，则小臣胜过哥舒翰失败而死！"

注释

❶ 鼎镬，古代酷刑，用鼎镬烹煮。

【原文】

辛巳，贼急攻潼关，承范悉力拒之，自寅及申，关上矢尽，投石以击之。关外有天堑，贼驱民千余人入其中，掘土填之，须臾，即平，引兵而度。夜，纵火焚关楼俱尽。承范分兵八百人，使王师会守禁坑，比至，贼已入矣。壬午旦，贼夹攻潼关，关上兵皆溃，师会自杀，承范变服帅余众脱走。至野狐泉，遇奉天援兵二千继至，承范曰：“汝来晚矣！”博野、凤翔军还至渭桥，博野军，即穆宗长庆二年李祐帅以归京师之兵也，见二百四十二卷。见所募新军衣裘温鲜，新军，即田令孜所募坊市人以补两军者也。怒曰：“此辈何功而然，我曹反冻馁！”遂掠之，更为贼乡导，乡，读曰向。以趣长安。

贼之攻潼关也，朝廷以前京兆尹萧廪为东道转运粮料使；廪称疾，请休官，贬贺州司户。贺州，汉苍梧郡之临贺县，吴置临贺郡，唐置贺州，京师东南四千

【译文】

初二，贼军急攻潼关，张承范尽力抵御，从凌晨一直战斗到下午，关上的箭射完了，就用石头来投击敌人。关外有一条天然壕沟，贼人将一千多名老百姓赶到那里，掘土填沟，不大一会儿，就把沟填平了，带领军队跨过壕沟。到夜晚，贼人放火焚烧关楼，关楼被全部烧坏。张承范分出八百名士兵，叫王师会带去防守禁坑，等到他们赶到时，贼军已经进入禁坑了。初三早晨，贼军夹攻潼关，关上的官兵都溃败了，王师会自杀，张承范换上便服带领残余士兵逃走。行至野狐泉，碰上奉天援兵二千人到来，张承范说：“你们来得太晚了！”博野、凤翔军回转来到渭桥时，看到所招募的新军穿着的衣裘既保暖又鲜丽，愤怒地说：“这些人有什么功劳而享受如此待遇，我们反而挨饿受冻！”于是就夺下他们的衣裘，

一百三十里。

黄巢入华州，留其将乔钤守之。河中留后王重荣请降于贼。癸未，制以巢为天平节度使。

甲申，以翰林学士承旨、尚书左丞王徽为户部侍郎，翰林学士、户部侍郎裴澈为工部侍郎，并同平章事。以卢携为太子宾客、分司。田令孜闻黄巢已入关，恐天子责己，乃归罪于携而贬之，荐徽、澈为相。是夕，携饮药死。澈，休之从子也。裴休，见二百四十九卷宣宗大中六年。

百官退朝，闻乱兵入城，布路窜匿。布路，分路也。令孜帅神策兵五百奉帝自金光门出，长安城西面三门，北来第一门曰开远门，第二门曰金光门，第三门曰延平门。惟福、穆、泽、寿四王及妃嫔数人从行，百官皆莫知之。上奔驰昼夜不息，从官多不能及。车驾既去，军士及坊市民竞入府库盗金帛。

晡时，黄巢前锋将柴存入长安，金吾大将军张直方帅文武数十人迎巢于霸上。巢乘金装肩舆，其徒皆被发，约以红缯，衣锦绣，执兵以从，甲骑如流，辎重塞涂，千里骆

进而为贼军做向导，前往长安城。

贼军攻潼关的时候，朝廷任命前京兆尹萧廪为东道转运粮料使；萧廪借口有病，请求辞去官职，遭贬为贺州司户。

黄巢进入华州，留下他的将领乔钤据守。河中留后王重荣请求向贼人投降。初四，朝廷任命黄巢为天平节度使。

初五，任命翰林学士承旨、尚书左丞王徽为户部侍郎，翰林学士、户部侍郎裴澈为工部侍郎，二人都为同平章事。罢免卢携为太子宾客，分司东都。田令孜听说黄巢已经进入关中，担心天子责备自己，于是把罪责都推到卢携身上而贬了他的官职，又荐举王徽、裴澈为宰相。当晚，卢携服毒自杀。裴澈是裴休的侄子。

百官退朝时，听说乱兵已入城，于是分道逃窜躲藏。田令孜带领神策军五百名兵士簇拥着皇帝从金光门逃出，只有福、穆、泽、寿四王和妃嫔数人随行，百官们都不知道这回事。皇帝乘马日夜不停地奔驰，跟随的官员许多都赶不上他。皇帝既然离开京城，军士和坊

驿不绝。民夹道聚观，尚让历谕之曰："黄王起兵，本为百姓，非如李氏不爱汝曹，汝曹但安居无恐。"巢馆于田令孜第，其徒为盗久，不胜富，见贫者，往往施与之。居数日，各出大掠，焚市肆，杀人满街，巢不能禁；尤憎官吏，得者皆杀之。

上趣骆谷①，凤翔节度使郑畋谒上于道次，《考异》曰，《续宝运录》："戊子，帝至骆谷婿水驿，乃下诏与牛勖、杨师立、陈敬瑄，云今月七日，已次骆谷婿水驿。"按此月庚辰朔，戊子九日，而诏云七日，"九"误为"七"也。《实录》："辛卯，车驾次凤翔，郑畋候谒于路。"《旧·畋传》云候驾于斜谷。《新纪》："辛卯，次凤翔。丁酉，至兴元。"按甲申上离长安，辛卯始次凤翔，太缓，丁酉已至兴元，太速。又路出骆谷，则不过凤翔及斜谷。盖车驾涉凤翔之境，而畋往见耳，非凤翔与斜谷也。《实录》："贼以数万众西追车驾。"而不言追不及，又不言为谁所拒而还。诸书皆无之。今不取。请车驾留凤翔。上曰："朕不欲密迩巨寇，且幸兴元②，征兵以图收复。卿东捍贼锋，西抚诸蕃，纠合邻道，勉建大勋。"畋曰："道路梗涩③，奏报难通，请得便宜从事。"许之。戊子，上至婿水，《九域志》：洋州兴道县有婿水镇，相传云仙人唐公昉尽室升天，其婿不得偕升，遂以名水；诞矣。诏牛勖、杨师立、陈敬

市民众争着到府库中偷盗金银绸缎等物。

下午三四点钟的时候，黄巢的前锋将领柴存进入长安，金吾大将军张直方带领文武官员数十人到霸上迎接黄巢。黄巢乘坐着金装肩舆，他的随从人员都披着头发，并用红绸子捆扎着，穿着锦绣衣服，拿着武器跟随，身着盔甲的骑兵如流水一般涌入长安，辎重车辆堵塞了道路，绵延千里，络绎不绝。民众夹道聚观，尚让在他经过的地方告诉老百姓说："黄王起兵，本为百姓，不像李氏那样不爱护你们，你们尽管安居，不用惧怕。"黄巢住在田令孜的府宅中，他的徒属为盗时间长，很是富有，看到贫穷的人，往往施舍钱物给他们。居住了数天以后，又各自出去抢掠，烧毁坊市店铺，在街上杀了很多人，黄巢也制止不了；尤其憎恨官吏，只要抓到了都杀死。

皇帝奔向骆谷，凤翔节度使郑畋在路途中拜见皇帝，请求皇帝留在凤翔。皇帝说："朕不想住在离巨寇很近的地方，暂时到兴元去，征调各道人马以图收复京师。你在东边要抵

瑄，谕以京城不守，且幸兴元，若贼势犹盛，将幸成都，宜豫为备拟。

庚寅，黄巢杀唐宗室在长安者无遗类。辛卯，巢始入宫。壬辰，巢即皇帝位于含元殿，画皁缯为衮衣④，击战鼓数百以代金石之乐。登丹凤楼，下赦书；国号大齐，改元金统。谓广明之号，去唐下体而著黄家日月，以为己符瑞。言"唐"字去"丑""口"而著"黄"字为"广"字，合"日""月"为"明"字也。唐官三品以上悉停任，四品以下位如故。以妻曹氏为皇后。《考异》曰：《实录》《巢传》立妻曲氏为皇后，今从《新传》。以尚让为太尉兼中书令，赵璋兼侍中，崔璆、杨希古并同平章事，孟楷、盖洪为左右仆射、知左右军事⑤，黄巢自以其军分左右耳。费传古为枢密使⑥。费，……姓也。以太常博士皮日休为翰林学士。陆游《老学庵笔记》曰，《该闻录》言：皮日休陷黄巢为翰林学士，巢败被诛；今《唐书》取其事。按尹师鲁作《大理寺丞皮子良墓志》称："曾祖日休，避广明之难，徙籍会稽，依钱氏，官太常博士，赠礼部尚书。祖光业，为吴越丞相。父璨，为元帅府判官。三世皆以文雄江东。"据此则日休未尝陷黄巢为其翰林学士被诛也。小说谬妄，无所不有。师鲁文章传世，且刚正有守，非欺后世者。璆，邠之子也，崔邠，郾之兄也，德宗

御贼人的兵锋，在西边要安抚各少数民族，希望联合邻近各道，努力建立大的功业。"郑畋说："道路不通畅，奏报不易到达，请求让我能够因利乘便，见机行事。"皇帝答应了。初九，皇帝到达婿水镇，下诏告诉牛勖、杨师立和陈敬瑄，说是京城失守了，皇帝暂时到兴元来，倘若贼人势力还强大的话，将去成都，你们预先安排一下。

十一日，黄巢屠杀留在长安的李唐宗室，一个也不留。十二日，黄巢进入皇宫。十三日，黄巢在含元殿登上皇帝的宝座，穿上临时画着卷龙的龙袍，击战鼓数百通以代替金石之乐。登上丹凤门城楼，颁下赦书；国号大齐，改年号为金统。说唐"广明"年号，是去掉唐字的下半部分，然后加上黄家日月，认为这是对自己有利的好兆头。唐朝三品以上的官吏全部停止任职，四品以下的仍旧担任原来的职务。封妻子曹氏为皇后。任命尚让为太尉兼中书令，赵璋兼侍中，崔璆、杨希古并同平章事，孟楷、盖洪为左右仆射、知左右军事，费传古为枢密使。任命太常博

朝为右补阙，尝论裴延龄有直声。子，恐当作孙。

时罢浙东观察使，在长安，巢得而相之。瑑之在浙东也，固与巢信使往来，又为之表奏朝廷。

士皮日休为翰林学士。崔瑑是崔郢的儿子，当时被罢免了浙东观察使，留在长安，所以黄巢能够任命他为宰相。

注释

❶ 骆谷，在陕西周至西南，谷长四百余里，为关中与汉中的交通要道。
❷ 兴元，今陕西汉中。　❸ 梗涩，言道路阻塞，不便行走。　❹ 衮衣，卷龙衣，天子的礼服。　❺ 黄巢建立的大齐政权，在形式上采取了唐的不少官号。如置中书令、侍中、同平章事、尚书左右仆射、枢密使、翰林学士等官，即其证。
❻ 枢密使，唐永泰元年设立内枢密使，专用宦官任其职，以掌握国家军事机密事宜，权力极大。

【原文】

诸葛爽以代北行营兵屯栎阳①，黄巢将砀山朱温屯东渭桥②，砀山，在汉砀县界，后魏置安阳县，治麻城，隋开皇十八年改名砀山，唐属宋州。《九域志》在单州东南九十里。朱温始此。巢使温诱说之，爽遂降于巢。温少孤贫，与兄昱、存随母王氏依萧县刘崇家，崇数笞辱之，按《五代史》，温凶悍无赖，崇患太祖慵惰不作业，数笞责之。独崇母怜之，时时自为栉沐，戒家人曰："朱三非常人也，宜善遇之。"崇母独怜之，戒家人曰："朱三非常人也，汝曹善

【译文】

　　诸葛爽带领代北行营的军队屯驻在栎阳，黄巢手下的将领砀山人朱温屯驻在东渭桥，黄巢叫朱温去劝说诸葛爽归顺，诸葛爽于是投降了黄巢。朱温年少时父亲去世了，家境贫穷，他和哥哥朱昱、朱存跟随母亲王氏依靠萧县刘崇家生活，刘崇多次鞭打羞辱朱温，只有刘崇的母亲怜惜朱温，并告诫家人说："朱三不是平常人，你们要好好对待他。"黄巢任命诸葛

遇之。"_{朱温第三。}巢以诸葛爽为河阳节度使，爽赴镇，罗元杲发兵拒之，士卒皆弃甲迎爽，元杲逃奔行在。

爽为河阳节度使，诸葛爽去上任，原任节度使罗元杲发兵抵抗，士卒们都抛掉甲胄迎接诸葛爽，罗元杲便逃往皇帝的驻地。

注释

❶栎阳，在今陕西西安临潼区。　❷朱温（八五二—九一二），砀山人。公元八七七年参加黄巢起义军，曾任同州防御使。八八二年，降唐，唐赐名"全忠"，并任温为右金吾卫大将军、河中行营招讨副使，镇压起义军。后朱温成为最强大的军阀，占有黄河流域广大地区。九〇七年代唐称帝，国号梁，史称后梁。九一二年为其子所杀。

【原文】

郑畋还凤翔，召将佐议拒贼，皆曰："贼势方炽，宜且从容以俟兵集，_{从容，舒徐不迫之貌。言欲以缓图之。}乃图收复。"畋曰："诸君劝畋臣贼乎！"因闷绝仆地，甃伤其面，_{郑畋以将佐怠于勤王，忠愤之气一时郁勃，至于闷绝而僵仆于地，故甃伤其面。甃，……甓也。}自午至明旦，尚未能言。会巢使者以赦书至，监军袁敬柔与将佐序立宣示，代畋草表署名以谢巢。监军与巢使者宴，乐奏，将佐以下皆

【译文】

郑畋回到凤翔，召集将佐商量抵御贼兵之事，将佐们都说："贼人的势力正强大，应当从容等待各方军队聚集后，再图谋收复京师之事。"郑畋说："你们在劝我向贼人称臣吗！"接着昏倒在地，脸上也被地砖碰伤了，从午间到第二天早晨，还不能说话。适遇黄巢的使者带着赦书到来，监军袁敬柔和将佐们依次站立接受赦令，代表郑畋草拟章表并署名以答谢黄巢。监军与黄巢的使者饮宴，音乐奏起，将佐以下的官吏都悲伤地哭泣；使者感到奇怪，幕客孙儲说："由于相公得了风

哭；使者怪之，幕客孙储曰："以相公风痹不能来，故悲耳。"民间闻者无不泣。畋闻之曰："吾固知人心尚未厌唐，贼授首无日矣！"乃刺指血为表，遣所亲间道诣行在，召将佐谕以逆顺，皆听命，复刺血与盟，然后完城堑，缮器械，训士卒，密约邻道合兵讨贼，邻道皆许诺发兵，会于凤翔。时禁兵分镇关中者尚数万，_{禁兵分镇关中，即神策八镇兵也。}闻天子幸蜀，无所归，畋使人招之，皆往从畋，畋分财以结其心，军势大振。

丁酉，车驾至兴元，诏诸道各出全军收复京师。_{悉所统之军皆行，谓之全军。}

己亥，黄巢下令，百官诣赵璋第投名衔者，复其官。_{名衔，显官位姓名也。}豆卢瑑、崔沆及左仆射于琮、右仆射刘邺、太子少师裴谂、御史中丞赵蒙、刑部侍郎李溥、京兆尹李汤扈从不及①，匿民间，巢搜获，皆杀之。广德公主曰："我唐室之女，誓与于仆射俱死！"执贼刃不置，贼并

痹病不能前来与宴，所以感到悲伤而已。"民间听到这回事也没有不流泪的。郑畋听到这个消息后说："我本来就知道人心尚未厌弃唐朝，贼人不久就会被消灭了！"于是刺破手指以血写成奏表，派遣亲信从小路送到皇帝那里，又召集将佐晓谕他们应当忠于朝廷，将佐们都听从他的命令，又刺血立下盟誓，然后完治城墙和护城河，修缮兵器军械，对士卒进行训练，暗地邀约邻道合兵讨贼，邻道都答应发兵，在凤翔会合。当时分镇关中的禁卫兵还有数万人，听说天子到蜀地去了，没有地方可以去，郑畋派人招呼他们，就都到郑畋这边来了，郑畋分一部分财物给他们，用以团结军心，军势大振。

十八日，皇帝到达兴元，下诏各道要派出全部军队前去收复京师。

二十日，黄巢下令，百官到赵璋宅第处递交名帖的，就恢复他们的官职。豆卢瑑、崔沆和左仆射于琮、右仆射刘邺、太子少师裴谂、御史中丞赵蒙、刑部侍郎李溥、京兆尹李汤没有赶上跟随皇帝逃走，躲在民间，被黄巢搜了出来，全部杀死。广德公主说："我是唐朝皇室之女，发誓要和于仆射一道死！"拿着贼人的刀不放下，贼人也把她杀

杀之。发卢携尸，戮之于市。将作监郑綦、库部郎中郑系义不臣贼，举家自杀。唐屡更丧乱，至于广明，举家殉国犹不乏人，恩义之结有素也。左金吾大将军张直方虽臣于巢，多纳亡命，匿公卿于复壁；巢杀之。

了。又把卢携的尸体挖出来，在街市上进行示众。将作监郑綦和库部郎中郑系守义不做贼人的臣子，全家自杀。左金吾大将军张直方虽然向黄巢称臣，但是接纳了很多逃亡的士大夫，又把公卿们藏在夹壁中；黄巢发现后把他杀了。

注　释

❶豆卢瑑、崔沆，均是唐宰相。

【原文】

初，枢密使杨复恭荐处士河间张濬，拜太常博士，迁度支员外郎。黄巢逼潼关，濬避乱商山，上幸兴元，道中无供顿，汉阴令李康以骡负糗粮数百驮献之，汉阴，汉中安阳县地，晋武帝改为安康县，唐至德二载更名汉阴县，属金州。《九域志》：在州西北一百六十五里。以驴马负物为驮。唐递驮，每驮一百斤。从行军士始得食。上问康：“卿为县令，何能如是？”对曰：“臣不及此，乃张濬员外教臣。”上召濬诣行在，拜兵部郎中。唐诸司郎中，从五品上；员外郎，从六品上。

义武节度使王处存闻长安失守，号哭

【译文】

起初，枢密使杨复恭推荐处士河间人张濬，朝廷授予张濬太常博士官，后升其为度支员外郎。黄巢逼近潼关时，张濬跑到商山避乱去了。皇帝到兴元时，路上没有供应和住处，汉阴县令李康用骡子背了数百驮粮食献给皇帝，跟随皇帝的军士才得到饭食。皇帝问李康：“你担任县令，怎么会这样做？”李康回答说：“臣想不到这

累日，不俟诏命，举军入援，遣二千人间道诣兴元卫车驾。

黄巢遣使调发河中，前后数百人，吏民不胜其苦。王重荣谓众曰："始吾屈节以纾军府之患，屈节，谓臣贼也。纾，……缓也。今调财不已，又将征兵，吾亡无日矣！不如发兵拒之。"众皆以为然，乃悉驱巢使者杀之。巢遣其将朱温自同州，弟黄邺自华州，合兵击河中，重荣与战，大破之，获粮仗四十余船，遣使与王处存结盟，引兵营于渭北。《考异》曰，《旧·王处存传》曰："时李都守河中，降贼。会王重荣斩伪使，通使于处存，乃同盟誓，营于渭北。时巢贼僭号，天下藩镇多受其伪命，惟郑畋守凤翔，郑从谠守太原，处存、王重荣首倡义举。俄而郑畋破贼前锋，王铎自行在至，故诸镇翻然改图，以出勤王之师。"按铎中和二年始至，于时未也。《王重荣传》曰："初，重荣为河中马步都虞候，巢贼据长安，蒲帅李都不能拒，称臣于贼，贼伪授重荣节度副使。重荣以贼征求无已，欲拒之，都曰：'吾兵微力寡，绝之立见其患，愿以节钺假公。'翌日，都归行在，重荣知留后事，乃斩贼使，求援邻藩。"《北梦琐言》曰："重荣始为牙将，黄巢犯阙，元戎李都奉伪，畏重荣附者多，因荐为副使。一日，忽谓都曰：'令公助贼，陷一邦于不忠，而又日加箕敛，众口纷纭，倏忽变生，何以逼也？'遽命斩其伪使。都无以对，因以军印授重荣而去。及都至行在，朝廷又以前京兆尹窦滫间道至河中代都，重荣迎之。滫前为京兆尹，有惨酷之名，时谓之'垛叠'。及至，翌日，进军校于庭，谓曰：'天子命重臣作镇将，逼贼冲，

一点，是张濬员外郎教臣这样做的。"皇帝召张濬到行在，授给他兵部郎中之职。

义武节度使王处存听说长安失守了，大哭了好几天，不等到朝廷诏命，便带领着全军前去援救，又派二千人从小路到兴元去保卫皇帝。

黄巢派遣使者到河中镇征调财物，前后去了数百人，吏民受不了这种征调之苦。王重荣对众人说："开始时我之所以屈节是为缓解军府的灾患，现在征调财物没有完，又要征兵，我们的灭亡之日已在眼前了！不如发兵抵抗。"众人都认为可行，于是把黄巢派去的使者全部杀掉了。黄巢派遣他的将领朱温自同州，他的弟弟黄邺自华州，合兵进攻河中镇，王重荣同他们展开战斗，大败黄巢的队伍，缴获粮食兵仗四十多船，派遣使者和王处存结成同盟，带领

安可轻议斥逐令北门出乎！且为恶者必一两人而已，尔等可言之。'滔不知军校皆重荣之亲党也，众皆不对。重荣乃屏肃佩剑历阶而上，谓滔曰：'为恶者非我而谁！'遂召滔之仆吏控马及阶，请依李都前例，乃云'速去！'滔不敢仰视，跃马复由北门而出。"《新传》取之。按十一月辛亥朔，重荣已作乱，掠坊市。辛酉，以重荣为留后，都为太子少傅，则都已去河中矣。及黄巢犯阙，都何尝奉伪，亦未尝闻以滔代都。今不取。

　　陈敬瑄闻车驾出幸，遣步骑三千奉迎，表请幸成都。时从兵浸多，兴元储偫不丰①，田令孜亦劝上；上从之。

军队在渭北安营扎寨。

　　陈敬瑄听说皇帝出逃在外，就派步兵和骑兵共三千人前去迎接，上表请皇帝到成都去。当时随从的军队渐渐多了，兴元地方储备的物资不甚丰富，田令孜也劝皇帝去成都；皇帝依从了他们的意见。

注　释

❶ 偫，音峙，储物备用。储偫，即指储备的物资。

中和元年 （辛丑·八八一）是年七月方改元。

【原文】

　　春，正月，车驾发兴元。加牛勖同平章事。陈敬瑄以扈从之人骄纵难制，有内园小儿先至成都，唐时给役于坊厩及内园者，皆谓之小儿。游于行宫，笑曰："人言西川是蛮，今日观之，亦不恶！"敬瑄执而杖杀之，《考异》曰，《新传》曰：

【译文】

　　春，正月，皇帝从兴元出发前往成都。加封牛勖同平章事。陈敬瑄因为跟随皇帝的侍从人员很难管制，有内园小儿先来到成都，在行宫中游玩，笑着说："人们说西川是蛮人居住的地方，

"敬瑄杀五十人，尸诸衢。"《锦里耆旧传》曰："有内园小儿三个连手行，绕行宫数，内一人笑云云。巡者乱打，执之。敬瑄咄曰：'今日且欲棒杀汝三五十辈，必不令错。'"按三五十辈者，敬瑄语也，非实杀五十人也。《新传》误。**由是众皆肃然。敬瑄迎谒于鹿头关。辛未，上至绵州①，东川节度使杨师立谒见。**东川治梓州，北至绵州一百六十八里。**壬申，以工部侍郎、判度支萧遘同平章事。**

现在看起来，也不太坏！"陈敬瑄把他们抓起来刑杖而死，这样一来随从的人都变得严肃恭敬。陈敬瑄在鹿头关迎接皇帝。二十二日，皇帝到达绵州，东川节度使杨师立拜见了皇帝。二十三日，任命工部侍郎、判度支萧遘同平章事。

注释

❶ 绵州，治在今四川绵阳。

【原文】

郑畋约前朔方节度使唐弘夫、泾原节度使程宗楚同讨黄巢。巢遣其将王晖赍诏召畋，畋斩之，遣其子凝绩诣行在，凝绩追及上于汉州。自绵州西南至汉州一百九十里。

丁丑，车驾至成都，自汉州西南至成都八十五里。**馆于府舍。**就西川府舍为行宫。

上遣使趣高骈讨黄巢，趣，读曰促。**道路相望，骈终不出兵。上**

【译文】

郑畋邀前朔方节度使唐弘夫、泾原节度使程宗楚同讨黄巢。黄巢派遣他的将领王晖带着诏书去召唤郑畋，郑畋把王晖杀了，并派他的儿子郑凝绩到皇帝那里去，郑凝绩在汉州追上了皇帝。

二十八日，皇帝抵达成都，住在西川节度使府。

皇帝派遣中使催促高骈讨伐黄巢，使者去了一批又一批，络绎不绝，高骈始终不出兵。皇帝到四川以后，还希望高骈立功，诏令高至蜀，犹冀骈立功，诏骈巡内刺史及诸将有功者，自监察至常侍，听以墨敕除讫奏闻^①。

骈：在他管辖范围内的刺史和各将领有建立了功勋的人，从监察到常侍官，听任他用墨敕任命后奏闻朝廷。

注 释

❶墨敕，用墨笔所写的诏敕，恒由禁中颁发。此言授权高骈，令其巡内有功将吏，可先用墨敕除官，然后奏闻。

【原 文】

二月，乙卯朔，以太子少师王铎守司徒兼门下侍郎、同平章事。

丙申，加郑畋同平章事。

加淮南节度使高骈东面都统，加河东节度使郑从谠兼侍中，依前行营招讨使^①。……

【译 文】

二月，初一，任命太子少师王铎守司徒兼门下侍郎、同平章事。

十八日，加封郑畋同平章事。

加授淮南节度使高骈东面都统，加授河东节度使郑从谠兼侍中，仍任行营招讨使。……

注 释

❶招讨使，掌管镇压人民起义和招降讨叛事务。唐宋多以重臣大将兼任，事毕撤销。

【原文】

以枢密使杨复光为京西南面行营都监①。

【译文】

任命枢密使杨复光为京西南面行营都监。

注释

❶ 都监，唐官名，即监军。唐后期重用宦官，多以宦官充监军，因督察监视多路军马，故称都监，或都都监。

【原文】

黄巢以朱温为东南面行营都虞候，将兵攻邓州。三月，辛亥，陷之，执刺史赵戒，因戍邓州以扼荆、襄。《九域志》：邓州南至襄州一百八十里，襄州南至荆州四百五十七里。

壬子，加陈敬瑄同平章事。甲寅，敬瑄奏遣左黄头军使李铤将兵击黄巢。西川黄头军，崔安潜所置也，事始见上卷乾符六年。

辛酉，以郑畋为京城四面诸军行营都统。赐畋诏："凡蕃、汉将士赴难有功者，并听以墨敕除官。"畋奏以泾原节度使程宗楚为副都统，前朔方节度使唐弘夫为行军司马。

【译文】

黄巢任命朱温为东南面行营都虞候，带兵攻邓州。三月，初三，攻陷邓州，捉住了刺史赵戒，于是在邓州驻兵，用来扼住荆州和襄州。

初四，加授陈敬瑄同平章事。初六，陈敬瑄奏请派遣左黄头军使李铤带兵击黄巢。

十三日，任命郑畋为京城四面诸军行营都统。赐给郑畋的诏书中说："凡是蕃、汉将士赴难有功的人，都让你用墨敕授予他们官职。"郑畋奏明以泾原节度使程宗楚为副都统，前朔方节度使唐弘夫为行军司马。黄巢派遣他的将领尚让、王播

黄巢遣其将尚让、王播帅众五万寇凤翔①，王播，《新书》作王璠。畋使弘夫伏兵要害，自以兵数千，多张旗帜，疏陈于高冈。贼以畋书生，轻之，鼓行而前，无复行伍，伏发，贼大败于龙尾陂，《新》《旧书》皆作"龙尾坡"，惟《旧纪》作"陂"。凤翔府岐山县，唐初治张堡，武德七年移治龙尾城，在平阳故城之东北。斩首二万余级，伏尸数十里。

带领五万军队进攻凤翔，郑畋使唐弘夫带兵埋伏在要害地方，他自己带领数千军队，张挂着许多旗帜，在山冈上摆下稀疏的阵势。贼人认为郑畋是书生，轻视他，鼓噪着向前推进，也不注意行军的行阵队伍，伏兵突然冲出，在龙尾陂把贼军打得大败，斩着二万余级，卧尸数十里。

注　释

❶ 凤翔，今陕西宝鸡凤翔区。

【原　文】

　　有书尚书省门为诗以嘲贼者，尚让怒，应在省官及门卒，悉抉目倒悬之；大索城中能为诗者，尽杀之，识字者给贱役，凡杀三千余人。

············

　　群臣追从车驾者稍集成都，南北司朝者近二百人，诸道及四夷贡献不绝，蜀中府库充实，与京师无异，赏赐不

【译　文】

　　有人在尚书省的门上写诗来嘲讽贼人，尚让发现了大为恼怒，报复尚书省的官吏和守门的兵卒，将他们都挖掉眼珠倒挂着；大肆搜捕城中能写诗的人，将他们都杀掉，叫认识字的人去服贱役，共杀了三千多人。

············

　　群臣中追随皇帝车驾的逐渐集中到成都，南北司在朝的接近二百人，各道和四夷的进贡连续不断，蜀中府库也很充实，和京师没有不同，赏赐也从不缺乏，士卒们都很高兴。

乏，士卒欣悦。

黄巢得王徽，逼以官，徽阳暗①，不从；月余，逃奔河中，遣人间道奉绢表诣行在。诏以徽为兵部尚书。

黄巢抓到了王徽，逼迫他出来做官，王徽假装得了哑病，不肯顺从；过了一个多月，逃奔河中镇，派人从小路送绢表给皇帝。下诏任命王徽为兵部尚书。

注 释

❶ 暗，哑。

【原 文】

前夏绥节度使诸葛爽复自河阳奉表自归，去年黄巢入关，诸葛爽降之。即以为河阳节度使。

宥州刺史拓跋思恭①，开元十六年，以六胡州残人置宥州，乾元元年，理经略军，后移治长泽县。长泽，汉朔方郡三封县地。《考异》曰：欧阳修《五代史》作"拓跋思敬"，意谓《薛史》避国讳耳。按《旧唐书》《实录》皆作"思恭"。《实录》"天复二年九月，武定军节度使李思敬以城降王建。思敬本姓拓跋，郿夏节度使思恭，保大节度使思孝之弟也。思孝致仕，以思敬为保大留后，遂升节度，又徙武定军。"《新唐书·党项传》曰："思恭为定难节度使，卒，弟思谏代为节度。思孝为保大节度，以老，荐弟思敬为保大留后，俄为节度。"然则思恭、思敬乃是两人。思敬后附李茂贞，或赐国姓，故更姓李。修合以为一人，误也。本党项羌也，《新书》：党项以姓别为部落，而拓跋氏最强。纠合夷、夏兵会郿延节度使李孝昌于郿州②，同盟讨贼。郿，音夫。

【译 文】

前夏绥节度使诸葛爽又从河阳送上表章，自称要回到朝廷来，随即任命他为河阳节度使。

宥州刺史拓跋思恭，本来是党项羌族人，他纠集夷、夏兵和郿延节度使李孝昌在郿州会合，共同盟誓讨伐黄巢。

注 释

❶ 宥州，治长泽，今内蒙古鄂托克旗东南。　　❷ 鄜州，治在今陕西富县。

【原 文】

奉天镇使齐克俭遣使诣郑畋求自效。甲子，畋传檄天下藩镇，合兵讨贼。时天子在蜀，诏令不通，天下谓朝廷不能复振，及得畋檄，争发兵应之。贼惧，不敢复窥京西。

夏，四月，戊寅朔，加王铎兼侍中。

以拓跋思恭权知夏绥节度使。为拓跋氏强盛遂跨据西夏张本。

黄巢以其将王玫为邠宁节度使①，邠州通塞镇将朱玫起兵诛之，让别将李重古为节度使，自将兵讨巢。

【译 文】

奉天镇使齐克俭派遣使者到郑畋处要求为国家效力。十六日，郑畋向全国各藩镇送去檄文，要求联合起来讨伐黄巢。当时天子逃去蜀地，诏令不能通达各地，全国各地以为朝廷再也振兴不起来了，等收到郑畋的檄文后，争相发兵响应他的号召。贼人感到恐惧，不敢再窥伺京西。

夏，四月，初一，加授王铎兼任侍中。

任命拓跋思恭暂代夏绥节度使。

黄巢任命他的将领王玫为邠宁节度使。邠州通塞镇将朱玫发兵杀了王玫，让别将李重古任邠宁节度使，自己带领军队去讨伐黄巢。

注 释

❶ 邠宁节度，治在今陕西彬州。

【原文】

是时唐弘夫屯渭北，王重荣屯沙苑①，王处存屯渭桥②，拓跋思恭屯武功③，郑畋屯盩厔。弘夫乘龙尾之捷，进薄长安。

【译文】

当时，唐弘夫屯驻在渭北，王重荣屯驻在沙苑，王处存屯驻在渭桥，拓跋思恭屯驻在武功，郑畋屯驻在盩厔。唐弘夫乘着在龙尾陂得胜的余威，逼近长安。

注释

❶ 沙苑，在今陕西大荔一带。　❷ 渭桥，在今陕西西安市与咸阳市之间。　❸ 武功，在今陕西武功东。

【原文】

壬午，黄巢帅众东走，程宗楚先自延秋门入，长安苑城有门，西出谓之延秋门。弘夫继至，处存帅锐卒五千夜入城。坊市民喜，争欢呼出迎官军，欢读曰喧。或以瓦砾击贼，或拾箭以供官军。宗楚等恐诸将分其功，不报凤翔、鄜夏，句断。军士释兵入第舍，掠金帛、妓妾。处存令军士系白㡊为号，白㡊，……缯头也，以约发谓之头白㡊。坊市少年或窃其号以掠人。贼露宿霸上，宿无室庐曰露宿。诇知官军不

【译文】

初五，黄巢带领军队向东而去，程宗楚先从延秋门进入长安，唐弘夫接着也到来了，王处存带领锐卒五千人也在夜里进入长安城。街坊中的市民看了很高兴，争相欢呼着出来迎接官军，有的人用瓦砾打击贼人，有的人捡箭交给官军使用。程宗楚等担心其他将领分去他们入城的功劳，就没有把入城的事报告凤翔和鄜夏镇。军士们放下武器，到有钱人的家里，抢夺金帛和妓妾。王处存命令军士系上白头巾为标志，街坊中的少年有的利用这种标志从事抢劫。贼军露宿在霸

整，且诸军不相继，引兵还袭之，自诸门分入，大战长安中，宗楚、弘夫死，《考异》曰：《旧纪》《传》《新传》皆云弘夫败在二年六月，《惊听录》《唐年补录》《新纪》《实录》皆在此年四月。《新纪》曰尤详，今从之。军士重负不能走，是以甚败，死者什八九。处存收余众还营。

丁亥，巢复入长安，怒民之助官军，纵兵屠杀，流血成川，谓之洗城。于是诸军皆退，贼势愈炽。

贼所署同州刺史王溥、华州刺史乔谦、商州刺史宋岩闻巢弃长安①，皆率众奔邓州②，朱温斩溥、谦，释岩使还商州。

上，探知官军军纪不整，并且各路军也不能相继支援，就带领军队回头偷袭官军，他们分头从各城门进入，与官军大战于长安城中，程宗楚和唐弘夫都战死，官军士兵背着抢来的东西不能奔跑，所以被打得大败，十分之八九的人都被杀死。王处存收集残余部队回到军营。

初十，黄巢又回到长安，对民众帮助官军大为愤怒，放纵士兵去屠杀民众，血流成河，谓之洗城。于是各路官军皆败退，贼军势力更加强大。

贼人所任命的同州刺史王溥、华州刺史乔谦和商州刺史宋岩听说黄巢放弃了长安，都带领部众奔向邓州。朱温杀了王溥和乔谦，释放了宋岩，叫他回商州去。

注　释

❶ 华州，治在今陕西渭南华州区。商州，治在今陕西商洛商州区。　❷ 邓州，治在今河南邓州。

【原文】

庚寅，拓跋思恭、李孝昌与贼战于王桥，不利。

【译文】

十三日，拓跋思恭、李孝昌与贼军大战于王桥，不利

诏以河中留后王重荣为节度使。

贼众上黄巢尊号曰承天应运启圣睿文宣武皇帝。

有双雉集广陵府舍，占者以为野鸟来集，城邑将空之兆。高骈恶之，乃移檄四方，云将入讨黄巢，悉发巡内兵八万，舟二千艘，旌旗甲兵甚盛。五月，乙未，出屯东塘。东塘，在今扬州城东，即今湾头至宜陵一带塘岸也。《考异》曰，《妖乱志》曰："自五月十二日出东塘，至九月六日归府，九十余日，禳雉雊之变也。"按五月十二日至九月六日，乃是一百六十三日，非九十余日。今从《旧传》。诸将数请行期，骈托风涛为阻，或云时日不利，竟不发。

李克用牒河东[1]，称奉诏将兵五万讨黄巢，令具顿递，缘道设酒食以供军为顿，置邮驿为递。郑从谠闭城以备之。……

而退。

朝廷下诏任命河中留后王重荣为节度使。

贼众给黄巢上尊号称承天应运启圣睿文宣武皇帝。

有一对雉鸡栖于广陵府屋舍，占卜的人认为野鸟飞到这里来，是城邑将要变成空地的不祥征兆。高骈内心讨厌这件事，于是发檄文到各地，说是将要去讨伐黄巢，将他管辖的八万军队全部调来，有船二千艘，旌旗武器等非常之多。五月，十二日，屯驻在东塘。将领们多次问他什么时候出发，高骈借口有风浪险阻，有时说时日不利，终究没有出发。

李克用送文牒到河东镇，说是奉诏命带领五万军队去讨伐黄巢，叫河东节度使准备酒食供应将士，并置邮驿，郑从谠关闭城门以防备他。……

注释

❶李克用（八五六—九〇八），沙陀族人。朱邪赤心之子，别号李鸦儿，凶悍善战。唐以克用镇压黄巢起义军，封为晋王。后克用割据山西北部与朱温对抗。子存勖，建后唐。

【原文】

黄巢之克长安也，忠武节度使周岌降之。去年十一月授周岌忠武节，十二月而黄巢克长安。岌尝夜宴，急召监军杨复光，先是以杨复光为忠武监军，屯邓州，扼贼右冲。巢既陷长安，遣朱温屯邓州，复光遂至许州依周岌，故召之夜宴。左右曰："周公臣贼，将不利于内侍，不可往。"唐内侍省以内侍监为之长，内侍为贰，故左右以称复光。复光曰："事已如此，义不图全。"即诣之。酒酣，岌言及本朝，复光泣下，良久，曰："丈夫所感者恩义耳！公自匹夫为公侯，奈何舍十八叶天子而臣贼乎！"自高祖至僖宗十八世。岌亦流涕曰："吾不能独拒贼，故貌奉而心图之。今日召公，正为此耳。"因沥酒为盟。史炤曰："以酒滴沥也。"是夕，复光遣其养子守亮杀贼使者于驿。

时秦宗权据蔡州，不从岌命，复光将忠武兵三千诣蔡州，说宗权同举兵讨巢。宗权遣其将王淑将兵三千从复光击邓州，逗留不进，复光斩之，并其军，分忠武八千人为八都①，遣牙将鹿晏弘、晋晖、王建、韩建、张造、李师泰、庞从等

【译文】

在黄巢攻下长安的时候，忠武节度使周岌投降了黄巢。周岌曾经举行夜宴，急召监军杨复光，杨复光左右的人说："周岌是贼人的臣子，将给内侍你带来危险，不能去赴宴。"杨复光说："事情已经这样了，为了国家我也顾不得自身的安危了。"随即赴会。饮酒到半醉，周岌讲到本朝的事。杨复光流着泪，停了很大一会儿，说："大丈夫所感慨的只是恩义而已！公从匹夫而位列公侯，为什么要抛开唐朝十八代天子而为贼人的臣子呢！"周岌也流着眼泪说："我不能单独抵抗贼军，所以表面上奉侍他而在心中图谋打败他。今天召你来，正是为了商量这件事。"于是滴酒结下盟约。当天晚上，杨复光派遣他的养子杨守亮在馆驿中杀了贼人派来的使者。

当时秦宗权据守蔡州，不服从周岌的命令，杨复光带领忠武军的三千人到蔡州，劝说秦宗权共同发兵讨伐黄巢。秦宗权派他的将领王淑带领三千军队跟随杨复光进攻邓州，王淑逗留不进，杨复光杀了他，收编他的部队，分忠武军八千人为八都，派牙将

【原文】

八人将之②。《考异》曰，刘恕《十国纪年》上云：八都而下，止有王建等七人姓名，诸书不可考故也。王建始此。王建，舞阳人；韩建，长社人；晏弘、晖、造、师泰，皆许州人也。复光帅八都与朱温战，败之，遂克邓州，逐北至蓝桥而还。蓝桥，在蓝田关南。

【译文】

鹿晏弘、晋晖、王建、韩建、张造、李师泰、庞从等八人率领他们。王建，是舞阳人；韩建，是长社人；鹿晏弘、晋晖、张造、李师泰，都是许州人。杨复光带领八都军队和朱温作战，打败了朱温，于是攻下了邓州，追赶败军直到蓝桥才回还。

注 释

❶八都，时一都为一千人，后来一都也有发展到几千人的。其将领称都头，亦称军头。　❷王建（八四七—九一八），舞阳人。时任唐牙将，后升为壁州刺史，逐西川节度使韦昭度，并攻取东川，占有今四川之地。后受唐封为蜀王。公元九○七年自立为帝，国号蜀，史称前蜀。

【原文】

昭义节度使高浔会王重荣攻华州，克之。

六月，戊戌，以郑畋为司空兼门下侍郎、同平章事，都统如故。

李克用遇大雨，引兵北还，陷忻、代二州①，因留居代州。《考异》曰，《唐末见闻录》："六月三十日，沙陀军却回，收却忻、代州。"《太祖纪年录》："遇大雨，六月二十三日，班师雁门。"薛居正《五代史》与《纪年录》同。按忻、代先属河东，中和二年始割隶雁门。今从《见闻录》

【译文】

昭义节度使高浔联合王重荣进攻华州，克复华州。

六月，二十二日，任命郑畋为司空兼门下侍郎、同平章事，仍担任都统。

李克用遇上大雨，带领军队北去，被困在忻、代二州地方，就在代州留住下来。郑从谠派遣教练使论安等驻扎在百井以防

《实录》。郑从谠遣教练使论安等军百井以备之②。

备李克用。

注释

❶ 忻州，治在今山西忻州。代州，治在今山西代县。　❷ 百井，关隘名，在今山西阳曲北。

【原文】

　　邠宁节度副使朱玫屯兴平①，兴平县，在长安西八十五里。余靖曰：周丈丘，今之兴平。黄巢将王播围兴平，玫退屯奉天及龙尾陂②。

【译文】

　　邠宁节度副使朱玫驻扎在兴平，黄巢手下的将领王播包围了兴平，朱玫退到奉天县和龙尾陂驻扎。

注释

❶ 兴平，在今陕西兴平。　❷ 奉天，在今陕西乾县。

【原文】

　　西川黄头军使李铤将万人，巩咸将五千人巩，姓也。周卿士巩简公，晋大夫巩朔。屯兴平，为二寨，与黄巢战，屡捷；陈敬瑄遣神机营使高仁厚将二千人益之。神机营，亦崔安潜置，事见上卷乾符六年。

【译文】

　　西川黄头军使李铤带领一万军队，巩咸带领五千军队屯驻兴平，分为两个营寨，与黄巢的军队作战，多次战胜；陈敬瑄派遣神机营使高

秋，七月，丁巳，改元，赦天下。改元中和。

．．．．．．．．．．．．

鄜延节度使李孝昌、权夏州节度使拓跋思恭屯东渭桥，黄巢遣朱温拒之。

以义武节度使王处存为东南面行营招讨使，以邠宁节度副使朱玫为节度使。

．．．．．．．．．．．．

（八月），杨复光奏升蔡州为奉国军，以秦宗权为防御使。寿州屠者王绪与妹夫刘行全聚众五百[1]，盗据本州，月余，复陷光州，自称将军，有众万余人；秦宗权表为光州刺史。固始县佐王潮世率以县丞为县佐。唐制，诸县丞、簿、尉之下有司功佐、司仓佐、司户佐、司兵佐、司法佐、司士佐，皆县佐也。路振《九国志》：王潮少为县佐史。或者传写逸"史"字欤？及弟审邽、审知皆以材气知名[2]，绪以潮为军正，使典资粮，阅士卒，信用之。王潮兄弟始此，为潮废绪张本。

仁厚带领二千人去增援他们。

秋，七月，十一日，改年号为中和，大赦天下。

．．．．．．．．．．．．

鄜延节度使李孝昌、暂任夏州节度使拓跋思恭驻扎在东渭桥，黄巢派朱温抵御他们。

任命义武节度使王处存为东南面行营招讨使，升邠宁节度副使朱玫为节度使。

．．．．．．．．．．．．

（八月），杨复光奏请升蔡州为奉国军，任命秦宗权为防御使。寿州屠夫王绪与妹夫刘行全聚集了五百人，占据本州，一个多月后，又攻下光州，自称将军，拥有徒众一万多人；秦宗权上表推举他为光州刺史。固始县佐王潮和他的弟弟王审邽、王审知都以才气而闻名，王绪任用王潮为军正，叫他主管钱粮，检阅士卒，非常信任他。

注 释

❶寿州，治在今安徽寿县。　❷王审知（八六二—九二五），固始人。唐末随其兄王潮起兵入福建，占领泉州。八九七年为威武军节度使，尽有今福建之

地。后梁封之为闽王。

【原文】

　　高浔与黄巢将李详战于石桥，石桥，即晋将王镇恶破秦兵处。浔败，奔河中，详乘胜复取华州。是年五月，高浔克华州。巢以详为华州刺史。

....

　　李孝昌①、拓跋思恭与尚让、朱温战于东渭桥不利，引去。史言诸镇之勤王者，皆以师老迁延引退。

....

【译文】

　　高浔同黄巢的将领李详大战于石桥，高浔被打败，跑去河中，李详乘胜又夺取了华州。黄巢任命李详为华州刺史。

....

　　李孝昌、拓跋思恭同尚让、朱温在东渭桥大战，官军不利，带军队离去。

....

注 释

❶ "李"字上章钰《校宋记》云，宋十一行本有"九月"二字。

【原文】

　　凤翔行军司马李昌言将本军屯兴平。时凤翔仓库虚竭，犒赏稍薄，粮馈不继，昌言知府中兵少，因激怒其众，冬，十月，引军还袭府城。郑畋登城与士卒言，其众皆下马罗拜曰："相公

【译文】

　　凤翔行军司马李昌言带领本军屯驻在兴平。当时凤翔府库空虚，犒赏减少了一些，粮馈也供应不上，李昌言知道节度使府兵员很少，因而激怒他的士众。冬，十月，带军队回头偷袭凤翔府城。郑畋登城和士卒说话，李昌言的士众

诚无负我曹。"畋曰:"行军苟能戢兵爱人，为国灭贼，亦可以顺守矣。"逐帅为逆取，讨贼以取旌节为顺守。乃以留务委之，即日西赴行在。

天平节度使、南面招讨使曹全晸与贼战死，军中立其兄子存实为留后。

十一月，乙巳，孟楷、朱温袭鄜、夏二军于富平①，二军败，奔归本道。二军，李孝昌、拓跋思恭之军也。

都下马围着郑畋下拜说:"相公实在是没有做对不起我们的事。"郑畋说:"行军司马假如真的能够带好军队，爱护人民，为国灭贼，也是可以担任节度使的。"于是把留后的职务交给李昌言。当天就向西赶往成都。

天平节度使、南面招讨使曹全晸在和贼人战斗中阵亡，军中立他哥哥的儿子曹存实为留后。

十一月，初一，孟楷、朱温在富平袭击鄜、夏二军，二军被打败，各自奔回本道。

注释

❶ 富平，在今陕西富平东北。

【原文】

郑畋至凤州，自凤翔西至凤州三百九十五里。累表辞位；诏以畋为太子少傅、分司。以李昌言为凤翔节度行营招讨使。

…………

（十二月），王铎以高骈为诸道都统无心讨贼，自以身为首相，发

【译文】

郑畋到凤州，连续上表请求辞去职务；朝廷诏命他为太子少傅，分司东都。任命李昌言为凤翔节度行营招讨使。

…………

（十二月），王铎看到高骈为诸道都统无心讨贼，自己觉得身为首相，便发愤请求亲去讨贼。

愤请行，恳款流涕，至于再三；上
许之。恳款，恳诚也。

诚恳流涕，再三请求；皇帝最终
答应了。

二年 (壬寅·八八二)

【原文】

春，正月，辛亥，以王铎兼中书令，充
诸道行营都都统，《考异》曰，《旧纪》："中和元年七
月，铎为都统。十二月，师师三万至京畿，屯于盩厔。"《旧·
铎传》亦在元年。《唐年补录》："元年十一月，乙巳，制以铎
为都统。十二月，乙亥，铎屯盩厔。"《续宝运录》："元年八
月，铎拜天下都统。"《唐补纪》："中和元年四月，高骈帅师
驻泊东塘，自五月出府，九月却归。朝廷即以铎统诸道兵马，
收复长安，铎为都统。"诸书年月不同如此。《新纪》："二年
正月，辛亥，王铎为诸道行营都都统，高骈罢都统。"据《实
录》四月答高骈诏，罢都统当在此年。今从《实录》。《新
纪》《旧·骈传》云："僖宗知骈无赴难意，乃以铎为京城四
面诸道行营兵马都统，韦昭度领江淮盐铁转运使。骈既失兵
柄，又落利权，攘袂大诟，累上章论列，语词不逊。"按骈罢
都统，依前为诸道盐铁转运使，五月方罢。《北梦琐言》曰：
"王铎初镇荆南，黄巢入寇，望风而遁，他日，将兵潼关，黄
巢令人传语云：'相公儒生，且非我敌，无污我锋刃，自取败
亡也。'后到成都行朝，拜诸道都统。所以高骈上表，目之为
败军之将也。"按铎自荆南丧师贬官，未尝将兵潼关。皮光业
《见闻录》，为都统在此年二月，亦误。又《旧纪》《传》《新
传》，铎止为都统。《新纪》作都统，《实录》初除及罢时皆
为都统，中间多云都都统。又西门思恭为都都监。按此时诸将

【译文】

春，正月，初
八，任命王铎兼中
书令，充任诸道行
营都都统，暂代义
成节度使，等罢兵
以后再回来任宰相。
高骈只统领盐铁转
运使，免去他的都
统及其他诸使职务。
听任王铎自行辟用
将佐人员，任命太
子少师崔安潜为副
都统。二十八日，
任命周岌和王重荣
为都都统、左右司
马，诸葛爽和宣武
节度使康实为左右
先锋使，时溥为催
遣纲运租赋防遏使。
任命右神策观军容
使西门思恭为诸道

为都统者甚多，疑铎为都都统是也。权知义成节度使，俟罢兵复还政府。高骈但领盐铁转运使，罢其都统及诸使。听王铎自辟将佐，以太子少师崔安潜为副都统。辛未，以周岌、王重荣为都都统、左右司马，诸葛爽及宣武节度使康实为左右先锋使，时溥为催遣纲运租赋防遏使①。纲运自江、淮来者，皆由徐州巡内，故以溥任此职。以右神策观军容使西门思恭为诸道行营都都监。又以王处存、李孝昌、拓跋思恭为京城东北西面都统，以杨复光为南面行营都监使。又以中书舍人郑昌图为义成节度行军司马，给事中郑畋为判官，直弘文馆王抟为推官，司勋员外郎裴贽为掌书记。昌图，从谠之从祖兄弟；畋，畋之弟；抟，玙之曾孙；王玙以祠祷历事玄、肃，见前纪。贽，坦之子也。裴坦见二百五十一卷懿宗咸通十年。又以陕虢观察使王重盈为东面都供军使。重盈，重荣之兄也。

行营都都监。又任命王处存、李孝昌、拓跋思恭为京城东北西面都统，任命杨复光为南面行营都监使。又任命中书舍人郑昌图为义成节度行军司马，给事中郑畋为判官，直弘文馆王抟为推官，司勋员外郎裴贽为掌书记。郑昌图，是郑从谠的从祖兄弟；郑畋，是郑畋的弟弟；王抟，是王玙的曾孙；裴贽，是裴坦的儿子。又任命陕虢观察使王重盈为东面都供军使。王重盈，是王重荣的哥哥。

注释

❶ 时溥（？—八九三），徐州彭城人。初为徐州牙将，后逐节度使支详，自为留后。僖宗以溥为武宁节度使，因纲运自江、淮来者皆由徐州路过，故任溥为催遣纲运租赋防遏使。后因镇压黄巢起义军有功，被任为太尉、中书令、徐州行营兵马都统。

【原 文】

黄巢以朱温为同州刺史，令温自取之。二月，同州刺史米诚奔河中，温遂据之。为朱温以同州归国张本。

己卯，以太子少傅、分司郑畋为司空兼门下侍郎、同平章事，召诣行在，军务一以谘之。以王铎判户部事。

朱温寇河中，王重荣击败之。

以李昌言为京城西面都统，朱玫为河南都统。朱玫时镇邠宁，安得出关东统河南诸镇！此河南，盖自龙门河东至蒲津一带大河南岸也。

…………

（夏，四月），王铎将两川、兴元之军屯灵感寺，泾原屯京西，易定、河中屯渭北，邠宁、凤翔屯兴平，保大、定难屯渭桥，忠武屯武功，官军四集。黄巢势已蹙，号令所行，不出同、华。黄巢将朱温时据同州，李详据华州，故号令之行止此二州。民避乱皆入深山筑栅自保，农事俱废，长安城中斗米直三十缗。贼卖人于官军以为粮①，官军或执山寨之民鬻之，

【译 文】

黄巢任命朱温为同州刺史，叫朱温自己去攻取那个地方。二月，同州刺史米诚逃奔河中，朱温于是据有同州。

初六，任命太子少傅、分司郑畋为司空兼门下侍郎、同平章事，召他到皇帝的行宫去，军事方面的事都要征询他的意见。任命王铎判户部事。

朱温侵扰河中府，王重荣把他打败了。

任命李昌言为京城西面都统，朱玫为河南都统。

…………

（夏，四月），王铎率领两川和兴元的军队屯驻在灵感寺，泾原军屯驻在京西，易定军和河中军屯驻在渭北，邠宁军和凤翔军屯驻在兴平，保大军和定难军屯驻在渭桥，忠武军屯驻在武功，官军从四面八方集中于京畿。黄巢的势力已大大收缩，号令所达到的地方，不超出同州和华州。民众为了躲避兵乱都逃入深山，筑起栅寨自卫，农事都完全丢开了，长安城中一斗米价值三十缗。贼人向官军买人口当作粮食，官军有时抓来山寨中的老百姓卖给他们，一个人价值数百缗，根

人直数百缗，以肥瘠论价。

据各人的肥瘦来论价。

注 释

❶ "卖"，章钰《校宋记》云：宋十二行本作"买"。

——以上卷二五四

【原 文】

（五月），加淮南节度使高骈兼侍中，罢其盐铁转运使。骈既失兵柄，又解利权，攘袂大诟，是年春罢都统，已失兵柄；今解盐铁转运，又失利权。遣其幕僚顾云草表自诉，言辞不逊，其略曰："是陛下不用微臣，固非微臣有负陛下。"又曰："奸臣未悟，陛下犹迷，不思宗庙之焚烧，不痛园陵之开毁。"又曰："王铎债军之将❶，谓乾符六年江陵之败也。崔安潜在蜀贪黩，崔安潜击贼屡捷，无以指摘，故言其在蜀贪黩。懿宗咸通六年，安潜镇蜀。岂二儒士能戢强兵！"又曰："今之所用，上至帅臣，下及裨将，以臣所料，悉可坐擒。"又曰："无使百代有抱恨

【译 文】

（五月），加封淮南节度使高骈兼任侍中，免掉他盐铁转运使的官职。高骈已经失去了兵权，又被解除了经济大权，于是卷起袖子，破口大骂。他让幕僚顾云起草表文为自己申诉，措辞傲慢，大略说："这是陛下不用我这个小臣，并不是我辜负陛下。"又说："奸佞的臣子还没醒悟，陛下仍处在迷糊之中，不思想先祖的宗庙被焚烧，不痛心先王的坟墓被挖掘。"又说："王铎是败军之将，崔安潜在蜀地贪污腐败，这样的两个儒生怎么能约束强大的军队呢？"又说："今天您所用的人，上至将帅，下到副将，依我看来，都可以很容易地捉住他们。"又说："不要使百代留有抱恨终生的臣子，不要留下像淮

之臣，千古留刮席之耻。刮席，汉淮阳王事，见《汉纪》。臣但恐寇生东土，刘氏复兴，言山东寇盗纵横，将有如刘季者复兴于其间。即轵道之灾，岂独往日！"又以秦子婴之事指斥乘舆。又曰："今贤才在野，憸人满朝②，致陛下为亡国之君，此子等计将安出！"顾云盖序次高骈大诟之言以为表。上命郑畋草诏切责之，其略曰："绾利则牢盆在手③，谓专江、淮盐利也。牢盆二语见《汉武帝纪》。主兵则都统当权，直至京北、京西、神策诸镇，悉在指挥之下，可知董制之权④；而又贵作司徒，荣为太尉，按《新书·高骈传》：骈帅西川，已进检校司徒；两京陷后，天子犹冀骈立功，进检校太尉。以为不用，如何为用乎？"又曰："朕缘久付卿兵柄，不能翦荡元凶，自天长漏网过淮，事见二百五十三卷广明元年。不出一兵袭逐，奄残京国，首尾三年。广陵之师⑤，未离封部，忠臣积望，勇士兴讥，所以擢用元臣，诛夷巨寇。"又曰："从来倚仗之意，一旦控告无门，凝睇东南，睇，……目小视也。南楚曰睇。惟增凄恻！"又曰："谢玄

阳王刘玄俯首爬席的千古笑柄。我只担心寇盗在东方横行，刘邦这样的人又要出现，那么像秦王子婴在轵道投降的灾变，哪里只会发生在过去呢？"又说："现在贤明的人才闲居在荒野，奸佞的小人充斥着朝廷，致使陛下成为亡国的君王，他们这些人又能有什么主意呢！"僖宗命令郑畋起草诏书以严词责备他，大略说："谈到统管利益，你掌握着制盐大权；说到执掌军队，你身居都统要职。甚至京北、京西、神策军各镇，都在你的指挥之下，这就可以知道你已是大权在握了。而且，你又担任着显贵的司徒，荣耀的太尉，如果这样还认为不受重用，那么如何才算是重用呢？"又说："朕交给你军事大权已经很久了，你并不能消灭敌人的首领。先前黄巢在天长漏网渡过淮水，你不派一兵一卒去追击，致使国都被攻破，前后长达三年。你在广陵的军队没有离开过所封的疆界半步，忠心的臣子满腹怨望，英勇的士兵发出讥笑，所以朕要提拔选用元老重臣，来消灭那些巨寇。"又说："向来倚赖仰仗你，一旦之间，没有门路可以诉说，凝望着战乱的东南方，只能增加无限的凄楚悲痛罢了。"又说："东晋谢玄在

破苻坚于淝水，_{见《晋孝武帝纪》。}裴度平元济于淮西，_{见《宪宗纪》。}未必儒臣不如武将。"又曰："宗庙焚烧，园陵开毁，龟玉毁椟，谁之过欤！"_{用《论语》孔子之言。宝龟宝玉，皆椟藏之，在椟而毁，典守者不得辞其过也。}又曰："'奸臣未悟'之言，何人肯认！'陛下犹迷'之语，朕不敢当！"又曰："卿尚不能缚黄巢于天长，安能坐擒诸将！"又曰："卿云刘氏复兴，不知谁为魁首？比朕于刘玄、子婴，何太诬罔！"又曰："况天步未倾，皇纲尚整，三灵不昧，百度俱存，君臣之礼仪，上下之名分，所宜遵守，未可堕陵。_{堕，读曰隳。}朕虽冲人，安得轻侮！"_{恶声至，必反之，较计是非，明己之直，此委巷小人相诟者之为耳。古者文告之辞，汉、魏以下数责其罪，何至如此！《通鉴》书之以为后世戒。}骈臣节既亏，自是贡赋遂绝。

…………

淝水之战中大破前秦苻坚，宪宗时裴度在淮西平定了吴元济，这些都可以看出儒臣未必就不如武将。"又说："先祖的宗庙被焚烧，先王的坟墓被挖掘，龟甲、宝玉装在木匣中被毁坏，这是谁的过错呢？"又说："'奸佞的臣子还没醒悟'这句话，什么人肯承认呢？'陛下仍处在迷糊之中'这个说法，朕是不敢担当的！"又说："你尚且不能在天长擒住黄巢，又如何能很容易地抓获各位将领呢？"又说："你说刘邦这样的人又要出现，不知谁是罪魁祸首呢？把朕比作淮阳王刘玄、秦王子婴，这不是太诬蔑欺人了吗？"又说："何况国运还没有倾覆，国家的大纲还很完整，日、月、星三灵还未昏暗，各种规章制度都还存在，君臣之间的礼节、上下之间的名分，都应该遵守，不可以毁坏陵越。我虽然年纪幼小，怎么可以轻易侮辱呢！"高骈已经亏损了做臣子的节操，自此以后纳贡和上交赋税就都断绝了。

…………

注　释

❶偾，音奋，覆败。偾军之将，即败军之将。　❷憸人，奸邪之人。　❸牢

盆，煮盐之器。　❹董，总；制，节制。董制之权，即全面调度之权。　❺广陵，在今江苏扬州，时为淮南节度治所。

<table>
<tr><td>

【原文】

黄巢攻兴平，兴平诸军退屯奉天。时凤翔、邠宁军屯兴平。

…………

（秋，七月），尚让攻宜君寨，后魏太平真君七年，置宜君县于宜君川，后置宜君郡，隋废郡为宜君县，唐并宜君县入京兆华原县。是时勤王之师盖于宜君故县立寨也。会大雪盈尺，贼冻死者什二三。

…………

以保大留后东方逵为节度使，充京城东面行营招讨使。按李孝昌以鄜师勤王，去年为黄巢所攻，奔归本道。东方逵盖代李孝昌者也。

…………

（八月），黄巢所署同州防御使朱温屡请益兵以捍河中，知右军事孟楷抑之，不报。温见巢兵势日蹙，知其将亡，亲将胡真、谢瞳劝温归国，九月，丙戌，温杀其监军严实，举州降王重荣。温以舅事重荣，温母王氏，以与重荣同姓，故以舅事重荣。王铎承制以温为同

</td><td>

【译文】

黄巢进攻兴平，在兴平的各路官军退屯奉天。

…………

（秋，七月），尚让攻打宜君寨，正巧遇上大雪天，雪下了一尺多厚，士兵冻死的占十分之二三。

…………

任命保大留后东方逵为节度使，充当京城东面行营招讨使。

…………

（八月），黄巢任命的同州防御使朱温屡次请求增派士兵以保卫河中，掌理右军事的孟楷压下不报。朱温看到黄巢的兵力一天不如一天，知道他要灭亡了，朱温的亲信将领胡真、谢瞳劝他归顺唐朝。九月，十七日，朱温杀了监军严实，以同州全城投降唐将王重荣。朱温事奉王重荣就像事奉舅舅一样。王铎秉承君命任朱温为同华节度使，派遣谢瞳送上表文到僖宗驻地。谢瞳，是福州人。

李详因为王重荣待朱温很好，

</td></tr>
</table>

华节度使，使瞳奉表诣行在。朱温因王重荣以归唐，而重荣之后夷于朱温之手，唐祚亦夷于温矣。瞳，福州人也。

李详以重荣待温厚，亦欲归之，为监军所告；黄巢杀之，详据华州见上卷上年。以其弟思邺为华州刺史。

．．．．．．．．．．．

平卢大将王敬武逐节度使安师儒，自为留后。

．．．．．．．．．．．

（冬，十月），以朱温为右金吾大将军、河中行营招讨副使，赐名全忠。

．．．．．．．．．．．

以平卢大将王敬武为留后。王敬武既逐安师儒，朝廷遂命为留后。时诸道兵皆会关中讨黄巢，独平卢不至，王铎遣都统判官、谏议大夫张濬往说之。敬武已受黄巢官爵，不出迎，濬见敬武，责之曰："公为天子藩臣，侮慢诏使；不能事上，何以使下！"敬武愕然，谢之。既宣诏，将士皆不应，濬徐谕之曰："人生当先晓逆顺，次知利害。黄巢，前日贩盐虏耳，事见二百五十二卷乾符二年。公等舍累叶天子而臣之，

也想归顺他，被监军告发。黄巢杀了李详，任命他的弟弟黄思邺为华州刺史。

．．．．．．．．．．

平卢军大将王敬武驱逐节度使安师儒，自己担任留后。

．．．．．．．．．．

（冬，十月），任命朱温为右金吾大将军、河中行营招讨副使，赐名全忠。

．．．．．．．．．．

任命平卢军大将王敬武为留后。此时各道军队都会集关中讨伐黄巢，独有平卢的军队没有到，王铎派遣都统判官、谏议大夫张濬前往游说。王敬武已接受了黄巢所封官爵，不出来迎接。张濬见到王敬武，责备他说："你身为皇帝属下的大臣，却轻侮、怠慢皇帝派来传达诏令的使者；你不能事奉上级，如何能使唤下属？"王敬武愣住了，随即谢罪。张濬宣读诏命后，将士们都没有反应，张濬从容不迫地劝告大家说："一个人活着首先应该知道什么是逆、什么是顺，其次要知道什么是利、什么是害。黄巢以前只是一个卖盐的小贩罢了，你们却舍弃了历代的天子而臣服于他，结果能有什么利益呢？现在天下保卫皇帝的军队都在京城附近集合，只有

果何利哉！今天下勤王之师皆集京畿，而淄青独不至；一旦贼平，天子返正，公等何面目见天下之人乎！不亟往分功名、取富贵，后悔无及矣！"将士皆改容引咎，顾谓敬武曰："谏议之言是也。"敬武即发兵从濬而西。

…………

黄巢兵势尚强，王重荣患之，谓行营都监杨复光曰："臣贼则负国，讨贼则力不足，奈何？"复光曰："雁门李仆射时李克用据代州；代州，雁门郡也。诸家多以为克用时为雁门节度使。骁勇有强兵，其家尊与吾先人尝共事相善，杨复光养父玄价尝监盐州军，沙陀之归国也，先由盐州。后玄价为中尉。执宜父子盖与之善。彼亦有徇国之志；所以不至者，以与河东结隙耳。诚以朝旨谕郑公而召之，必来，郑公，谓从谠也。结隙见上卷上年。来则贼不足平矣！"东面宣慰使王徽亦以为然。时王铎在河中，乃以墨敕召李克用，谕郑从谠。王铎为都统，便宜从事，凡征调除授，皆得用墨敕。十一月，克用将沙陀万七千自岚、石路趣河中①，岚州南至石州一百八十里。

…………

黄巢的兵力仍然很强盛，王重荣非常担心这件事，他对行营都监杨复光说："如果向贼寇称臣，就有负于国家；如果讨伐贼寇，力量又不够。该怎么办呢？"杨复光回答说："雁门李克用勇猛善战，又有强大的军队，他的父亲与我的先祖曾经共过事，相处得很好，他也有为国家尽力的志向；这一次之所以没有来讨伐黄巢，是和郑从谠在河东结下仇隙的缘故。假如能用朝廷的旨意告知郑从谠去召他来，他一定会来的。只要他来了，讨平贼寇就不成问题了。"东面宣慰使王徽也认为应当如此。这时王铎正在河中，于是用墨笔书写诏敕召李克用来，并把这事告知郑从谠。十一月，李克用率领沙陀士兵一万七千人从岚州、石州赶往河中，不敢进入太原境内，独自与几百名骑兵

不敢入太原境，独与数百骑过晋阳城下与从谠别，从谠以名马、器币赠之。

经过晋阳城下和郑从谠辞别。郑从谠将名贵的马匹、器物、钱币赠送给他。

注 释

❶ 岚州，治在今山西岚县北。石州，治在今山西吕梁离石区。河中府，治在今山西永济。

【原 文】

李详旧卒共逐黄思邺，《考异》曰：《实录》："李详下牙队兵斩伪刺史黄思邺，推华阴镇使王遇为首，降河中。王铎承制除遇为刺史。"按黄邺与黄巢俱死于虎狼谷，《实录》误也。今从《新·黄巢传》。推华阴镇使王遇为主，以华州降于王重荣，王铎承制以遇为刺史。

…………

（十二月），以忻、代等州留后李克用为雁门节度使。

…………

加奉天节度使齐克俭，河中节度使王重荣并同平章事。

李克用将兵四万至河中，《考异》曰：《实录》在明年正月。今从《新》、《太祖纪年录》、薛居正《五代史》。遣从父弟克修先将兵五百济河尝贼。

【译 文】

李详过去的部属共同驱逐黄思邺，推举华阴镇使王遇为主帅，以华州城向王重荣投降，王铎秉承君命任命王遇为刺史。

…………

（十二月），任命忻州、代州等州留后李克用为雁门节度使。

…………

加封奉天节度使齐克俭、河中节度使王重荣为同平章事。

李克用率领士兵四万人到河中，派遣堂弟李克修先带士兵

尝，试也。初，克用弟克让为南山寺僧所杀，其仆浑进通归于黄巢。自高浔之败，浔败，见上卷上年。诸军皆畏贼，莫敢进。及克用军至，贼惮之，曰："鸦军至矣，当避其锋。"克用军皆衣黑，故谓之鸦军。巢乃捕南山寺僧十余人，遣使赍诏书及重赂，因浑进通诣克用以求和。克用杀僧，哭克让，受其赂以分诸将，焚其诏书，归其使者，《考异》曰，《太祖纪年录》："初，克让于潼关战败，避贼南山，隐于佛寺，夜，为山僧所害，纪纲浑进通冒刃获免，归黄巢。贼素惮太祖，闻其至也，将托情修好，捕害克让之僧十余人，杀之。巢令其将米重威赍重赂、伪诏，因浑进通见太祖。乃召诸将，领其赂，燔其伪诏以徇。"《薛史·克让传》曰："乾符中，以功授金吾将军，留宿卫。初，懿祖归朝，宪宗赐宅于亲仁坊。武皇之起云中杀段文楚也，天子诏巡使王处存夜围亲仁坊，捕克让。诘旦，兵合，克让与十余骑弯弧跃马，突围而出，官军数千人追之，比至渭桥，死者数百。克让自夏阳掠船而济，归于雁门。"按克让于时犹在云州，此克让恐当作克用，云雁门，误也。《后唐·懿祖纪年录》曰："其兄克恭、克俭皆伏诛。"按是时国昌犹自请讨克用，朝廷必未诛其子。盖国昌、振武不受代后，克恭、克俭始被诛也。《薛史》又曰："明年，武皇昭雪，克让复入宿卫。黄巢犯阙，僖宗幸蜀，克让时守潼关，为贼所败。"按国昌以乾符五年不受代，朝廷发兵讨之。六年，克用未尝昭雪，克让何从得入宿卫！广明元年，国昌父子兵败，逃入达靼。其年冬，黄巢陷长安，克让何尝守潼关战败而死于佛寺！或者为朝廷所围捕时，逃入南山佛寺，为僧所杀，则不可知也。今事既难明，故但云为寺僧所杀而已。引兵自夏阳渡

五百人渡河试探贼寇。

起初，李克用的弟弟李克让被南山的寺僧杀害，他的仆人浑进通投奔黄巢。自从高浔战败以后，各路军队都畏惧贼寇，不敢前进。等到李克用的军队来了，贼寇害怕他，说："鸦军到了，应该躲避他的锋芒。"李克用的军队都穿黑衣服，所以称为鸦军。黄巢于是捕捉了十多个南山寺僧，派遣使者带着诏书和贵重的财物，利用浑进通的关系到李克用那里求和。李克用杀掉僧人，哀哭弟弟李克让，接受黄巢使者带来的财物，将其分给各位将领，烧掉黄巢的诏书，送还他的使者，带领军队从夏阳渡过黄河，驻扎在同州。

河①，武德三年，分郃阳置河西县。乾元三年，更河西曰夏阳，属河中府，后属同州。**军于同州。**

❶ 夏阳，在今陕西韩城南。

三年（癸卯·八八三）

【原 文】

春，正月，李克用将李存贞败黄揆于沙苑①；己巳，克用进屯沙苑。揆，巢之弟也。王铎承制以克用为东北面行营都统，以杨复光为东面都统监军使，陈景思为北面都统监军使。

【译 文】

春，正月，李克用的部将李存贞在沙苑打败了黄揆。初二，李克用进兵驻扎在沙苑。黄揆是黄巢的弟弟。王铎秉承皇帝的命令，以李克用任东北面行营都统，以杨复光任东面都统监军使，陈景思任北面都统监军使。

❶ 黄揆，黄巢之弟，与巢另一弟黄邺均在狼虎谷牺牲。

【原 文】

乙亥，制以中书令、充诸道行

【译 文】

初八，皇帝任命中书令、

营都统王铎为义成节度使，令赴镇。田令孜欲归重北司，称铎讨黄巢久无功，卒用杨复光策，召沙陀而破之，故罢铎兵柄以悦复光；罢王铎兵柄在正月，李克用破黄巢在四月。盖田令孜以黄巢之势已蹙，而杨复光之功必成，先以是悦之耳。又以副都统崔安潜为东都留守，以都都监西门思恭为右神策中尉，充诸道租庸兼催促诸道进军等使。令孜自以建议幸蜀，收传国宝、列圣真容、散家财犒军为己功，令宰相藩镇共请加赏，上以令孜为十军兼十二卫观军容使。令孜从幸蜀，募神策新军为五十四都，离为十军，号神策十军。左右卫、左右骁卫、左右武卫、左右威卫、左右领军卫、左右金吾卫，谓之南牙十二卫。

·············

二月，壬子，李克用进军乾坑，乾坑在沙苑西南。乾，音干。与河中、易定、忠武军合；尚让等将十五万众屯于梁田陂，《旧书》作"良天坡"，在城店西三十里。明日，大战，自午至晡，贼众大败，俘斩数万，伏尸三十里。巢将王璠、黄揆袭华州，据之，王遇亡去。去年王遇据华州归国。

·············

充当诸道行营都统的王铎为义成节度使，下令要他赶赴镇所。田令孜想要重用北司，称说王铎讨伐黄巢很久没有功劳，最终用杨复光的计策，召来沙陀的军队才得以攻破，所以罢免王铎的兵权来取悦杨复光；又任命副都统崔安潜为东都留守，任命都都监西门思恭为右神策中尉，充当诸道租庸兼催促诸道进军等使。田令孜自以为建议皇帝去蜀地、收聚传国宝物和列代圣贤的图像、散发家财来犒劳军队是他的功劳，要宰相和藩镇共同请求皇帝赏赐他。皇帝任命田令孜担任十军兼十二卫的观军容使。

·············

二月，十五日，李克用进军乾坑，与河中、易定、忠武军的部队会合。尚让等人率领十五万士兵驻扎在梁田陂。第二天，大战，从中午一直战到黄昏，贼兵大败，俘获斩杀的有几万人，尸体绵延了三十里。黄巢部将王璠、黄揆袭击华州，占领了它，王遇逃走了。

·············

二十七日，李克用进兵包围华州。黄思邺、黄揆据城固

甲子，李克用进围华州，黄思邺、黄揆婴城固守；克用分骑屯渭北。

⋯⋯⋯⋯

黄巢兵数败，食复尽，阴为遁计，发兵三万扼蓝田道①。扼蓝田道，所以通自武关南走之路。三月，壬申，遣尚让将兵救华州；李克用、王重荣引兵逆战于零口②，破之。克用进军渭桥，骑军在渭北。克用每夜令其将薛志勤、康君立潜入长安，燔积聚③，斩虏而还，零口，在京兆昭应县。贼中大惊。

⋯⋯⋯⋯

守；李克用分出骑兵驻扎在渭北。

⋯⋯⋯⋯

黄巢的军队多次战败，军粮又快用完了，暗中做逃跑的打算，派士兵三万人把守蓝田道。三月，初六，派遣尚让率领军队援救华州。李克用、王重荣带领士兵在零口迎战，大破尚让的军队。李克用进军渭桥，骑兵在渭北。李克用每天晚上命令他的部将薛志勤、康君立偷偷进入长安，烧毁城中积聚的财物，斩杀俘获的人后才返回，贼寇大惊。

⋯⋯⋯⋯

注释

❶ 蓝田，在今陕西蓝田。　❷ 零口，在今陕西西安临潼区。　❸ 燔，音烦，烧。

【原文】

己丑，以河中行营招讨副使朱全忠为宣武节度使，俟克复长安，令赴镇。

癸巳，李克用等拔华州，黄揆弃城走。

⋯⋯⋯⋯

【译文】

二十三日，任命河中行营招讨副使朱全忠为宣武节度使，命令他在收复长安以后，赶赴镇所。

（夏，四月），李克用与忠武将庞从、河中将白志迁等引兵先进，与黄巢军战于渭南①，一日三战，皆捷；义成、义武等诸军继之，贼众大奔。甲辰，克用等自光泰门入京师，黄巢力战不胜，焚宫室遁去。《考异》曰，《旧纪》："四月，庚子，沙陀等军趋长安，贼拒之于渭桥，大败而还。李克用乘胜追之。己卯，黄巢收残众由蓝田关而遁。庚辰，收京城，杨复光告捷。"按是月丁酉朔，无己卯、庚辰。敬翔《梁太祖编遗录》："四月乙巳，巢焚宫闱、省寺、居第略尽，拥残党越蓝田而逃。明日，上与诸军收复长安。"《实录》："甲辰，李克用与忠武将庞从、河中将白志迁、横野将满存、朝邑将康思贞三败贼于渭桥，大破之。义成、义武等军继进。乙巳，巢贼燔长安宫室，收余众自光泰门东走，由蓝田关以遁。诸军进收京师。"《新纪》："三月壬申，李克用及黄巢战于零口，败之。四月甲辰，又败之于渭桥。丙午，复京师。"《旧传》曰："四月八日，克用合忠武骑将庞从，遇贼于渭南，决战三捷，大败贼军。十日夜，贼巢散走。诘旦，克用由光泰门入，收京师，巢贼出蓝田、七盘路东走关东。"《新传》曰："克用遣部将杨守宗率河中将白志迁、忠武将庞从等最先进击贼渭桥，三战三北，于是诸节度兵皆奋，无敢后。入自光泰门。贼崩溃逐北至望春，入升阳殿阖。巢夜奔，众犹十五万，声趋徐州，出蓝田，入商山。"程匡柔《唐补纪》曰："杨复光帅十道行营节度使王重荣、李克用等兵士二万余人自光泰门入袭，逐至升阳殿下，杀贼盈万。黄巢军败，阵上奔逃，取蓝田关出。"《后唐太祖纪年录》："乙巳，巢败，焚宫室东走，太祖进收京师。"《唐年补录》："八日，克用等战渭南，三败贼军。九日，巢走。"按杨复光露布云："今月八日，杨守宗等随克用自光泰门先入京师。"又云："贼尚为坚阵，来抗官军，自卯至申，群凶大溃，即时奔遁，南入商

二十七日，李克用等人攻下了华州，黄揆放弃城池逃走。

　　…………

（夏，四月），李克用与忠武军将领庞从、河中军将领白志迁等人带领军队率先进攻，与黄巢的军队交战于渭南，一天打了三仗，都获胜了。义成、义武等各路军队继续进攻，贼寇被打得大败，奔走逃亡。初八，李克用等从光泰门进入京师，黄巢力战不能取胜，便烧毁宫室逃遁而去。贼寇战死的、投降的很多。官军大肆掠夺，与贼寇没有什么两样，长安的宫室、房屋和老百姓，所剩无几。黄巢从蓝田逃入商山，丢下许多珍宝在道路上，官军抢着去捡，不急着追赶，黄巢等才得以逃走。

山。"然则官军以八日入城，贼战不胜而走，此最可据，今从之。渭南之战，必在八日以前，诸书皆误也。贼死及降者甚众，官军暴掠，无异于贼，长安室屋及民所存无几。巢自蓝田入商山，黄巢先遣兵扼蓝田道，故得由此路遁去。多遗珍宝于路，官军争取之，不急追，贼遂逸去。

注　释

❶ 渭南，在今陕西渭南。

【原文】

杨复光遣使告捷，《考异》曰，张彭《耆旧传》："中和三年，北路奏黄巢正月十日败走，收复长安城讫。三月，北路行营收城，将士并回戈。"句延庆《耆旧传》曰："四年，北路奏黄巢正月十日败走，收复长安。三月，北路行营破黄巢将士并回。"延庆悉移彤四年事于三年，三年事于四年，而不移其月日，其为差谬又甚于彤。今但云告捷，更不著月日。百官入贺。诏留忠武等军二万人，委大明宫留守王徽及京畿制置使田从异部分，守卫长安。五月，加朱玫、李克用、东方逵同平章事。升陕州为节度，以王重盈为节度使。又建延州为保塞军，以保大行军司马、延州刺史

【译文】

杨复光派遣使者向皇帝报告打胜仗的消息，百官都入朝贺喜。皇帝下诏留下忠武等路军队二万人，委派大明宫留守王徽和京畿制置使田从异部署安排，以守卫长安。五月，加封朱玫、李克用、东方逵为同平章事。升陕州为节度，任命王重盈为节度使。又在延州设立保塞军，任命保大行军司马、延州刺史李孝恭为节度使。李克用当时只有二十八岁，在各个将领中年龄最小，而击破黄巢，收复长安，功劳列为第一，他的兵力也最强，各个将领都

李孝恭为节度使。赏破黄巢复京城之功也。克用时年二十八，于诸将最少，而破黄巢，复长安，功第一，兵势最强，诸将皆畏之。克用一目微眇，眇，……一目小也。时人谓之"独眼龙"。

诏以崔璆家贵身显，为黄巢相首尾三载，不逃不隐，于所在斩之。

黄巢使其骁将孟楷将万人为前锋，击蔡州①，节度使秦宗权逆战而败；贼进攻其城，宗权遂称臣于巢，与之连兵。

畏惧他。李克用有一只眼睛稍微小一些，当时人称他为"独眼龙"。

皇帝下诏说，崔璆出身富贵，位居显要，做黄巢的宰相前后有三年之久，既不逃走，又不躲藏起来，于是就在当地把他处决了。

黄巢派遣他的勇将孟楷率领一万人做前锋，去攻打蔡州。节度使秦宗权迎战，被打败。孟楷进攻蔡州城，秦宗权于是向黄巢称臣，同黄巢把军队联合起来。

注 释

❶蔡州，治在今河南汝南。

【原 文】

初，巢在长安，陈州刺史宛丘赵犨谓将佐曰①：宛丘，后魏项县也，隋改曰宛丘，唐属陈州；管下项城县，乃东魏侨置秣陵县地，隋改曰项城。"巢不死长安，必东走，陈其冲也。且巢素与忠武为仇，巢自初起，与宋威、张自勉等累战，皆忠武兵也。不可

【译 文】

起初，黄巢还在长安时，陈州刺史宛丘人赵犨就对部下说："黄巢如果不死在长安，一定会向东逃走，陈州便首当其冲。而且黄巢一向与忠武军为敌，不可不及早做准备。"于是把城墙、沟堑修筑完备，修缮补充盔甲、兵器，囤积粮草；把六十里以内有财物、粮食的老百姓，

不为之备。"乃完城堑②，缮甲兵，积刍粟；六十里之内，民有资粮者，悉徙之入城。多募勇士，使其弟昶珝，子麓林分将之。孟楷既下蔡州，移兵击陈，军于项城③；鏻先示之弱，伺其无备，袭击之，杀获殆尽，生擒楷，斩之。巢闻楷死，惊恐，悉众屯溵水，项城在陈州东南，溵水在西南。六月，与秦宗权合兵围陈州，掘堑五重，百道攻之。陈人大恐，鏻谕之曰："忠武素著义勇，陈州号为劲兵，况吾家久食陈禄，誓与此州存亡，男子当求生于死中，且徇国而死，不愈于臣贼而生乎！有异议者斩！"数引锐兵开门出击贼，破之。巢益怒，营于州北，立宫室百司，为持久之计。时民间无积聚，贼掠人为粮，生投于碓硙，并骨食之，号给粮之处曰"舂磨寨"。舂磨寨，即设碓硙处。碓以舂，硙以磨。纵兵四掠，自河南、许、汝、唐、邓、孟、郑、汴、曹、濮、徐、兖等数十州④，咸被其毒。此河南，谓洛州河南府。

全部迁入城中。招募了很多勇敢的士兵，派遣他的弟弟赵昶珝、儿子赵麓林分别率领。孟楷攻下蔡州后，带领军队来攻打陈州，驻扎在项城；赵鏻先表现出很衰弱的样子，等侦察到他们没有防备时，便去偷袭他们，差不多把贼兵全都斩杀、俘获了，孟楷也被活捉杀掉。黄巢听到孟楷已死，非常惊恐，下令部众都驻扎在溵水。六月，黄巢与秦宗权合兵围攻陈州，挖了五重的沟堑，兵分百路来攻打。陈州的老百姓大为恐慌，赵鏻告诉大家说："忠武军一向以义勇著称，陈州的军队又有劲兵的称号，何况我家吃陈州的俸禄很久了，我发誓与陈州共存亡。男子汉应当在死中求生，况且为国家而牺牲自己的性命，这不是比投降贼寇忍辱偷生更好吗？有不同意见的人斩首勿论！"赵鏻多次带领精锐的部队打开城门出来击贼，大破贼兵。黄巢更加愤怒，在陈州的北边扎营，建立宫室，设置百官，做持久的打算。当时老百姓没有存粮，贼寇就抢人做粮食，把活人扔到碓磨中磨碎，连骨头一起吃，把供给这样"粮食"的地方叫作"舂磨寨"。黄巢还放纵军队四处掠夺，从河南府起，许、汝、唐、邓、孟、郑、汴、曹、濮、徐、兖等几十个州，都遭受他们的荼毒。

注 释

❶ 陈州，治在今河南周口淮阳区。　❷ 堑，音欠，军事上防守用的壕沟。城堑，即护城河。　❸ 项城，今河南项城。　❹ 唐州，治在今河南泌阳。孟州，治在今河南孟州西。郑州，治在今河南郑州。

【原 文】

宣武节度使朱全忠帅所部数百人赴镇，秋，七月，丁卯，至汴州。时汴、宋荐饥①，公私穷竭，内外骄军难制②，外为大敌所攻，无日不战，众心危惧，而全忠勇气益振。诏以黄巢未平，加全忠东北面都招讨使。为朱全忠以宣武兵并吞诸镇，卒移唐祚张本。

【译 文】

宣武节度使朱全忠率领他的部属数百人赶赴镇所。秋，七月，初三，到达汴州。当时汴、宋等州连年饥荒，官府、民间的财力都已穷尽，州内骄纵的军队难以控制，州外受到强敌的攻击，没有一天不打仗，大家都感到危险恐惧，然而朱全忠的勇气却更加振奋。皇帝下诏：由于黄巢还没平定，加封朱全忠为东北面都招讨使。

注 释

❶ 荐饥，连年灾荒，没有收成，叫作荐饥。　❷ "外"，张敦仁《资治通鉴刊本识误》，改作"则"。

【原 文】

李克用自长安引兵还雁门，寻

【译 文】

李克用从长安带兵回到雁

【原文】

有诏，以克用为河东节度使，召郑从谠诣行在。……

（九月），感化节度使时溥营于溵水；遏黄巢之兵，且为陈州声援也。加溥东面兵马都统。

…………

（十二月），赵犨遣人间道求救于邻道，于是周岌、时溥、朱全忠皆引兵救之。全忠与黄巢之党战于鹿邑①，败之，斩首二千余级，遂引兵入亳州而据之。鹿邑，后魏陈留武平县也，隋开皇十八年，更名鹿邑，唐属亳州。《九域志》：在州西一百三十里。

【译文】

门，不久就收到诏命，任命其为河东节度使，召郑从谠回朝。……

（九月），感化节度使时溥在溵水扎营。加封时溥任东面兵马都统。

…………

（十二月），赵犨派人走小路向邻近地区求救，于是周岌、时溥、朱全忠都带领军队来救援。朱全忠和黄巢的部众在鹿邑作战，打败了他们，斩首二千多级，于是就带领军队进入亳州，占据了这个地方。

注 释

❶鹿邑，在今河南鹿邑西六十里。

四年（甲辰·八八四）

【原文】

（春，正月），黄巢兵尚强，周岌、时溥、朱全忠不能支，共求救于河东节度使李克用。二月，克用将蕃、汉兵五万出天井关；河阳节度使诸葛爽

【译文】

（春，正月），黄巢的兵力还很强，周岌、时溥、朱全忠之人不能支持，共同向河东节度使李克用求援。二月，李克用率领蕃、汉兵共

辞以河桥不完，谓河阳桥也。屯兵万善以拒之。克用乃还兵自陕、河中度河而东。《考异》曰，《唐末见闻录》："晋王三月十三日发大军讨黄巢。"《太祖纪年录》："正月，太祖师师五万自泽潞将下天井关，河阳屯万善，乃改辕蒲、陕度河。"薛居正《五代史》但云四年春。按四月已与巢战，三月十三日发晋阳，似太晚。又克用表云："昨二月内，频得陈、许、徐、汴书牒。"今从《旧纪》。又克用自诉上表云："遂从陕服，径达许田。"是于蒲、陕两道度兵也。

（三月），朱全忠击黄巢瓦子寨，拔之；黄巢撤民居以为寨屋，谓之瓦子寨。巢将陕人李唐宾、楚丘王虔裕降于全忠。

…………

黄巢围陈州几三百日，赵犨兄弟与之大小数百战，虽兵食将尽，而众心益固。李克用会许、汴、徐、兖之军于陈州；时尚让屯太康①，太康，汉阳夏县，隋改曰太康，以县东有太康城也，唐属陈州。夏，四月，癸巳，诸军进拔太康。黄思邺屯西华②，西华，汉县，唐属陈州。《九域志》：在州西八十里。诸军复攻之，思邺走。黄巢闻之惧，退军故阳里，故阳里，在陈州城北。陈州围始解。

五万从天井关出发；河阳节度使诸葛爽用河阳桥还没有修好来推托，把军队驻扎在万善抵御李克用。李克用只能调回士兵，改从陕州、河中渡过黄河东进。

…………

（三月），朱全忠攻打黄巢的瓦子寨，占领了它。黄巢部将陕人李唐宾、楚丘人王虔裕向朱全忠投降。

…………

黄巢包围陈州将近三百天了，赵犨兄弟与黄巢大大小小打了几百仗，即使军队的粮食快要吃完，士气却更加凝聚。李克用在陈州会合了许州、汴州、徐州、兖州的军队；这时尚让驻扎在太康，夏，四月，初三，各路军队进兵攻取了太康。黄思邺驻扎在西华，各路军队又向他进攻，黄思邺逃走。黄巢听到这个消息，很害怕，退军到故阳里，陈州的包围这才解除。

注 释

❶ 太康，在今河南太康。　❷ 西华，在今河南西华。

【原 文】

朱全忠闻黄巢将至，引军还大梁。五月，癸亥，大雨，平地三尺，黄巢营为水所漂，且闻李克用将至，遂引兵东北趣汴州，屠尉氏①。尚让以骁骑五千进逼大梁，至于繁台；<small>繁台，本师旷吹台，梁孝王增筑。《水经注》：吹台，在浚仪城南，牧泽之右。牧泽者，今之蒲关泽，即此泽也。</small>宣武将丰人朱珍、南华庞师古击却之。<small>丰，汉县，唐属徐州。《九域志》：在徐州西北一百四十里。</small>全忠复告急于李克用，丙寅，克用与忠武都监使田从异发许州②，戊辰，追及黄巢于中牟北王满渡，<small>按《旧书·帝纪》，王满渡乃汴河所经津济之地。</small>乘其半济，奋击，大破之，杀万余人，贼遂溃。尚让帅其众降时溥，别将临晋李谠、曲周霍存、甄城葛从周、冤句张归霸及弟归厚帅其众降朱全忠。<small>临晋，古地名，隋分猗氏，置桑泉县，天宝十三载，改为临晋，属河中府。《九域志》：在府北六十五里。曲周，汉古县，中废，隋分洺水复置，唐属洺州，宋废为镇，属鸡泽县。"甄城"，当作"鄄城"，亦汉古县，唐带濮州。</small>

【译 文】

朱全忠听说黄巢即将来到，带领军队回到大梁。五月，初三，下了一场大雨，平地积水有三尺深，黄巢的军营被洪水冲垮了，又听说李克用就要来临，就带领军队从东北方奔向汴州，洗劫屠杀了尉氏的人民。尚让用五千名精锐的骑兵进逼大梁，到了繁台；宣武军将领丰人朱珍、南华人庞师古把他击退了。朱全忠又向李克用告急。初六，李克用与忠武都监使田从异从许州发兵。初八，在中牟北边的王满渡追上了黄巢，乘他们渡河到一半时，奋勇攻击，大破黄巢的军队，杀死一万多人，贼寇于是溃散了。尚让率领他的部众投降了时溥，别将临晋人李谠、曲周人霍存、甄城人葛从周、冤句人张归霸及他的堂弟张归厚率领他们的部众投降了朱全

史言朱全忠后吞诸镇，多用所降黄巢将。《考异》曰，崇文院有《梁功臣列传》，不著撰人名氏，云："张归厚，祖兴，父处让。归厚中和末与伯季自冤句相率来投。"薛居正《五代史》："张归霸祖进言，父实。"《归厚传》无父、祖，但云与兄归霸皆来降。据《梁功臣传》，父祖与归霸不同，当是从弟。巢逾汴而北，己巳，克用追击之于封丘③，又破之。庚午，夜复大雨，贼惊惧东走，克用追之，过胙城、匡城④。胙城，汉南燕县，隋改曰胙城，唐属滑州。《九域志》：在州南九十里。宋白曰：胙城县，本古之胙国，又为古之燕国，汉为南燕县。隋文帝因览奏状，见南燕县名，因曰："今天下一统，何南燕之有！"遂改为胙城。巢收余众近千人，东奔兖州。辛未，克用追至冤句，骑能属者才数百人，昼夜行二百余里，人马疲乏，粮尽，乃还汴州，欲裹粮复追之，获巢幼子及乘舆器服符印，得所掠男女万人，悉纵遣之。

…………

忠。黄巢越过汴州向北走。初九，李克用在封丘追击黄巢，又打败了他。初十的晚上，又下了大雨，贼寇惊慌恐惧向东逃走，李克用追赶他们，经过胙城、匡城。黄巢收集残余的部众将近一千人，东走兖州。十一日，李克用追到冤句，骑兵中能跟上的才几百人，一天一夜走了二百多里路，士兵、马匹都很疲乏，粮食也吃完了，于是回到汴州，准备装好粮食再追赶黄巢，俘获了黄巢的小儿子及乘坐的车子、器用服饰、符信印玺等，还获得被黄巢掠走的男女约上万人，把他们全都遣送回去。

…………

注　释

❶ 尉氏，在今河南尉氏。　❷ 许州，治在今河南许昌。　❸ 封丘，在今河南封丘附近。当时在黄河以南。　❹ 胙城，在河南延津，当时在黄河以南。匡城，在今河南长垣西南。

【原　文】

庚辰，时溥遣其将李师悦将兵万人追黄巢。

…………

————以上卷二五五

【译　文】

二十日，时溥派遣他的部将李师悦率领士兵一万人追击黄巢。

…………

【原　文】

（六月），甲辰，武宁将李师悦与尚让追黄巢至瑕丘①，败之。宋白曰：春秋以邾子益来，囚诸负瑕。杜预《注》云：鲁邑也，高平郡南平阳县西北有瑕丘城，汉为瑕丘县。巢众殆尽，走至狼虎谷②，狼虎谷在泰山东南，莱芜界。丙午，巢甥林言斩巢兄弟妻子首，将诣时溥；遇沙陀博野军，夺之，并斩言首，以献于溥。黄巢乾符三年起兵为盗，至是凡十年而灭。《考异》曰，《续宝运录》曰："尚让降徐州，黄巢走至碣山，路被诸军趁逼甚，乃谓外甥朱彦之云云。外甥再三不忍下手，黄巢乃自刎过与外甥。外甥将至，路被沙陀博野夺却，兼外甥首级一时送都统军中。"《旧纪》："七月，癸酉，贼将林言斩黄巢、黄揆、黄秉三人首级降。"《旧传》："巢入泰山，徐帅时溥遣将张友与尚让之众掩捕之。至狼虎谷，巢将林言斩巢及二弟邺、揆等七人首并妻子函送徐州。"《新纪》："七月，壬午，黄巢伏诛。"《新传》："巢计蹙，谓林言曰：'汝取吾首献天子，可得富贵，毋为他人利。'言，巢甥也，不忍，巢乃自刎，不殊，言因斩之。函首将诣时溥，而太原博野军杀言与巢首俱上。"今从《新传》。

【译　文】

（六月），十五日，武宁军将领李师悦与尚让一起追击黄巢到了瑕丘，打败了他。黄巢的部众几乎被消灭殆尽，逃到狼虎谷。十七日，黄巢的外甥林言斩下黄巢兄弟、妻、子的首级，要拿去进献给时溥；路上遇到沙陀的博野军，对方将这些首级夺走了，还斩下林言的头一起献给时溥。

注 释

❶ 瑕丘，在今山东济宁兖州区东北。　❷ 狼虎谷，在今山东济南莱芜区西南。

——以上卷二五六

契丹灭后晋

后晋高祖天福七年（壬寅·九四二）

【原 文】

帝寝疾，一旦，冯道独对。帝命幼子重睿出拜之，又令宦者抱重睿置道怀中，其意盖欲道辅立之。《考异》曰：《汉高祖实录》："晋高祖大渐，召近臣属之曰：'此天下，明宗之天下，寡人窃而处之久矣。寡人既谢，当归许王，寡人之愿也。'"此说难信，今从《薛史》。

六月，乙丑，帝殂。年五十一。《五代会要》，殂于邺都大内之保昌殿。

道与天平节度使、侍卫马步都虞候景延广议①，以国家多难，宜立长君，乃奉广晋尹齐王重贵为嗣②。晋高祖托孤于冯道，与吴主孙休托孤于濮阳兴、张布之事略同。是日，齐王即皇帝位。延广以为己功，始用事，禁都下人无得偶语。以防奸人谋为变。

【译 文】

皇帝卧病不起，一天早晨，只有冯道一个人陪着他。皇帝命幼子石重睿出来拜见他，又命令宦官把石重睿抱起来送到冯道怀中，意思大概是想让冯道辅立他为幼主。

六月，十三日，皇帝去世。

冯道与天平节度使、侍卫马步都虞候景延广商议，认为正值国家多难，应该立长子为嗣君，于是就拥立广晋尹齐王石重贵为嗣君。当天，齐王即皇帝位。景延广把这些都当作自己的功劳，开始掌权，禁止京师的人们私下谈论。

注 释

❶唐于郓州置天平节度使。侍卫马步都虞候，是侍卫军的将领。　❷后晋以魏州为广晋府，并置邺都，时齐王重贵以广晋尹，兼邺都留守。石晋之广晋府及邺都，并在今河北大名。

【原 文】

　　初，高祖疾瘀，有旨召河东节度使刘知远入辅政，齐王寝之；知远由是怨齐王①。为刘知远不肯入援张本。
⋯⋯⋯⋯⋯⋯

【译 文】

　　当初，高祖病危的时候，曾有旨意要征召河东节度使刘知远进京辅佐朝政，结果这道旨意被齐王扣压了下来；刘知远从此与齐王结下了怨恨。
⋯⋯⋯⋯⋯⋯

注 释

❶刘知远，石敬瑭手下的大将，亦沙陀族人，时为河东节度使、北京留守，镇太原。他就是后来后汉的高祖。

【原 文】

　　（秋，七月），癸卯，加景延广同平章事，兼侍卫马步都指挥使①。赏其定策之功也。为景延广挟权制上构契丹之隙张本。
⋯⋯⋯⋯⋯⋯

【译 文】

　　（秋，七月），二十一日，加封景延广同平章事，兼任侍卫马步都指挥使。
⋯⋯⋯⋯⋯⋯

注 释

❶ 侍卫马步都指挥使，侍卫军的总司令。

【原 文】

（十二月），帝之初即位也，大臣议奉表称臣告哀于契丹，景延广请致书称孙而不称臣①。景延广之议，因三年契丹主令高祖称儿皇帝，用家人之礼致书也。李崧曰："屈身以为社稷，何耻之有！陛下如此，他日必躬擐甲胄，擐，音宦。与契丹战，于时悔无益矣。"于时者，于其时也。延广固争，冯道依违其间。帝卒从延广议。契丹大怒，遣使来责让，且言："何得不先承禀，遽即帝位？"延广复以不逊语答之。

【译 文】

（十二月），皇帝刚即位时，大臣们议论要奉表称臣向契丹报告丧事，景延广则主张写信而不上表，并且只称孙不称臣。李崧说："委屈自身是为了社稷，有什么耻辱可言？陛下如果按景延广的意见办，日后必然会落个亲自披甲戴胄，同契丹人交战的结局，到那时后悔也没有什么用了。"景延广一再坚持自己的主张，冯道在中间模棱两可。皇帝最终还是采纳了景延广的主张。契丹果然大为震怒，派使者前来责问，并且说："为什么不先来禀告就仓促地即位称帝！"景延广又用一些不中听的话回答了他。

注 释

❶ 后晋高祖石敬瑭勾结契丹，对契丹主称臣、称儿皇帝；石重贵即位后，景延广用事，他主张但称孙而不称臣。

【原文】

契丹卢龙节度使赵延寿欲代晋帝中国[①]，赵延寿父子欲帝中国之心，已见于屯团柏之时。屡说契丹击晋，契丹主颇然之。为契丹入寇张本。

【译文】

契丹的卢龙节度使赵延寿想取代晋朝而称帝于中原，就多次劝说契丹攻打晋朝，契丹主很赞同他的意见。

注 释

❶ 赵延寿，是后唐明宗的女婿，仕后唐官至枢密使，后来投降契丹，契丹任命他为卢龙节度使，镇幽州（今北京西南）。他也想利用契丹的力量，到中原来做皇帝。

后晋齐王天福八年 (癸卯·九四三)

【原文】

帝闻契丹将入寇，二月，己未，发邺都，乙丑，至东京。帝即位于邺都保昌殿枢前，至是始还汴。然犹与契丹问遗相往来，无虚月。

……………

秋，七月，己丑，诏以年饥，国用不足，分遣使者六十余人于诸道括民谷。

……………

【译文】

皇帝听说契丹要来入侵，二月，十一日，从邺都出发；十七日，到达东京大梁。不过表面上还是和契丹往来问讯，互相馈赠，没有哪个月间断过。

……………

秋，七月，十三日，皇帝下诏，由于年岁饥荒，国家财用不足，特地分派使者六十多人到各道去搜求民间谷物。

……………

初，河阳牙将乔荣①，《考异》曰：《汉隐帝实录》作"乔荧"，《陷蕃记》作"乔莹"。今从《晋少帝》《汉高祖实录》《景延广传》《契丹传》。从赵延寿入契丹，契丹以为回图使②，凡外国与中国贸易者，置回图务，犹今之回易场也。往来贩易于晋，置邸大梁。及契丹与晋有隙，景延广说帝囚荣于狱，悉取邸中之货。凡契丹之人贩易在晋境者，皆杀之，夺其货。大臣皆言契丹有大功，谓救解晋阳之围，高祖遂以得中原。不可负。（九月），戊子，释荣，慰赐而归之。

以前，河阳牙将乔荣跟随赵延寿投奔契丹，契丹任命他为回图使，往来贸易于晋朝，并在大梁设置府邸。等到契丹和晋朝有了嫌隙，景延广劝说皇帝把乔荣囚禁在监狱里，并且收缴了他府邸中的全部财物。凡是在晋朝边境上进行贩卖贸易的契丹人，一律杀掉，夺取他们的货物。朝廷中的大臣们都说契丹对本朝有大功，不能辜负了它的恩惠。（九月），十三日，释放了乔荣，安慰并赏赐了他一番，让他回契丹去。

注释

❶ 河阳节度，治河阳城，今河南孟州南。唐、五代藩镇所统的士卒称牙兵，将称牙将。牙即衙字。　❷ 回图使，是管理契丹后晋两国贸易的官员。

【原文】

荣辞延广，延广大言曰："归语而主，而，汝也。先帝为北朝所立，故称臣奉表。今上乃中国所立，所以降志于北朝者，正以不敢忘先帝盟约故耳。为邻称

【译文】

乔荣来向景延广辞行，景延广对他说大话："回去后跟你的主子说，先帝是北朝扶立的，所以才称臣上奏表。当今皇上却是中国自己拥立的，之所以还向北朝屈降名分，正是因为不敢忘记先帝与北朝的盟

孙，足矣，无称臣之理。北朝皇帝勿信赵延寿诳诱，轻侮中国，中国士马，尔所目睹。翁怒则来战，孙有十万横磨剑，足以相待。他日为孙所败，取笑天下，毋悔也！"荣自以亡失货财，恐归获罪，且欲为异时据验，乃曰："公所言颇多，惧有遗忘，愿记之纸墨。"延广命吏书其语以授之，荣具以白契丹主。契丹主大怒，入寇之志始决。景延广建议称孙不称臣，犹可曰为国体也；因其邸吏而取其货财，则误国之罪无所逃矣。晋使如契丹，皆縶之幽州，不得见。

桑维翰屡请逊辞以谢契丹，每为延广所沮。帝以延广有定策功，故宠冠群臣；又总宿卫兵，故大臣莫能与之争。河东节度使刘知远知延广必致寇，而畏其方用事，不敢言。刘知远非不敢言，盖亦有憾于帝而不欲言，将坐观成败，因而利之也。但益募兵，奏置兴捷、武节等十余军，以备契丹。

············

初，高祖以马三百借平卢节度使杨光远①，景延广以诏命取

约。作为邻国而自称孙子，已经足够了，没有再称臣的道理。北朝皇帝不要听信赵延寿的诳骗诱惑，轻视欺侮中国。中国的兵马之盛，也是你亲眼看到的。祖翁如果一怒之下前来交战，孙儿自有十万横磨利剑，足以用来对付。到时被孙子打败，惹天下人耻笑，可不要后悔啊！"乔荣认为自己丧失了货物和钱财，担心回去后会被治罪，同时想为以后留个凭据，就说："公所说的事情很多，我怕记不住会有遗漏，还是请你用纸墨把它记下来吧。"景延广就让属吏把他的话记了下来交给乔荣，乔荣把这些话原原本本地报告了契丹主。契丹主大为恼怒，入侵中原的决心这时更坚定了。晋朝派往契丹的使者，都被拘囚在幽州，不让他们见到契丹主。

桑维翰多次恳请朝廷要以谦逊的言辞向契丹道歉，但每一次都被景延广所阻止。皇帝因为景延广有扶立自己即位的功劳，所以对他的恩宠超过群臣；景延广又总管宿卫兵，所以大臣们没有人能和他相争的。河东节度使刘知远，深知景延广的这种做法一定会招致契丹入侵，但又考虑到景延广眼下权势正盛，所以也不敢说什么，只是增加募兵的数额，奏请朝廷设置兴捷、武节

之。光远怒曰："是疑我也。"密召其子单州刺史承祚②，*唐末，以宋州之砀山县梁太祖乡里也，为置辉州，已而徙治单父县；后唐灭梁，改为单州。薛居正《五代史》：唐庄宗同光二年六月，改辉州为单州。单，音善。*（十一月），戊戌，承祚称母病，夜开门奔青州。庚子，以左飞龙使金城何超权知单州。*此应州之金城县也。*遣内班赐光远玉带、御马，以安其意。*内班，盖宦者也。*

壬寅，遣侍卫步军都指挥使郭谨将兵戍郓州③。*以防河津，使杨光远不得与契丹交通也。*

等十多个军镇，用以防备契丹军队的入侵。

…………

从前，高祖把三百匹马借给平卢节度使杨光远，现在景延广用皇帝的诏命向他索取。杨光远大怒说："这是在怀疑我啊！"于是就暗中召他的儿子单州刺史杨承祚前来。（十一月），二十四日，杨承祚声称母亲有病，当天晚上就打开城门奔往青州去了。二十六日，任命左飞龙使金城人何超代理单州的事务。又派宦官带着玉带、御马去赏赐杨光远，以安他的心。

二十八日，派侍卫步军都指挥使郭谨率兵戍守郓州。

注 释

❶平卢节度使，镇青州，今山东青州。　❷单，音善。单州，治单父，今山东单县。　❸郓州，治郓城，今山东郓城东。

【原文】

十二月，乙巳朔，遣左领军卫将军蔡行遇将兵戍郓州。杨光远遣骑兵入淄州①，劫刺史翟进宗归于青州。*《九域志》：青州西南至淄州一百二十里。*甲寅，徙

【译文】

十二月，初一，派遣左领军卫将军蔡行遇率兵戍守郓州。杨光远派遣骑兵进入淄州，劫持了刺史翟进宗而后回到青州。初十，朝廷调

杨承祚为登州刺史^②，以从其便。<small>登州，平卢巡属也。</small>

任杨承祚为登州刺史，以随他的意。

注　释

❶淄州，治淄川，在今山东淄博。　❷登州，治蓬莱，今山东烟台蓬莱区。

【原　文】

　　光远益骄，密告契丹以晋主负德违盟，境内大饥，公私困竭，乘此际攻之，一举可取，赵延寿亦劝之。契丹主乃集山后及卢龙兵合五万人，使延寿将之，<small>山后即妫、檀、云、应诸州。卢龙，幽州军号。此皆天福之初割与契丹之土地人民也。契丹用中国之将，将中国之兵以攻晋，藉寇兵而赍盗粮，中国自此胥为夷矣。</small>委延寿经略中国，曰：“若得之，当立汝为帝。”又常指延寿谓晋人曰：“此汝主也。”延寿信之，由是为契丹尽力，画取中国之策。<small>赵延寿为契丹主愚弄鼓舞，至死不悟，嗜欲深者天机浅也。</small>

　　朝廷颇闻其谋，丙辰，遣使城南乐及德清军^①，<small>时置德清军于澶州清丰县，在州北六十里。宋白曰：德清军，本旧澶州地，晋天福三年移澶州于德胜寨，乃于旧澶州置顿丘镇，取县为名；至四年，改镇为德清军。开运元年，移德</small>

【译　文】

　　杨光远从此更加骄横，暗中向契丹报告，说晋主辜负恩德，违背盟约，境内发生饥荒，官府和百姓都困乏穷竭，如果乘这个机会来攻打，准能一举攻下晋；赵延寿也劝说契丹主南征。契丹主于是征集山后和卢龙的兵众共计五万人，让赵延寿统领他们，并委托赵延寿负责中国方面的事务，对他说：“如果能够夺取中国，一定立你当皇帝。”此外，他还常指着赵延寿对契丹境内的中国人说：“这才是你们的君主。”赵延寿对此深信不疑，因此为契丹卖命，谋划攻取中国的方略。

　　朝廷对于他们的阴谋颇有了解，十二日，派遣使者在南乐和德清军修建堡寨，征调邻

清军于陆家店，在新澶州之北七十里。征近道
兵以备之。
…………

近各道的兵力去守备。

…………

注 释

❶ 南乐，今河南南乐。德清军，置于今河南清丰西北。

【原 文】

是岁，春夏旱，秋冬水，蝗大起，东自海壖，西距陇坻，南逾江、淮，北抵幽、蓟、原野、山谷、城郭、庐舍皆满，竹木叶俱尽。重以官括民谷，蓟，音计。是年秋七月，以年饥，用不足，括民谷，使者督责严急，至封碓硙，不留其食，有坐匿谷抵死者①。县令往往以督趣不办②，纳印自劾去。民馁死者数十万口，流亡不可胜数。碓，……舂也。硙，……磨也。趣，读曰促。于是留守、节度使下至将军，各献马、金帛、刍粟以助国。

【译 文】

这一年，春夏两季天旱，秋冬两季发大水，蝗灾严重，东自海岸，西到陇坻，南自长江、淮河，北到幽州、蓟州，无论是原野、山谷还是城郭、庐舍都布满了蝗虫，竹叶、树叶都被吃得精光。官府再一次向民间搜刮谷物，使差督促索求严苛峻急，甚至封住百姓的舂磨等用具，不留口粮，还有人因为藏匿谷物犯令而被处死。县令也往往因为督催的事务难以办到，纷纷交出印信自我弹劾，弃官而去。百姓饿死的有几十万人，流亡的人数更是多得难以胜计。于是上至留守、节度使，下至将军，各自捐出马匹、金钱、布帛、粮草以救助国家。

注 释

❶ 抵，触。　❷ 趣，读若促。督趣即督促。

【原文】

　　朝廷以恒、定饥甚，独不括民谷。顺国节度使杜威奏称军食不足①，请如诸州例，许之。杜重威平安重荣，即用为恒帅。帝即位，避帝名，去"重"字，止称"威"。顺国军号亦新改。威用判官王绪谋，检索殆尽，得百万斛。威止奏三十万斛，余皆入其家；又令判官李沼称贷于民，复满百万斛，来春粜之，称，……举也。得缗钱二百万，阖境苦之。定州吏欲援例为奏，援恒州例。义武节度使马全节不许②，曰："吾为观察使，职在养民，岂忍效彼所为乎！"唐节度使率兼观察使，节度之职掌兵，观察之职掌民。马全节之不效杜威是矣。邻于善，民之望也。杜威曾念及此乎！

············

【译文】

　　朝廷因为恒州、定州饥荒尤为严重，就没有派人去搜刮百姓的谷物。顺国节度使杜威上奏声称军粮不足，请求比照其他一些州的做法来办理，皇帝答应了他。杜威采纳判官王绪所提供的办法，搜查敛聚，涓滴不留，总共获得一百万斛粮食。杜威奏报说只有三十万斛，其余的都送进了他的家里；他又命判官李沼向百姓借贷，又搜得一百万斛，来年春季卖出，得钱二百万缗，境内的百姓深受其苦。定州的官吏想援引恒州的例子，向朝廷上奏。义武节度使马全节不准许，并说："我身为观察使，职责就在于养育人民，怎能忍心学他的所作所为！"

············

注 释

　　❶ 顺德军，置于恒州，州治正定，今河北正定。　❷ 义武军，置于定州，州治安喜，今河北定州。

开运元年 （甲辰·九四四） 是年七月方改元。

【原文】

　　春，正月，乙亥，边藩驰告："契丹前锋将赵延寿、赵延照将兵五万入寇，逼贝州①。" 边藩，犹言边镇也。延照，思温之子也。赵思温，本中国人，没于契丹。

【译文】

　　春，正月，初二，边境的藩镇飞骑来报："契丹的前锋将领赵延寿、赵延照率领五万兵马前来侵犯，已逼近贝州。"赵延照是赵思温的儿子。

注 释

❶ 贝州，治清河，今河北清河。时于贝州置永清军。

【原文】

　　先是朝廷以贝州水陆要冲，多聚刍粟，为大军数年之储，以备契丹。军校邵珂，性凶悖，永清节度使王令温黜之。时置永清军于贝州。珂怨望，密遣人亡入契丹，言"贝州粟多而兵弱，易取也"。会令温入朝，执政以前复州防御使吴峦权知州事。天福初，吴峦坚守云

【译文】

　　在此之前，朝廷认为贝州是水陆要冲，就在这里屯集了很多粮草，作为大军好几年的储备，主要用来防备契丹入侵。有一个军校名叫邵珂，生性凶残悖戾，永清节度使王令温罢黜了他。邵珂心怀怨恨，暗中派人跑到契丹去，说："贝州的粮食很多，但兵力却很弱，很容易攻取。"刚好这时王令

州以拒契丹，故朝廷用之。峦至，推诚抚士。会契丹入寇，峦书生，无爪牙，珂自请，愿效死，峦使将兵守南门，峦自守东门。契丹主自攻贝州，峦悉力拒之，烧其攻具殆尽。己卯，契丹复攻城，珂引契丹自南门入，峦赴井死。契丹遂陷贝州，所杀且万人。

庚辰，以归德节度使高行周为北面行营都部署，以河阳节度使苻彦卿为马军左厢排陈使，"苻"当作"符"。郑樵《氏族略》曰：鲁顷公为楚所灭，顷公之孙公雅为秦符节令，因以为氏。后汉有符融，皇朝有符彦卿，望出琅邪，非苻秦之苻也。以右神武统军皇甫遇为马军右厢排陈使，以陕府节度使王周为步军左厢排陈使，以左羽林将军潘环为步军右厢排陈使①。

温入朝，执政大臣派前复州防御使吴峦代理贝州的事务。吴峦到了贝州以后，推诚布公，安抚士卒。这时赶上契丹前来入侵，吴峦是个书生，没有亲信的部将，这时邵珂主动请战，愿意以死效力，吴峦就派他带兵防守南门，吴峦自己防守东门。契丹主亲自攻打贝州，吴峦竭尽全力进行抵抗，几乎把契丹人的攻城器具烧光了。初六，契丹再一次攻城，邵珂引导契丹兵从南门进城，吴峦投井而死。契丹终于攻陷了贝州，杀害贝州军民将近一万人。

初七，任命归德节度使高行周为北面行营都部署，任命河阳节度使符彦卿为马军左厢排阵使，任命右神武统军皇甫遇为马军右厢排阵使，任命陕府节度使王周为步军左厢排阵使，任命左羽林将军潘环为步军右厢排阵使。

注　释

❶ 北面行营都部署，是前敌的总指挥官。马、步军左右厢排阵使，是马军、步军左右两方面的指挥官。

【原文】

太原奏契丹入雁门关。雁门关即

【译文】

太原方面奏报说契丹已经进

陉岭关。恒、邢、沧皆奏契丹入寇。

……………

帝遣使持书遗契丹，契丹已屯邺都，时契丹屯于邺都城外。不得通而返。

壬午，以侍卫马步都指挥使景延广为御营使①，前静难节度使李周为东京留守。是日，高行周以前军先发。时用兵方略号令，皆出延广，宰相以下皆无所预；延广乘势使气，陵侮诸将，虽天子亦不能制。为罢景延广张本。

入雁门关。恒州、邢州、沧州都奏报说契丹前来入侵。

……………

皇帝派遣使者带信给契丹，契丹大军这时已经驻扎在邺都城外，不能通行，只好返回。

初九，任命侍卫马步都指挥使景延广为御营使，前静难节度使李周为东京留守。当天，高行周率领前锋部队先出发。当时用兵的方略和号令都出自景延广，宰相以下的官员都不得干预；景延广依仗权势，意气用事，凌辱将帅，即使是天子也难以辖制他。

注 释

❶ 御营使，即元帅。

【原 文】

乙酉，帝发东京。丁亥，滑州奏契丹至黎阳。黎阳在滑州西岸，隔大河耳，故奏其事。戊子，帝至澶州①。澶州时据德胜津。

【译 文】

十二日，皇帝从东京出发。十四日，滑州方面奏报说契丹兵到了黎阳。十五日，皇帝到达澶州。

注 释

❶ 澶州，时据德胜津，今河南濮阳。

【原文】

契丹主屯元城①，刘昀日：魏州元城，隋县，治古殷城。唐贞观十七年并入贵乡；圣历二年，分贵乡、莘县置元城县，治王莽城；开元十三年，移治郭下。古殷城在朝城东北十二里。时契丹主盖屯古殷城也。赵延寿屯南乐；南乐即唐魏州之昌乐县，后唐避其祖李国昌讳，改日南乐。《九域志》：南乐县在魏州南四十四里。以延寿为魏博节度使②，封魏王。此契丹主所命也。

【译文】

契丹主驻扎元城，赵延寿驻扎南乐；契丹主任命赵延寿为魏博节度使，封他为魏王。

注 释

❶ 元城，今河北元氏西北。 ❷ 魏博军，置于魏州，今河北大名。亦即当时石晋所置的邺都。隋、唐以前的邺城，在今河北临漳西南；五代的邺城，在今河北大名，不是一地。

【原文】

契丹寇太原，刘知远与白承福合兵二万击之。甲午，以知远为幽州道行营招讨使①，杜威为副使，马全节为都虞候。丙申，遣右武卫上将军张彦泽等将兵拒

【译文】

契丹侵犯太原，刘知远与白承福联合起来共有二万兵马，予以迎击。二十一日，任命刘知远为幽州道行营招讨使，杜威为副使，马全节为都虞候。二十三日，派遣右武卫上将军张彦泽等人率兵在黎阳抵

契丹于黎阳。

· · · · · · · · · · ·

御契丹。

· · · · · · · · · · ·

注 释

❶招讨使，犹后世的讨伐军司令。

【原 文】

帝复遣译者孟守忠致书于契丹，求修旧好。契丹主复书曰："已成之势，不可改也。"

辛丑，太原奏破契丹伟王于秀容，秀容，汉汾阳县地，隋自秀容故城移于此，因更县名；唐带忻州。斩首三千级。契丹自鸦鸣谷遁去。自鸦鸣谷出潞州，东与契丹主大军合。

· · · · · ·

天平节度副使、知郓州颜衎遣观察判官窦仪奏："博州刺史周儒以城降契丹❶，《九域志》：郓州西北至博州一百七十里。衎，……又音侃。又与杨光远通使往还，引契丹自马家口济河，擒左武卫将军蔡行遇。"去年十二月，遣蔡行遇戍郓州。仪谓景延广曰："虏若济河与光远合，则河南危矣。"延广然

【译 文】

皇帝又派遣翻译孟守忠给契丹送信，请求恢复两国以往的友好关系。契丹主回信说："已经形成的局势，无法改变了。"

二十八日，太原方面奏报说，在秀容打败了契丹伟王，斩杀三千首级。契丹从鸦鸣谷逃走。

· · · · · · · · · · ·

天平节度副使、知郓州颜衎派观察判官窦仪入朝上奏："博州刺史周儒把州城献给契丹，向契丹投降，又和杨光远互派使者，往来不断，引导契丹兵从马家口渡过黄河，擒去了左武卫将军蔡行遇。"窦仪对景延广说："北虏如果渡过黄河与杨光远联合的话，那么黄河以南就危险了。"景延广同意他

之。仪，蓟州人也。蓟，音计。

的看法。窦仪是蓟州人。

注 释

❶ 博州，治聊城，今山东聊城。

——以上卷二八三

【原文】

【译文】

二月，甲辰朔，命前保义节度使石赟守麻家口，前威胜节度使何重建守杨刘镇，护圣都指挥使白再荣守马家口①，西京留守安彦威守河阳。按是时凡缘河津要，皆以兵守之。亦由燕、冀、瀛、莫既入于北，辽人南寇，了无关山塘泺之阻，其兵可以径造河上，故不得不缘河为备也。未几，周儒引契丹将麻答自马家口济河，营于东岸，攻郓州北津以应杨光远。麻答，契丹主之从弟也。

二月，初一，任命前保义节度使石赟戍守麻家口，前威胜节度使何重建戍守杨刘镇，护圣都指挥使白再荣戍守马家口，西京留守安彦威戍守河阳。不久，周儒引导契丹将领麻答从马家口渡过黄河，在东岸扎营，攻打郓州北岸的渡口以便接应杨光远。麻答是契丹主的堂弟。

注 释

❶ 麻家口，今地未详。杨刘镇在今山东聊城东南。马家口在今山东东平西北。

【原 文】

乙巳，遣侍卫马军都指挥使、义成节度使李守贞、神武统军皇甫遇、陈州防御使梁汉璋、怀州刺史薛怀让将兵万人，缘河水陆俱进。守贞，河阳；汉璋，应州；怀让，太原人也。

丙午，契丹围高行周、符彦卿及先锋指挥使石公霸于戚城①。春秋时，戚属卫地，河上邑也。《东坡指掌图》以为卫之戚，今在博州界。按是时晋与契丹相拒于澶、卫之间，此戚城当在澶州之北，魏州之南，疑不在博州之界也。先是景延广令诸将分地而守，无得相救。行周等告急，延广徐白帝，帝自将救之。契丹解去，三将泣诉救兵之缓，几不免。

【译 文】

初二，派遣侍卫马军都指挥使、义成节度使李守贞、神武统军皇甫遇、陈州防御使梁汉璋、怀州刺史薛怀让率领一万兵马，沿着黄河，水陆并进。李守贞，是河阳人；梁汉璋，是应州人；薛怀让，是太原人。

初三，契丹在戚城包围了高行周、符彦卿和先锋指挥使石公霸。在此之前，景延广下令各将帅分地防守，不许相互救援。高行周等人向朝廷告急，景延广迟迟才报告皇帝，皇帝亲自率兵前去救援。契丹解围退走，三位将军哭着向皇帝申诉救兵来得太慢，险些使他们难以生还。

注 释

① 戚城，当在今河南濮阳之北，河北大名之南。

【原 文】

戊申，李守贞等至马家口。契丹遣步卒万人筑垒，散骑兵于

【译 文】

初五，李守贞等人到了马家口。契丹派出步兵一万人修筑营垒，在营

其外，余兵数万屯河西，船数千艘渡兵，未已，晋兵薄之，契丹骑兵退走，晋兵进攻其垒，拔之。契丹大败，乘马赴河溺死者数千人，俘斩亦数千人。河西之兵恸哭而去，由是不敢复东。杨光远之援绝矣。

…………

初，契丹主得贝州、博州，皆抚慰其人，或拜官赐服章。及败于戚城及马家口，忿恚，所得民，皆杀之，得军士，燔炙之。由是晋人愤怒，戮力争奋。

杨光远将青州兵欲西会契丹，戊午，诏石赟分兵屯郓州以备之。石赟时屯麻家口。

诏刘知远将部兵自土门出恒州击契丹，又诏会杜威、马全节于邢州。知远引兵屯乐平不进。乐平离太原二百余里耳。

…………

壬戌，杨光远围棣州，刺史李琼出兵击败之，杨光远自青州历淄州而围棣州。光远烧营走还青州。癸亥，以前威胜节度使何重建为东面马步都部署，将兵屯郓州。

垒的外面散布骑兵，其余的兵卒数万人都驻扎在黄河西岸，用数千艘船往来运渡兵卒。营垒还没有修筑完毕，晋兵就逼近了，契丹骑兵退却逃走，晋兵就进攻他们的营垒，攻了下来。契丹大败，骑马冲进黄河被淹死的有好几千人，被俘和被杀的也有好几千人。黄河西岸的契丹兵伤心痛哭着撤了回去，从此不敢再向东边来了。

…………

当初，契丹主取得贝州、博州以后，都对这些地方的州民加以安抚慰问，甚至还给人们拜授官职，赐给袍服。等到他在戚城和马家口吃了败仗之后，愤怒之下，把所获得的百姓全部杀掉，抓到军士则全部用火烧烤。因此引起了晋朝人的愤怒，他们全力以赴，奋起斗争。

杨光远带领青州兵想向西和契丹兵会合；十五日，皇帝下诏命令石赟分出一部分兵力驻守郓州，来防备杨光远。

皇帝下诏，命令刘知远带领本部人马从土门出发取道恒州，去攻打契丹，又命令他和杜威、马全节在邢州会师。刘知远率兵驻扎在乐平，不肯前进。

…………

十九日，杨光远包围棣州，刺

············

契丹伪弃元城去，伏精骑于古顿丘城①，顿丘，汉古县。《尔雅》，丘一成曰顿丘。后移治所于阴安城。唐顿丘县又移治于阴安城之南。天福三年，徙澶州跨德胜津，并顿丘县徙焉。顿丘凡三徙矣。古城盖阴安城也。以俟晋军与恒、定之兵合而击之。时诏杜威、马全节以兵来会，契丹欲俟其合而邀击之。邺都留守张从恩屡奏虏已遁去；大军欲进追之，会霖雨而止。契丹设伏旬日，人马饥疲。赵延寿曰："晋军悉在河上，畏我锋锐，必不敢前，不如即其城下，即，就也。四合攻之，夺其浮梁，谓澶州德胜渡之河梁也。则天下定矣。"契丹主从之。三月，癸酉朔，自将兵十余万陈于澶州城北，宋白曰：契丹时驻兵澶州铁丘。陈，读曰阵，下同。东西横掩城之两隅，登城望之，不见其际。高行周前军在戚城之南，与契丹战，自午至晡，互有胜负。契丹主以精兵当中军而来，帝亦出陈以待之。契丹主望见晋军之盛，谓左右曰："杨光远言晋兵半已馁死，杨光远诱契丹入寇，见上卷上年。今何其多也！"以

史李琼出兵把他打败，杨光远烧了营寨后逃回青州。二十日，任命前威胜节度使何重建为东面马步都部署，率兵驻扎郓州。

············

契丹假装放弃元城而退走，在古顿丘城埋伏下精锐骑兵，以等待晋军与恒州、定州的军队会合时再发动攻击。邺都留守张从恩多次奏报说北虏已经逃走；朝廷大军正要去追击契丹，碰巧遇上了连绵的大雨，只好取消了这次行动。契丹兵埋伏了十多天，人困马乏。赵延寿说："晋军都在黄河岸边，害怕我军的强锐，一定不敢前来；不如把军队开到他们的城下，从四面包围，进行攻打，夺取他们的德胜浮桥，这样天下大势就定了。"契丹主听从了他的意见。三月，初一，契丹主亲自率领十多万兵马在澶州城北摆开了阵势，从东到西横亘州城的两个角，登城眺望，看不到边际。高行周的前锋部队当时在戚城以南，同契丹交战，从中午一直战至黄昏，双方互有胜负。契丹主用他的精锐士兵径直向晋军的中军冲了过来，皇帝也摆开阵势准备迎敌。契丹主远远望见晋军军威强盛，就对身边的人说："杨光远说晋兵有一半已经饿死，现在怎么这么多啊！"于是用精锐骑兵从左右两边去冲击晋军的

精骑左右略陈，晋军不动，万弩齐发，飞矢蔽地。契丹稍却；又攻晋陈之东偏，不克。苦战至暮，两军死者不可胜数。昏后，契丹引去，营于三十里之外。不敢逼城而营，惧晋军攻劫也。

军阵，晋军丝毫不为所动，忽然间万弩齐发，飞矢落得满地都是。契丹兵向后退了一点；接着又进攻晋军军阵的东侧，仍然没能攻下。苦战到傍晚，两军死亡的人多得不可胜数。天黑以后，契丹兵退了回去，在三十里之外扎营。

注　释

❶ 古顿丘城，即阴安城，今河南清丰北二十里。

【原文】

乙亥，契丹主帐中小校窃其马亡来，云契丹已传木书，收军北去，木书者，书之于木，以为信契。景延广疑其诈，闭壁不敢追。

……………

契丹主自澶州北，分为两军，一出沧、德，一出深、冀而归。所过焚掠，方广千里，民物殆尽。留赵延照为贝州留后。麻答陷德州①，擒刺史尹居璠。璠，音烦。

……………

【译文】

初三，契丹主帐下的一个小校官偷了他的马逃了过来，说契丹主已经传下木书军令，集合军队回北方去了。景延广怀疑其中有诈，关闭营垒不敢去追。

……………

契丹主从澶州北面开始，把军队分作两路撤回，一路取道沧州、德州，一路取道深州、冀州。他们在所经过的地方烧杀抢掠，方圆一千里内，百姓的财物几乎被抢光了。留下赵延照为贝州留后。麻答攻陷了德州，生擒刺史尹居璠。

……………

注 释

❶ 德州，今山东德州西南。

【原 文】	【译 文】

辛卯，马全节攻契丹泰州①，拔之。《五代会要》：后唐天成三年，升奉化军为泰州，以清苑县为理所。至晋开运二年九月，移治满城县；至周广顺二年二月，废州，其满城县割隶易州。时马全节自定州攻泰州。

十九日，马全节攻打契丹的泰州，攻克了。

注 释

❶ 泰州，治清苑县，今河北保定。

【原 文】	【译 文】

敕天下籍乡兵，每七户共出兵械资一卒。

· · · · · · · · · · ·

夏，四月，丁未，缘河巡检使梁进以乡社兵复取德州。乡社兵，民兵也。时契丹寇掠，缘河之民，自备兵械，各随其乡，团结为社，以自保卫。契丹陷德州而北归，梁进乘其去而复取之。己酉，命归德节度使高行周、保义节度使王周留镇澶州。庚戌，帝发澶州；甲寅，至大梁。

皇帝敕命天下造册登记乡兵，每七户人家共同出供给一个兵卒的兵械钱。

· · · · · · · · · · ·

夏，四月，初五，缘河巡检使梁进率领乡社兵收复了德州。初七，命令归德节度使高行周、保义节度使王周留下来镇守澶州。初八，皇帝从澶州起程；十二日，到达大梁。

【原文】

侍卫马步都指挥使、天平节度使、同平章事景延广既为上下所恶，上谓将相大臣，下谓军民。帝亦惮其不逊难制；桑维翰引其不救戚城之罪，引，牵也；牵发其罪，犹人收卷衣物于怀袖间，从而牵出之然。辛酉，加延广兼侍中，出为西京留守①。晋徙都汴，以河南府为西京。以归德节度使兼侍中高行周为侍卫马步都指挥使。延广郁郁不得志，概竖小人，得权则骄溢使气，失权则郁郁不得志，乃其常也。见契丹强盛，始忧国破身危，遂日夜纵酒。自知无复全地，苟取朝夕之乐。

【译文】

侍卫马步都指挥使、天平节度使、同平章事景延广，既被上上下下的人们所憎恨，皇帝也怕他桀骜不驯，难以控制；桑维翰追究他不援救戚城的罪责，十九日，加封景延广兼侍中，外放为西京留守。任命归德节度使兼侍中高行周为侍卫马步都指挥使。景延广郁郁不得志，又见契丹势力强盛，才开始有国破身亡的担忧，于是一天到晚纵情饮酒。

【原文】

朝廷因契丹入寇，国用愈竭，复遣使者三十六人分道括率民财，各封剑以授之。示使专断斩，此以威胁取民财也。使者多从吏卒，携锁械、刀杖入民家，小大惊惧，求死无地。州县吏复因缘为奸。

河南府出缯钱二十万，此括率

【译文】

朝廷由于契丹的入侵，国家财用更加枯竭，于是又派出使差三十六人分别去各道搜括百姓的财物，临行前每位使差都被封赐一柄宝剑。这些使差带了很多随从吏卒，拿着锁链刑械、刀杖闯入百姓家中，搅得大人小孩都惊慌恐惧，想求一死都没有门路。州县的官吏也

合出之数也。景延广率三十七万。景延广增率十七万，欲以入己。留守判官卢亿言于延广曰："公位兼将相，富贵极矣。今国家不幸，府库空竭，不得已取于民，公何忍复因而求利，为子孙之累乎！"延广惭而止。史言景延广差愈于杜重威。

先是诏以杨光远叛，命兖州修守备。青、兖邻镇，故命之为备。泰宁节度使安审信以治楼堞为名①，率民财以实私藏。大理卿张仁愿为括率使，至兖州，赋缗钱十万。值审信不在，不在者，适不在镇。拘其守藏吏，指取钱一困，已满其数。史言晋之藩镇，利国有难，浚民以肥家。

借此机会为非作歹。

河南府应出缗钱二十万，景延广却增收至三十七万。留守判官卢亿对景延广说："公位居将相，富贵到了极点。现在国家遭遇不幸，府库空竭，不得已才向百姓索取，公怎么忍心再乘机贪图私利，给子孙增添负累呢！"景延广感到惭愧，就罢了手。

在此之前，皇帝下诏，由于杨光远叛变，命令兖州修筑守备。泰宁节度使安审信，借修筑城楼的名义，聚敛民财以中饱私囊。大理卿张仁愿当时受派为括率使，来到兖州，要征收缗钱十万。正巧安审信不在军镇，就拘禁了看守仓库的小吏，指令随员取出其中一个仓库的钱，就已经满足了所需之数。

注释

❶泰宁军，置于兖州，州治瑕丘，今山东济宁兖州区。

【原文】

戊寅，命侍卫马步军都虞候、泰宁节度使李守贞将步骑二万讨杨光远于青州。李守贞盖代安审信帅泰宁也。又遣神武统军洛阳潘环及张彦

【译文】

（五月）初七，命令侍卫马步军都虞候、泰宁节度使李守贞率领步兵和骑兵二万人赴青州讨伐杨光远。又派遣神武统军洛阳人潘环和张彦泽等人率兵驻扎澶州，

泽等将兵屯澶州，以备契丹。

契丹遣兵救青州，齐州防御使堂阳薛可言邀击①，败之。堂阳县属冀州。宋皇祐四年，省县为镇，入南宫县。《九域志》曰：地在堂水之阳。

以防备契丹。

契丹派兵救援青州，齐州防御使堂阳人薛可言于中途拦击，打败了契丹援兵。

注 释

❶ 齐州，州治历城，今山东济南。

【原 文】

丙戌，诏诸州所籍乡兵，号武定军，凡得七万余人。时兵荒之余，复有此扰，民不聊生。异时契丹入汴，武定军曷尝能北向发一矢乎？

丁亥，邺都留守张从恩上言："赵延照虽据贝州，麾下兵皆久客思归，宜速进军攻之。"诏以从恩为贝州行营都部署，督诸将击之。辛卯，从恩奏："赵延照纵火大掠，弃城而遁，屯于瀛、莫①，阻水自固。"瀛、莫之间多水淀，故赵延照阻以为固。瀛莫相去一百一十里。

【译 文】

十五日，皇帝下诏各州所登记的乡兵称为武定军，共有七万多人。当时在兵荒马乱之后，又增加了这样的扰民之策，民不聊生。

十六日，邺都留守张从恩上奏说："赵延照虽然占据着贝州，但是他麾下的士兵久居在外，归乡心切，应该尽快派兵去攻打他。"皇帝下诏任命张从恩为贝州行营都部署，督率各军将帅攻击赵延照。二十日，张从恩奏报说："赵延照放火抢劫，弃城而逃，驻扎在瀛州、莫州，依水设阻，以图自保。"

注 释

❶瀛州，州治今河北河间。莫州，州治今河北任丘。

【原 文】

六月，辛酉，官军拔淄州，斩其刺史刘翰。淄州，杨光远之巡属也。

太尉、侍中冯道虽为首相，冯道自唐潞王之时，已正拜三公，晋高祖入洛，用以为相，位任在执政之右。依违两可，无所操决。此冯道保身固位之术，一生所受用者也。或谓帝曰："冯道，承平之良相，今艰难之际，譬如使禅僧飞鹰耳。"言禅以静寂为宗，僧以慈悲不杀为教。为禅僧者，第能机辩无穷，而不能应物，使之飞鹰搏击，非其任也。癸卯，以道为匡国节度使，兼侍中。出冯道镇同州，将别命相也。

…………

或谓帝曰："陛下欲御北狄，安天下，非桑维翰不可。"请罢冯道，请用桑维翰，盖出一人之口。前史谓维翰倩人以言于帝，《通鉴》皆曰"或"者，疑其辞。丙午，复置枢密院，罢枢密院见二百八十二卷高祖天福四年。以维翰为中书令兼枢密使，事无大小，悉以委之。数月之间，朝廷差治。

【译 文】

六月，二十一日，官军攻克淄州，斩杀了淄州刺史刘翰。

太尉、侍中冯道虽然身为首相，可是对待事情模棱两可，从来都不轻易决断。有人对皇帝说："冯道，是承平时代的好宰相；现在是时势艰难时期，好比让坐禅的僧人去飞鹰搏兔，用非所长啊。"初三，任命冯道为匡国节度使，兼侍中。

…………

有人对皇帝说："陛下如果要想抵御北狄，安定天下，非任用桑维翰不可。"初六，恢复设置枢密院，任命桑维翰为中书令兼枢密使，大小事情，全部委托给他。几个月之间，朝中的一切事务大致上了轨道。

…………

八月，初一，任命河东节度使刘知远为北面行营都统，

··········

八月，辛丑朔，以河东节度使刘知远为北面行营都统，顺国节度使杜威为都招讨使，督十三节度，以备契丹。

桑维翰两秉朝政，出杨光远、景延广于外，杨光远、景延广，先皆尝总宿卫兵。天福初，桑维翰秉政，出杨光远；是时再秉政，出景延广。至是一制指挥，节度使十五人无敢违者，刘知远、杜威并十三节度为十五人也。按《薛史》载十三节度：郓州张从恩，充马步都监；西京留守景延广，充都排阵使；徐州赵在礼，充都虞候；晋州安叔千，充左厢排阵使；前兖帅安审信，充右厢；河中安审琦，充马步都指挥使；河阳符彦卿，充马军左厢；滑州皇甫遇，充右厢；右神武统军张彦泽，充马军排阵使；沧州王廷胤，充步军左厢都指挥使；陕州宋彦筠，充右厢；前金帅田武，充步军左厢排阵使；右龙武统军潘环，充右厢。时人服其胆略。

朔方节度使冯晖上章自陈未老可用，而制书见遗。维翰诏禁直学士诏禁直学士者，以诏旨诏之也。禁直学士，学士之入直禁中者也。使为答诏曰："非制书忽忘，实以朔方重地，非卿无以弹压。比欲移卿内地，受代亦须奇才。"受，当作授。晖得诏甚喜。

时军国多事，百司及使者咨请辐

顺国节度使杜威为都招讨使，督率十三个节度使以防备契丹。

桑维翰两度执掌朝政，先后把杨光远、景延广黜为外任，到这时他统一政令调度指挥，十五个节度使中没人敢违抗他的命令，当时的人们都佩服他的胆识和谋略。

朔方节度使冯晖上奏章陈说自己没有老，还可以为国效劳，但是皇帝下制令时却把他给遗忘了。桑维翰借皇帝的诏命让入值禁中的学士拟写答诏说："并不是制令中忽略遗忘了，实在因为朔方是军事重地，除卿之外没有人能够压得住阵脚。以往也曾想把卿调回内地，可是接替你的人也必须是奇才才行啊。"冯晖接到诏书，极为高兴。

当时军队和国家都值多事之秋，朝中各部门及使者来咨询请示的人车水马龙，桑维翰对每件事情都随时裁定决断，乍一看好像是没有经过深思熟虑，人们还怀疑他马虎草率；可是回去后仔细推敲，最终并没有更好的办法可以取代。然而身为宰相，他待人却过于从

凑，维翰随事裁决，初若不经思虑，人疑其疏略，退而熟议之，亦终不能易也。然为相颇任爱憎，一饭之恩、睚眦之怨必报，人以此少之。史称桑维翰之长而并及其短，所以明是非，示劝警。

契丹之入寇也，帝再命刘知远会兵山东，太原以河北之地为山东。帝初诏刘知远自土门出恒州，寻又诏会兵邢州，并见上。皆后期不至。帝疑之，谓所亲曰："太原殊不助朕，必有异图。果有分，何不速为之！"言若有分为天子，何不速为之。怒之之辞也。至是虽为都统，而实无临制之权，密谋大计，皆不得预。知远亦自知见疏，但慎事自守而已。郭威见知远有忧色，谓知远曰："河东山川险固，河东治晋阳，东阻太行、常山，西限龙门、西河，南有霍太山、雀鼠谷之隘，北有雁门、五台诸山之险，故云然。风俗尚武，土多战马，此所谓恃险与马也。静则勤稼穑，动则习军旅，此霸王之资也。何忧乎！"

············

癸亥，置镇宁军于澶州，以濮州隶焉。割天平巡属之濮州以隶镇宁军。

············

（九月），丙子，契丹寇遂城、

个人好恶出发，一顿饭的恩惠，他都要报答，睚眦之类的小仇怨，他也一定要报复，人们对他这一点颇有非议。

当初契丹入侵的时候，皇帝一再地命令刘知远到太行山以东会师，结果都是过了限期还没有到达。皇帝怀疑起他来，对亲信们说："太原方面很不愿帮助朕，一定是别有用心。如果真有缘分当天子，为什么不赶快即位！"此时，刘知远虽然任北面行营都统，但是实际上并没有临事制决的权力，朝中的秘密谋划和军国大计，都不让他干预。刘知远也知道自己被疏远了，所以只是谨慎处事，尽到自己所负的责任而已。郭威看出刘知远面有忧郁之色，就对刘知远说："河东这块地方，山川形势险要坚固，有崇尚武勇的习俗，此地多产战马，局势安定就劝民努力耕种，局势动荡就训练士卒，这些都是成就霸业的资本，还有什么好忧虑的呢！"

············

（九月），二十三日，在澶州设置镇宁军，把濮州隶属于它。

乐寿，_{遂城县属易州，宋太平兴国六年，置威虏}

_{军，景德元年，改广信军，在易州东南八十里，当}
_{五回岭及狼山之要；金置遂州。乐寿县属深州，宋}
_{分属瀛州。《九域志》，在瀛州之南八十里。}深
州刺史康彦进击却之^①。

（九月），初七，契丹入侵
遂城、乐寿，深州刺史康彦进
击退了他们。

注 释

❶ 遂城，今河北保定徐水区西。乐寿，今河北献县。深州，治陆泽，今河北
深州。

【原 文】

李守贞围青州经时，_{是年五月，李}
_{守贞围青州。}城中食尽，饿死者太半。
契丹援兵不至，杨光远遥稽首于契
丹曰："皇帝，皇帝，误光远矣！"
其子承勋、承祚、承信劝光远降，
冀全其族。光远不许，曰："吾昔在
代北，尝以纸钱祭天池而沈，_{杨光远}
_{本沙陀部人，居代北。天池，即汾阳县之天池，}
_{时属岚州静乐县界。}人皆言当为天子，
姑待之。"（十二月），丁巳，承勋
斩劝光远反者节度判官丘涛等，送
其首于守贞，纵火大噪，劫其父出

【译 文】

李守贞围攻青州很长时间
了，城中的粮食已经被吃光，
饿死的人有一大半。契丹的援
兵一直没到，杨光远遥遥对北方
的契丹叩拜说："皇帝啊，皇
帝，你耽误了我杨光远的大事
啊！"他的儿子杨承勋、杨承
祚、杨承信劝杨光远投降，希
望能够以此来保全杨氏家族。
杨光远不答应，他说："我从前
在代北的时候，曾经用纸钱祭
祀过天池，纸钱下沉了，人们
都说我以后一定能当天子，再
等等看吧。"（十二月），十九

居私第，上表待罪，开城纳官军。

…………

朝廷以杨光远罪大，而诸子归命，难于显诛，命李守贞以便宜从事。闰月，癸酉，守贞入青州，遣人拉杀光远于别第，以病死闻。丙戌，起复杨承勋除汝州防御使。昔楚令尹子南以罪诛，其子弃疾以不忍弃父事仇而死。李怀光之反，河中既破，唐德宗欲活其子璀而不可得。彼二子者，以父子之亲，居君臣之变，审义安命，以死殉亲，夫岂不乐生，义不可也。若杨承勋兄弟，出于蕃落，枭獍其心，囚父归命，以希苟活；晋朝以不杀降为说，于理且未安，又从而录用之，宜异时契丹得假大义以泄其愤也。

…………

契丹复大举入寇，卢龙节度使赵延寿引兵先进。契丹复以赵延寿为军锋。契丹前锋至邢州①，顺国节度使杜威遣使间道告急。契丹前锋已至邢州，恒州信使路绝，故间道而来。帝欲自将拒之，会有疾，命天平节度使张从恩、邺都留守马全节、护国节度使安审琦会诸道兵屯邢州，武宁节度使赵在礼屯邺都。马全节自邺都进屯邢州，令赵在礼自徐州进屯邺都为后镇。

日，杨承勋斩杀了劝诱杨光远造反的节度判官丘涛等人，把他们的首级送到李守贞处，又纵火大声喧噪，劫持他的父亲让他住到私宅里，向朝廷上表等待治罪，打开城门接纳官军。

…………

朝廷认为杨光远虽然罪大恶极，但是他的几个儿子却能归降朝廷，因此不便进行大肆诛杀，就命令李守贞根据具体情况加以处理。闰十二月，初五，李守贞进入青州城，派人把杨光远在另外一处住宅里拉杀而死，对外界说他是得病而死。十八日，恢复任用杨承勋，任命他为汝州防御使。

…………

契丹又开始了大举入侵，卢龙节度使赵延寿率领兵马先出发。契丹前锋到达邢州，顺国节度使杜威派遣使者绕道前来向朝廷告急。皇帝正想亲自率兵进行抵抗，不巧遇上生病，便命令天平节度使张从恩、邺都留守马全节、护国节度使安审琦会合各道兵马驻扎邢州，武宁节度使赵在礼驻扎邺都。

注释

❶邢州，州治今河北邢台。

【原文】

契丹主以大兵继至，建牙于元氏。元氏县属恒州。《九域志》：在州南九十八里。朝廷惮契丹之盛，诏从恩等引兵稍却，于是诸军恟惧，无复部伍，委弃器甲，所过焚掠，比至相州，不复能整。

【译文】

契丹主率领大兵随后到达，在元氏县修建了衙署。朝廷害怕契丹兵势强盛，就下诏命令张从恩等人率兵稍稍后退，这样一来各路军队都感到畏惧恐慌，乱得不像个队伍的样子，一路上丢弃兵器铠甲，所过之处，放火抢劫，等到他们后退到相州的时候，已经无法重新整理队形了。

二年 (乙巳·九四五)

【原文】

春，正月，诏赵在礼还屯澶州，马全节还邺都；又遣右神武统军张彦泽屯黎阳，西京留守景延广自滑州引兵守胡梁渡。庚子，张从恩奏契丹逼邢州；诏滑州、邺都复进军拒之。义成节度使皇甫遇将兵趣邢州。皇甫遇奉诏自滑州进兵。契丹寇邢、洺、磁三州❶，杀掠殆尽，入

【译文】

春，正月，皇帝下诏，命令赵在礼回师驻扎澶州，马全节回师驻扎邺都；又派遣右神武统军张彦泽驻扎黎阳，西京留守景延广从滑州率兵把守胡梁渡。初三，张从恩奏报说契丹已经逼近邢州；皇帝诏命滑州、邺都再进兵抵抗。义成节度使皇甫遇率兵直奔邢州。契丹入侵邢、洺、磁

邺都境。《九域志》：邺都之境，西距磁州五十五里，西北距洺州五十里。

三州，几乎把这些地方抢光杀尽，又进入邺都境内。

注 释

❶ 洺州，州治今河北邯郸永年区。磁州，州治今河北磁县。

【原 文】

壬子，张从恩、马全节、安审琦悉以行营兵数万陈于相州安阳水之南①。陈，读曰阵。皇甫遇与濮州刺史慕容彦超将数千骑前觇契丹，至邺县，邺，汉古县，唐属相州，在州东北。刘昫曰：邺，魏相州治所；隋文辅政，尉迟迥举兵，既讨平之，乃焚邺城，徙其居人南迁四十五里，以安阳城为相州治所。隋炀帝于邺故都大慈寺置邺县。唐贞观八年始筑今治所小城。余按此皆言邺县也。若五代、唐、晋之所谓邺都，则今魏州大名府是也，非邺县也。夷考此时契丹与晋兵相距本末，前所谓入邺都境，当作入相州境。一说虏骑散漫，大势兵马向相州，游骑亦有入邺都境者。将渡漳水②，遇契丹数万，遇等且战且却；至榆林店③，契丹大至，二将谋曰："吾属今走，死无遗矣！"乃止，布陈，自午至未，力战百余合，相杀伤甚众。遇马

【译 文】

十五日，张从恩、马全节、安审琦率领数万行营兵马，在相州安阳水南岸列阵。皇甫遇和濮州刺史慕容彦超带领数千名骑兵到前面去侦察契丹的情况，他们到了邺县，正要渡过漳水，遇上数万契丹兵，一行人边战边退；退到榆林店，契丹的大队人马压了过来，二位将军商量说："我们如果现在逃走，就会全部被杀，一个也跑不掉！"于是就停了下来，摆开阵势，从午时到未时，力战百余回合，双方都死伤惨重。皇甫遇的马战死，只好进行步战；他的仆人杜知敏把自己的坐骑让给了他，皇甫遇骑上马再战。经过很长时间，战况才稍微缓解了一点；回头再看杜知敏时，他已被契丹捉了去，皇甫遇说："知敏是个义士，不能丢下

毙，因步战；其仆杜知敏以所乘马授之，遇乘马复战。久之，稍解；顾知敏已为契丹所擒，遇曰："知敏义士，不可弃也！"与彦超跃马入契丹陈，取知敏而还。俄而契丹继出新兵来战，二将曰："吾属势不可走，以死报国耳。"

他不管。"又与慕容彦超跃上战马冲入契丹军阵，把杜知敏救了回来。不一会儿，契丹又来了新的部队投入战斗，二位将军说："形势已不允许我们逃走，只有以死报国了。"

注 释

❶ 安阳水，即洹水。　　❷ 漳水，今漳河。　　❸ 榆林店，在今河南安阳西南。

【原 文】

日且暮，安阳诸将怪觇兵不还，安审琦曰："皇甫太师寂无音问，必为虏所困。"语未卒，有一骑白遇等为虏数万所围；审琦即引骑兵出，将救之。张从恩曰："此言未足信，必若虏众猥至，*猥，杂也；杂然而至，言其数多不可胜计也。* 尽吾军，恐未足以当之，公往何益！"审琦曰："成败，天也，万一不济，当共受之。借使虏不南来，坐失皇甫太师，*按皇甫遇未必加官至太师也，而安审琦以太师称之，*

【译 文】

太阳快要落山了，拒守在安阳水南岸的各位将领，对侦察敌情的部队还没有回来感到很奇怪，安审琦说："皇甫太师一点音讯也没有，一定是被北虏所围困。"话还没说完，就有一名骑兵回来报告说皇甫遇等人被几万北虏所包围；安审琦当即就带领骑兵出列，准备去救援皇甫遇，张从恩说："这话未必可信。北虏如果真的蜂拥而至，把我们的军队全部派出去，恐怕也不一定能抵挡得住敌人的进攻，公前去会有什么帮助！"安审琦说："成败是天意，万一不能成功，应当共同

盖五季之乱，官赏无章，当时相称谓，不复论其品秩，就人臣极品而称之。**吾属何颜以见天子！**遂逾水而进。契丹望见尘起，即解去。知援兵来，故解而去。遇等乃得还，与诸将俱归相州，军中皆服二将之勇。彦超本吐谷浑也，与刘知远同母。吐谷浑，慕容涉归之庶长子，故其种姓慕容氏。

契丹亦引军退，其众自相惊曰："晋军悉至矣！"时契丹主在邯郸，闻之，即时北遁，不再宿，至鼓城[1]。邯郸县属磁州，在州东北七十里。鼓城县属恒州。宋端拱二年，以鼓城隶祁州，在州西南一百里。自邯郸至鼓城约三百余里。

承担后果。假如北虏不向南来，我们却待在这里白白地失去皇甫太师，那我们还有什么脸面去见天子！"于是就渡过安阳水向北进发。契丹兵远远看到这边尘土飞扬，就解围而去。皇甫遇等人这才得以生还，和诸位将领一道回到相州，军中都叹服二位将军的勇烈。慕容彦超本来是吐谷浑人，和刘知远是同母兄弟。

契丹也引兵退走，他们的兵众自己互相惊扰，说："晋军全部来了！"当时契丹主还在邯郸，听到这一消息，立即向北逃去，不到两晚上时间，就到了鼓城。

注 释

❶ 鼓城，今河北石家庄藁城区东。

【原文】

是夕，张从恩等议曰："契丹倾国而来，吾兵不多，城中粮不支一旬，万一奸人往告吾虚实，虏悉众围我，死无日矣。不若引军就黎阳仓，南倚大河

【译文】

当天晚上，张从恩等人商议道："契丹出动了全国的兵马而来，我们的兵员却不多，城中的粮食也撑不到十天了，万一再有奸人去向契丹报告我们的虚实，北虏出动全部军队来包围我们，我们就死定了。不如带领军队前往黎阳

以拒之，可以万全。"议未决，从恩引兵先发，诸军继之，扰乱失亡，复如发邢州之时。

从恩留步兵五百守安阳桥，夜四鼓，知相州事符彦伦谓将佐曰："此夕纷纭，人无固志，五百弊卒，安能守桥！"即召入，乘城为备。至曙，望之，契丹数万骑已陈于安阳水北，契丹主虽先北遁，而赵延寿与惕隐诸军，犹南向而不去。彦伦命城上扬旌鼓噪约束，约束者，申严号令也。契丹不测。日加辰，赵延寿与契丹惕隐帅众逾水，环相州而南。诏右神武统军张彦泽将兵趣相州。延寿等至汤阴①，闻之，汤阴，本汉荡阴，后并入安阳。唐武德四年，分安阳置汤源县，贞观元年，改为汤阴，属相州。《九域志》，在州南四十里。甲寅，引还；马全节等拥大军在黎阳，不敢追。延寿悉陈甲骑于相州城下，若将攻城状，符彦伦曰："此虏将走耳。"出甲卒五百，陈于城北以待之；契丹果引去。

…………

仓，南边靠着黄河进行抵抗，这样可以万无一失。"议论还没有商定下来，张从恩就带领部队先行出发了，诸军只好跟着出发；一路上纷扰散乱，失踪逃跑不断，又跟当初从邢州出发时一样。

张从恩留下五百名步兵把守安阳桥，夜间四更鼓时，知相州事符彦伦对将领和幕僚们说："今晚乱哄哄的，人们没有坚定的意志，五百名疲惫的兵卒，怎么能守得住桥！"当即就把守桥的士兵召进城内，让他们登上城墙以为防备。天亮了，远远望去，契丹数万名骑兵已在安阳水北摆开阵势，符彦伦命令城上的守兵扬动旌旗，击鼓喧噪，申明号令，契丹兵一时难测城中的虚实。等到八九点时，赵延寿和契丹惕隐率领部众渡过安阳水，绕过相州向南推进，皇帝诏命右神武统军张彦泽率兵赶赴相州。赵延寿等人走到汤阴，得知这一消息，十七日，率兵后撤；马全节等人在黎阳统领着大军，却不敢追击。赵延寿把他的精甲骑兵全都摆列在相州城下，做出要攻城的架势，符彦伦说："这些北虏马上就要逃走了。"于是派出五百名披甲的士卒出城，在城北列阵等待；契丹兵果然退走了。

…………

注 释

❶ 汤阴，今河南汤阴。

【原 文】

帝疾小愈，河北相继告急。帝曰："此非安寝之时！"乃部分诸将为行计。

更命武定军曰天威军。去年夏，籍诸州乡兵为武定军。

北面副招讨使马全节等奏："据降者言，虏众不多，宜乘其散归种落，大举径袭幽州。"帝以为然，征兵诸道。壬戌，下诏亲征；乙丑，帝发大梁。

…………

二月，壬辰朔，帝至滑州，命安审琦屯邺都。甲戌，帝发滑州；乙亥，至澶州。己卯，马全节等诸军以次北上。刘知远闻之曰："中国疲弊，自守恐不足，乃横挑强胡，胜之犹有后患，况不胜乎！"

契丹自恒州还，以羸兵驱牛羊，过祁州城下①，以诱城中也。刺

【译 文】

皇帝的病情稍微好转，黄河以北地区却相继告急。皇帝说："这不是我安心睡大觉的时候！"于是就部署诸将，做出征的准备。

把武定军改名为天威军。

北面副招讨使马全节等人上奏："根据来投降的胡兵说，北虏兵众不多，应该乘他们散归部落之际，大举出兵直接袭击幽州。"皇帝同意这个看法，于是向各道征调部队。二十五日，下诏要御驾亲征；二十八日，皇帝从大梁出发。

…………

二月，初一，皇帝到了滑州，命令安审琦驻扎邺都。初七，皇帝从滑州出发；初八，到达澶州。十二日，马全节等各路军队依次北上。刘知远得知这一消息后说："中国疲乏困弊，保全自己恐怕还难以做到；竟敢随意向强大的北胡挑战，即使打胜了也还留有后患，何况要是打不胜呢！"

契丹从恒州撤军，让羸弱的

史下邳沈斌出兵击之；契丹以精骑夺其城门，州兵不得还。赵延寿知城中无余兵，引契丹急攻之，斌在上_{"在"字之下，当逸"城"字}延寿语之曰："沈使君，吾之故人。'择祸莫若轻'，_{'择祸莫若轻'，引《文子》之言。}何不早降！"斌曰："侍中父子失计陷身虏庭，_{言赵延寿与其父德钧，不能救张敬达，邀契丹求帝中国，玩寇致祸，并为俘虏也。赵延寿闻斌言，尚欲复求帝乎？陷身事见二百八十卷高祖天福元年。赵延寿在唐时加侍中，沈斌称其旧官。}忍帅犬羊以残父母之邦；不自愧耻，更有骄色，何哉！沈斌弓折矢尽，宁为国家死耳，终不效公所为！"明日，城陷，斌自杀。

士兵驱赶着牛羊经过祁州城下，祁州刺史下邳人沈斌派兵出城进行拦击；契丹用精锐骑兵夺取了祁州城门，州兵回不了城。赵延寿知道城中没有多余的兵力，就带领契丹兵紧急攻城。沈斌这时正在城上，赵延寿对他说："沈使君，我的老朋友。'择祸莫若轻'，为什么还不早一点投降！"沈斌回答说："侍中父子是因为失算才陷身北虏，竟然忍心带着一帮犬羊之兵来摧残父母之邦；自己不感到惭愧可耻，反而有得意的神色，这是为什么！沈斌我即使弓折矢尽，宁可为报效国家而死，无论如何也不会效法你的所作所为！"第二天，祁州城被攻陷，沈斌自杀身亡。

注 释

❶ 祁州，治无极，今河北无极。

【原文】

　　丙戌，诏北面行营都招讨使杜威以本道兵会马全节等进军。
　　端明殿学士、户部侍郎冯玉，

【译文】

　　十九日，诏命北面行营都招讨使杜威率领本道兵马与马全节等人一起进军。

宣徽北院使、权侍卫马步都虞候太原李彦韬，皆挟恩用事，恶中书令桑维翰，数毁之。帝欲罢维翰政事，李崧、刘昫固谏而止。维翰知之，请以玉为枢密副使，玉殊不平。丙申，中旨以玉为户部尚书、枢密使，以分维翰之权。<small>冯玉以后兄进，故旨由中出。《诗》云：妇有长舌，维厉之阶。信矣！</small>

彦韬少事阎宝为仆夫，后隶高祖帐下。高祖自太原南下，留彦韬侍帝为腹心，<small>高祖留帝守太原，见二百八十卷天福元年。</small>由是有宠。性纤巧，与嬖幸相结，以蔽帝耳目；帝委信之，至于升黜将相，亦得预议。常谓人曰：“吾不知朝廷设文官何所用，且欲澄汰，徐当尽去之。”<small>呜呼！此等气习，自唐刘贲已为文宗言之。李彦韬、史弘肇当右武之世，张其气而奋其舌，以其人品，夫何足责，然非有国者之福也。虽然，吾党亦有过焉，盍亦反其本矣！</small>

…………

（三月），乙巳，杜威等诸军会于定州，以供奉官萧处钧权知祁州事。庚戌，诸军攻契丹，泰州刺史晋廷谦举州降。<small>晋姓也，以国为氏。</small>甲寅，取满城[1]，<small>按《五代会要》，是年九月，徙泰州治满城，是时泰州犹治清苑。宋白曰：满</small>

端明殿学士、户部侍郎冯玉，宣徽北院使、代理侍卫马步都虞候太原人李彦韬，都是依仗恩宠而得以掌权，他们忌恨中书令桑维翰，多次对他进行诋毁。皇帝想罢免桑维翰的政务，因李崧、刘昫一再谏阻，只好作罢。桑维翰知道了这一情况，建议任命冯玉为枢密副使，冯玉内心大为不满。二十九日，宫中下旨任命冯玉为户部尚书、枢密使，目的是分散桑维翰的权力。

李彦韬年少时事奉阎宝，做他的仆人，后来隶属到高祖的帐下。高祖从太原南下时，留下他陪侍当今的皇帝，成为皇帝的心腹，从此受到恩宠。他生性机灵巧诈，和那些佞幸受宠的人相互勾结，以蒙蔽皇帝的耳目；皇帝依靠信任他，以至于任命或罢免将相，也让他参预商议。他常常对人说：“我不知道朝廷设置文官有什么用处，正想要加以淘汰，以后要慢慢地全部废除。”

…………

（三月），初九，杜威等各军在定州会合，任命供奉官萧处钧代理祁州的事务。十四日，各军进攻契丹，契丹的泰州刺

城本汉北平县，后魏置永乐县，天宝元年，改满城县。获契丹酋长没剌及其兵二千人。乙卯，取遂城，赵延寿部曲有降者言："契丹主还至虎北口[2]，太原汾水之北，亦有地名虎北口，时契丹兵自祁、易北去，非其路也。此乃幽、檀以北之古北口。宋人《使辽行程记》云：自檀州北行八十里，又八十里至虎北口馆。则檀州之古北口，亦名虎北口也。闻晋取泰州，复拥众南向，约八万余骑，计来夕当至，宜速为备。"杜威等惧，丙辰，退保泰州。

史晋廷谦率领全州投降。十八日，夺取满城，俘虏契丹酋长没剌及他属下的士兵二千人。十九日，夺取了遂城。赵延寿的亲兵中有投降过来的人，报告说："契丹主回到虎北口，听说晋朝夺取了泰州，就又率兵众大举南下，有八万多骑兵，估计明晚就会来到，应该赶快做准备。"杜威等人一听害怕了起来，于二十日，撤退到泰州防守。

注释

❶满城，今河北保定满城区。　❷虎北口，即今古北口。

【原文】

戊午，契丹至泰州。己未，晋军南行，契丹蹑之。晋军至阳城[1]，《续汉志》：中山蒲阴县有阳城。《水经注》：博水出中山望都县东，迳阳城县，散为泽渚，世谓之阳城淀。阳城在蒲阴县东南三十里。庚申，契丹大至。晋军与战，逐北十余里，契丹逾白沟而去[2]。此南白沟也。《水经注》所谓淇水北出为白沟者也。北白沟在涿州新城县南六十里。宋人《北使行程记》曰：雄州之北，界河之南，有白沟驿。又范成大《北使录》曰：自安肃军出北门十五里，至白沟河，又

【译文】

二十二日，契丹兵到达泰州。二十三日，晋军向南撤退，契丹兵紧随其后。晋军到达阳城，二十四日，契丹的大部队压了过来。晋军与契丹兵交战，把契丹兵向北驱逐了十多里，契丹兵越过白沟退了

一百五里至涿州，此言北白沟也。

回去。

注释

❶阳城淀，今河北唐县东南。　❷白沟，卫河自浚县以下，谓之白沟河。

【原文】

壬戌，晋军结陈而南，胡骑四合如山，诸军力战拒之。是日，才行十余里，人马饥乏。

癸亥，晋军至白团卫村，《考异》曰：《汉高祖实录》作白檀，今从《晋少帝实录》。埋鹿角为行寨①。契丹围之数重，奇兵出寨后断粮道。断，音短。是夕，东北风大起，破屋折树；营中掘井，方及水辄崩，士卒取其泥，帛绞而饮之，人马俱渴。至曙，风尤甚。契丹主坐大奚车中，沈括曰：奚人业伐山，陆种，斫车，契丹之车，皆资于奚。其辎车之制如中国，后广前杀而无般，材俭易败，不能任重而利于行山。长毂广轮，轮之牙，其厚不能四寸，而辋之材不能五寸。其乘车驾之以驼，上施慢帷，富者加毡幰文绣之饰。《蜀本》"奚车"之上无"大"字。令其众曰："晋军止此耳，当尽擒之，然后南取大梁！"命铁鹞四面

【译文】

二十六日，晋军列阵向南行进，契丹的骑兵从四面围了过来，气壮如山，各军奋力作战，进行抵抗。这一天，才走了十多里路，士兵和战马都饥饿疲乏。

二十七日，晋军到达白团卫村，埋设鹿角做成临时营寨。契丹兵把营寨包围了好几重，派出奇兵绕到营寨的后面切断了晋军的粮道。当天晚上，强劲的东北风刮了起来，破坏房屋，吹折大树；晋兵在营中掘井，刚掘到有水的地方，井围就塌了下来，士卒们只好连泥带水取出，用布帛加以拧绞出水，然后饮用，人和战马都很干渴。到天刚亮时，风刮得更厉害了。契丹主坐在一辆奚族所造的大车中，命令他的部众说："晋军也只有这些了，应当把他们全部抓获，然后再向南直取大梁！"命令披甲的精锐骑

下马，拔鹿角而入，夺短兵以击晋军。契丹谓精骑为铁鹞，谓其身被铁甲，而驰突轻疾，如鹞之搏鸟雀也。又顺风纵火扬尘以助其势。

兵在晋军营寨的四面下马，拔除鹿角往营寨中冲去，挥舞短兵器攻击晋军。又顺风放火，扬起尘沙，以助其声势。

注 释

❶鹿角，为军营防御物，用竹木削尖，埋植地上，以阻敌人之行近。形似鹿角，故名。

【原 文】

军士皆愤怒，大呼曰："都招讨使何不用兵，令士卒徒死！"诸将请出战，杜威曰："俟风稍缓，徐观可否。"马步都监李守贞曰："彼众我寡，风沙之内，莫测多少，惟力斗者胜，此风乃助我也；若俟风止，吾属无类矣。"即呼曰："诸军齐击贼。"又谓威曰："令公善守御，杜威时带中书令，故称之。守贞以中军决死矣。"马军左厢都排陈使张彦泽召诸将问计，皆曰："虏得风势，宜俟风回与战。"彦泽亦以为然。诸将退，马军右厢副排

【译 文】

晋军的军士们都很愤怒，大声呼叫着说："都招讨使为什么还不出兵，让士卒们白白送死！"诸将都请求出战，杜威说："等风势稍微减弱一点，再看看能否出兵。"马步都监李守贞说："敌众我寡，在风沙之内，难以看出双方兵力谁多谁少，只有拼力作战的人才能取得胜利，这场大风实际上是在帮助我们；如果等到风停了，我们也就全都没命了。"说完就大声呼叫："各军一齐击贼！"又对杜威说："令公您好自防守，守贞我用中军去和敌人决一死战！"马军左厢都排阵使张彦泽召集诸将询问计策，大家都说："北虏占有风势之利，还是应该等到风转向了再与他们交战。"

陈使太原药元福独留，谓彦泽曰："今军中饥渴已甚，若俟风回，吾属已为虏矣。敌谓我不能逆风以战，宜出其不意急击之，此兵之诡道也。"矢不逆风，此古法也。若用短兵薄战，则逆风而胜者多矣。马步左右厢都排陈使符彦卿曰："与其束首就擒①，曷若以身殉国。"乃与彦泽、元福及左厢都排陈使皇甫遇引精骑出西门击之，行寨之西门也。风从东北来，出西门接战，亦顺风势也。诸将继至。契丹却数百步，彦卿等谓守贞曰："且曳队往来乎②？曳读为拽。直前奋击，以胜为度乎？"守贞曰："事势如此，安可回鞚，鞚，……马勒也。宜长驱取胜耳。"彦卿等跃马而去，风势益甚，昏晦如夜。彦卿等拥万余骑横击契丹，呼声动天地，契丹大败而走，势如崩山。李守贞亦令步兵尽拔鹿角出斗，步骑俱进，逐北二十余里。铁鹞既下马，苍皇不能复上，皆委弃马及铠仗蔽地③。

张彦泽也认为这话有道理。诸将退下之后，马军右厢副排阵使太原人药元福一个人留了下来，他对张彦泽说："现在军中人马又饥又渴，情况已经十分严重，如果等风转向，我们就已经成俘虏了。敌人认为我们不可能逆风出战，我们就更应该出其不意地抓紧发动攻击，这正是兵法上的诡诈之道啊。"马步左右厢都排阵使符彦卿说："与其束手就擒，不如以身殉国！"于是就和张彦泽、药元福及左厢都排阵使皇甫遇率领精锐骑兵从营寨的西门出来攻击敌兵，其他将领也随后杀了出来。契丹兵后退了几百步。符彦卿等人问李守贞说："是带着队伍往来砍杀呢？还是一直往前冲杀，直到打胜为止呢？"李守贞说："事情已经到了这个地步，断无掉转马头的道理！应该长驱直入直到取胜为止。"符彦卿等人策马冲了过去，这时风势更加强劲了，天昏地暗，如黑夜一般。符彦卿等人统领一万多名骑兵纵横冲杀，呼喊之声震天动地，契丹兵被打得大败而逃，溃败的情势有如山崩。李守贞也命令步兵拔除鹿角出营作战，步兵和骑兵一同向前推进，把契丹兵向北驱赶了二十多里。契丹那些披甲的精锐骑兵下了战马之后，仓促之间都难以再骑上去，于是纷纷丢下战马及铠甲兵仗，丢得满地都是。

注 释

❶ "束首"，章钰《校宋记》云：当从宋十二行本作"束手"。　❷ 曳队往来，言拖延不决。　❸ 铠仗，铠是甲胄，仗是兵器。

【原 文】

契丹散卒至阳城东南水上，稍复布列。杜威曰："贼已破胆，不宜更令成列！"遣精骑击之，皆渡水去。契丹主乘奚车走十余里，追兵急，获一橐驼，乘之而走。诸将请急追之。杜威扬言曰："逢贼幸不死，更索衣囊邪？"言逢贼被劫而幸不死，而更从贼求衣囊，则必将怒而杀之。李守贞曰："两日人马渴甚，今得水饮之，皆足重，难以追寇，不若全军而还。"乃退保定州。

契丹主至幽州，散兵稍集；以军失利，仗其酋长各数百，唯赵延寿得免。

乙丑，诸军自定州引归。诏以泰州隶定州。隶定州义武军。

夏，四月，辛巳，帝发澶州；甲申，还大梁。是年正月，下

【译 文】

契丹败逃的散兵游勇一直逃到阳城东南面的水边，才渐渐集结成队形。杜威说："贼兵已经被吓破了胆，不能再让他们集结成队形！"于是派遣精锐骑兵向敌人发动攻击，契丹兵都渡水退走。契丹主坐在奚车上逃了十来里，后面追兵追得急，半路上得到一头骆驼，契丹主就骑上那头骆驼逃走了。诸将请求抓紧追击契丹主。杜威高声地对大家说："碰到强盗，侥幸不死，还想再向他索回衣物钱袋吗？"李守贞也说："两天来人马都渴得很厉害，现在得到了水拼命地喝，喝得大家脚步都沉重了，很难再追得上贼寇，不如保全实力，撤回去。"于是就撤退到定州防守。

契丹主回到幽州，散失的兵卒渐渐聚集到了一起；由于军事上的失利，就杖打他的酋长，每人打几百下，唯独赵延寿得以幸免。

二十九日，各军从定州班师，诏令把泰州隶属于定州。

诏亲征，二月至澶州。今诸军以胜归，故复还大梁。

己丑，复以邺都为天雄军。唐庄宗同光元年，以魏州为东京兴唐府，罢天雄节镇。三年，罢东京，以为邺都，晋兴，因之，改兴唐府为广晋府；今复为天雄军。

···········

五月，丙申朔，大赦。

顺国节度使杜威久镇恒州，高祖天福七年，杜威始镇恒州，见二百八十三卷。性贪残，自恃贵戚，杜威尚高祖妹宋国长公主。多不法。每以备边为名，敛吏民钱帛，以充私藏。富室有珍货或名姝、骏马，皆虏取之；或诬以罪杀之，籍没其家。又畏懦过甚，每契丹数十骑入境，威已闭门登陴①，或数骑驱所掠华人千百过城下，威但瞋目延颈望之，无意邀取。由是虏无所忌惮，属城多为所屠，威竟不出一卒救之，千里之间，暴骨如莽，"暴骨如莽"，《左传》语。如莽者，如草之生于广野，莽莽然。村落殆尽。

夏，四月，十六日，皇帝从澶州起程；十九日，回到了大梁。

二十四日，又将邺都改为天雄军。

···········

五月，初一，大赦。

顺国节度使杜威，长期镇守在恒州，生性贪婪残暴，仗着自己是贵戚的关系，干了很多违法的勾当。他常常借着防守边境的名义，聚敛官吏和百姓的金钱布帛，以充实自己的库藏。富裕人家如果有珍宝或绝色女子、骏马，他都要强取过来；或者诬加罪名，把人杀了，再抄没他的家产。另一方面他又特别胆小懦弱，常常只有数十名契丹骑兵进入辖境，杜威就已经关闭城门，登上城墙躲在矮墙的后面了。有时只有几个契丹骑兵驱赶着他们所掠得的成百上千个汉人经过城下，杜威也只是瞪大眼睛，伸长脖子，呆呆地望着他们走远，一点出城拦截的意思都没有。正因为如此，北虏才得以肆无忌惮，其所管辖的城池很多都被北虏所血洗，杜威最终也没能派出一兵一卒去解救他们，千里原野，暴露在外的尸骨像野草一样，一望无际，村落稀见，全都成了废墟。

注释

❶ 陴，城上女墙。

【原 文】

　　威见所部残弊，为众所怨，又畏契丹之强，累表请入朝，帝不许；威不俟报，遽委镇入朝，朝廷闻之，惊骇。桑维翰言于帝曰："威固违朝命，擅离边镇，居常凭恃勋旧，邀求姑息，及疆场多事，场，音亦。曾无守御之意；宜因此时废之，庶无后患。"帝不悦。维翰曰："陛下不忍废之，宜授以近京小镇，勿复委以雄藩。"帝曰："威，朕之密亲，必无异志；言其无它志。但宋国长公主切欲相见耳。公勿以为疑。"维翰自是不敢复言国事，以足疾辞位。杜威不可去，而桑维翰求去，晋殆矣。丙辰，威至大梁。

…………

　　己未，杜威献部曲步骑合四千人并铠仗。庚申，又献粟

【译 文】

　　杜威眼见辖区内残破凋散，自己被民众所怨恨，又害怕契丹的强盛，就多次上表请求入朝，皇帝没答应。杜威等不得朝廷的正式答复，就突然撇下军镇入朝去了，朝廷得知这一情况，感到非常吃惊。桑维翰对皇帝说："杜威执意违抗朝廷使命，擅自离开边疆重镇，平日又倚仗是元勋旧臣，无理要求朝廷对他宽容，但到了边疆多战事的时候，他却没有一点保卫疆土的决心；应该趁这个机会把他罢黜，只有这样才不至于给今后留下祸患。"皇帝听了这话不大高兴。桑维翰又说："陛下如果不忍心罢黜他，就最好让他负责靠近京师的一个小军镇，再不要委任他负责大军镇了。"皇帝说："杜威是朕的近亲，一定不会有反叛的想法；只是宋国长公主急切地想要见他而已，公就不要再多加猜疑了！"桑维翰从此以后不敢再谈论国家大事了，借口有足疾，辞掉了职务。二十一日，杜威到了大梁。

…………

【原文】

十万斛，刍二十万束，云皆在本道。言皆在恒州也。使诚有之，皆虐取于民，仓皇离镇，不可运而实私家，故献之耳。帝以其所献骑兵隶扈圣，步兵隶护国，威复请以为衙队，而禀赐皆仰县官①。杜威之愚弄朝廷如此，而帝不能察其奸，所以成恒州中渡之变。禀，……给也。威又令公主白帝，求天雄节钺，帝许之。

············

【译文】

二十四日，杜威向朝廷进献他的私人部队，步兵和骑兵共四千人，以及这些人的铠甲兵器。二十五日，又进献粟米十万斛，草料二十万束，说这些东西还在恒州。皇帝把他所献的骑兵隶属于扈圣，步兵隶属于护国。杜威又请求把这些步兵和骑兵拨给他作为衙门的卫队，而这些人的供给和赏赐却仍然都由朝廷担负。杜威又叫公主告诉皇帝，要求授给他天雄军的符节和斧钺，让他做天雄节度使，皇帝答应了他的要求。

············

注 释

❶ 县官，指政府。

【原 文】

六月，癸酉，以杜威为天雄节度使。

契丹连岁入寇，契丹入寇，自去年正月陷贝州始。中国疲于奔命，《左传》：申公巫臣遗子重、子反书曰：吾必使尔疲于奔命而死。奔命者，边境有急，奔而赴救。边民涂地；契丹人畜亦多死，国人厌苦之。述律太后谓契丹主

【译 文】

六月，初九，任命杜威为天雄节度使。

契丹连年入侵内地，中原疲于奔命，边疆生灵涂炭；契丹的人口和牲畜也死了很多，国人对战争已感到厌恶和痛苦。述律太后对契丹主说："假如让汉人来做我们胡人的主人，可以吗？"契丹主回答说："不可以。"太后又说："那么你为

曰："使汉人为胡主，可乎？"曰："不可。"太后曰："然则汝何故欲为汉主？"曰："石氏负恩，不可容。"太后曰："汝今虽得汉地，不能居也；后卒如述律后之言。万一蹉跌，悔何所及！"又谓其群下曰："汉儿何得一向眠①！人寝不安席，则辗转反侧而不成寐；一向眠，则其眠安矣。自古但闻汉和蕃，未闻蕃和汉。汉儿果能回意，我亦何惜与和。"

什么还一心想当汉人的主人呢？"契丹主说："姓石的忘恩负义，令人难以容忍。"太后说："你现在虽然获得了汉人的土地，却不能住在那儿；以后万一有个闪失，后悔又哪里来得及！"又对群臣说："汉家儿郎又哪一天睡过安稳觉！自古以来，只听说汉人主动和蕃，从没有听说过蕃人主动和汉的。汉家儿郎果真能够回心转意的话，我又何必不跟他们谈和呢！"

注 释

❶ 一向眠，即朝一边睡的意思。

【原 文】

　　桑维翰屡劝帝复请和于契丹以纾国患，纾，音舒，缓也。帝假开封军将张晖供奉官①，开封军将，开封府之军将也。使奉表称臣诣契丹，卑辞谢过。契丹主曰："使景延广、桑维翰自来，仍割镇、定两道隶我，则可和。"朝廷以契丹语忿，谓其无和意，乃止。及契丹主入大梁，谓李

【译 文】

　　桑维翰多次劝说皇帝再向契丹请和，以缓解国家的灾患，皇帝任命开封府军将张晖为供奉官，派他到契丹奉表称臣，用谦卑的言辞对晋朝以往的罪过道歉。契丹主说："让景延广、桑维翰亲自来，再割让镇州、定州两道隶属于我，才可以讲和。"朝廷听契丹主的口气非常蛮横，认为他无意讲和，只好作罢。到以后契丹主进入大梁时，他对李崧等人说："当初假如晋朝再派使者来一次的话，那么南

崧等曰："向使晋使再来，则南北不战矣。" <small>史言契丹通国上下本自厌兵。</small>

....

北双方就不会打仗了。"

....

---

❶张晖是开封府的军将，官位较卑，现在要他出使契丹，故暂时叫他充任"供奉官"，以表示他是中央政府的官员，而不是地方政府的军职。

——以上卷二八四

【原 文】

（八月），丙寅，右仆射兼中书侍郎同平章事和凝罢守本官，加枢密使、户部尚书冯玉中书侍郎同平章事，事无大小，悉以委之。

帝自阳城之捷，谓天下无虞，骄侈益甚。<small>阳城之捷，见上卷上年。夫胜之不可恃也尚矣。纣之百克而卒无后；夫差数战数胜，终以亡国。桑田之捷，灭虢之兆也；方城之胜，破庸之基也。项梁死于定陶而嬴秦墟，宇文化及摧于黎阳而李密败。皆恃胜之祸也。阳城之战，危而后克。契丹折翅北归，蓄愤愈甚，为谋愈深，晋主乃偃然以为无虞，石氏宗庙，宜其不祀也。</small>四方贡献珍奇，皆归内府；多

【译 文】

（八月），初三，右仆射兼中书侍郎、同平章事和凝被罢免中书侍郎、同平章事的职务，只保留本官；枢密使、户部尚书冯玉加官中书侍郎、同平章事，政事不论大小，全都托付给他。

皇帝自从在阳城获胜以后，以为天下没有值得忧虑的事了，更加骄纵奢侈。四方所进献的珍宝奇物，全部都归入内宫的府库；制造很多供人赏玩的器物，扩建宫室，考究地装饰后宫庭苑，近代几朝都赶不上；

造器玩，广宫室，崇饰后庭，近朝莫之及；近朝，谓近世，如梁如唐也。作织锦楼以织地衣，用织工数百，期年乃成；又赏赐优伶无度。桑维翰谏曰："向者陛下亲御胡寇，谓元年澶州之战也，事见上卷。战士重伤者，赏不过帛数端。今优人一谈一笑称旨，往往赐束帛、万钱、锦袍、银带，唐制，帛以十端为束。彼战士见之，能不觖望，曰：'我曹冒白刃，绝筋折骨，觖望，怨望也。曾不如一谈一笑之功乎！'如此，则士卒解体，陛下谁与卫社稷乎！"帝不听。

冯玉每善承迎帝意，由是益有宠。尝有疾在家，帝谓诸宰相曰："自刺史以上，俟冯玉出乃得除。"其倚任如此。窦广德有贤行，汉文帝以其后弟，恐天下议其私，不敢相也。冯玉何人斯，晋出帝昌言于朝以昭亲任之意！临乱之君，各贤其臣，其此谓乎！玉乘势弄权，四方赂遗，辐辏其门。由是朝政益坏。史言晋亡形已成。

·············

（九月），丙申，以西京留守兼侍中景延广充北面行营副招讨使。

殿中监王钦祚权知恒州事。会

建造织锦楼来编织地毯，征用几百名编织工，整整一年才完成；又毫无节制地赏赐优伶。桑维翰劝谏说："前些时陛下亲自率兵抵御胡寇，战士受重伤的，赏赐不过几匹布帛，现在那些歌伎伶人一谈一笑符合皇上的心意，往往赏赐束帛、万钱、锦袍、银带，这些如果让战士看到，他们能不怨恨吗？他们一定会说：'我们这些人冒着锋利的刀刃，折断筋骨，还不如一谈一笑的功劳来得大呢！'这样一来，士卒人心叛离，陛下靠谁来保卫社稷呢？"皇帝不听。

冯玉常常善于逢迎皇帝的心意，因此更加受宠信。他曾经有病在家，皇帝对各位宰相说："刺史以上的职位，要等到冯玉病好以后才可以任命。"皇帝对他的依赖和信任到了这种地步。冯玉趁机滥用职权，四方的贿赂馈赠，纷纷汇集到他的家里。因此朝政日益败坏。

·············

（九月），初三，皇帝任命西京留守兼侍中景延广充任北面行营副招讨使。

殿中监王钦祚暂时代理恒

乏军储，诏钦祚括籴民粟。杜威有粟十余万斛在恒州，钦祚举籍以闻。威大怒，表称："臣有何罪，钦祚籍没臣粟！"朝廷为之召钦祚还，杜威恒州之粟，岂非前者表献之数乎！使其出于表献之外，亦掊克军民所积者耳。举而籍之，夫何过！朝廷之法，不行于贵近，第能虐贫下以供调度，国非其国矣。仍厚赐威以慰安之。

戊申，置威信军于曹州。

遣侍卫马步都指挥使李守贞戍澶州。

乙卯，遣彰德节度使张彦泽戍恒州。

…………

初，帝疾未平，去年冬，帝有疾，见上卷。会正旦，谓今年正月朔旦。枢密使、中书令桑维翰遣女仆入宫起居太后，女仆，即女奴也。唐人谓参候为起居，今人之言犹尔。因问"皇弟睿近读书否？"睿即重睿也。避帝名，去"重"字。帝闻之，以告冯玉，玉因谮维翰有废立之志；帝疑之。帝固忌重睿，因桑维翰女仆之问，已疑维翰矣。冯玉又从而谮之，其疑愈不可破矣。

李守贞素恶维翰，冯玉、李彦韬与守贞合谋排之；以中书令行开封尹赵莹柔而易制，共荐以代维翰。（十二月），丁亥，罢维翰政事，为

州事务。正遇上军中粮食储备缺乏，皇帝诏命王钦祚征买百姓的粟米。杜威有十几万斛的粟米留在恒州，王钦祚全部予以抄没，奏报朝廷。杜威大怒，上表说："臣有什么罪，王钦祚竟然要没收臣的粟米！"朝廷为此召回王钦祚，依旧重赏杜威来抚慰他。

十五日，在曹州设置威信军。

皇帝派遣侍卫马步都指挥使李守贞戍守澶州。

二十二日，派遣彰德节度使张彦泽戍守恒州。

…………

当初，皇帝的病还没有好，正遇上正月初一，枢密使、中书令桑维翰派遣女佣人进宫向太后请安，因而问道："皇弟睿近来读书了没有？"皇帝听到这句话，转述给冯玉听，冯玉趁机诬陷桑维翰有废皇帝、立新君的打算；皇帝对桑维翰产生怀疑。

李守贞向来痛恨桑维翰，冯玉、李彦韬和李守贞合谋排挤他；认为中书令行开封尹赵莹软弱，易于控制，便共同推荐赵莹来代替桑维翰。（十二月），二十五日，罢免桑维翰枢密使、中书令的职务，调为开封府尹；任命赵莹为中书令，

开封尹；以莹为中书令，李崧为枢密使、守侍中。维翰遂称足疾，希复朝谒，杜绝宾客。亦所以远猜嫌也。

或谓冯玉曰："桑公元老，今既解其枢务，纵不留之相位，犹尝优以大藩，奈何使之尹京，亲猥细之务乎？"猥，杂也。玉曰："恐其反耳。"言所以不授维翰大镇者，恐其阻兵而反。曰："儒生安能反！"玉曰："纵不自反，恐其教人耳。"此指维翰赞成晋祖晋阳举兵之谋。

李崧为枢密使兼任侍中。桑维翰于是称足疾，很少再上朝进谒，闭门在家，谢绝宾客。

有人对冯玉说："桑公是开国元老，现在既已解除他枢密使的职务，纵使不留他在相位，也应该优待他，给他大的藩镇，为什么让他任开封府尹，亲自处理一些琐细的事情呢？"冯玉说："恐怕他造反罢了。"这人说："书生怎么能造反？"冯玉说："纵使他自己不造反，恐怕会教别人造反！"

三年（丙午·九四六）

【原 文】

定州西北二百里有狼山，《匈奴须知》：狼山寨东北至易州八十里，东南至广信军界。土人筑堡于山上以避胡寇。堡中有佛舍，尼孙深意居之，以妖术惑众，言事颇验，远近信奉之。中山人孙方简《欧史》作孙方谦，盖孙方简后避周太祖皇考讳，遂改名方谦也。《考异》曰：按《周世宗实录》云"清苑人"。今从《汉高祖实录》。及弟行友，自言深意之侄，不饮酒食肉，事深意甚谨。深意卒，

【译 文】

定州西北二百里有一座狼山，当地人在山上修建城堡来躲避胡兵的侵扰。城堡中有一座佛寺，尼姑孙深意住在里面，用妖术迷惑众人，预言的事情颇多应验，远近的人们都信奉她。中山人孙方简和他的弟弟孙行友，自称是孙深意的侄子，不饮酒，不吃肉，事奉孙深意非常细心周到。孙深意死后，孙方简继续行使她的妖术，宣

方简嗣行其术，称深意坐化，崇信释氏，而学其学，专一而静者，其死也，能结跏端坐如生，谓之坐化。严饰，事之如生，其徒日滋。《薛史》曰：宋乾德中，迁其尼朽骨赴京，焚于北郊，妖徒遂息。

会晋与契丹绝好，北边赋役烦重，寇盗充斥，民不安其业。方简、行友因帅乡里豪健者，据寺为寨以自保。契丹入寇，方简帅众邀击，颇获其甲兵、牛马、军资，人挈家往依之者日益众。久之，至千余家，遂为群盗。惧为吏所讨，乃归款朝廷。朝廷亦资其御寇，署东北招收指挥使。

方简时入契丹境钞掠，多所杀获。既而邀求不已，朝廷小不副其意，则举寨降于契丹，请为乡道以入寇。边境之上，奸民如此者，不特孙方简，唐人所谓"两面"也。乡，读曰向。道，读曰导。时河北大饥，民饿死者所在以万数，兖、郓、沧、贝之间，盗贼蜂起，吏不能禁。

天雄节度使杜威遣元随军将刘延翰市马于边，方简执之，献于契丹。延翰逃归，六月，壬戌，至大梁，言："方简欲乘中国凶饥，引契

称孙深意"坐化"，刻意装饰她的尸体，事奉她像她在世的时候一样，于是信徒越来越多。

正遇上后晋和契丹断交，北方边境赋税徭役繁重，盗贼遍地，百姓不能安居乐业。孙方简、孙行友于是率领乡里中魁梧壮健的人，据守佛寺作为堡寨来保护自己。契丹入侵，孙方简率领部众截击，缴获很多铠甲、兵器、牛马、军需，携家带口投奔他的人日益增多。时间长了，达到一千多家，于是变成群盗。他们害怕被朝廷讨伐，就归附朝廷。朝廷也想利用他们来抵御契丹入侵，便任命孙方简为东北招收指挥使。

孙方简时常进入契丹边境骚扰抢劫，斩杀缴获很多。随后无止境地向朝廷索求，朝廷稍微不合他的意，他就率领全寨投降契丹，请求作为向导引契丹入侵。当时河北发生大饥荒，百姓饿死的，每一地都以万数计，兖、郓、沧、贝州之间，盗贼蜂拥而起，官吏不能禁止。

天雄节度使杜威派遣原随军将领刘延翰在边境上买马，被孙方简抓住，进献给契丹。刘延翰逃了回来，六月初三，

丹入寇，宜为之备。"为孙方简乘中国无主，契丹北归，入据定州张本。

···········

乙丑，定州言契丹勒兵压境。诏以天平节度使、侍卫马步都指挥使李守贞为北面行营都部署，义成节度使皇甫遇副之；彰德节度使张彦泽充马军都指挥使兼都虞候；义武节度使蓟人李殷充步军都指挥使兼都排陈使；遣护圣指挥使临清王彦超、太原白延遇以部兵十营诣邢州。时马军都指挥使镇安节度使李彦韬方用事，时以陈州置镇安军。视守贞蔑如也。守贞在外所为，事无大小，彦韬必知之，守贞外虽敬奉而内恨之。为李守贞与杜威降契丹张本。

···········

（秋，七月），有自幽州来者，言赵延寿有意归国；枢密使李崧、冯玉信之，命天雄节度使杜威致书于延寿，具述朝旨，啖以厚利，洛州军将赵行实尝事延寿，遣赍书潜往遗之。延寿复书言："久处异域，思归中国。乞发大军应接，拔身南去。"辞旨恳密，朝廷欣然，复遣行实诣延寿，与为期约。晋人自此堕赵延寿

回到大梁，说："孙方简想乘中国凶年饥荒的时候，引导契丹入侵，应该做好准备。"

···········

初六，定州奏报契丹部署军队进逼边境。皇帝诏命天平节度使、侍卫马步都指挥使李守贞为北面行营都部署，义成节度使皇甫遇为他的副手；彰德节度使张彦泽充任马军都指挥使兼都虞候；义武节度使蓟州人李殷充任步军都指挥使兼都排阵使；派遣护圣指挥使临清人王彦超、太原人白延遇率领所部士兵十营到邢州。当时马军都指挥使、镇安节度使李彦韬正当权，很瞧不起李守贞。李守贞在外的所作所为，不论事情大小，李彦韬一定都知道。李守贞表面上虽敬奉他，但心里很恨他。

···········

（秋，七月），有从幽州来的人，说赵延寿有意回归国家；枢密使李崧、冯玉相信了他的话，命令天雄节度使杜威写信给赵延寿，详细叙说了朝廷的意旨，用厚利引诱他。洛州军将赵行实曾经在赵延寿手下做事，便派他带书信暗中到契丹送给赵延寿。赵延寿回信说：

计中矣。

八月，李守贞言："与契丹千余骑遇于长城北，<small>此战国时燕所筑长城也，在涿州固安县南。《薛史》：李守贞奏大军至望都县，相次至长城北，遇虏转斗。</small>转斗四十里，斩其酋帅解里，拥余众入水溺死者甚众。"丁卯，诏李守贞还屯澶州。

…………

九月，契丹三万寇河东；壬辰，刘知远败之于阳武谷，斩首七千级。

…………

契丹使瀛州刺史刘延祚遗乐寿监军王峦书，请举城内附。<small>《考异》曰：欧史作"高牟翰"。按《陷蕃记》，前云延祚诈输诚款，后云大军至瀛州，侦知蕃将高模翰潜师而出。盖延祚为刺史，模翰乃戍将耳。今从《陷蕃记》。</small>且云："城中契丹兵不满千人，乞朝廷发轻兵袭之，已为内应。又，今秋多雨，自瓦桥以北①，积水无际，契丹主已归牙帐，虽闻关南有变，<small>瀛、莫二州，晋割属契丹，在瓦桥关南。</small>地远阻水，不能救也。"峦与天雄节度使兼中书令杜威屡奏瀛、莫乘此可取，深州刺史慕容迁献《瀛莫图》。冯玉、李崧信以为然，欲发大兵迎赵延寿及延祚。<small>先是赵延寿亦诈通款。</small>

"长久居住他乡，想回归中国。请求征发大军接应，我好脱身南下。"言辞诚恳亲切。朝廷非常高兴，又派赵行实去见赵延寿，与他约定接应的时间。

八月，李守贞奏报："在长城以北与一千多名契丹骑兵相遇，转战四十里，斩杀他们的酋帅解里，其他被挤落入水溺死的契丹兵很多。"初九，诏命李守贞还军驻守澶州。

…………

九月，契丹三万人入侵河东。初五，刘知远在阳武谷打败他们，斩首七千级。

契丹让瀛州刺史刘延祚写信给乐寿监军王峦，请求率全城归附朝廷。而且说："城中契丹兵不到一千人，请求朝廷派遣轻装部队袭击他们，自己为内应。再者，今年秋天多雨水，从瓦桥以北，积水无边无际，契丹主已经回到牙帐，即使获悉瓦桥关南有变故，因为路途遥远，被积水阻隔，也不能救援。"王峦与天雄节度使兼中书令杜威屡次上奏说可以乘此机会夺取瀛州和莫州，深州刺史慕容迁进献《瀛莫图》。冯玉、李崧信以为真，想发动大军接应赵延寿和刘延祚。

注 释

❶ 瓦桥关，在今河北雄县南易水上。

【原文】

先是，侍卫马步都指挥使、天平节度使李守贞数将兵过广晋，魏州，广晋府。杜威厚待之，赠金帛甲兵，动以万计；守贞由是与威亲善。守贞入朝，帝劳之曰："闻卿为将，常费私财以赏战士。"对曰："此皆杜威尽忠于国，以金帛资臣，臣安敢掠有其美。"因言："陛下若他日用兵，臣愿与威戮力以清沙漠。"帝由是亦贤之。

及将北征，帝与冯玉、李崧议，以威为元帅，守贞副之。赵莹私谓冯、李曰："杜令国戚，谓尚公主也。贵为将相，而所欲未厌，心常慊慊，位兼将相，谓居大镇兼中书令。未厌，未满所欲也。慊慊，亦不满之意。岂可复假以兵权！必若有事北方，不若止任守贞为愈也。"杜威之心迹，虽赵莹犹知之。不从。冬，十月，辛未，以威为北面行营都指挥使，

【译文】

在此之前，侍卫马步都指挥使、天平节度使李守贞多次率兵经过广晋，杜威款待他，送给他金帛、甲兵，动辄数以万计；李守贞因此与杜威亲近友好。李守贞入朝，皇帝慰劳他说："听说你当将帅，常常花费自己的钱财犒赏战士。"李守贞回答说："这都是杜威对国家竭尽忠诚，拿金帛来资助我，我怎么敢掠他人之美！"接着又说："陛下以后如果用兵，臣愿意和杜威共同效力，以肃清沙漠。"皇帝因此也认为杜威贤明。

等到将要北征契丹，皇帝与冯玉、李崧商议，任命杜威为元帅，李守贞为副元帅。赵莹私下对冯玉和李崧说："杜令公是皇室的亲戚，贵为将相，但他的欲望还不能被满足，心里常常觉得不满意，怎么能再给他兵权！如果一定和北方的契丹发生战争，不如只任命李守贞，这样还好一些。"冯、李二人不听。冬，十

以守贞为兵马都监，泰宁节度使安审琦为左右厢都指挥使，武宁节度使符彦卿为马军左厢都指挥使，义成节度使皇甫遇为马军右厢都指挥使，永清节度使梁汉璋为马军都排陈使，前威胜节度使宋彦筠为步军左厢都指挥使，奉国左厢都指挥使王饶为步军右厢都指挥使，洺州团练使薛怀让为先锋都指挥使。仍下敕榜曰："专发大军，往平黠虏。先取瀛、莫，安定关南；次复幽、燕，荡平塞北。"又曰："有擒获虏主者，除上镇节度使，赏钱万缗，绢万匹，银万两。"谈何容易！晋之君臣，恃阳城之捷，有轻视契丹之心，兵骄者败，自古而然。时自六月积雨，至是未止，军行及馈运者甚艰苦。

…………

杜威、李守贞会兵于广晋而北行。李守贞引兵会杜威于魏州，相与北行。威屡使公主入奏，请益兵，公主者，杜威妻宋国长公主，帝之姑也。曰："今深入虏境，必资众力。"由是禁军皆在其麾下，杜威之计，即赵德钧请并范延光军之计也。德钧不得请而威得请耳。其志图

月，十四日，任命杜威为北面行营都指挥使，任命李守贞为兵马都监，泰宁节度使安审琦为左右厢都指挥使，武宁节度使符彦卿为马军左厢都指挥使，义成节度使皇甫遇为马军右厢都指挥使，永清节度使梁汉璋为马军都排阵使，前任威胜节度使宋彦筠为步军左厢都指挥使，奉国左厢都指挥使王饶为步军右厢都指挥使，洺州团练使薛怀让为先锋都指挥使。皇帝还颁布诏示说："专门发动大军，前往扫平狡猾的胡虏。先夺取瀛州和莫州，安定关南；其次收复幽、燕，荡平塞北。"又说："如果有能擒获胡虏首领的人，任命他为上等藩镇的节度使，赏钱一万缗，绢一万匹，银子一万两。"当时从六月开始连续下雨，到这时还没有停止，军队行进和运送物资非常艰苦。

…………

杜威、李守贞在广晋会师，向北进发。杜威屡次让公主入朝上奏，请求增兵，说："如今深入胡虏境内，一定要依靠大量的人力。"从此，禁军都隶属于他的部下，宫廷的警卫却空虚了。

十一月，初十，任命李守贞代理幽州行府事。

非望而败国亡身则一也。而宿卫空虚。

十一月，丁酉，以李守贞权知幽州行府事。

己亥，杜威等至瀛州，城门洞启，寂若无人，威等不敢进。闻契丹将高谟翰先已引兵潜出，威遣梁汉璋将二千骑追之，遇契丹于南阳务，败死。威等闻之，引兵而南，时束城等数县请降①，束城，汉束州县，隋曰束城，唐属瀛州。宋熙宁六年，省束城县为束城镇，属河间县。威等焚其庐舍，掠其妇女而还。

…………

十二日，杜威等人到达瀛州，瀛州城门洞开，寂静得好像没有人，杜威等人不敢进去。听说契丹将领高谟翰在大军到达以前，已经先领兵偷偷地逃出城，杜威派遣梁汉璋率领二千名骑兵去追赶，在南阳务遇到契丹军队，梁汉璋战败而死。杜威等人听到这个消息，领兵向南走。当时束城等几个县请求投降，杜威等人焚烧他们的房舍，抢夺当地的妇女而还。

…………

注 释

❶ 束城，今河北河间东北六十里。

【原 文】

契丹主大举入寇，自易、定趣恒州。杜威等至武强①，《九域志》：武强县在深州西四十五里。宋白曰：武强，六国时武隧，地属赵，故城在今县东北三十里，是为汉武强县。《郡国县道记》云：古武强县城在今县西南二十五里，是为晋武强县。高齐移县于后魏武邑郡故城，今县理是也。闻之，将自贝、冀而南。彰德

【译 文】

契丹主大举入侵，从易州、定州直趋恒州。杜威等人到达武强，听到这个消息，打算从贝州、冀州向南走。彰德节度使张彦泽当时在恒州，领

节度使张彦泽时在恒州，去年九月，遣张彦泽戍恒州，以备契丹。引兵会之，言契丹可破之状；威等复趣恒州，以彦泽为前锋。《考异》曰，《备史》曰："彦泽狼子，其心密已变矣，乃通款邪律氏，请为前导，因促骑说威引军沿滹沱水西援常山。及至真定东垣渡与威通谋，先遣步众跨水，不之救，致败，将沮人心，以行诡计，因促监者高勋请降于虏。"按彦泽与威若已通款于契丹，则彦泽何故犹夺桥，契丹何故犹议回旋？今不取。甲寅，威等至中度桥，滹沱水迳恒州东南，恒州之人各随便为津渡之所，此为中度者，明上下流各有度也。契丹已据桥，彦泽帅骑争之，契丹焚桥而退。晋兵与契丹夹滹沱而军。

兵与他们会合，说明契丹可以被打败的理由；杜威等人又赶赴恒州，任命张彦泽为前锋。二十七日，杜威等人到达中度桥，契丹已经占据了这座桥，张彦泽率领骑兵去抢夺，契丹把桥烧毁后退走。晋兵和契丹兵在滹沱河的两岸扎营。

注 释

❶ 武强县，今河北武强。

【原文】

　　始，契丹见晋军大至，又争桥不胜，恐晋军急渡滹沱，与恒州合势击之，议引兵还。及闻晋军筑垒为持久之计，遂不去。知晋军不敢战也。

············

　　杜威虽以贵戚为上将，性懦

【译文】

　　起初，契丹看见后晋军队大量到来，自身争夺中度桥又没有取胜，害怕后晋军队快速渡过滹沱河，和恒州兵联合攻击自己，商议撤兵回去。等到听说后晋军队修筑堡垒，准备做长久的打算，于是就没离去。

············

　　杜威虽然是以皇室贵戚的身份

怯，偏裨皆节度使，自李守贞至宋彦筠，皆节度使也。但日相承迎，置酒作乐，罕议军事。

磁州刺史兼北面转运使李谷说威及李守贞曰："今大军去恒州咫尺，烟火相望。若多以三股木置水中，积薪布土其上，桥可立成。三股木者，用木三条，交股缚之，其下撑开为三足，以置水中。密约城中举火相应，夜募将士斫虏营而入，表里合势，虏必遁逃。"诸将皆以为然，独杜威不可，遣谷南至怀、孟督军粮①。

担任主将，但是生性懦弱胆小。偏将和副将都是节度使，他们只是每天奉承迎合杜威，摆酒作乐，很少商议军事。

磁州刺史兼北面转运使李谷劝杜威和李守贞说："现在大军距离恒州非常近，两地的烟火都可以互相望见。如果把许多三股木放在水中，在上面堆积薪柴，铺上泥土，桥梁立刻可以造成。秘密和城里约定，彼此举火相呼应，选募将士在晚上冲杀胡虏的军营，直入城中，城里城外合力攻击，胡虏一定败走。"众将都认为可行，唯独杜威不同意，派遣李谷往南到怀、孟二州去督运军粮。

注 释

❶ 怀、孟，今河南孟州、沁阳一带。

【原 文】

契丹以大军当晋军之前，潜遣其将萧翰、通事刘重进将百骑及羸卒①，并西山出晋军之后，断晋粮道及归路。樵采者遇之，尽为所掠；有逸归者，皆称虏众之盛，军中恟惧。翰等至栾

【译 文】

契丹把大军挡在后晋军队的前面，暗中派遣将领萧翰、通事刘重进率领一百名骑兵和弱卒，沿着西山绕到后晋军队的后面，切断后晋军队的粮道和退路。上山打

城②，《旧唐书·地理志》曰：栾城县，汉常山郡之开县也。后魏于开县古城置栾城县，属赵州，唐属恒州。《九域志》：栾城县在恒州南六十三里。范成大《北使录》曰：赵州三十里至栾城，金人改赵州为沃州。**城中戍兵千余人，不觉其至，狼狈降之。契丹获晋民，皆黥其面曰"奉敕不杀"，纵之南走，运夫在道遇之，皆弃车惊溃。翰，契丹主之舅也。**契丹后族皆以萧为氏。《欧史》曰：翰，契丹之大族，其号阿钵。翰之妹亦嫁契丹主德光。而阿钵本无姓氏，契丹呼翰为国舅。既入汴，将北归，以为宣武节度使，李崧为制姓名曰萧翰，于是始姓萧。宋白曰：萧翰，述律阿钵之子。

柴的人遇到他们，全被他们掳掠而去；有逃脱出来的，都说胡虏人马众多，后晋军队听说后惊恐不已。萧翰等人到达栾城，城中守兵一千多人，事先没有发觉他们的到来，都慌忙投降。契丹俘虏后晋的百姓，在他们脸上全都刺上"奉敕不杀"几个字，然后放他们向南走。运送军粮的人在路上碰到他们，都抛弃车辆，惊慌逃散。萧翰是契丹主的舅舅。

注　释

❶ 通事，是契丹所用通晓汉语及中原情况的人，专任翻译传达等事，因此很有权势。　❷ 栾城，今河北石家庄栾城区。

【原文】

十二月，丁巳朔，李谷自书密奏，具言大军危急之势，请车驾幸滑州，遣高行周、符彦卿扈从，及发兵守澶州、河阳，以备虏之奔冲；遣军将关勋走马上之。高行周、符彦卿，一时名将也。滑澶及河阳，河津之要也。使晋主

【译文】

十二月，初一，李谷亲笔写了一份秘密奏疏，详细说明大军危急的情形，请求皇帝临幸滑州，派遣高行周、符彦卿扈驾，同时发兵驻守澶州和河阳，以防备胡虏逃散冲窜。李谷派遣军将关勋快马疾驰将奏

能用李谷之言，安得有张彦泽轻骑入汴之祸乎！走马上之，急报也。宋自宝元康定以前，凡边镇率有走马承受之官。

己未，帝始闻大军屯中度；甲寅，杜威等至中度；己未，大梁始闻之。强寇深入，诸军孤危，而驿报七日始达，晋之为兵可知矣。是夕，关勋至。庚申，杜威奏请益兵，诏悉发守宫禁者得数百人，赴之。自古以来，重战轻防，未有不败者也。发数百人，不足以增大军之势，而重闭之防阙矣。又诏发河北及滑、孟、泽、潞刍粮五十万诣军前；五十万，合束、石之数言之。督迫严急，所在鼎沸。辛酉，威又遣从者张祚等来告急，祚等还，为契丹所获。自是朝廷与军前声问两不相通。

时宿卫兵皆在行营，人心懔懔，莫知为计。开封尹桑维翰以国家危在旦夕，求见帝言事；帝方在苑中调鹰，调鹰者，调习之也，使驯狎而附人。辞不见。又诣执政言之，执政不以为然。执政谓冯玉、李彦韬等。退谓所亲曰："晋氏不血食矣！"言晋必亡，宗庙不祀。盖晋氏之亡，不独桑维翰知之，通国之人皆知之。

帝欲自将北征，李彦韬谏而止。时符彦卿虽任行营职事，帝留之使戍荆州口[①]。壬戌，诏以归德节度使

疏进呈皇帝。

初三，皇帝才听说大军屯驻中度；当天晚上，关勋抵达大梁。初四，杜威上奏请求增兵，皇帝下诏命令征发防守皇宫的全体士兵，一共有几百名，赶赴支援。又下诏调发河北和滑、孟、泽、潞等州的草料、粮食五十万送到军前；督促严厉，催逼急迫，所到之处纷扰动乱，好像热水沸腾一样。初五，杜威又派遣随从张祚等人前来告急，张祚等人回去的时候，被契丹俘获。从此，朝廷和前线就不通消息了。

当时禁军都在军营中，京城人心惶惶，不知道该怎么办。开封尹桑维翰因为国家危在旦夕，请求进见皇帝商议国事；皇帝正在苑中驯鹰，推辞不肯接见。桑维翰又去见执政大臣商议国事，执政大臣不以为然。桑维翰回来后对他亲近的人说："晋朝的宗庙不能得到祭祀了！"

皇帝想要亲自率兵北征，因为李彦韬劝谏而停止。当时符彦卿虽然担负有前线军营的职务，皇帝却把他留下，让他去戍守荆州口。初六，下诏任命归德节度使高行周为北面都部署，符彦卿做他的副手，共

高行周为北面都部署，以彦卿副之，共戍澶州；以西京留守景延广戍河阳，且张形势。<small>史言三将戍河津，虽张形势，而兵力甚弱。</small>

同戍守澶州；命令西京留守景延广戍守河阳，暂且展开备战的阵势。

❶ 荆州口，黄河渡口之一。

【原文】

　　奉国都指挥使王清言于杜威曰："今大军去恒州五里，守此何为！营孤食尽，势将自溃。请以步卒二千为前锋；夺桥开道，公帅诸军继之；得入恒州，则无忧矣。"威许诺，遣清与宋彦筠俱进。清战甚锐，契丹不能支，势小却；诸将请以大军继之，威不许。彦筠为契丹所败，浮水抵岸得免①。清独帅麾下陈于水北力战，互有杀伤，屡请救于威，威竟不遣一骑助之。清谓其众曰："上将握兵，坐观吾辈困急而不救，此必有异志。吾辈当以死报国耳！"众感其言，莫有退

【译文】

　　奉国都指挥使王清对杜威说："现在大军距离恒州只有五里，守在这里干什么！军营孤立，粮食吃完，必将自行溃败。我请求率领步兵二千为前锋，夺取桥梁，开辟道路，公率领各军跟随；如果能进入恒州，就没有什么可担忧的了。"杜威答应了他，派王清和宋彦筠一道前进。王清战斗很是勇猛，契丹人抵挡不住，军队稍稍后退；众将请求率大军跟上去，杜威不允许。宋彦筠被契丹打败，游水到岸边，才得以幸免。王清独自率领部下在滹沱河北岸布阵，与契丹拼命作战，双方都有死伤。王清屡次向杜威请求救援，杜威竟然不肯派一兵一卒去援助他。王清对他的部众说："主将掌握大军，却坐看我们

【原文】

者，至暮，战不息。契丹以新兵继之，清及士众尽死。李谷为杜威画计而不行，犹可曰言之易而行之难。至于王清力战而不救，则其欲卖国以图己利，心迹呈露，人皆知之矣。由是诸军皆夺气。清，洺州人也。

【译文】

艰难危急而不救，他一定有叛逆之心。我们应当以死报国！"部众被他的话所感动，没有一个后退的，一直到傍晚，战斗没有停止过。契丹以新调来的军队作为补充，王清和他的部下全部战死。从此，各军都丧失了士气。王清是洺州人。

注释

❶"免"下，章钰《校宋记》云：宋十二行本有"因退走"三字。

【原文】

甲子，契丹遥以兵环晋营，内外断绝，军中食且尽。杜威与李守贞、宋彦筠谋降契丹，威潜遣腹心诣契丹牙帐，邀求重赏。契丹主绐之曰："赵延寿威望素浅，恐不能帝中国，汝果降者，当以汝为之。"威喜，遂定降计。赵延寿父子以是陷契丹。杜威之才智未足以企延寿，其堕契丹之计，无足怪者。覆辙相寻，岂天意邪！丙寅，伏甲召诸将，出降表示之，使署名。诸将骇愕，莫敢言者，但唯唯听命。威遣阁门使高勋赍诣契丹①，契丹主赐诏慰

【译文】

初八，契丹远远地用兵将晋军的军营包围起来，晋军军营和外面的联系断绝，军中粮食将要吃完。杜威和李守贞、宋彦筠商议投降契丹，杜威暗中派遣心腹到契丹主的牙帐，向契丹主要求重赏。契丹主欺骗他说："赵延寿的声威名望向来低微，恐怕不能当中国的皇帝。假如你真的投降，将让你来当皇帝。"杜威很高兴，于是制定投降的计划。初十，杜威埋伏甲兵，召集众将，拿出降表给他们看，让他们签名。众将很吃惊，没有人敢说话，只是唯唯诺诺地听从命令。杜威派遣阁

纳之。是日，威悉命军士出陈于外，军士皆踊跃，以为且战，威亲谕之曰："今食尽涂穷，当与汝曹共求生计。"因命释甲。军士皆恸哭，声振原野。史言晋军之心皆不欲降契丹，迫于其帅而从之耳。威、守贞仍于众中扬言："主上失德，信任奸邪，猜忌于己。"闻者无不切齿。契丹主遣赵延寿衣赭袍至晋营，慰抚士卒，曰："彼皆汝物也。"杜威以下，皆迎谒于马前。亦以赭袍衣威以示晋军，其实皆戏之耳。契丹主非特戏杜威、赵延寿也，亦以愚晋军。彼其心知晋军之不诚服也，驾言将以华人为中国主，是二人者必居一于此。晋人谓丧君有君，皆华人也，夫是以不生心，其计巧矣。然契丹主巧于愚弄，而入汴之后，大不能制河东，小不能制群盗，岂非挟数用术者，有时而穷乎！以威为太傅，李守贞为司徒。

门使高勋带着降表去见契丹主，契丹主颁赐诏书慰劳他，并接受了降表。这一天，杜威下令所有的士兵在营外列阵，士兵们都欢呼雀跃，以为将要出战，杜威亲自向他们宣布："现在粮食已经吃完，走投无路，应当和你们共同谋求求生的办法。"于是命令士兵放下武器。士兵们都伤心痛哭，哭声震动原野。杜威和李守贞还在士兵中扬言："皇上失德，信任奸诈邪恶的人，猜忌我们两人。"听到此话的人无不咬牙切齿。契丹主派赵延寿穿着赭色袍服到后晋军营去慰问安抚士卒，并对他说："那些都是你的东西。"杜威以下的人都到赵延寿的马前迎接拜见。契丹主也拿赭色袍服给杜威穿上，让后晋将士观看，其实都是戏弄他们的。契丹主任命杜威为太傅，李守贞为司徒。

注　释

❶ 阁门使，掌朝仪的官员。

【原文】

威引契丹主至恒州城下，谕顺国节度使王周以己降之状，周亦出降。戊辰，契丹主入恒州。遣兵袭代州①，刺史王晖以城降之。契丹以胜势胁降代州，而太原不为之动，以刘知远、郭威在也。《九域志》：恒州西北至代州三百四十里。

【译文】

杜威引领契丹主到恒州城下，向顺国节度使王周说明自己已经投降的情形，王周也出城投降。十二日，契丹主进入恒州。派兵袭击代州，代州刺史王晖率城投降。

注释

❶ 代州，治今山西代县。

【原文】

先是契丹屡攻易州①，刺史郭璘固守拒之。契丹主每过城下，指而叹曰："吾能吞并天下，而为此人所扼！"及杜威既降，契丹主遣通事耿崇美至易州，诱谕其众，众皆降；璘不能制，遂为崇美所杀。史言大厦之颠，非一木所能支。璘，邢州人也。

【译文】

在此之前，契丹屡次攻打易州，易州刺史郭璘坚守抵抗。契丹主每次经过易州城下，便指着州城感叹地说："我能吞并天下，却被此人所阻止！"杜威投降以后，契丹主派遣通事耿崇美到易州，劝诱郭璘的部众，部众都投降了；郭璘不能制止，于是被耿崇美杀害。郭璘是邢州人。

注释

❶ 易州，今河北易县。

【原 文】

义武节度使李殷、安国留后方太，皆降于契丹。契丹主以孙方简为义武节度使，麻答为安国节度使，宋白曰：麻答，本名解里，阿保机之从子也。其父曰撒剌，归梁，死于汴。以客省副使马崇祚权知恒州事①。

【译 文】

义武节度使李殷、安国留后方太，都向契丹投降。契丹主任命孙方简为义武节度使，麻答为安国节度使，任命客省副使马崇祚暂时代理恒州事务。

注 释

❶ 客省副使，官名。掌外交使节见辞宴赐及四邻民族来往等事。

【原 文】

契丹翰林承旨、吏部尚书张砺言于契丹主曰①："今大辽已得天下，高祖天福二年，契丹改国号大辽，事见二百八十一卷。中国将相宜用中国人为之，不宜用北人及左右近习。苟政令乖失，则人心不服，虽得之，犹将失之。"契丹主不从。使契丹主用张砺言，事未可知也。

【译 文】

契丹翰林承旨、吏部尚书张砺对契丹主说："现在大辽已经取得天下，中国的宰相和将帅应该由中国人来担任，不应该任用契丹人和左右亲近的人。如果政令出现差错过失，那么人心就不服。即便取得天下，也终将失去。"契丹主不听。

注 释

❶ 翰林承旨，翰林学士中以资深者一人为承旨。

【原文】

引兵自邢、相而南，契丹之兵，依山南下以临晋。杜威将降兵以从。或问：杜威不降契丹，晋可保乎？曰：设使杜威藉将士之力，击退契丹，契丹主归北完聚，必复南来，晋不能支也。使其间有英雄之才，奋然出力，击破契丹，使之不敢南向，则负震主之威，挟不赏之功，将士又将扶立以成篡事，石氏必不能高枕大梁，刘知远亦不可得而狙伺其旁也。遣张彦泽将二千骑先取大梁，且抚安吏民，以通事傅住儿为都监。

杜威之降也，皇甫遇初不预谋。契丹主欲遣遇先将兵入大梁，遇辞；退谓所亲曰："吾位为将相，败不能死，忍复图其主乎！"至平棘①，平棘，汉古县，唐带赵州。《九域志》曰：平棘故城，春秋棘蒲邑。《十三州志》云：战国时改为平棘。谓从者曰："吾不食累日矣，何面目复南行！"遂扼吭而死。

【译文】

契丹主领兵从邢州、相州向南进发，杜威率领降兵跟随。契丹主又派遣张彦泽率领两千名骑兵先去夺取大梁，并且安抚官吏和百姓，任命通事傅住儿为都监。

杜威投降契丹这件事，皇甫遇最初没有参与谋划。契丹主想派遣皇甫遇先率兵入大梁，皇甫遇推辞；回来后，对他所亲近的人说："我身为将相，兵败不能以死报国，还忍心图谋自己的君主吗！"到达平棘，对随从的人说："我不吃东西已经好几天了，还有什么面目再向南走！"于是自缢而死。

注释

❶ 平棘，河北赵县南。

【原文】

张彦泽倍道疾驱，夜渡白马津。张

【译文】

张彦泽日夜兼程飞速赶

彦泽以澶、孟有戍兵，故从白马津渡。壬申，帝始闻杜威等降；是夕，又闻彦泽至滑州，召李崧、冯玉、李彦韬入禁中计事，欲诏刘知远发兵入援。太原距洛阳一千二百里，洛阳至大梁又三百八十里，就使刘知远闻命投袂而起，亦无及矣。癸酉，未明，彦泽自封丘门斩关而入①，李彦韬帅禁兵五百赴之，不能遏。彦泽顿兵明德门外，《五代会要》曰：明德门，大梁皇城南门。《薛史》：天福三年十月，改大宁宫门为明德门。城中大扰。

路，晚上渡过白马津。十六日，皇帝才知道杜威等人投降的消息；当天晚上，又听说张彦泽到达滑州，便召集李崧、冯玉、李彦韬进宫议事，打算下诏命令刘知远发兵入朝救援。十七日，天还没亮，张彦泽从封丘门斩关进入城内，李彦韬率领五百名禁卫兵前去抵挡，不能阻止。张彦泽驻兵在明德门外，城中大乱。

注　释

❶ 封丘门，开封北面的城门。

【原文】

帝于宫中起火，自携剑驱后宫十余人将赴火，为亲军将薛超所持。俄而彦泽自宽仁门传契丹主与太后书慰抚之，《五代会要》曰：大梁皇城之东门为宽仁门。且召桑维翰、景延广，帝乃命灭火，悉开宫城门。帝坐苑中，与后妃相聚而泣，召翰林学士范质草降表，自称："孙男臣

【译文】

皇帝在宫中点火，自己带剑驱赶后宫十多人将要跳入火中，被亲军将领薛超所阻拦。一会儿张彦泽从宽仁门传来契丹主给太后的信，抚慰他们，并且召请桑维翰和景延广，皇帝于是命人灭火，打开所有宫城门。皇帝坐在苑中，和后妃们一起哭泣，召翰林学士范质草拟降表，自称：

重贵，祸至神惑，运尽天亡。今与太后及妻冯氏，举族于郊野面缚待罪次。遣男镇宁节度使延煦、威信节度使延宝，奉国宝一，金印三出迎。"国宝，即高祖天福三年所制受命宝也。太后亦上表称："新妇李氏妾①。"臣妾之辱，惟晋、宋为然。呜呼痛哉！

"孙男重贵，灾祸降临，神明惑乱，气运已尽，天命已亡。现在与太后、妻子冯氏，带领全族在郊外绑缚待罪。派遣吾子镇宁节度使石延煦、威信节度使石延宝，奉持国宝一件、金印三枚出城迎接。"太后也上表称"新妇李氏妾"。

注 释

❶ 新妇，即媳妇。

【原 文】

傅住儿入宣契丹主命，帝脱黄袍，服素衫，再拜受宣，左右皆掩泣。帝使召张彦泽，欲与计事。彦泽曰："臣无面目见陛下。"帝复召之，彦泽微笑不应。

或劝桑维翰逃去。维翰曰："吾大臣，逃将安之！"坐而俟命。彦泽以帝命召维翰，维翰至天街，宫城正南门外之都街，谓之天街，经途也。遇李崧，驻马语未毕，有军吏于马前揖维翰赴侍卫司①。揖赴侍卫司，示将囚系之也。一曰：时张彦泽

【译 文】

傅住儿进宫宣布契丹主的命令，皇帝脱下黄袍，换上素色的单衣，再次下拜听宣契丹主之命，左右的人都掩面哭泣。皇帝让人召请张彦泽，想要和他商议事情。张彦泽说："臣没有脸面见陛下。"皇帝又召请他，张彦泽只是微笑，不予回应。

有人劝桑维翰逃走。桑维翰说："我是大臣，能逃到哪里去！"就坐着待命。张彦泽以皇帝的命令召见桑维翰，桑维翰经过天街，遇到李崧，停下马来说话，话还没说完，有一个军吏在马前向桑维翰行

处侍卫司署舍。维翰知不免，顾谓崧曰："侍中当国，李崧官侍中。今日国亡，反令维翰死之，何也？"崧有愧色。彦泽踞坐见维翰，维翰责之曰："去年拔公于罪人之中，复领大镇，授以兵权，谓高祖时，朝野皆请诛张彦泽，自泾州罢归宿卫；去年，桑维翰拔使同御契丹，复领彰国节度使，帅兵戍常山。何乃负恩至此！"彦泽无以应，遣兵守之。

礼，请他到侍卫司去。桑维翰知道将不免一死，回过头来对李崧说："你主持国事，现在国家灭亡，反而让维翰去死，这是为什么？"李崧显露出惭愧的神情。张彦泽傲慢地坐着接见桑维翰，桑维翰斥责他说："去年从犯人中把你提拔起来，又让你统领重要的藩镇，交给你兵权，怎么竟然辜负恩德到这种地步！"张彦泽无话可答，派兵看住桑维翰。

注 释

❶ 侍卫司，侍卫军的衙门。

【原 文】

宣徽使孟承诲，素以佞巧有宠于帝，至是帝召承诲，欲与之谋，承诲伏匿不至；张彦泽捕而杀之。

彦泽纵兵大掠，贫民乘之，亦争入富室，杀人取其货，二日方止，都城为之一空。彦泽所居山积。自谓有功于契丹，张彦泽自以疾驱入汴为功。昼夜以酒乐自娱，出入骑从常数百人，其旗帜皆题"赤心为主"，见者笑之。军士擒罪人

【译 文】

宣徽使孟承诲，向来靠奉迎讨好、奸诈机巧受到皇帝的宠信。到了这个时候，皇帝召见孟承诲，想和他商议事情，孟承诲躲藏不去；张彦泽抓住他杀掉了。

张彦泽放纵士兵大肆抢劫，贫穷的百姓也乘机争着闯进有钱人的家里，杀人抢夺财物，两天后才停止，都城被抢夺一空。张彦泽的住

至前，彦泽不问所犯，但瞋目竖三指，即驱出断其腰领。三指，中指也。示以中指，言中断之，即腰斩也。此盖五代军中虐帅相仍为此以示其下，罪之轻重，决于一指屈伸之间，及汉史弘肇掌兵，有抵罪者，弘肇以三指示吏，即腰斩之，正此类也。彦泽素与阁门使高勋不协，乘醉至其家，杀其叔父及弟，尸诸门首。士民不塞而栗。

…………

甲戌，张彦泽迁帝于开封府，顷刻不得留，宫中恸哭。帝与太后、皇后乘肩舆，宫人宦者十余人步从。见者流涕。亡国之耻，言之者为之痛心，矧见之者乎！此程正叔所谓真知者也。天乎，人乎！帝悉以内库金珠自随。彦泽使人讽之曰："契丹主至，此物不可匿也。"帝悉归之，亦分以遗彦泽。彦泽择取其奇货，而封其余以待契丹。彦泽遣控鹤指挥使李筠以兵守帝，内外不通。帝姑乌氏公主赂守门者，入与帝诀，归第自经。氏，音支。按《薛史》，乌氏公主，高祖第十一妹也。帝与太后所上契丹主表章，皆先示彦泽，然后敢发。

帝使取内库帛数段，主者不与，曰："此非帝物也。"又求酒于李崧，崧亦辞以它故不进。又欲见李彦韬，彦

处财货堆积如山，自认为对契丹有功，日夜以饮酒听乐来自我取乐，出入时跟随的骑兵常有几百人，他的旗帜上都写着"赤心为主"四个字，看到的人都笑他。军士捉到犯罪的人送到张彦泽面前，他一概不问犯了什么罪，只是瞪着眼睛，竖起中指，犯人就被推出去腰斩。张彦泽向来与阁门使高勋不和，乘着酒醉到他家里，杀死他的叔父和弟弟，把尸体堆在门口。士民看了都不寒而栗。

…………

十八日，张彦泽将皇帝迁移到开封府，片刻不让他们停留，宫中一片痛哭声。皇帝和太后、皇后坐肩舆，宫人、宦官等十几个人徒步跟随，看到的人都忍不住流泪。皇帝把内库的金银珠宝全都随身带着。张彦泽让人暗示他说："契丹主到了这里，这些东西不能藏匿。"皇帝全部把它们放回去，也分一部分送给张彦泽。张彦泽选取其中的珍奇宝物，而把剩下的封好，以等待契丹主。张彦泽派遣控鹤指挥使

韬亦辞不往。帝惆怅久之。当是时，晋朝之臣，已视出帝为路人，虽惆怅亦何及矣。

冯玉佞张彦泽，求自送传国宝，冀契丹复任用。亡国之臣，其识正如此耳。

楚国夫人丁氏，延煦之母也，有美色。彦泽使人取之，太后迟回未与；彦泽诟詈，立载之去。

是夕，彦泽杀桑维翰。《考异》曰：《薛史》："帝思维翰在相时，累贡谋画，请与虏和，虑戎主到京则显彰已过，欲杀维翰以灭口，因令张彦泽杀之。"按是时彦泽岂肯复从少帝之命！今不取。以带加颈，白契丹主，云其自经。契丹主曰："吾无意杀维翰，何为如是！"命厚抚其家。

高行周、符彦卿皆诣契丹牙帐降。二人自澶州来降。契丹主以阳城之战为彦卿所败，诘之。阳城之战，见上卷上年。彦卿曰："臣当时惟知为晋主竭力，今日死生惟命。"契丹主笑而释之。符彦卿言直，契丹主无以罪也。

己卯，延煦、延宝自牙帐还，契丹主赐帝手诏，且遣解里谓帝曰："孙勿忧，必使汝有啖饭之所。"帝心稍安，上表谢恩。

契丹以所献传国宝追琢非工，又不与前史相应，其文不与前史相应也。疑其非真，以诏书诘帝，使献真者。李心传曰：

李筠带兵看守皇帝，内外不能相通。皇帝的姑母乌氏公主贿赂守门的人，进去与皇帝诀别，回家后上吊自杀。皇帝和太后呈给契丹主的表章，都先让张彦泽过目，然后才敢发出去。

皇帝让人从内库里取出几段布帛，守库的人不给，说："这已不是皇帝的东西。"皇帝又向李崧要酒，李崧也用其他的理由推辞不给。皇帝又想见李彦韬，李彦韬也推辞不肯去。皇帝伤感了很久。

冯玉奉承取媚张彦泽，请求亲自呈传国宝，希望契丹再任用他。

楚国夫人丁氏，是石延煦的母亲，容貌美丽。张彦泽派人强取她，太后犹豫没有给；张彦泽大骂，立即用车把丁氏拉走。

当天晚上，张彦泽杀死桑维翰。把带子加套在他的脖子上，报告契丹主说桑维翰是上吊自杀。契丹主说："我无意杀桑维翰，他为什么要这样！"下令优厚地抚恤他的家属。

高行周、符彦卿都到契

秦玺者，李斯之虫鱼篆也，其围四寸。按《玉玺图》以此玺为赵壁所刻，壁本卞和所献之璞，蔺相如所夺者是也。余尝以礼制考之，璧五寸而有好，则不得复刻为玺，此说谬矣。秦玺至汉，谓之传国玺，自是迄于汉，帝所宝用者，秦玺也。子婴所封，元后所投，王宪所得，赤眉所上，皆是物也。董卓之乱失之。《吴书》谓孙坚得之洛阳甄官井中，复为袁术所夺，徐璆得而上之，殆不然也。若然，则魏氏何不宝用而自刻玺乎！厥后历世，皆用其名。永嘉之乱，没于刘、石，永和之世，复归江左者，晋玺也。魏氏有国，刻传国玺，如秦之文，但秦玺读自右，魏玺读自左耳。晋有天下，又自刻玺，其文曰："受命于天，皇帝寿昌。"本书《舆服志》乃以为汉所传秦玺，实甚误矣。此玺更刘聪、石勒，逮石祇死，其臣蒋干求援于谢尚，乃以玺送江南，王彪之辩之，亦不云秦玺也。太元之末，得自西燕，更涉六朝，至于隋代者，慕容燕玺也。晋孝武太元十九年，西燕主永求救于郗恢，并献玉玺一组，方阔六寸，高四寸六分，文如秦玺，自是历宋、齐、梁皆宝之。侯景既死，北齐辛术得之广陵，献之高氏。后历周、隋，皆误指为秦玺，后平江南，知其非是，乃更谓之神玺焉。刘裕北伐，得之关中，历晋暨陈，复为隋有者，姚秦玺也。晋义熙十三年，刘裕入关，得传国玺上之，大四寸，文与秦同，然隐起而不深刻。隋灭陈得此，指为真玺，遂以宇文所传神玺为非是，识者又谓古玺深刻，以印泥，后人隐起以印纸，则隐起者非秦玺也，姚氏取其文作之耳。开运之乱，没于邪律，女真获之，以为大宝者，石晋玺也。唐太宗贞观十六年，刻受命玺，文曰："皇帝景命，有德者昌。"后归朱全忠，及从珂自焚，玺亦随失。德光入汴，重贵以玺上之，云先帝所

丹主的牙帐投降。契丹主因为阳城之战被符彦卿打败，就责问他。符彦卿说："我当时只知道为晋主尽力，今天的死生听天由命。"契丹主笑着把他放了。

二十三日，石延煦和石延宝从契丹牙帐回来，契丹主颁赐亲手写的诏书给皇帝，并且派解里对皇帝说："孙子不必担心，一定会让你有个吃饭的地方。"皇帝心里才稍感安慰，上表谢恩。

契丹因为皇帝所进献的传国宝雕刻不精，上面的文字又和历史记载不相符，怀疑不是真品，所以下诏书责问皇帝，要他献出真正的传国宝。皇帝上奏说："先前，后唐末帝李从珂自焚，旧的传国宝就不知去向，一定是和他一起化为灰烬了。现在的这个传国宝是先帝所制，大臣们全都知道。臣现在怎么敢隐匿传国宝！"于是作罢。

皇帝听说契丹主将渡黄河，想和太后到前面奉迎；张彦泽先把这件事奏报契丹

刻，盖指敬瑭也。盖在唐时，皆误以为秦玺，而秦玺之亡则久矣。今按"石祗死"，当作"冉闵死"。李心传之说，与《唐六典》异，今并存之，以俟知者。及周又制二宝，有司所奏，其说亦祖《六典》，详注于后。帝奏："顷王从珂自焚，事见二百八十卷高祖天福元年。旧传国宝不知所在，必与之俱烬。此宝先帝所为，事见二百八十一卷天福三年。群臣备知，臣今日焉敢匿宝！"乃止。

帝闻契丹主将渡河，欲与太后于前途奉迎；张彦泽先奏之，契丹主不许。有司又欲使帝衔璧牵羊，大臣舆櫬，迎于郊外，先具仪注白契丹主。契丹主曰："吾遣奇兵直取大梁，非受降也。"亦不许。又诏晋文武群官，一切如故；朝廷制度，并用汉礼。北方谓中国为汉。有司欲备法驾迎契丹主，契丹主报曰："吾方擐甲总戎，太常仪卫，未暇施也。"皆却之。用太常仪卫，则当改胡服而华服，故言未暇。

先是契丹主至相州，即遣兵趣河阳捕景延广。延广仓猝无所逃伏，不料其遽见捕也。往见契丹主于封丘①。《九域志》：封丘县在大梁北六十里。契丹主诘之曰："致两主失欢，皆汝所为也。十万横磨剑安在！"召乔荣，使相辩证，事凡十条。延广初不服，荣以纸所记语示之，景延广

主，契丹主不准。有关官员又想让皇帝口含璧、手牵羊，由大臣们抬着棺木，在郊外迎接，事先把这些仪式报告契丹主。契丹主说："我是派遣奇兵直接攻取大梁，不是接受投降的。"也不准。契丹主又下诏命令后晋文武百官，一切照旧；朝廷制度，一并采用汉人的礼仪。有关衙门想准备天子的法驾去迎接契丹主，契丹主回答说："我正披着铠甲，统率军队，太常寺的那套仪仗，没有工夫来用它。"都推辞不用。

在此之前，契丹主到达相州，就派遣军队赶赴河阳捕捉景延广。景延仓促之间没有地方躲藏，就到封丘去见契丹主。契丹主责问他说："致使两国君主不和，都是你所为。所谓'十万横磨剑'，现在哪里！"并把乔荣召来，让他们对质，当年所说的事一共十条。景延广开始时不承认，乔荣把记录在纸上的话拿给他看，景延广这才承认。他每承认一件事，就给他一筹。到第八个的时候，

记其所言以授乔荣，见二百八十三卷天福八年。乃
服。每服一事，辄授一筹。至八筹，延
广但以面伏地请死，乃锁之。

景延广只有把脸伏在地上请
求赐死，于是契丹主命人把
他囚禁起来。

注 释

❶ 封丘，今河南封丘。

【原 文】

丙戌晦，百官宿于封禅寺。
迎契丹主也。封禅寺在大梁城东。

【译 文】

三十日，后晋文武百官宿于封
禅寺。

——以上卷二八五

后汉高祖天福十二年 （丁未·九四七） 汉复以天福纪年，详见后。

【原 文】

春，正月，丁亥朔，百官遥
辞晋主于城北，大梁城之北。乃易素
服纱帽，迎契丹主，伏路侧请罪。
契丹主貂帽貂裘，衷甲①，驻马高
阜，命起，改服，抚慰之。按《欧
史》，时晋百官迎契丹主于赤冈。左卫上将

【译 文】

春，正月，初一，后晋文武
百官在大梁城北遥辞后晋主，然
后换穿素服，戴纱帽，迎接契丹
主，匍匐在路边请罪。契丹主戴
着貂皮帽，穿着貂皮衣，铠甲穿
在衣服里面，停马于高坡上，命
百官起身，更换衣服，并抚慰他

军安叔千独出班胡语，按《薛史》，安叔千，沙陀三部落之种也，故习胡语。契丹主曰："汝安没字邪？安叔千状貌堂堂，而不通文字，所为鄙陋，人谓之'没字碑'。汝昔镇邢州，已累表输诚，我不忘也。"叔千拜谢呼跃而退。呼跃盖夷礼，犹华人舞蹈也。

们。左卫上将军安叔千独自从百官行列中走出来，用胡语跟契丹主说话，契丹主说："你就是那个安没字吧？你以前镇守邢州，已经多次上表向我投诚，我没有忘记。"安叔千叩头称谢，呼跃着退下。

注　释

❶衷甲，铠甲着在里面。

【原　文】

　　晋主与太后已下迎于封丘门外，契丹主辞不见。《考异》曰，《汉高祖实录》："少帝帅族候于野，邪律氏疏之。帝指陈前事，乃大臣同谋，皆历历能对，无挠屈色，邪律氏亦假以颜色。"《陷蕃记》《薛史·帝纪》《五代通录》云："戎主不与帝相见。"《少帝实录》："帝举族待罪于野，虏长面抚之，遣泊封禅寺。"今从《陷蕃记》。

　　契丹主入门，民皆惊呼而走。契丹主登城楼，遣通事谕之曰："我亦人也，汝曹勿惧！会当使汝曹苏息。气绝而复息曰苏，气一出入为息。一曰更息曰苏。我无心南来，汉兵引我至此耳。"归罪

【译　文】

　　晋主和太后及其随从到封丘门外去迎接契丹主；契丹主推辞不见。

　　契丹主进入城门，百姓们都惊叫着跑开。契丹主登上城楼，派遣通事对百姓说："我同样是人，你们不要害怕！我将会让你们从困顿中恢复生机。我无心南来，只是汉兵引我到这里罢了。"到了明德门，下马拜了一下，然后入宫。任命他的枢密副使刘密代理开封尹的职务。傍晚，契丹主又出城去，屯驻在赤冈。

于杜威等。至明德门，下马拜而后入宫。以其枢密副使刘密权开封尹事。先易置京尹以弹压华人。日暮，契丹主复出，屯于赤冈。惧人心未一，未敢居城中。

戊子，执郑州防御使杨承勋至大梁，责以杀父叛契丹，杨承勋囚父以降晋，事见二百八十四卷齐王开运元年。命左右脔食之。未几，以其弟右羽林将军承信为平卢节度使，悉以其父旧兵授之。既授之以其父旧镇，复授之以其父旧兵。

高勋诉张彦泽杀其家人于契丹主，张彦泽杀高勋家，见上卷上年，勋为杜威奉降表者也，先已为契丹主所亲，故得诉其事。契丹主亦怒彦泽剽掠京城，并傅住儿锁之。彦泽剽掠事亦见上卷上年。傅住儿，监彦泽军者也。以彦泽之罪宣示百官，问："应死否？"皆言："应死。"百姓亦投牒争疏彦泽罪。己丑，斩彦泽、住儿于北市，仍命高勋监刑。彦泽前所杀士大夫子孙，皆经杖号哭，随而诟詈，以杖扑之。有亲丧者经杖。扑，……击也。勋命断腕出锁，剖其心以祭死者。市人争破其脑取髓，脔其肉而食之。

契丹送景延广归其国，庚寅，宿陈桥①，《九域志》：开封府浚仪县有陈桥镇。夜伺守者稍怠，扼吭而死。人颈曰吭。

初二，契丹主命人抓捕郑州防御使杨承勋送到大梁，斥责他杀死父亲，背叛契丹。契丹主命左右的人把他剁成肉块吃掉。不久，任命他的弟弟右羽林将军杨承信为平卢节度使，将他父亲的旧部下全部交给他统领。

高勋向契丹主控诉张彦泽杀害他的家人，契丹主对张彦泽放纵士兵抢劫京城也感到很恼怒，就把张彦泽和监军傅住儿一起囚锁起来。向文武百官宣告张彦泽的罪恶，并问："应该处死他吗？"大家都说："应该处死。"百姓也纷纷投递文书，申诉张彦泽的罪恶。初三，在大梁的北市刑场斩杀张彦泽、傅住儿，就派高勋监斩。以前被张彦泽杀害的士大夫的子孙们都披着孝服，拿着竹杖，号啕大哭地跟在后面，一边痛骂，一边用竹杖扑打张彦泽。高勋命令砍断他的手腕，脱去铁锁，挖出他的心来祭奠那些被他杀害的人。大家抢着敲破他的脑袋，挖取脑髓，并把他切成肉块吃掉。

契丹解送景延广回契丹辖地。初四，宿在陈桥，晚上，景延广趁守兵稍微疏忽的时候，自缢而死。

注 释

❶ 陈桥，今河南封丘东南。

【原 文】

辛卯，契丹以晋主为负义侯，置于黄龙府①。黄龙府，即慕容氏和龙城也。《欧史》曰：自幽州行十余日，过平州，出榆关，行沙碛中，七八日，至锦州；又行五六日，过海北州；又行十余日，度辽水，至勃海国铁州；又行七八日，过南海府，遂至黄龙府。按契丹后改黄龙府为隆州，北至混同江一百三十里。又按慕容氏之和龙城，若据《晋书》及郦道元《水经注》，当在汉辽西郡界。今晋主陷蕃，度辽水而后至黄龙府，又其地近混同江，疑非慕容氏之和龙城。契丹主使谓李太后曰："闻重贵不用母命，以至于此；可求自便，勿与俱行。"太后曰："重贵事妾甚谨。所失者，违先君之志，绝两国之欢耳。今幸蒙大恩，全生保家，母不随子，欲何所归。"

【译 文】

初五，契丹任命后晋主为负义侯，安置在黄龙府。黄龙府，就是慕容氏的和龙城。契丹主派人对李太后说："听说重贵不听母亲的话，以致落到这种地步，你可以请求自行方便，不跟重贵同行。"太后说："重贵事奉我很周到。他的过错，只是违背先君的遗志，断绝两国的友好关系罢了。现在侥幸蒙受大恩，得以保全性命和家族，做母亲的不跟随儿子，将要依靠谁呢！"

注 释

❶ 黄龙府，今吉林农安。

【原　文】

癸巳，契丹迁晋主及其家人于封禅寺，遣大同节度使兼侍中此契丹所授官。河内崔廷勋以兵守之。宋白曰：崔廷勋本河内人，少陷虏。契丹主数遣使存问，晋主每闻使至，举家忧恐。恐见杀也。时雨雪连旬，外无供亿，毛居正曰：供俟，俟有储偫之意。供亿，犹供俟也。亿，度也；料度其所须之物，随多少而供之，以待其乏也。上下冻馁。太后使人谓寺僧曰：“吾尝于此饭僧数万，今日独无一人相念邪！”僧辞以“虏意难测，不敢献食”。噫！孰知缁黄变色，其徒所为，有甚于不敢献食者耶！有国有家者，崇奉释氏以求福田利益，可以监矣。晋主阴祈守者，乃稍得食。

是日，契丹主自赤冈引兵入宫，入晋宫。都城诸门及宫禁门，皆以契丹守卫，昼夜不释兵仗。惧有变也。磔犬于门，以竿悬羊皮于庭为厌胜①。契丹主谓群臣曰②：“自今不修甲兵，不市战马，轻赋省役，天下太平矣。”谈何容易！斯言甫脱口，而打草谷继之矣，天下果太平乎！废东京，降开封府为汴州，尹为防御使③。乙未，契丹主改服中国衣冠，百官起

【译　文】

初七，契丹把后晋主和他的家人迁移到封禅寺，派遣大同节度使兼侍中河内人崔廷勋带兵看守他们。契丹主屡次派遣使者去慰问，后晋主每当听到使者到来，全家都担心害怕。当时接连下了几十天的雨雪，外面没有供应的东西，一家大小受冻挨饿。太后教人对寺里的和尚说：“我曾在这里供饭给几万名和尚吃，现在难道没有一个人想起吗！”和尚们用“胡虏的心意难以揣测，所以不敢进献食物”这些话来推辞。后晋主暗地里请求看守的人帮忙，才稍微获得一点食物。

这一天，契丹主从赤冈领兵进入后晋宫廷，都城各门和宫禁门都由契丹兵把守，日夜都不放下兵器。在宫门口肢解一只狗以祭神，在庭院中用竹竿悬挂羊皮，以压服不祥。契丹主对大臣们说：“从今以后，不治甲兵，不买战马，减轻赋税，省免徭役，天下就太平了。”废止东京的设置，把开封府降为汴州，开封府尹降为汴州防御使。初九，契丹主改服中国衣冠，百官起居

居皆如旧制。史言契丹主犹知用夏变夷。　　一切按照旧的制度。

注 释

❶ 厌胜，压服不祥。　❷ "谓"下，章钰《校宋记》云：宋十二行本有"晋"字。　❸ 降开封府为汴州，以开封尹为汴州防御使，是表示废除石晋首都的意思。

【原 文】

赵延寿、张砺共荐李崧之才；会威胜节度使冯道自邓州入朝，契丹主素闻二人名，皆礼重之。二人历唐晋，位极人臣，国亡不能死，视其君如路人，何足重哉！未几，以崧为太子太师，充枢密使；道守太傅，于枢密院祗候，以备顾问。

契丹主分遣使者，以诏书赐晋之藩镇；晋之藩镇争上表称臣，被召者无不奔驰而至。惟彰义节度使史匡威据泾州不受命。匡威，建瑭之子也。史建瑭事晋王克用以及庄宗，皆有战功。雄武节度使何重建斩契丹使者，以秦阶成三州降蜀。史匡威不降契丹，以其地远，契丹兵威不能至也。何重建则以其镇与蜀接境，遂弃辽而附蜀耳。

初，杜重威既以晋军降契丹，

【译 文】

赵延寿和张砺共同推荐李崧的才能；这时恰好威胜节度使冯道从邓州入朝，契丹主一向听说过两人的名字，都很敬重他们。不久，任命李崧为太子太师，担任枢密使；冯道署理太傅，在枢密院侍候，以备顾问之用。

契丹主分别派遣使者，颁赐诏书给后晋的藩镇；后晋藩镇纷纷上表称臣，被召见的人没有哪一个不是骑马飞奔而来。只有彰义节度使史匡威据守泾州，不接受命令。史匡威是史建瑭的儿子。雄武节度使何重建斩杀契丹派来的使者，以秦、阶、成三州投降后蜀。

当初，杜重威率领后晋军投降契丹以后，契丹主将他们的铠甲、兵器一共数百万件全部没

重威初避晋主重贵名，去"重"单名"威"。晋既亡国，重威即复旧名，其忘恩背主，此特末节耳。契丹主悉收其铠仗数百万贮恒州，驱马数万归其国，遣重威将其众从己而南。及河，契丹主以晋兵之众，恐其为变，欲悉以胡骑拥而纳之河流。或谏曰："晋兵在他所者尚多，彼闻降者尽死，必皆拒命。不若且抚之，徐思其策。"契丹主乃使重威以其众屯陈桥。陈桥，在陈桥门外，有陈桥驿。会久雪，官无所给，士卒冻馁，咸怨重威，相聚而泣；重威每出，道旁人皆骂之。

契丹主犹欲诛晋兵。赵延寿言于契丹主曰："皇帝亲冒矢石以取晋国，欲自有之乎，将为他人取之乎？"赵延寿志在帝中国，以此言觇契丹之意，不特为晋兵发也。契丹主变色曰："朕举国南征，五年不解甲，天福八年，契丹始攻晋，至是五年。仅能得之，岂为他人乎？"赵延寿闻契丹主此言，可以绝望矣。延寿曰："晋国南有唐，西有蜀，常为仇敌，皇帝亦知之乎？"曰："知之。"延寿曰："晋国东自沂、密，西及秦、凤，延袤数千里，边于吴、蜀，常以兵戍之。南方暑

收，存放在恒州，把几万匹战马赶回契丹国内，命令杜重威率领他的部众跟随自己南下。走到黄河边，契丹主因为晋兵太多，恐怕他们叛乱，想要让契丹骑兵将他们全部推挤到黄河里淹死。有人劝谏说："晋兵驻守在其他地方的还很多，他们若听说投降的人都被害死，一定都起来抵抗。不如暂时安抚他们，慢慢再想其他办法。"契丹主于是命令杜重威带领他的部众驻扎在陈桥。这时正好下了很长时间的雪，官方没有供给任何所需的东西，士卒们受冻挨饿，都埋怨杜重威，大家聚在一起相对哭泣；杜重威每次出来，路旁的人都骂他。

契丹主还是想杀后晋兵。赵延寿对契丹主说："皇上亲自冒着矢石，以夺取晋国，是想自己拥有它呢？还是替别人去夺取呢？"契丹主变了脸色，说："我动员全国南征，连续五年没有休兵，好容易才得到它，难道是为了别人吗？"赵延寿说："晋国的南面有南唐国，西面有蜀国，常常互为仇敌，皇上是否知道？"契丹主说："知道。"赵延寿说："晋国东起沂州、密州，西到秦州、凤州，广袤数千里，边境跟

湿，上国之人不能居也。时偏方割据者，谓中原为上国。晋奉契丹，又称契丹为上国。他日车驾北归，以晋国如此之大，无兵守之，吴、蜀必相与乘虚入寇，如此，岂非为他人取之乎？"契丹主曰："我不知也。然则奈何？"延寿曰："陈桥降卒，可分以戍南边，则吴、蜀不能为患矣。"契丹主曰："吾昔在上党，失于断割，悉以唐兵授晋。事见二百八十卷晋高祖天福元年。既而返为寇仇，北向与吾战，辛勤累年，仅能胜之。今幸入吾手，不因此时悉除之，岂可复留以为后患乎？"延寿曰："向留晋兵于河南，不质其妻子，质，音致。故有此忧。今若悉徙其家于恒、定、云、朔之间，每岁分番使戍南边，何忧其为变哉！此上策也。"契丹主悦曰："善！惟大王所以处之。"契丹封赵延寿为燕王，故称之为大王。由是陈桥兵始得免，分遣还营。

契丹主杀右金吾卫大将军李彦绅、宦者秦继旻，以其为唐潞王杀东丹王故也。杀东丹王见二百八十卷晋高祖天福元年，唐潞王之清泰三年也。以其家族赀财赐东丹王之子永康王兀欲。兀

吴、蜀相接，常常派兵在那里戍守。南方炎热，湿气又重，契丹的人是不能居住的。以后皇上回到北方去，凭晋国这样广阔的土地，没有军队防守它，吴、蜀两国一定相率乘虚入侵，这样的话，岂不是替别人夺取晋国吗？"契丹主说："这些我倒还没想到。既然这样，那么我该怎么办？"赵延寿说："陈桥的降兵，可以分开来戍守南方的边境，那么吴、蜀就不会成为祸患了。"契丹主说："我以前在上党，决断错误，把后唐兵全部交给晋国，后来反而变为仇敌，向北跟我们开战，我们艰辛劳苦好几年，勉强战胜了他们。现在晋国侥幸落在我的手中，不趁这个机会全部把他们除掉，难道还要留下他们以为后患吗？"赵延寿说："从前把晋兵留在河南，没有质押他们的妻子和儿女，所以有这种忧患。现在如果把他们的家全部迁徙到恒州、定州、云州、朔州一带，每年派他们轮流戍守南方边境，何必担心他们叛变呢？这是最好的计策。"契丹主高兴地说："好！就按你所说的办法处理。"因此，陈桥的降兵才得免于一死，被分别派遣回营。

欲眇一目，为人雄健好施。兀欲始见于此，为后得国张本。

癸卯，晋主与李太后、安太妃、冯后及弟睿、子延煦、延宝俱北迁，后宫左右从者百余人。契丹遣三百骑援送之。援送者，送其行以为防援。又遣晋中书令赵莹、枢密使冯玉、马军都指挥使李彦韬与之俱。

晋主在涂，供馈不继，或时与太后俱绝食，旧臣无敢进谒者。独磁州刺史李谷迎谒于路，相对泣下。谷曰："臣无状，负陛下。"因倾赀以献。天下之士，苟有所负者，其所为必有异于人。

晋主至中度桥，见杜重威寨，叹曰："天乎！吾家何负，为此贼所破！"恸哭而去。于晋之时，通国上下皆知杜重威之不可用，乃违众用之，以致亡国。《诗》云："嗟其泣矣，何嗟及矣。"今至于恸，庸有及乎！

癸丑，蜀主以左千牛卫上将军李继勋为秦州宣慰使。蜀以何重建降，遣使宣慰之。

契丹主以前燕京留守刘晞为西京留守，《薛史》曰：刘晞者，涿州人，陷虏，历官至平章事兼侍中。《考异》曰：《实录》作"禧"，或云名"瑀"，今从《陷蕃记》。永

契丹主杀右金吾卫大将军李彦绅、宦官秦继旻，因为他们替后唐潞王李从珂杀害东丹王。把他们家族的财货赐给东丹王的儿子永康王兀欲。兀欲瞎了一只眼睛，为人勇武有力，喜欢施舍人。

十七日，后晋主与李太后、安太妃、冯皇后及弟弟重睿，儿子石延煦、石延宝，一起向北迁徙，后宫宫人及左右近侍跟随迁徙的共有一百多人。契丹派遣三百名骑兵护送并防范他们。又派遣后晋中书令赵莹、枢密使冯玉、马军都指挥使李彦韬跟他们同行。

后晋主在路途中，生活供应接继不上，有时跟太后都没有一点食物可以吃，以前的大臣没有人敢进见他。只有磁州刺史李谷在路上迎接进见，君臣相对痛哭。李谷说："我没有脸面见人，辜负陛下。"于是把所有的家财都进献给后晋主。

后晋主经过中度桥，看到杜重威所遗留下来的营垒，叹息说："天啊！我家哪一点对不起人，竟被这个叛贼所毁败！"后晋主痛哭着离开。

二十七日，后蜀主任命左千牛卫上将军李继勋为秦州宣慰使。

康王兀欲之弟留珪为义成节度使，兀欲姊婿潘聿撚为横海节度使，《考异》曰：周太祖《实录》："聿撚"作"聿涅"，今从《陷蕃记》。赵延寿之子匡赞为护国节度使，为赵匡赞后以河中归汉张本。汉将张彦超为雄武节度使，史佺为彰义节度使，客省副使刘晏僧为忠武节度使，前护国节度使侯益为凤翔节度使，权知凤翔府事侯益后亦以凤翔归汉。焦继勋为保大节度使。晞，涿州人也。既而何重建附蜀，秦州附蜀，张彦超无所诣。史匡威不受代，史匡威据泾州以拒史佺。契丹势稍沮。

…………

契丹主广受四方贡献，大纵酒作乐，每谓晋臣曰："中国事，我皆知之；吾国事，汝曹不知也。"契丹主自谓周防之密，以夸晋臣，然东丹之来，已胎兀欲夺国之祸，虽甚愚者知之，而契丹主不知也。善觇国者，不观一时之强弱而观其治乱之大致。

赵延寿请给上国兵廪食，契丹主曰："吾国无此法。"乃纵胡骑四出，以牧马为名，分番剽掠，谓之"打草谷"。丁壮毙于锋刃，老弱委于沟壑，自东、西两畿，大梁之属县为东畿，洛阳之属县为西畿，此唐制也。唐制，两

契丹主任命前任燕京留守刘晞为西京留守，永康王兀欲的弟弟留珪为义成节度使，兀欲的姐夫潘聿撚为横海节度使，赵延寿的儿子赵匡赞为护国节度使，汉将张彦超为雄武节度使，史佺为彰义节度使，客省副使刘晏僧为忠武节度使，前任护国节度使侯益为凤翔节度使，代理凤翔府事务的焦继勋为保大节度使。刘晞是涿州人。不久，何重建归附后蜀，史匡威拒绝交接职务，契丹的势力稍稍受到抑制。

…………

契丹主广泛地接受四方的进贡，大肆放纵饮酒作乐，常常对后晋大臣说："中国的事情，我都知道；我国的事情，你们就不懂了。"

赵延寿建议发给契丹士兵军粮，契丹主说："我们国家没有这种制度。"于是放纵胡人骑兵四出游弋，以牧马为名，轮流去抢掠，叫作"打草谷"。百姓中年轻力壮的死在他们的刀下，年老体弱的被他们抛弃在田野和山谷里，从东、西两个京畿，到郑州、滑州、曹州、濮州，几百里之间，百姓的家财和牲畜，差不多被抢劫一空。

契丹主对判三司刘昫说：

京除赤县外，余属县为畿县。及郑、滑、曹、濮，数百里间，财畜殆尽。郑、滑、曹、濮，皆大梁之旁郡，以"及"言之，明上文所谓东西两畿为畿县。

契丹主谓判三司刘昫曰："契丹兵三十万，既平晋国，应有优赐，速宜营办。"时府库空竭，昫不知所出，请括借都城士民钱帛，都城，大梁都城。自将相以下皆不免。又分遣使者数十人，诣诸州括借，皆迫以严诛，人不聊生。其实无所颁给，皆蓄之内库，欲辇归其国。于是内外怨愤，始患苦契丹，皆思逐之矣。为契丹北归张本。

初，晋主与河东节度使、中书令、北平王刘知远相猜忌，虽以为北面行营都统，徒尊以虚名，而诸军进止，实不得预闻。事见二百八十四卷晋齐王开运元年。知远因之广募士卒；天福八年，齐王与契丹构隙之初，刘知远已奏募兵矣，事见二百八十三卷。阳城之战，诸军散卒归之者数千人，阳城之战见二百八十四卷晋齐王开运二年。按阳城之战，晋师大捷，无缘有散卒归河东，此必杜重威降契丹时也。又得吐谷浑财畜，事亦见开运二年。由是河东富强冠诸镇，步骑至五万人。

晋主与契丹结怨，知远知其必

"契丹兵三十万人，既已平定晋国，应该有优厚的赏赐，赶快想办法筹办。"当时府库空虚，刘昫不知道赏赐从哪里来，便建议用"借贷"的名义，向京师的士大夫和老百姓征收钱帛，宰相、将帅以下，都不能例外。又分别派遣使者数十人，到各州去征收借贷，都用严厉的刑罚加以催逼，老百姓都快活不下去了。实际上契丹主并没有将这些钱帛发给士兵，都储存在皇家的府库里，打算运送回国。于是内外怨愤，这才觉得契丹是祸害，都想赶走他们。

当初，后晋主和河东节度使、中书令、北平王刘知远互相猜疑，后晋虽然任命刘知远为北面行营都统，但只是用虚名来抬高他，对于各军的调度指挥，刘知远实际上并不能干预。刘知远因此大量地招募士卒；阳城之战，各军投奔他的流散士卒共有几千人，又获得吐谷浑的财货和牲畜，因此河东的富强为各藩镇之首，步兵和骑兵达到五万人。

后晋主跟契丹结下怨仇，刘知远知道这一定会对后晋构成危机，却从不加以论辩或劝谏。契丹屡次深入境内，刘知远根本没有拦截袭击或派兵入援的意思。

危，而未尝论谏。契丹屡深入，知远初无邀遮入援之志。既不据险要以邀遮契丹之兵，又不遣兵入援也。及闻契丹入汴，知远分兵守四境以防侵轶。遣客将安阳王峻，《旧唐书·地理志》：相州，汉魏郡也，治安阳县。安阳，汉侯国，故城在汤阴东。曹魏时，废安阳，并入邺。后周移邺，置县于安阳故城，仍为邺县。隋又改为安阳县，州所治也。若汉魏郡城，则在县之西北七里。奉三表诣契丹主：一，贺入汴；二，以太原夷、夏杂居，戍兵所聚，未敢离镇；三，以应有贡物，值契丹将刘九一军自土门西入屯于南川①，南川，谓晋阳城南之地。城中忧惧，俟召还此军，道路始通，可以入贡。契丹主赐诏褒美，及进画，亲加儿字于知远姓名之上，仍赐以木拐。胡法，优礼大臣则赐之，如汉赐几杖之比，惟伟王以叔父之尊得之。拐，……老人拄杖也。《欧史》曰：王峻持拐归，虏人望之皆避道。

等到听说契丹进了汴州，刘知远分派军队防守四面边境，以防备契丹的侵袭。同时派遣客将安阳人王峻捧持三封奏表，前往进见契丹主：第一封表，祝贺契丹进入汴州；第二封表，说明太原是蛮夷和汉人混杂居住的地方，戍守的军队集结在那里，所以自己没有敢离开镇所；第三封表，说明本来是应该进贡物品的，正好这时契丹将领刘九一的军队从土门向西进发，屯驻在南川，太原城中的百姓担忧害怕，等到这批军队被调回去，道路通畅无阻以后，就可以进贡了。契丹主颁赐诏书褒奖刘知远，诏书拟好后，在送呈契丹主签发的时候，契丹主亲自在刘知远的姓名之上加了一个"儿"字，又赐给他手杖。按照胡人的礼仪，对大臣表示优厚的礼遇，才颁赐手杖，就像汉人颁赐几杖一样，这样的礼遇，只有伟王以叔父的尊贵地位才得到过。

注 释

❶ 土门，即井陉关。

【原 文】

知远又遣北都副留守太原白文珂入献奇缯名马，契丹主知知远观望不至，及文珂还，使谓知远曰："汝不事南朝，又不事北朝，意欲何所俟邪？"蕃汉孔目官郭威言于知远曰："虏恨我深矣！"王峻言契丹贪残失人心，必不能久有中国。

或劝知远举兵进取。知远曰："用兵有缓有急，当随时制宜。今契丹新降晋兵十万，虎据京邑，未有它变，岂可轻动哉！且观其所利止于货财，货财既足，必将北去。况冰雪已消，势难久留，宜待其去，然后取之，可以万全。"刘知远料之审矣，所以举兵南向，契丹不能与之争。

┄┄┄┄┄

契丹主召晋百官悉集于庭，问曰："吾国广大，方数万里，有君长二十七人；今中国之俗异于吾国，吾欲择一人君之，如何？"皆曰："天无二日，孟子引孔子之言。夷、夏之心，皆愿推

【译 文】

刘知远又派遣北都副留守太原人白文珂入朝进献珍奇的绢帛和名贵的马匹，契丹主知道刘知远迟疑不决，不肯入朝，等白文珂将要回去的时候，叫他对刘知远说："你不事奉南朝，也不事奉北朝，是想等什么呢？"蕃汉孔目官郭威对刘知远说："胡虏恨我们很深了！王峻说契丹贪婪残暴，丧失民心，一定不能长久地占有中国。"

有人劝刘知远起兵，夺取中原。刘知远说："用兵有时候要宽缓，有时候要紧急，应当随着时势的变化而采取适当的对策。现在契丹刚刚降服了晋国的十万大军，以勇猛之势占领京师，还没有其他的变故，怎么能轻举妄动呢！而且看他们所贪图的，只限于财货，等财货搜刮够了以后，一定会回北方去。何况冰雪已经融化，他们势必难以久留，应该等他们回去以后，再出兵夺取中原，这样才能万无一失。"

┄┄┄┄┄

契丹主把后晋的文武百官都召集在朝廷上，问他们说："我国领土广阔，方圆几万里，君长共有二十七人。现在中国的习俗跟我国不同，我想选择一个人来统治中国，你们认为

戴皇帝。"如是者再。契丹主乃曰："汝曹既欲君我，今兹所行，何事为先？"对曰："王者初有天下，应大赦。"二月，丁巳朔，契丹主服通天冠、绛纱袍，登正殿，设乐悬、仪卫于庭。百官朝贺，华人皆法服，胡人仍胡服，立于文武班中间。文官班于东，武官班于西，胡人立于中间。下制称大辽会同十年，大赦。仍云："自今节度使、刺史，毋得置牙兵，市战马。"其心固虞诸镇有与之作敌者。

赵延寿以契丹主负约，心怏怏，赵延寿之求为帝，不得不止，此其所以终为兀欲所镇也。令李崧言于契丹主曰："汉天子所不敢望，乞为皇太子。"崧不得已为言之。契丹主曰："我于燕王，虽割吾肉有用于燕王，吾无所爱。然吾闻皇太子当以天子儿为之，岂燕王所可为也！"因令为燕王迁官。时契丹以恒州为中京，翰林承旨张砺奏拟燕王中京留守、大丞相、录尚书事、都督中外诸军事，枢密使如故。契

怎么样？"大家都说："天上没有两个太阳，不论是胡人还是汉人的人心，都愿意推举拥戴皇帝您。"这样说了一次又一次，契丹主才说："你们既然想让我做君主，那么现在所要做的，什么事最要紧？"大家回答说："大王刚开始临治天下，应该实行大赦。"二月，初一，契丹主头戴通天冠，身穿绛纱袍，登上正殿，在朝廷中设置全套乐器、仪仗和卫兵。百官上朝祝贺，汉人官员都穿着相应等级的礼服；胡人官员仍旧穿着胡人的衣服，站在文武两班官员的中间。契丹主下制书称大辽会同十年，实行大赦。又说："从今以后，各节度使、刺史不得设置牙兵、购买战马。"

赵延寿由于契丹主负约，没有立他为帝，心里不高兴，让李崧对契丹主说："做汉家天子，我不敢奢求，只求做皇太子。"李崧没有办法，只好替他去说。契丹主说："我对于燕王，只要事情对他有益，就是割我的肉，也不吝惜。但是我听说皇太子应当由天子的儿子来当，哪里是他作为燕王所能担任的呢！"因而命令有司为燕王升迁官职。当时契丹以恒州为中京，翰林承旨张砺上疏拟定任命燕王赵延寿为中京留守、大丞相、录尚书事、都督中外诸军事，仍旧为枢密使。契丹主看了以后，拿笔涂掉"录

丹主取笔涂去"录尚书事、都督中外诸军事"而行之①。孰谓契丹主起于塞外而不知中国之事体哉！

尚书事、都督中外诸军事"，其余照准执行。

············

注 释

❶ 录尚书事可以总揽朝政，都督中外诸军事可以指挥全国军事，故不以此两职授赵延寿；至于大丞相，只是虚名。

【原　文】

刘知远闻何重建降蜀，叹曰："戎狄凭陵，中原无主，令藩镇外附，吾为方伯，良可愧也！"古者除王畿之外，八州八伯，所谓三十国而为连，连有帅，二百一十国以为州，州有伯者也。周分天下以为二伯，自陕以西，召伯主之，自陕以东，周公主之。及其衰也，齐桓、晋文纠合诸侯以尊王室，亦以方伯之任自居，晋人所谓我为伯者也。石晋以刘知远为北面都统，故亦自谓为方伯。

于是将佐劝知远称尊号，以号令四方，观诸侯去就。诸侯，谓当时诸藩镇。知远不许。闻晋主北迁，声言欲出兵井陉，迎归晋阳。丁卯，命武节都指挥使荥泽史弘肇武节军，刘知远所置，见二百八十三卷晋齐王天福八年。隋置荥泽县，唐属郑州。

【译　文】

刘知远听说何重建投降后蜀，叹息说："戎狄欺凌中国，中原没有君主，使得藩镇依附外邦，我作为各藩镇的首领，实在惭愧得很！"

于是将帅僚佐都劝刘知远称尊号，以号令天下，观察各藩镇的动向。刘知远不同意。听说后晋主要迁往北方，刘知远便公开声明将出兵赴井陉，迎接后晋主回晋阳。十一日，命令武节都指挥使荥泽人史弘肇在球场集合各军，把出兵的日期告诉他们。军士们都说："现在契丹攻陷京城，俘虏天子，天下没有君主。做天下君主的

《九域志》：荣泽县在郑州西北四十五里。集诸军于球场，告以出军之期。军士皆曰："今契丹陷京城，执天子，天下无主。主天下者，非我王而谁！刘知远封北平王，故称之。宜先正位号，然后出师。"争呼万岁不已。知远曰："虏势尚强，吾军威未振，当且建功业。士卒何知！"命左右遏止之。

己巳，行军司马潞城张彦威等三上笺劝进，潞，古邑也。隋置潞城县，唐属潞州。《九域志》：潞城县在潞州东北四十里。知远疑未决。郭威与都押牙冠氏杨邠入说知远曰①：刘昫曰：冠氏，春秋邑名。隋分馆陶东界置冠氏县，唐属魏州。《九域志》：在州东北六十里。说，音税。"今远近之心，不谋而同，此天意也。王不乘此际取之，谦让不居，恐人心且移，移则反受其咎矣。"知远从之。

人，除了我王，还能有谁！应该先即帝位，称尊号，然后再出兵。"于是军士们不停地争着呼喊"万岁"。刘知远说："胡虏的势力还很强，我们的军威还没有振作，应当暂且建功立业。士兵们懂得什么！"便命令左右的人阻止士兵们喧哗。

十三日，行军司马潞城人张彦威等人再三上表劝刘知远即皇帝位，刘知远迟疑不决。郭威和都押牙冠氏人杨邠进见刘知远并劝他说："现在远近的人心，都不谋而合，这是天意。大王不乘这个时机夺取天下，而谦让不即帝位，恐怕人心将会转变，人心一变，就反而会受害了。"刘知远听从了他们的意见。

注 释

❶ 都押牙，管领节度使衙门的仪仗侍卫之官，犹侍卫长。

【原文】

契丹以其将刘愿为保义节

【译文】

契丹任命将领刘愿为保义节度副

度副使①，陕人苦其暴虐。奉国都头王晏与指挥使赵晖、都头侯章谋曰②："今胡虏乱华，乃吾属奋发之秋。河东刘公，威德远著，刘知远，河东帅，故称之。吾辈若杀愿，举陕城归之，为天下唱，取富贵如返掌耳。"返当作反。晖等然之。晏与壮士数人，夜逾牙城入府，出库兵以给众。庚午旦，斩愿首，悬诸府门，又杀契丹监军，奉晖为留后。晏，徐州；晖，澶州；章，太原人也。

使，陕州的百姓受不了他的暴虐残忍。奉国都头王晏和指挥使赵晖、都头侯章商议说："现在胡虏扰乱中华，这正是我们奋进振作的时候。河东刘知远，声威和德行远近闻名。我们如果杀掉刘愿，攻占陕州，投靠刘知远，做天下的倡导，求取富贵就像翻一下手掌那样容易了。"赵晖等人赞成他的意见。于是王晏和几个壮士，在夜晚翻越牙城，进入军府，拿出仓库里的兵器发给部众。十四日清晨，杀了刘愿，并把他的人头高挂在军府的大门上，又杀掉契丹监军，推举赵晖为保义留后。王晏，是徐州人；赵晖，是澶州人；侯章，是太原人。

注 释

❶ 保义军，置于陕州，州治今河南三门峡陕州区。　❷ 都头，军职。节度使之下有指挥使，指挥使之下有都将。都将亦称都头。

【原 文】

　　辛未，刘知远即皇帝位。自言未忍改晋，又恶开运之名，乃更称天福十二年。欧阳修曰：人君即位称元年，常事尔，古不以为重也。孔子未修《春秋》，其前固已如此，虽暴君昏主，妄庸之史，其纪事先后远近，莫不以岁月一二数之，乃理之自然也。其谓一

【译 文】

　　十五日，刘知远即皇帝位。他自称不忍心改变后晋的国号和年号，但又讨厌"开运"这个名称，

为元，未尝有法焉，古人之语尔。古谓岁之一月，亦不云一而曰正月，《国语》言六吕曰"元间大吕"，《周易》列六爻曰"初九"，大抵古人言数，多不云一，不独谓年为元也。及后世曲学之士，始谓孔子书元年为《春秋》大法，遂以改元为重事。自汉以后，又名年以建元，而正伪纷杂，称号遂多，不胜其纪也。五代，乱世也，其事无法而不合于理者多矣。至其年号乖错以惑后世，则不可以不明。梁太祖以乾化二年遇弑，明年，末帝诛友珪，黜其凤历之号，称乾化三年，尚为有说。至汉高祖建国，黜晋出帝开运四年，复称天福十二年者，何哉？盖以爱憎之私耳。方出帝时，汉高祖居太原，常愤愤下视晋，晋亦阳优礼之，幸而未见其隙。及契丹灭晋，汉未尝有赴难之意。出帝已北迁，方阳以兵声言追之，至土门而还。及其即位改元，而黜开运之号，则其用心可知矣。盖其于出帝，无复君臣之义，而幸祸以为利者，其素志也，可胜叹哉！

壬申，诏："诸道为契丹括率钱帛者，皆罢之。括率钱帛，见上正月。其晋臣被迫胁为使者勿问，令诣行在。自余契丹，所在诛之。"

…………

晋主既出塞，契丹无复供给，从官、宫女，皆自采木实草叶而食之。至锦州①，契丹令晋主及后妃拜契丹主阿保机墓。契丹置锦州，近木叶山。《金人疆域图》：锦州南至燕京一千四百一十五里。陈元觐曰：大元于锦州置临海节度，领永乐、安昌、兴城、神水四县，属大定府路。晋主不胜屈辱，泣曰："薛超误我！"谓薛超持之不令赴火也。事见上卷开运三年。冯后阴令左右求毒药，欲与晋主俱自杀，不果。

…………

于是改称今年为天福十二年。

十六日，下诏说："各道为契丹征收钱帛的，全部停止。晋廷的臣子被迫为他们所驱使的，不加追究，命他们前往行在报到。其余的契丹人，就在当地杀掉。"

…………

后晋主出塞以后，契丹不再供给任何物品，随从的官员、宫女都自己采摘树木的果实和植物的叶子充饥。到了锦州，契丹命令后晋主和后妃们向契丹主阿保机的坟墓下拜行礼。后晋主不能忍受这种屈辱，哭泣着说："薛超害了我！"冯皇后暗中让左右的人寻找毒药，想跟后晋主一起自杀，结果没有成功。

…………

注 释

❶ 锦州，今辽宁锦州。

【原 文】

初，晋置乡兵，号天威军。见二百八十四卷晋出帝开运元年。教习岁余，村民不闲军旅，竟不可用；悉罢之，但令七户输钱十千，其铠仗悉输官。而无赖子弟，不复肯复农业，不复之复，……再也。肯复之复，……反也。山林之盗，自是而繁。及契丹入汴，纵胡骑打草谷；事见上正月。又多以其子弟及亲信左右为节度使、刺史，不通政事，华人之狡狯者多往依其麾下，教之妄作威福，掊敛货财，民不堪命。于是所在相聚为盗，多者数万人，少者不减千百，攻陷州县，杀掠吏民。滏阳贼帅梁晖有众数百①，送款晋阳求效用，帝许之。磁州刺史李谷密通表于帝，令晖袭相州；《旧唐书·地理志》：滏阳，汉武安县地，隋置滏阳县，唐属磁州，为州治所。《九域志》：滏阳南至相州六十里。晖侦知

【译 文】

当初，后晋设置乡兵，号称天威军。教习训练了一年多，乡下的百姓还是不熟悉军旅之事，最后还是不能用；只好全部解散，只命每七户人家共捐十千钱，乡兵所自备的铠甲和兵器，全部捐给公家。但一些刁横之人却不肯再回去从事农业，于是出没山林的盗贼从此就多了起来。等到契丹进入汴州，放纵胡兵"打草谷"；又多任命胡人子弟及左右亲近的人为节度使、刺史。他们不通晓政事，汉人中狡诈奸猾的人都投靠到他们的麾下，教唆他们胡作非为，聚敛财货，使得老百姓不能活命。于是到处相聚为盗贼，人数多的达到几万人，少的也不下千百，他们攻陷州城，抢劫杀害官吏百姓。滏阳的盗贼首领梁晖，有部众几百人，向晋阳投诚，以求任用，皇帝答应了他。磁州刺史李谷秘密上表给皇帝，建议命令梁晖去袭击相州。梁晖暗中侦察得知高唐英尚未到达，相州储藏有兵器，没有什么防备措施。二十一日

高唐英未至，相州积兵器，无守备，丁丑夜，遣壮士逾城入，启关纳其众，杀契丹数百，其守将突围走。晖据州自称留后，表言其状。表言于晋阳。

．．．．．．．．．．．

晚上，梁晖派遣壮士翻越城墙，进入城里，打开城门，接纳他的部众，杀死几百名契丹兵，契丹的守将突围逃走。梁晖占据相州，自称留后，上表报告事情的经过。

．．．．．．．．．．．

注 释

❶ 滏阳，今河北磁县，即当时磁州的治所。

【原 文】

建雄留后刘在明朝于契丹❶，以节度副使骆从朗知州事。帝遣使者张晏洪等如晋州，谕以己即帝位，从朗皆囚之。大将药可俦杀从朗，推晏洪权留后，庚辰，遣使以闻。

契丹主遣右谏议大夫赵熙使晋州，括率钱帛，征督甚急。从朗既死，民相帅共杀熙。

【译 文】

建雄留后刘在明到契丹朝拜，命节度副使骆从朗主持州事。皇帝派遣使者张晏洪等人前往晋州，告诉他们自己已经即帝位，结果骆从朗把张晏洪等人全部囚禁起来。大将药可俦杀掉骆从朗，推举张晏洪代理留后。二十四日，派遣使者入朝奏报这件事情。

契丹主派遣右谏议大夫赵熙出使晋州，向百姓征收钱财和布帛，督促得非常急迫。这时骆从朗已死，百姓联合起来杀掉了赵熙。

注 释

❶ 建雄军，置于晋州，州治今山西临汾。

【原 文】

契丹主赐赵晖诏，即以为保义留后。晖斩契丹使者，焚其诏，遣支使河间赵矩奉表诣晋阳。契丹遣其将高谟翰攻晖，不克。"谟"，一本作"模"。帝见矩，甚喜，曰："子挈咽喉之地以归我，天下不足定也。"陕州据河、潼之要，自河东入洛、汴，此其咽喉也。矩因劝帝早引兵南向，以副天下之望，帝善之。

辛巳，以晖为保义节度使，侯章为镇国节度使，保义军马步都指挥使王晏为绛州防御使、保义军马步副指挥使。按王晏先已为保义军马步都指挥使，既赏其功，不应为副指挥使，恐误。

高防与王守恩谋，遣指挥使李万超白昼帅众大噪入府，斩赵行迁，推守恩权知昭义留后①。守恩杀契丹使者，举镇来降。帝既得陕，又得上党，足以示契丹形制之势，重以澶州梗其南北之路，虏气夺而心摇矣。

【译 文】

契丹主颁赐诏书给赵晖，任命他为保义留后。赵晖斩杀契丹使者，烧掉诏书，派遣支使河间人赵矩奉表到晋阳。契丹派遣将领高谟翰进攻赵晖，没有攻下。皇帝见到赵矩，非常高兴，说："你们控扼着险要的地方来归附我，平定天下就容易了。"赵矩因而劝皇帝早日引兵南下，以合乎天下人的愿望，皇帝认为他说得很对。

二十五日，任命赵晖为保义节度使，侯章为镇国节度使，保义军马步都指挥使王晏为绛州防御使、保义军马步副指挥使。

高防跟王守恩商议，派遣指挥使李万超率领部众在白天大肆喧哗鼓噪，冲入军府，杀掉赵行迁，推举王守恩代理昭义留后。王守恩杀掉契丹的使者，率整个昭义军来降。

注 释

❶ 昭义军，置于潞州，州治上党，今山西长治。

【原文】

镇宁节度使邪律郎五^①，性残虐，契丹主阿保机以其所居横帐地名为姓曰世里。世里，译者谓之邪律，史因之。澶州人苦之。贼帅王琼帅其徒千余人，夜袭据南城，北度浮航，浮航，即德胜浮梁。纵兵大掠，围郎五于牙城。澶州牙城，盖在北城。契丹主闻之，甚惧，始遣天平节度使李守贞、天雄节度使杜重威还镇，李守贞、杜重威既降契丹，从契丹主南入汴，遂为所留。由是无久留河南之意。遣兵救澶州，琼退屯近郊，去城三十里为近郊。遣弟超奉表来求救。癸未，帝厚赐超，遣还。琼兵败，为契丹所杀。

…………

【译文】

镇宁节度使邪律郎五，生性残忍暴虐，澶州的百姓对此感到很痛苦。盗贼首领王琼率领他的部下一千多人，趁着黑夜偷袭攻占南城，向北渡过德胜浮桥，放纵士兵大肆抢劫，将邪律郎五包围在牙城中。契丹主听到这个消息，非常害怕，这才派遣天平节度使李守贞、天雄节度使杜重威回到他们所驻守的藩镇，从此就没有了长久留在河南的打算。契丹主派遣军队援救澶州；王琼退兵驻守在澶州近郊，派遣他的弟弟王超持表来向皇帝求救。二十七日，皇帝重重地赏赐王超，让他回去。王琼兵败，被契丹所杀。

…………

注 释

❶ 镇宁军，置于澶州。

【原文】

东方群盗大起，陷宋、亳、密三州①。契丹主谓左右曰："我不知中国之人难制如此！"中国之人，困于契丹之陵暴、掊克，咸不聊生，起而为盗，乌有难制者乎！盖亦反其本矣。亟遣泰宁节度使安审琦、武宁节度使符彦卿等归镇②，澶州乱而遣李守贞、杜重威归镇，宋、亳、密三州陷而遣安审琦、符彦卿归镇，契丹主之北归决矣。仍以契丹兵送之。
．．．．．．．．．．．

【译文】

东方各地盗贼大量兴起，攻陷宋州、亳州和密州。契丹主对左右的人说："我不知道中国的人民居然这样难以统治！"赶忙命令泰宁节度使安审琦、武宁节度使符彦卿等人回到他们所镇守的藩镇，仍旧派契丹兵护送他们。
．．．．．．．．．．．

注 释

❶ 宋州，治在今河南商丘。亳州，治在今河南商丘。密州，治在今山东诸城。 ❷ 武宁军，置于徐州，今江苏徐州。

【原文】

（三月），戊子，帝遣使以诏书安集农民保聚山谷避契丹之患者。此时务之所当急先者。
．．．．．．．．．．．

契丹主复召晋百官，谕之曰："天时向热，吾难久留，欲暂至上国省太后。契丹自谓其国为上国，中国之人亦以称之。契丹既畏暑，又畏四方群起而攻

【译文】

（三月），初三，皇帝派遣使者持诏书去安抚那些为了躲避契丹为害而聚集在山谷互相照应的农民。
．．．．．．．．．．．

契丹主再度召见后晋百官，对他们说："天气渐渐地炎热起来，我难以长久地留在这里，想暂时回到上国去向太后请安。打

之，故急欲北归，果如刘知远所料。**当留亲信一人于此为节度使。**"百官请迎太后。契丹主曰："太后族大，如古柏根，不可移也。"契丹主欲尽以晋之百官自随。或曰："举国北迁，恐摇人心，不如稍稍迁之。"乃诏有职事者从行，余留大梁。

复以汴州为宣武军，契丹之入大梁也，降开封府为汴州防御使，今复盛唐之旧，以为节镇，欲兼华、夷而抚制之也。以萧翰为节度使。翰，述律太后之兄子，其妹复为契丹主后。翰始以萧为姓，自是契丹后族皆称萧氏。

…………

壬寅，契丹主发大梁，晋文武诸司从者数千人，诸军吏卒又数千人，宫女、宦官数百人，尽载府库之实以行，所留乐器仪仗而已。夕，宿赤冈，契丹主见村落皆空，命有司发榜数百通，所在招抚百姓，然竟不禁胡骑剽掠。呼鸡而纵狸奴，鸡其敢前乎！丙午，契丹自白马渡河，谓宣徽使高勋曰："吾在上国，以射猎为乐，至此令人恺恺。契丹之下，当逸'主'字。恺恺，

算留一个亲近的人在这里做节度使。"百官建议迎接太后到大梁来。契丹主说："太后的家族很庞大，就像老柏树的根一样，不能移动。"契丹主想命令后晋的百官全部随他北上。有人说："整个国家的官员一起迁到北方，恐怕会动摇人心，不如只迁一部分人去。"于是下令负有职事的人跟着走，其余的人留在大梁。

把汴州恢复为宣武军，任命萧翰为宣武节度使。萧翰是述律太后哥哥的儿子，他的妹妹又嫁给契丹主为皇后。萧翰开始以萧为姓，从此契丹太后的族人都称萧氏。

…………

十七日，契丹主从大梁出发，后晋文武各司跟随的有几千人，各军的官吏和士兵又有几千人，宫女、宦官几百人，把府库所藏的物资全部载运同行，所留下来的只是一些乐器、仪仗而已。晚上，住在赤冈，契丹主看见村落都空旷无人，命令有关官员发布几百通公告，要各地招抚百姓，然而仍然不禁止胡兵打家劫舍。二十一日，契丹主从白马渡黄河，对宣徽使高勋说："我在上国的时候，以射箭打猎为乐，到了这里，

忧愁不得志也。**今得归，死无恨矣。**"契丹主不惟土思，亦见诸镇及群盗举兵者皆归心河东，恐不得正丘首也。独不见涉珪与徒河相持于中山之时乎！以此言之，其才识相去远矣。

....

辛亥，契丹主将攻相州，梁晖请降，契丹主赦之，许以为防御使，晖疑其诈，复乘城拒守。夏，四月，己未，未明，契丹主命蕃、汉诸军急攻相州，食时克之，悉杀城中男子，驱其妇女而北，胡人掷婴孩于空中，举刃接之以为乐。观佛狸之饮江，侯景之乱江南，其肆毒类如此。不嗜杀人，然后能一天下，孟子之言，岂欺我哉！留高唐英守相州。唐英阅城中，遗民男女得七百余人。其后节度使王继弘敛城中髑髅瘗之，凡得十余万。

或告磁州刺史李谷谋举州应汉，契丹主执而诘之，谷不服，契丹主引手于车中，若取所获文书者。谷知其诈，因请曰："必有其验，乞显示之。"凡六诘，谷辞气不屈，乃释之。史言李谷有胆气。

....

令人愁闷不安。现在能够回去，就是死了，也没有什么遗憾了。"

....

二十六日，契丹主将攻打相州，梁晖请求投降；契丹主赦免他的罪，并且答应任命他为相州防御使，梁晖怀疑其中有诈，又登城设防抵抗。夏，四月，初四，天还没亮，契丹主命令胡、汉各军急速攻打相州，到了吃早饭的时候，攻下相州，将城里的男人全部杀掉，赶着妇女跟他们一起向北走。胡人将婴孩抛向空中，然后用刀尖去接，以此来取乐。契丹主留下高唐英防守相州。高唐英巡视城里，幸存下来的百姓，男女合起来，才七百多人。后来节度使王继弘收集埋葬城里的尸骨，共达十万多具。

有人报告说磁州刺史李谷图谋献出磁州，归附后汉，契丹主把李谷抓来责问，李谷不承认，契丹主把手伸进车里，好像要拿出他所得到的文书证据似的。李谷知道契丹主在装模作样，就向他请求说："如果真有证据，请拿出来让大家看一看。"契丹主问了六次，李谷的口气神情，丝毫不屈服，契丹主这才放了他。

....

契丹主见所过城邑丘墟，谓蕃、汉群臣曰："致中国如此，皆燕王之罪也。"燕王，谓赵延寿。顾张砺曰："尔亦有力焉。"张砺随赵延寿入北，又与赵延寿俱南以残中国，契丹主犹知其罪，况中国之人乎！

…………

契丹主以船数十艘载晋铠仗，将自汴溯河归其国，自汴溯河，自河阳取太行路以归其国也。命宁国都虞候榆次武行德将士卒千余人部送之。至河阴①，河阴在河阳东南，相去百六十二里。行德与将士谋曰："今为虏所制，将远去乡里。人生会有死，安能为异域之鬼乎！虏势不能久留中国，不若共逐其党，坚守河阳，以俟天命之所归者而臣之，岂非长策乎！"众以为然。行德即以铠仗授之，相与杀契丹监军使。会契丹河阳节度使崔廷勋以兵送耿崇美之潞州，行德遂乘虚入据河阳，众推行德为河阳都部署。行德遣弟行友奉蜡表间道诣晋阳。作表置之蜡丸中，故谓之蜡表。

契丹主看见所经过的城镇都已变成荒丘和废墟，对蕃、汉大臣们说："中国到这种地步，都是燕王赵延寿的罪过。"又回过头来对张砺说："你同样要负责任。"

…………

契丹主动用几十艘船只运载后晋的铠甲兵器，将从汴州逆黄河而上返回国内，命令宁国都虞候榆次人武行德率领一千多人护送。到达河阴后，武行德跟将士们商议说："我们现在被契丹所控制，将要远离家乡。人总会有一死，怎么能够做他乡的鬼呢！胡虏势必不能长久留在中国，不如我们共同驱逐他们的同党，坚守河阳，以等待天命所归的天子而归附于他，这难道不是长远打算吗！"众人认为这话很对。武行德就把所运载的铠甲和武器交给部众，一起杀死契丹的监军使。正好这时契丹河阳节度使崔廷勋带兵护送耿崇美前往潞州，武行德于是乘着州城空虚的机会攻占河阳，众人推举武行德为河阳都部署。武行德派遣他的弟弟武行友带着装在蜡丸中的表章，抄小路前往晋阳。

注 释

❶ 河阴，今河南洛阳孟津区东。

【原 文】

契丹遣武定节度使方太诣洛阳巡检，至郑州，州有戍兵，共迫太为郑王。去年，方太以安国留后降契丹，契丹主盖命之领武定节度使。武定军洋州，时属蜀。梁嗣密王朱乙逃祸为僧，梁太祖兄存之子友伦封密王，乙盖梁亡之后，避祸为僧也。嵩山贼帅张遇得之，立以为天子，取嵩岳神衮冕以衣之，帅众万余袭郑州，太击走之。太以契丹尚强，恐事不济，说谕戍兵；欲与俱西；欲与戍兵俱西至洛阳。众不从，太自西门逃奔洛阳。戍兵既失太，反谮太于契丹，云胁我为乱；太遣子师朗自诉于契丹，契丹将麻答杀之，太无以自明。会群盗攻洛阳，契丹留守刘晞弃城奔许州，太乃入府行留守事，与巡检使潘环击群盗却之，张遇杀朱乙请降。伊阙贼帅自称天子，誓众于南郊坛，后唐郊天坛，在洛阳城南。将入洛阳，太逆击，走

【译 文】

契丹派遣武定节度使方太到洛阳去巡察，到达郑州。郑州驻有守兵，他们一起强迫方太为郑王。梁朝的后嗣密王朱乙，为了逃避祸乱做了和尚，嵩山的盗贼首领张遇抓住了他，立他为天子，把嵩岳庙神像上的龙袍和冠冕取下来给他穿上，率领一万多人袭击郑州，方太击退了他们。方太考虑到契丹势力还很强大，恐怕事情不能成功，于是劝导守兵，打算带他们一起逃奔洛阳。众人不听。方太自己从西门逃走，奔向洛阳。守兵在方太跑掉以后，反而在契丹面前诬陷方太，说是方太逼迫他们作乱。方太派他的儿子方师朗主动去向契丹解释，契丹将领麻答将方师朗杀掉，方太没有办法表明自己的心意。刚好这时各方盗贼攻打洛阳，契丹留守刘晞放弃州城逃奔许州，方太就进入洛阳的府署执行留守的职务，和巡检使潘环一

之。《考异》曰,《实录·方太传》云:刘禧走许田,复有颍阳妖巫,姓朱号嗣密王,誓众于洛南郊天坛,号万余人。太帅部曲与朝士辈虚张旗帜,一举而逐之,洛师遂安。今从《陷蕃记》。

太欲自归于晋阳,武行德使人诱太曰:"我裨校也,公旧镇此地,由此观之,契丹尝命方太镇河阳,史逸之也。今虚位相待。"太信之,至河阳,为行德所杀。

萧翰遣高谟翰援送刘晞自许还洛阳,萧翰时镇大梁。晞疑潘环构其众逐己,使谟翰杀之。

············

辛未,以武行德为河阳节度使。

契丹主闻河阳乱,叹曰:"我有三失,宜天下之叛我也。诸道括钱,一失也;令上国人打草谷,二失也;不早遣诸节度使还镇,三失也。"三失并见上。

············

契丹主至临城①,得疾;及栾城,病甚,临城县,属赵州,本房子县,唐天宝元年,改为临城县。宋白曰:栾城县,本汉开县,后魏太和十一年,于开县故城置栾城县。《九域志》:古栾城,晋栾氏别邑,临城县在赵州西南一百三里。栾城县在镇州南六十三里。苦热,聚冰于胸腹手足,且啖之。

道反击盗贼,将他们打退。张遇杀了朱乙,请求投降。伊阙的盗贼首领自称天子,在洛阳城南的祭坛上向部众宣誓,将要进入洛阳。方太迎头痛击,将他们赶走。

方太想主动归附晋阳,武行德派人诱骗他说:"我只是一个军中的小校,公以前曾经镇守这里,现在我把河阳的首领位置让出来,等待公。"方太相信了他的话,到了河阳,被武行德杀掉。

萧翰派遣高谟翰援助并护送刘晞从许州回洛阳。刘晞怀疑是潘环聚结部众驱逐自己,就教高谟翰把潘环杀掉。

············

十六日,皇帝任命武行德为河阳节度使。

契丹主得知河阳发生变乱的消息,叹息说:"我有三个错误,天下背叛我是应该的!向各地征敛钱财,这是第一个错误;叫契丹的士兵'打草谷',这是第二个错误;不及早下令各节度使回到自己所镇守的藩镇去,这是第三个错误。"

············

契丹主到了临城,得病;到

【原文】

丙子，至杀胡林而卒。杀胡林，盖以契丹主死于此，时人遂以为地名。宋白曰：杀胡林，唐天后时袭突厥，群胡死于此，故名。《考异》曰，《实录》云："二十日乙亥卒。"今从《陷蕃记》。国人剖其腹，实盐数斗，载之北去，晋人谓之"帝䍐"。

【译文】

达栾城时，病情加重，因发高烧很痛苦，便在胸腹和手脚上覆盖上冰块，同时也放在嘴里嚼。二十一日，走到杀胡林时，契丹主就死了。契丹人剖开他的肚子，塞进几斗盐巴，拖着他回北方去，晋人称为"帝䍐"。

注 释

❶ 临城，今河北临城。

【原 文】

赵延寿恨契丹主负约，谓人曰："我不复入龙沙矣。"卢龙山后即大漠，故谓之龙沙。即日，先引兵入恒州，契丹永康王兀欲及南北二王，各以所部兵相继而入。范成大《北使录》：自栾城至恒州六十里。延寿欲拒之，恐失大援，乃纳之。

时契丹诸将已密议奉兀欲为主，兀欲登鼓角楼受叔兄拜，而延寿不之知，自称受契丹皇帝遗诏，权知南朝军国事，仍下教布告诸道，所以供给兀欲，与诸将同，兀欲衔之。恒州诸门管钥及

【译 文】

赵延寿痛恨契丹主违约没有扶助他当皇帝，对别人说："我不再进入龙沙了。"当天就领兵进入恒州。契丹永康王兀欲及南北二王，也各自率领部众相继进入。赵延寿想拒绝他们，又恐怕失去大量的援助，只好让他们进去。

当时契丹各将领已经秘密议定尊奉兀欲为契丹主，兀欲登上鼓角楼接受叔父和兄弟们的拜贺。赵延寿还不知道这件事，自称接受契丹皇帝的遗诏，代理南朝的军国大事；于是颁下命令，通告各地，他供给兀欲的俸禄和其他将领一样，兀欲怀恨在心。恒州

仓库出纳，兀欲皆自主之。延寿使人请之，不与。兀欲不与诸门管键，事可知矣；赵延寿殊不知阴为之备，其锁固当。

契丹主丧至国，述律太后不哭，曰："待诸部宁壹如故，则葬汝矣。"咎其倾国南伐，至于耗竭，部落不安也。

…………

或说赵延寿曰："契丹诸大人数日聚谋，此必有变。今汉兵不下万人，不若先事图之。"延寿犹豫不决。壬午，延寿下令，以来月朔日于待贤馆上事，上事者，言欲礼上以领权知南朝军国事。受文武官贺。其仪：宰相、枢密使拜于阶上，节度使以下拜于阶下。李崧以虏意不同，事理难测，固请赵延寿未行此礼，乃止。

各城门的锁钥及仓库的出纳，兀欲都要亲自掌管。赵延寿派人去要那些钥匙，兀欲不给。

契丹主的遗体送到国内，述律太后没有哭，说："等到各部落恢复成以前那样团结，再来安葬你。"

…………

有人劝赵延寿说："契丹各重要官员连日来聚会商议，这里面一定有变故。现在这里的汉兵不下一万人，不如赶在他们之前采取行动。"赵延寿犹豫不决。二十七日，赵延寿下令，下个月初一那天，在待贤馆举行仪式，接受文武百官的朝贺。仪式如下：宰相、枢密使在阶上朝拜，节度使以下的官员在阶下朝拜。李崧认为胡虏的心意跟我们不一样，形势难以预测，再三地劝赵延寿不要举行这个典礼，赵延寿这才作罢。

——以上卷二八六

【原　文】

…………

五月，乙酉朔，永康王兀欲

【译　文】

…………

五月，初一，永康王兀欲召

召延寿及张砺、和凝、李崧、冯道于所馆饮酒。所馆者，兀欲所馆之地。兀欲妻素以兄事延寿，兀欲从容谓延寿曰："妹自上国来，言其妻方自契丹中来。宁欲见之乎？"延寿欣然与之俱入。良久，兀欲出谓砺等曰："燕王谋反，适已锁之矣。"又曰："先帝在汴时，遗我一筹，许我知南朝军国。近者临崩，别无遗诏。而燕王擅自知南朝军国，岂理邪！"下令："延寿亲党，皆释不问。"间一日，兀欲至待贤馆受蕃、汉官谒贺，笑谓张砺等曰："燕王果于此礼上，吾以铁骑围之，诸公亦不免矣。"

后数日，集蕃、汉之臣于府署，恒州府署也。宣契丹主遗制。遗制，兀欲自为之也。其略曰："永康王，大圣皇帝之嫡孙，人皇王之长子，太后钟爱，群情允归，可于中京即皇帝位。"契丹主阿保机谥大圣皇帝，其长子东丹王突欲号人皇王。突欲奔唐，其子兀欲留本国不从，契丹主邪律德光封之为永康王。又，德光取中国，以恒州为中京。于是始举哀成服。既而易吉服见群臣，不复行丧，歌吹之声，不绝于内。

············

请赵延寿及张砺、和凝、李崧、冯道等人在他所住的馆舍饮酒。兀欲的妻子向来都把赵延寿当兄长对待，兀欲从容地对赵延寿说："妹妹从契丹来，难道不想见见她吗？"赵延寿很高兴地跟他一起进去。过了好一会儿，兀欲出来，对张砺等人说："燕王图谋反叛，刚才已经把他囚禁起来了。"又说："先帝在汴梁的时候，留给我一个计谋，答应由我主持南朝的军国政事。最近临终的时候，没有其他遗诏。而燕王擅自主持南朝的军国大事，难道有这样的道理吗！"下令："赵延寿的亲信党羽全都不加追问。"隔了一天，兀欲到待贤馆接受蕃、汉百官的进谒祝贺，他笑着对张砺等人说："燕王假如真的在这里举行这种礼仪，我就用铁甲骑兵将他包围，你们各位也就不能幸免了。"

几天以后，在恒州府署召集蕃、汉大臣，宣布契丹主的遗诏。遗诏大意说："永康王是大圣皇帝的嫡孙子，人皇王的长子，太后极其钟爱，大家从感情上都归向他，可以在中京即皇帝位。"于是开始为契丹主举行丧礼，穿起丧服。不久又换上吉服接见群臣，不再服丧，歌唱吹奏的声音在州署内一直没有停止。

帝集群臣庭议进取，庭议者，议之于庭。诸将咸请出师井陉；攻取镇、魏。镇州时为恒州，契丹诸酋聚焉。魏帅杜重威。先定河北，则河南拱手自服。帝欲自石会趋上党，郭威曰："虏主虽死，党众犹盛，各据坚城。我出河北，兵少路迂，迂，音于，又音纡，曲也，回远也。旁无应援，若群虏合势，共击我军，进则遮前，退则邀后，粮饷路绝，此危道也。上党山路险涩，粟少民残，无以供亿，亦不可由。近者陕、晋二镇相继款附，陕、晋归附，事见上卷上年。引兵从之，万无一失，不出两旬，洛、汴定矣。"帝曰："卿言是也。"苏逢吉等曰："史弘肇大军已屯上党，群虏继遁，不若出天井①，抵孟津为便。"司天奏："太岁在午，不利南行。阴阳家所谓逆太岁。宜由晋、绛抵陕。"《九域志》：自晋州南至绛州一百二十五里，自绛州南至陕州二百五十里，自陕而东则至洛矣。帝从之。辛卯，诏以十二日发北京，自后唐以来，以太原为北京，是月乙酉朔，十二日，丙申。告谕诸道。

皇帝召集大臣们在朝堂上商议进取中原的策略，众将都建议从井陉出兵，攻取镇州和魏州。先平定河北，河南就自然会拱手臣服。皇帝则想从石会关出兵，直奔上党。郭威说："胡虏的首领虽然死了，可是他的部众还很强盛，各自占据坚固的城池。我们出兵河北，兵力少，道路曲折，周围又没有接应援助。如果胡虏们联合进攻我军，那么我们前进，他们在前面挡住去路；我们后退，他们又在后面拦截；运送粮草的道路也会被断绝，这是极危险的一条路。上党山路险峻阻滞，粮食缺乏，百姓穷困，无法供应军队，也不可以走。近来陕州和晋州两个藩镇相继归附，领兵向这个地方走，可以万无一失，不出二十天，洛阳、大梁就可以平定了。"皇帝说："你说得很对。"苏逢吉等人说："史弘肇的大军已经屯驻上党。胡虏们相继逃走，不如从天井关出兵，直达孟津最为便利。"主管天文的官员奏道："太岁在午，不利于南行。应该经由晋州和绛州抵达陕州。"皇帝听从了这个建议。初七，皇帝下诏于十二日从太原出发，通告各道。

注　释

❶ 天井，即天井关，在今山西晋城南。

【原　文】

滋德宫有宫人五十余人，《五代会要》：晋天福四年，改明德殿为滋德殿。《薛史》曰：以宫城南门同名故也。萧翰欲取之，宦者张环不与。翰破锁夺宫人，执环，烧铁灼之，腹烂而死。

初，翰闻帝拥兵而南，欲北归，恐中国无主，必大乱，己不得从容而去。从容，不急遽之貌。时唐明宗子许王从益与王淑妃在洛阳，王淑妃母子自晋入洛以后，常居洛阳，是年二月至大梁，寻还洛阳。翰遣高谟翰迎之，矫称契丹主命，以从益知南朝军国事，召己赴恒州。此矫契丹主兀欲之命也。兀欲时尚在恒州。淑妃、从益匿于徽陵下宫，徽陵，唐明宗陵。梓宫所窆之所，谓之下宫。不得已而出。至大梁，翰立以为帝，帅诸酋长拜之。又以礼部尚书王松、御史中丞赵远为宰相，前宣徽使甄城翟光邺为枢密使，甄，当作鄄，鄄城，汉古县也，自唐以来带濮州。左金吾大将军王景崇为宣徽使，

【译　文】

滋德宫有五十多个宫人，萧翰想夺过来，宦官张环不肯给。萧翰砸坏门锁，抢走宫人，将张环抓起来，用烧红的铁块灼他，使他腹部溃烂而死。

当初，萧翰听说皇帝率兵南下，就想回到北方去，又担心中国没有君主，一定会大乱，自己不能从容离去。当时后唐明宗的儿子许王李从益与王淑妃在洛阳，萧翰派高谟翰去迎接他们，假称契丹主的命令，命李从益主持南朝军政大事，召自己前往恒州。王淑妃、李从益躲藏在唐明宗的徽陵墓穴里，不得已才出来。到了大梁，萧翰立李从益为皇帝，率领各酋长向他下拜。又任命礼部尚书王松、御史中丞赵远为宰相，前任宣徽使甄城人翟光邺为枢密使，左金吾大将军王景崇为宣徽使，任命北

以北来指挥使刘祚权侍卫亲军都指挥使，充在京巡检。<small>北来，谓先从契丹主自北而来者。</small>松，徽之子也。<small>王徽相唐僖宗。</small>

百官谒见淑妃，淑妃泣曰："吾母子单弱如此，而为诸公所推，是祸吾家也。"翰留燕兵千人守诸门，为从益宿卫。壬寅，翰及刘晞辞行，<small>先是刘晞弃洛阳奔大梁。</small>从益饯于北郊。遣使召高行周于宋州，<small>高行周，唐明宗亲将，时帅归德，王淑妃欲以旧恩召之为卫。</small>武行德于河阳，<small>武行德，并人，必亦少在唐明宗麾下。</small>皆不至。淑妃惧，召大臣谋之曰："吾母子为萧翰所逼，分当灭亡，诸公无罪，宜早迎新主，<small>以帝新举大号，拥兵南来，将有中国，故谓之新主。</small>自求多福，勿以吾母子为意。"众感其言，皆未忍叛去。或曰："今集诸营，不减五千，与燕兵并力坚守一月，北救必至。"<small>北救，谓契丹之救也。</small>淑妃曰："吾母子亡国之余，<small>后唐既亡，惟王淑妃母子在耳，故自谓然。</small>安敢与人争天下！不幸至此，死生惟人所裁。若新主见察，当知我无所负，今更为计画，则祸及它人，阖城涂炭，终何益乎！"众犹欲拒守，三司使文安刘审交曰："余燕人，岂不为燕兵计！<small>文安，汉县，唐属</small>

来指挥使刘祚代理侍卫亲军都指挥使，充任在京巡检。王松是王徽的儿子。

百官拜见王淑妃，王淑妃哭着说："我们母子二人这样孤单弱小，却被各位所推戴，这是害我们家啊！"萧翰留下一千名燕兵防守各城门，为李从益担任警卫。十八日，萧翰及刘晞辞行，李从益在城北郊外为他们饯行。李从益派遣使者到宋州召请高行周，到河阳召请武行德，结果都不来。王淑妃害怕，召集大臣商量说："我们母子被萧翰逼迫，本当不免一死，你们大家没有罪，应该尽早迎接新的君主，各自谋求平安，不要以我们母子两人为念了！"大家被她的话所感动，都不忍心背叛离去。有人说："现在集合各营的士兵，不下五千人，跟燕兵合力坚守一个月，北方契丹的救兵一定会到来。"王淑妃说："我们母子两人是亡国的遗民，怎么敢跟人家争夺天下！不幸落到这种地步，死生只有任人家决定，如果新的君主体察清楚，当会知道我们没有对不起人的地方。现在如果再做别的打算，就会连累到其他人，全城

莫州。以战国七雄有国之大界言，则唐之瀛、莫，皆燕之南界；以唐诸道节度言之，则瀛、莫，卢龙巡属也。故刘审交家于文安，自谓燕人。**顾事有不可如何者。今城中大乱之余，公私穷竭，遗民无几，**汴城经张彦泽剽掠，契丹又席卷而北，故云然。**若复受围一月，无噍类矣。愿诸公勿复言，一从太妃处分。"乃用赵远、翟光邺策，称梁王，知军国事。**从益本爵许王，以称号于大梁，自称梁王，是已建国更号矣。今既奉表迎汉，何为又更国号，是当时议者祸之也。**遣使奉表称臣迎帝，请早赴京师，仍出居私第。**

甲辰，帝至晋州。

契丹主兀欲以契丹主德光有子在国，己以兄子袭位，又无述律太后之命，述律太后，兀欲祖母也。**擅自立，内不自安。**

初，契丹主阿保机卒于勃海，述律太后杀酋长及诸将凡数百人。事见二百七十五卷唐明宗天成元年二月。**契丹主德光复卒于境外，酋长诸将惧死，乃谋奉契丹主兀欲勒兵北归。**

契丹主以安国节度使麻答为中京留守，《薛史》曰：麻答，耶律德光之从弟；其父曰萨剌，阿保机时，自蓄中奔唐庄宗，寻奔梁，

生灵涂炭，最终有什么好处呢！"大家还是想防守抵抗，三司使文安人刘审交说："我是燕人，难道不为燕兵考虑！但是事情有无可奈何的时候。现在城中处在大乱之后，官府和民间，财源都已经穷尽，留下的百姓没有多少，如果再被包围一个月，那就没有活人了。希望大家不要再说了，一切都遵从太妃的安排。"于是采用赵远、翟光邺的计策，李从益改称梁王，主持军国政事。派遣使者奉表称臣，迎接皇帝，请皇帝早日前往京师，自己则出宫住到个人的宅第里。

二十日，皇帝到达晋州。

契丹主兀欲欲由于契丹主德光有儿子在国内，自己以侄子的身份承袭帝位，又没有述律太后的命令，擅自即位，所以内心感到不安。

当初，契丹主阿保机死在勃海，述律太后杀酋长和众将共几百人。契丹主德光又死在国境之外，酋长众将怕死，于是打算尊奉契丹主兀欲统领军队北上回契丹。

契丹主任命安国节度使麻

庄宗平梁，获之，磔于市。**以前武州刺史高奉明为安国节度使①。晋文武官及士卒悉留于恒州，独以翰林学士徐台符、李瀚及后宫宦者教坊人自随。**留文武官而以宫女宦官、声乐自随，史言兀欲无远略。**乙巳，发真定。**恒州建真定府。

············

答为中京留守，前任武州刺史高奉明为安国节度使。后晋文武官员和士兵全部留在恒州，只命翰林学士徐台符、李瀚及后宫宫人、宦官、教坊的乐师跟随自己。二十一日，从真定出发。

············

注 释

❶ 契丹置安国军于邢州，今河北邢台。

【原 文】

（六月），丙辰，帝至洛阳，入居宫中；汴州百官奉表来迎。诏谕以受契丹补署者皆勿自疑，聚其告牒而焚之。赵远更名上交。避帝名也。

命郑州防御使郭从义先入大梁清宫，密令杀李从益及王淑妃。淑妃且死，曰："吾儿为契丹所立，何罪而死！何不留之，使每岁寒食，以一盂麦饭洒明宗陵乎！"《五代会要》曰："人君奉先之道，无寒食野祭。近代庄宗每年寒食出祭，谓之破散，故袭而行之。欧阳修曰：寒食野祭而焚纸钱，中国几何其不为夷狄矣！按唐《开元敕》：寒食上墓，《礼经》无文，近世相传，浸以成俗。宜许上墓

【译 文】

（六月），初三，皇帝到达洛阳，入居宫中；汴州文武百官奉表前来迎接。皇帝下诏让那些接受契丹任命的人都不必疑虑，把所有的任命文书收集起来烧掉。赵远改名为赵上交。

皇帝命令郑州防御使郭从义先到大梁清理宫殿，秘密命令他杀掉李从益和王淑妃。王淑妃将死的时候，说："我的儿子是被契丹册立的，有什么罪要被处死！为什么不留下他，让他在每年寒食

同拜堵礼。"盖唐许士庶之家行之，而人君无此礼也。**闻者泣下**。为汉祖者，待李从益以不死可也，杀之过矣。

戊午，帝发洛阳。……甲子，帝至大梁，晋之藩镇相继来降。

…………

戊辰，帝下诏大赦。凡契丹所除节度使，下至将吏，各安职任，不复变更。复以汴州为东京，契丹废东京为汴州，见上卷是年正月。**改国号曰汉，仍称天福年，曰："余未忍忘晋也。"……**

契丹述律太后闻契丹主自立，大怒，发兵拒之。契丹主以伟王为前锋，相遇于石桥①。胡峤《入辽录》曰：兀欲及述律战于沙河石桥，盖沙河之桥也。南则姚家洲，北则宣化馆至西楼。**初，晋侍卫马军都指挥使李彦韬从晋主北迁，**见上卷本年正月。**隶述律太后麾下，太后以为排陈使。**陈，读曰阵。**彦韬迎降于伟王，太后兵由是大败。契丹主幽太后于阿保机墓**②。胡峤《入辽录》曰：兀欲囚述律后于扑马山，又行三日，始至西楼。《欧史》曰：契丹于阿保机墓置祖州。《匈奴须知》，祖州东至上京五十里，上京西楼也。今并录之。若其地名之同异，道里之远近，必亲历然后能审其是。**改元天禄，自称天授皇帝，以高勋为枢密使。**

节的时候，盛一碗麦饭祭洒在明宗的陵墓前呢！"听到这话的人都流下泪来。

初五，皇帝从洛阳出发。……十一日，皇帝到达大梁，后晋的藩镇相继前来投降。

…………

十五日，皇帝下诏实行大赦。凡是契丹所任命的节度使，下至将领官吏，各自安守职位，不再变更。又改汴州为东京，改国号为汉，依旧用"天福"年号。皇帝说："我不忍心忘记晋国。"……

契丹述律太后听说契丹主（兀欲）自立为皇帝，非常恼怒，发兵抵抗他。契丹主任命伟王为前锋，两军在石桥相遇。当初，后晋的侍卫马军都指挥使李彦韬随从后晋主向北迁移，隶属在述律太后的部下，太后任命他为排阵使。李彦韬迎接伟王，向他投降，太后的军队因此大败。契丹主把太后幽禁在阿保机的陵墓。改年号为天禄，自称天授皇帝，任命高勋为枢密使。

注 释

❶ 石桥，即沙河石桥。当是今内蒙古西拉木伦河上的巴林桥。时辽国上京临潢府（亦称西楼），即今内蒙古林西县。　❷ 阿保机墓，在今内蒙古巴林左旗。

【原 文】

契丹主慕中华风俗，多用晋臣，而荒于酒色，轻慢诸酋长，由是国人不附，诸部数叛，兴兵诛讨，故数年之间，不暇南寇。史言中国经丧乱之后，由此得稍自安集。

············

（秋，七月），麻答贪猾残忍，民间有珍货、美妇女，必夺取之。又捕村民，诬以为盗，披面、抉目、断腕，焚炙而杀之，欲以威众。常以其具自随，具谓披面、抉目、断腕、焚炙之具。左右悬人肝、胆、手、足，饮食起居于其间，语笑自若。出入或被黄衣，用乘舆，服御物，曰："兹事汉人以为不可，吾国无忌也。"又以宰相员不足，乃牒冯道判弘文馆，李崧判史馆，和凝判集贤，刘昫判中书，其僭妄如此。宰相分判，须降制敕，而麻答以牒行之，

【译 文】

契丹主仰慕中华的风俗，任用很多后晋大臣，自己则沉迷于酒色，轻视怠慢各部落的首长，因此国人不归附，各部落屡次叛乱，不得不兴兵讨伐，所以几年内没有时机南下侵略。

············

（秋，七月），麻答贪婪狡猾又残忍，民间凡是有珍贵的财宝、美貌的妇女，一定要抢夺过来。又捕捉村民，诬陷他们是盗贼，撕裂他们的脸面、挖眼、砍手，用火将他们烧烤致死，想以此来威吓民众。他把用刑的器具随身带着，生活的周围悬挂着人肝、人胆，以及手、脚，他在其中饮食起居，谈笑自如。出入时常身穿黄颜色的衣服，乘坐皇帝坐的车子，使用皇帝用的器物，他说："这些事汉人认为不可，可是在我国是没有什么忌讳的。"又因为宰相人员不足，于是发公

史言其僭妄。然契丹或犯法，无所容贷，故市肆不扰。常恐汉人妄去，谓门者曰："汉有窥门者，即断其首以来。"

…………

契丹所留兵不满二千，谓留恒州之兵也。麻答令所司给万四千人食，收其余以自入。麻答常疑汉兵，且以为无用，稍稍废省，又损其食，以饲胡兵。众心怨愤，闻帝入大梁，皆有南归之志。前颍州防御使何福进、控鹤指挥使太原李荣，潜结军中壮士数十人谋攻契丹，然畏契丹尚强，犹豫未发。会杨衮、杨安等军出，杨衮赴魏州，杨安攻洺州。契丹留恒州者才八百人，福进等遂决计，约以击佛寺钟为号。约汉兵闻佛寺击钟，则齐出攻契丹，然佛寺晨昏击钟，食时击钟，日日然也；此必以未发前预相戒约，以次日食时闻佛寺钟声而俱发耳。

辛巳，契丹主兀欲遣骑至恒州，召前威胜节度使兼中书令冯道、枢密使李崧、左仆射和凝等会葬契丹主德光于木叶山。道等未行，食时，钟声发。汉兵夺契丹守门者兵击契丹，杀十余人，因突入

文命冯道兼管弘文馆，李崧兼管史馆，和凝兼管集贤院，刘昫兼管中书，僭越狂妄到了如此地步。然而如果契丹有人犯法，他丝毫不加宽容，所以市中店铺没有受到骚扰。他常担心汉人逃走，对守门的人说："汉人如果有窥探城门的，就砍掉他的头来见我。"

…………

契丹留在恒州的兵力不到两千人，麻答命令有关官员供给一万四千人的粮饷，把多出来的部分收归自己所有。麻答常猜疑汉兵，并且认为他们没什么用途，就逐渐裁减，又减少他们的粮饷来供给胡兵。众人心里怨愤，听说皇帝进入大梁，都有南下归附的想法。前任颍州防御使何福进、控鹤指挥使太原人李荣，暗中联络军中的几十名壮士，谋划攻打契丹，然而又害怕契丹势力还强大，犹豫了一阵子，没有发动。正好这时杨衮、杨安等人率兵出征，契丹留在恒州的兵力只有八百人，何福进等人于是决定按照计划行事，相约以佛寺敲钟为信号。

二十九日，契丹主兀欲派遣骑兵到恒州，召请前任威胜节度

府中。李荣先据甲库，悉召汉兵及市人，以铠仗授之，焚牙门，与契丹战。荣召诸将并力，护圣左厢都指挥使、恩州团练使白再荣恩州时属南汉境，白再荣遥领也。狐疑，匿于别室，军吏以佩刀决幕，引其臂，白再荣以幕自蔽，军吏决幕引出之。再荣不得已而行。诸将继至，烟火四起，鼓噪震地。麻答等大惊，载宝货家属，走保北城。而汉兵无所统壹，贪狡者乘乱剽掠，懦者窜匿。八月，壬午朔，契丹自北门入，恒州牙城北门也。势复振，汉民死者二千余人。前磁州刺史李谷恐事不济，请冯道、李崧、和凝至战所慰勉士卒，士卒见道等至，争自奋。微李谷之谋，汉兵殆矣。会日暮，有村民数千噪于城外，欲夺契丹宝货妇女，契丹惧而北遁，麻答、刘晞、崔廷勋皆奔定州，恒州东北至定州一百二十里。与义武节度使邪律忠合。忠即郎五也。郎五初镇澶州而兵乱，契丹又使镇定州。

冯道等四出安抚兵民，众推道为节度使。道曰："我书生也，当奏事而已，宜择诸将为留后。"时李荣功最多，李荣先据甲库，授兵与契丹

使兼中书令冯道、枢密使李崧、左仆射和凝等人，一起安葬契丹主耶律德光于木叶山。冯道等人还没有出发，吃饭的时候，寺庙的钟声响起。汉兵夺取契丹守门人的武器攻击契丹，杀死十几个人，趁机冲进府中。李荣先占领军械库，召集所有的汉兵和市民，把铠甲兵器发给他们，纵火焚烧府署，同契丹交战。李荣召请汉人众将合力作战，护圣左厢都指挥使、恩州团练使白再荣迟疑不定，躲在偏室里，军吏用佩刀划破帘幕，拉住他的手臂，白再荣不得已才跟军吏走。众将相继来到，烟火弥漫，喧哗呼叫声震动大地。麻答等人大为吃惊，装上宝物，带着家属，逃到北城防守。汉兵缺乏统一指挥，贪婪狡猾的人趁着混乱的机会抢劫，懦弱胆怯的人趁机逃窜躲藏。八月，初一，契丹从北门进城，势力又振作起来，汉人百姓死了两千多人。前任磁州刺史李谷担心事情不能成功，请冯道、李崧、和凝到阵前慰问劝勉士兵，士兵看到冯道等人到来，争相奋力。正好这时天色已晚，有几千名村民在城外鼓噪，要夺取契丹的宝货、妇女，契丹害怕而向北逃

战，诸将皆继其后，故论功最多。而白再荣位在上，乃以再荣权知留后，具以状闻，且请援兵，帝遣左飞龙使李彦从将兵赴之。唐有飞龙使及小马坊使，梁改小马坊为天骥，后唐复旧；长兴元年，改飞龙院为左飞龙院，小马坊为右飞龙院；宋太平兴国三年，改左右天厩坊，雍熙二年，又改左右骐骥院使。

白再荣贪昧，猜忌诸将。奉国军主华池王饶晋氏南渡以后，南北兵争，各置军主、队主之官，隋、唐以下无是也。此书"奉国军主"，《通鉴》盖因旧史成文，犹言军帅耳，非官名也。庆州华池县，隋所置，宋熙宁中，省华池县为寨镇，属合水县，其地在庆州之东南。宋白曰：华池，本汉归德县地，即洛源县。隋仁寿二年，于今县东北二里库多汗故城又置华池县，南有华池水，故名。恐为再荣所并，诈称足疾，据东门楼，严兵自卫。司天监赵延义善于二人，往来谕释，始得解。

再荣以李崧、和凝久为相，家富，晋高祖入洛，即以李崧为相；天福五年，和凝为相。遣军士围其第求赏给，崧、凝各以家财与之，又欲杀崧、凝以灭口。李谷往见再荣，责之曰："国亡主辱，公辈握兵不救。今仅能逐一虏将，镇民死者几三千人，

走，麻答、刘晞、崔廷勋都逃奔定州，与义武节度使邪律忠会合。邪律忠就是邪律郎五。

冯道等人四处安抚军民，众人推举冯道为节度使。冯道说："我是个书生，只适合奏报事情而已，应该从众位将领中推选一位为留后。"当时李荣功劳最多，但白再荣地位在他之上，于是就由白再荣暂时代理留后事务，把详细的情形奏报皇帝，并且请求派兵援助。皇帝派遣左飞龙使李彦从带兵前往。

白再荣贪婪愚昧，猜忌众将。奉国军主华池人王饶害怕被白再荣吞并，假称脚有病，占据东门楼，严密部署军队防守。司天监赵延义和他们二人关系都很好，往来于两人之间劝解，两人才和解。

白再荣认为李崧、和凝长时间担任宰相，家里一定很富有，就派遣士兵包围他们的府第，要求赏赐，李崧、和凝各自拿出家财给他们。白再荣又想杀李崧、和凝灭口。李谷去见白再荣，责备他说："国家灭亡，君主受辱，你们手握兵权却不救援。现在只驱逐一个麻答，光镇州的民众就死了将近三千人，难道是靠你一

虏将谓麻答，恒旧镇州也。**岂独公之力邪！才得脱死，遽欲杀宰相，新天子若诘公专杀之罪，公何辞以对？"再荣惧而止。又欲率民财以给军，谷力争之，乃止。汉人尝事麻答者，再荣皆拘之以取其财，恒人以其贪虐，谓之"白麻答"。**言其贪虐似麻答，特姓白耳。然再荣以贪虐殖财，郭威入汴，竟以多财殒其身。天道好还，盖昭昭矣。

…………

乙未，以白再荣为成德留后。逾年，始以何福进为曹州防御使，李荣为博州刺史。逾年之后，乃知逐麻答者二人之功，始赏之。此事与晋高祖天福二年马万、卢顺密之事同。

个人的力量吗？刚刚死里逃生，马上就想杀死宰相，新天子如果追问你擅自杀人的罪过，你将用什么话来回答？"白再荣听了害怕，就住手了。他又打算征收百姓的钱财来供给军队，李谷极力劝阻，他才作罢。汉人曾经替麻答做过事的，白再荣都把他们囚禁起来索取财物。恒州人因为他贪婪暴虐，称他为"白麻答"。

…………

十四日，皇帝任命白再荣为成德留后。一年后，才任命何福进为曹州防御使，李荣为博州刺史。

——以上卷二八七

附录

新注资治通鉴序

胡三省

　　古者，国各有史，以纪年书事，晋《乘》、楚《梼杌》虽不可复见，《春秋》经圣人笔削，周辙既东，二百四十二年事昭如日星。秦灭诸侯，燔天下书，以国各有史，刺讥其先，疾之尤甚。《诗》《书》所以复见者，诸儒能藏之屋壁，诸国史记各藏诸其国，国灭而史从之，至汉时，独有《秦记》。太史公因《春秋》以为《十二诸侯年表》，因《秦记》以为《六国年表》，三代则为《世表》。当其时，黄帝以来《谍记》犹存，具有年数，子长稽其历、谱谍、终始五德之传，咸与古文乖异，且谓"孔子序《书》，略无年月，虽颇有，然多阙。夫子之弗论次，盖其慎也"。子长述夫子之意，故其表三代也，以世不以年。汲冢《纪年》出于晋太康初，编年相次，起自夏、殷、周，止魏哀王之二十年，此魏国史记，脱秦火之厄而晋得之，子长不及见也。子长之史，虽为纪、表、书、传、世家，自班孟坚以下不能易，虽以纪纪年，而书事略甚，盖其事分见志、传，纪宜略也。自荀悦《汉纪》以下，纪年书事，世有其人。独梁武帝《通史》至六百卷，侯景之乱，王僧辩平建业，与文德殿书七万卷俱西，江陵之陷，其书烬焉。唐四库书，编年四十一家，九百四十七卷，而王仲淹《元经》十五卷，萧颖士依《春秋》义类作传百卷，逸矣。今四十一家书，存者复无几。乙部书以迁、固等书为正史，编年类次之，盖纪、传、表、志之书行，编年之书特以备乙库之藏耳。

宋英宗皇帝命司马光论次历代君臣事迹为编年一书，神宗皇帝以鉴于往事，有资于治道，赐名曰《资治通鉴》，且为序其造端立意之由。温公之意专取关国家盛衰，系生民休戚，善可为法，恶可为戒者，以为是书。治平、熙宁间，公与诸人议国事相是非之日也。萧、曹画一之辩，不足以胜变法者之口，分司西京，不豫国论，专以史局为事，其忠愤感慨不能自已于言者，则智伯才德之论，樊英名实之说，唐太宗君臣之议乐，李德裕、牛僧孺争维州事之类是也。至黄幡绰、石野猪俳谐之语，犹书与局官，欲存之以示警，此其微意，后人不能尽知也。编年岂徒哉！

世之论者率曰："经以载道，史以记事，史与经不可同日语也。"夫道无不在，散于事为之间，因事之得失成败，可以知道之万世亡弊，史可少欤！为人君而不知《通鉴》，则欲治而不知自治之源，恶乱而不知防乱之术。为人臣而不知《通鉴》，则上无以事君，下无以治民。为人子而不知《通鉴》，则谋身必至于辱先，作事不足以垂后。乃如用兵行师，创法立制，而不知迹古人之所以得，鉴古人之所以失，则求胜而败，图利而害，此必然者也。

孔子序《书》，断自唐、虞，讫《文侯之命》而系之秦，鲁《春秋》则始于平王之四十九年；左丘明传《春秋》，止哀之二十七年赵襄子甚智伯事，《通鉴》则书赵兴智灭以先事。以此见孔子定《书》而作《春秋》，《通鉴》之作实接《春秋》《左氏》后也。

温公遍阅旧史，旁采小说，抉摘幽隐，会萃为书，劳矣。而修书分属，汉则刘攽，三国讫于南北朝则刘恕，唐则范祖禹，各因其所长属之，皆天下选也，历十九年而成。则合十六代一千三百六十二年行事为一书，岂一人心思耳目之力哉！

公自言："修《通鉴》成，惟王胜之借一读，他人读未尽一纸，已欠伸思睡。"是正文二百九十四卷，有未能遍观者矣。若《考异》三十卷，所以参订群书之异同，俾归于一。《目录》三十卷，年经国纬，不特使诸国事杂然并录者粲然有别而已，前代历法之更造，天文之失行，实著于《目录》上方，是可以凡书目录观邪！

先君笃史学，淳祐癸卯，始患鼻衄，读史不暂置，洒血渍书，遗迹故在。每谓三省曰："《史》《汉》自服虔、应劭至三刘，注解多矣。章怀注范史，裴松之注陈寿史，虽间有音释，其实广异闻，补未备，以示博洽。《晋书》之杨正衡，《唐书》之窦苹、董冲，吾无取焉。徐无党注《五代史》，粗言欧公书法义例，他未之及也。《通鉴》先有刘安世《音义》十卷，而世不传。《释文》本出于蜀史炤，冯时行为之序，今海陵板本又有温公之子康《释文》，与炤本大同而小异。公休于书局为检阅官，是其得温公辟咡之教诏，刘、范诸公群居之讲明，不应乖剌乃尔，意海陵《释文》非公休为之，若能刊正乎？"三省捧手对曰："愿学焉。"

乙巳，先君卒，尽瘁家蛊，又从事科举业，史学不敢废也。宝祐丙辰，出身进士科，始得大肆其力于是书。游宦远外，率携以自随；有异书异人，必就而正焉。依陆德明《经典释文》，厘为《广注》九十七卷，著《论》十篇，自周讫五代，略叙兴亡大致。咸淳庚午，从淮壖归杭都，延平廖公见而韪之，礼致诸家，俾雠校《通鉴》以授其子弟，为著《雠校通鉴凡例》。廖转荐之贾相国，德祐乙亥，从军江上，言辄不用，既而军溃，间道归乡里。丙子，浙东始骚，辟地越之新昌；师从之，以孥免，失其书。乱定反室，复购得他本为之注，始以《考异》及所注者散入《通鉴》各文之下；历法天文则随《目录》所书而附注焉。迄乙酉冬，乃克彻编。凡纪事之本末，地名之同异，州县之建置离合，制度之沿革损益，悉疏其所以然，若《释文》之舛谬，悉改而正之，著《辩误》十二卷。

嗚呼！注班书者多矣：晋灼集服、应之义，而辩其当否，臣瓒总诸家之说，而驳以己见。至小颜新注，则又讥服、应之疏紊尚多，苏、晋之剖断盖鲜，訾臣瓒以差爽，诋蔡谟以抵牾，自谓穷波讨源，构会甄释，无复遗恨；而刘氏兄弟之所以议颜者，犹颜之议前人也。人苦不自觉，前注之失，吾知之，吾注之失，吾不能知也。又，古人注书，文约而义见，今吾所注，博则博矣，反之于约，有未能焉。世运推迁，文公儒师，从而凋谢，吾无从而取正。或勉以北学于中国，嘻，有志焉，然吾衰矣！

旃蒙作噩，冬，十有一月，乙酉，日长至，天台胡三省身之父书于梅磵蟫居。

进通志表

司马光

臣光言：臣闻治乱之原，古今同体，载在方册，不可不思。

臣光诚惶诚恐，顿首顿首。臣少好史学，病其烦冗，常欲删取其要，为编年一书，力薄道悠，久而未就。今兹伏遇皇帝陛下丕承基绪，留意艺文，开延儒臣，讲求古训。臣有先所述《通志》八卷，起周威烈王二十三年，尽秦二世三年。《史记》之外，参以它书，于七国兴亡之迹，大略可见。文理迂疏，无足观采，不敢自匿，谨缮写随表上进。

干冒宸严。臣无任战汗屏营之至。臣光诚惶诚恐，顿首顿首，谨言。

进资治通鉴表

司马光

臣光言：先奉敕编集历代君臣事迹，又奉圣旨赐名《资治通鉴》今已了毕者。

伏念臣性识愚鲁，学术荒疏，凡百事为，皆出人下，独于前史，粗尝尽心，自幼至老，嗜之不厌。每患迁、固以来，文字繁多，自布衣之士，读之不遍，况于人主，日有万机，何暇周览！臣常不自揆，欲删削冗长，举撮机要，专取关国家兴衰，系生民休戚，善可为法，恶可为戒者，为编年一书，使先后有伦，精粗不杂，私家力薄，无由可成。

伏遇英宗皇帝，资睿智之性，敷文明之治，思历览古事，用恢张大猷，爰诏下臣，俾之编集。臣夙昔所愿，一朝获伸，踊跃奉承，惟惧不称。先帝仍命自选辟官属，于崇文院置局，许借龙图、天章阁、三馆、秘阁书籍，赐以御府笔墨缯帛及御前钱以供果饵，以内臣为承受，眷遇之荣，近臣莫及。不幸书未进御，先帝违弃群臣，陛下绍膺大统，钦承先志，宠以冠序，锡之嘉名，每开经筵，常令进读。臣虽顽愚，荷两朝知待如此其厚，陨身丧元，未足报塞，苟智力所及，岂敢有遗！会差知永兴军，以衰疾不任治剧，乞就冗官。陛下俯从所欲，曲赐容养，差判西京留司御史台及提举嵩山崇福宫，前后六任，仍听以书局自随，给之禄秩，不责职业。臣既无它事，得以研精极虑，穷竭所有，日力不足，继之以夜。遍阅旧史，旁采小说，简牍盈积，浩如烟海，抉摘幽隐，校计毫厘。上起战国，下终五代，凡一千三百六十二年，修成二百九十四卷；又略举事目，年经国纬，以备检寻，为《目录》三十卷；又参考群书，评其同异，俾归一涂，为《考异》三十卷：合三百五十四卷。自治平开局，迄今始成，岁月淹久，其间抵牾，不敢自保，罪负之重，固无所逃。臣光诚惶诚惧，顿首顿首。

重念臣违离阙庭，十有五年，虽身处于外，区区之心，朝夕寤寐，何尝不在陛下之左右！顾以驽蹇，无施而可，是以专事铅椠，用酬大恩，庶竭涓尘，少裨海岳。臣今筋骸癯瘁，目视昏近，齿牙无几，神识衰耗，目前所为，旋踵遗忘，臣之精力，尽于此书。伏望陛下宽其妄作之诛，察其愿忠之意，以清闲之燕，时赐省览，鉴前世之兴衰，考当今之得失，嘉善矜恶，取是舍非，足以懋稽古之盛德，跻无前之至治，俾四海群生，咸蒙其福，则臣虽委骨九泉，志愿永毕矣。

谨奉表陈进以闻。臣光诚惶诚惧，顿首顿首，谨言。元丰七年十一月进呈。

与范内翰_{祖禹}论修书帖

司马光

梦得：今来所作丛目，方是将《实录》事目标出，其《实录》中事应移在前后者，必已注于逐事下讫。假如贞观二十三年，李靖薨，其下始有《靖传》。中有自鑅告变事，须注在隋义宁元年唐公起兵时；破萧铣事，须注在武德四年灭萧铣时；斩辅公祏，须注在七年平江东时；擒颉利，须注在贞观四年破突厥时。他仿此。自《旧唐书》以下，俱未曾附注，如何遽可作长编也！请且将新、旧《唐书》纪、志、传及统纪、补录，并诸家传记小说，以至诸人文集，稍干时事者，皆须依年月日添附。无日者，附于其月之下，称是月；无月者，附于其年之下，称是岁；无年者，附于其事之首尾；如《左传》称初郑武公娶于申之类，及为某事张本起本者，皆附事首者也。如卫文公复国之初，言季年乃三百乘；因陈完奔齐而言完始生，筮知八世之后，成子得政；因晋悼公即位，而言其命官得人，不失霸业；因卫北宫文子聘于郑，而言禅谌草创，子产润色；因吴乱，而言吴夫概王为棠溪氏之类。注云：《传》终言之，皆附事尾者也。有无事可附者，则约其时之早晚，附于一年之下。如《左传》子罕辞玉之类，必无的实年月也。假使宰相有忠直奸佞之事，无处可附者，则附于拜相时，他官则附于到官时，或免、卒时。其有处可附者，不用此法。但稍与其事相涉者，即注之，过多不害。假如唐公起兵，诸列传中有一两句涉当时者，但与注其姓名于事目之下，至时虽别无事迹可取，亦可以证异同，考日月也。尝见道原云："只此已是千余卷书，日看一两卷，亦须二三年功夫也。"俟如此附注俱毕，然后请从高祖初起兵修《长编》，至哀帝禅位而止。其起兵以前，禅位以后事，于今来所看书中见者，亦请令书吏别用草纸录出，每一事中间空一行许素纸，_{以备剪开粘缀故也。}隋以前者与贡父，以后者与道原，令各修入《长编》中，盖缘二君更不看此书，若足下止修武德以后、天祐以前，则此等事尽成遗弃也。二君所看书中有唐事，亦当纳足下处修入《长编》耳。

其修《长编》时，请据事目下所该新旧纪、志、传及杂史、小说、文集，尽检出一阅，其中事同文异者，则请择一明白详备者录之；彼此互有详略，则请左右采获，错综铨次，自用文辞修正之，一如《左传》叙事之体也。此并作大字写，若彼此年月事迹有相违戾不同者，则请选择一证据分明、情理近于得实者，修入正文，余者注于其下，仍为叙述所以取此舍彼之意。先注所舍者云某书云云，今按某书证验云云，或无证验，则以事理推之云云，今从某书为定；若无以考其虚实是非者，则云今两存之。其《实录》正史未必皆可据，杂史、小说未必皆无凭，在高鉴择之。

凡年号皆以后来者为定，假如武德元年则从正月便为唐高祖武德元年，更不称隋义宁二年；玄宗先天元年正月便不称景云三年；梁开平元年正月便不称唐天祐四年也。诗赋等若止为文章，诏诰等若止为除官，及妖异止于怪诞，谈谐止于取笑之类，便请直删不妨；或诗赋有所讥讽，如中宗时《回波词》："喧哗窃恐非宜。"肃宗时，李泌诵《黄台瓜辞》之类。诏诰有所戒谕，如德宗《奉天罪己诏》、李德裕《讨泽潞谕河北三镇诏》之类及大政事号令四方，或因功迁官，以罪黜官，其诏文虽非事实，要知当时托以何功，诬以何罪，亦须存之。或文繁多，节取要切者可也。妖异有所儆戒，凡国家灾异，本纪所书者并存之，其本志强附时事者不须也。谶记如李淳风言武氏之类及因而致杀戮叛乱者，并存之，其妄有牵合，如木入斗为朱之类，不须也。相貌符瑞，或因此为人所忌，或为人所附，或人主好之而谄者伪造，或实有而可信者，并存之，其余不须也。妖怪或有所儆戒，如鬼书武三思门，或因而生事，如杨慎矜墓流血之类，并存之，其余不须也。诙谐有所补益，如黄幡绰谓"自己儿最可怜"，石野猪谓"诸相非相"之类，存之，其余不须也。并告存之。大抵《长编》宁失于繁，毋失于略，千万！切祷！切祷！

今寄道原所修广本两卷去，恐要见式样故也。甚思与足下相见，熟共商榷，无因可得，企渴企渴。

凡人有初入《长编》者，并告于其下注云某处人。或父祖已见于前者，则注云某人之子或某人之孙。今更寄贡父所作《长编》一册者，恐要作式样，并道原广本两卷，并告存之，向去不使却寄示也。

与刘道原书①

司马光

光再拜。

光少时惟得《高氏小史》读之；自宋讫隋正史，并《南北史》，或未尝得见，或读之不熟。今因修南北朝《通鉴》，方得细观，乃知李延寿之书，亦近世之佳史也。虽于机祥诙嘲小事，无所不载；然叙事简径，比于南北正史，无烦冗芜秽之辞，窃谓陈寿之后，惟延寿可以亚之也。渠亦当时见众人所作五代史不快意，故别自私著此书也。但恨延寿不作志，使数代制度沿革，皆没不见。

道原《五代长编》，若不费功，计不日即成。若与将沈约、萧子显、魏收三志，依《隋志》篇目，删次补葺，别为一书，与《南北史》《隋志》并行，则虽正史遗逸，不足患矣。不知道原肯有意否？其符瑞等皆无用可删，后魏《释老志》取其要用者附于《崔浩传》后，《官氏志》中氏族附于宗室及代初功臣传后，如此，则《南北史》更无遗事矣。

今国家虽校定摹印正史，天下人家共能有几本，久远必不传于世，又校得绝不精，只如沈约《叙传》，差却数板，亦不窬，其他可知也。以此欲告道原存录其律历、礼、乐、职官、地里、食货、刑法之大要耳。不知可否，如何如何。

光再拜。

---

① 刘恕，字道原。

通鉴外纪后序

刘　恕

孔子作《春秋》，笔削美刺，子游子夏，门人之高弟，不能措一辞。鲁太史左丘明以仲尼之言高远难继，而为之作《传》，后之君子不敢绍续焉。惟陆长源《唐春秋》、尹洙《五代春秋》，非圣人而作《经》，犹春秋吴、楚之君，僭号称王，诛绝之罪也。《左氏传》据鲁史，因诸侯国书系年叙事，《春秋》所贬损大人当世君臣，有威权势力，其事实皆形于《传》，故隐其书而不宣，以免时难。后汉献帝以班固《汉书》文繁难省，命荀悦依《左传》体为《汉纪》，言约事详，大行于世。晋太康初，汲郡人发魏襄王冢，得《纪年》，文意大似《春秋》，其所记事，多与《左氏》符同，诸儒乃知古史记之正法，自是袁宏、张璠、孙盛、干宝、习凿齿以下为编年之书。至唐、五代，其流不废。汉、晋《起居注》，梁、唐《实录》，皆其遗制也。《国语》亦左丘明所著，载内传遗事，或言论差殊，而文词富美，为书别行，自周穆王尽晋知伯赵襄子，当贞定王时，凡五百余年，虽事不连属，于史官盖有补焉。七国有《战国策》，晋孔衍作《春秋后语》，并时分国，其后绝不录焉。唐柳宗元采摭片言之失，以为诬淫不概于圣，作《非国语》六十七篇，其说虽存，然不能为《国语》轻重也。司马迁始撰本纪、年表、八书、世家、列传之目，史臣相续，谓之正史。本朝去古益远，书益烦杂，学者牵于属文，专尚《西汉书》，博览者乃及《史记》《东汉书》，而近代士颇知《唐书》，自三国至隋，下逮五代，懵然莫识。承平日久，人愈怠惰，《庄子》文简而义明，玄言虚诞而似理，功省易习，陋儒莫不尚之，史学浸微矣。

案历代国史，其流出于《春秋》。刘歆叙《七略》，王俭撰《七志》，《史记》以下皆附《春秋》。荀勖分四部，史记、旧事入丙部；阮孝绪《七录》，《记传录》纪史传，由是经与史分。夫今之所以知古，后之所以知今，因善恶以明褒贬，察政治以见兴衰，《春秋》之法也，使孔子赞《易》而不作《春秋》，则后世以史书为记事琐杂之语，《春秋》列于六艺，愚者莫敢异说而终不能晓也。

恕皇祐初举进士，试于礼部，为司马公门生。侍于大儒，得闻余论。嘉祐中，公尝谓恕曰："《春秋》之后，迄今千余年，《史记》至《五代史》，一千五百卷，诸生历年莫能竟其篇第，毕世不暇举其大略，厌烦趋易，行将泯绝。予欲托始于周威烈王命韩、魏、赵为诸侯，下讫五代，因丘明编年之体，仿荀悦简要之文，网罗众说，成一家书。"恕曰："司马迁以良史之才，叙黄帝至秦、汉，兴亡治乱，班固已下，世各名家。李延寿总八朝为《南北史》，而言词卑弱，义例烦杂，书无表志，沿革不完。梁武帝《通史》、唐姚康复《统史》，世近亡轶，不足称也。公欲以文章论议成历世大典，高勋美德，褒赞流于万世，元凶宿奸，贬绌甚于诛殛，上可继仲尼之《经》，丘明之《传》，司马迁安可比拟，荀悦何足道哉！"治平三年，公以学士为英宗皇帝侍讲，受诏修历代君臣事迹。恕蒙辟置史局，尝请于公曰："公之书不始于上古或尧、舜，何也？"公曰："周平王以来，事包《春秋》，孔子之《经》，不可损益。"曰："曷不始于获麟之岁？"曰："《经》不可续也。"恕乃知贤人著书，尊避圣人也如是。儒者可以法矣。

熙宁三年，冬，公出守京兆，明年春，移帅颍川，固辞不行，退居洛阳。恕褊狷好议论，不敢居京师，请归江东养亲。公以新书未成，不废刊削，恕亦遥隶局中。

尝思司马迁《史记》始于黄帝，而包牺、神农，阙漏不录。公为历代书，而不及周威烈王之前，学者考古，当阅小说，取舍乖异，莫知适从。若鲁隐之后，止据《左氏》、《国语》、《史记》、诸子，而增损不及《春秋》，则无与于圣人之《经》，包牺至未命三晋为诸侯，比于后事，百无一二，可为《前纪》。本朝一祖四宗，一百八年，可请《实录》、国史于朝廷为《后纪》。昔何承天、乐资作《春秋前后传》，亦其比也。将俟书成，请于公而为之。熙宁九年，恕罹家祸，悲哀愤郁，遂中瘫痹。右肢既废，凡欲执笔，口授稚子羲仲书之。常自念平生事业，无一成就，史局十年，俯仰窃禄，因取诸书，以《国语》为本，编《通鉴前纪》。家贫，书籍不具，南徼僻陋，士人家不藏书，卧病六百日，无一人语及文史，昏乱遗忘，烦简不当。远方不可得国书，绝意于《后纪》；乃更《前纪》曰《外纪》，如《国语》称《春秋外传》之义也。自周共和元年庚申，至威烈王二十二年丁丑，四百三十八年，见于《外纪》；自威烈王二十三年戊寅，至周显德六年己未，一千三百六十二年，载于《通鉴》，然后一千八百年之兴废大事，坦然可明。

昔李弘基用心过苦，积年疾而药石不继。卢昇之手足挛废，著《五悲》而自沉颍水。予病眼病创，不寐不食，才名不逮二子，而疾疹艰苦过之。陶潜豫为《祭文》，杜牧自撰《墓志》，夜台甫迩，归心若飞，聊叙不能作《前》《后纪》而为《外纪》焉。他日书成，公为《前》《后纪》，则可删削《外纪》之烦冗而为《前纪》，以备古今一家之言，恕虽不及见，亦平生之志也。

编校后记

由王仲荦先生等五位知名学者编注的《资治通鉴选》，自 20 世纪 60 年代面世以来，一直因选篇精当、注解权威、考证清楚而极具可读性，广受读者好评，作为十分经典的推荐选本，是一部了解古代史事、掌握阅读《资治通鉴》的重要入门读物。因此，2025 年我社重点推出的中华经典名著普及丛书《时习文库》亦将其收入，以飨读者。

此次再版，除了在我社 1998 年简体版基础上订正了部分错漏之处，还本着方便读者阅读的原则，按照丛书体例，将版式设计为左右双栏，其中左为原文，右为译文，下为注释。为了保证本书新增译文的"信、达、雅"，我们在征得王仲荦等诸位先生的后人同意后，邀请了华中师范大学的八位教授对本书原文予以精译。具体分工如下：姚伟钧《张骞通西域》，王玉德《党锢之祸》，谭汉生《黄巾起义》，刘韶军、谭汉生《北魏孝文帝变法》，庞子朝《唐并东突厥》，张三夕《安禄山之乱》，顾志华《黄巢起义》，李晓明《契丹灭后晋》。其中，姚伟钧教授又代齐鲁书社负责与其他几位教授的联络工作。在此，感谢以上诸位教授对齐鲁书社及本书的大力支持！

此外，需要指出的是，囿于时间和水平等因素，本书定会存在不妥甚至错讹之处，欢迎广大读者予以批评指正。